Jancis Robinson

Der Weinkurs

BBC

Jancis Robinson

Der Weinkurs

Hallwag

Die englische Originalausgabe erschien erstmals unter dem Titel
Jancis Robinson's wine course im Verlag BBC Worldwide Ltd.,
80 Wood Lane, London W12 0TT.
Vollständig überarbeitete Neuausgabe 2003

Deutsche Übersetzung: Wolfgang Kissel, Reinhard Ferstl
Lektorat: Eva Meyer
Projektleitung: Marc Strittmatter
Programm- und Verlagsleitung: Dorothee Seeliger
Herstellung: Maike Harmeier
Umschlaggestaltung: KMS Team GmbH, München
Umschlagfoto: Stefan Braun, München
Satz: Filmsatz Schröter, München
Printed and bound in Singapore by Tien Wah Press

HALLWAG ist ein Unternehmen des GRÄFE UND UNZER VERLAGS,
München, GANSKE VERLAGSGRUPPE
hallwag-leserservice@graefe-und-unzer.de

ISBN 3-7742-0892-1

Hallwag

GRÄFE UND UNZER
Ein Unternehmen der
GANSKE VERLAGSGRUPPE

Für Julia und Rose

Möge ihre Zuversicht sie nie verlasssen

Der Weinkurs war ursprünglich als Begleitbuch zur preisgekrönten, gleichnamigen BBC-Fernsehserie aus dem Jahr 1995 gedacht. Mittlerweile aber ist er zu meiner großen Freude ein ganz eigenständiges Werk geworden.

Ich staune immer wieder, wie viele Menschen es als ihr wichtigstes Weinbuch betrachten. Sie freuen sich über die umfassende Einführung mit zahlreichen fundierten, praxisbezogenen, leicht verständlichen Tipps über das Verkosten, den Kauf und die Lagerung von Wein. Sie schätzen aber auch die vielen Informationen über die Grundlagen des Weinbaus und der Bereitung sowie die Antwort auf die Frage, warum Weine so unterschiedlich schmecken.

Nun hat sich die Welt des Weins in den letzten Jahren aber außerordentlich rasch gewandelt – eine Neuauflage war also dringend notwendig. Um den *Weinkurs* auf den neuesten Stand zu bringen, mussten auf fast allen Seiten Änderungen vorgenommen werden. Den vierten Abschnitt über die Welt des Weins habe ich stark erweitert und vor allem Italien, Spanien, Portugal sowie einen Großteil der Neuen Welt wesentlich ausführlicher behandelt. Natürlich wurde auch die Jahrgangstabelle am Ende des Buchs komplett überarbeitet.

Unschätzbare Hilfestellung haben mir bei meiner Arbeit Julia Zimmermann, Rachel Copus, Nicky Copeland von BBC Books, Lektor Steve Dobell und Designerin Judith Robertson geleistet – und natürlich wie immer meine Agentin Caradoc King.

Ich wünsche Ihnen viel Freude bei der Lektüre dieses Buches und hoffe, es hilft Ihnen, den Wein, dieses großartige Getränk, mehr denn je zu genießen.

Am allermeisten habe ich meiner immer wieder erstaunlich geduldigen Familie, vor allem William und natürlich Nick, zu verdanken.

Inhaltsverzeichnis

Einführung 8

1 Wege zum wahren Weingenuss 11

Der rechte Sinn für Geschmack 12
Wein richtig verkosten 14
Weinsprache 16
Wie wird man Weinkoster? 18
Wein richtig servieren 20
Der richtige Wein 29
Wein und Speisen 34
Wein und Gesundheit 38
Welchen Wein soll man lagern? 39
Wie soll man Wein lagern? 42
Schon das Äußere verrät viel 45
Kleiner Lehrgang im Etikettenlesen 50
Hinweise zum Weinkauf 52
Weinbestellung im Restaurant 54
Besondere Weine 56

2 So entsteht Wein 59

Die Bedeutung der Lage 60
Liegt die Antwort im Boden? 62
Die Weinrebe und ihr Anbau 64
Die Weinrebe und ihre Frucht 67
Das Jahr im Weinberg 68
Weinwissen zum Imponieren 72
Die Weinbereitung 74
So entsteht Schaumwein 84
So entsteht Süßwein 87
Eichenholz, die besondere Würze 91

3 Traubensorten 95

Die Rebenfamilie 96
Weißweintrauben 100
Rotweintrauben 130

4 Die Welt des Weins 155

FRANKREICH 156
Bordeaux 158
Burgund 165
Côte d'Or 166
Chablis 169
Côte Chalonnaise 170
Mâconnais und Beaujolais 171
Champagne 172
Elsass 177
Loire 180
Rhône 185
Provence und Korsika 193
Südwestfrankreich 194
Languedoc 198
Roussillon 201
Vin de Pays 202
Das übrige Frankreich 205
ITALIEN 206
Nordwestitalien 208
Nordostitalien 212
Toskana 218
Das übrige Mittelitalien 224
Süditalien und die Inseln 228
SPANIEN 232
Nordwestspanien 235
Ribera del Duero 237
Rioja 240
Nordostspanien 242
Das übrige Spanien 245
Sherry 247
PORTUGAL 250
Portwein 256
DEUTSCHLAND 260
ÖSTERREICH 268
SCHWEIZ 270
MITTEL- UND OSTEUROPA 272
MITTELMEERLÄNDER 278
USA 281
Kalifornien 282
Washington 293
Oregon 296
Das übrige Nordamerika 298
KANADA 299
CHILE 300
ARGENTINIEN 304
Das übrige Südamerika 307
AUSTRALIEN 308
Südaustralien 312
Victoria 318
Neusüdwales 320
Westaustralien 322
Tasmanien 324
NEUSEELAND 325
SÜDAFRIKA 330
ANDERE LÄNDER 336
Jahrgangshinweise 337
Legenden Aufschlagbilder 343
Bildnachweis 344
Register 345

Einführung

Die Hauptsache am Wein ist, dass er Vergnügen bereitet, und zwar so viel wie möglich und so vielen Menschen wie möglich. Wer behauptet, Weinkennerschaft sei einer ganz besonderen Elite vorbehalten, der verdient nichts weiter als Verachtung.

Beim Wein ist tierischer Ernst unangebracht. Er bildet vielmehr eines der Glanzlichter in unserem Leben, einen Genuss, der die Stimmung hebt und gesellschaftliche Steifheit lockert. Mehr über ihn zu wissen verhilft uns dazu, ihn mit mehr Zutrauen in Muße zu genießen.

Obwohl der Wein natürlich mehr bewirkt, als nur die Gurgel zu schmieren, braucht man für das rechte Verständnis lediglich Interesse und einen guten Geruchssinn. Dieses Buch will Sie in diesen vielschichtigen Gegenstand einführen, vom Kapitel »Wege zum wahren Weingenuss« (Seiten 11 bis 57), worin vom Sinn des Probierens, Servierens, Auswählens und Einkaufens die Rede ist, über das Kapitel »So entsteht Wein« (Seiten 59 bis 93) bis hin zu zwei Aspekten, die Ordnung in die Vielfalt des Weins bringen helfen: Die »Traubensorten« (Seiten 95 bis 153) und »Die Welt des Weins« (Seiten 155 bis 336).

Von außen betrachtet nimmt sich diese Welt schrecklich kompliziert aus, und die Vielfalt, das großartigste Attribut des Weins, ist zugleich auch einer seiner Nachteile. Weinkarten in Restaurants und Flaschenreihen auf Ladenregalen wirken oft wie ein undurchdringlicher Dschungel aus schwer verständlichen Namen in fremden Sprachen.

Doch Hilfe ist nah. Immer mehr Erzeuger setzen die Namen der Traubensorten, aus denen ihre Weine entstehen, auf die Flaschen – entweder gleich vorn oder doch wenigstens auf Rücken-

Ein paar Insidertipps auf den Weg

So darf der Amateur sagen:	**So sagt der Profi:**
Flaschenöffner	Korkenzieher
Kasten (Wein)	Kiste (= 12 Flaschen)
Trinken	Verkosten oder Degustieren
Sekt (für alle Schaumweine, auch für Champagner)	Schaumwein (für jeden Sekt, nicht aber für Champagner)

Der Amateur meint etwa:	**Der Profi dagegen weiß:**
Ein Bodensatz in der Flasche sei ein schlechtes Zeichen.	Der Bodensatz ist ein Anzeichen dafür, dass der Erzeuger Qualität über Kosmetik stellt.
Claret sei in England das Wort für Rotwein.	Claret ist in England der gängige Begriff für roten Bordeaux.
Zinfandel sei Weißwein.	Zinfandel ist eine Rotweintraube, die aus der Mode gekommen war, bis in den 1980er-Jahren in Kalifornien ein kluger Kopf auf die Idee kam, Weißwein von ihr zu keltern.

etiketten mit erläuternden Texten. Befürworter klassischer Reinheit beklagen zwar diesen Trend und behaupten, Wein solle eine bestimmte Lage und nicht die Traubensorte zum Ausdruck bringen, und nur Weine mit ausschließlich geographischer Bezeichnung seien »echte« Weine.

Bei allem Respekt: Das ist Unsinn. Natürlich ist ein vollendeter Wein zwar Ausdruck einer ganz bestimmten Weinberglage, ihres Bodengefüges (allerdings nicht, wie oft behauptet wird, der Bodenzusammensetzung) und so weiter – das aber ist nur die zweite Stufe im Weinverständnis (und wie viele Weine bringen ihre Herkunft so klar zum Ausdruck, dass ein erfahrener Blindverkoster sofort sagen kann, woher der jeweilige Wein stammt?).

Die erste Stufe ist der Hauptfaktor, der die Charakteristiken der meisten Weine bestimmt: die Traubensorte oder die Kombination von Traubensorten, die ihnen zugrunde liegt. Die Pfade durch den vermeintlich unpassierbaren Dschungel lassen sich weitgehend schon dadurch finden, dass man beispielsweise die Verbindungslinien zwischen verschiedenen Chardonnays aus aller Welt erkennt. Sie alle bringen wiederum auch geographische Hinweise mit sich, die mit dazu beitragen, uns ein Bild von der Welt des Weins und ihren Einflüssen auf die Traubensorten zu vermitteln, sodass wir schließlich die zweite Stufe ganz von selbst erreichen, indem wir uns einen Eindruck etwa von Carneros in Kalifornien oder Meursault in Burgund zu verschaffen suchen.

Heutzutage braucht man, um Weinverständnis zu erwerben, nicht mehr hunderte von fremden Ortsnamen zu erlernen. Für den Anfang genügen sieben Namen, nämlich die der wichtigsten Traubensorten, aus denen die meisten Weine, denen wir begegnen, gewonnen werden: Chardonnay, Sauvignon Blanc und der bedauerlicherweise heute so unterbewertete Riesling für Weißwein sowie Cabernet Sauvignon, Merlot, Pinot Noir und Syrah (oder Shiraz) für Rotwein.

Über sie wird unter »Traubensorten« ausführlich berichtet. Außerdem werden auch Informationen über einige hundert weitere Traubensorten gegeben, die in den kommenden Jahren wohl immer öfter auf Flaschenetiketten erscheinen dürften, weil die Weinerzeuger auch weiter experimentieren und sich bei der Etikettierung mehr auf die Wünsche des Verbrauchers einstellen. Als wichtigsten Punkt versuche ich herauszustellen, wie die verschiedenen Weine schmecken sollen.

Im Kapitel »Die Welt des Weins« unternehmen wir dann eine Reise durch alle Winkel dieser Erde, in denen Wein erzeugt wird. Dabei mache ich auf die Unterschiede dieser Weine aufmerksam sowie selbstverständlich auch darauf, welche Traubensorten dort angebaut werden. Ich erläutere nicht nur, wie die Weine dort beschaffen sind, sondern auch, warum sie so sind.

Die Geschichte des Weins reicht mindestens 5500 Jahre zurück – bis über die Bronzezeit hinaus. Seine geographische Herkunft umfasst alle gemäßigten Zonen der Welt (und nicht wenige tropische dazu). Das Weingewerbe hat seine Heimat in manchen der schönsten Weltgegenden, und man begegnet in ihm den farbigsten Persönlichkeiten, die man sich nur vorstellen kann. Der Wein hat reiche religiöse Symbolkraft, und eine seiner ungewöhnlichen Eigenschaften ist es, jahrhundertelang haltbar zu bleiben und sich dabei weiter zu entfalten – dadurch bildet er ein unmittelbar greifbares Bindeglied zu vergangenen Generationen. Heute jedoch ist die Weinerzeugung ein ganz von Wissenschaft durchdrungener Produktionszweig, der erstaunlich offen und freimütig in Dingen ist, die anderswo als Produktionsgeheimnis gehütet würden.

In diesem Buch versuche ich, Ihnen den Einblick eines Insiders in die Welt des Weins zu vermitteln. Bei der Planung und schließlich beim Schreiben wurde mir nicht nur klar, wie rasch diese Welt sich in den letzten Jahren verändert hat, sondern auch, um wie viel weniger unwissend (ich möchte beileibe nicht behaupten, kenntnisreicher) ich inzwischen geworden bin und wie viel mehr an Informationen und Ratschlägen ich als Insider weitergeben möchte. Es ist meine große Hoffnung, dass dieses Buch auf bescheidene Weise dazu beitragen möge, seinen Leserinnen und Lesern zu mehr Vergnügen am Wein zu verhelfen.

Jancis Robinson

1
Wege zum wahren Weingenuss

Der rechte Sinn für Geschmack

Meiner Meinung nach beginnt Weingenuss mit dem Glas Wein, das man gerade trinkt. Schulwissen in Weingeographie oder Jahrgangsbewertung ist zwar recht schön, rangiert aber erst ganz weit hinten im Lehrstoff zum Thema, wie man aus jedem Tropfen Wein möglichst viel Genuss herausholt.

Ich frage mich oft, wie viel Wein alles, was er in sich hat, an den Mann oder die Frau zu bringen vermag, und wie viel davon nur Gurgeln schwenkt, ohne dass ihm auch nur ein Gedanke oder ein kurzes Schnuppern gegönnt wird. Dabei ist die Empfindlichkeit der Nase als Instrument des Geschmackssinn nicht hoch genug zu veranschlagen.

Man braucht nur daran zu denken, wie sehr Speisen, auch kräftig gewürzte, nach nichts schmecken, wenn man einen Schnupfen hat, dann sieht man ohne weiteres ein, was für eine große Rolle der Geruchssinn beim so genannten Geschmack spielt. Tatsächlich können wir Geschmack nur in Form des Aromas empfinden, weil die dafür aufnahmebereiten Nervenzellen in dem etwa briefmarkengroßen Riechfeld konzentriert sind, das sich im oberen Nasenraum befindet, im Riechkolben, der seine besonderen Botschaften an das Gehirn weiterleitet. Moleküle können dorthin aber nur in Form von Dämpfen gelangen, wie sie von Flüssigkeiten abgegeben werden. Will man den Duft einer Flüssigkeit, also etwa von Wein, möglichst vollständig empfinden, muss man dafür sorgen, dass die entsprechenden Moleküle aus ihm herausgelöst werden; dies geschieht am besten durch Schwenken des Weins im Glas, bevor man kräftig daran schnuppert. Das vor jedem Schluck zu tun wirkt wohl zunächst etwas übertrieben, ist aber doch sinnvoll. Wenn Wein mehr zu bieten hat als nur den Alkohol, den man schließlich in Wodka oder Bier genauso gut vorfindet, dann ist es vor allem die außerordentliche Fülle an Düften, die nicht nur in jeder Flasche stecken, sondern auch in jedem Glas Wein, wobei sie sich unter der Einwirkung des Luftsauerstoffs auch noch stetig verändern. Da nun Mensch und Natur sich solche Mühe geben, diese Duftfülle im Wein einzufangen und zu erhalten, ist es nur recht und billig, sie auch zu würdigen, wann immer man einen Schluck nimmt. Damit geht man nicht nur sicher, jede Flasche Wein, die man kauft, auch voll auszukosten, es hat auch den Vorteil, das Tempo des Konsums zu verlangsamen.

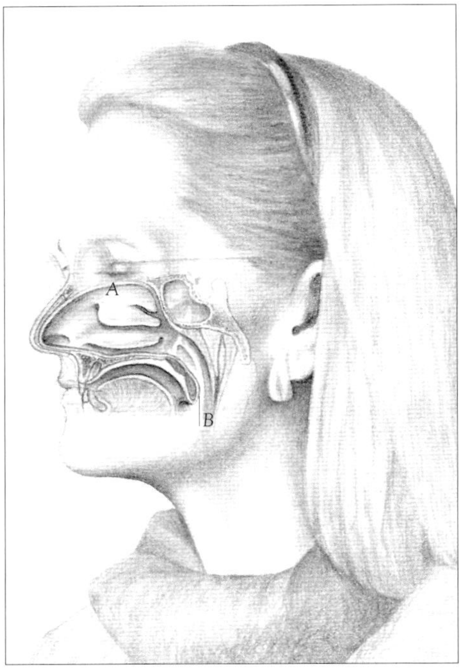

Das Riechfeld (A) im oberen Nasenraum nimmt dank Millionen von Nervenzellen die Moleküle flüchtiger Stoffe auf und leitet die dadurch entstehenden Duftbotschaften an das Gehirn weiter, das sie zu eindeutig identifizierbaren Mustern sortiert und verschmilzt. Auch durch den Nasenrachenraum (B) gelangen Düfte zum Riechfeld.

Hier mag nun mancher Weinfreund die Stirn runzeln und meinen, er kenne sich mit dem Geschmack des Weins doch schon recht gut aus, ohne jemals an einem Glas Wein bewusst geschnuppert (oder wie es in der Weinfachsprache gelegentlich heißt, seine »Nase« begutachtet) zu haben. Das stimmt insofern, als Wein von Natur aus freigebig mit Dämpfen umgeht und manche Weine, beispielsweise von Sauvignon-blanc- und Riesling-Trauben, von sich aus sehr aromatisch sind. Eine wichtige Rolle spielt aber auch der Nasenrachenraum (B in der nebenstehenden Skizze), durch den so manches Duftmolekül direkt aus der hinteren Mundhöhle zum Riechfeld gelangt, ohne dass man sich besonders darum zu bemühen braucht.

Vor allem auf diese Weise »schmeckt« man Speisen, denn beim Kauen werden sie in Flüssigkeiten umgewandelt, deren Duftmoleküle durch den Nasenrachenraum zum Riechfeld aufsteigen. Allerdings kann man bei zahlreichen Feinschmeckern auch beobachten, dass sie wie die Weinverkoster zunächst den Duft der Gerichte und ihrer Zutaten aufmerksam prüfen, bevor sie den ersten Bissen zu sich nehmen.

Wozu aber sind dann die vielen Nervenzellen im Mund nütze? Auch sie – die so genannten Geschmacksknospen, von denen rund 10 000 über die Zunge, weit weniger dagegen über die übrige Mundhöhle und schließlich noch weniger in der Kehle verteilt sind – spielen beim Schmecken eine wichtige, jedoch ganz anders geartete Rolle. Sie können zwar nicht wie die Geruchsnerven tausende von Aromen unterscheiden, doch sind sie für die grundlegenden Geschmackseindrücke zuständig: sauer, süß, bitter und salzig (ein fünfter Eindruck namens Umami schmeckt wie Glutamat). Die Verteilung und Konzentration der Geschmacksknospen ist von Mensch zu Mensch unterschiedlich, und infolgedessen besteht ein gewisses Maß an Uneinigkeit darüber, wie sie genau funktionieren. Ganz allgemein aber lässt sich sagen, dass die Geschmacksknospen an der Zungenspitze besonders empfänglich für Süße sind, während jene am oberen Zungenrand am stärksten auf Säure ansprechen und der flache Zungenrücken für bittere Eindrücke am empfänglichsten ist. Der vordere Zungenrand nimmt wiederum vor allem Salzigkeit wahr.

Wein enthält noch drei weitere Inhaltsstoffe, die sich in der Mundhöhle bemerkbar machen. Tannin oder Gerbsäure (Seite 73) ist ein im Rotwein von Natur aus vorhandener, oft bitterer Konservierungsstoff, der aus den Traubenschalen, Kernen und Stielen stammt und im Mund eine ähnliche Wirkung hervorruft wie Tee, der recht lange gezogen hat. Alkohol (Seite 72) vermittelt nicht nur einen Eindruck von Süße, sondern hat auch seine eigene Wirkung auf unser Nervensystem. Manche alkoholstarke Weine hinterlassen nach dem Hinunterschlucken am Gaumen ein »hitziges« Gefühl. Viele enthalten auch deutlich wahrnehmbare Kohlensäure, deren Wirkung von einem sanften Prickeln im Mund bis zu einer starken Schaumentwicklung reichen kann.

Ungleichheit ist menschlich

Fast jedermann kann Wein degustieren – man braucht dazu nur guten Willen und eine gute Nase. Allerdings besteht von einem Menschen zum anderen Ungleichheit nicht nur in der körperlichen Beschaffenheit überhaupt, sondern auch darin, welche Düfte besonders gut wahrgenommen werden und wie kräftig die Empfindlichkeit für sie ausgebildet ist. Es gibt einige wenige Menschen – man nennt sie Anosmiker –, deren Geruchssinn schwach ausgebildet ist oder gar ganz fehlt, sei es von Geburt, sei es infolge von Hormonstörungen oder Kopfverletzungen, aber auch eine Strahlentherapie oder – und das ist die häufigste Ursache – fortgeschrittenes Alter kann daran schuld sein. Die Geruchs- und Geschmacksnerven sind zwar die einzigen im Gesamtnervensystem, die sich bei Überalterung oder Beschädigung gegebenenfalls regenerieren, doch am exaktesten funktioniert der menschliche Geruchssinn im Alter zwischen dreißig (dann sind Erfahrung und Unterscheidungsvermögen genügend ausgebildet, um die reichhaltigen Informationen richtig interpretieren zu können) und sechzig Jahren (danach werden die Duftbotschaften schwächer). Beim Menschen ist nur ein kleiner Teil des Gehirns dafür vorgesehen, Informationen aus dem Geruchsfeld zu interpretieren. Beim Hundshai ist dieser Teil dagegen besonders groß; Hundshaie müssten also großartige Weinkoster abgeben!

Wein richtig verkosten

Eigentlich braucht man nur ein Glas (Seiten 26 bis 27) und etwas Konzentration. Es wird viel unnütz über Fremdgerüche geredet, aber auch über die Verhältnisse im Mund. Wirklich den Geschmack beeinträchtigende Nahrungsmittel werden auf Seite 34 erörtert, aber ein Schluck Wasser oder ein Bissen von etwas Geschmacksneutralem, etwa Brot, genügt schon, um den Mund von allem, außer vielleicht dem schärfsten Chili, zu reinigen. Ein ernsthafterer Feind des Weins ist Zahnpasta; so manches Glas Champagner hat schon seinen Eindruck verfehlt, nur weil vorher unbedingt die Zähne geputzt werden mussten. Dagegen erfrischt Mundwasser ohne Menthol den Mund sehr wirksam und lässt die Geschmacksempfindung intakt.

1. Schritt Das Aussehen des Weins zu prüfen ist der unwichtigste Teil des Degustierens – es kann aber überaus nützlich sein beim Erraten eines unbekannten Weines. Neigt man das Glas von sich weg, am besten vor einem weißen Hintergrund, sieht man die Farbnuancen deutlich, vor allem am Rand, wo sich das Alter des Weins zu erkennen gibt. Je mehr Brauntöne er aufweist, desto älter ist er meist. Rotwein ist im Allgemeinen tief purpurrot bis hell bräunlich rot, Weißwein dagegen hell grünlich gelb bis tief golden (Seite 43). Spitzenweine zeichnen sich meist durch prachtvollen Glanz aus, während kommerzielle, stark behandelte Weine oft stumpf und eintönig wirken.

Manche Profis fassen das Glas am Fuß, am Stiel aber hält es sich bequemer, und der Wein ist dabei genauso gut gegen die Körperwärme abgeschirmt.

2. Schritt Wie wichtig es ist, den Geruch des Weins zu prüfen, wurde schon auf Seiten 12 und 13 besprochen. Da die Duftmoleküle nur vom Flüssigkeitsspiegel aufsteigen, kommt es darauf an, die Oberfläche des Weins möglichst groß zu machen. Dies geschieht am besten, indem man das am Stiel gehaltene Glas schwenkt, wobei sich diese Bewegung elegant ausführen lässt und die Temperatur des Weins nicht beeinflusst wird. Auch sollte das Glas höchstens halb gefüllt sein, damit kein Wein herausspritzen kann. Ein ideales Weinglas verengt sich zum Rand hin, sodass nicht nur der geschwenkte Wein, sondern auch die duftgeschwängerte Luft darüber sicherer im Glas bleiben. Einmal kurz und konzentriert schnuppern genügt nun schon. Es gilt darauf zu achten, ob sich der Geruch sauber und ansprechend ausnimmt (sonst sollte man den Wein zurückgehen lassen – Seite 54 – oder gar nicht daran riechen), wie intensiv er ist und an was er erinnert. Trauben enthalten tausende von Inhaltsstoffen, von denen viele auch in anderen Substanzen vorkommen. Außerdem entstehen durch Reaktion dieser Stoffe miteinander während der Gärung und der Reifezeit eigene Duftnuancen. Es ist also durchaus nicht verwunderlich, dass sich die Duftwahrnehmung mit Worten nur ungenügend beschreiben lässt. Am genauesten können wir dem Geruch oder Duft eines Weins gerecht werden, wenn wir uns notieren, woran er uns erinnert (Seite 17). Freilich kommen im Wein auch noch Substanzen vor, die nicht von anderswoher bekannt und benennbar sind. Viele Duftkomponenten – etwa die in blumig aromatischen Trauben anzutreffenden Monoterpene und das in

Sauvignon blanc und Cabernet Sauvignon vorkommende grasige Methoxypyrazin – werden derzeit genauer erforscht und können dereinst vielleicht sogar künstlich hergestellt und billigen Weinen beigemischt werden.

3. Schritt Nun nimmt man einen Schluck Wein in den Mund, gerade so viel, dass Gaumen und Zunge gut bespült werden, um die in der Mundhöhle erfassbaren Dimensionen voll wahrnehmen zu können. Wie auf den Seiten 12 und 13 schon besprochen, gilt es darauf zu achten, wie süß, sauer, bitter, gerbstoffherb, alkoholstark und spritzig der Wein ist. Auch sein Körper (Seite 16), also die Einschätzung, um wie viel dicker als Wasser ein Wein ist, lässt sich ermessen. Schlürft man ein wenig Luft mit ein, so steigen die Dämpfe durch den Nasenrachenraum leichter auf (deshalb hört sich professionelles Weinverkosten oft recht unfein an). Auch sollte man das »Gefühl im Mund« beachten. Es kann unterschiedlich scharf, rau oder seidig-samtig ausfallen. Wer beruflich vielleicht hundert Weine am Tag verkosten muss, spuckt den Wein wieder aus, wer nur zum Vergnügen verkostet, darf ihn hinunterschlucken.

4. Schritt Jetzt ist es an der Zeit, den Wein insgesamt zu beurteilen. Waren Süße, Säure, Alkoholstärke und der eventuelle Gehalt an Tannin, Bittergeschmack und Kohlensäure im Gleichgewicht? Bei jungem Rotwein drängt sich oft das Tannin vor, bei jungem Weißwein dagegen die Säure. Ein solcher Mangel an Gleichgewicht wäre bei älterem Wein ein Fehler. Ist die Süße durch Säure ausgewogen, oder schmeckt sie aufdringlich? Ein weiterer Qualitätsindikator ist die Nachhaltigkeit. Ein mittelmäßiger Wein hinterlässt im Mund und im Riechfeld kaum einen Eindruck, einen feinen Wein dagegen schmeckt man oft noch dreißig Sekunden und länger nach dem Hinunterschlucken.

Probieren geht über Studieren

- *Halten Sie sich die Nase zu, und probieren Sie einmal, ob Sie schwarzen Kaffee von schwarzem Tee am Geschmack unterscheiden können. Wenn Sie sich auch noch die Augen verbinden, können Sie wahrscheinlich nicht einmal Milchschokolade und Roquefort-Käse auseinander halten. Das veranschaulicht die wichtige Rolle der Nase bei der Geschmackserkennung.*
- *Um festzustellen, wie Ihr Geschmackssinn auf Säure reagiert, riechen Sie zunächst an Zitronensaft oder Essig und nehmen Sie dann eine Kostprobe. Mich kribbelt es schon beim Riechen an der Zungenkante, aber nicht jeder Mensch reagiert gleich.*
- *Um Ihre Wahrnehmungskraft für Tannin zu ermitteln, spülen Sie Ihren Mund mit kaltem schwarzem Tee aus; beobachten Sie nun, in welchen Teilen der Mundhöhle Sie die stärkste Reaktion verspüren. (Übrigens kann man Tannin und Zucker nicht riechen.)*
- *Eine Vorstellung vom Körper des Weins bekommt man, wenn man einen leichten Mosel mit weniger als 10 % Alkohol mit einem schweren Chardonnay oder Rhône-Weißwein von über 13 % vergleicht. Beachten Sie besonders, dass sich der schwerere Wein ganz anders als Wasser anfühlt und einen warmen, süßen Eindruck im Mund hervorruft (Alkohl schmeckt oft süß).*

Weinsprache

Es folgen Ausdrücke, die oft sehr ungenau für die Dimensionen und den Geschmack des Weins gebraucht werden. Schlechte Merkmale sind mit »S«, gute mit »G« bezeichnet. Auf nebenstehendem Aromakreis finden Sie Begriffe eingetragen, die den wirklichen Duft bzw. Geschmack genauer charakterisieren. Weitere technische Begriffe auf den Seiten 72 und 73.

Abgang Der von einem Wein nach dem Hinunterschlucken (oder Ausspucken) verbleibende Geschmackseindruck. Man spricht von LANGEM oder KURZEM Abgang.
Acetaldehyd Aus Alkohol unter Lufteinwirkung entstehende chemische Verbindung.
Adstringierend Übermäßig herber Eindruck bei tanninreichem Weißwein. (S)
Aroma Der einfache, oft fruchtige Duft von jungem Wein; vgl. BUKETT.
Ausgewogen Harmonisches Gleichgewicht von Säure, Süße, Tannin und Alkohol. (G)
Beine Siehe TRÄNEN.
Biss Kräftiger, jedoch nicht aufdringlicher Tanningehalt.
Blindverkostung Erkennung und Beurteilung von Weinen in unkenntlich gemachten Flaschen (ohne Augenbinden).
Bukett Der Duftkomplex, der sich mit zunehmendem Alter des Weins entfaltet; vgl. AROMA.
Duft Eigentlich AROMA.
Dumpfig Im Duft mangelhaft.
Essigsäure In kühl vergorenen Weißweinen häufig anzutreffende flüchtige Säure, im Übermaß ein Fehler.
Ester Bei der Gärung oder Lagerung aus Säuren und Alkohol gebildete, oft sehr aromatische chemische Verbindungen (Nagellackentferner hat starken Estergeruch).
Extrakt Die Gesamtheit der nach dem Verdampfen eines Weins verbleibenden Feststoffe, also Phenole (Seite 73), Zucker, Minerale und GLYZERIN.
Fest Merklicher Tanningehalt. (G)
Flaschenreife Der mildernde Effekt der Lagerzeit in der Flasche.
Flau Säurearm. (S)
Frisch Angenehm säuerlich. (G)
Frucht Jugendliche Kombination aus Geschmack (AROMA) und KÖRPER aus den Trauben.
Fruchtig Wein mit guter FRUCHT.
Frühreif Schneller entfaltet als erwartet.
Gefühl im Mund Die von der Beschaffenheit des Weins, insbesondere durch Tannin und KÖRPER hervorgerufene Empfindung.
Geschmackseindruck Die Gesamtwahrnehmung beim Schmecken eines Weins.
Geschmeidig Sanfte Beschaffenheit. (G)
Glyzerin Farblose, von Natur aus süßliche Substanz, die zum KÖRPER beiträgt.
Grün Zu sauer. (S)
Hart Zu gerbstoffreich. (S)
Hohl Mangel an Frucht. (S)
Horizontale Verkostung Vergleichsprobe mit verschiedenen, jedoch einander ähnlichen Weinen aus einem Jahrgang.
Karg Mangel an FRUCHT, nicht aber an Säure. (S)
Konzentriert Kräftiger EXTRAKT oder intensive Geschmacksfülle. (G)
Korkeln Muffig-schimmeliger Geschmack durch einen schlechten Korken (Seite 18). (Sehr S)
Körper Vor allem auf Alkohol- (Seiten 36 und 37) und Extraktgehalt beruhende Charakteristik des Weins.
Kurz Gegensatz zu LANG. (S)
Lang Anhaltende Duft- und Geschmacksempfindung nach dem Hinunterschlucken. (G)
Lebendig Lebhaft, säuerlich. (G)
Leer Alter Wein mit verblasster FRUCHT sowie flach gewordenem Duft und EXTRAKT. (S)
Leicht Relativ wenig KÖRPER.
Lieblich Deutlich süß.
Mild Bei Rotwein gleichbedeutend mit lieblich.
Nachgeschmack Der nach dem Hinunterschlucken des Weins wahrgenommene Geschmack; vgl. ABGANG.
Nase Jargonausdruck für Duft.
Oxidiert Durch zu viel Sauerstoffeinwirkung geschädigt (Seite 73). (S)
Reif Zu voller Genussreife entfalteter Wein. (G)
Rund Kräftiger KÖRPER und nicht zu viel Tannin. (G)
Sanft Nicht stark tanninhaltig.
Sauer Übermäßig starke Säure. (S)

Scharf Deutliche, jedoch nicht überzogene flüchtige Säure.
Schwer Kraftvoller Alkohol- oder EXTRAKT-Gehalt. (Meist G)
Spritzig Leicht kohlensäurehaltig.
Stark Zu alkoholhaltig. (S)
Tanninherb Zu gerbstoffreich (Seite 73). (S)
Tränen Nach dem Schwenken eines relativ alkoholstarken Weins auf der Innenwand des Glases zurückbleibende farblose Streifen. Mit GLYZERIN hat die Erscheinung nichts zu tun.
Verschlossen Unausgereift, daher im Duft zurückhaltend.
Vertikale Verkostung Vergleichsprobe mit verschiedenen Jahrgängen gleicher Provenienz.
Volatil Ein hoher Gehalt an volatiler, d. h. flüchtiger Säure macht sich durch essigartigen Geschmack bemerkbar. (S)
Voll Wein mit kräftigem KÖRPER.

Aromakreis

Jeder hat eigene Vorstellungen davon, wonach etwas schmeckt (also für das Aroma). Deshalb bringe ich hier meine persönliche Version der bahnbrechenden graphischen Darstellung, die von der Professorin Ann C. Noble und ihren Kollegen an der University of California in Davis entwickelt worden ist, um in die Degustationsterminologie etwas mehr Ordnung zu bringen. Vielleicht finden Sie hier Anregungen für Ihr eigenes Vokabular.

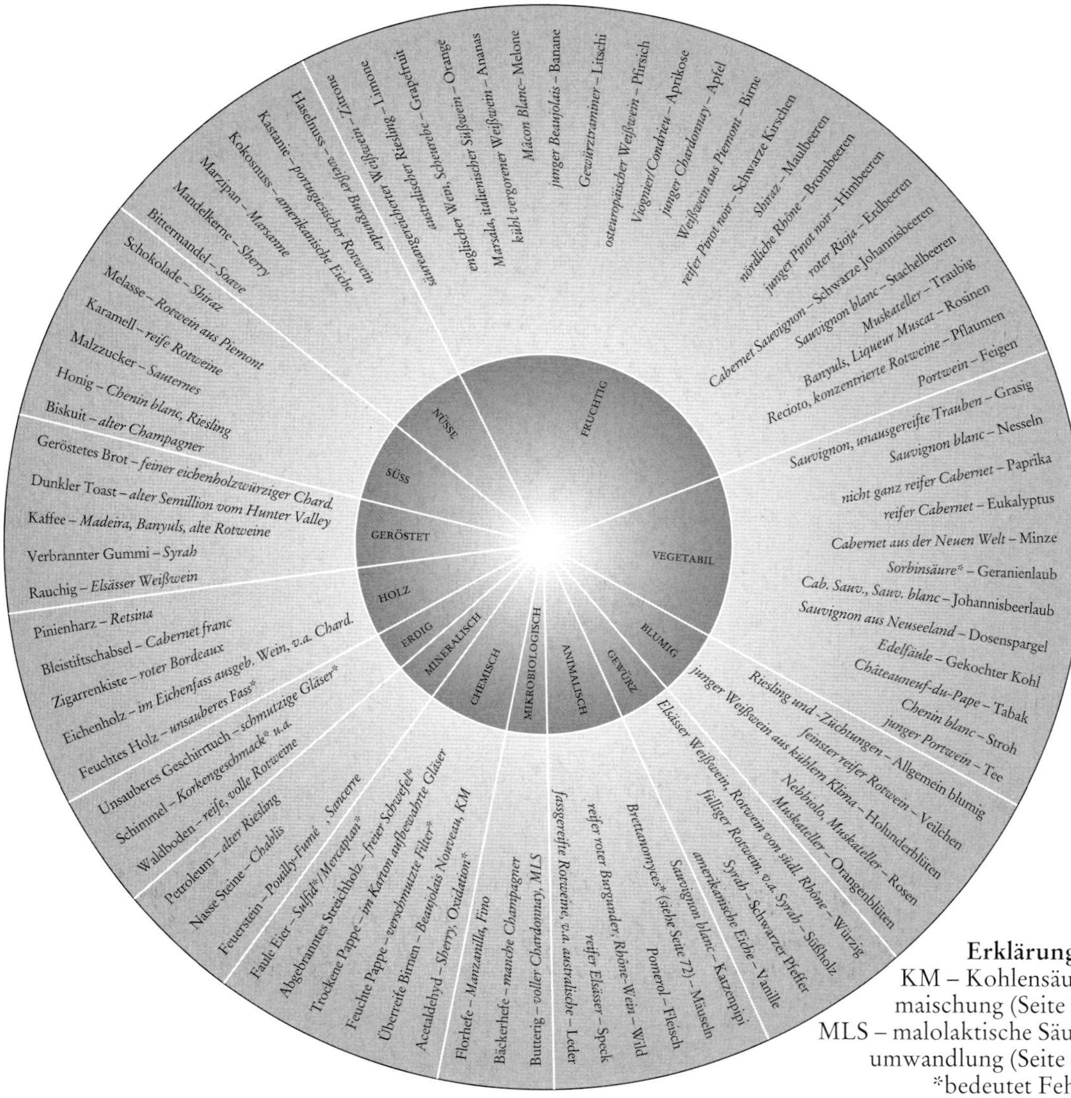

Erklärungen
KM – Kohlensäuremaischung (Seite 78)
MLS – malolaktische Säureumwandlung (Seite 82)
*bedeutet Fehler

Wie wird man Weinkoster?

Ich bin überzeugt, dass jeder Mensch mit gutem Geruchssinn und Interesse an der Sache ohne weiteres Weinkoster werden kann. Bestärkt fühle ich mich in meiner Meinung durch jahrelanges Anhören der Versuche professioneller Weinkoster, die immer wieder gleichen Weine mit ganz verschiedenen, oft widersprüchlichen Begriffen zu belegen.

Nur man selbst kann ja schließlich wissen, wie ein Wein auf die eigenen Sinne wirkt. Beim Weingeschmack gibt es keine absoluten Wahrheiten. Daher gilt die Meinung des Novizen ebenso viel wie die des Experten. Der einzige Unterschied ist, dass wir Fachleute viel mehr Gelegenheit hatten, Selbstvertrauen zu gewinnen, und deshalb verkünden wir unsere Theorien lauter, als der Neuling es wagt.

Tatsächlich stelle ich oft fest, dass Neulinge einen Weingeschmack treffender beschreiben als wir Profis mit unserem festgefahrenen Vokabular und bei Blindverkostungen häufig besser abschneiden, weil ihnen noch nicht so viele verwirrende Ausnahmen von den Regeln begegnet sind.

Degustieren ist eindeutig eine subjektive Angelegenheit. Hat man erst einmal einige Weine bewusst verkostet, kann man auf der dabei gewonnenen Erfahrung aufbauen, indem man die Gemeinsamkeiten der Weine, die einem besonders schmecken, beachtet. Nimmt man die für den Weingeschmack meist maßgeblichen Traubensorten (siehe Teil 3) und die Tabelle auf Seite 53 hinzu, dürfte es durchaus gelingen, die Weine des persönlichen Geschmacks herauszufinden.

Nützliche Fingerzeige

Der Aromakreis auf Seite 17 gibt zahlreiche Hinweise auf Zusammenhänge bei bestimmten Geschmacksnoten.

Allgemein

• Farblose Streifen nach dem Schwenken – hoher Alkoholgehalt, also reife Trauben, d. h. aus einem warmen Klima oder einem warmen Jahr.

• Leichte Perlenbildung – vielleicht ein säurearmer Wein aus der Neuen Welt, der durch Kohlensäure frischer wirken soll. Zeigt ein Stillwein jedoch stärkere Schaumentwicklung, ist vermutlich eine Zweitgärung in der Flasche schuld – ein Fehler.

Rotweine

• Tiefe Farbe – warmer Sommer, Cabernet, Syrah/Shiraz, Nebbiolo, lange Maischzeit.
• Hell – kühles Klima, Beaujolais, Pinot noir.
• Purpur – junger Wein.
• Ziegelroter Rand – alter Wein.

Weißweine

• Leichter Körper – kühles Klima oder sehr hoher Ertrag; kommt kräftiges Aroma hinzu, ist es ein deutscher Wein.
• Voller Körper, helle Farbe – Fassgärung?
• Bräunlicher Schimmer – alter, oxidierter Wein oder aber Fassausbau nach Erzeugung unter Schutzgas.

Was tun, wenn ein Wein einfach scheußlich schmeckt?

• Wein, welcher den Geschmack eines schlechten Korkens angenommen hat, schmeckt abstoßend schimmelig – er korkelt. Je länger die Luft auf ihn einwirkt, desto stärker wird der Geruch; der Geschmack ist meist eklig und ohne Frucht. Solchen Wein sollte man dem Lieferanten zurückgeben und Ersatz dafür verlangen. Da die meist in Portugal befindlichen Korkverarbeitungsanlagen noch relativ einfach sind, kommen verschimmelte Korken immer wieder und neuerdings anscheinend häufiger vor. Derzeit rechnet man mit einer verdorbenen Flasche auf 15 bis 50 gute. Dieser weite Streubereich erklärt sich daraus, dass die Empfindlichkeit für Korkengeschmack ebenso wie für andere Geschmacksnoten von einem Menschen zum anderen unterschiedlich ist. In gewissem Sinn hat es also derjenige besser, der für Korkengeschmack nicht so empfindlich ist.

Punkte und Noten

Professionelle Weinbeurteiler vergeben meist Noten mit bis zu 100, 20 oder 10 Punkten, je nach System, weil von ihnen verlangt wird, eine Rangfolge darüber aufzustellen, wie bestimmte Weine zu einem bestimmten Zeitpunkt erscheinen. Vielleicht macht es auch Ihnen Spaß, sich in der hier gezeigten Form einiges über Weine zu notieren und ebenfalls Noten zu geben. Ich selbst führe gern Notizen über den jeweiligen Reifezustand von Weinen und deute die vermutete Entwicklungsrichtung durch Pfeile an.

Die Punktnoten aus vielen Weinpublikationen stellen durchaus brauchbare Fingerzeige dafür dar, wie bestimmte Weine einem Weinkoster an einem bestimmten Tag vorkamen. Freilich verändert sich Wein höchst unberechenbar (und der Inhalt verschiedener Fässer oder gar Flaschen ist oft sehr unterschiedlich), und zudem sind Vorlieben bei Wein sehr subjektiver Art. Vielmehr sollte man einen Weinkritiker herauszufinden versuchen, der mit dem eigenen Geschmack übereinstimmt, und dann seinen Ratschlägen folgen – aber auch das bitte nicht sklavisch. Denken Sie auch daran, dass ein Weinkoster meist Unmengen verschiedener Weine auf einmal degustiert und deshalb notwendigerweise den auffälligeren die besseren Noten gibt. Ich fand es sehr traurig, als ein hochintelligenter Wein liebender Freund bestürzt von einem Wein erzählte, den er am Abend zuvor getrunken hatte: »Er schmeckte mir so gut, aber dann habe ich bei Robert M. Parker (dem einflussreichsten amerikanischen Weinkritiker) darüber nachgelesen, und dieser gab ihm nur 83 Punkte.«

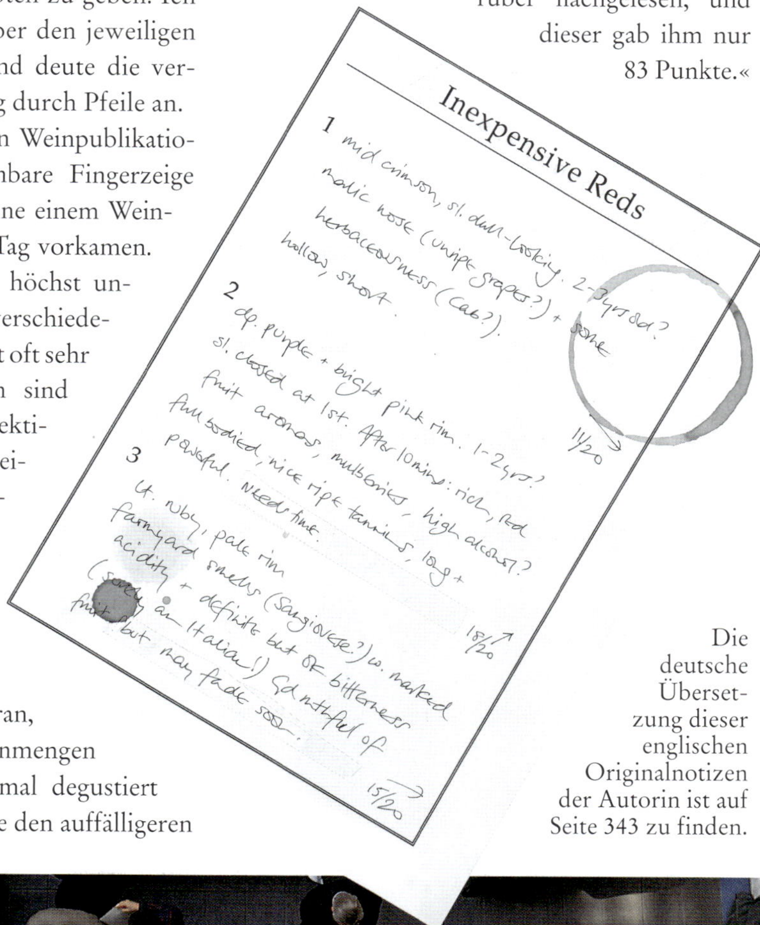

Die deutsche Übersetzung dieser englischen Originalnotizen der Autorin ist auf Seite 343 zu finden.

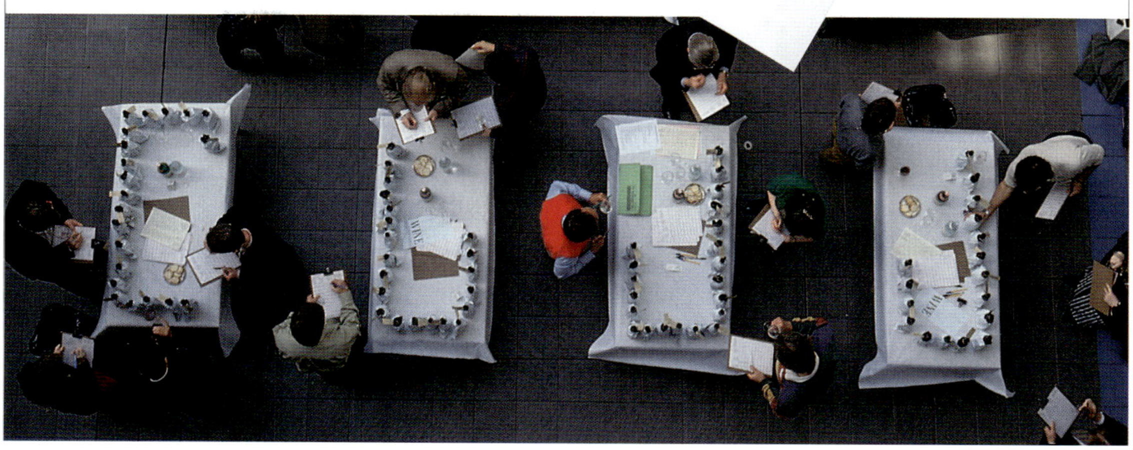

Wein richtig servieren

Sicherlich bin ich voreingenommen, aber ich glaube, es gibt nur wenige Gelegenheiten, bei denen sich Gastfreundlichkeit, Gemütlichkeit und Entgegenkommen so schön zum Ausdruck bringen lassen, wie wenn man ein Glas Wein miteinander trinkt. Ein paar Gläser Wein auszuschenken ist eine viel schlichtere Sache als der sonst übliche Aufwand: »Wie viel Wasser soll es sein? Eis? Zitrone?« Und doch kann ein bescheidenes Glas Wein (das heute meist weniger kostet als eine Flasche Bier) das einfachste Gericht zu einer Festlichkeit machen (obendrein schmeckt das Essen dadurch sogar besser). Ich gebe freilich gern zu, dass es sich hier um Schwärmereien einer leidenschaftlichen Weinliebhaberin handelt.

Bei alltäglichen Gelegenheiten finde ich durchaus nichts dabei, Wein auch aus einer bereits angebrochenen Flasche einzuschenken. Dieser kann dann sogar besser schmecken (Näheres darüber und über Möglichkeiten, ihn in der geöffneten Flasche frisch zu halten, auf Seite 25).

Formellere Anlässe bedürfen allerdings einer gewissen Vorausplanung. Die wohl ungemütlichste Begrüßung dürfte für Ihre Gäste sein: »O bitte, nehmen Sie doch einstweilen Platz; ich muss nur schnell aus dem Haus und etwas zu trinken besorgen.« Noch schlimmer wäre es freilich, wenn Sie erst noch etwas zu essen einkaufen müssten ... Mehr über Mengen und Weinstile finden Sie auf den Seiten 32 und 33.

Ein auf das Wohl seiner Gäste bedachter Gastgeber rechnet sich vorher aus, wie viele Flaschen er von jedem Wein braucht, und stellt sie rechtzeitig bereit. Wollen Sie einen Wein mit Depot anbieten, etwa einen Vintage oder Crusted Port oder über fünf Jahre alten feinen Rotwein, dann müssen Sie die Flaschen mindestens einen Tag vorher aufrecht hinstellen, damit sich das Depot am Boden absetzen kann. (Übrigens ist ein Depot kein schlechtes Zeichen, es bedeutet nämlich, dass der Erzeuger seinen Wein nicht scharf gefiltert, sondern ihm die feinen Trubteilchen belassen hat, was der Geschmacksfülle nur zuträglich sein kann.) Bei den meisten Weinen allerdings ist die wichtigste Frage die Serviertemperatur (Seite 28). Sekt und leichten Weißwein kann man ohne weiteres am Morgen vor der geplanten Abendgesellschaft in den Kühlschrank stellen. Schwerere Weißweine (Seite 36) kommen gewöhnlich besser zur Geltung, wenn man sie lediglich eine oder zwei Stunden vor dem Servieren kühlt. Die meisten Rotweine nehmen die richtige Temperatur an, wenn man sie den ganzen Tag über in den Raum stellt, in dem sie auch serviert werden sollen – leichtere Rotweine jedoch (Seite 37) müssen eventuell vor dem Servieren eine halbe Stunde gekühlt werden, oder man holt sie erst kurz vor dem Servieren aus dem Keller (Seiten 42 bis 44). Ich verteile die Flaschen je nach Stil und Art im ganzen Haus. Auf dem (abgeschalteten) Wäschetrockner ist es weit kühler als in meinem Esszimmer.

Bei großen Partys ist der Kühlschrank meist hoffnungslos überlastet. Im Winter bietet sich der Platz vor dem Fenster als Freiluftkühlraum an. Ansonsten bildet unabhängig von der Außentemperatur ein Eimer, eine Bütte oder gar eine Badewanne voll Eis in Wasser – ein viel besseres Kühlmittel als Eiswürfel allein, die ja nur jeweils an einem Teil der Flaschenoberfläche direkt anliegen – eine brauchbare Lösung.

Muss Wein einmal sehr rasch gekühlt werden, dann ist der Eiskübel (mit Eiswasser) bestens geeignet. Erwärmen lassen sich Flaschen im Mikrowellenherd, doch seien Sie mit der Zeiteinstellung vorsichtig. Denken Sie auch daran, dass ein etwas zu kühler Wein im Glas rasch wärmer wird, wenn man die Hand darum legt.

Ratschläge über den Zeitpunkt des Entkorkens und über das Dekantieren finden Sie auf den Seiten 24 und 25. Noch eine andere Frage: Soll man Flaschen, die im Keller ehrwürdigen Staub angesetzt haben, abwischen? Die meisten auf Sauberkeit bedachten Menschen werden mit einem eindeutigen Ja antworten.

Das Entkorken
Gibt es den idealen Verschluss?

Die Weinerzeuger der Welt verwenden viel Mühe und Nachdenken auf die Frage, wie sie mehr Verbraucher zum Weintrinken veranlassen können (so trinkt nicht einmal jeder dritte Amerikaner annähernd regelmäßig Wein). Und doch bieten sie nach wie vor eines der wenigen Produkte an, die ohne Werkzeug, Geduld und besonderes Geschick nicht zugänglich sind. Die unbeirrte Beibehaltung des Korkens, also eines Stücks Baumrinde, als Flaschenverschluss hat in mancher Hinsicht etwas Ungewöhnliches, umso mehr als wissenschaftliche Forschungen bestätigen, dass der Kronkorken oder auch die Schraubkappe denselben Zweck genauso gut erfüllen (wenn nur die Flaschenhälse entsprechend gestaltet werden). Die Weinerzeuger sind jedoch nicht bereit, auf bequemere und zuverlässigere Verschlüsse umzustellen, weil ebenso viele Studien besagen, dass der Verbraucher erstaunlicherweise auf den Korken und den Korkenzieher als Bestandteil des Weinvergnügens nicht verzichten will. Daher drängt sich der Kunststoffkorken geradezu auf.

Auch ich höre es ausgesprochen gern, wenn der Korken mit einem sanften Geräusch aus der Flasche kommt (und Restaurantbesitzer in aller Welt bestätigen, dass das weit vernehmlichere Knallen von Sektkorken bei anderen Gästen rasch einen Nachahmungstrieb auslöst, weshalb sie sicher nur ungern darauf verzichten würden); deshalb halte ich es mit dem Gedanken, dass Kork ein ökologisch vernünftiges Material ist. Andererseits regt es mich auch nicht wenig auf, wenn ich daran denke, mit wie vielen Schwierigkeiten es verbunden sein kann, den Korken aus der Flasche zu holen (insbesondere aus engen italienischen Flaschenhälsen), dass er manchmal zerbröselt und schädliche Luft in die Flasche gelangen lässt und wie oft eine Flasche Wein durch »Korkeln« (Seite 18) völlig verdorben wird.

(Fortsetzung auf Seite 24)

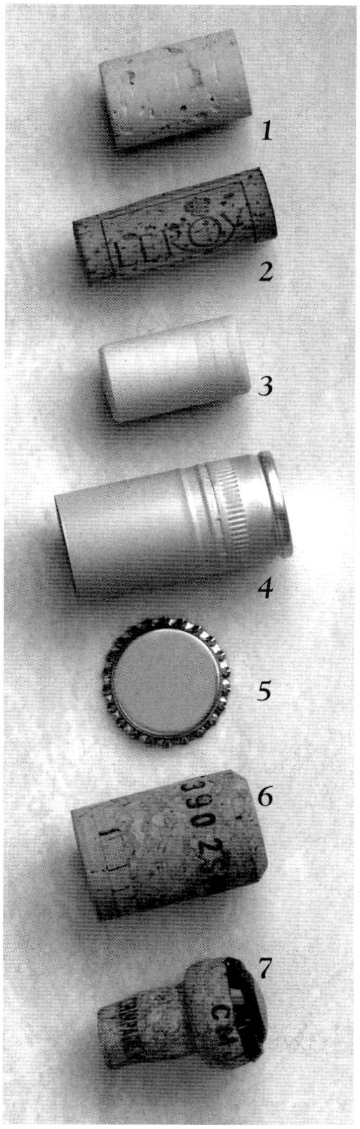

1 Ein Korken der billigeren, kürzeren Art. Die allerbilligsten Korken sind noch kürzer und aus Korkmehl oder -spänen gepresst.

2 Die feinsten, teuersten Korken können bis zu 6 cm lang sein. Dieser Korken hier ist nach einem Jahrzehnt im Flaschenhals schlanker geworden.

3 Kunststoffkorken, hergestellt aus einem Nebenprodukt der Ölindustrie. Diese Korken sind sehr verbreitet, scheinen aber nach ein bis zwei Jahren Luft in die Flasche sickern zu lassen.

4 Die Schraubkappe – wirksam und viel verwendet, vor allem für nicht fassgereifte Weißweine.

5 Der Kronkorken dient im ersten Stadium der Sektherstellung als Flaschenverschluss. Jeder beliebige Wein hält sich mit diesem Verschluss jahrzehntelang.

6 Ein Sektkorken vor dem Eintreiben in die Flasche. Er besteht seiner Dicke wegen aus mehreren miteinander verklebten Korkscheiben.

7 Derselbe Korken, jetzt mit Metallkapsel, nach mehreren Jahren Aufenthalt im Flaschenhals.

Korkenzieher

1 Normaler Korkenzieher mit angespitzter offener Spirale.

2 Der Schmetterling, ein Zweihebelkorkenzieher. Er erfordert wenig Kraftaufwand, besitzt aber oft statt einer Spirale einen problematischen Gewindestab.

3 Dieser weit gehend aus Holz angefertigte Korkenzieher arbeitet ebenfalls mühelos, aber leider sieht man bei ihm nicht, was vorgeht.

4 Beim Screwpull, dem automatischen Korkenzieher, wurden neue Wege beschritten: Teflonbeschichtung und eine raffinierte Konstruktion ermöglichen Korkenziehen ohne Anstrengung. Diese Luxusausführung zieht den Korken und gibt ihn wie von Zauberhand auch wieder heraus. Nur kostet sie so viel wie zwei Flaschen Bordeaux der gehobenen Preisklasse.

5 »Des Butlers Freund« packt den Korken mit zwei Zinken von der Seite her an, sodass er wieder in die Flasche eingesetzt werden kann, ohne Spuren einer Beschädigung zu zeigen. Dieser Typ erfordert aber einiges Geschick, damit locker sitzende Korken nicht in die Flasche gestoßen werden.

6 »Des Kellners Freund« hat eine Klinge zum Abschneiden der Kapsel und zieht den Korken durch Hebelwirkung. Allerdings erfordert er einen gewissen Kraftaufwand und dürfte deshalb nicht unbedingt auch von jeder Kellnerin als Freund empfunden werden.

7 Der Kapselschneider von Screwpull kostet so viel wie eine Flasche Muscadet, aber man gewöhnt sich rasch an dieses praktische Werkzeug. Er wird einfach auf den Flaschenhals gesetzt und schneidet mit einer Vierteldrehung die Kapsel etwas unterhalb der Mündung sauber ab (vgl. auch Seite 24).

Zubehör

1 Ein Eiskübel aus Glas oder Metall ist ziemlich schwer und macht gelegentlich Schmutz. Bei ihm kommt es darauf an, dass man ihn möglichst voll, aber nicht mit Eis allein, sondern zusammen mit Wasser füllt, damit die Flasche vollständig mit dem kühlenden Medium in Berührung steht.

2 Leicht zu reinigende Isolierbehälter gibt es in vielen Ausführungen; sie halten den Wein auf der Temperatur, die er beim Hineinstellen hatte, Rot- als auch Weißwein bleiben also richtig temperiert.

3 und 4 Dekantiergefäße gibt es für eine Flasche oder im Magnumformat auch für zwei Flaschen Wein. Alte Stücke sind im Antiquitätenhandel recht preiswert zu haben, vor allem weil nicht unbedingt ein Stopfen gebraucht wird, wenn das Gefäß nur zum Servieren dient.

5 Mit Vacuvin kann man die Luft aus einer teilweise geleerten Flasche herauspumpen und so ein schützendes Vakuum schaffen. Das ist besser als nichts, aber länger als ein paar Tage hält es nicht.

6 Dieser Sektverschluss sorgt dafür, dass eine angebrochene Flasche im Kühlschrank ein paar Tage frisch bleibt.

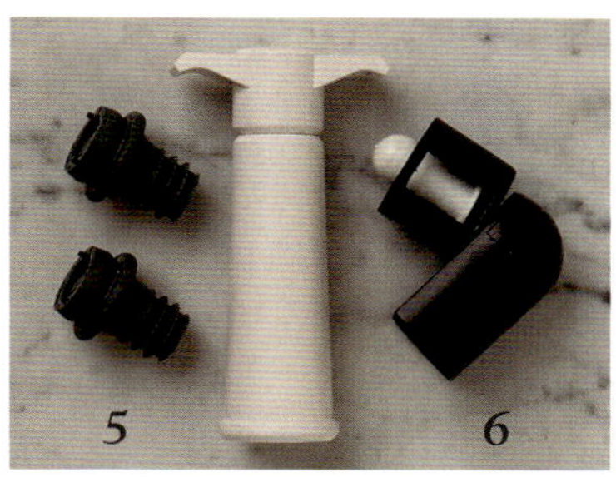

Kork hat einzigartige Eigenschaften; er ist leicht, elastisch, normalerweise reaktionsneutral und lässt weder Flüssigkeit austreten noch Luft, den Feind des Weins, in die Flasche gelangen. Sobald der Korken im Flaschenhals sitzt und sich mit Wein voll gesaugt hat, bildet er einen luftdichten Verschluss. Kristalle auf seiner Rückseite sind keine finstere Bedrohung, sondern lediglich harmloser Weinstein, der sich auf natürliche Weise aus der Weinsäure niederschlägt (Seite 73). Auch ist ein wenig Schimmel auf der Oberseite des Korkens nicht unbedingt ein schlechtes Zeichen, denn er stammt höchstwahrscheinlich von der Kellerfeuchtigkeit und nicht aus dem Wein (gern denke ich noch an einen herrlichen 1945er Château d'Yquem zurück, dessen Korken derart verschimmelt war, dass er davonzukriechen schien). Ist ein Korken an beiden Enden feucht, hat er vielleicht etwas Wein hinaus- und – was schlimmer wäre – Luft hineinsickern lassen. Wenn Sie bemerken, dass eine Flasche leckt oder ein Korken so locker sitzt, dass er sich bewegen lässt, dann sollten Sie ihn so rasch wie möglich auswechseln – nehmen Sie vorher aber eine kleine Probe, um sich zu überzeugen, dass der Wein nicht schon gelitten hat (Seite 73).

Die Technik des Entkorkens

Noch bevor der Kampf mit dem Korken beginnen kann, steht dem Weingenuss ein weiteres Hindernis entgegen: eine oft schwer zu durchdringende Kapsel oder Folie über dem Korken. Immer mehr Weinflaschen kommen inzwischen ohne dieses schmückende Beiwerk auf den Markt. Einst bot es Schutz gegen Schädlingsbefall, heute aber dient es weit gehend nur noch als Dekoration. Allerdings ist bei in Regalen gelagerten Flaschen die Folie auch als Erkennungsmerkmal nützlich. Bis zum vollständigen Verbot im Jahr 1993 wurde oft Blei als Kapselmaterial verwendet, wobei eventuell schädliche Rückstände an der Flaschenmündung entstehen konnten (nicht nur aus diesem Grund ist es eine vernünftige Angewohnheit, den Rand nach dem Entkorken gründlich abzuwischen). Es empfiehlt sich stets, die Kapsel ein Stück unterhalb der Flaschenmündung abzuschneiden, sodass der Wein beim Ausschenken nicht mit der Kapsel in Berührung geraten kann. (Auch ändert sich am Geschmack nichts, wenn Sie die ganze Kapsel abreißen, nur geht der Flasche ein wenig von ihrem charakteristischen Bild verloren.) Mit einem scharfen Messer und einer ruhigen Hand lässt sich das Kapseloberteil sauber abtrennen. Viel bequemer geht es jedoch mit einem speziellen Kapselschneider (Seite 22).

Ist die Kapsel glücklich überwunden, darf man hoffen, mit einem guten Korkenzieher (Seite 22) den Rest der Arbeit leicht erledigen zu können. Setzen Sie ihn möglichst senkrecht in der Mitte des Korkens an. Eine offene Spirale mit guter Spitze ist dem stabförmigen Korkbohrer vorzuziehen, der nur allzu oft ein Loch in den Korken bohrt, ohne ihn dann aus der Flasche zu bringen.

Fängt der Korken zu bröseln an, gelingt meist ein zweiter Versuch mit einem schräg oder an anderer Stelle hineingedrehten scharfen, schmalen Korkenzieher. Wenn das nicht funktioniert, kann man es mit einem zweizinkigen Korkenheber »Butlers Freund« (Seite 22) versuchen, der den Korken seitlich packt, oder schließlich kann man einen widerspenstigen Korken auch einfach mit dem Stiel eines Kochlöffels oder etwas Ähnlichem in die Flasche stoßen (ein bisschen mehr Berührung mit Holz wird dem Wein kaum schaden). Sollten sich nun die Korktrümmer beim Ausgießen als hinderlich erweisen, kann man mit dem Kochlöffelstiel den Flaschenhals freihalten, während man den Wein in einen Krug umfüllt (sofern es sich nicht gerade um eine schrecklich gebrechliche uralte Kostbarkeit handelt, deren unersetzliches Bukett vielleicht in wenigen Minuten an der Luft verriecht). Eine höchst praktische Methode ist es meiner Erfahrung nach, den Wein durch einen Trichter mit einem Kaffeefilter oder einem Stück Musselintuch in eine saubere Flasche oder ein Dekantiergefäß umzufüllen.

Ein weiterer Kunstgriff zum Erleichtern des Korkenziehens besteht darin, den Flaschenhals zu erwärmen. Dazu wird ein in kochendes Wasser getauchtes Tuch um den Flaschenhals gelegt.

Hilft keiner dieser Kniffe, dann bringt man die Flasche am besten zurück und tauscht sie um. (Hieraus ergibt sich von vornherein, dass es doch recht nützlich sein kann, mehr Wein auf Vorrat zu halten, als man voraussichtlich braucht.)

Immer häufiger werden echten Korken nachgebildete Plastikkorken benutzt, um einerseits die Gefahr des Korkelns auszuschließen, andererseits aber dem Weinfreund den Spaß des Korkenziehens nicht zu verderben. Ich selbst mag diese Kunstkorken nicht. Ihnen fehlt das ökologisch Vernünftige des echten Korks, auch sehen sie komisch aus. Viele, die ich bisher gesehen habe, sind nicht elastisch genug, um wieder in die Flasche eingesteckt werden zu können.

Weinreste

Zu viel Luft oder eigentlich Sauerstoff verwandelt Wein nach und nach in Essig; deshalb ist es ein Gebot der Vernunft, übrig gebliebenen Wein in einer fest verschlossenen Flasche aufzubewahren, wobei der Luftraum möglichst klein sein sollte. Das Fassungsvermögen der Flasche sollte also dem aufzubewahrenden Rest entsprechen (halbe und Viertelflaschen sind da recht nützlich). Wenn Luft an den Wein gelangt, spielen sich komplexe Reaktionen verschiedenster Art ab, die durch Wärme beschleunigt werden. Das beginnt schon beim Einschenken, und deshalb kann ein Wein nach zehn, zwanzig oder dreißig Minuten im Glas ganz anders schmecken.

Lüften

Viele Weinfreunde entkorken schon ein paar Stunden vor dem Servieren, damit der Wein »atmen« kann. Die Wissenschaft lehrt uns jedoch, dass dies bei der vergleichsweise kleinen Berührungsfläche zwischen Luft und Wein im Flaschenhals kaum etwas zu bringen vermag, nur der in seltenen Fällen auftretende »Flaschengeruch« (Seiten 39 bis 41) kann sich verflüchtigen.

Da nun das Entkorken ein oder zwei Stunden im Voraus auch nichts schadet – außer bei sehr alten, gebrechlichen Weinen –, ist es also nicht unpraktisch, diese Arbeit zu erledigen, bevor die Gäste eintreffen.

Eine Sektflasche richtig öffnen

Ein Augenarzt in Epernay in der Champagne behandelt jährlich 20 Patienten wegen Verletzungen durch davongeschossene Sektkorken. In einer Sektflasche herrscht rund dreimal so viel Druck wie im Reifen eines Doppeldeckerbusses; es ist deshalb keine unnötige Vorsichtsmaßnahme, einen Sektkorken so sanft wie möglich aus der Flasche zu holen. Halten Sie beim Lösen des Drahtkorbs den Daumen auf dem Korken. Richten Sie die Flasche weder auf sich selbst noch auf andere Personen und auch nicht auf wertvolle Gegenstände; neigen Sie dabei die Flasche, um die Oberfläche des Flüssigkeitsspiegels zu vergrößern und den Druck im Flaschenhals zu mindern. Drehen Sie beim Öffnen die Flasche und nicht den Korken (er bricht dann nicht so leicht). Behalten Sie dabei stets den Daumen auf dem Korken, und lassen Sie ihn nicht sausen, sondern nur säuseln. Schenken Sie den Sekt vorsichtig aus, und halten Sie Flasche und Glas schräg, damit nicht so viel Schaum entsteht.

Dekantieren oder nicht

Ebenfalls praktisch ist es, einen Wein mit Bodensatz (Seite 20) davon zu trennen. Das so genannte Depot schmeckt oft bitter und stört obendrein buchstäblich den ungetrübten Genuss. Man stellt am besten die Flasche einen oder zwei Tage vorher aufrecht hin und gießt dann den Inhalt in ein anderes Gefäß um, wobei man eine kräftige Lichtquelle hinter den Flaschenhals hält, sodass man mit dem Umgießen aufhören kann, sobald man sieht, dass der Bodensatz sich der Flaschenmündung nähert. Eine Kerze oder eine Schreibtischlampe eignet sich dazu bestens. Ich selbst dekantiere oft auch körperreiche Weißweine, obwohl sie kein Depot haben, nur weil sie in einem Dekanter so herrlich golden funkeln. Dekantiergefäße sind auf Seite 23 zu sehen, aber im Grunde erfüllt jeder Glaskrug denselben Zweck.

Wissenschaftler sagen, man sollte so spät wie irgend möglich dekantieren, damit uns nichts von den vielfältigen Reaktionen des Weins an der Luft entgeht. Als Gastgeberin muss ich bekennen, dass ich außer bei sehr alten Weinen manchmal diese Perfektion doch der Bequemlichkeit opfere.

Gläser

Wein trinkt sich am schönsten aus Gläsern – nicht aus Teetassen oder Silberpokalen. Glas ist geschmacksneutral, relativ dünn und bringt den Wein in all seiner funkelnden Pracht schön zur Geltung. Das vollkommene Weinglas trägt auf dem Stiel einen Kelch, der sich oben verjüngt (Seite 14). Klares Glas lässt die Farbe des Weins, die wesentlich mit zum Genuss beiträgt, voll zur Wirkung kommen. Echte Fans möchten ihrem geliebten Wein ohne störendes Beiwerk möglichst nahe sein, deshalb bevorzugen sie dünnes Kristallglas und weisen jeden Schliff und jedes Muster im Glas mit Entrüstung von sich.

Eigentlich werden verschiedene Größen bei Gläsern nicht gebraucht, lediglich für Süßwein sind kleinere Portionen vernünftig. Ich finde es einfach unfair, Weißwein in kleineren Gläsern zu servieren als Rotwein.

1 Bechergläser sind in bodenständigen italienischen Restaurants üblich, doch das Glas ist sehr dick und der Wein lässt sich darin nicht schwenken – beides ist dem Genuss abträglich.

2 Das »Pariser Glas« ist sehr preiswert (vier Stück kosten so viel wie eine billige Flasche Wein). Es erfüllt mit seinem Stiel und dem nach oben schmaler werdenden Kelch wichtige Kriterien besser als die höhere, schmalere »Tulpe«, nur ist das Glas zu dick und lässt intime Nähe zum Wein nicht aufkommen.

3 Das in den 1970er-Jahren nach Ratschlägen erfahrener Weinkoster entworfene ISO-Glas dient seinem Zweck aufs Beste, auch wenn es noch keinen Schönheitswettbewerb gewonnen hat. Es ist in industriellen Versionen erhältlich und kostet nicht mehr als eine einfache Flasche Wein.

4 und 5 Klassische Weinglasformen auf einem attraktiv schlanken Stiel. Osteuropa, insbesondere Tschechien, hat eine lange Tradition in der Herstellung preiswerter Glaswaren.

6 In der klassischen »Copita« wird Sherry von Leuten serviert, die sich wirklich darauf verstehen – von den Sherry-Produzenten nämlich. Wie jeder andere Wein lässt sich Sherry am besten in einem nur halb bis zwei Drittel vollen Glas würdigen.

Gläser richtig pflegen

Gläser sollten aufrecht stehend an einem staub- und geruchfreien Ort aufbewahrt werden. Glas ist am schönsten, wenn es makellos rein ist, hat aber die unangenehme Angewohnheit, leicht Sprünge zu bekommen und jedes Fleckchen und jeden Spritzer deutlich zum Vorschein zu bringen. Bei Wein ist es wichtig, dass das Glas nach nichts riecht – vor allem nicht nach Spülmittel (das übrigens bei Schaumwein die Perlenbildung zunichte machen kann) und schon gar nicht nach einem unsauberen Geschirrtuch. Viele feine Weingläser, auch die aus dem Riedel-Programm, fühlen sich in der Spülmaschine durchaus wohl; die darin herrschenden hohen Temperaturen sind günstig für sie. Das Wasser soll jedoch weich sein, und Spülmittel ist überflüssig. Beim Spülen von Hand werden Gläser am schönsten, wenn man sie in sehr heißem Wasser abwäscht, mit kaltem nachspült und mit einem sauberen Leinentuch poliert.

1, 2 und 3 Niemand hat sich mehr um schöne Gläser verdient gemacht als der Österreicher Georg Riedel. Seine Grundidee lautet, dass die Geschmackswahrnehmung wesentlich davon abhängt, wie der Wein auf die Zunge trifft, deshalb hat Riedel für verschiedene Weine, u. a. für jungen und für ausgereiften roten Bordeaux, für jahrgangslosen und für Jahrgangschampagner, für Jahrgangsport, Tawny Port, Chianti Classico und Brunello di Montalcino jeweils ein eigenes Glas entwickelt.
Das Gourmet-Glas (1) ist sein preiwertestes Allzweckmodell; das industriell gefertigte Chardonnay-Glas Vinum (2) macht sich auf der Tafel besonders elegant. Die Gläser aus der wunderschönen, ähnlich geformten Sommelier-Serie (3) sind so teuer, dass ich mich nie trauen würde, eines zu spülen.
4 Die einzige davon abweichende Glasform, die man sich doch zulegen sollte, ist das hohe, schlanke Sektglas (oft auch Flöte genannt). Es lässt die Kohlensäure nur ganz allmählich entweichen, erlaubt die Beobachtung jeder kleinen Perle auf ihrer Reise und bildet allein durch seine Form schon einen festlichen Anblick.
5 Die altmodische, angeblich dem Busen der Königin Marie-Antoinette nachgebildete Sektschale ist besonders leicht zum Überschäumen zu bringen und lässt der kostbaren Kohlensäure allzu freien Lauf.

Temperatur – das entscheidende Element

Der Einfluss der Serviertemperatur auf den Geschmack des Weins kann gar nicht hoch genug eingeschätzt werden. Es mag pedantisch erscheinen, allzu viel Aufhebens von der günstigsten Temperatur für einen Wein zu machen, doch sie kann wahrhaftig den Unterschied zwischen Sackleinen und Samt bedeuten. Erwischt man dagegen die falsche Temperatur, dann wird aus frisch oft fad.

Das Prinzip ist ganz einfach:
1 Je kühler ein Wein ist, desto weniger Duft verströmt er.
2 Je wärmer der Wein also ist, desto kräftiger duftet er.
3 Kühle Temperatur betont Säure und Tannin.
4 Warme Temperatur dämpft beides.

Aus Regel 1 ergibt sich, dass Sie einen Wein, den Sie eigentlich scheußlich finden, aber aus irgendeinem Grund Ihren Gästen vorsetzen oder selbst trinken müssen, einfach so sehr kühlen sollten, wie es überhaupt geht. (Handelt es sich um einen körperreichen Rotwein aus der unteren Hälfte der Liste von Seite 37, geht das freilich nicht; daraus machen Sie am besten Glühwein; siehe Seite 56.)

Regel 1 besagt auch, dass Sie Wein, je aromatischer er von Natur aus ist (z. B. Riesling, Sauvignon blanc, Cabernet Sauvignon, Gamay), umso kühler servieren können – er eignet sich also besonders als erfrischendes Getränk. Auch für Sekt sind niedrige Temperaturen günstig, weil sie das Entweichen der Kohlensäure verlangsamen.

Regel 2 besagt, dass schwerere Weine (auch Weißweine), also solche aus dem unteren Teil der Liste von den Seiten 36/37, deren Duftmoleküle es schwerer haben, sich aus der Flüssigkeit zu lösen und das Riechfeld zu erreichen, viel wärmer als leichtere Weine serviert werden können. Die Obergrenze für diese Regel liegt bei etwa 20 °C, weil bei dieser Temperatur manche Duftsubstanzen einfach verdampfen.

Regel 3 bedeutet, dass ein flauer Wein weit besser schmeckt, wenn man ihn ein wenig kühlt. So bekommt Kühlung jedem außer dem ausgewogenen Süßwein, aber auch vielen roten Burgundern und weichen Rotweinen wie Beaujolais, denen ein wenig Nachhilfe bei der Struktur nicht schadet.

Regel 4 ist besonders nützlich, denn sie bedeutet, dass junge Rotweine, aber auch die auf Seite 37 aufgeführten Weine, die zu kühl fast abstoßend herb erscheinen, oft unermesslich viel besser schmecken, wenn sie etwas wärmer sind.

Es folgen einige Anhaltspunkte für die günstigsten Serviertemperaturen. Auf Seite 36/37 steht Näheres darüber, welche Weine leicht oder schwer, süß oder trocken sowie mehr oder weniger tanninherb sind.

Weintyp	Ideale Serviertemperatur: °C	Kühlzeit: Std. im Kühlschrank
Leichter lieblicher Weißwein	5–10	4+
Weißer Sekt	6–10	4
Leichter (aromatischer) trockener Weißwein	8–12	2
Roter Sekt	10–12	1,5
Mittelschwerer trockener Weißwein	10–12	1,5
Voller süßer Weißwein	8–12	2
Leichter Rotwein	10–12	1,5
Voller trockener Weißwein	12–16	1
Mittelschwerer Rotwein	14–17	–
Voller oder tanninreicher Rotwein	15–18	–

NB: Roséwein ist stets wie etwas schwererer Weißwein ähnlicher Art zu behandeln.

Der richtige Wein

So seltsam sich das auch anhören mag, mir macht das Aussuchen des richtigen Weins für einen bestimmten Anlass mindestens genauso viel Vergnügen wie der Weingenuss selbst. Ich habe echte Freude daran, wenn ich sehe, dass ich gerade den richtigen Wein für die Gelegenheit, meine Gäste, die Tageszeit und das jeweilige Gericht gewählt habe. So wie mein Wissen über Wein nach und nach zugenommen hat, ist auch in diesem Punkt, bei dem es sich ja keineswegs um ein modernes Phänomen handelt, meine Erfahrung allmählich gewachsen. Schon im 1. Jh. v. Chr. schrieb der römische Dichter Horaz des Langen und Breiten über die Kunst, den Wein auf Gäste und Anlass abzustimmen. Und eine Kunst ist es wahrhaftig.

Es gibt natürlich Wichtigeres beim Wein, und es ist auch keine Katastrophe, wenn Sie einen Tropfen auf den Tisch bringen, der zum Hauptgericht nicht passt oder dem Geschmack Ihrer Gäste nicht ganz entspricht, aber ein paar einfache Überlegungen helfen Ihnen sicherlich, Ihren Gästen und Ihnen selbst ein Höchstmaß an Genuss zu gewährleisten, sodass das Geld, das Sie für den Wein ausgegeben haben, auch gut angelegt ist.

Meist ist es ein Irrtum, wenn man glaubt, ein Wein müsse umso besser schmecken, je mehr er kostet. Oft stecken die teuersten Flaschen eines Weinfachgeschäfts noch in den Kinderschuhen ihrer Entwicklung: Sie sind noch verschlossen, unzugänglich, ein Sammelsurium von Substanzen, die erst noch jahrelang reifen müssen, ehe sie in geläutertem Alter zu erkennen geben, dass sie ihren hohen Preis wert sind. (Auf den Seiten 39 bis 41 erfahren Sie mehr darüber.)

Und schließlich gibt es wie für alles, so auch für die phantastischste Flasche Wein den rechten Ort und den rechten Zeitpunkt. Nie werde ich vergessen, dass ich den fabelhaften 1947er Château Cheval Blanc zum ersten Mal bei einem Lunch in einem sonnendurchfluteten Garten in Suffolk zu probieren bekam, wo eine warme Brise sein subtiles Bukett spielerisch in den blauen Himmel verwehte. Ein schön gekühlter, duftiger trockener Rosé wäre vermutlich für diese Gelegenheit weit angemessener gewesen, nicht dagegen bei einem winterlichen Abendessen in der Stadt.

Hier noch weitere Beispiele dafür, wie ein noch so guter Wein völlig fehl am Platz sein kann: Mosel-Riesling zu herzhaftem Schmorbraten, Neuseeländer Sauvignon für einen Einwohner von Sancerre – er sei denn ein wahrer Kosmopolit –, schwerer Chardonnay zum Lunch, harter, tanninreicher, junger Rotwein für Neulinge im Weingenuss, Châteauneuf-du-Pape im Hochsommer in Châteauneuf-du-Pape (das gilt natürlich für die meisten alkoholstarken Weine in der Sommerhitze, der sie eben diese Stärke verdanken).

Die richtige Wahl

Es lohnt sich, eine Abstimmung zu versuchen zwischen

Qualität, Art, Geschmack, Herkunft

des Weins und dem

Gast – Zu berücksichtigen wären Vorlieben, Abneigungen und die Empfindlichkeit für Alkohol.

Anlass – Die Preisklasse sollte sich danach richten, ob es sich um ein zwangloses Beisammensein oder eine hochoffizielle Festivität handelt.

Wetter – Umgebungstemperatur und Luftfeuchtigkeit können enormen Einfluss darauf haben, welcher Wein am besten schmeckt. Bei Hitze sehnt man sich nach einem kühlen Trunk; an feuchtkalten Tagen dagegen bequemen sich die Duftmoleküle nicht leicht aus dem Glas, also sollte man einen aromatischen Wein wählen.

Zeitpunkt – Nicht jede Tageszeit eignet sich gleich gut für Alkoholgenuss.

Ort – Ob drinnen oder draußen – stets gilt es zu überlegen, ob man mehrere Weine anbieten soll.

Essen – Auf die Abstimmung von Speisen und Wein wird auf den Seiten 34 bis 37 näher eingegangen; auf den Seiten 32 und 33 wird mehr über Weine gesagt, die sich ohne begleitende Speisen vor oder nach dem Essen als Solisten eignen.

Den richtigen Wein mitbringen

Ich kann nicht glauben, dass irgendjemand über eine mit Bedacht gewählte Flasche Wein als Geschenk beleidigt wäre; wer allerdings erwartet, dass jeder Gast eine Flasche mitbringt, der sollte das lieber vorher sagen.

Eine heiklere Frage moderner Etikette ist freilich, ob man die Flasche, die jemand mitbringt, auch gleich öffnen soll, oder ob man sie behalten und bei passender Gelegenheit genießen darf. Wenn jemand bereits gekühlten Weißwein oder Sekt oder – wie es mir auch schon öfter vorgekommen ist – fix und fertig dekantierten Rotwein mitbringt, dann muss man das wohl als einen kräftigen Wink nehmen, dass der edle Spender sein Geschenk mit genießen möchte.

Überreicht Ihr Gast Ihnen jedoch eine Flasche nur so nebenbei, dann sind Sie nicht unbedingt verpflichtet, sie zu entkorken – nur sollte ein guter Gastgeber sie doch wenigstens auspacken, seinen Dank gebührend zum Ausdruck bringen und den Gast fragen, ob er den Wein gern »probieren« möchte.

Man sollte nie eine Flasche mitbringen, die man nicht gern auch selber trinken würde, und man kann beim Überreichen selbstverständlich durchblicken lassen, dass dem so ist.

Wein, den man nicht mitbringen sollte

- Markenwein, z.B. Piat d'Or, Mateus, Lancers Rosé oder Liebfrauenmilch
- Billigen Tafelwein
- Wein in ausgefallenen, asymmetrischen Flaschen.

Besser als sein Ruf

- Hausmarkenwein aus dem Supermarkt: Die Aufmachung wird einem Design-Guru zwar kaum gefallen, meist aber schmeckt solcher Wein durchaus ordentlich.
- Mineralwasser: Vielleicht geht es nur mir so, aber ich finde, es gibt oft zu viel Alkohol und zu wenig Wasser dazu, denn schließlich entwässert Alkohol.

Noble Mitbringsel

- Champagner findet fast immer Anklang. Bollinger und Louis Roederer (oder Krug, wenn man ihn sich leisten kann) gelten als überaus fein; Deutz, Gosset, Alfred Gratien, Charles Heidsieck, Laurent Perrier, Moët & Chandon, Bruno Paillard, Perrier-Jouët, Pol Roger, Pommery, Renaudin, Ruinart, Taittinger, de Venoge und Veuve Clicquot sind stets zuverlässig; Billecart-Salmon Rosé beweist feinste Sachkenntnis, und das gilt auch für eine Flasche von einem Top-Winzer, z. B. Château de Boursault, Gimonnet oder Vilmart. Jahrgangs-Champagner ist stets etwas Besonderes.
- Raritäten: beispielsweise ein bekannter Wein (etwa Beaujolais oder kalifornischer Chardonnay) von einem völlig unbekannten kleinen Winzer oder eine Neuheit (eine neue Traubensorte oder eine Kuriosität aus Lateinamerika oder dem Fernen Osten) oder etwas, das es im Handel nicht gibt (etwa der einfache Pauillac von Château Latour, gewissermaßen der »Drittwein« aus dem berühmten Gut). In solchen Fällen bewährt sich ein gutes Weinfachgeschäft oder ein Besuch beim Winzer.
- Süßwein: guter Sauternes, Vouvray, Monbazillac, Jurançon und Riesling Auslese beweisen stets guten Stil und werden auch in halben Flaschen für voll genommen.
- Olivenöl: Öl in Erzeugerabfüllung bringen sich Weinprofis als Gag gegenseitig mit.

Eine »Bottle Party« eigener Art ist die Paulée de Meursault, ein ausgedehntes Mittagessen, das jedes Jahr in Meursault am Tag nach der Weinauktion in den Hospices de Beaune stattfindet und bei dem sich Gäste aus aller Welt an besonders feinen Weinen laben, die von Burgunder Winzern mitgebracht werden.

Meursault Gᵈˢ Charrons
Meursault Chevalières
Meursault Goutte d'Or
Meursault Santenots
Meursault Casse têtes
Meursault Charmes
Meursault Perrières

Mit Wein bewirten

Wie viel wird gebraucht?

Eine knifflige Frage. Man weiß von sich selbst, dass man einmal mehr, ein andermal weniger Alkohol verträgt. Niemand wird einen Gastgeber geizig schelten, der für seine Gäste eine Flasche pro Kopf für einen Abend bereitstellt. Andererseits gibt es Gelegenheiten, beispielsweise einen Lunch mitten in der Woche, bei denen es durchaus als angemessen gelten darf, eine einzige besondere Flasche (Champagner oder weißen Burgunder) für sechs Personen vorzusehen, sodass jeder Gast ein großes Glas Hochgenuss bekommt, der einschläfernde Effekt einer Schwelgerei aber vermieden wird.

Als Faustregel kann gelten, dass eine halbe bis eine ganze Flasche pro Person für mehrere Stunden bei Tisch durchaus für eine muntere Gesellschaft sorgt. Sind viele Autofahrer mit von der Partie, wäre die untere Grenze das vernünftigere Maß.

Wein, der nicht zum Essen getrunken wird, übt meist stärkere Wirkung, insbesondere gilt das für den Aperitif, der ohne eine gute Grundlage in den leeren Magen gelangt. Eine Viertelflasche pro Kopf, d. h. zwei kleine Gläser, dürften schon ausreichen, wenn mehrere Abstinenzler mit am Tisch sitzen. Bei einem länger währenden Empfang, beispielsweise anlässlich einer Hochzeit, ist es dagegen sicherer, eine halbe Flasche pro Kopf zu rechnen (bei einer abendlichen Festlichkeit dagegen eine ganze Flasche).

Wie viele Gastgeber kümmere auch ich mich meist zu viel um den Wein und zu wenig um Alkoholfreies. Man sollte genauso viel Wasser wie Wein auf den Tisch bringen und auch bei Partys eine angemessene alkoholfreie Alternative anbieten: Sprudel mit frischem Orangensaft oder einem Schuss Holundersirup, vielleicht auch würzige Tomatensaft-Cocktails als Aperitif.

Serviert man zum Aperitif ein paar kleine Happen, dann verringert sich die berauschende Wirkung des Alkohols ganz beträchtlich. Oliven bewähren sich recht gut im Freien (die einzige Gelegenheit, bei der ich es meinen Kindern durchgehen lasse, wenn sie mit Steinen werfen), doch manchmal wirken sie zu einem nördlichen Wein, beispielsweise Champagner, doch unangemessen südlich und zu kräftig im Geschmack. Radieschen, Sellerie, Pistazien und Wachteleier drängen sich weniger in den Vordergrund, gehen manchmal aber mit unbequemen Abfällen einher (immerhin sind halbe Wachteleier auf einem Tupfer Majonäse auf getoasteten Baguette-Scheiben leicht zu essen und sehen höchst appetitlich aus). Käsegebäck, z. B. von der holländischen Marke Roka, ergänzt Wein meist schön; das gilt auch für italienische Grissini, vor allem umwickelt mit Prosciutto.

Besondere Empfehlungen

Zwischen den Mahlzeiten

Wein (und eine alkoholfreie Alternative) lässt sich viel leichter anbieten als Mixgetränke. Besitzer wertvoller Teppiche bevorzugen Weißwein, auch sind Rotweine meist zu schwer und tanninreich und geben ohne begleitende Speisen nicht ihr Bestes. Sekt ist empfehlenswert, steigt aber rascher zu Kopf. Ein guter Champagner ist immer eine Kostbarkeit; weniger Aufwändiges kommt aus Saumur, Limoux, dem Elsass, Kalifornien, Australien, Neuseeland und sogar England, aber natürlich auch aus Deutschland und Österreich.

Stille Weißweine, die leicht genug, aber doch nicht zu sauer sind, um ohne Speisen genossen zu werden, finden sich unter preiswerten Elsässern, Kabinetten und Spätlesen aus Deutschland (vor allem von der Mosel), leichten Chardonnays und Sauvignons blancs, beispielsweise Vin de Pays d'Oc, Chablis und nicht eichenholzgewürzten Weinen aus der südlichen Hemisphäre – und schließlich vereint auch so mancher Pinot blanc/bianco und Pinot gris/grigio die charakteristische Sanftheit der Burgundertraube mit appetitanregend pikanter Art.

Zwangloses Beisammensein am Abend

Die oben schon genannten Weine können natürlich den ganzen Abend über gereicht werden, mit der Zeit aber sehnen sich Ihre Gäste vielleicht nach etwas Abwechslung. Leichte, nicht allzu tanninherbe Rotweine trinken sich angenehm auch ohne kräftige Speisen als Kontrast (zu empfehlen sind Weine aus dem linken oberen

Viertel der Liste auf Seite 37): Beaujolais und andere Gamay-Weine, roter Loire und andere Cabernet-franc-Weine, einfacher Merlot, junger Pinot noir (bis auf die meisten roten Burgunder), saftige junge Rotweine der neuen Generation aus Spanien und Portugal, Dolcetto, leichter Zinfandel, viele osteuropäische Rotweine sowie praktisch jeder Rosé. Wer großen Wert auf fleckenfreie Teppiche legt, serviert besser einen kräftigeren eichenholzgewürzten Weißwein, beispielsweise Chardonnay oder Sémillon, wenn das Essen auf den Tisch kommt.

Zu einem ausgedehnten Mittagessen
Es eignen sich ähnliche Weine wie am Abend, vielleicht jedoch in kleineren Mengen. Bei wärmerem Wetter sind auch Weine aus den folgenden Abschnitten zu empfehlen.

Im Freien
Sehr feiner Wein ist an der frischen Luft meist fehl am Platz, vor allem bei heißem Wetter, weil sich dann das Bukett allzu schnell in Sonne und Wind verflüchtigt. Grillgerichte verlangen nach erdigen, rustikalen Geschmackstönen; es überrascht wohl kaum, dass dies die Domäne von Weinen aus warmem Klima ist, z.B. aus Australien, von der südlichen Rhône, aus der Provence, von den Küsten des Mittelmeers – sogar griechischer Retsina.

Als Aperitif
Hierfür, d.h. als Appetitanreger, eignen sich alle für zwischen den Mahlzeiten vorgeschlagenen Getränke. Der klassische Aperitif ist jedoch der sonst zu starke trockene Sherry – eine der großen, nur allzu oft aber unterbewerteten Kostbarkeiten der Welt des Weins. Bei warmem Wetter kann ein frisch entkorkter Fino oder Manzanilla noch mehr Genuss bereiten als Weißwein (er ist auch der beste Partner für grüne Oliven und Salzmandeln); dagegen ist ein trockener, nusswürziger Amontillado gerade das Richtige für kaltes Wetter und als Vorbeugung für Erkältungen. Auch Sercial Madeira gibt einen anregenden Gaumenkitzel ab. Ebenfalls klassische Aperitifs sind Champagner, Mosel und leichte Elsässer.

Zum festlichen Diner
Meist bringe ich einen Aperitif (siehe oben) auf den Tisch, dann ein oder zwei (einander ähnliche) Weine zum ersten Gang und zwei oder auch drei Weine zum Hauptgang (die Reihenfolge geht von leichter zu schwerer und von jünger zu älter), von denen dann einer auch zum Käse genossen werden kann, und manchmal zum Abschluss einen starken Süßwein. Als Weißwein wäre kalifornischer Chardonnay oder weißer Burgunder von verschiedenen Erzeugern möglich, bei den Rotweinen könnte ein von Geographie, Rebsorten oder Jahrgängen bestimmtes Thema variiert werden. Freilich tue ich gern des Guten zu viel – ein Aperitif, ein Weißwein und ein Rotwein reichen völlig aus. Beim Vergleichen lernt man einfach weit mehr über Wein, als wenn man nur eine Sorte trinkt. (Siehe auch Wein und Speisen auf Seite 34.)

Nach dem Essen
Für meinen Geschmack sind süße Weine für sich getrunken (oder höchstens mit Käse) ein sehr viel größerer Genuss als in Begleitung von süßen Speisen. Jeder vernünftig süße Wein schmeckt nach dem Essen köstlich. Weine mit einiger Säure, z.B. deutsche, österreichische oder solche von der Loire oder aus Jurançon, wirken zudem erfrischend. Jetzt ist auch die rechte Zeit für süße alkoholangereicherte Weine (Port, Sherry, Madeira, Marsala, Málaga, Liqueur Muscat), auch für südfranzösische Weine sowie alle süßen Muskateller und schließlich gar für Wein in stärkster, nämlich destillierter Form: Cognac, Armagnac und dergleichen. Bei Weinfreunden findet auch die Chartreuse oft Anklang, die sich im Gegensatz zu anderen Spirituosen in der Flasche entfaltet wie Wein.

Wein am helllichten Tag
Vielleicht bin ich eine Spielverderberin, wenn man aber am helllichten Tag unbedingt Alkohol trinken muss, dann sollte er doch möglichst schwach sein (siehe Seite 72). Hier ist Mosel angezeigt oder der leicht perlende Moscato aus Italien, auch der zu Unrecht oft geschmähte Asti. Nimmt man nicht gerade den billigsten, bekommt man traubige, schaumige Erfrischung und sicher kein Kopfweh.

Wein und Speisen

Wein mit seiner relativ geringen Alkoholstärke, seiner appetitanregenden Säure und ohne künstlich anmutende Geschmacksnoten bildet den vollkommenen Begleiter für Speisen. Mache ich mir etwas vor, wenn ich meine, ein gut gewählter Wein hebe sogar den Geschmack von Speisen? Sicher nicht …

Die wichtigste Regel bei der Abstimmung von Wein und Speisen lautet allerdings, dass es keine Regel gibt. Man kann jeden beliebigen Wein zu jedem Gericht trinken – auch Rotwein zu Fisch! – und die Welt wird sich weiterdrehen. Wer Sie schief ansieht, weil Sie angeblich den »falschen« Wein serviert haben, ist steif, altmodisch, allenfalls fehlinformiert.

Allerdings gibt es ein paar einfache Richtlinien, die dabei helfen, das Beste aus Wein und Speisen zu machen.

- Der für die Abstimmung auf Speisen wichtigste Aspekt ist nicht die Farbe des Weins, sondern sein Körper (der eng mit der Alkoholstärke zusammenhängt).
- Der zweitwichtigste Punkt ist bei Rotwein das Tannin und bei Weißwein die Süße.

Hierzu gibt die Tabelle auf den Seiten 36 und 37 hilfreiche Hinweise.

- Versuchen Sie, den Körper des Weins auf die kräftigste Geschmackskomponente eines Gerichts abzustimmen. Reichen Sie zu Gerichten mit zartem Geschmack, z. B. weißem Fisch oder pochiertem Huhn, Wein mit leichterem Körper (Seiten 36 und 37, obere Hälfte) und zu robusteren Gerichten wie gegrilltem Tunfisch mit kräftig gewürzten Linsen oder Ossobuco dagegen körperreichen Wein (untere Hälfte). Aus den Tabellen wird klar, dass viele Weißweine Aufgaben erfüllen können, für die meist Rotwein vorgesehen wird, und auch umgekehrt.
- Tanninreicher Wein, ganz rechts auf Seite 37, schmeckt oft milder, wenn er zu kräftigen Speisen, beispielsweise zu dunklem Fleisch ohne Sauce, getrunken wird. (Saucen sind oft kräftiger als das Gericht selbst und deshalb maßgeblich für die Wahl des Weins.)
- Zu süßen Gerichten schmeckt jeder Wein unerfreulich sauer, außer wenn er süßer ist als das Gericht selbst; damit wird die Auswahl der zu Süßspeisen passenden Weine auf die ganz rechts auf Seite 36 stehenden Weißweine und die mit * bezeichneten Rotweine auf Seite 37 beschränkt. Deshalb betrachten Weinfreunde alles süße Eingemachte ebenso wie Kompott und Sirup mit Misstrauen. (Dagegen passen liebliche Weine oft erstaunlich gut zu kräftigen Gerichten: ein Vouvray demi-sec schmeckt herrlich zu einer gehaltvollen Rahmsauce, und Süßwein passt nach demselben Süß-salzig-Prinzip wie Melone mit Schinken durchaus gut zu Käse.)
- Saures (Zitrusfrüchte oder Essig) springt mit feinem, ausgewogenem Wein oft eigentümlich um, mildert aber manchmal einen säuerlichen Wein (aus einem sehr kühlen Klima oder Jahrgang).
- Auch frisch gemahlener schwarzer Pfeffer kann den Geschmack eines höchst verehrungswürdigen Weins verzerren; weil er aber die Geschmacksempfindung sensibilisiert, lässt er jungen, leichten Wein (obere Tabellenhälfte) voller erscheinen.

Schwierige Begleiter für Wein

Es gibt nur sehr wenige Gerichte, die sich mit Wein überhaupt nicht vertragen; allerdings betäuben sehr scharfe Gewürze die Geschmacksknospen derart, dass man zwar den Wein noch riecht, seine Dimensionen aber nicht mehr ermessen kann, weil Zunge und Gaumen zu sehr brennen.

Artischocken und in geringerem Maß auch Spargel verleihen Wein einen eigentümlich metallischen Geschmack, und Schokolade ist meist so süß und füllt den Mund so sehr aus, dass jeder bis auf den süßesten, stärksten Wein zunichte wird.

Denken Sie übrigens stets daran, dass sich Wein mit Hilfe der Serviertemperatur mit Maß und Ziel manipulieren lässt (Seite 28).

Die zunehmende Beliebtheit von Gemüsen und Salaten wirft neues, sonniges Licht auf die Möglichkeit der Abstimmung von Wein und Speisen. Ihr schlichter Geschmack eignet sich oft besser für Weine aus der Neuen Welt als für die versponnene Komplexität so mancher Klassiker der Alten Welt.

Tabelle Wein und Speisen

Zur Abstimmung zwischen Speisen und Wein gilt es, die geschmackliche Kraft der jeweiligen Gerichte mit den zwischen den Weiß- und Rotweintabellen eingeschobenen Speisen zu vergleichen. Wählen Sie dann einen Weintyp, der dem an der betreffenden Stelle der Tabelle angegebenen entspricht, berücksichtigen Sie aber die auf Seite 34 gegebenen Hinweise zu Süße und Tanningehalt der Weine ganz rechts auf den Tabellenseiten und der mit * bezeichneten Rotweine. Natürlich sind

Weißwein	Alk.%	Sehr trocken	Trocken	Halbtrocken	Lieblich	Süß
	8	trockener Mosel	Mosel Kabinett			Moscato Spumante
(alle für trockenen Wein geeigneten Gerichte)				Mosel Spätlese		
			engl. Wein			Moscato d'Asti
					Mosel Auslese	
				Liebfraumilch / QbA		
	9	Gros Plant				Mosel BA / TBA
		Colombard	Schweizer Wein			
		trockener Rheinwein	Rheinwein Kabinett	Mateus Rosé		Asti
			Vin de Table	Rheinwein Spätlese		
		Ugni blanc / Trebbiano				
	10			**Riesling**		
		Muscadet südafrik. Chenin Blanc			Rheinwein Auslese	
Austern		Vinho Verde	Vin de Pays		Rosé d'Anjou	
heller Fisch allgemein				kalif. Chenin blanc		Rheinwein BA / TBA
			Soave			
	11	Pinot grigio und bianco				
Fischtartar		Rheinwein Spätlese trocken	Loire Chenin blanc			
		Aligoté	Vouvray	Vouvray demi-sec	Vouvray moelleux	
Frühlingsrollen		Sancerre / Pouilly-Fumé	europ. Weißwein			
Garnelen		Albariño	Elsässer Riesling			
	12	**Sauvignon blanc**				
Lachs			Entre-Deux-Mers / AC Bordeaux / Bergerac			
Ziegenkäse		Chablis Champagner				
		Vino de mesa			Jurançon moelleux	
Risotto			Vernaccia	**Grüner Veltliner**		
Fischklopse		**Chardonnay**	Graves			
Soufflés			Frascati	südaustr. Riesling		
Kartoffelmus mit Knoblauch		Weißwein aus Washington und Chile			Blush	
Seeigel			**Sémillon** **Viognier**		White Zinfandel	
		Bourgogne Mâcon	südafrik. Chardonnay			Ste-Croix-du-Mont
		kalif. Sauvignon blanc	Pinot blanc			
Fischomelette					Monbazillac	
Kalbsbries		Pouilly-Fuissé	trockener Muscat			
	13	Rosé de Provence portug. und span. Weißwein				
Tapenade		Villages-Burgunder				
		Côtes du Rhône				
Krabben		Burgunder Premier Cru				Loupiac
			austr. + kalif. Chardonnay		Elsässer Vendange Tardive	
Seebarbe		Retsina				
Thunfisch / Schinken		Pinot gris d'Alsace			Elsässer SGN	
Currysauce		Châteauneuf-du-Pape		**Gewürztraminer**		
			austr. Semillon			
Schnitzel						Barsac
Braten	13.5	Burgunder Grand Cru	Hermitage	Tavel rosé	5-butt. Tokajer	
			Weißwein vom Mittelmeer		Sauternes	
Oliven	15	Manzanilla		Vin Santo		
Chorizos	17	Fino			südfranz. Muscat	
		trockener Amontillado Sericial			Marsala	
Nüsse				Amontillado		
		trockener Oloroso				
				Bual Oloroso		Málaga
					Pale Cream	
					Malmsey	Cream Sherry
	18					Moscatel PX

die Abweichungen zwischen verschiedenen Exemplaren eines Weintyps nicht unbeträchtlich. In wärmeren Gegenden und Jahrgängen fallen die Weine voller aus und umgekehrt. Der Tanningehalt geht mit zunehmendem Alter stark zurück (Seiten 39 bis 41) und ist auch je nach Witterung und Verarbeitung unterschiedlich. Besonders ausgeprägt sind die Abweichungen auch zwischen Sortenweintypen (Seite 48) aus verschiedenen Gegenden; ich habe deshalb Weine der wichtigsten Rebsorten als Richtpunkte an geeigneter Stelle in Fettdruck eingefügt.

Mild	Tannin: Mittel	Hart	Ledern	%Alk.	Rotwein
Sangria*				9	
Vin de Table					
Nouveau					*Spiegelei / Rührei*
dt. Rotwein	Elsässer Rotwein				
Gamay Lambrusco*	einfacher ital. Rotwein				
	Vino de Mesa			10	
AC Beaujolais					
	Bardolino				*pochiertes Huhn*
	Beaujolais Cru				
	Vin de Pays Valpolicella				*einfache Pasta*
osteurop. Rotwein				11	
	AC Bourgogne				*kalter Braten / Wurst*
Loire	**Cabernet franc**	portug. Rotwein			*Carpaccio*
		AC Bordeaux			
	Sangiovese				
	Pinot noir **Barbera**				
	Villages-Burgunder Chianti Classico			12	*Brathähnchen*
	Merlot				*Pizza*
	Navarra AC Languedoc	**Cabernet Sauvignon**			*Bresaola*
Dolcetto	Burgunder Premier Cru Cahors **Syrah**				*gefüllter Truthahn*
		Madiran			
Pinot noir aus Oregon	Côtes du Rhône Provence				*Ente*
	Rotwein aus Chile und Washington	Médoc			*Lammbraten*
kalif. Pinot noir	Rioja St-Emilion	Graves			*Aïoli*
		kalif. Sauvignon blanc			*Sauce bolognese*
	Burgunder Grand Cru Pomerol				
	Pinotage austr. Cabernet Sauvignon	Supertoskaner			*Lammkeule*
	Ribera del Duero				*Linsen*
	Côte Rôtie				*Roastbeef*
	Zinfandel	Rotwein vom Douro		13	*Teriyaki*
		Hermitage			*Steak*
	Rotwein vom Mittelmeer	**Nebbiolo**			*Bœuf bourguignon*
		Vino Nobile di Montepulciano			*Reh*
	Shiraz				*Wild*
	südital. Rotwein	Brunello di Montalcino			*Ossobuco*
	Châteauneuf-du-Pape				*Würste*
		Barbaresco			*Wildhase*
	Malbec				
		Barolo		14	
	nordafrik. Rotwein				
		Amarone			
	Banyuls*			16	
Ruby Port*	Recioto*				*scharfer Käse*
	Tawny Port*			18	
		Vintage Port*		20	

Diese Tabelle ist meine persönliche Version einer von Michael Broadbent MW feinsinnig ausgeklügelten Zusammenstellung in *Weine kennen, prüfen, genießen* (Hallwag, 1992).

Abkürzungen:
BA/TBA – Beerenauslese/Trockenbeerenauslese
QbA – Qualitätswein bestimmter Anbaugebiete
PX – Pedro Ximénez
AC – Appellation Contrôlée, allgemeine Version
SGN – Sélection de Grains Nobles
** – süßer Rotwein*
Rebsorten in Fettdruck

Wein und Gesundheit

Wein enthält Alkohol – das ist nur einer von vielen Gründen, weshalb ich ihn so liebe. Ein Glas Wein kann die Laune stark verbessern und die Welt viel attraktiver erscheinen lassen. Alkohol beeinflusst aber auch unser Verhalten und macht insbesondere unvorsichtig; deshalb bemühe ich mich, beim Weintrinken stets die Folgen zu bedenken. So beschränke ich den Weingenuss möglichst auf Gelegenheiten, bei denen sich die Wirkung des Alkohols gering halten oder leicht bewältigen lässt – zum Essen, am Abend, in Ruhe und Gemütlichkeit zu Hause, oder wenn ich nicht mehr Auto fahren muss.

Natürlich ist der Alkohol im Wein auch mein größtes Berufsrisiko. Es heißt im Allgemeinen, dass der Geschmackssinn sich am Vormittag am besten für die professionelle Degustation eignet; an so manchem Tag verkoste ich denn auch vor dem Mittagessen bis zu achtzig Weine. Wie alle professionellen Weinkoster spucke ich sorgfältig jeden Tropfen wieder aus, aber dennoch gelangt unweigerlich Alkohol in den Körper, als winzige Spuren, die man doch hinunterschluckt, oder in Form von Dämpfen. Man braucht nach einer Weinprobe darum schon einige Selbstbeherrschung, um stocknüchtern zu wirken …

In früheren Zeiten, als die Bedeutung der Hygiene noch nicht Allgemeingut war, galt Wein als ein viel gesünderes Getränk als Wasser, da Alkohol und bestimmte Säuren fast alle für den Menschen gefährlichen Bakterien abtöten. Bis in das 20. Jh. hinein wurde Wein oft ärztlich verordnet – doch in den letzten Jahrzehnten kommen uns Weinfreunden leider weniger aufmunternde Töne zu Ohren.

Übermäßiger Alkoholkonsum kann zu Trunksucht, Unfällen, Leberschäden und geistigem Verfall Anlass geben. Es sind auch Zusammenhänge zwischen übermäßigem Alkoholkonsum und Mundkrebs, Schlaganfall, erhöhtem Blutdruck und Unfruchtbarkeit festgestellt worden. Und es ist die Rede von einer Unmenge weiterer unerfreulicher Zustände, die im Lauf der 1980er-Jahre selbst auf mäßigen Alkoholgenuss tiefen Schatten geworfen haben.

Neuere Meldungen, dass leichter bis mäßiger Alkoholgenuss auch positive Wirkungen auf die Gesundheit haben kann, sind daher besonders zu begrüßen. Jeder vernünftige Mensch weiß, dass Alkohol stressmildernd wirkt, dagegen bedurfte es eingehender Forschungen, um nachzuweisen, dass ein bis zwei Glas Rotwein am Tag das Risiko von Herzerkrankungen, die in der westlichen Welt die häufigste Todesursache darstellen, mindern können. Wie es scheint, verringern die im Rotwein im Unterschied zum Weißwein enthaltenen Phenole (Seite 73) die Ablagerung von Cholesterin in den Arterien und machen dadurch Herzinfarkte weniger wahrscheinlich.

Gegen Ende der 1980er-Jahre setzten in England die Gesundheitsbehörden die »unschädliche Grenze« des Alkoholkonsums auf 14 »Einheiten« für Frauen und 21 für Männer an (die Körpergewebe der Frau sind empfindlicher für Schädigungen durch Alkohol). Eine »Einheit« Alkohol entspricht einem Neuntel einer üblichen Flasche Wein mit einem Alkoholgehalt von 12 % (Seiten 36/37). So manchem mögen diese Grenzwerte recht niedrig erscheinen. Ich trinke fast jeden Abend etwa eine drittel bis eine halbe Flasche Wein und tröste mich damit, dass die genannten Grenzwerte wohl auf dem beruhen, was bei repräsentativen Umfragen über konsumierte Mengen angegeben wird.

Und damit kommen wir zum Thema Kater. Man kann vorbeugen, indem man mindestens genauso viel Wasser trinkt wie Wein; und nach allzu ausgiebigem Feiern bewährt sich ein gutes Schmerzmittel, insbesondere eines mit dem Wirkstoff Ibuprofen. Die Mariendistel ist ein homöopathisches Mittel zur Unterstützung der Leberfunktion.

Näheres über Weingenuss unter bestimmten gesundheitlichen Voraussetzungen auf Seite 57.

Welchen Wein soll man lagern?

Wenn man zwanzig Jahre seines Lebens darauf verwendet hat, über Wein zu reden, kommen einem geradezu von selbst fixe Ideen. So hege und pflege ich Lieblingsvorstellungen über Wein und den Faktor Zeit und darüber, dass so viele Weinerzeuger und -händler ihren Kunden nicht deutlich erklären, wie lange man bestimmte Flaschen aufheben soll, vor allem die wenigen, bei denen es wirklich darauf ankommt.

Die meisten heute produzierten Weine sollten möglichst jung getrunken werden, solange ihre Frucht noch schönen Genuss bietet. Trotzdem hält sich die Mär, dass Wein mit zunehmendem Alter besser werde, nun einmal hartnäckig; daher wird weit mehr Wein eher zu spät als zu früh getrunken.

Wie andere Lebensmittel auch verändert sich Wein nach und nach. Während aber die meisten Lebensmittel mit der Zeit abbauen, hat Wein immerhin das Vermögen, besser zu werden. Großzügig geschätzt schmecken etwa 10 % aller Rotweine und 5 % aller Weißweine nach fünf Jahren angenehmer oder interessanter als im ersten Jahr. 1 % aller Weine besitzt die Besonderheit, sich über ein bis zwei Jahrzehnte, manchmal auch über längere Zeit weiter zu entfalten. Die allermeisten Weine jedoch beginnen die Fruchtigkeit, die ihren jugendlichen Charme ausmacht, bereits ein halbes Jahr nach der Abfüllung einzubüßen. Wie aber soll nun der arme Verbraucher wissen, welche Flaschen er liebevoll aufbewahren und welche er möglichst rasch austrinken soll?

Die Supermärkte, man muss es ihnen zugestehen, haben hier in letzter Zeit recht Gutes geleistet. Auf vielen Rückenetiketten geben ihre Hausmarken Ratschläge über die Genussreife (meist »sechs bis zwölf Monate nach dem Kaufdatum«). Über die Genussreife feinerer Weine bekommt man demgegenüber nur selten verlässlichen Rat. Wer weiß denn beispielsweise, dass die teuersten Rotweine in einem Fachgeschäft vermutlich den wenigsten Genuss bereiten, wenn sie noch am gleichen Abend getrunken werden. Sie sind auf lange Lebensdauer ausgelegt und daher mit hartem, herbem Tannin voll gepackt, dennoch aber meist nur im Jungzustand im Handel.

Die geeignetsten Kandidaten für lange Flaschenalterung sind die Rotweine rechts auf Seite 37, außerdem süße Weine mit Edelfäule (Seiten 87 bis 89), Loire-Weine von der Chenin-blanc-Traube (Seiten 182 bis 184), die meisten Riesling-Weine (Seiten 119 und 120) sowie weißer Burgunder aus Grand-Cru-Lagen (Seiten 166 bis 169).

Es wird oft gesagt, dass ein Wein nach längerer Reise erst »ruhen« muss. Gewiss soll jeder Wein mit einem Depot (d. h. über fünf Jahre alter Wein)

Ein Eckchen des Weinkellers der Baronesse Philippine de Rothschild im Château Mouton-Rothschild – für gewöhnliche Sterbliche nur ein Wunschtraum.

einen oder zwei Tage lang aufrecht hingestellt werden, damit dieses sich am Boden absetzen kann. Andererseits ist aber kaum einzusehen, dass die Reise vom Ladenregal bis nach Hause einem Wein viel ausmachen könnte. Die gröbste Misshandlung, die ein Wein in seinem Leben über sich ergehen lassen muss, ist vermutlich die Abfüllung in die Flasche. In vielen Abfüllanlagen wird der Wein so gründlich durchgeschüttelt und mit Luft in Berührung gebracht, dass er einige Wochen benötigt, bis er diesen Schock überwunden hat und alle seine Inhaltsstoffe mit dem hineingelangten Sauerstoff reagiert haben. In technisch ausgefeilteren Abfüllanlagen wird der Wein unter Schutzgas gehalten und schonender behandelt. Manche Weine, vor allem der lieblicheren und preiswerteren Art, werden vor der Abfüllung pasteurisiert und können sich in der Flasche nicht mehr verändern. Woher kann der Verbraucher aber wissen, vor wie langer Zeit und in welcher Weise ein Wein abgefüllt wurde? Ich kann Ihnen nur raten, die Sache nicht zu wichtig zu nehmen. Außer wenn ein Wein ein Depot zeigt oder extrem teuer war, können Sie ihn entkorken, wann Sie wollen.

»Reist« Wein gern?

Oft ist von einer Reise mitgebrachter Wein eine Enttäuschung; als Grund hierfür wird meist angenommen, dass Wein nicht gern reist. Es ist schwer einzusehen, welchen Unterschied es ausmacht, ob eine Flasche Wein im Privatauto oder im Handgepäck oder – wie es der Normalfall ist – in einem Container-Lastwagen transportiert wird. Die Enttäuschung erklärt sich nicht aus einem dem Wein anhaftenden Mangel, sondern vielmehr daraus, dass Geschmackswahrnehmungen äußerst subjektiv sind. Auf einer Reise sind wir in aufnahmebereiterer, auch toleranterer Stimmung als daheim. Wein kann durchaus reisen und ist schließlich auch ständig unterwegs. Gefährlich werden können ihm nur übermäßige Hitze oder scharfe Temperaturschwankungen, denn dadurch büßt er einen Teil seiner Geschmacksfülle ein (Seiten 28 und 42/43). Nicht stark gefilterte Weine sind besonders empfindlich und werden deshalb meist nur bei kühler Witterung versandt.

Was geschieht, wenn Wein älter wird?

Je mehr Frucht, Säure und Phenole (Seite 73) er von Anfang an enthält, desto mehr komplexe Wechselwirkungen können sich in ihm abspielen und umso mehr lohnt es sich, ihn aufzubewahren. Das bedeutet, je weniger Wasser die Traube enthielt (je dicker die Schalen der Traubensorte waren, je trockener die Wachstumsperiode verlief, je weniger Bewässerung eingesetzt wurde und je niedriger die Erträge lagen), desto wahrscheinlicher ist es, dass der daraus entstandene Wein längere Lagerung lohnt. Tannine und Farbstoffe, die so genannten Anthocyane, bilden die hauptsächlichen Phenole, die im Rotwein als Konservierungsmittel wirken. Sie reagieren miteinander und mit anderen Inhaltsstoffen in mannigfacher Weise und bilden immer größere Komplexe, die nach einigen Jahren derart groß werden, dass sie nicht mehr gelöst bleiben, sondern sich als Bodensatz niederschlagen. Während Rotwein guter Qualität reift, wird er heller und im Geschmack milder, zugleich aber nuancenreicher im Duft (der jetzt ein Bukett, Seite 16, und nicht mehr einfaches Aroma darstellt). Rotwein mit einem sichtbaren Depot ist vermutlich genussreif.

Bei Weißwein ist über die Alterungsvorgänge weit weniger bekannt, doch bei ihm übernimmt die Säure die Aufgabe des Tannins. Unbezweifelbar sind die langlebigsten Weißweine solche mit gutem Extrakt (Seite 16), aber auch mit guter Säure. Daraus, dass Weißwein weniger Phenole enthält als Rotwein, erklärt sich, weshalb er sich nur selten ebenso lang in der Flasche hält (allerdings kann die auf den Seiten 87 bis 89 näher beschriebene Edelfäule süße Weißweine jahrzehntelang konservieren). Roséweine werden im Alter kaum besser, vermutlich weil sie weniger Säure aufweisen als Weißwein und weit weniger Phenole als Rotwein.

Näheres siehe Seite 42.

Möglichst jung zu trinkende Weine

Aus dem oben Gesagten ergibt sich, dass sich bei den meisten Weinen, die ja für baldige Genussreife bestimmt sind, jahrelange Flaschenalterung, d. h. Aufbewahrung in der verschlossenen Flasche, nicht lohnt. Alle nachstehend genannten Weine sollten deshalb möglichst spätestens ein Jahr nach der Abfüllung getrunken werden, weil dann ihre Frucht am schönsten zum Vorschein kommt:

Tafelwein (Europa)
Jug Wine (USA)
Wein in Tüten, Kartons oder Dosen
Die meisten preiswerten Sortenweine (allenfalls mit Ausnahme einiger Cabernet-Sauvignon-Weine)
Die meisten Vins de Pays
Nouveau / Primeur / Novello
Markenwein (ausgenommen roter Bordeaux aus besseren Jahrgängen)
Deutsche QbA-Weine
Rosé, Blush und Weißherbst
Asti und Moscato Spumante
Wermut, einfacher Portwein, die meisten Sherrys, alle Spirituosen, süße Muskateller
Die gängigsten Weißweine in der linken oberen Ecke der Tabelle auf Seite 36 und die Rotweine links in der Tabelle auf Seite 37

Weine, deren Aufbewahrung sich lohnt

Ganz allgemein lässt sich sagen, dass eine Flasche Wein umso mehr die Aufbewahrung lohnt, je teurer sie war. Eine einfache Richtschnur stellt die Hauptrebsorte dar, aus der ein Wein besteht. Es folgen einige Rebsorten und in Klammern die ungefähre Zahl der Jahre (wobei es die nicht unerheblichen Unterschiede zwischen Herkunftsregionen und Jahrgängen zu berücksichtigen gilt).

Auch darf in diesem Zusammenhang nicht verschwiegen werden, dass die Lagerbedingungen einen wesentlichen Einfluss auf die Aufbewahrungsdauer haben. Näheres dazu auf der folgenden Seite.

Rotwein
Aglianico aus Taurasi (4 bis 15)
Baga aus Bairrada (4 bis 8)
Cabernet Sauvignon (4 bis 20)
Kadarka aus Ungarn (3 bis 7)
Melnik aus Bulgarien (3 bis 7)
Merlot (2 bis 10)
Nebbiolo (4 bis 20)
Pinot noir (2 bis 8)
Plavac Mali aus Kroatien (4 bis 8)
Raboso aus Piave (4 bis 8)
Sangiovese (2 bis 8)
Saperavi aus Russland (3 bis 10)
Syrah/Shiraz (4 bis 16)
Tannat aus Madiran (4 bis 12)
Tempranillo aus Spanien (2 bis 8)
Xynomavro aus Griechenland (4 bis 10)
Zinfandel aus Kalifornien (2 bis 6)

Weißwein
Chardonnay (2 bis 6)
Chenin blanc von der Loire (4 bis 30)
Furmint aus Ungarn (3 bis 25)
Petit Manseng aus Jurançon (3 bis 10)
Riesling (2 bis 30)
Semillon aus dem Hunter Valley (6 bis 15)
Wein mit Edelfäule (5 bis 25)

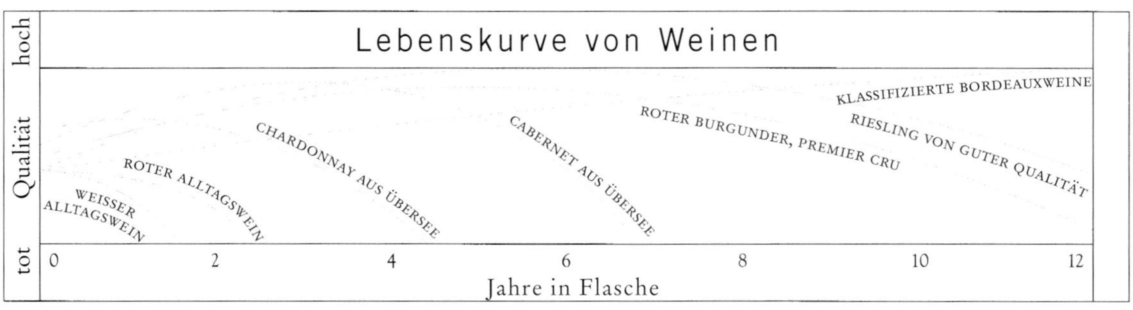

Wie soll man Wein lagern?

Ideale Voraussetzungen

Der Wein dürfte, sobald er unter dem Korken in der Flasche sicher untergebracht ist, gegen seinen ärgsten Feind, die Luft (Seite 73), geschützt sein. Trocknet der Korken jedoch aus und schrumpft so weit, dass er keinen luftdichten Verschluss mehr bildet, lässt er eben doch schädlichen Sauerstoff in den Wein gelangen. Deshalb werden Weinflaschen seit jeher liegend aufbewahrt, damit der Korken feucht gehalten wird, sodass er quillt und den Flaschenhals ausfüllt.

Eine neue Denkschule vertritt jedoch die revolutionäre Auffassung, es sei besser, schräg zu lagern, sodass die Flüssigkeit und die im Flaschenhals vorhandene Luftblase gleichzeitig mit dem Korken in Berührung stehen. Auf diese Weise wird der Korken ebenfalls feucht gehalten, zugleich aber kann sich die Luftblase bei Temperaturschwankungen zusammenziehen oder ausdehnen und demzufolge sickert Luft und nicht Wein durch den Korken. Liegen die Flaschen horizontal, dann drückt die weit vom Korken entfernte Luftblase, wenn sie sich bei höheren Temperaturen ausdehnt, etwas Wein zwischen Korken und Flaschenhals nach außen (die Zuckerablagerungen am Hals von Süßweinen werden als Beweis angeführt). Fällt dann die Temperatur wieder, zieht sich die Luftblase zusammen und saugt Luft durch den Korken in die Flasche. Es handelt sich zwar nur um eine winzige Menge Sauerstoff, aber sie kann sich bei häufigen Temperaturschwankungen dennoch als schädlich erweisen.

Bislang trägt so gut wie kein handelsübliches Weinregal dieser neuen Theorie Rechnung; wenn Sie also Ihren Wein in einem Raum unterbringen, in dem die Temperatur um mehr als 10 °C schwankt, könnte es sicher ratsam sein, vorn am Regal einen Keil unterzuschieben, damit es in dem nach den neuesten Erkenntnissen richtigen Winkel steht.

Aus den schon genannten Gründen stellen **Temperaturschwankungen** bei der Weinlagerung die schlimmste Gefahrenquelle dar. Je kühler der Wein ruht, desto langsamer und vermutlich interessanter entfaltet er sich. Je wärmer er lagert, desto schneller reift er (denn Wärme beschleunigt alle Reaktionen).

Überhaupt sollte die **Lagertemperatur** nie unter –4 °C fallen, weil bei diesem Wert leichterer Wein gefriert, wodurch der Korken aus dem Fla-

In einem Londoner Keller wurde das am häufigsten vorhandene Problem – ein Zentralheizungskessel im ansonsten geeignetsten Weinlagerraum – mit Isolierpaneelen elegant und zweckmäßig gelöst.

Rotwein verliert mit der Zeit die bläuliche Farbkomponente und wird bräunlich, aber auch heller, wenn Tannine und Pigmente sich als Depot niederschlagen. Der einjährige rote Bordeaux links schmeckt noch hart und verschlossen, während das zwölf Jahre alte Pendant rechts schon viel Tannin verloren hat und milder, aber auch interessanter geworden ist.

Der linke Weißwein ist ein Jahr alt, der rechte hat dagegen bereits zwanzig Jahre hinter sich und ist durch Oxidation dunkler geworden.

schenhals getrieben werden kann. Bei etwa 25 °C andererseits verflüchtigen sich die volatileren Inhaltsstoffe des Weins unwiederbringlich. Ganz allgemein dürfte die ideale Lagertemperatur zwischen 10 und 15 °C liegen, aber auch zwischen 15 und 20 °C leidet der Wein kaum Schaden – solange die Temperatur nicht stark schwankt. Thermometer mit Maximal- und Minimalanzeige erweisen sich zur Ermittlung geeigneter Lagerräume als nützlich.

Nicht nur für Wärme ist Wein empfindlich, sondern auch für **Licht**. Helle Beleuchtung schadet dem Geschmack vor allem von Sekt, insbesondere in Flaschen aus hellem Glas (deshalb wird Wein oft in fast schwarzen Flaschen und Sekt in zusätzlicher Verpackung geliefert).

Auch die **Luftfeuchtigkeit** ist von Bedeutung. Lagert Wein jahrelang in zu trockener Atmosphäre, trocknen die Korken aus und schließen nicht mehr einwandfrei. Feuchte Lagerräume sind gut für den Wein, können aber den Etiketten schaden. (Japaner zahlen oft höhere Preise für alten Wein mit gut erhaltenen Etiketten; Briten sind da skeptisch.)

Vibrationen gelten für Weine mit Bodensatz als unzuträglich, allerdings gibt es dafür keine eindeutigen Beweise. Dagegen sind starke **Gerüche** auf jeden Fall zu vermeiden (keine alten Farbdosen oder Gartenchemikalien im gleichen Raum aufbewahren!). Übrigens hat **Sicherheit** Vorrang vor **bequemem Zugriff**; man sollte weder andere noch sich selbst allzu sehr in Versuchung führen.

Der ideale Keller

Aus dem bisher Gesagten ergibt sich, dass der ideale Weinlagerraum ein dunkler, geräumiger, feuchtkühler Keller mit einer einzigen kräftigen Tür ist, zu der nur Sie einen Schlüssel besitzen. Rings an den Wänden befinden sich Weinregale, doch es ist noch genügend Bewegungsraum und auch Platz für Wein in Originalkisten sowie für eine Probierecke und einen Schreibtisch für die Kellerbuchhaltung vorhanden. Für die meisten von uns dürfte ein solcher Keller freilich in das Reich der Fantasie gehören.

Wein daheim lagern

Die Realität sieht leider so aus, dass in modernen Wohnungen Lagerraum jeglicher Art knapp ist, und kühle, dunkle, stille, etwas feuchte und ausreichend geräumige Aufbewahrungsorte für Wein sind sogar noch knapper. Gartenhäuser und Schuppen kommen ohne besonderen Winterschutz im kühlen Klima, wo die Temperaturen gelegentlich unter –4 °C fallen, nicht in Frage. Im Inneren des Hauses besteht das Hauptproblem meist darin, dass es zu warm ist. Wo immer sich ein eventueller Lagerraum anbietet, pflegt schon ein Zentralheizungskessel zu stehen, der die Unterbringung von Wein nur mit geeigneter Isolierung erlaubt (siehe Bild Seite 42). Überhaupt stellt Isolierung häufig die einzige Möglichkeit dar, einen annehmbaren Platz für eine größere Weinkollektion zu schaffen, sei es im Keller, auf dem Dachboden oder sonstwo im Haus. Allerdings ist solcher Aufwand nicht jedermanns Sache, also muss man sich nach einer geeigneten Ecke für ein, zwei Dutzend Flaschen umsehen. Sie findet sich denn auch unter einer isolierenden Matte etwa auf dem Dachboden, im Keller, ja selbst in einem alten Kamin oder unter der Treppe. Sinnvoll ist es, eine Schüssel voll Wasser in die Nähe zu stellen, um die Luftfeuchtigkeit zu erhöhen.

Die Flaschen können in ihren Holzkisten oder in starken Kartons liegen, nur müssen die Korken stets feucht bleiben. Ein richtiges Weinregal ist freilich haltbarer und kann in jeder beliebigen Form gebaut werden. Praktisch sind Ausführungen mit doppelter Tiefe.

Der schlechteste Platz für die Aufbewahrung von Wein ist in der Nähe des Herds oder auf dem Kühlschrank, wo häufig warme Luft aufsteigt.

Wer die Sache ernsthafter betreiben will, hat die Wahl zwischen »künstlichen Kellern« in mehreren, allerdings relativ teuren Ausführungen. So gibt es große Kühlschränke mit geregelter Luftfeuchtigkeit und verschiedenen Temperaturzonen für Rot- und Weißwein; es lassen sich darin jedoch meist nur ein paar Dutzend Flaschen unterbringen. Ein »Wendeltreppenkeller« für den Einbau in einer speziell dafür auszuhebenden Grube ist praktisch, aber auch sehr aufwändig.

Wein anderswo lagern

In vielen Fällen besteht, vor allem wenn man größere Mengen an jungem Wein lagern will, die bequemste Lösung darin, Lagerraum entweder beim Weinhändler oder bei einem entsprechend eingerichteten Spezialisten zu mieten. Das kostet eine gewisse Summe pro Kiste (der Standardverpackung mit einem Dutzend Flaschen), dürfte jedoch gewährleisten, dass Ihr Wein unter idealen Voraussetzungen lagert.

Ein schwer wiegender Nachteil dieser Lösung besteht darin, dass Sie nicht jederzeit eine Kostprobe aus Ihrer Kollektion entnehmen können.

Wein sammeln

Manchmal widerfährt es ansonsten vernünftigen Menschen, dass sie die Sammelwut packt und ihnen beträchtliche Summen für Wein entlockt, der ein Leben lang zum Reifen braucht.

Wer dieser Leidenschaft ernstlich verfallen ist, sucht stets nach besonders feinen oder seltenen Weinen, die er *en primeur*, also vor der Auslieferung durch den Erzeuger, als »Futures« kauft (bitte jedoch bei einem vertrauenswürdigen Weinhändler). Er füllt Lücken in seiner Sammlung mit älteren Weinen auf, die er bei Auktionen erwirbt (etwa bei Christie's oder Sotheby's). Wein allein als Kapitalanlage zu betrachten ist freilich eindeutig ein Fehler – die Preise schwanken zu stark. Wie alle Formen des Sammelns ist jedoch auch diese mit Freuden mannigfacher Art verbunden (und sie kostet weit weniger als beispielsweise das Sammeln von Kunstwerken).

Ein gewisses Maß an Buchhaltung ist für Weinsammler unumgänglich, um zu gewährleisten, dass eine Flasche nicht allzu lange aufgehoben wird. Und ab und zu sollten sich auch passionierte Sammler daran erinnern, dass *Wein eigentlich zum Trinken da ist.*

Schon das Äußere verrät viel

Ein Weinfachgeschäft erschreckt den Kunden oft mit endlosen Reihen praktisch gleich aussehender Flaschen, etikettiert mit fremdartigen Namen in einer verwirrenden Vielzahl von Sprachen. Wie soll sich der arme Verbraucher da zurechtfinden? Zum Glück gibt es mehr und mehr Geschäfte mit Personal, das sich einigermaßen auskennt. Selbstbedienungsläden bieten oft Informationen auf Rückenetiketten und auf den Weinregalen. Schwerer ist es schon, auf einige grundsätzliche Fragen die Antworten zu bekommen, die ich hier anschließend zu geben versuchen will.

Form und Farbe der Flasche

Der Standardbehälter für Wein ist die Glasflasche mit 75 cl Inhalt. Angeblich entspricht dies einer Lunge voll Luft – dem naturgegebenen Maß, als alle Flaschen noch mundgeblasen waren. Mit der Zeit entwickelten sich geradwandige, daher besser stapelbare Flaschen, und die Flaschenhalsweite wurde offenbar an die natürliche Dicke der Rinde angepasst, die den Korkeichen etwa alle neun Jahre abgeschält wird.

Rotweinflaschen gibt es in zwei Grundformen: die hochschultrige »Bordeauxflasche« und die flachschultrige »Burgunderflasche«. Ganz allgemein kommen Weine in Bordeauxflaschen auch aus der weiteren Umgebung von Bordeaux oder sind ähnlich wie der rote Bordeaux entweder von Cabernet- oder Merlot-Trauben bereitet oder weisen ähnlich tanninreiche Art (d.h. recht herb und eventuell lagerwürdig) wie dieser auf und sind relativ leicht (etwa die meisten Rotweine aus dem Languedoc, Mittelitalien und Portugal). In Burgunderflaschen trifft man vor allem Rotweine aus Burgund und Umgebung (einschließlich Beaujolais und Mâcon) oder von der Rhône an, auch Weine aus der Pinot-noir-Traube oder überhaupt weichere und vollere Rotweine. In Rioja beispielsweise werden Weine dieser beiden unterschiedlichen Typen erzeugt und in die entsprechenden Flaschenformen abgefüllt. Für roten Bordeaux (aber auch für andere auf lange Reifezeit ausgelegte Weine wie Barolo, Barbaresco und Jahrgangs-Port) werden immer dunklere Flaschen verwendet, weil diesen Weinen Licht am meisten schadet (siehe Seite 42). Roter Burgunder wird dagegen seit jeher in hellgrünen Flaschen geliefert, womit zum Ausdruck kommt, dass er nicht so lange lagern muss wie roter Bordeaux.

Für Weißwein gibt es drei Grundformen: neben der Bordeaux- und Burgunderflasche noch eine höhere, schlankere Form, die für aromatischere Weine, z.B. aus Deutschland und dem Elsass, aber auch allgemein für Riesling und rieslingähnlichen Wein Verwendung findet; grünes Glas wird für Mosel, Elsässer und leichtere Weine benutzt, während braunes Glas oft auf einen schwereren Wein oder einen aus den deutschen Anbaugebieten am Rhein hinweist.

In die Bordeauxform wird weißer Bordeaux abgefüllt, die meisten süßen Weine in klares, die trockenen in grünes Glas (manchmal trifft man aber auch trockene Weine in klaren Flaschen an). Diese Form findet auch für zahlreiche andere süße und trockene Weine aus den Bordeaux-Trauben Sauvignon blanc und Sémillon und für leichtere trockene Weißweine Verwendung. Süße Weine mit ihrem kräftigen Alkohol- und Extraktgehalt vertragen Licht und daher klares Glas recht gut; wenn aber ein leichter trockener Weißwein in klare Flaschen gefüllt wird, rechnet der Erzeuger von vornherein mit raschem Umsatz.

Die Standardflasche für weißen Burgunder besteht aus hell gelblich grünem Glas (*feuille morte*, also Herbstlaub); sie findet für viele, insbesondere dem weißen Burgunder ähnliche, das heißt trockene, körperreiche, oft eichenfassgereifte Weißweine Verwendung. Zu dieser überaus populären Art gehören nicht nur die verschiedensten Chardonnays, sondern auch mancher Sauvignon, Sémillon, ja auch Weißwein fast jeder anderen Rebsorte.

Ganz allgemein kann man vielleicht sagen: *je gedrungener die Flasche, desto schwerer der Wein.*

Flaschen bester Qualität bestehen aus dickem Glas und haben einen eingezogenen Boden. Die meisten Sektflaschen (die aus besonders starkem, druckfestem Glas hergestellt sind) haben eine sehr kräftig ausgebildete Einwölbung, sodass man sie beim Einschenken mit einer Hand halten kann, wobei der Daumen in den Boden fasst. Flaschen aus dünnem Glas verringern dagegen die Transportkosten, und kurze Korken bringen weitere Einsparungen.

In verschiedenen Regionen, ja manchmal bei einzelnen Erzeugern, haben sich eigene Flaschenformen eingebürgert, die den Wein aber meist nur verteuern. Das gilt besonders für die seltsam verzerrten asymmetrischen Formen.

Flaschengrößen

Für vom Standard abweichende Flaschengrößen zahlt man gewöhnlich einen Mehrpreis, einfach weil sie bei der Abfüllung mehr Kosten verursachen. Halbe Flaschen sind sehr nützlich, doch die Winzer ärgern sich über die dafür nötigen speziellen Abfülleinrichtungen und die Experten behaupten, dass der relativ hohe Luftanteil in diesen Flaschen den Reifeprozess meist ungünstig beeinflusst (bei Viertelflaschen ist das noch mehr der Fall). Bei gesundheitsbewussten Verbrauchern setzen sich 50-cl-Flaschen immer mehr durch. Puristen dagegen behaupten, dass die Magnumflasche mit 1,5 l Inhalt das richtige Format für tadellosen Reifeverlauf darstellt. Außer bei billigem Zechwein kostet dieses Format aber stets mehr. Es gibt auch noch größere Flaschen, vor allem für roten Bordeaux. Bei Champagner sind große Flaschenformate eher etwas für Repräsentationsbewusste als für den Weinliebhaber (siehe Seite 86).

Andere Behälter

Heute kann man Wein außer in Glasflaschen auch in Kartons, Dosen, Tüten, Plastikflaschen usw. kaufen. So geschmacksneutral wie Glas ist aber kein anderes Material und auch keines hat sich bisher für die Aufbewahrung von Wein auf längere Zeit als geeignet erwiesen. Kartonwein bewährt sich nicht nur bei großen Partys, sondern auch für Leute, die ab und zu kleine Mengen Wein konsumieren, allerdings nur, wenn der Verschluss dicht ist, sodass sich der Wein an die zwei Wochen hält.

Das Rückenetikett

Es ist für Informationen bestimmt, die auf dem vorderen Etikett keinen Platz finden. Mit zunehmendem Kenntnisstand des Verbrauchers wächst die Zahl solcher Etiketten, die auch brauchbare Auskunft über Einzelheiten der Erzeugung geben und nicht wie früher üblich nur besagen, dass der Wein in der Flasche »von den feinsten, zum optimalen Zeitpunkt gelesenen Trauben aus besten Lagen und mit höchster Sorgfalt bereitet wurde«. Bei Weißwein folgte dann stets der Hinweis, dass er zu Fisch und hellem Fleisch zu trinken sei, während Rotwein gewöhnlich zu dunklem Fleisch und Käse empfohlen wurde.

Typische Flaschen für – von links nach rechts – weißen Bordeaux (Sémillon, Sauvignon blanc), roten Bordeaux (Cabernet Sauvignon, Merlot), weißen Burgunder (Chardonnay), roten Burgunder (auch Pinot noir allgemein sowie Rhône- und Loire-Wein), Rheinwein (und Riesling allgemein, Moselwein jedoch in grünem Glas) und Champagner (halbe Flasche).

Zwei Beispiele dafür, was die Aufmachung ausmacht. Links ein roter Bordeaux und ein roter Burgunder in der in ihrer Heimat üblichen Aufmachung, rechts dieselben Weine in vertauschten Flaschen mit veränderter Beschriftung. Nur wenn man genau hinsieht, merkt man, dass der Wein ganz rechts kein Bordeaux und der daneben kein Burgunder ist.

Das Hauptetikett

Es gibt die wichtigsten Hinweise darauf, wie der Wein in der Flasche schmeckt, auch wenn in der Benennung der Weine generell wenig Einheitlichkeit herrscht.

Gewissermaßen ist das Etikett der Reisepass des Weins, es muss also seine Erkennungsmerkmale enthalten. (Künstlerisch veranlagte Erzeuger setzen die vorgeschriebenen Informationen gelegentlich auf ein Etikett, das offensichtlich für die Rückseite der Flasche bestimmt ist, behaupten aber offiziell, dass dieses und nicht die formal ungesetzliche Kreation auf der anderen Seite das Hauptetikett sei; siehe die Cloudy-Bay-Etiketten auf Seite 50.)

Wie heißt der Wein?

Oft ist es schwer herauszufinden, welche der vielen Zeilen auf dem Etikett wirklich den Namen des Weins darstellt. Der Vorschrift nach sollte das die am größten gedruckte Zeile sein.

Manche Weine, vor allem aus nicht so traditionsreichen Weinbauländern, tragen den Namen der ihnen zugrunde liegenden Rebsorte (oder Rebsorten). Es sind dies die **Sortenweine**, die mehr oder weniger rein aus den in Teil 3 beschriebenen Rebsorten (Chardonnay, Cabernet Sauvignon usw.) gekeltert werden. Diese besonders populäre Art der Namensgebung vermittelt dem Verbraucher eine sehr klare Vorstellung davon, welche Geschmacksrichtung er vom Inhalt einer Flasche erwarten kann.

Die andere, raffiniertere Namensgebung, wie sie in Frankreich und anderen Ländern Europas bevorzugt wird, ist die **geographische**, also nach der Region (z. B. Chablis, Bordeaux, Valpolicella, Rioja, Piemont, Lavaux, Wachau). Es ist aber für den Neuling nicht einfach, sich zu merken, ob Chablis oder Chardonnay nun der Ort oder die Traube ist.

Es gibt tausende von Orts- und Lagennamen, aber nur etwa ein Dutzend relevante Rebsorten. (Deshalb bin ich der festen Meinung, dass die Kenntnis der wichtigsten Traubensorten, siehe Teil 3, Seiten 95 bis 153, einen besonders nützlichen Ausgangspunkt für vertiefte Weinkenntnis bildet.)

Markenweine tragen meist einen durch aufwändige Werbung verbreiteten, frei erfundenen Namen, z. B. Mateus Rosé.

Die Qualitätskategorien

Trägt ein Wein einen geographischen Namen, dann erscheint neben der Region auf dem Etikett meist auch eine der Qualitätskategorien aus der nachstehenden Tabelle. Die Kategorie 1 umfasst mindestens theoretisch die Spitzenweine des betreffenden Landes und die Kategorie 2 die mittleren Ränge. Die Kategorie 3 wird lediglich der Vollständigkeit halber überhaupt erwähnt, denn die in sie fallenden Weine dürfen meist keinen geographischen Namen führen; sie verdanken ihr Dasein gewöhnlich der europäischen Überschussproduktion.

Die in der Kategorie 1 genannten Qualitätsbezeichnungen (AC, ADC, DO, DOCG und QmP) unterliegen sehr strengen Vorschriften mit Bezug auf Weinberglagen, Traubensorten, zulässige Erträge, Mindestreifegrade sowie Anbau- und Bereitungsmethoden.

Viele Erzeuger in der Neuen Welt sind heilfroh darüber, dass ihnen solche Zwänge erspart bleiben und sie anpflanzen können, was sie wollen und wo sie es wollen. Aber auch bei ihnen setzt sich immer mehr die Einsicht durch, wie wertvoll die Identität der eigenen Region ist (die ja anderswo nicht nachgeahmt werden kann), und so ergänzen geographische Namen immer häufiger die Sortennamen (z. B. Sonoma Valley Chardonnay, Coonawarra Cabernet Sauvignon und Casablanca Sauvignon Blanc).

Der Erzeuger

Auf jedem Weinetikett muss der Name des Erzeugers oder zumindest des Abfüllers genannt sein. Meist ist dies die wichtigste Information, die auf einer Weinflasche zu finden ist. Der Unterschied zwischen dem Chablis eines an einem günstigen Preis orientierten Abfüllers und dem Chablis eines auf seinen guten Ruf bedachten Erzeugers kann himmelweit sein.

Offizielle Weinkategorien

Land	Kategorie 1	Kategorie 2	Kategorie 3
Frankreich (siehe Seite 157)	Appellation Contrôlée* (AC oder AOC)	Vin de Pays	Vin de Table
Italien (siehe Seite 207)	Denominazione di Origine Controllata (DOC) DOCG (wie DOC plus »Garantita«)	Indicazione Geografica Tipica (IGT)	Vino da Tavola
Deutschland (siehe Seite 261)	Qualitätswein mit Prädikat (QmP)	Qualitätswein bestimmter Anbaugebiete (QbA)	Deutscher Tafelwein
Spanien (siehe Seite 234)	Denominacíon de Origen (DO)	Vino de la Tierra	Vino de Mesa

* Außerdem gibt es die Kategorie *Vin Délimité de Qualité Supérieure* (VDQS) als Sprungbrett zur Appellation Contrôlée.

Genau an diesem Punkt beginnen die Feinheiten der Weinkenntnis – deshalb sind in Teil 4, »Die Welt des Weins«, einige hundert empfehlenswerte Erzeuger genannt.

Alkoholstärke

Diese durchaus nützliche Angabe findet sich auf wohl allen Etiketten. Hinweise zur ungefähren Alkoholstärke in Volumenprozent sind auf den Seiten 36/37 für die wichtigsten Weintypen gegeben. Allgemein lässt sich sagen, dass aus kühleren Klimagegenden alkoholschwächere, aus wärmeren alkoholstärkere Weine kommen, denn Sonnenschein verwandelt sich unmittelbar in Traubenzucker, der zum größten Teil zu Alkohol vergärt (Seite 74). Nun möchte man meinen, dass der Unterschied zwischen einem 12 %igen und einem 13 %igen Wein kaum zu bemerken wäre, mich aber wirft ein alkoholstärkerer Wein am Morgen danach schon einmal um, während die meisten deutschen Weine so leicht sind, dass man sich bedenkenlos einige Gläser davon genehmigen darf.

Sonstige Hinweise

So gut wie alle Weine aus den Kategorien 1 und 2 dürften eine Jahrgangsangabe tragen. (Näheres über **Jahrgänge** und Regionen auf den Seiten 337 bis 342). Dagegen darf auf Weinen der Kategorie 3 meist kein Jahrgang angegeben werden; sie stammen aber fast immer aus dem letzten oder doch den zwei letzten Jahren und werden bis zur Auslieferung gekühlt gelagert.

Das Etikett enthält meist Angaben über die **Abfüllung**, die im Idealfall durch den Erzeuger erfolgt (Gutsabfüllung, Mis en bouteille à ..., Estate Bottled). In der Praxis geschieht dies durch eine fahrbare Abfüllanlage, die auf den Hof des Winzers kommt – in manchen Fällen erledigen professionelle Abfüller diese Aufgabe besser. Mit einigem Argwohn betrachte ich Weine, die weit von ihrem Herkunftsort entfernt abgefüllt worden sind, und zwar deshalb, weil bei ihnen das Risiko, dass sie Temperaturschwankungen und Sauerstoff ausgesetzt waren, doch wesentlich höher ist. Allerdings lassen sich dabei beträchtliche Einsparungen erzielen, so beispielsweise bei australischem Wein, der tankweise in ferne Abnehmerländer geliefert wird und dort die Kapazität von Abfüllanlagen auslasten hilft.

Auf vielen Etiketten erscheinen aber auch sehr genaue Hinweise auf die Herkunft oder Qualität in Gestalt von Begriffen wie Premier Pru, Cru Classé, Vieilles Vignes, Villages, Classico, Kabinett usw. (Näheres siehe Teil 4).

Süßegrade				
	Französisch	Italienisch	Spanisch	Englisch
Extra trocken	brut	–	–	bone dry
Trocken	sec	secco	seco	dry
Halbtrocken	demi-sec	abboccato	semi-seco	medium dry
Mild	doux	amabile	–	medium sweet
Lieblich	moelleux	dolce	dulce	sweet
Süß	liquoreux	–	–	very sweet
Schaumgrade				
Perlwein	perlant	frizzante	–	gently sparkling
Schaumwein	mousseux	spumante	expumoso	fully sparkling

Kleiner Lehrgang im Etikettenlesen

Weine mit Rebsortennamen

Hier zwei Etiketten aus der südlichen Hemisphäre. Das »Frontetikett« von Cloudy Bay ist reine Kosmetik, vermittelt jedoch die für den Verbraucher wesentlichen Informationen (das Design beruht auf einer Fotografie des Kellermeisters). Das schmalere Rückenetikett trägt alle vorschriftsgemäßen Informationen und ist deshalb offiziell das Hauptetikett.

Die Nummerierung der Erläuterungen entspricht der Reihenfolge, in der ich gewöhnlich ein Etikett lese. Bei einem Wein mit Rebsortennamen ist natürlich die Traubensorte der wichtigste Aspekt, es folgen das Ursprungsland, dann der Erzeuger und genauere geographische Angaben in einer Reihenfolge, die sich danach richtet, welchen Stand der Weinbau eines Landes erreicht hat und inwieweit es sich bereits besondere Identität schaffen konnte. Der Jahrgang und weitere Informationen sind nur in Weinbauregionen mit kühlerem Klima bedeutsam.

Weine mit geographischen Namen

Je ein Weißwein und ein Rotwein aus Burgund, der historischen Weinprovinz Frankreichs südöstlich von Paris. Hier wäre auf den Formunterschied in der Wiedergabe der Appellation Contrôlée hinzuweisen sowie darauf, dass es sich bei dem Meursault um eine Erzeugerabfüllung aus einer einzigen Domaine handelt, während der Chambolle-Musigny von einem Handelshaus abgefüllt wurde und vermutlich Weine mehrerer Erzeuger enthält.

2 Appellation und Rang (Charmes ist eine Premier-Cru-Lage in der Gemarkung Meursault)

4 Jahrgang (in Burgund sehr wichtig – hier ein exzellenter für weißen Burgunder; siehe Seite 338)

5 Abfüllung (im eigenen Keller)

3 Name des (untadeligen) Erzeugerbetriebs

6 Alkoholstärke

1 Herkunftsland

3 Name des Erzeugerbetriebs (ein hoch angesehenes Handelshaus, das auch über eigene Weinberge verfügt, deren Erzeugnisse an dem Vermerk »mis en bouteille à la propriété« oder »au domaine« kenntlich sind)

2 Appellation und Rang (es handelt sich um einen »Villages-Burgunder«, d. h. die Trauben für ihn können an beliebiger Stelle innerhalb der Gemarkung Chambolle-Musigny gewachsen sein)

4 Abfüllung (es handelt sich um Wein von Lesegut bzw. Grundwein aus Fremderzeugung)

1 Herkunftsland

Die Nummerierung der Erläuterungen gibt die Reihenfolge an, in der ich normalerweise ein Etikett lese. Bei französischen Weinen kommt der Appellation die größte Bedeutung zu; sie dürfte auch bereits einen Anhaltspunkt für den Geschmack des Weins darstellen. Fast ebenso wichtig ist der Name des Erzeugers – in Burgund nicht weniger als in Bordeaux, wo meist ein Château verantwortlich zeichnet. Der Jahrgang hat im nördlichen Europa besondere Bedeutung; der in Beaune, einer malerischen Kleinstadt der Côte d'Or, tätige J. Drouhin gibt ihn auf einem Halsetikett an.

Hinweise zum Weinkauf

Wie soll man aus einer verwirrenden Vielzahl von Flaschen auf einem Regal die richtige herausfinden? Hier einige willkürlich herausgegriffene, aber doch wesentliche Hinweise:

• Zunächst soll man sich darüber klar werden, innerhalb welcher Spanne der Preis des Weins liegen soll. Oft zahlt es sich dabei aus, wenn man sich eher an die Obergrenze dieser Preisspanne hält.

• Sonderangebote sollte man ernsthaft prüfen. In der heutigen Wettbewerbssituation handelt es sich bei solchen günstigen Angeboten weit eher um den Versuch, Kunden ins Geschäft zu locken, als etwas Minderwertiges abzusetzen.

• Wählen Sie möglichst Wein, der liegend aufbewahrt wurde und offenbar keinen starken Temperaturschwankungen ausgesetzt war. Flaschen, die aufrecht in starker Beleuchtung gestanden haben, sollte man meiden (allerdings werden in besseren Geschäften die zum Verkauf ausgestellten Flaschen regelmäßig gegen horizontal gelagerte ausgewechselt).

• Meiden Sie Flaschen, die um den Korken herum feucht sind oder einen relativ geringen Füllstand aufweisen – beides sind Anzeichen für starke Temperaturschwankungen (Seite 42).

• Versuchen Sie möglichst herauszufinden, aus welchen Traubensorten ein Wein besteht, und verschaffen Sie sich Klarheit über deren Charakteristiken (siehe Teil 3).

• Wenn Sie glauben, im Allgemeinen mit Weinnamen recht gut vertraut zu sein, und nun auf eine Flasche stoßen, deren Art und Herkunft Ihnen unklar ist, dann probieren Sie sie ruhig einmal – immerhin muss der Weineinkäufer des Geschäfts von der besonderen Qualität dieses Weins überzeugt gewesen sein.

• Zum Thema »vertraute Namen« sei angemerkt, dass international ausgewiesene Weinmarken wie Mateus Rosé, Blue Nun, Jacob's Creek, Gallo, Turning Leaf und Mouton Cadet dort, wo die Auswahl begrenzt und eher unvertraut ist, immerhin auf verlässliche Qualität hinweisen, allerdings aber meist zu einem relativ teuren Preis (die viele Reklame muss ja schließlich auch bezahlt werden).

• Seien Sie vorsichtig mit Weinen, die jung getrunken sein wollen (siehe Seiten 39 bis 41), aber bereits älter als zwei Jahre sind.

• Vergessen Sie nicht, dass sehr teure Weine (insbesondere Rotweine), deren Jahrgangsdatum nicht länger als drei bis vier Jahre zurückliegt, meist noch weit davon entfernt sind, sich mit Genuss trinken zu lassen. Merken Sie sich die Weine, die Ihnen besonders gut schmecken. Mit Hilfe der nebenstehenden Tabelle können Sie auf die Suche nach anderen Weinen in einer ähnlichen Geschmacksrichtung gehen.

Konfusion ohne Ende

Pouilly-Fuissé *ist ein besonders konzentrierter, körperreicher Weißwein aus dem Mâconnais, das zwischen dem Beaujolais und dem eigentlichen Burgund liegt. Seine breite Geschmackspalette verdankt er der Chardonnay-Traube.* ***Pouilly-Fumé*** *dagegen ist ähnlich wie der Sancerre ein relativ leichter, trockener Weißwein von der Loire, dessen kräftiges Aroma von der Sauvignon-blanc-Traube stammt.*

Muscadet *ist ein sehr trockener, recht neutraler Weißwein von der Loire-Mündung.* ***Muscat*** *dagegen ist der französische Name der überaus fruchtigen Muskatellertraube und ihrer meist süßen starken Weine, die uns andernorts unter den Namen* ***Moscato*** *oder* ***Moscatel*** *begegnen.*

Sémillon *ist eine Traubensorte, die insbesondere in Bordeaux und Australien körperreiche Weißweine erbringt.* ***St-Emilion*** *dagegen ist der Name einer schönen Stadt im Weinbaugebiet Bordeaux und ihrer dunklen, pflaumenwürzigen Rotweine.*

Relativ preiswerte Weine

Der Markt verändert sich ständig – je nach Mode, Angebotssituation und Wetterverlauf (z. B. Ertragseinbußen durch Frostschäden). Als dieses Buch entstand, waren die nachstehenden Weine in ihrer jeweiligen Preisklasse am günstigsten zu haben.

Weißweine

Corbières, Minervois und Coteaux du Languedoc aus bestimmten Weingütern
Chilenischer Sauvignon und Chardonnay
Ungarische Sortenweine
Südafrikanischer Colombard und Chenin
Vin de Pays des Côtes de Gascogne
Bessere AC Bordeaux und Entre-Deux-Mers
Elsässer Pinot blanc
Menetou-Salon, Quincy und Reuilly
Feine, reife deutsche Weine
Australischer Schaumwein in traditioneller Flaschengärung

Rotweine

Corbières, Minervois und Coteaux du Languedoc aus bestimmten Weingütern
Chilenischer Cabernet, Merlot, Carmenère und zum Teil Pinot noir
Ungarische Sortenweine
Montepulciano d'Abruzzo
Valdepeñas
Ribatejo und Alentejo aus Portugal
AC Bordeaux
Premières Côtes de Bordeaux
Vin de pays

Verwandte Geschmacksrichtungen

Hier sollen Wege aufgezeigt werden, auf denen man von populären Weinen aus zu weniger bekannten, aber probierenswerten Varianten ähnlicher Geschmacksrichtung gelangen kann.

Weißweine

Chardonnay

Leicht, frisch
Chablis
Pinot blanc
Chardonnay, Vin de Pays d'Oc
Limoux
neuseeländischer Chardonnay
Sauvignon blanc
Jurançon Sec

Voll, eichenholzwürzig
Sémillon Chardonnay
Sémillon
Bordeaux Blanc
(eichenfassgereift)
Graves
weißer Châteauneuf-du-Pape
Fino Sherry oder Manzanilla

Sancerre/Pouilly-Fumé
neuseeländischer Sauvignon blanc
chilenischer Sauvignon
Fumé Blanc
Weißwein aus Slowenien
Weißwein aus Friaul
Riesling!

Liebfrauenmilch
deutsche Spätlese
Riesling Kabinett
Elsässer Riesling
Elsässer Weißwein überhaupt
Gewürztraminer oder
Traminer
Pinot gris / Grauburgunder
Torrontes aus Argentinien
Albariño/Alvarinho
Viognier
Condrieu

Rotweine

Cabernet Sauvignon

Leicht, aromatisch
Cabernet franc
Anjou-Villages
Bourgueil
Chinon
Beaujolais Cru
Pinot noir aus der Alten Welt
Burgunder
Overdraft

Frisch, lebendig
Teroldego
Tempranillo
Sangiovese
Chianti Classico
Brunello
Supertoskaner

Eichenholzwürzig, tanninherb
Syrah
Hermitage
Nebbiolo
Barbaresco
Barolo
Rotwein aus Douro

Voll, rund
Merlot
Bordeaux
St-Emilion
Pomerol
Pinot aus der Neuen Welt
Malbec aus Argentinien

Weinbestellung im Restaurant

Nicht nur ist seit der Einführung der Selbstbedienung das Restaurant der einzige Ort, wo man seine persönliche Vorliebe bezüglich Weingenuss vor fremden Menschen darzulegen hat, man muss obendrein auch noch besonders teuer bezahlen.

Wie viel soll man ausgeben?

Restaurants kalkulieren die Preise auf ihrer Weinkarte meist, indem sie das Doppelte, Dreifache oder auch Vierfache auf den Großhandelspreis aufschlagen. Es wäre naiv zu glauben, ein Restaurant mit seinen hohen Personal- und Betriebskosten, das ja auch einen größeren Weinkeller unterhalten muss, könne Wein zum gleichen Preis anbieten wie ein Einzelhandelsgeschäft. Man kann aber darauf hinwirken, dass die Mehrkosten, die einem in einem Restaurant nun einmal entstehen, auf ein vernünftiges Maß beschränkt bleiben. Wenn man von vornherein weiß, dass der Preisaufschlag ein bestimmter Prozentsatz ist, wäre es unvernünftig, sich einen großen und teuren Wein zu bestellen, vielmehr ist es dann *sinnvoll, sich an die billigsten Angebote auf der Weinkarte zu halten*.

Es gibt aber auch Restaurants, in denen ein Festbetrag auf alle Weine – unabhängig von deren Grundpreis – aufgeschlagen wird, um den Gast zu ermutigen, sich zu der feinen Küche auch etwas Besonderes zu leisten. Man muss aber schon sehr viel über Wein und Weinpreise wissen, um eine so menschenfreundliche Einstellung nutzen zu können.

Der sichere Weg

Die folgenden Vorschläge wurden ausgewählt, weil diese Weine relativ preiswert und meist gut sind und zu vielen Speisen passen (siehe auch Seite 53).

Weißweine
- Südafrikanischer Sauvignon blanc (billig, oft aber dünn)
- Elsässer – vor allem der stets gefällige Pinot blanc
- Viele Chardonnays, v. a. St-Véran und andere aus dem Mâconnais sowie aus Kalifornien und Australien

Rotweine
- Corbières, Minervois und Coteaux du Languedoc aus einem Château oder einer Domaine
- Beaujolais-Villages oder Cru Beaujolais (d. h. Morgon, Moulin-à-Vent, Juliénas, Chénas, Régnié, Côte de Brouilly, Brouilly, Fleurie, St-Amour sowie Chiroubles)
- Côtes du Rhône in Erzeugerabfüllung, Gigondas, Bourgueil, Chinon, Anjou-Villages
- Zinfandel (in Restaurants gibt es meist keine Allerweltsweine dieser Sorte)

Das große Probierritual

Das Komische an dieser oft lästigen Praxis im Restaurant ist, dass weder diejenigen, die den Wein zum Probieren geben, noch diejenigen, die ihn probieren und begutachten, so recht wissen, wozu das alles gut sein soll. Das Ritual stammt aus einer Zeit, als Wein noch nicht so zuverlässig stabil war wie heute.

Der Gast soll begutachten, ob der Wein die richtige Temperatur hat und sich in gutem Zustand befindet (weder korkelt noch oxidiert oder trüb ist noch nachgärt). Es lässt sich aber mit einem einzigen Blick prüfen, ob der Wein klar ist und keine Bläschen enthält (außer Sekt), und nun braucht man nur an ihm zu schnuppern, um sich zu überzeugen, dass er nicht dumpfig oder muffig riecht. Bei dieser Prüfung geht es nicht darum, ob Ihnen der Wein schmeckt oder nicht. Zurückweisen können Sie ihn nur dann, wenn er einen der genannten Fehler hat – in diesem Fall kann das Restaurant ihn beim Lieferanten zurückgeben und Ersatz verlangen.

Ich möchte nicht gern für kleinlich gehalten werden, bin aber dennoch in solchen Situationen

stets kritisch. Trotzdem ist es mir in zwanzig Jahren nur drei- oder viermal vorgekommen, dass ich Wein zurückweisen und sagen musste: »Ich fürchte, mit dem ist etwas nicht Ordnung.« Übrigens gehört immer jenem Gast der Wein zum Probieren angeboten, der ihn bestellt hat – er kann diese Aufgabe ja, falls er (oder sie) sich nicht so sicher fühlen sollte, an einen anderen weitergeben.

In gewissen Ländern gehört es zum Zeremoniell, dass der Sommelier dem Gast den Korken zur Begutachtung überreicht – der Geruch des Korkens bietet jedoch keinen zuverlässigen Anhaltspunkt für den Zustand des Weins.

Auch »korkelt« der Wein nicht etwa, wenn harmlose Korkbrösel auf ihm schwimmen. Man kann sie einfach herausfischen – allerdings haben manche Weinkellner die ungute Angewohnheit, sofort das ganze Glas (mit Wein, den Sie bezahlt haben) wegzunehmen und stattdessen neu einzuschenken.

Der Wein, der im Restaurant die Stimmung und den Genuss an der Mahlzeit hebt, braucht nicht unbedingt vom teuersten zu sein.

Offener Wein

Die löbliche Sitte, Wein nicht nur in der gewohnten Flasche, sondern auch offen in einem Glas anzubieten, wird inzwischen auch in den Vereinigten Staaten von vielen Restaurants vorbildlich geübt, von englischen Pubs aber immer noch sträflich vernachlässigt.

In einer Zeit, da Wein immer mehr zum Volksgetränk wird, im Übrigen auch gewöhnlich gut bereitet ist und sich obendrein angebrochener Wein ohne weiteres aufheben lässt (Seiten 23 bis 25), gibt es wirklich keine Entschuldigung mehr dafür, wenn im offenen Ausschank abgestandener Wein verkauft wird, wie dies immer wieder mal geschieht.

Besondere Weine

Alkoholarme Weine

Manche Weine haben von Natur aus geringen Alkoholgehalt, entweder weil sie weit vom Äquator entfernt gewachsen sind, wo – wie etwa an der Mosel – die Kraft der Sonne nicht ausreicht, um hohe Zuckerkonzentrationen in den Trauben entstehen zu lassen, oder weil – wie beim Asti – die Gärung frühzeitig unterbrochen wird, damit ein süßer, jedoch alkoholarmer Wein entsteht.

Da heute allgemein auf Zurückhaltung beim Alkoholgenuss geachtet wird, kommen immer mehr alkoholarme und alkoholfreie weinähnliche Getränke aller Art auf. Die meisten davon schmecken ausgesprochen weinunähnlich, und die Lambrusco-Hersteller, die einen Lambrusco Light auf den Markt bringen, gehören nicht unbedingt zu den angesehensten Weinerzeugern ihrer Heimat.

Es gibt entalkoholisierte Produkte aus Kalifornien und vom australischen Weingiganten Southcorp, die überzeugender wirken, aber auch sie scheinen mir im Wesentlichen eben doch Ersatzprodukte zu sein, so etwas wie Gemüsewurst.

Warum aber überhaupt diese Nachahmerei? Es gibt doch gute alkoholfreie Getränke (siehe Seite 32), die mir ebenso wie eine Weinschorle (siehe rechts) weit besser schmecken.

Fertige Weinmischgetränke

Aus Obstsäften und Wein gemischte Fertiggetränke werden in beträchtlichen Mengen angeboten. Künstliche Fruchtessenzen wie Pfirsich, Aprikose, Himbeere usw. werden dabei gewinnbringend genutzt, die besseren Erzeugnisse dieser Art sind jedoch den beliebtesten Mixgetränken aus Wein und Fruchtsäften – etwa Orangensaft mit Sekt (Buck's Fizz) oder auch Pfirsichsaft mit Sekt (Bellini) – nachempfunden. Die handelsüblichen Fertiggetränke schmecken allerdings meist etwas künstlich und sind überaus süß.

Selbst gemachte Mixgetränke

Neben der allseits bekannten und beliebten Weinbowle seien empfohlen:

Der **Buck's Fizz**, eine Mischung aus trockenem weißem Sekt und etwa der doppelten Menge frischem Orangensaft – ein wirklich herrliches Erfrischungsgetränk am Sonntagmorgen. Auch bei einer Party bewährt er sich, wird allerdings nach dem zweiten Glas doch etwas langweilig. Bei der venezianischen Version, dem **Bellini**, wird der Orangensaft durch Pfirsichsaft ersetzt. Am besten schmeckt er mit unglaublich dickem italienischen Pfirsichsaft aus der Dose. Man dünnt ihn am besten mit etwas Wasser, damit die Sektperlen leichter aufsteigen können.

Black Velvet entsteht durch Mischen von Guinness Stout mit trockenem Sekt – eine gehaltvolle Mischung.

Das vielleicht einfachste Mixgetränk und zugleich ein erfrischender Aperitif ist die **Schorle** aus etwa gleichen Anteilen von Weißwein und Sprudelwasser.

Eine weitere Möglichkeit, einen faden Weißwein etwas aufzumuntern, ist ein Schuss Sirup von schwarzen Johannisbeeren oder auch der burgundischen Likörversion Crème de Cassis. So entsteht der fruchtige rötliche **Kir** oder **Vin Blanc Cassis**. Nimmt man statt Wein Sekt, dann wird ein **Kir Royal** und mit Rotwein ein **Cardinal** daraus. Jeder andere kräftige Fruchtsirup oder -likör kann denselben Dienst tun.

Jeder Rotwein, selbst der billigste und dürftigste, gibt eine gute Grundlage für den würzigen, herzerwärmenden **Glühwein** ab. Geben Sie drei bis fünf Flaschen Rotwein, eine mit Nelken besteckte Orange, eine Zimtstange, weißen Zucker und vielleicht ein wenig Zitronensaft in einen Topf und erhitzen Sie die Mischung vorsichtig, damit der Alkohol nicht ganz verdampft. Lassen Sie das fertige Getränk über kleiner Hitze ziehen, denn die erste Pflicht des Glühweins ist es, glühend heiß zu sein.

Kalorienarmer Wein?

Wein ist kein Schlankheitsmittel. Die beiden Bestandteile, die den größten Anteil an seinem Kaloriengehalt haben, sind Alkohol und Zucker; demzufolge sind die Weine, die am meisten dick machen, die in der rechten unteren Ecke der Tabelle auf Seite 36 sowie die mit * versehenen auf Seite 37. Die wenigsten Kalorien haben die Weine in der oberen linken Ecke auf Seite 36 und oben auf Seite 37. Keinesfalls macht Weißwein weniger dick als Rotwein, und trockene Weine sind nicht etwa kalorienarm (alle Weine in der unteren Hälfte von Seite 37 haben relativ viele Kalorien).

Gesundheitsschonender Wein

Diabetiker sollten darauf achten, nur knochentrockene Weine zu trinken, d.h. solche, die auf Seite 36 ganz links stehen, sowie Rotweine mit Ausnahme der auf Seite 37 mit * bezeichneten. Speziell als für Diabetiker geeignet angebotene Weine sind meist zucker- und alkoholarm.

Manche Menschen reagieren sowohl auf Rot- als auch auf Weißwein allergisch. Bei Rotwein wird angenommen, dass der Histamingehalt daran schuld ist. Vielleicht haben Weißweine, die eine allergische Reaktion hervorrufen, einen höheren Gehalt an Schwefel (Seite 73); manche Asthmatiker zeigen besonders starke Reaktionen auf diesen an sich weit verbreiteten Konservierungsstoff für Lebensmittel. Es wären umfangreiche Forschungen auf diesem Gebiet erforderlich, doch da die im Weingewerbe tätigen Menschen meist nur angenehme Reaktionen auf Wein verspüren, besteht dazu wenig Neigung.

Manche Weinliebhaber berichten, dass sie sich nach dem Genuss von organischem Wein (Seite 65), der also nicht mit Agrochemikalien in Berührung gekommen ist, weit besser fühlen.

Da manche Schönungsmittel (Seite 73) tierische Produkte enthalten (Eiweiß, Fischleim, Milchkasein), benutzen viele Weinerzeuger andere Mittel, damit sie ihren Wein als rein vegetarisch anbieten können. Allerdings sollen Schönungsmittel keine Rückstände im fertigen Wein hinterlassen.

Nouveau, Novello usw.

Die Winzer im Beaujolais hatten mit ihrem im November herausgebrachten *Nouveau* einst derartigen Erfolg, dass sich seither eine ganze Flut ähnlicher »Weine im Kindesalter« auf den Markt ergießt. Sie sind meist leicht in Körper und Alkoholgehalt und auf schnellstem Weg stabilisiert, damit sie schon wenige Wochen nach der Lese zum Verkauf gelangen können – eine gute Quelle rascher Einkünfte. Die im Beaujolais kultivierte Gamay-Traube eignet sich besonders für diese recht brutale Behandlung, und so sind auch Versionen aus dem Loire-Tal, vor allem Gamay de Touraine, sehr erfolgreich. Die Mode hat sich sogar stromabwärts bis zur Muscadet-Gegend ausgebreitet, wo eine weiße Version entsteht. Manchmal werden diese französischen Weine nicht als Nouveau, sondern als *Primeur* bezeichnet. Italien schließt sich dieser Welle mit verschiedenen Weinen unter der Bezeichnung *Novello* an, und auch in der Neuen Welt versucht mancher Erzeuger sein Glück damit. Keiner von diesen Weinen ist weltbewegend, und nur selten entfalten sie sich noch in der Flasche, aber sie lassen wiederum nicht so schnell nach, wie uns manche Experten glauben machen wollen. Ich habe einmal einen fünf Jahre alten Beaujolais Nouveau getrunken und lebe immer noch.

Kochen mit Wein

Es gibt eine Denkschule, die fordert, es dürfe nur erstklassiger Wein zum Kochen verwendet werden, oder zumindest müsse er aus derselben Region stammen wie das Gericht. Ich kann das kaum glauben, vor allem weil noch sehr wenig erforscht ist, was eigentlich beim Kochen mit dem Wein geschieht. Selbstverständlich sollte man als Zutat zu Gerichten, die nicht erhitzt werden (z.B. zu frischen Erdbeeren) einen möglichst köstlichen Wein wählen. Will man dagegen eine Sauce mit Wein eindicken, wird man sicherlich einen besonders körperreichen nehmen, sein Eigengeschmack aber dürfte sich kaum bewahren lassen. Im Übrigen ist im normalen Haushalt das Kochen mit Wein eine gute Möglichkeit, Reste aufzubrauchen.

2 So entsteht Wein

Die Bedeutung der Lage

Im Gaststättengewerbe heißt es, die drei wichtigsten Voraussetzungen für geschäftlichen Erfolg seien erstens die Lage, zweitens die Lage und drittens die Lage. Im Weinbau hat die Lage nicht ganz so große Bedeutung. Vielmehr bildet sie nur einen der vier für den Geschmack des Weins maßgeblichen Faktoren. Die drei übrigen sind – nach dem Einfluss auf den Charakter des Weins geordnet – zunächst die Traubensorte (Seiten 100 bis 153), dann die Weinbereitungsmethode (Seiten 74 bis 93) und schließlich die Weinbergpflege (Seiten 64 bis 71). Es liegt auf der Hand, dass die Weinberglage insofern wichtig ist, als sich nach ihr der Einfluss von Wetter und Klima richtet; sie hat aber auch noch weitere, subtilere und doch starke Auswirkungen (Seite 62/63).

Wetter und Klima

Der Wetterverlauf, der das Klima einer Weinregion, das so genannte **Makroklima**, bildet, ist entscheidend dafür, ob der Traubenanbau dort möglich bzw. wirtschaftlich sinnvoll ist. Solange die Wärme ausreicht, um Jahr für Jahr Trauben zur Reife zu bringen, und es im Winter kühl genug wird, damit die Reben eine erholsame Wachstumsruhe einlegen können, kann Weinbau als lohnender Zweig der Landwirtschaft betrieben werden.

Die nebenstehende Karte zeigt die Verteilung der Weinbauregionen über die Erde. Daraus geht hervor, dass der Weinbau im Wesentlichen auf zwei gemäßigte Zonen um den Globus herum beschränkt ist. Es gibt einige örtliche Abweichungen von dieser Regel; so liegen in Argentinien die besten Weinberge in großer Höhe, wodurch die relative Nähe zum Äquator ausgeglichen wird. Andererseits sind zwar die Weinberge Englands wohl am weitesten vom Äquator entfernt, doch warme Meeresströmungen mäßigen hier das Klima, sodass die Reben anders als in Kanada oder Russland keinen besonderen Winterschutz benötigen.

Abgesehen von der Winterkälte besteht das Hauptrisiko im kühlen Klima darin, dass die Trauben nicht voll zur Reife gelangen und nicht genug Zucker enthalten, der zu Alkohol in einem Maß vergären kann, wie es von Wein nun einmal erwartet wird. Auch unbeständiges Wetter während der Blütezeit im späten Frühjahr kann katastrophale Auswirkungen auf das wirtschaftliche Ergebnis haben, weil dann einfach zu wenig Frucht ansetzt (Seite 69).

In niederschlagsreichen Gegenden, ob kalt oder warm, gibt es für den Weinbau Probleme durch Pilzkrankheiten wie Fäule und Mehltau, die häufiges kostspieliges Spritzen unumgänglich machen. Allerdings entwickeln die Krankheitserreger oft Resistenz gegen chemische Spritzmittel, sodass immer mehr Winzer sich dem organischen Weinbau (Seite 65) zuwenden.

In sehr trockenem Klima entsteht oft guter Wein, wenn ausreichende Bewässerung möglich ist. Viele Weinberge Chiles und vor allem Argentiniens könnten ohne die Bewässerungskanäle, die oft schon vor einem Jahrhundert gegraben wurden, um das Schmelzwasser aus den Anden in das tiefer gelegene Land zu leiten, nicht bestehen. Bewässerung ist nicht immer von Übel; da sie aber oft so gehandhabt wird, dass durch Ühererträge große Mengen an dünnem Wein entstehen (aber auch, weil im nördlichen Europa der Himmel genügend Feuchtigkeit spendet und somit Beregnungs- oder Tropfbewässerungsanlagen überflüssig macht), betrachten die europäischen Gesetzgeber diese Praxis mit Misstrauen. In weiten Teilen der Neuen Welt ist Bewässerung dagegen eine wirtschaftliche Notwendigkeit. Ohne sie könnten große Weinbaugebiete, etwa in den USA und Australien, nicht auskommen. Für fast alle Weinbauanlagen in Klimabereichen mit weniger als 500 bzw. 700 mm Niederschlag im Jahresdurchschnitt werden von vornherein Bewässerungssysteme eingeplant, die oft so ausgelegt sind, dass sie über die Wachstumsperiode hinweg genau nach dem Feuchtigkeitsgehalt des Bodens bemessene Wassermengen abgeben.

Da allgemein gesagt die für den Geschmack der Traube verantwortlichen Inhaltsstoffe eine möglichst lange Entwicklung brauchen und es daher umso besser ist, je langsamer die Trauben ausreifen können, ist es in der Nähe des Äquators schwierig, guten Wein zu produzieren. Hinzu kommt noch, dass vor allem in den Tropen reichliche Regenfälle den Pilzkrankheiten rasch Vorschub leisten (auch in Japan und China ist das ein Problem) und dass in Gegenden, die keinen Winter kennen, die Reben immer neue, jedoch nicht wirklich ausgereifte Früchte bringen. In Brasilien und Kenia beispielsweise gibt es zwei bis drei Weinlesen im Jahr, und zwar zu Zeiten, die durch Rebschnitt und Bewässerung manipuliert werden.

In wärmeren Weinbauregionen greifen die Winzer auch oft der Natur mit chemischen Mitteln unter die Arme, die zum Beispiel den Austrieb fördern oder das Wachstum regulieren.

Besondere Wetterbedingungen sind auf den Seiten 68 bis 71 beschrieben.

Die Weinbauregionen der Welt

A Jahresproduktion (in 1000 hl)*
B Rebfläche (in 1000 ha[b])

	A	*B*		A	B		A	B
Italien	54 188	914	Rumänien	6 688	254	Bulgarien	2 377	109
Frankreich	52 671	914	Australien	6 174	90	Kroatien	2 260	57
Spanien	30 320	1 155	Portugal	5 727	260	Russland	2 100	80
USA	20 450	315	Chile	4 549	132	Österreich	1 802	49
Argentinien	13 500	209	Ungarn	4 472	131	Usbekistan	1 740	120
Deutschland	8 495	105	China	4 125	188	Mexiko	1 524	43
Südafrika	8 702	108	Serbien/M.negro	4 025	82	Schweiz	1 045	15
			Griechenland	3 987	132	Uruguay	1 028	10
			Moldova	3 598	187	Mazedonien	1 027	29
			Brasilien	2 743	57	*Insgesamt*	*264 442*	*7 814*

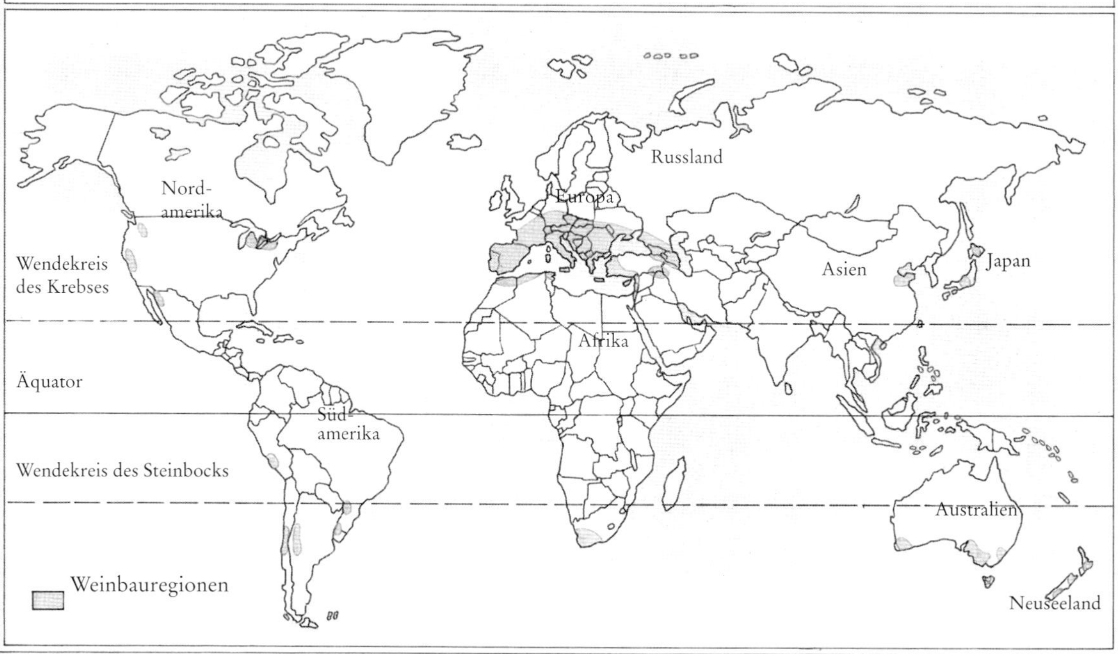

* 1 hl entspricht etwa 133 Flaschen
Aus der Statistik des Office International du Vin für 1997.

Mindestens 35 weitere Länder, darunter Neuseeland und die Britischen Inseln, erzeugten unter 1 Mio. hl Wein.

Liegt die Antwort im Boden?

Während das Makroklima einer Region ausschlaggebend dafür ist, ob dort überhaupt Weintrauben reifen können, ist die subtile Charakteristik eines sehr viel kleineren Raums – eines Weinbergs etwa oder sogar eines Teils davon – maßgeblich dafür, welche Art Wein dort wachsen kann. Zu diesen Charakteristiken zählen das Klima des engeren Raums, das so genannte **Mesoklima** (bisher wurde von Klein- oder Mikroklima gesprochen), der Boden, die Topographie und insbesondere auch das Zusammenwirken dieser drei Elemente. Jeder Gartenliebhaber kann an einem frostigen Morgen auf einen Blick sehen, wie sehr sein Garten dem Einfluss dieser Charakteristiken unterliegt.

Es ist typisch für die Franzosen, dass sie für dieses komplexe Zusammenspiel einen einzigen eleganten Begriff besitzen: **terroir**. Tatsächlich beruhen der französische Weinbau und sein System der Appellations Contrôlées (Seiten 48/49 und 157) auf dem Grundgedanken, dass die Charakteristik eines Weins in einzigartiger Weise vom Terroir, also der natürlichen Umgebung der Stelle, an welcher er gewachsen ist, bestimmt wird. Man braucht nur den hoch komplizierten hierarchischen Aufbau der Lagen und Appellationen an der Côte d'Or in Burgund (Seiten 166 bis 168) zu betrachten, um zu erkennen, welche grundsätzliche Bedeutung dieses System für die Rangordnung und Preisgestaltung feiner Burgunderweine hat. So können die Erzeugnisse einer Weinberglage, die nur durch einen schmalen Pfad von einer anderen, jedoch niedriger eingestuften, getrennt ist, den drei- bis vierfachen Preis eintragen. Die Begründung für dieses System würde sicherlich überzeugender wirken, wenn die Experten bei Blindverkostungen tatsächlich imstande wären, auf Anhieb zu erkennen, aus welcher Lage ein Wein stammt. Andererseits lässt sich nicht leugnen, dass der Wein aus einer bescheidenen Bourgogne-Blanc-Lage eines bestimmten Erzeugers stets merklich weniger konzentriert ist als der weiße Burgunder aus der Premier-Cru-Lage desselben Erzeugers und dass auch dieser wiederum nur selten die Grandeur eines Grand-Cru-Weins erreicht. (Dabei kann der Bourgogne Blanc des einen Erzeugers sogar besser sein als der Grand-Cru-Wein eines anderen – das aber steht auf einem anderen Blatt.)

Da es nun in altetablierten Weinregionen wie Bordelais und Burgund möglich ist, die Weinqualität mit bestimmten Lagen in Verbindung zu bringen und für diese eine Rangfolge aufzustellen, bestand lange Zeit die Meinung, dass dies auf die chemische Zusammensetzung des Bodens zurückzuführen sei. So wurde die Geologie der einzelnen Weinlagen mit größtem Eifer untersucht, und es gab Zeiten, da man sich ohne tiefes Wissen über Quartärablagerungen und Bathonien-Kalkolith nicht als wahrer Weinkenner ausgeben konnte. Niemand ist froher als ich darüber, dass neuere Studien zu der Erkenntnis gekommen sind, dass die chemische Zusammensetzung des Bodens, Unterbodens und Muttergesteins im Weinberg weit weniger Bedeutung hat als die physikalische Beschaffenheit.

Für die Weinqualität ist besonders wichtig, dass der Boden nicht zu fruchtbar, dafür aber gut wasserdurchlässig ist und doch gleichmäßig und genügend Feuchtigkeit in Reichweite der Rebwurzeln speichern kann. Der Kiesboden im Médoc, der Tonboden in Pomerol und der Kalkmergel der besten Lagen an der Côte d'Or erfüllen diese Voraussetzungen und setzen die von der Sonne gelieferte Energie in reife Frucht und nicht in übermäßige Laubmassen um.

Der Mensch kann das Terroir durch Bodenbearbeitung und Bewässerung sowie dadurch manipulieren, dass er die Rebe zwingt, in bestimmter Form zu wachsen (Seite 64), doch in den klassischen Weinbauregionen der Alten Welt bestimmt weit gehend das Terroir die Art von Wein, die auf ihm wächst. Da in der Neuen Welt Weinberglagen oft aus rein pragmatischen Gründen gewählt wer-

Schon beim ersten Blick erkennt man, wie sich bei diesen Weinbergen Hangneigung und Höhe auf die Sonneneinstrahlung, den Schutz gegen Wind und das Auftreten von Bodenerosion auswirken.

den, hat dort das Argument, dass dem Terroir die größte Bedeutung zukomme, nicht so große Anziehungskraft; vielmehr hat sich der unbestimmte Eindruck festgesetzt, so etwas gebe es nur in Frankreich. Selbstverständlich haben alle Weltgegenden ihr eigenes Terroir, und es gibt keinen Grund für die Annahme, dass die Franzosen oder allgemein die Europäer ein Monopol darauf hätten – die Neue Welt hat lediglich in der Suche nach geeigneten Lagen ein paar hundert Jahre nachzuholen (was dadurch erschwert wird, dass die Erzeuger dort eher an technisches Manipulieren gewöhnt sind).

Die Weinrebe und ihr Anbau

Nur wenige Weinerzeuger können die Lage ihrer Weinberge frei wählen, allen aber stehen viele Möglichkeiten offen, wie sie die Reben auf ihrem eigenen Grund anbauen und pflegen wollen. Viele Winzer in der Alten Welt nutzen diese Möglichkeiten nie bewusst, weil sich in der Gegend, in der sie leben, Anbaumethoden entwickelt haben, die vollkommen an die örtlichen Gegebenheiten – das Terroir (Seite 62) – angepasst sind. Auf dem kargen Kiesboden des Médoc im Bordelais beispielsweise stehen die Reben eng beieinander in niedrigen, heckenartigen Reihen von Weinbergen, die so gründlich wie möglich entwässert werden. (Als die Familie Mentzelopoulos 1978 das Château Margaux erwarb, ließ sie zuallererst kilometerlange Entwässerungsgräben ziehen, um zu verhindern, dass die kostbaren Reben des Premier Cru jemals unter Staunässe leiden könnten und die Trauben in der Qualität beeinträchtigt würden.)

Wer die Weinbauregionen in aller Welt besucht, bemerkt deutliche Unterschiede im Erscheinungsbild; da aber die meisten Winzer ihre Arbeit so tun wie ihre Nachbarn oder ihre Vorfahren, sind sie oft nicht imstande zu sagen, warum ihre Weinberge so und nicht anders aussehen.

Der einfache spanische Winzer würde wohl darüber staunen, wie anders die **Pflanzdichte** in Frankreich ist – bei ihm stehen 1400, dort 10 000 Reben auf einem Hektar. Im regenreicheren Frankreich genügt der Rebe eine kleine Bodenfläche, während in der heißen, trockenen Ebene von La Mancha jeder Weinstock die Feuchtigkeit aus einem viel größeren Raum zum Überleben braucht.

Die Pflanzdichte hat sicher aber auch mit dem **Zeilenabstand** zu tun. In der Alten Welt reichte der Zwischenraum zwischen den Rebzeilen gerade dafür aus, Menschen und Pferden Bewegungsfreiheit zu gewähren; beim Aufkommen der Mechanisierung wurden die Maschinen einfach so gebaut, dass sie über die relativ niedrig gehaltenen Reihen hinwegfahren konnten. In der Neuen Welt dagegen wurden viele Weinpflanzungen von vornherein so angelegt, dass sie mit Traktoren befahren werden können. Die Reihen stehen bis zu drei Meter voneinander entfernt, sodass eine Neuanlage weit geringere Investitionen für Jungpflanzen erfordert, an den Enden aber, wo die Maschinen wenden müssen, viel Raum verloren geht.

Über die **Zeilenausrichtung** gibt es unterschiedliche Theorien; je nachdem, ob die Sonneneinstrahlung oder der Windschutz Vorrang haben soll, wird sie in Nord-Süd- oder Ost-West-Richtung gewählt. Es macht auch einen beträchtlichen Unterschied, ob die Zeilen quer oder bergab angelegt sind. Quer zur Hangneigung verlaufende Zeilen, vor allem auf speziell dafür gebauten Terrassen, verringern die Bodenerosion und ermöglichen bequemeren Zugang für Mensch und Maschine. Wo die Rebzeilen hangabwärts angelegt sind, etwa an der Mosel und der Côte Rôtie, wachsen die Weinstöcke auch oft an Pfählen statt an hinderlichen Spanndrähten, damit die Arbeit im Weinberg nicht allzu große körperliche Anstrengungen erfordert.

Besonders in die Augen fällt der Unterschied zwischen alten Pflanzungen, in denen die Weinstöcke frei wie wilde Büsche wachsen, und neuzeitlicheren Anlagen, in denen die Reben sorgfältig an Pfählen oder Spanndrähten gezogen werden, wobei ihre Vegetationskraft – ihre **Wüchsigkeit** – unter Kontrolle gehalten wird. Das dient auch der Eindämmung von Krankheiten, und die Reben können in einer Form gehalten werden, wie sie für die jeweilige Kombination von Rebsorte, Terroir und Mesoklima wünschenswert ist. Auf fruchtbaren Böden hat die Rebe die Neigung, ein üppiges **Laubdach** zu entwickeln, was dem Fruchtertrag durchaus abträglich sein und auch den Zutritt des für die Fruchtreife so wichtigen Sonnenlichts behindern kann. Übermäßige Bewässerung, aber auch starker Niederschlag verstärken diese der Vegetation günstige, dem Fruchtertrag aber eher

Organischer Weinbau

Einer der Hauptgründe dafür, dass die Durchschnittserträge (meist als Weinmenge pro Flächeneinheit angegeben) seit den 1960er-Jahren stark gestiegen sind, liegt in der verbreiteten Anwendung von Chemikalien, sowohl für die Bodendüngung als auch für die Bekämpfung von Pilzkrankheiten der Rebe (Seite 96). So manche Ernte, die früher bei nasser Witterung einfach verfaulte, konnte nun durch zwei bis drei, manchmal aber auch zehn bis zwölf Spritzungen gerettet werden.

Wie in anderen Sparten der Landwirtschaft und des Gartenbaus kamen auch im Weinbau nach und nach vielen Erzeugern Zweifel, ob die fortgesetzte Anwendung von Agrochemikalien wirklich gut sei. Oft sind solche Gedanken durch die Sorge um die Umwelt und die Furcht vor Verschmutzung von Boden und Wein durch chemische Rückstände motiviert, und schließlich steht oft auch die frustrierende Erkenntnis dahinter, dass Schädlinge gegen Spritzmittel zusehends resistent werden.

Was immer der Grund sein mag, jedenfalls zeigt sich überall in der Welt ein Trend zu »natürlicheren« Anbaumethoden, auf denen auch der so genannte »organische Weinbau« beruht.

Wie so oft liegen auch hier die Glaubensrichtungen miteinander im Streit, es herrscht aber Einmütigkeit in den Grundsätzen, dass keinerlei Chemikalien in den Weinberg gelangen dürfen, dass der Gesundheit des Bodens größere Bedeutung zukommt (Kompost, Naturdung und Regenwürmer genießen höchstes Ansehen) und dass Bodenbedecker, ja sogar Unkraut zwischen den Reben die Güte und das so wichtige Gefüge des Bodens wesentlich verbessern. Wächst zwischen den Reben beispielsweise Gras, Gerste oder Wicke, kann der Boden bei Nässe im Winter und Frühjahr mit dem Traktor befahren werden, ohne dass dieser mit den Rädern im Schlamm versinkt. Solche Pflanzen können aber auch die Wuchskraft der Reben (d. h. ihr Laubwachstum) bremsen, weil sie mit ihnen um Nährstoffe und Wasser konkurrieren, und sie können schließlich dort, wo auf Insektizide verzichtet wird, schädliche Insekten auf sich ziehen.

Die extremste Philosophie dieser Art ist das von Rudolf Steiner inspirierte biologisch-dynamische System, bei dem der Boden oft mit kleinsten homöopathischen Dosen von Brennnessel- und Kamillepulver nach dem Stand des Mondes behandelt wird. Das hört sich seltsam an, aber die offensichtliche Gesundheit der Reben und der Weine von Anhängern dieser Methode wie Lalou Bize-Leroy in Burgund, Michel Chapoutier an der Rhône, Nicolas Joly in Savennières und Didier Dageneau in Pouilly-Fumé – selbst in Jahren, die bei konventionelleren Erzeugern katastrophal ausfielen – legt doch den Gedanken nahe, dass es sich um ein sehr erfolgreiches Rezept beim Streben nach höchster Qualität handeln mag.

Es muss jedoch gesagt werden, dass es in trockenem Klima viel leichter ist, organischen Weinbau zu treiben, als in feuchtem, wo Pilzkrankheiten für die Kulturen eine ständige Bedrohung bilden.

In der Weinbereitung ist ein konsequentes System, das als organisch gelten darf, bei dem also nur mit geringen Mengen Schwefeldioxid gearbeitet und Schönung wie Filtrierung nur in minimalem Umfang gestattet wird (was eventuell zu relativ unstabilen Weinen führt), noch weniger verbreitet als organische Methoden im Rebbau. Wie im Weinberg besteht aber auch im Keller der Trend, mit möglichst wenig Zusatzstoffen auszukommen. Manche Organisationen des organischen Weinbaus vertreten allerdings Regeln, die eher mit Fanatismus als mit Weinqualität zu tun haben.

Kann nun ein erfahrener Weinkoster einen »organischen Wein« von einem konventionellen unterscheiden? Nur allzu viele organische Weine in dürftiger Qualität vernebeln diese Frage; es kann aber sehr aufschlussreich sein, die »organischen« Erzeugnisse eines bestimmten Betriebs, etwa von Robert Mondavi in Kalifornien oder Penfolds in Australien, mit den konventionellen Weinen aus ihrem Programm zu vergleichen. Da scheint sich eine große Intensität, ja sogar Urwüchsigkeit des Geschmacks aufzutun, vielleicht teilweise deshalb, weil bei organischen Methoden niedrigere Erträge herauskommen.

Die herrlichen Herbstfarben dieses Weinbergs im Beaujolais sind möglicherweise ein Anzeichen für Viruskrankheiten.

schädliche Tendenz. Durch Laubdachpflege wird die Rebe in die Form gebracht, die das beste Mikroklima gewährleistet und daher für den Fruchtertrag am günstigsten ist. Mancher Tourist bemerkt auch mit Interesse den Farbunterschied im Laub verschiedener Weinbergbestände. Zeigt sich im Grün eines sommerlichen Weinbergs eine Stelle mit gelbem Laub, ist die Ursache meistens Eisenmangel. Mit fortschreitender Fruchtreife verstärken sich bei den verschiedenen Rebsorten die natürlichen Veränderungen der Laubfarbe, doch nicht wenige der flammend gelben und roten Farbtöne, in denen das Weinlaub im Herbst prangt, sind das Ergebnis von Virusbefall. Am häufigsten ist der Blattrollvirus schuld. Heute werden zwar weit gehend kontrollierte, virusfreie Reben angepflanzt, das Problem besteht aber in vielen Gegenden nach wie vor.

Die Weinrebe und ihre Frucht

Bei allem Symbolgehalt und aller Schönheit ihres Laubs ist die Weinrebe im Grunde ein Obstgehölz, dessen Frucht, die Weintraube, einen Saft liefert, der vergoren besonders gut schmeckt. Jede süße Flüssigkeit lässt sich zu einem alkoholhaltigen Getränk vergären (Seite 74) – eine stärkehaltige Maische zu Bier, Birnensaft zu Birnenmost, Apfelsaft zu Apfelwein. Traubensaft ist jedoch etwas ganz Besonderes. Sein von Natur aus hoher Zuckergehalt erbringt durch Vergären ein relativ alkoholstarkes Getränk, welches aber auch eine bestimmte Säure, die Weinsäure, in besonders hohem Maß enthält. Sie wehrt Bakterien, die andere Lebensmittel und Getränke rasch verderben lassen, besser ab als Milch-, Zitronen- oder Apfelsäure. Deshalb ist vergorener Traubensaft viel länger haltbar als andere vergorene Getränke und entwickelt sich sogar in der Lagerzeit noch weiter. Da es nun tausende verschiedene Rebsorten und daher auch Traubensorten gibt, ist der Geschmack des Traubenweins viel abwechslungsreicher und bietet mehr Genuss als der vergorene Saft anderer Früchte.

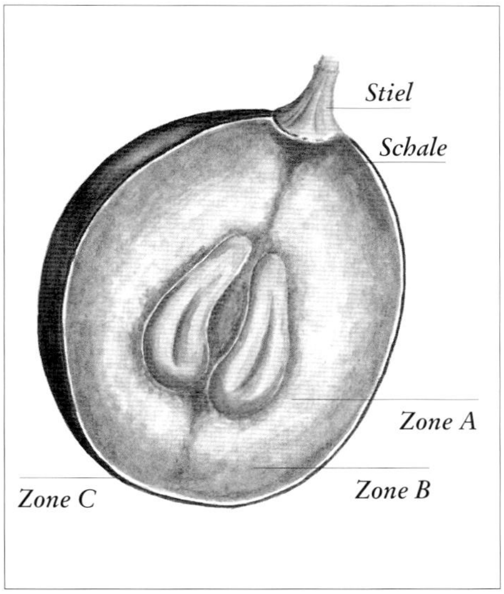

Querschnitt durch eine Traubenbeere

Die Aufgabe des Winzers ist es, Jahr für Jahr Trauben in ausreichender Menge zu produzieren, in denen der aus Sonnenlicht und Wasser durch die allem Pflanzenwachstum zugrunde liegende Photosynthese gebildete Traubenzucker sein Gegengewicht in einem geeigneten Maß an Säure findet. Der Hauptbestandteil des Traubensafts ist Wasser – bis zu 85 %. Der jeweilige Anteil der übrigen Inhaltsstoffe, also auch von Zuckern und Säuren, schwankt erheblich, je nachdem, wie reif die Traube ist und wie stark die Frucht ausgepresst wird. Mit zunehmender Reife und wachsendem Zuckergehalt steigt auch der Anteil an Geschmackssubstanzen, Pigmenten und Tanninen, die in stärkster Konzentration unmittelbar unter der Schale in der Zone C anzutreffen sind. Bittere Tannine befinden sich auch in der Zone A um die Kerne. Der am wenigsten adstringierende Teil des Safts ist derjenige in der Zone B; er tritt aus den gemahlenen Trauben als der erste Vorlaufmost aus und ist besonders wertvoll für zarte Weißweine, deren feine Art durch adstringierende Bestandteile zunichte gemacht würde.

Der Ertrag eines Weinstocks wird zwar vor allem durch Rebschnitt und Wetterverlauf bestimmt, doch die Qualität und Quantität seiner Trauben schwankt auch in Abhängigkeit von seinem Alter. Meist bringt er einen kommerziell lohnenden Ertrag erst ab dem dritten Jahr, und vom sechsten bis zwanzigsten Jahr liegt seine Produktionsleistung auf einem gleichmäßig hohen Niveau. Danach nimmt die Ertragsmenge ab, die Qualität dagegen oft entsprechend zu – deshalb ist auf so vielen Etiketten stolz die Rede von *vieilles vignes* oder alten Weinstöcken (wobei freilich knapp zehn oder auch hundert Jahre gemeint sein können). Viele Erzeuger roden aber ihre Reben nach dem zwanzigsten Jahr, weil der Ertrag abnimmt oder weil lohnendere Rebsorten an ihre Stelle treten sollen.

Das Jahr im Weinberg

Für meine Begriffe ist die alljährliche Verwandlung eines winterlichen Weinbergs voll kahler, knorriger Stümpfe in einen üppigen, saftig-grünen sommerlichen Dschungel eines der größten Wunder der Natur. In diesem Kapitel soll dargestellt werden, wie es zustande kommt und was der Mensch tun kann, um die Qualität des in seinem Weinberg wachsenden Weins zu gestalten.

Die Monatsnamen lasse ich absichtlich weg, denn sie sind je nach der Hemisphäre natürlich verschieden. Ganz allgemein findet die Weinlese auf der nördlichen Erdhalbkugel im September und Oktober, auf der südlichen von Februar bis April statt.

Winter

Winterruhe ist sowohl im Weinberg als auch im Keller angesagt. Die Rebe legt nach der anstrengenden Zeit des Wachstums und der Fruchtreife eine längere Vegetationspause ein. In kühleren Weinbauregionen, etwa in Deutschland, werden allerdings oft noch im Januar gefrorene Trauben für Eiswein (Seite 89) gelesen. Dort wo die Winter extrem kalt sind, beispielsweise in Kanada und in Russland, werden die Reben jedes Jahr angehäufelt, damit sie die Kälte besser überstehen.

Der **Rebschnitt** ist die wichtigste und zugleich die einzige überall im Winter durchgeführte Arbeit, obwohl es keine Regel dafür gibt, wann er stattfinden muss. In kühlem Klima, wo weniger Wärme und Sonnenschein für die Traubenreife zur Verfügung stehen, ist der Rebschnitt besonders wichtig, weil in der Hauptsache nur er es dem Winzer gestattet, den **Ertrag** zu gestalten, also die produzierte Weinmenge, die in Europa in Hektoliter Wein pro Hektar Weinbergfläche, in den Vereinigten Staaten in Tonnen Trauben pro **acre** angegeben wird. (Zwar ist die Umsetzung des Traubengewichts in Weinvolumen abhängig von der Charakteristik der Trauben und davon, wie stark sie ausgepresst werden, sowie von der Art des produzierten Weins, doch entspricht 1 ton/acre ungefähr 17,5 hl/ha.) Die Erträge schwanken zwischen weniger als 20 hl/ha bei sehr alten, streng zurückgeschnittenen und nicht bewässerten Reben in einem trockenen Jahr bis zu 200 hl/ha bei recht großzügig geschnittenen und intensiv bewässerten Reben. Der Zusammenhang zwischen niedrigen Erträgen und hoher Weinqualität wird in Europa mit so großer Selbstverständlichkeit akzeptiert, dass dort in den einschlägigen Vorschriften für die verschiedenen Weinarten Höchsterträge festgeschrieben sind. In der Neuen Welt dagegen gibt es Erzeuger, die nicht davon überzeugt sind, dass geringe Quantität unbedingt hohe Qualität bedeutet. Vielmehr weisen sie darauf hin, dass manche der feinsten Bordeaux-Weine aus den ertragreichsten Jahrgängen stammen. Unter bestimmten Voraussetzungen können die klimatischen Bedingungen mehr Einfluss auf die Weinqualität nehmen als der Ertrag.

Durch ein paar geschickt geführte Schnitte mit der Rebschere (oft bei eisigem Wind) kann der Winzer vorausbestimmen, wie viele Trauben ein Weinstock wahrscheinlich tragen (indem er ihm

Fliegende Kellermeister

Da der September für australische und neuseeländische Kellermeister ein ruhiger Monat ist, reisen viele von ihnen jedes Jahr in die nördliche Hemisphäre, um dort Wein zu bereiten. Dieser Trend nahm zu Beginn der 1980er-Jahre seinen Anfang und hat sich nun zu dem Phänomen der »fliegenden Kellermeister« ausgewachsen. Zwar ist den Flying Winemakers eine wachsende Zahl technisch einwandfrei bereiteter Weine zu verdanken, sie leisten aber in der Ausprägung des Regionalcharakters nicht so viel Gutes, wie sie selbst glauben. Es ist zu hoffen, dass die Einheimischen zwar von ihnen lernen, sie aber nicht sklavisch kopieren. Zudem sammeln heute die meisten jungen Erzeuger aus der Alten Welt Erfahrungen bei Weinbaubetrieben im Ausland.

nur eine bestimmte Zahl Augen belässt) und welche Form er während der Wachstumsperiode annehmen wird. Der Rebschnitt verlangt weit mehr Wissen und Können als etwa die Traubenernte, aber auch er wird inzwischen mechanisiert.

Manche Winzer in wärmerem Klima, vor allem in Australien, experimentieren auch mit dem **Minimalschnitt**, bei dem die Reben praktisch ungeschnitten bleiben und wie große Dornenbüsche aussehen. Wie bei Wildreben wächst bei ihnen die Frucht ganz außen, wo das zur Reife nötige Licht hingelangt. Das Hauptargument hierfür lautet, dass der Weinstock selbst das richtige Gleichgewicht zwischen Frucht und Laub herzustellen imstande sei. In kühleren Regionen wäre es aber wohl kaum möglich, dass alle Trauben, die ein ungeschnittener Weinstock trägt, auch ausreifen.

Vermehrungsreiser für Neupflanzungen werden gewöhnlich im Winter geschnitten, bevor der Saft steigt.

Frühjahr

Wie durch ein Wunder sprießen im frühen Frühjahr aus den am Weinstock neben dem Winterschnitt verbliebenen Knospen winzige grüne Triebe hervor. Wann dies geschieht, ist abhängig vom Wetter, der Rebsorte, dem Zeitpunkt des Rebschnitts sowie davon, wie viel Energie die Pflanze in der voraufgegangenen Wachstumsperiode speichern konnte. Nun ist der wichtigste Moment für das Wachstum der Triebe, der Blätter und – geringfügig später – auch der Wurzeln gekommen.

Spätfröste bilden die Hauptsorge des Winzers; sie gefährden den empfindlichen Austrieb insbesondere der frühen Rebsorten wie Chardonnay.

Heizgeräte, Windmaschinen sowie Berieselungsanlagen werden zum Schutz der zarten Triebe (und damit der späteren Ernte) eingesetzt. Mit Wärmeöfen wird versucht, die Temperatur in der Umgebung der Reben auf über −1 °C zu halten, weil dies der Punkt ist, an dem die Schädigung beginnt. Windmaschinen sollen die schwere, bodennahe Kaltluft mit der darüber lagernden, etwas wärmeren Luft vermischen. Berieselungsanlagen (die mancherorts auch zur Bewässerung dienen) schützen den jungen Austrieb durch einen Eismantel und lassen vom Boden Verdunstungswärme aufsteigen. Ernste Schäden entstehen erst ab −5 °C; unter dem Eismantel aber bleibt es bei 0 °C, sofern die Berieselung dann stattfindet, wenn die Temperatur auf den Nullpunkt fällt.

Das wichtigste Ereignis des Frühjahrs ist jedoch die **Blüte**. Sie erfolgt etwa sechs bis zwölf Wochen nach dem Austrieb und dauert sieben bis vierzehn Tage. Winzige Blüten – die Gescheine – entfalten sich und werden mehr oder minder vollständig befruchtet, denn starker Wind kann die zarten Blüten abreißen. Aber auch nasskaltes Wetter bringt Ertragseinbußen, weil es das gesunde Wachstum der angesetzten Früchte beeinträchtigt, sodass die winzigen Beeren abfallen, das heißt **durchrieseln**. Bestimmte Rebsorten, etwa Grenache und manche Merlot-Klone, sind besonders empfindlich hierfür.

Das Wetter während der Blütezeit hat aber nicht nur Einfluss auf die Ernte des laufenden, sondern auch des nächsten Jahres, denn aus den sich nun entwickelnden winzigen Knospen werden ja ein Jahr später die neuen Triebe sprießen.

Sommer

Im Sommer hat die Natur und nicht der Mensch die Hauptarbeit zu leisten; in einem feuchten Jahr entwickelt sich allerdings leicht Pilzbefall, gegen den die meisten Winzer mit Spritzen vorgehen.

Ist der Fruchtbehang infolge besonders günstiger Blütebedingungen allzu stark, schreiten viele Winzer zur **Behangsausdünnung**, bei der ein Teil der Früchte herausgeschnitten wird, damit sich die Kraft der Pflanze auf das Ausreifen der restlichen konzentrieren kann.

Auch Laubauslichtung, der so genannte Sommerschnitt, ist oft erforderlich, weil die grünen Teile der Rebe rasch wachsen und zurückgeschnitten werden müssen, wenn sie den Früchten zu viel Licht wegnehmen. Die Wuchskraft wird durch **Wasserstress**, also Wasserknappheit, gebremst, was in gewissem Umfang günstige Auswirkungen haben kann.

Die Traubenbeeren wachsen sich inzwischen von kleinen, harten Perlen zu großen, saftigen Früchten aus, deren Säure bei zunehmendem Süßegehalt allmählich abnimmt. Der entscheidende Punkt des Reifebeginns – die Franzosen nennen ihn **véraison** – ist daran zu erkennen, dass zuerst die äußeren Beeren in der Traube weich werden und Farbe annehmen. Von diesem Moment an, der ungefähr sechs bis sieben Wochen nach der Blüte liegt, beschleunigt sich der Vorgang der **Reife**, insbesondere bei warmem, trockenem Wetter. Bei übermäßigem Wasserstress kommt der Reifeprozess allerdings vollständig zum Erliegen.

Etwa um dieselbe Zeit beginnen die bis zu diesem Zeitpunkt grünen, geschmeidigen Triebe braun und fest zu werden, und die Rebe speichert Energie für den Winter und für den Austrieb im nachfolgenden Jahr.

Herbst

Alle diese Vorgänge leiten über zum großen Ereignis des Weinbaujahrs – der **Weinlese**. Nun obliegt dem Winzer die Entscheidung, wann mit der Ernte begonnen werden soll. Das richtet sich danach, ob die Traubensorte früh, mittelfrüh oder spät reift, aber auch nach dem Zustand der Trauben, den Wetteraussichten und der Art des angestrebten Weins. Bei früh reifenden Sorten wie Chardonnay und Pinot noir, vor allem wenn sie für die Herstellung von Schaumwein bestimmt sind, findet die Lese schon etliche Wochen vor

Die Weinlese kann sorgsam, malerisch und kostspielig von Hand oder automatisch, schnell und wirtschaftlich mit der Maschine erfolgen. Bei steigenden Lohnkosten gewinnt Letztere immer mehr an Boden; dennoch bleibt in den Spitzenweingütern Europas die Lese von Hand die Regel.

den spät reifenden Sorten wie Cabernet Sauvignon statt, bei denen es auf dunkle Farbe und kräftiges Tannin ankommt, und sogar einige Monate vor solchen Trauben, aus denen Spätlesen und Süßweine entstehen sollen.

Während der Reifezeit müssen die Trauben oft auf ihren Gehalt an Säure, die für erfrischenden Geschmack im Wein sorgt, und an Zucker, der zu Alkohol vergären kann, geprüft werden. In warmem Klima wird möglichst kräftige Säure bei ausreichendem Gehalt an Geschmackssubstanzen angestrebt, während es in kühlem Klima, insbesondere nach einem schlechten Sommer, oft darauf ankommt, wenigstens den vom Gesetz oder vom Winzer selbst festgelegten Mindestgehalt an Zucker zu erreichen, bevor der Herbstregen einsetzt oder sich Fäule ausbreitet.

Im Laufe des Herbstes verfärbt sich das Laub und fällt dann nach den ersten Frösten ab.

Weinwissen zum Imponieren

Abstechen ist das Umfüllen von Wein zum Beispiel von einem Fass in ein anderes, wobei das GELÄGER zurückbleibt. Dabei kann in erwünschter Weise Luft an den Wein gelangen und dadurch REDUKTIVE VERHÄLTNISSE verhindern.

Alkohol ist die Stimmungskanone, die den Unterschied zwischen Wein und Traubensaft ausmacht. Die besondere Stärke des Weins ist sein **Alkoholgehalt** (Seite 49).

Anthocyane sind PHENOLE, die in Abhängigkeit vom PH-WERT die Farbe eines Rotweins bestimmen.

Apfelsäure Eine scharfe, nach Äpfeln schmeckende Säure, die vor allem in Weinen aus kühlen Jahren spürbar ist.

Ascorbinsäure ist Vitamin C und wird bei der Bereitung von Weißwein oft zusammen mit SCHWEFELDIOXID dem MOST als Oxidationshemmer beigemischt, um die Frische zu erhalten.

Äthylalkohol, Äthanol Die in alkoholischen Getränken, also auch in Wein, enthaltene genießbare Form von ALKOHOL.

Auffüllen Die Fässer müssen regelmäßig aufgefüllt werden, um OXIDATION zu verhindern.

Ausbau Die zur Reife führenden Behandlungen und Vorgänge zwischen der Gärung und der Abfüllung.

Bâtonnage Das französische Wort für HEFESATZAUFRÜHREN.

Baumé In Australien gebräuchliche Maßeinheit für die Zuckerkonzentration im Traubensaft (daher für den Reifezustand der Trauben) und im Most.

Botrytis ist der Schimmelpilz, der die Edelfäule der Trauben verursacht und dadurch edelsüße Weine entstehen lässt (Seite 88) oder aber die Trauben durch Graufäule verdirbt.

Brettanomyces ist ein Hefepilz, der dem von ihm befallenen Wein einen als »Mäuseln« bezeichneten abstoßenden Geruch verleiht. (In den USA wird dieser Fehler kurzweg *Brett* genannt.)

Brix In den USA gebräuchliche Maßeinheit für die Zuckerkonzentration. Siehe BAUMÉ und ÖCHSLE.

Chaptalisation Französischer Ausdruck für Zuckeranreicherung, das heißt die in kühlem Klima übliche Verbesserung des Mosts nicht vollständig ausgereifter Trauben zur Erzielung eines höheren Alkoholgehaltes.

Eichenholz siehe Seiten 91 bis 93.

Fass Das modische Werkzeug des Kellermeisters. Näheres über **Fassgärung, Fassausbau** usw. auf den Seiten 91 bis 93.

Filtration Umstrittenes Verfahren der KLÄRUNG mit Hilfe verschiedener Filter, um Trubteilchen aus dem Wein zu entfernen. Dadurch kann auch der Geschmack geschwächt werden.

Ganztraubenpressung und **-vergärung** siehe Seite 78.

Gärung siehe Seiten 74 und 75.

Geläger heißt der nach der Gärung am Boden des Behälters verbleibende Hefesatz. Weißweine mit relativ neutralem Geschmack werden oft durch **Hefesatzlagerung** und **Hefesatzaufrühren** etwas fülliger und stabiler.

Geschmackssubstanzen Komplexe, noch nicht voll erforschte Inhaltsstoffe, meist PHENOLE, für Duft und Geschmack des Weins verantwortlich.

Hefe siehe Seite 74.

Hülsenmaischung Das Weichenlassen der Traubenschalen (Hülsen) dient in der Rotweinbereitung dem Zweck, möglichst viele GESCHMACKSSUBSTANZEN und ANTHOCYANE zu extrahieren.

Hut heißt die aus Traubenschalen bestehende Schicht, die bei der Rotweinbereitung auf dem gärenden Most schwimmt.

Inertgas Ein Gas, das nicht mit Wein reagiert, zum Beispiel Stickstoff. Es kann als Schutzgas den leeren Raum von Behältern füllen, um OXIDATION zu verhindern.

Klärung Das Erzielen von kristallklarem Wein mittels Absetzen, SCHÖNUNG, FILTRATION und Kühlung.

Kohlendioxid (auch als Kohlensäure bekannt) ist das harmlose Gas, das bei der Gärung frei wird und bei allen schäumenden Getränken das Perlen hervorruft.

Kohlensäuremaischung Ein besonderes Verfahren zur Bereitung von fruchtigem, jung genussreifem Rotwein, vor allem Beaujolais, durch Vergären in einem geschlossenen, mit KOHLENDIOXID gefüllten Behälter (Seite 78).

Konzentration Neuartige Technik zum Konzentrieren der Inhaltsstoffe (auch SÄUREN und TANNINEN) in nicht vollreifen Jahrgängen.

Malolaktische Säureumwandlung Immer häufiger genutzter Umwandlungsprozess, in dessen Verlauf die scharfe APFELSÄURE zu der sanfteren Milchsäure abgebaut wird, sodass der Wein milder schmeckt.

Mercaptane machen sich bemerkbar durch einen faulen Geruch, der durch Reaktionen der HEFE im GELÄGER hervorgerufen wird. Lässt sich durch behutsames ABSTECHEN beheben.

Most heißt die noch unvergorene gemahlene Traubenmasse, bevor sie zu Wein wird.

Öchsle In Deutschland gebräuchliche Maßeinheit für die Zuckerkonzentration (das Mostgewicht); siehe auch BAUMÉ und BRIX.

Önologie Die Wissenschaft der Weinbereitung.

Organische Weinbereitung Vermeidung von chemischen Zusatzstoffen, häufig sogar von Schönungsmitteln; siehe Seite 65.

Oxidation ist eine durch starke Einwirkung von SAUERSTOFF verursachte Verderberscheinung an Trauben, Most und Wein; sie äußert sich durch Braunwerden (wie ein angeschnittener Apfel) und flachen Geschmack. Wein oxidiert in der Flasche, wenn der Korken nicht luftdicht schließt.

pH-Wert Das Maß der Säurekonzentration in einer Flüssigkeit; je höher der Wert, desto geringer der Säuregehalt. Wasser hat beispielsweise einen pH-Wert von 7, Wein meist zwischen 3 und 4; sehr saure Weine haben einen pH-Wert von unter 3. Bei Rotwein besteht ein enger Zusammenhang zwischen pH-Wert und Farbe: je niedriger der Wert, desto prachtvoller das Rot.

Phenole Vor allem in den Schalen, Stielen und Kernen der Trauben vorkommende chemische Verbindungen, darunter ANTHOCYANE, TANNINE und Bukettstoffe. Sie schlagen sich zum Teil als Bodensatz im Wein nieder und spielen bei der Alterung des Weins eine wichtige Rolle. Rotwein enthält mehr Phenole als Weißwein und bietet daher besseren Schutz gegen Herzbeschwerden.

Pressen Die Qualität des Mosts und daher auch des Weins hängt mit davon ab, wie stark die Trauben gepresst werden (Seite 67) – je stärker die Pressung, desto mehr adstringierende Stoffe gelangen in den **Presswein**.

Reduktive Verhältnisse fördern die **Reduktion**, also das Gegenteil von OXIDATION. Allerdings kann insbesondere bei Rotwein übermäßiger Sauerstoffmangel zur Bildung von MERCAPTANEN und SULFIDEN führen.

Restsüße Der im Wein nach dem Abschluss der Gärung verbleibende Zuckerrest wird in Gramm/Liter (g/l) oder % angegeben. Ein Restzuckergehalt von weniger als 2 g/l (0,2 %) ist meist nicht mehr wahrnehmbar. Auch bei kräftiger SÄURE als Gegengewicht schmeckt Wein mit 25 g/l (2,5 %) Restsüße ausgesprochen süß.

Sauerstoff In kleinen Mengen sorgt er bei der Fassgärung für tiefe Farbe und sanfteren Geschmack und für einen stabileren Wein. Doch zu viel Sauerstoff verursacht OXIDATION und verwandelt den Wein schließlich in Essig. Die Weinbereitung kann entweder absichtsvoll **oxidativ** oder unter SAUERSTOFFAUSSCHLUSS erfolgen.

Sauerstoffausschluss Zum Schutz der Trauben und des Mosts gegen die Wirkung von SAUERSTOFF eignen sich geschlossene Behälter, oft im Zusammenhang mit niedrigen Temperaturen sowie mit Zusatz von SCHWEFELDIOXID und ASCORBINSÄURE.

Säure verleiht Weinen und anderen Getränken pikante Art. Was die Zitrone zu viel davon hat, fehlt der Kartoffel. Der Säuregehalt des Weins setzt sich vorwiegend aus APFELSÄURE und WEINSÄURE im Saft der Traube zusammen, die während des Reifevorgangs abgebaut werden, und zwar in einem heißen Sommer manchmal so sehr, dass durch **Säureanreicherung** künstlich nachgeholfen werden muss.

Schönung Technik der KLÄRUNG durch Beimischen eines **Schönungsmittels** (etwa Eiweiß oder Bentonit), das Schwebeteilchen an sich bindet und dem Wein beim Absetzen entzieht (Seite 83).

Sorbinsäure Ein in der Lebensmittel- und Getränkeindustrie verbreitet als hemmende Substanz für HEFE und Schimmelpilze verwendeter Zusatzstoff. Manchmal wird er von besonders dafür Empfindlichen als das Aroma von Geranienlaub wahrgenommen.

Stabilisierung Vor allem bei einfachen Weinen Sammelbegriff für alle zur Verhinderung von Trübungen oder Nachgärung in der Flasche zwecks Verbesserung der Lagerfähigkeit durchgeführten Behandlungsvorgänge (etwa FILTRATION, Ausfällung von WEINSTEIN durch Niedertemperaturbehandlung, Zusatz von ASCORBINSÄURE).

Sulfide machen sich durch den Geruch nach faulen Eiern bemerkbar, der von stark reduziertem Wein ausgehen kann. Am häufigsten kommt Schwefelwasserstoff (H_2S) vor.

Schwefeldioxid Das seit den Zeiten der Römer in der Weinbereitung gebräuchliche Mittel wird allgemein zum Konservieren und Desinfizieren sowie zur Abwehr von OXIDATION eingesetzt. Da der Verbraucher den damit verbundenen Streichholzgeruch immer mehr ablehnt, wird es neuerdings nicht mehr so häufig benutzt. Manchen Asthmatikern verursachen hohe Schwefeldosen starke Beschwerden, daher wird in bestimmten Ländern der Aufdruck »enthält Sulfit« auf Weinetiketten vorgeschrieben. Immer mehr Wein wird inzwischen ganz ohne Zugabe von Schwefel bereitet, ist aber dann recht fragil. Schwefel reagiert bereitwillig mit vielen Inhaltsstoffen des Weins, wobei sich **gebundener Schwefel** bildet; wahrnehmbar ist nur **freier Schwefel**, und auch für ihn ist die Empfindlichkeitsschwelle unterschiedlich hoch.

Sur lie Französischer Begriff für HEFESATZLAGERUNG.

Tannine Konservierend wirkende PHENOLE; sie sind hauptsächlich in Rotwein enthalten, da sie außer in Stielen und Kernen vor allem in den Schalen dunkler Trauben vorkommen. Die richtige Behandlung der Tannine gehört zu den Hauptaufgaben des Kellermeisters (siehe Seiten 16, 17, 40 und 79).

Umpumpen der Maische dient demselben Zweck wie das UNTERTAUCHEN des HUTS.

Untertauchen Bei der Rotweinbereitung muss der auf der gärenden Maische schwimmende HUT untergetaucht werden, damit mehr PHENOLE in den Wein gelangen.

Vorlauf Der vor dem PRESSEN aus den gemahlenen Trauben abgeflossene Most.

Weinsäure Die in Wein am stärksten vertretene SÄURE (Seite 67) besitzt besonders gute Konservierungswirkung. Ein großer Teil schlägt sich als **Weinstein** nieder und wird in Form unschädlicher, in Weißwein farbloser, in Rotwein dagegen braunroter Kristalle sichtbar.

Zucker Wird in der reifenden Traube im Fruchtfleisch gespeichert und bei der Gärung dann in ALKOHOL umgewandelt.

Die Weinbereitung

Es ist ein gutes Zeichen, dass immer mehr Kellermeister zu der Erkenntnis kommen, dass »Wein im Weinberg und nicht im Keller wächst«. Vermutlich haben die modernen Kellertechniker die Nase bisher so wenig aus dem Keller herausgestreckt, weil die Natur im Weinberg sich nun einmal nicht besonders gut manipulieren lässt (Seiten 60 bis 71).

Trauben zu Wein zu verarbeiten ist relativ einfach (schwer ist es lediglich, einen Wein daraus zu machen, der interessant schmeckt und sich unendlich lange aufbewahren lässt). Weintrauben enthalten Zucker, der unter dem Einfluss winziger Lebewesen, der Hefen, in Alkohol und Kohlendioxid umgewandelt wird.

Wer Chemie hasst, kann den nächsten Abschnitt überspringen, und wer eingängigen Darstellungen dieser Art misstraut, hat auch Recht: Es handelt sich nämlich um eine grobe Vereinfachung der ungeheuer komplexen Abläufe der alkoholischen Gärung. Doch auch das genauere Verständnis dessen, was dabei vorgeht, ist kaum geeignet, den Genuss am Wein zu erhöhen.

Wer jedoch wie ich anschauliche Kürze liebt, dem wird folgende Gleichung gefallen:

$$C_6H_{12}O_6 \rightarrow 2C_2H_5OH + 2CO_2$$

Zucker Alkohl Kohlendioxid

Um die Gärung in Gang zu setzen, braucht lediglich der in den reifen Trauben vorhandene Zucker den Abermillionen Hefepilzen, die sich unsichtbar in der Atmosphäre aller Weinbauregionen befinden, zugänglich gemacht zu werden, und das geschieht durch das Keltern, also das Aufbrechen der Traubenschalen. Hieraus erklärt sich auch, warum die Weingewinnung (anders als das Schnapsbrennen) schon vor vielen tausend Jahren möglich war – es ist dafür nämlich kein spezielles Wissen und außer einem Behälter, in dem man den Wein aufbewahren kann, auch keine besondere Ausrüstung nötig. Bleibt der Wein jedoch der Luft ausgesetzt, dann verwandelt er sich früher oder später in Essig. Bis zur Erfindung luftdicht verschließbarer Behältnisse, etwa Amphoren, kann deshalb Wein praktisch nur in der heute als Nouveau (Seite 57) bezeichneten Form oder als stark verdünntes, mit Kräutern, Honig, Meerwasser, ja sogar Blei versetztes Getränk bekannt gewesen sein.

Um Transportschäden zu vermeiden, werden die Trauben in flachen Plastikbehältern zur Kellerei gebracht.

Der moderne Verbraucher ist freilich anspruchsvoller, und der moderne Kellertechniker versteht sein Handwerk besser; daher ist die Weingewinnung heute weit weniger dem Zufall überlassen.

Hier sollen die wichtigsten Entscheidungen besprochen werden, die ein Kellertechniker unserer Tage zu treffen hat, sowie die Art und Weise, wie sich diese auf den Wein auswirken. Allerdings fallen bei vielen Genossenschaftskellereien sowie bei vielen Weinkellereien in der Neuen Welt einige der ersten hier geschilderten Punkte weg, weil sie das Traubengut, das sie verarbeiten, größtenteils kaufen.

Die kellertechnischen Entscheidungen werden ungefähr in der Reihenfolge wiedergegeben, in der sie anstehen, wobei alles von der zuerst erörterten Entscheidung abhängt. (Siehe auch das Glossar auf den Seiten 72 und 73.)

Welche Art von Wein soll entstehen?

Die Farbe und Qualität der Trauben ist in gewissem Umfang maßgeblich für die Art des Weins. Rotwein lässt sich nur von Trauben mit dunkler Schale gewinnen, denn der Saft der Beeren ist stets eher grau und nimmt nur Farbe an, wenn Anthocyane aus den Schalen in den Most gelangen. Deshalb sind für die Rotweingewinnung sowohl die Schalen als auch das Fruchtfleisch nötig. In den Traubenschalen sitzen aber noch weitere Phenole, die sich als adstringierend bemerkbar machen. In einem herben jungen Rotwein mag das ja willkommen sein, in einem leichten Weißwein aber ist es unerwünscht. Auch ist der Saft allein viel leichter zu verarbeiten als ein Gemisch von Saft und Traubenschalen; darum werden die beiden bei der Weißweingewinnung vor dem Vergären voneinander getrennt. Der Hauptunterschied zwischen Rot- und Weißweinbereitung besteht also darin, ob die Trauben vor oder nach dem Gärvorgang gepresst werden.

Weißwein lässt sich auch von Trauben mit dunkler Schale gewinnen, wenn der Saft rasch und sorgfältig von den Schalen getrennt wird (viele Schaumweine entstehen so; Seiten 84 bis 86). Roséwein oder Weißherbst wird wie Weißwein gewonnen, nur bekommt der Most durch eine gewisse Zeit der Berührung mit den dunklen Schalen eine hellrote Färbung. Aus sehr reifen Trauben entsteht Süßwein oder alkoholangereicherter Wein (Seiten 87/88).

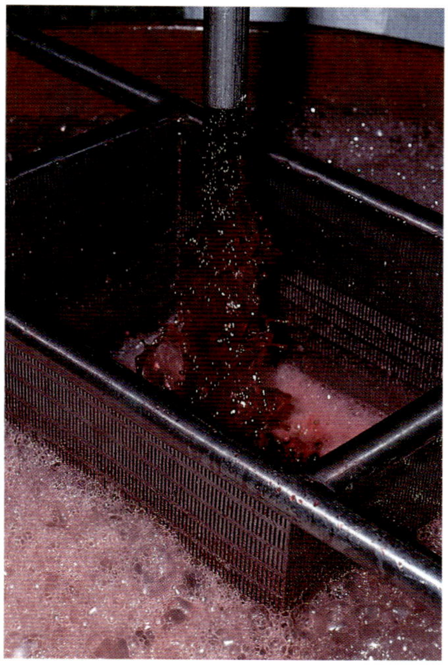

Dunklen Trauben verdankt der Léoville-Barton seine tiefe Farbe – je wärmer der Sommer, desto kräftiger das Pigment.

Wann soll die Lese stattfinden?

Bis noch vor kurzer Zeit waren bestimmte Werte für den Zeitpunkt der Weinlese maßgeblich: in kühlem Klima ein ausreichender Zuckergehalt, in wärmerem Klima ein noch ausreichender Säuregehalt (bevor der pH-Wert zu hoch wird). Heute kommen immer mehr Weinerzeuger zu der Einsicht, dass diese Zahlenwerte allein keine verlässlichen Indikatoren für den wirklichen, den so genannten »physiologischen« Reifezustand bilden. Der erkennbare Reifezustand der Traubenschale und des Stiels (auch ob sich die Beere leicht vom Stiel abziehen lässt) dient heute dem Weinerzeuger als einer der Indikatoren, die er der Entscheidung über den optimalen Lesezeitpunkt zugrunde legt. Vor allem für die Rotweingewinnung kommt es ihm auf reife, ja sogar überreife Phenole an, weil dann das Tannin schöner ausgereift ist und der Wein ansprechender ausfällt. Manche Winzer streben bei der Lese eine Mischung zwischen knapp reifen, vollreifen und überreifen Trauben an, in der Absicht, vor allem bei etwas einseitigen Sorten wie Sémillon oder Sauvignon blanc dem fertigen Wein mehr Komplexität zu verleihen.

Lese von Hand oder mit der Maschine?

Lese von Hand ist unumgänglich in überaus steilen oder unpraktisch angelegten Weinbergen, aber auch dann, wenn etwa für süße Weine die sorgfältige Auslese am Weinstock erforderlich ist oder für gewisse Burgunder oder Schaumweine ganze Trauben mit Stielen gebraucht werden. Arbeitskräfte für den Weinberg werden jedoch immer knapper und teurer, und so können sich nur noch die allervornehmsten Spitzengüter Frankreichs den Schwur leisten, dass sie nie und nimmer Erntemaschinen einsetzen werden. Die Maschine erledigt die Erntearbeit viel schneller und billiger als der Mensch, sie schüttelt dabei die Reben aber jedes Mal ordentlich durch, kann zwischen gesunden und ungesunden Trauben nicht unterscheiden, erntet auch Blätter und

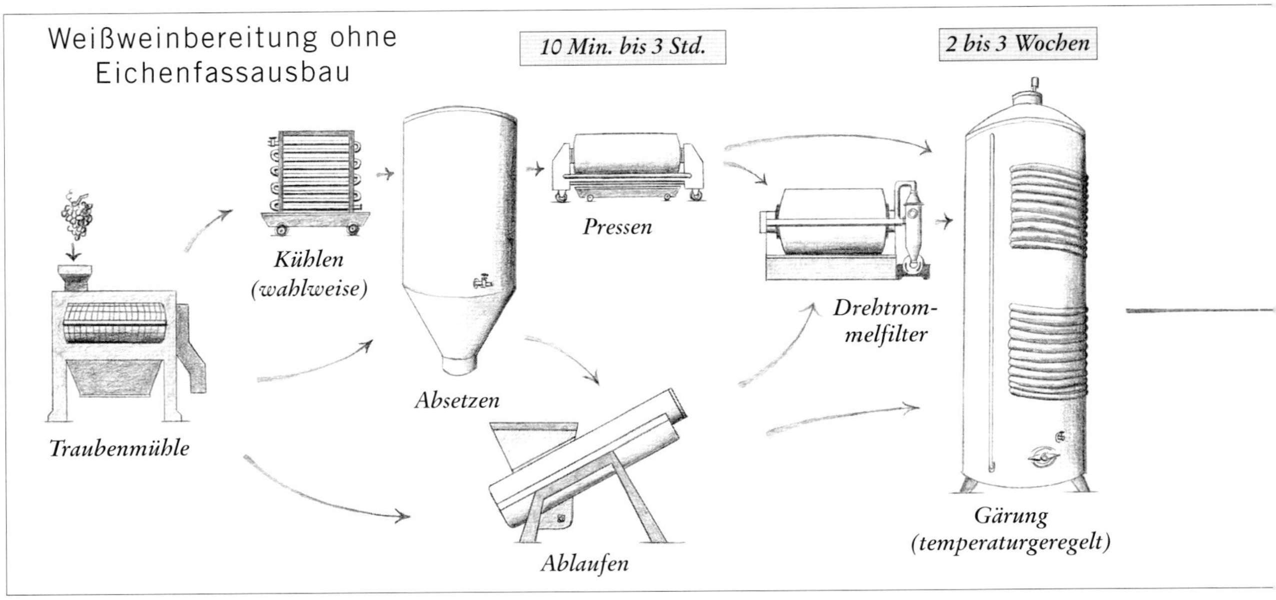

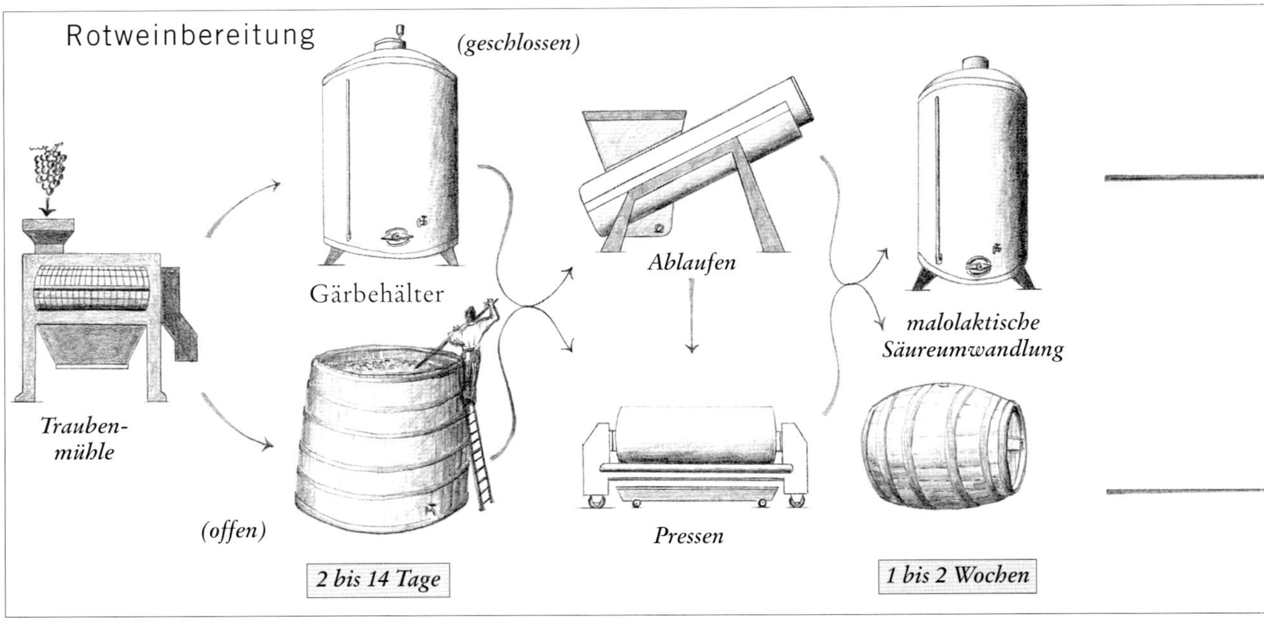

Holzstückchen mit und wird mit schlammigem Boden noch schlechter fertig als der Mensch. Besonders günstig sind Erntemaschinen in wärmeren Regionen, weil sie dort bei Nacht arbeiten und deshalb kühlere Trauben ernten. Das spart Kühlkosten und manchmal auch Schwefeldioxidgaben.

Wie sollen die Trauben zur Kellerei gelangen?

Je länger das Lesegut auf dem Weg vom Weinstock zur Kellerei braucht, desto mehr wird es von seinem Eigengewicht zerdrückt, sodass es oxidiert und sein frisches, fruchtiges Aroma einbüßt (was vor allem bei leichtem Weißwein allerhand ausmacht). Dagegen hilft Schwefeldioxid; zu Beginn der 1990er-Jahre gab es jedoch zwei wichtige Neuerungen: Einerseits wurden für den Transport zur Kellerei immer flachere Behälter benutzt, andererseits auch Kelterstationen unmittelbar im oder am Weinberg eingerichtet, sodass kein frisch gelesenes, empfindliches Traubengut mehr in der Mittagshitze befördert werden musste, sondern nur

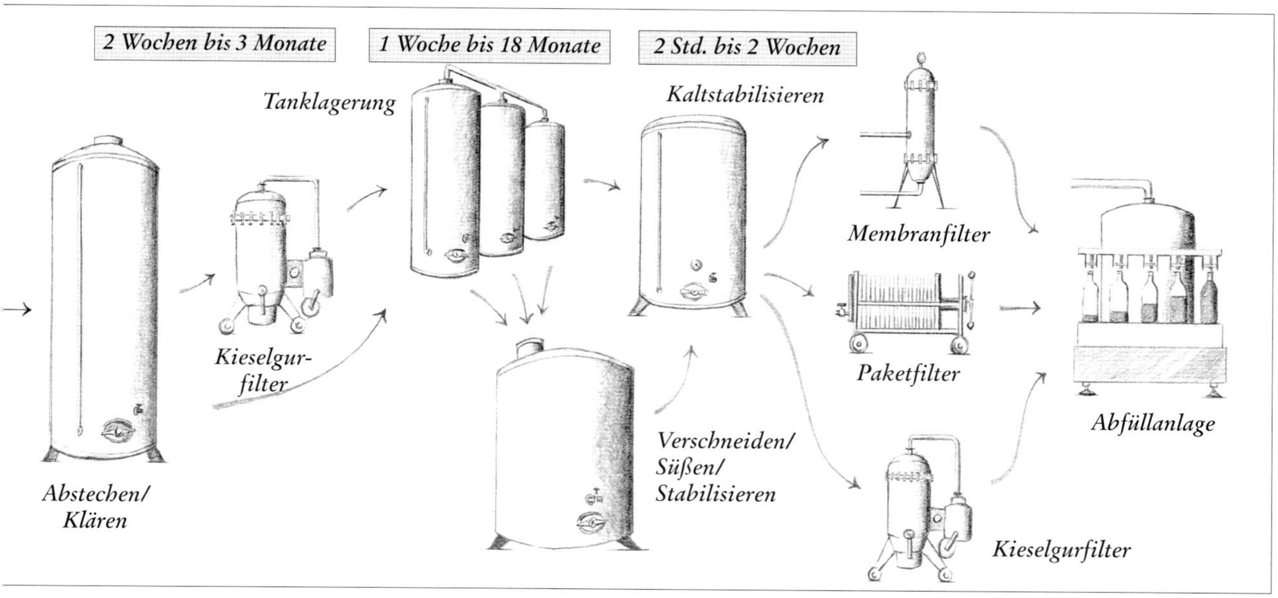

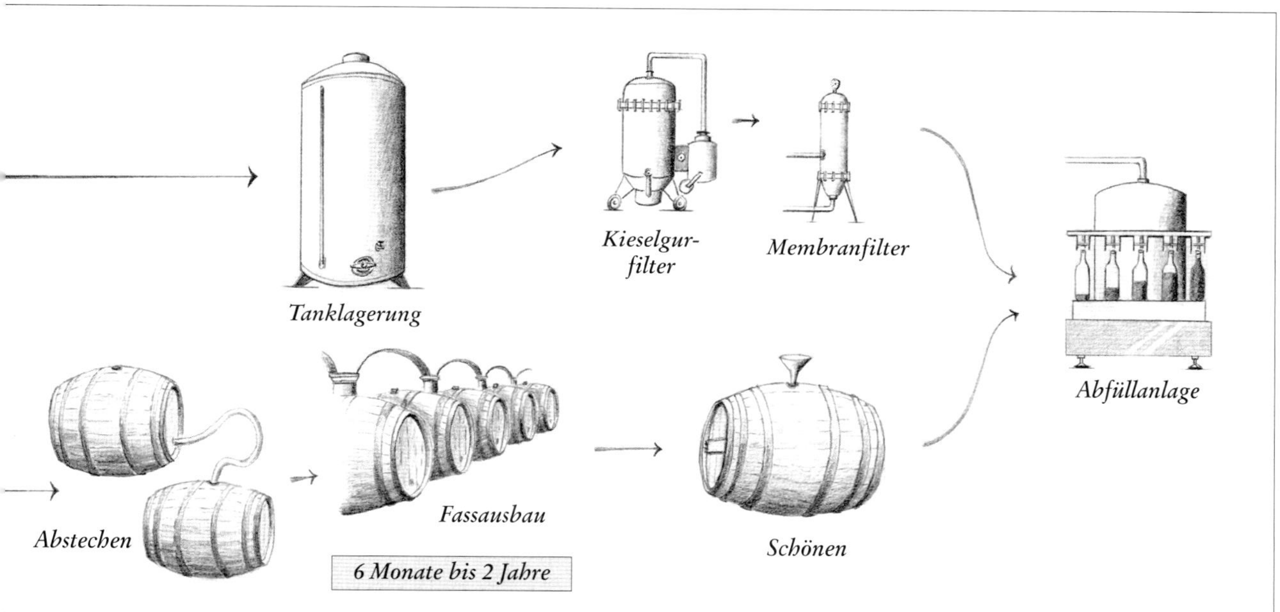

noch schonend behandelter und gut geschützter Most. Wärme beschleunigt alle Reaktionen, deshalb ist Lese bei Nacht ausgesprochen nützlich.

Soll sortiert werden?

Viele Erzeugerbetriebe in Bordeaux und Burgund schafften in den regentriefenden ersten 1990er-Jahren, als das einkommende Lesegut große Unregelmäßigkeiten bezüglich Gesundheitszustand und Qualität aufwies, Sortiertische *(tables de triage)* an – das sind langsam laufende Förderbänder, die das Aussortieren von faulen und unreifen Trauben sowie Fremdkörpern ermöglichen.

Soll das Lesegut oder der Most gekühlt werden?

Durch Kühlung werden die frischen Primäraromen besser bewahrt und Hefen, schädliche Bakterien und Oxidation gehemmt, sodass der Kellertechniker in wärmeren Gegenden den Gärprozess so lange hinausschieben kann, bis sich der Most in geeigneter Verfassung befindet. Manche Betriebe lagern Most monatelang gekühlt ein, um die Kapazität der Gärbehälter und die Auslastung des Kellerpersonals besser zu regeln. Überhaupt ist die Kühltechnik in warmen Gegenden, für die Weißweingewinnung auch in kühleren Regionen, ein wichtiges Werkzeug.

Sauerstoffabschluss oder oxidative Behandlung?

In vielen Betrieben werden Trauben und Most mithilfe von Schwefeldioxid und völlig geschlossenen Tankpressen weitgehend vor Oxidation geschützt (siehe obere Abbildung Seite 79). Solche Maßnahmen sind bei der Weißweingewinnung besonders wichtig, weil der Most durch Reaktionen zwischen Sauerstoff und Phenolen sofort braun zu werden beginnt. Manchmal wird der Most jedoch absichtlich mit Sauerstoff in Berührung gebracht, damit die »schweren« Phenole von vornherein ausgeschieden werden können und das Risiko einer späteren Braunfärbung des Weins geringer bleibt.

Soll entrappt und gemahlen werden?

Meistens durchläuft das Lesegut eine Traubenmühle, wo es zerkleinert und dadurch sein Saft für die Hefen leichter zugänglich gemacht wird. Gleichzeitig wird es dabei oft automatisch von den Stielen befreit, also entrappt, um den strengen Geschmack und adstringierenden Charakter zu vermeiden, der aus den Stielen in den Wein gelangt. Eine Ausnahme hiervon bilden die meisten Weine aus dem Beaujolais sowie Carignan-Weine im Languedoc-Roussillon, deren Trauben in Kohlensäuremaischtechnik verarbeitet werden. Bei dieser Methode liegt das Lesegut in einer Kohlendioxidatmosphäre, wodurch eine besonders fruchtige, hefefreie Gärung in den einzelnen Beeren hervorgerufen wird, und nur zum Teil gären die am Boden des Behälters zerdrückten Trauben in der üblichen Weise. So entstehen leichte, weiche Weine mit einem ausgeprägten Duft nach überreifen Birnen. Außerdem werden bei der Gewinnung besonders ambitionierter Weißweine (insbesondere süßer Weine mit Edelfäule) sowie der meisten Schaumweine der Spitzenklasse die Trauben vorher nicht zerkleinert, sondern nur sehr sanft gepresst, wobei die Stiele eine besonders saftdurchlässige Schicht bilden. Mehrere Spitzenerzeuger von rotem Burgunder werfen nachträglich unzerkleinerte Trauben in den Gärbehälter (der ja offen ist, um das Aufbrechen des Huts zu ermöglichen). Sind die Trauben und vor allem auch die Stiele jedoch nicht voll ausgereift, kann der Wein unerfreulich streng ausfallen – das trifft vor allem bei sehr tanninreichen Sorten wie Cabernet Sauvignon zu.

Oben: Diese bei Undurraga in Chile installierte Anlage ist nur ein Teil der Ausrüstung, die für die Gewinnung frischer, fruchtiger Weine benötigt wird. Unten: In der Abbeereinrichtung mit umlaufender Siebtrommel werden Stiele und Beeren voneinander getrennt.

Hülsenmaischung – wie lange?

Viele Erzeuger schalten diesen Vorgang bei der Rot- und Weißweingewinnung mit unterschiedlicher Dauer vor der Gärung ein (siehe Schema Seiten 76 und 77). Rotwein erlangt seine Farbe dadurch, dass die Traubenschalen (Hülsen) vor, während und manchmal nach der Gärung in ihm weichen. In kühleren Weinbauregionen versuchen die Erzeuger auch noch das letzte bisschen an Farbstoffen und Phenolen aus den Schalen zu extrahieren, indem sie die Berührung zwischen dem Most und dem auf ihm schwimmenden Hut möglichst intensiv gestalten. Das geschieht entweder dadurch, dass Most über den Hut gepumpt oder die Schalenmasse ein- bis zweimal am Tag untergetaucht bzw. mithilfe eines Siebbodens ständig untergetaucht gehalten wird. In Europa belassen viele Erzeuger auch den jungen Wein noch ein bis zwei Wochen nach Abschluss der Gärung im Gärbehälter in enger Berührung mit den Traubenschalen, damit er aus diesen noch mehr Farbe, Tannin und Geschmack aufnimmt. Dieser letzte Teil der Maischung ist besonders wirksam, weil Alkohol ein gutes Lösungsmittel ist. In wärmeren Gegenden jedoch, wo die Trauben oft sehr viel dunkler sind, kann auf diese Weise der Wein allzu tanninreich, ja sogar bitter werden. Daher trennen viele Erzeuger den Most von den Schalen, schon bevor die Gärung beendet ist, und lassen diese in kleinen Fässern ausklingen (Seiten 90 bis 93). Beim Weißwein muss die Hülsenmaischung ihre Wirkung vor der Gärung tun; aber der Vorgang ist nicht so eindeutig. Bei relativ neutralen Traubensorten wie Sémillon und Sauvignon blanc können einige Stunden Hülsenmaischung zusätzliche Geschmacksintensität bedeuten, doch müssen die Trauben dabei völlig gesund sein und gegen Oxidation geschützt werden.

Wird diese Technik nun auf dunkle Trauben angewandt, dann kommt Roséwein dabei heraus.

Zwei gängige Keltertypen: Oben eine gegen Luftzutritt vollständige gekapselte moderne Tankpresse, unten die traditionelle, bei vielen Winzern nach wie vor beliebte Korbpresse.

Soll die Frucht oder die Restmaische gepresst werden?

Aus weißen Trauben wird nach dem Abziehen des Vorlaufmosts durch Pressen der Pressmost (Scheitermost) gewonnen, jedoch stets vor der Gärung. Beim Rotwein soll nach dem Abziehen des Vorlaufweins durch das Pressen aus den nach der Gärung zurückgebliebenen Feststoffen noch so viel Presswein wie nur möglich gewonnen werden. Je sanfter gepresst wird, desto feiner ist der dabei gewonnene Wein oder Most; daher werden heutzutage die Pressen auf immer schonendere Wirkungsweise ausgelegt.

Eine typische moderne Horizontalpresse besitzt einen aufblasbaren Gummiballon in einem drehbaren Siebzylinder, durch den der Most in eine darunter angeordnete Wanne abtropft (siehe Schema auf den Seiten 76 und 77). Ist eine luftdichte Kapselung vorgesehen, spricht man von einer Tankpresse.

Eine andere beliebte Konstruktion ist die Korbpresse, die in verschiedenen Varianten in der Champagne und in Sauternes sowie für körperreiche Rotweine benutzt wird. Die meisten Horizontalpressen arbeiten automatisch, die Korbpresse dagegen erfordert einen hohen Aufwand an Zeit und Arbeitskräften, aber auch sie presst den Most sanft aus und lässt ihn durch einen Lattenkorb in eine Wanne ablaufen.

Billige Weine werden häufig mit weniger fein arbeitenden Schneckenpressen gepresst, die kontinuierlich, also nicht mit einzelnen Chargen, beschickt werden.

Eine wichtige Entscheidung ist nun, was mit dem Pressmost oder -wein geschehen soll. Fast alle Weißweine der Spitzenklasse entstehen ausschließlich von Vorlaufmost. Der bessere Teil dessen, was in der Presse verbleibt, kann durch einen Drehtrommelfilter gewonnen werden. Beim Rotwein kommt es auf den Jahrgangscharakter an, wie viel Presswein in die endgültige Mischung eingehen soll. In einem sehr trockenen Jahr entstehen tanninreiche Weine, denen es nicht gut tun würde, wenn der noch tanninreichere Presswein hinzukäme. Für die nicht beigemischten Weine gibt es unter anderem Etikett dann doch noch Verwendung.

Natur- oder Kulturhefe?

Neben der Filtration ist diese Frage heute am heftigsten umstritten. Traditionsgebundene Winzer in klassischen Regionen verlassen sich einfach auf die in der Umgebungsluft vorhandene mannigfaltige Hefepopulation, die sich im Lauf der Jahrhunderte gebildet hat und ihre Aufgabe hervorragend erfüllt. Moderne Gemüter stört an dieser Praxis, dass es gelegentlich einige Tage dauert, bis die Gärung einsetzt, und dass dabei erhöhte Gefahr durch »Wildhefen« besteht, die sich nicht so vorbildlich verhalten wie die Weinhefe und manchmal zum »Steckenbleiben« der Gärung führen.

Die Debatte entzündete sich daran, dass Weinerzeuger in neuen Weinbauregionen speziell gezüchtete und weit berechenbarere Hefestämme einführten (die allerdings ihrerseits aus Naturhefen selektiert worden waren). Aber auch in diesen Regionen experimentieren manche Erzeuger erfolgreich mit Naturhefen, wobei es sich herausgestellt hat, dass es nicht allzu lange dauert, bis sich eine dem jeweiligen Ort angepasste Hefepopulation bildet. Es wird behauptet, dass die Naturhefen Wein mit einer breiteren Geschmackspalette entstehen lassen als ein reiner Kulturhefestamm, doch die genetische Komplexität der Hefen wirkt als Hemmnis für die gründliche Erforschung.

Welche Art von Gärbehälter soll es sein?

Größe, Form, Material und Konstruktion des Behälters haben nicht nur praktische Bedeutung, sondern wirken sich sogar auf den Geschmack des Weins aus. Je größer der Behälter ist, desto schwieriger kann es sein, die bei der Gärung entstehende beträchtliche Wärme abzuleiten, und umso wahrscheinlicher ist es, dass bestimmte Geschmacksnuancen verloren gehen, wenn nicht sorgfältig gekühlt wird. Während Weißwein in sehr hohen, relativ schmalen und daher Platz sparenden Behältern gären kann, werden für Rotwein allgemein breitere Behälter bevorzugt, in denen der Hut sich ausdehnen und mit einem möglichst großen Teil der Flüssigkeit in Berührung kommen kann, sodass viel Farbe und Geschmack extrahiert werden. Wenn der Hut entweder mit langen Stangen oder noch besser mit den Füßen regelmäßig untergetaucht oder umgepumpt werden soll, dann muss der Behälter oben offen sein oder einen abnehmbaren Deckel haben. Für das ständige Untertauchen des Huts braucht man sogar Spezialtanks mit entsprechender Siebbodenmechanik.

Weiß- und Roséweine, aber auch viele Rotweine entstehen in Gärtanks, die zur Vermeidung von Oxidation oben geschlossen sind; es muss allerdings ein Ventil vorgesehen sein, um das bei der Gärung frei werdende Kohlendioxid entweichen zu lassen. Eine Kellerei ist zur Erntezeit voll von Gärungs- und Alkoholdunst. Da Kohlendioxid den Sauerstoff verdrängt, ist es nicht ungefährlich, wenn man sich allzu lange in einem geschlossenen Raum aufhält, in dem Most gärt – die Kellerarbeit hat durchaus ihre Risiken.

Es gibt Gärbehälter aus Stein, Keramik, Beton und verschiedenen Kunststoffen, das Material aber, auf das die allermeisten modernen Weinerzeuger schwören, ist Edelstahl. Er ist leicht sauber zu halten und bequem mit Temperaturregeleinrichtungen wie Doppelwandkonstruktionen und Heiz- bzw. Kühlschlangen auszurüsten.

Traditionalisten in Europa bevorzugen oft Holzfässer (geschlossene für Weißwein, offene für Rotwein), wobei das Wärmedämmvermögen von Holz durchaus nützlich sein kann, zum Beispiel für die Farbextraktion. Im Elsass, an der Loire, in Deutschland und in Österreich werden viele Weißweine der Spitzenklasse in großen alten Holzfässern vergoren, während weiße Burgunder und viele ambitionierte Weißweine in aller Welt neuerdings in kleinen neuen Eichenfässern den Gärprozess durchmachen.

Was soll zugesetzt werden?

Wie schon auf Seite 73 erwähnt, wird fast allen Weinen ein wenig Schwefeldioxid zugesetzt, vor allem wenn angefaulte Trauben mit dabei waren. Nur vollkommen gesunde, reife Trauben brauchen keine Zusätze.

In kühlen Sommern werden die Trauben nicht ganz reif, und die Alkoholstärke des aus ihnen gewonnenen Weins genügt dann den Ansprüchen des Winzers ebenso wenig wie den gesetzlichen Vorschriften. Daher muss im nördlichen Europa genauso wie in Kanada, in China und Japan, im äußersten Süden Neuseelands sowie in Chile regelmäßig mit Zucker nachgeholfen werden. In Südafrika und Australien ist Anreicherung mit Zucker dagegen untersagt (ganz einfach, weil sie als überflüssig gilt), doch wäre es einigen Erzeugern weit im Süden am Kap und in Tasmanien durchaus lieb, wenn sie insbesondere in schlechteren Jahren zum Zuckersack greifen dürften. In Europa ist es nur selten erlaubt, durch Zuckerung den Alkoholgehalt um mehr als 2 % zu steigern (englische Winzer brauchen allerdings regelmäßig mehr). In Bordeaux und Burgund ist Chaptalisation in manchen Kellereien fast Routine, weil in diesen Regionen die Sonne nicht genug scheint, um einen Alkoholgehalt entstehen zu lassen, wie die Winzer ihn wünschen. In einer Zeit, in der Alkohol und Zusatzstoffe gleichermaßen verteufelt werden, erscheint das zwar widersinnig, doch viele Önologen behaupten, eine gewisse Alkoholstärke sei nötig, um den Geschmack zu »stützen«.

In wärmeren Regionen muss dagegen meist der Säure aufgeholfen werden, gewöhnlich durch Zusetzen von Weinsäure. Die Erzeuger dort führen die Weinlese gern etwas spät durch, weil sich die Geschmackssubstanzen in den Trauben erst gegen Ende des Reifevorgangs entwickeln, und müssen dann die dabei entstehenden Einbußen an Säure kompensieren.

Nach mehreren heißen Sommern in den 1980er-Jahren ist es heute in manchen Teilen Europas ebenfalls erlaubt, Säure zuzusetzen, allerdings gilt Anreicherung mit Säure und mit Zucker im gleichen Fass oder Tank als zu viel des Guten. Nach besonders kalten Sommern, etwa im nördlichen Teil der deutschen Anbaugebiete, ist es vielmehr unumgänglich, den Most mit Kalk zu entsäuern und mit Zucker anzureichern.

Braucht die Gärung Starthilfe?

Will die Gärung nicht in Gang kommen, weil die Trauben unreif oder nicht gesund waren, kann ihr mit stickstoffhaltigen Hefenährstoffen Starthilfe gegeben werden. Zahlreiche Erzeuger in der Neuen Welt setzen solche Nährstoffe routinemäßig zu, um eine wirksame, berechenbare Gärung zu gewährleisten. Bei sehr niedrigen Außentemperaturen muss der Gärbehälter manchmal auch angewärmt werden.

Soll die Gärung warm oder kühl verlaufen?

Wenn die Gärung richtig im Gang ist, erzeugt sie viel Wärme. Eine moderne Verfeinerung bei der Weinbereitung besteht in der Möglichkeit, die Gärbehälter zu kühlen, sodass der Kellermeister die Temperatur des Mosts über den gesamten Gärverlauf hinweg regeln kann. Dadurch wird nicht nur die Zerstörung von Geschmackssubstanzen durch Überhitzung verhindert, vielmehr ist auch die Extraktion der verschiedensten löslichen Stoffe, vor allem von Tanninen und sonstigen Phenolen, gut steuerbar, weil diese sich bei unterschiedlichen Temperaturen lösen. Moderne Kellereien verfügen oft über Regelanlagen, die den Temperaturverlauf in den einzelnen Gärbehältern überwachen und auf Tastendruck verändern. Technisch nicht so fortschrittliche Kellereien arbeiten dagegen immer noch mit Blockeis.

Durch Beeinflussung der Gärtemperatur kann der Kellermeister den Geschmack und Charakter eines Weins diktieren. Weißwein, bei dem es vor allem auf die primären Fruchtaromen ankommt und Extraktion unnötig ist, wird im Allgemeinen kühler vergoren als Rotwein. Besonders kühl vergorene Weißweine – etwa bei 12 bis 17 °C, wie in der Neuen Welt üblich – zeichnen sich durch ein Aroma von tropischen Früchten (insbesondere jenem von Ananas) und ihr jeweiliges Sortenaroma aus. Für stark aromatische Traubensorten eignet sich dieses Verfahren eigentlich recht gut, doch in vielen europäischen Ländern wird Chardonnay eher mit 18 bis 20 °C oder noch wärmer vergoren, damit die sich dabei entfaltenden komplexeren Aromen noch stärker zur Geltung kommen.

Rotweine sind im Allgemeinen robuster und vertragen höhere Gärtemperaturen, und in kühleren Gegenden muss die Extraktion von Farbe, Geschmacksstoffen und Tannin in zahlreichen Fällen speziell gefördert werden. Kühl vergorene Rotweine zeigen in der Regel mehr primäre Fruchtaromen und schmecken magerer als wärmer vergorene.

Auch hierbei ist man in Europa nicht so kleinlich mit der Temperatur und lässt sie bis auf 30 °C und mehr klettern – allerdings kann bei noch höherer Temperatur die Hefetätigkeit gelähmt werden, und die Gärung bleibt dann in verhängnisvoller Weise stecken.

Schimmernde Edelstahltanks sind viel leichter zu reinigen als die traditionellen Fässer, die heute weltweit durch Hefesatzaufrühren (bâtonnage) *behandelt werden.*

Ist malolaktische Säureumwandlung erwünscht?

Praktisch alle Rotweine, aber auch immer mehr Weißweine machen diesen Vorgang durch, der unter dem Einfluss von Wärme und bestimmten Milchsäurebakterien meist einige Zeit nach der alkoholischen Gärung abläuft. Dadurch wird der Wein nicht nur stabiler, sondern erlangt auch milderen, volleren und komplexeren, im Übermaß jedoch auch aufdringlich butterigen Geschmack. Der Kellermeister kann den Vorgang fördern, indem er den neuen Wein relativ warm lagert oder ihm Milchsäurebakterien zusetzt. Allerdings muss bei einfachen Weißweinen aus warmem Klima jedes bisschen frische und lebendige Säure im Wein erhalten werden.

Hefesatzlagerung und -aufrühren?

Rotwein lagert stets auf dem Bodensatz, der sich nach der Gärung bildet, da eine Maischzeit nach der Gärung meist für richtig gehalten wird.

Bei Weißwein ist es nur in bestimmten Fällen erwünscht, den neuen Wein auf dem Geläger liegen zu lassen. Manche Erzeuger rühren den vorwiegend aus Hefezellen bestehenden Bodensatz etwa wöchentlich auf, um die Bildung von Sulfiden und Mercaptanen zu verhindern. Durch das Aufrühren wird auch die Absorption von strengen Tanninen und Geschmackssubstanzen aus dem Fassholz vermindert und dem Wein helle Farbe und geschmeidiges Gefüge verliehen.

Ausbaubehälter und -dauer

Die Hauptentscheidung heißt hier: Eichenholz oder nicht (Seiten 91 bis 93). Grundsätzlich kann umso mehr auf die später erörterten Klärungsbehandlungen verzichtet werden, je länger der neue Wein zum Absetzen ruhen darf. Zeit und Eichenholz sind die besten Alternativen für Zusatzstoffe.

Ein »Vin Nouveau« wird nur ein paar Wochen lang ausgebaut, bis er sich geklärt und stabilisiert hat. Dagegen reifen körperreiche Rotweine oft jahrelang im Fass, ehe sie in die Flasche gelangen (vor allem in Spanien, Italien und Argentinien). Ganz allgemein werden die meisten säurereichen Weißweine sowie einfache Weine aller Farben heutzutage in geschmacksneutralen Behältern ausgebaut und im Frühjahr nach der Lese in Flaschen abgefüllt. Seriöse Rotweine dagegen kommen erst im zweiten Frühjahr oder Sommer nach der Gärung in die Flasche.

Wie viel Luft?

Generell schadet Sauerstoff zarten Weißweinen, dagegen profitieren körperreiche Rotweine von einem gewissen Luftzutritt, denn dadurch werden viele in der Fassreifezeit (Seiten 91 bis 93) ablaufende Reaktionen gefördert und gleichzeitig Reduktion und die Bildung von Sulfiden und Mercaptanen verhindert. Infolgedessen wird Rotwein regelmäßig abgestochen, das heißt von einem Fass in ein anderes umgefüllt, wobei gerade das rechte Maß an Sauerstoff in ihn gelangt.

Der Schrecken der Puristen: der Schichtenfilter (oben) – ist er nicht sauber, dann schmeckt der Wein nach nasser Pappe; sind es zu viele Schichten, dann schmeckt der Wein nach gar nichts mehr. Unten: die Abfüllanlage.

Klären und Stabilisieren

Die meisten Weinfreunde lieben kristallklaren Wein, der nicht einmal die harmlosen Weinsteinkristalle enthält. Handelsüblicher Wein wird daher vor dem Abfüllen routinemäßig gekühlt (kaltstabilisiert), damit sich der Weinstein absetzt, und scharf gefiltert, um ihm alle Mikroorganismen zu entziehen, die unangenehme Gerüche, Trübungen oder gar eine Nachgärung in der Flasche hervorrufen könnten. Langsamer, jedoch kostengünstiger und schonender wirkt das Schönen. In Spitzengütern Europas wird meist Eiweiß als Schönungsmittel benutzt, während überall in der Welt inzwischen Bentonit – ein höchst nützlicher amerikanischer Ton – diesem Zweck dient. Schönungsmittel bleiben nicht im Wein zurück; sie binden lediglich größere Trubteilchen an sich, die in Weißwein Verfärbungen und in Rotwein bitteren Geschmack verursachen, und sinken mit ihnen zum Boden des Behälters, sodass klarer Wein abgestochen werden kann.

Weine für baldigen Verbrauch, insbesondere empfindliche Weißweine, erhalten oft einen Zusatz von Konservierungsstoffen. Bei lieblichem Wein kommt dafür meist Ascorbinsäure und manchmal auch Sorbinsäure sowie Schwefeldioxid als Schutz gegen Oxidation oder Nachgärung in der Flasche infrage. Eine Alternative zu alledem ist genügend Zeit zum Absetzen sowie geeignetes Abstechen.

So entsteht Schaumwein

Hierbei geht es im Prinzip darum, einen Grundwein so mit Kohlensäure anzureichern, dass diese nach dem Öffnen der Flasche in Form schöner Perlen entweicht und eine Schaumkrone bildet.

Karbonisierung oder die Luftpumpenmethode

Die simpelste Art, dies zu erreichen, besteht in einer der Getränkeindustrie entlehnten Technik: Kohlendioxid wird in einen Tank voll Wein gepumpt und anschließend erfolgt Abfüllung unter Druck, sodass die Kohlensäure nicht entweichen kann. Allerdings wird dieses Verfahren, das beim Einschenken eine spektakuläre, aber kurzlebige Schaumexplosion gewährleistet, nur für ganz billigen Schaumwein angewandt. Für Qualitätsschaumwein wählt man eine andere Methode.

Champagnerverfahren oder traditionelle Methode

Die aufwändigste Art, Wein zum Schäumen zu bringen, ist die in der Champagne übliche Methode, die einen stetigen feinen Perlenstrom entstehen lässt, der sogar noch am nächsten Morgen in einer offenen Flasche als leises Zischen zu beobachten ist. Sie heißt auch die traditionelle oder klassische Methode, *méthode traditionnelle* oder *classique, metodo tradizionale* oder *classico*, in Südafrika *méthode cap classique*. Manchmal ist auch von Sekt in Flaschengärung die Rede und damit wird das Wesentliche der Technik berührt.

Jeder seriöse Sekthersteller kann jedoch bestätigen, dass es nicht erst mit dem Stadium der Flaschengärung beginnt – der eigentliche Schlüssel zu einem feinen Schaumwein liegt in der Eigenart und Qualität der Trauben, aus denen der Grundwein gewonnen wird. Dieser Grundwein braucht im stillen Anfangsstadium durchaus nicht besonders köstlich zu schmecken. Feiner Schaumwein beruht auf relativ neutralem, leichtem, säuerlichem Grundwein, der durch die klassische Methode der Schaumweinherstellung grundlegend verändert wird. Es kommt nämlich nicht nur Kohlendioxid hinzu, sondern auch Alkohol und vielschichtiger zusätzlicher Geschmack.

Die klassischen Traubensorten des Champagners – das sind Chardonnay, Pinot noir und Pinot meunier – werden auch anderswo für Schaumwein der Spitzenklasse verwendet, allerdings mit lokalen Varianten, zum Beispiel in Kalifornien und Italien auch Pinot blanc. Die dunklen Trauben müssen ganz besonders sorgsam und rasch gepresst werden, damit kein Pigment aus den Schalen den Most färbt und kein Tannin ihn beeinträchtigt.

Der so gewonnene helle Most wird nun auf die übliche Art vergoren, wobei die Weine der verschiedenen Traubensorten und Lagen voneinander getrennt gehalten werden. Im Lauf des Winters werden die jungen Weine verkostet, begutachtet und zu der gewünschten Mischung – der **Cuvée** – zusammengestellt. Ein Hauptunterschied zwischen der Champagne und der Neuen Welt zeigt sich hier insofern, als in der Alten Welt natürlich eine viel längere Erfahrung darin herrscht, wie die verschiedenen Komponenten einer solchen Mischung im Lauf der Zeit miteinander reagieren – doch dieser Unterschied wird ebenfalls mit der Zeit geringer.

Im Frühjahr wird die Cuvée dann mit einer sorgfältig bemessenen Dosis Zucker und Hefe in die besonders kräftigen Flaschen aus dunklem Glas abgefüllt, in denen der fertige Champagner schließlich auf den Markt kommt. In diesen Flaschen muss nun eine zweite Gärung stattfinden, bei der die gewünschte Menge Kohlensäure entsteht und im Wein gelöst bleibt, bis sie dereinst im Glas Perlen und Schaum bildet. Bei dieser zweiten Gärung erhöht sich auch der Alkoholgehalt meist von 11 auf 12,5 %, und es schlägt sich ein Bodensatz von toten Hefezellen nieder.

Hefesatzlagerung setzt sich auch bei der Bereitung von Stillweinen (Seite 82) immer mehr durch, doch das Champagnerverfahren ist das einzige, das die langsamen, vielfältigen Reaktionen zwischen den toten Hefezellen und dem Wein in einem vollständig geschlossenen Behälter nutzt. Die Flaschen bleiben nun in dunklen (Schaumwein ist besonders lichtempfindlich), kühlen Räumen bei stets gleichmäßiger Temperatur sich selbst überlassen. Je länger sie dort liegen, desto komplexer entfaltet sich der Geschmack des in seiner Jugend relativ neutralen, säuerlichen Schaumweins. Leider aber ist es äußerst kostspielig, tausende, ja Millionen Flaschen jahrelang zu lagern; deshalb ist wirklich feiner Schaumwein immer ein Luxusartikel. Kenner behaupten, dass Schaumwein eine Reifezeit von mindestens 18 Monaten auf dem Hefesatz braucht, bis er eine erkennbare Weiterentwicklung zeigt.

Wenn dem Schaumweinhersteller die Kosten der Lagerung eines Postens Flaschen über den Kopf zu wachsen beginnen, muss er zunächst den Hefesatz aus den Flaschen entfernen – nicht weil dieser den Geschmack beeinträchtigt, sondern weil der Verbraucher kristallklaren Champagner verlangt. Traditionell geschieht dies, indem die bis dahin waagrecht liegenden Flaschen nach und nach auf den Kopf gestellt und jedes Mal leicht geschüttelt werden, damit das Depot aus dem Flaschenbauch in den Flaschenhals rutscht. Dieser Vorgang heißt auf Französisch **remuage** und auf Deutsch **Rütteln**.

Nachdem sich das Depot hinter dem Kronkorken, mit dem die Flaschen in der Reifezeit verschlossen sind, angesammelt hat, werden diese mit dem Kopf nach unten in ein Eiswasserbad gesteckt, sodass der Sedimentpfropfen im Hals gefriert und beim Aufrechtstellen und Öffnen der Flasche davonschießt. Dieser Vorgang heißt **Degorgieren**.

Bevor nun der eigentliche, besonders dicke Champagnerkorken eingesetzt wird, muss die Flasche aufgefüllt werden. Das geschieht meist mit gesüßtem Wein derselben Art, der so genannten **Dosage**. Der trockenste Schaumwein wird als Brut bezeichnet; er enthält so viel Zucker, dass er als Stillwein lieblich schmecken würde, doch seine von Natur aus kräftige Säure lässt die Süße kaum spürbar werden (billiger Sekt enthält allerdings oft so viel Zuckerzusatz, dass die allzu krasse Säure gemildert wird). Die Bezeichnungen *sec* (trocken), *demi-sec* (halbtrocken) und *doux* (süß) stehen für zunehmend höhere Süßegrade.

Die umständliche Arbeit der *remuage* spielt für die Mystik des Champagners und ähnlicher Schaumweine eine große Rolle. Sie ist jedoch sehr zeitaufwändig, und so erfanden die Spanier in den 1970er-Jahren, als die Lohnkosten immer höher wurden, die auf Seite 86 abgebildete Automatik.

Es gibt auch neuere Alternativen, beispielsweise winzige Hefekapseln aus Alginat, die wie Schrotkugeln aussehen und beim Degorgieren einfach aus der Flasche geschüttet werden. Auch eine in den Flaschenhals eingesetzte, mit Hefe gefüllte Patrone ermöglicht wie diese Kapseln die Herstellung von Sekt fast nach der traditionellen Methode. Allerdings finden diese Techniken weder bei Traditionalisten noch bei den um die Arbeitsplätze besorgten Politikern Gegenliebe.

Tankgärung – die verbreitetste Methode

Dieses Verfahren wurde zu Beginn des 20. Jahrhunderts von einem unternehmungsfreudigen Weinhändler in Bordeaux erfunden, der damit die Weißweinüberschüsse seiner Heimatregion in ein attraktiveres Produkt verwandeln wollte. Hierbei erfolgt die Zweitgärung nicht in der Flasche, sondern in einem Tank, sodass der Sekt einfach durch Absetzen geklärt und dann unter Druck in Flaschen gefüllt werden kann. Das Verfahren benötigt nur einige Monate anstatt Jahre und ist weit weniger arbeitsaufwändig, doch dem so entstehenden Sekt fehlt es natürlich an dem interessanten Charakter, wie er sich durch lange Reife auf dem Hefesatz in einem so kleinen Behälter, wie es die Flasche ist, entwickelt. Nun sind zwar außer den Pinots und Chardonnays nur wenige Traubensorten wirklich gut für das Champagnerverfahren geeignet, dagegen bewährt sich die Tankgärung, die auch als Charmat-, Carstens- oder *Cuve-close*-Verfahren bezeichnet wird, gerade bei vielen anderen

Girasol oder Gyropalette heißt das große Metallgestell, in dem nebeneinander eingesetzte Sektflaschen von einem Computer (der weder Schlaf noch Freizeit braucht) gerüttelt werden. Dabei sammelt sich in automatisierten Sektkellereien – viele davon sind in der Champagne gelegen – unter erschreckenden Klirrgeräuschen das Depot in den Flaschenhälsen (unten).

Traubensorten, zum Beispiel dem Moscato, der in Italien so manchen leichten, fruchtigen Spumante (Seite 89) liefert.

Sonstige Methoden

Es gibt mehrere Varianten der soeben beschriebenen beiden Methoden. So findet beim **Transfer-** oder **Transvasierverfahren** die zweite Gärung ebenfalls in der Flasche statt. Das Depot wird entweder abgesaugt oder aber der Inhalt der Flaschen in einen Tank umgefüllt und gefiltert; dann erfolgt unter Druck die Abfüllung in neue Flaschen.

Transversage nennt sich eine Variante des Champagnerverfahrens, bei der nach dem Degorgieren der Inhalt der Flaschen in einen Drucktank gefüllt, dort mit einer Dosage versehen und darauf gewöhnlich in ein anderes (meist kleineres) Flaschenformat abgefüllt wird. Auf diese Weise werden halbe Flaschen, die vor allem von den Luftfahrtlinien her bekannten Portionenflaschen und praktisch alle übergroßen Champagnerflaschen gefüllt. Am allerbesten schmeckt Champagner aber immer aus der regulären Flasche oder der Magnumflasche.

So entsteht Süßwein

Warum verschwenden ansonsten nüchtern denkende Winzer so viel Zeit und Mühe darauf, feinste süße Weine zu produzieren? Weil diese Weine schmecken, als seien sie aus einer anderen Welt – darum. Und warum ist das verschwendete Zeit und Mühe? Weil diese Kostbarkeiten beim Verbraucher allzu wenig Anklang finden.

Der Schimmelpilz Botrytis cinerea *entzieht bei der richtigen Wetterkonstellation als Edelfäule reifen Trauben systematisch Wasser und lässt dadurch Süße, Konzentration und Komplexität wachsen. Ist das Wetter jedoch zu nass oder sind die Trauben noch nicht reif, so verfaulen sie einfach am Weinstock.*

Der Grund dafür dürfte sein, dass er lange Zeit mit allzu viel süßem Wein dürftiger Qualität eingedeckt wurde. Je mehr Restsüße ein Wein enthält, desto größer ist die Gefahr, dass Hefen sich über den Zucker hermachen und eine Nachgärung in der Flasche in Gang setzen, wodurch Kohlensäure entsteht, die sowohl den Wein als auch den Verbraucher aus der Fassung bringt und gar die Flasche sprengen kann. Die Kellermeister halfen sich damit, dass sie reichlich Schwefeldioxid in den Wein gaben, um jede Hefetätigkeit zu unterbinden. Hinzu kam, dass in den Tagen, als es noch so etwas wie »spanischen Sauterne« (sic) gab, allzu vielen Süßweinen die Säure fehlte, die als Gegengewicht zur Süße unentbehrlich ist, sodass tausende und abertausende von Verbrauchern schließlich dem Süßwein den Rücken kehrten. Heute gehen die Kellermeister sehr viel behutsamer mit Schwefel um und verstehen sich besser darauf, der Süße ausgleichende Säure entgegenzusetzen. Ein großer süßer Wein ist so fein ausgewogen, dass er auch zu kräftig gewürzten Gerichten einer Mahlzeit passt. Ich kann das bestätigen, denn ich habe mir diesen Genuss oft gegönnt.

Edelsüße Weine

Der Schimmelpilz *Botrytis cinerea* treibt reine Magie mit reifen Trauben, lässt die Beerenhaut dünner werden und dadurch das Wasser aus den Beeren verdunsten, sodass Süße und Säure höhere Konzentration erlangen. Obendrein fügt er noch mysteriöse Substanzen hinzu, die ungeahnte Geschmacksnuancen und lange Lebensdauer einbringen. Allerdings vollbringt er seinen Zauber nur an reifen und gesunden Trauben und nur, wenn das Wetter mitspielt, indem es abwechselnd dunstige, feuchte Morgen, die das Pilzwachstum fördern, und warme, sonnige Nachmittage bietet, an denen die Trauben wieder trocknen und der Pilz an zu rascher Ausbreitung gehindert wird. Befällt der Pilz dagegen unreife Trauben oder Beeren, deren Haut beispielsweise durch Hagel verletzt wurde, oder ist das Wetter nasskalt, dann erweist er sich als Fluch und nicht mehr als Segen. In diesem Fall muss mit Spritzmitteln gegen ihn vorgegangen werden, sonst breitet sich Fäulnis über den ganzen Weinberg aus und verdirbt vor allem bei dunklen Trauben Farbe und Geschmack.

Die willkommene Form von *Botrytis* wird auch Edelfäule (franz. *pourriture noble*, ital. *muffa*, engl. *noble rot*) genannt, die unwillkommene dagegen heißt Graufäule oder kurz Fäule. Süße Weine von edelfaulen Trauben werden heute auch gern als edelsüß bezeichnet.

Die Bereitung edelsüßer Weine ist äußerst schwierig, weil der Most sehr zähflüssig und aufgrund der starken Konzentration durch den Schimmelpilz auch nur in kleinen Mengen vorhanden ist. Die Trauben müssen stets von Hand gelesen werden, wobei es sogar unumgänglich ist, den Weinberg mehrmals durchzugehen, um jeweils die Trauben zu ernten, die sich im richtigen (scheinbaren) Verfallsstadium befinden.

Edelsüße Weine zeichnen sich in der Jugend durch einen deutlichen Kohlgeruch aus und halten sich fast ewig. Zu ihnen zählen: Sauternes in Château-Abfüllung aus günstigen Jahren, weißer Bordeaux aus anderen AC-Bereichen sowie auch Monbazillac aus günstigen Jahren, als Moelleux bezeichnete Loire-Weine, etwa aus den Jahrgängen 1989 und 1990, Elsässer Sélections de Grains Nobles, deutsche Beeren- und Trockenbeerenauslesen und ihre Pendants aus Österreich (vor allem aus dem Burgenland), die süßesten Formen des ungarischen Tokajers, einige italienische Weine mit der Bezeichnung Muffato und eine Vielzahl von Spezialitäten aus aller Welt.

Süße aus später Lese

Manche Weine erhalten ihre Süße aus hochreifen Trauben, die zwar nicht von Edelfäule befallen, dafür aber am Weinstock fast zu Rosinen geworden sind. Der Jurançon wird Jahr für Jahr auf diese Weise gewonnen, ebenso einfacherer Sauternes und andere süße Weißweine aus Südwestfrankreich sowie die sonst edelsüßen Weine in Jahren, in denen sich keine Edelfäule entwickelt. Auch deutsche Spätlesen und Auslesen beziehen ihre Süße rein aus dem hohen Zuckergehalt besonders reifer Trauben.

Süßweine von getrockneten Trauben

Die natürliche Süße der Trauben lässt sich auch durch Trocknen oder Rosinieren, also durch Verdunsten des Wassergehalts, konzentrieren, indem man die ganzen Trauben auf Matten ausbreitet und sie gegen Schimmelbildung gut belüftet. Dieses klassische Verfahren wird noch sehr verbreitet in Nordostitalien angewendet, wo so gewonnener süßer Wein oft als Recioto und trockener Wein als Amarone bezeichnet wird.

In Frankreich entsteht *vin de paille* von auf Strohmatten getrockneten Trauben (als rare Spezialität von Hermitage).

Eiswein

Diese heute hochmodische Spezialität ist aus leicht einsehbaren Gründen vor allem die Domäne sehr kühler Weinbauregionen, beispielsweise Deutschlands und Kanadas. Reife, gesunde Trauben werden in fest gefrorenem Zustand geerntet. Beim Keltern bleibt der Wasseranteil des Safts in Form von Eis in der Presse zurück, sodass die natürliche Süße (und Säure) stark konzentriert wird. Heute wird zunehmend Eiswein statt edelsüßer Wein produziert, denn mit ausreichender Winterkälte ist zuverlässiger zu rechnen als mit dem komplizierten Zusammenspiel zwischen dem Edelfäulepilz *Botrytis* und geeigneten Wetterbedingungen, und mit Eiswein lassen sich fast ebenso hohe Preise erzielen.

Anreichern mit Alkohol

Wein, der sowohl süß als auch stabil ist, kann auch produziert werden, indem man ihm so viel Alkohol beimischt, dass keine Hefe ihm etwas anhaben kann. Das ist das klassische Rezept für »aufgespritete« Süßweine wie Port, Madeira, Málaga, Marsala, deren Süße und Stärke darauf beruht, dass die Gärung auf halbem Weg unterbrochen wird, indem durch Alkoholzugabe die Hefen betäubt werden. Eine Ausnahme hiervon bildet allein süßer Sherry. Er verdankt seine Süße der Beimischung von konzentriertem Traubensirup. Zu Port und Madeira siehe Seiten 256 bis 258.

Dieselbe Technik ergibt, auf kaum angegorenen Traubenmost angewandt, die berühmten französischen *vins doux naturels*, etwa den Muscat de Beaumes-de-Venise und die Muscats aus dem Languedoc-Roussillon, aber auch roten und braunen Rasteau (von der südlichen Rhône) und den Banyuls sowie Maury und Rivesaltes im Roussillon. Sie alle sind süß und alkoholstark, anfangs aber noch etwas roh, und werden deshalb meist sorgsam in Fässern oder Glasballons bei unterschiedlicher Hitze und Luftfeuchtigkeit gereift.

Aus Frankreich kommt auch eine Reihe von süßen Traubenmostgetränken, die durch Beimischen von Weingeist zu Traubensaft, der überhaupt noch nicht zu gären begonnen hat, bereitet werden. Der bekannteste ist der in der Cognac-Region produzierte Pineau de Charentes.

Süße Alltagsweine

Im Bordelais und an der Loire wird süßer Weißwein noch immer so produziert, dass die Gärung bei hohem Restsüßegehalt abgestoppt und dann mit viel Schwefel jede weitere Gärung verhindert wird. Inzwischen aber setzt sich die geschmacklich ansprechendere Methode durch, nach der zunächst der gesamte natürliche Zuckergehalt zu Alkohol vergoren und der so entstandene trockene Wein anschließend mit unvergorenem, manchmal konzentriertem Traubenmost auf den gewünschten Süßegrad eingestellt wird. Diese süße Mischung, die nun weniger Alkohol enthält als der ursprüngliche Wein, wird sodann streng gefiltert, um ihm alle Hefen zu entziehen, und schließlich keimfrei abgefüllt. So entsteht ein stabiler Wein, der aber möglichst jung getrunken werden soll. Auf ähnliche Weise werden auch viele liebliche Massenweine Deutschlands (zum Beispiel Liebfrauenmilch) bereitet.

In Oberitalien ist eine eigene Technik verbreitet: Die Gärung wird frühzeitig abgestoppt, sodass ein Wein mit geringem Alkoholgehalt und viel natürlicher Süße entsteht, der auch noch Kohlensäure aus dem Gärvorgang enthält. Auf diese besondere Art werden Asti und Moscato Spumante erzeugt.

Die Eichen in den Wäldern des Tronçais wachsen so langsam, dass ihr Holz sehr feinporig wird. Nach jahrelangem Trocknen an der Luft ist es deshalb für den Fassbau sehr gesucht.

Eichenholz, die besondere Würze

Unbestreitbar ist nach der Rebe die zweitwichtigste Pflanze in der heutigen Welt des Weins die Eiche. Überall versuchen die Weinerzeuger, ihren Produkten mehr Eigenart, Dimension und Wert zu verleihen, indem sie bei der Bereitung oder beim Ausbau Eichenfässer verwenden. Beim Weinpreis feilschen sie zwar um jeden Pfennig, doch zahlen sie ohne mit der Wimper zu zucken schweres Geld für erstklassige Fässer aus Eichenholz, weil dieses nun einmal als die magische Würze für den Wein gilt. Den höchsten Ruf und Preis nehmen französische Eichenfässer für sich in Anspruch, und Frankreichs Fassbauer, die *tonneliers*, erfreuen sich bester Geschäfte und exportieren Fässer in alle Welt.

Früher wurden Waren jeglicher Art in Fässern gelagert und transportiert. Heute lebt der Fassbau allein noch vom Wein und von den Spirituosen. Nicht einmal 10% aller heute produzierten Weine werden in kleinen Fässern ausgebaut; ihnen aber gilt unverhältnismäßig große Aufmerksamkeit, weil sie zu den interessantesten der Welt zählen.

Warum Eichenholz?

Holzfässer üben auf zwei Arten Einfluss auf einen darin gelagerten Wein aus: Sie geben aus dem Holz selbst Geschmack, Farbe und Tannine ab und sie ermöglichen aufgrund ihrer physikalischen Beschaffenheit der Luft mehr Zutritt zum Wein als beispielsweise Edelstahl oder beschichteter Beton. Die verschiedenen Holzarten sind jedoch durchaus nicht gleich gut für Weinfässer geeignet. Kastanie, Pinie, Rotzeder, Akazie und viele andere Hölzer werden ebenfalls für große Fässer verwendet, für kleine aber ist Eichenholz wirklich ideal. Es ist hart, fest, wasserdicht und doch geschmeidig, und sein Charakter hat offenbar eine wenn auch vielfach falsch verstandene Affinität zum Wein.

Die nähere Erforschung der komplizierten Wechselbeziehungen zwischen den Geschmackssubstanzen und physikalischen Eigentümlichkeiten unterschiedlicher Eichenholzarten und dem Wein wird weit bis in dieses Jahrtausend hinein die Wissenschaftler beschäftigen. Fest steht bisher, dass der größte Teil der im Eichenholz steckenden Geschmackssubstanzen in den jeweils ersten in einem Fass gelagerten Wein übergeht und dass er dabei auf die natürlichste Art Klarheit und Stabilität erlangt.

Wozu Holzfässer dienen

In vielen älteren Kellereien findet man noch große Lager- und Gärfässer, die so alt sind, dass sie längst nichts mehr an den Wein abgeben; wenn sie aber stets einwandfrei sauber gehalten wurden, können sie dem Kellermeister ohne weiteres noch zum Absetzen und Klären dienen.

Ganz links: In alte Fässer werden manchmal Fassholzreste (oben) in einen mit Löchern versehenen Behälter eingelegt. Angeröstete Eichenspäne (unten) werden in einer Art Teebeutel in den Gärbehälter gehängt. Links: Viel feinere Eichenspäne (die unteren sind angeröstet und daher geschmacksintensiver) werden entweder ebenfalls im Teebeutel in den Wein gehängt oder aber als gewürztes Schönungsmittel benutzt.

Moderne Kellereien investieren in zweierlei Arten von Holzfässern: entweder große, meist oben offene Gärbottiche beliebigen Alters, deren physikalische Eigenschaften sich als nützlich erweisen (allerdings sind Edelstahltanks leichter zu kühlen und zu reinigen), oder kleine neue Fässer, die in monatelangem Ausbau oder bei körperreichen Weißweinen auch im Verlauf der Gärung ihr Holzaroma an den Wein abgeben und durch ihre physikalische Beschaffenheit günstig wirken sollen.

Eichenholz und sein Einfluss auf den Wein

Herkunft

Die Kellermeister sind im Hinblick auf die Herkunft des Holzes für ihre Fässer sehr wählerisch geworden. Viele Besucher von Weinkellereien in der Neuen Welt fragen nach dem jeweiligen Anteil von Fässern aus Eichenholz aus den Vogesen, aus Allier oder dem Tronçais an bestimmten Weinen und erhalten darüber exakte Auskunft. Wer sich einmal in Wäldern und Holzlagern genauer umgesehen hat, gibt darauf freilich nicht mehr so viel.

Wie die dem Weinbau gewidmete Familie der Reben (Seite 96) lässt sich auch die dem Weinausbau dienende Familie der Eichen sauber in europäische und amerikanische Mitglieder unterteilen. Die USA sind das größte Erzeugerland von Eichenholz (das Geschäft blüht vor allem aufgrund der Vorschrift, dass Bourbon in Fässern aus amerikanischer Eiche reifen muss). Amerikanisches Eichenholz weist kräftigeres Aroma auf als europäisches, oft mit einer leicht süßen Vanillenote, und ist so feinporig, dass es auch nach dem Sägen wasserdicht bleibt. Seiner kräftigeren Geschmacksnote wegen wird es insbesondere für intensive Rotweine benutzt, und zwar vor allem in Amerika, Spanien (wo eine historisch gewachsene Tradition des Gebrauchs amerikanischer Eiche besteht) und Australien; nach sorgfältiger Ablagerung lässt es sich aber auch mit höchst subtiler Wirkung für andere Weine verwenden, beispielsweise für Chardonnays aus warmem Klima.

Die bei weitem bedeutendste Quelle für europäisches Eichenholz ist Frankreich, dessen Wälder, die ein Viertel der Fläche des Landes bedecken, schon seit über drei Jahrhunderten sorgfältig gepflegt werden – das ist wichtig für einen Verwendungszweck, für den das Material wenigstens achtzig, besser noch hundert Jahre alt sein soll. Die Fassbauer unterscheiden zwischen feinporigem und grobporigem, tanninreicherem Eichenholz, zum Beispiel Limousin-Eiche aus Westfrankreich, die sich eher für Cognac-Fässer als für den Ausbau von Wein eignet. Das im Weinbau am höchsten geschätzte Eichenholz stammt aus Zentralfrankreich (Allier und Nevers an der oberen Loire) oder aus den Vogesen. Tronçais und Bertranges heißen bestimmte Wälder in den Départements Allier bzw. Nièvre.

Bis zur Russischen Revolution war baltische Eiche sehr geschätzt, und heute kommt Eichenholz aus Osteuropa wieder mehr in den Handel. In Italien wird verbreitet slowenische Eiche verwendet.

Trocknung

Fässer werden aus Dauben gebaut. Diese wiederum werden aus langen Holzplanken geschnitten, die mindestens zwei Jahre lang im Freien abgelagert wurden. Während dieser Lagerzeit laugen sich die strengsten Elemente von selbst heraus. Ofentrocknung bietet die Möglichkeit, diesen natürlichen Vorgang zu beschleunigen. Die Dauer und Qualität der Trocknung hat einen ebenso großen Einfluss wie die Herkunft des Eichenholzes. Ein alter Baum liefert Holz für etwa zwei kleine Weinfässer.

Bauart

Die Fassdauben werden aus diesen Planken möglichst schonend geschnitten und über kleinem Feuer gebogen. Dabei werden sie durch Fassreifen zusammengehalten und durch Hämmern in die Fassform gebracht. Die Stärke der Anröstung durch das Feuer hat große Bedeutung angenommen. Schwach angeröstete Fässer geben an den darin gelagerten Wein mehr Eichenholzaroma und Tannin ab als mittelstark angekohlte, und die in Burgund oft benutzten Fässer mit starker Anröstung verleihen dem Wein sogar einen eindeutigen Holzkohleton.

Größe

Je größer das Fass ist, desto kleiner ist das Verhältnis von Holzoberfläche zu Weinvolumen und umso weniger geschmackliche und physikalische Wirkung kann das Holz auf den Wein ausüben. Allerdings können Fässer mit weniger als 190 l Inhalt, vor allem wenn sie neu sind, den in ihnen ausgebauten Wein »tot schlagen«.

Die verbreitetsten Fässer sind die *barriques* aus Bordeaux mit 225 l und die *pièces* aus Burgund mit 228 l; in der Neuen Welt ist auch das *oxhoft* mit 300 l gebräuchlich.

Alter

Je neuer ein Fass ist, desto mehr Eichenholzaroma und Tannin kann es an den Wein abgeben. Aus diesem Grund sind nagelneue Fässer bei den meisten Weinerzeugern höchst beliebt (außer bei Traditionalisten in Piemont und bei Sherry-Erzeugern, die auf alte 600-l-»Butts« aus amerikanischer Eiche schwören). In der Praxis wird ein neues Fass ein- bis zweimal für Wein der Spitzenklasse und anschließend ein- bis zweimal für Wein der Mittelklasse benutzt. Danach gibt das Holz fast kein Aroma mehr ab und findet nun für einfachere Weine Verwendung, jedoch vorwiegend wegen seiner physikalischen Wirkungen beim Klären des Weins.

Verweildauer

Das Vergären in einem neuen Eichenfass hat maßgeblichen Einfluss auf den Geschmack eines Weins. Immer mehr feine Weißweine werden einer zumindest teilweisen Fassgärung unterzogen, die mit der geschmacksanreichernden Wirkung der Hülsenmaischung (Seite 82) einhergeht. Die natürlichen Temperaturschwankungen in dem relativ kleinen Behältnis bringen zusätzliche Komplexität ein, und die Pufferwirkung des Gelägers führt oft zu zarten, hellen Weinen mit besonders seidigem Gefüge. (Weißweine, die anschließend in kleinen Fässern ausgebaut werden, nehmen in der Flasche oft eine Braunfärbung an, weil sie noch viele Phenole enthalten.)

Manche Rotweine, vor allem aus wärmeren Regionen, wo die Trauben so dunkel sind, dass sie dem Wein auch ohne längere Hülsenmaischung nach dem Gärprozess tiefe Farbe verleihen, werden noch im Lauf der Gärung von den Schalen abgezogen und in kleine Fässer umgefüllt. Vor allem in Australien war die Fassgärung bei der Rotweingewinnung anfangs populär, weil sie ein angekohltes, »süßes« Aroma hervorbringt, das an Tomatenketchup erinnert.

Die Ausbaudauer hat großen Einfluss auf den Geschmack des Weins. Obwohl ein neues Fass nur in den ersten Monaten viel Eichenholzaroma abgibt, so ist doch die Zeit, die der Wein in der relativ luftigen Atmosphäre im Fass verbringt, ausschlaggebend dafür, wie stark die Phenolverbindungen ausgefällt werden und wie schnell er reift (Seiten 39 bis 41). Häufiges Abstechen beschleunigt durch verstärkte Lufteinwirkung den Reifeprozess.

Billige Alternativen

Am einfachsten lässt sich ein teures Eichenfass dadurch ersetzen, dass man einen Beutel mit Eichenholzspänen in den Gärtank hängt, sodass Wärme und Alkohol das Aroma herauslaugen können. Denselben Zweck erfüllen Eichenstangen oder -bretter, die in Tanks aus geschmacksneutralen Materialien eingetaucht werden. Auf die physikalischen Vorteile des Eichenholzfasses muss man freilich verzichten und auch das so gewonnene Aroma ist wahrscheinlich kurzlebiger als bei einem im Fass ausgebauten Wein. Auf den Etiketten solcher Weine ist dann oft die Rede von Eichenholzeinfluss, -würze oder -reife, der entscheidende Hinweis auf ein Fass aber fällt durch Abwesenheit auf.

Späne, Stangen oder Bretter aus Eichenholz sind an sich nichts Schlimmes, sondern vermitteln dem Verbraucher den Eindruck des beliebten Eichenholzaromas zu einem Bruchteil der mit einem echten Fass verbundenen Kosten – die Besonderheiten der Fassgärung und -reifung lassen sich freilich mit dieser Methode nicht erzielen.

3
Traubensorten

Die Rebenfamilie

Die Weinrebe – das wichtigste Obstgehölz der Welt – ist eine Kletterpflanze, die entfernte Verwandte des als farbenfrohe Zierpflanze von vielen Hauswänden wohl bekannten Wilden Weins. Es gibt zahllose wild wachsende Reben auf der Welt. Der botanische Name der Gattung, zu der die Weinrebe gehört, lautet *Vitis*; zu ihr zählen etwa sechzig verschiedene Arten. Im Fernen Osten mit seinen vielen einheimischen Rebenspezies zeichnet sich vor allem *Vitis amurensis* aus der Mongolei durch besondere Frosthärte aus. Nur in Europa und dem Mittleren Osten ist die Weinrebe *Vitis vinifera* heimisch, die fast alle berühmten Weine der Welt liefert. Sie wird meist kurz **Vinifera** genannt – ein von einem Botaniker erfundener Kunstname, der so viel bedeutet wie »die Weintrauben Tragende«. Zu jeder Spezies der Gattung *Vitis* gehören hunderte, ja tausende von Varietäten, also Rebsorten, von denen Cabernet Sauvignon und Chardonnay am berühmtesten sind.

Die ersten europäischen Siedler in Nordamerika entdeckten zunächst zu ihrem größten Vergnügen, wie viel verschiedene Rebenspezies dort wild wuchsen (Seite 281). Sie sehen meist anders aus als Vinifera, haben glatteres Laub und dünnere Triebe. Am berühmtesten sind die Namen *Vitis labrusca, Vitis riparia* und *Vitis rupestris* sowie *Vitis rotundifolia*, die im Südosten Nordamerikas wächst und runde Blätter mit weniger stark ausgeprägten Ausbuchtungen hat als die übrigen Reben. Doch der Wein der amerikanischen Reben, insbesondere von *Vitis labrusca*, schmeckt ganz anders als jener der Vinifera-Reben. Sein Geschmack erinnert stark an Moschus und künstliches Walderdbeeraroma; Weinexperten nennen ihn oft »fuchsig«. Für einen daran gewöhnten Gaumen hat er durchaus seinen Reiz; wer aber mit den inzwischen über die ganze Welt, auch Nord- und Südamerika, Afrika und Australasien verbreiteten europäischen Weinreben groß geworden ist, empfindet ihn als Schock.

Die frühen Siedler in Amerika importierten auf diese Erfahrung hin europäische Rebsorten, standen aber vor einem Rätsel, als diese in den neuen Kolonien nicht gedeihen wollten. Der Grund dafür kam erst über zweihundert Jahre später ans Licht.

Um die Mitte des 19. Jahrhunderts wurden die Weinberge Frankreichs, vor allem die des Bordelais, durch die Pilzkrankheit Oidium – **Echter Mehltau** – verheert. Schließlich entdeckte man, dass man diese durch Spritzen mit einem Kupfersulfatpräparat, der so genannten Bordeauxbrühe, abwehren konnte. Kaum aber hatten sich die Reben in den 1860er-Jahren von dieser Plage erholt, da traf sie ein neuer schwerer Schlag – sie starben vor den Augen der entsetzten Winzer einfach ab. Das Phänomen breitete sich über Frankreich und die ganze Weinbau treibende Welt aus. Nach jahrzehntelanger verzweifelter Suche kam zutage, dass dies das Werk eines winzigen Insekts, der **Reblaus**, war, der nichts besser schmeckt als eine saftige Vinifera-Rebenwurzel. So fraß sie sich von Wurzel zu Wurzel durchs Land und brachte den Reben den Tod. Die Einzigen, die sich auf lange Sicht als immun erwiesen, waren einige amerikanische Spezies, aber auch Reben, die auf sehr trockenem, sandigem Boden wuchsen.

Heute weiß man, dass sowohl die Reblaus als auch der für den Echten Mehltau verantwortliche Pilz (und noch ein anderer, der den **Falschen Mehltau** verursacht und in Frankreich kurz nach dem Auftauchen der Reblaus die bereits höchst dramatische Situation weiter verschlimmerte) aus Nordamerika stammen; deshalb sind auch die meisten amerikanischen Rebenspezies ziemlich unempfindlich für sie. Als gegen die Mitte des 19. Jahrhunderts europäische Reisende lebendige Pflanzen über den Atlantik mit nach Hause brachten, schleppten sie auch die Reblaus und die Pilzkrankheiten ein, gegen die europäische Reben keinerlei Resistenz besaßen.

Die Reblaus bedrohte praktisch den Weinbau der ganzen Welt, und so musste dringend eine Lösung gefunden werden. Nach mancherlei Erfahrungen mit Chemikalien und Überflutung wurde schließlich festgestellt, dass sich die Reblaus am besten durch **Aufpropfen** der Vinifera-Reben auf amerikanische **Unterlagsreben** in Schach halten ließ. So war nämlich der Teil der Rebe, den die Reblaus befiel, gegen diese resistent. Seit dem Ende des 19. Jahrhunderts bemühen sich die Rebenzüchter eifrig, Unterlagsreben für verschiedene Umgebungsbedingungen und Verwendungszwecke zu entwickeln.

Heute sind rund 85 % aller im Weinbau eingesetzten Reben europäische Vinifera-Sorten, die auf Unterlagen mit hohem Anteil an Genen amerikanischer Reben veredelt sind, um die Reblaus weitestgehend abzuwehren. Es gibt aber auch noch abgelegene oder sehr trockene beziehungsweise sandige Gegenden, wo die Winzer es riskieren können, ungepfropfte Vinifera-Reben zu pflanzen. Nach Chile etwa ist die Reblaus nie gekommen, und auch auf den Sandstränden der Camargue sowie in Colares in Portugal hat sie noch keinen Schaden anrichten können. Südaustralien (aber nicht Victoria) blieb von der Reblaus verschont und bisher können die Winzer in Neuseeland, Griechenland, England sowie im Pazifischen Nordwesten der Vereinigten Staaten bei aller Bedrohung durch die Reblaus doch die Einsparungen nutzen, die mit dem Pflanzen unveredelter Reben verbunden sind.

In den 1990er-Jahren erzielte die Reblaus ihre deutlichste Wirkung in Nordkalifornien, wo fast nur Vinifera-Reben gepflanzt waren, die auf einer Veredelungsunterlage namens AXR 1 – eine Hybride der Vinifera-Sorte Aramon (Seite 130) und einer Spielart von *Vitis rupestris* – gepfropft waren. (Züchtungen, die auf Sorten verschiedener Spezies beruhen, nennt man **Hybriden**, solche, an denen nur Sorten einer einzigen Spezies beteiligt sind, werden als **Kreuzungen** bezeichnet.) Den Winzern Kaliforniens wurde die Veredelungsunterlage AXR1 besonders empfohlen, weil sie gute Erträge bringt. Ihre bekannte schwache Resistenz gegen die Reblaus glaubte man vernachlässigen zu dürfen; der Schädling war seit dem Ende des 19. Jahrhunderts – damals hatte er den Weinbau dort fast zum Erliegen gebracht – in Nordkalifornien nicht mehr aufgetreten. Gegen Ende der 1980er-Jahre zeigte es sich jedoch, dass viele tausend Hektar Weinberge starken Reblausbefall aufwiesen. Ein umfassendes Neubestockungsprogramm, bei dem zugleich populäre Rebsorten mehr als bisher in geeigneten Lagen gepflanzt und moderne Rebenerziehungssysteme eingeführt wurden, kostete viele Milliarden Dollar, hat den Weinbau aber auf eine robustere Grundlage gestellt. Allerdings besteht nach wie vor weitgehend Uneinigkeit darüber, welche Unterlagsreben nun besser sind als AXR1 (einig ist man sich lediglich darüber, dass hohe Reblausresistenz das wichtigste Kriterium sein muss).

Jahrzehntelang, nachdem die Reblaus Europas Weinberge verwüstet hatte, wurde darüber debattiert, ob der Wein, der in der Zeit vor dem Befall produziert wurde, besser war als der von Reben, die auf amerikanische Unterlagen veredelt worden waren. Da damals so vieles im Fluss war, werden wir es wohl nie erfahren. Ich könnte auch keinesfalls den Unterschied im Wein von gepfropften oder ungepfropften Reben herausschmecken.

Immerhin ist es interessant, dass führende Weinbauberater in Chile inzwischen merken, dass die dortigen ungepfropften Reben auch ihre Nachteile haben. Da es vermutlich wegen des trockenen Bodens keinen Reblausbefall gegeben hat, verfügt nun auch niemand über Erfahrung mit Veredelungsunterlagen, und wie in anderen Ländern wird die Quarantäne für eingeführtes Pflanzengut streng gehandhabt. Das aber bedeutet, dass es Jahre dauern wird, ehe in Chile Unterlagsreben in größerem Umfang zur Verfügung stehen – und doch könnten diese auch dort für Winzer viel bedeuten, die mit allzu wuchskräftigen Rebsorten und mit Bodenschädlingen, den so genannten Nematoden, zu kämpfen haben. Schließlich sind Unterlagsreben an sich nichts Schlimmes.

Zu Beginn des 20. Jahrhunderts, als nach der Reblaus- und Mehltauzeit für alle Weinerzeuger die Losung Quantität vor Qualität galt, konzentrierten sich die Rebenzüchter auf Hybriden, die gegen die Plagen und Krankheiten resistent waren und reiche Erträge brachten. Die erste Generation dieser so genannten »Direktträger« wurde aus Amerikaner Reben entwickelt. Concord, Catawba und Isabella sind **amerikanische Hybridreben**, die in Nordamerika und im feuchten Klima Japans noch heute angebaut werden.

Der Wein dieser Reben fand allerdings in Europa wenig Anklang, und das führte zur Züchtung der so genannten **französischen Hybriden**, Kreuzungen zwischen Amerikaner und Europäer Reben. Sie waren aufgrund ihrer guten Krankheitsresistenz und verbesserter Geschmackseigenschaften für die Übergangszeit in Frankreich sehr wertvoll; seit aber die chemische Industrie hochwirksame Spritzmittel gegen Mehltau und Fäule herausgebracht hat, sind die französischen Hybriden in fast allen Weinbauregionen durch Vinifera-Reben ersetzt worden. Heute werden in der Gascogne, in Neusüdwales und in England noch die Hybridsorten Baco, Chambourcin und Seyval blanc angebaut, die auch nicht im Entferntesten den fuchsigen Geschmack aufweisen.

So strebten in neuerer Zeit die Rebenzüchter nach reicheren Erträgen und in Deutschland nach höheren Öchsle-Graden, sodass sich in deutschen Weinbergen früh reifende Neuzüchtungen wie Ortega, Optima, Kerner und Ehrenfelser breit gemacht haben.

In Frankreich richteten sich die Bemühungen dagegen auf die Selektion von **Klonen** der wichtigen Rebsorten, wobei bestimmte Eigenschaften, vor allem hohe Erträge, im Vordergrund standen. In den 1970er- und frühen 1980er-Jahren erlitt der Weinbau in Burgund beträchtlichen Schaden dadurch, dass allzu viele Winzer Pinot-noir-Pflanzen wählten, die auf Ertragsreichtum oder Fäuleresistenz anstatt auf Weinqualität ausgelegt waren.

Die verschiedenen Rebsorten bringen deutlich unterschiedliche Trauben hervor, aus denen dann wiederum merklich unterschiedliche Weine entstehen. Die Wissenschaft der Erkennung und Beschreibung von verschiedenen Rebsorten heißt **Ampelographie**. Manche Rebsorten sind nun anfälliger für Mutationen als andere. Pinot und Grenache beispielsweise mutieren gern, und es

Links: In Kalifornien wurde mit Feuer gegen die Reblaus vorgegangen, die dort in den 1990er-Jahren wütete. Rechts: In Chinon im Loire-Tal erinnert ein altes Plakat die Winzer von heute an die Mehltaugefahr, die im feuchten Klima Frankreichs noch nicht gebannt ist.

gibt sie deshalb in zahlreichen Traubenfarben, von Dunkelpurpur über Rot, Rosé, Violett bis zu Goldgelb und Grün. Rot- und Roséwein sind auf die Pigmente der dunklen Trauben angewiesen, Weißwein dagegen lässt sich von Trauben jeder beliebigen Farbe erzeugen.

Als »grau« bezeichnete Sorten (etwa Grauburgunder) haben hellrötliche Traubenfarbe, erbringen aber von Natur aus kräftig gefärbten Weißwein. Werden Trauben mit dunkler Schale sanft gepresst, wie es mit Pinot noir in der Champagne geschieht, dann erhält man von ihnen hellen Most und Weißwein. Die einzigen Traubensorten, aus denen keinesfalls Weißwein entstehen kann, sind diejenigen, deren Fruchtfleisch nicht wie bei 99 % aller Weintrauben graugrün, sondern rot ist. Es sind dies die Färbertrauben (franz. *teinturiers*, span. *tintoreras*).

Hier sollen nun die Traubensorten beschrieben werden, denen der Weinliebhaber mit einiger Wahrscheinlichkeit begegnen wird; sie sind in Weißwein- (mit heller Beerenhaut) und Rotweintrauben (mit dunkler Beerenhaut) aufgegliedert. Es gibt freilich noch tausende mehr und es wäre schade, wenn diese Vielfalt wegen der Vorliebe für Chardonnay und Cabernet verloren ginge.

Weißweintrauben

Airén Die Traube, die das riesige Weinbaugebiet La Mancha in Zentralspanien beherrscht und allein deshalb schon die meistangebaute Sorte der Welt ist, liefert säuerlichen, recht neutralen Wein, der größtenteils zu Brandy destilliert wird.

Albana Mit GRECO DI TUFO verwandte Rebsorte in der Emilia-Romagna.

Albariño Duftige, elegante, aristokratische, oft VIOGNIER-ähnliche Traube in Rías Baixas (Nordwestspanien).

Albillo Spanische Traube mit schwerem, neutralem Wein, vor allem in Ribeiro; duftiger Bestandteil in Rotweinen aus Ribera del Duero.

Aligoté Die zweitwichtigste weiße Traube Burgunds liefert säuerlichen, jung zu trinkenden Wein, am besten aus Bouzeron. Wird auch in Bulgarien, Rumänien und Russland angebaut.

Altesse Zweitname für die ROUSSETTE aus Savoyen.

Alva Siehe ROUPEIRO.

Alvarinho In der Vinho-Verde-Region in Portugal gebräuchlicher Name für die ALBARIÑO-Traube.

Amigne Walliser Rarität mit vollen, schweren Weinen.

Ansonica In der Toskana gebräuchlicher Name für INZOLIA.

Arbois Seltene Traube von der Loire, liefert in der Touraine weiche Weine.

Arinto Portugiesische Traube, liefert unter anderem in Bucelas, Ribatejo und in der Vinho-Verde-Region Wein mit kräftiger Säure.

Arneis Blumige Spezialität aus Piemont; wurde durch modische Beliebtheit vor dem Aussterben bewahrt.

Arrufiac, Arrufiat Traditioneller Bestandteil im Pacherenc du Vic-Bilh (Gascogne).

Arvine, Petite Arvine Verwandte von AMIGNE.

Assyrtiko Von der Insel Santorin; auf dem griechischen Festland wegen ihrer Säure, Apfel- und Zitronenfrische und Ausdruckskraft geschätzt.

Auxerrois Im Elsass verbreitet angebaute etwas vollere, weichere Version des PINOT BLANC; wird oft mit diesem verschnitten (auf dem Etikett steht jedoch immer nur Pinot blanc). In Luxemburg wegen milder Säure geschätzt. In Deutschland wird ein wenig Auxerrois noch in Baden angebaut.

Avesso Liefert im Vinho-Verde-Land körperreichen, duftigen Wein. Vielleicht identisch mit JAEN.

Azal Vinho-Verde-Traube mit meist kräftiger Säure.

Bacchus Früh reifende deutsche Neuzüchtung. Erreicht hohe Süßegrade, liefert in Franken und England würzige Sortenweine.

Baco blanc, Baco 22A Französische Hybride, nach ihrem Züchter (1898) benannt. Wird selbst in der einstigen Hochburg Armagnac aufgegeben. Siehe auch BACO NOIR.

Baiyu Chinesischer Name für RKATSITELI.

Baroque Haupttraube in Tursan (Südwestfrankreich).

Bergeron In der Appellation Chignin (Savoyen) gebräuchlicher Name der ROUSSANNE.

Bical Für Schaumwein sehr brauchbare säuerliche Spezialität von Bairrada.

Blanc Fumé SAUVIGNON BLANC in Pouilly-sur-Loire.

Boal Volle, süße Traube auf Madeira; anglisierte Form: Bual.

Bombino bianco In Apulien und weiter nördlich an der Adria-Küste verbreitete, ertragreiche Traube; Valentinis Trebbiano d'Abruzzo zeigt, was sie leisten kann.

Borrado das Moscas In Dão (Portugal) gebräuchlicher Name für BICAL.

Bourboulenc Oft feine Traube im Languedoc, vor allem in La Clape, wo sie angenehmen Jodduft annimmt.

Bouvier Einfache Tafeltraube, eine Kreuzung zwischen CHARDONNAY und Zöldsilváni, angebaut im Burgenland in Österreich, in Ungarn und (als **Ranina**) in Slowenien.

Burger Früher in Kalifornien stark verbreitet, jetzt nur noch im Central Valley vereinzelt anzutreffen.

Carignan blanc Weiße Mutation der insbesondere im Roussillon (Frankreich) sehr verbreiteten CARIGNAN-Traube.

Catarratto Haupttraube Siziliens; nach SANGIOVESE die meistangebaute Sorte Italiens. Sie kann vollen, zitronigen Geschmack haben, trotzdem verwandelt sich ein großer Teil in Mostkonzentrat oder endet im europäischen Weinsee.

Cayetana Ertragreiche Traube für Brandy de Jerez (Südwestspanien).

Cerceal Portugiesische Traube für den Sercial, den trockensten, elegantesten Madeira. Die auch auf dem Festland angebaute spät reifende Sorte liefert säurereiche Trauben und langlebige Weine.

Cereza Einfache hellrote Traube Argentiniens.

Chardonnay Die berühmteste aller Traubensorten. Ihr Name hat derartige Zauberkraft, dass er wie Cabernet Sauvignon kaum Synonyme neben sich duldet – nur in der Steiermark halten ein paar Winzer an der dort traditionellen Bezeichnung **Morillon** fest.

In den 1980er-Jahren geschah etwas in der Geschichte des Weins Einmaliges: Der Name Chardonnay wurde dem Publikum vertrauter als alle noch so berühmten Weine, die seit Jahrhunderten dieser Traube zu verdanken sind, also Chablis, Montrachet und Corton-Charlemagne.

Als der aufstrebende Weinbau der Neuen Welt seine Weine nach der jeweiligen Haupttraubensorte zu benennen begann, gewann sich Chardonnay die meisten Freunde. Dem Weinliebhaber kommt er mit seinem breiten, überwältigenden Charme, seiner relativ großen Alkoholstärke und geringen Säure und seinem eher verhaltenen Duft entgegen. Den Winzer erfreut er, weil er sich leicht und gewinnbringend kultivieren lässt (er bringt gute Erträge und reift früh, treibt aber für kühles Klima unbequem früh aus). Und die Kellermeister begeistert er, weil er sich so vielen Behandlungstechniken anpasst, sodass er sich nicht nur zu einer Vielzahl trockener Weißweine mit ungewöhnlicher Fülle, sondern auch zu feinem Schaumwein und sogar höchst erfolgreichem edelsüßem Wein (Seite 88) verarbeiten lässt.

In aller Welt gilt die Erzeugung von Chardonnay-Weinen als Bewährungsritual für neue Weinbauregionen. Fast jeder Weinerzeuger, der den Ehrgeiz hat, in die Reihen der internationalen Großen der Profession aufgenommen zu werden, muss beweisen, dass er einen Chardonnay erster Klasse bereiten kann, am besten einen, der auf burgundische Art in Eichenfässern vergoren und ausgebaut wird. Freilich entstehen die meisten Weine dieser Art weit mehr im Keller als im Weinberg, das heißt, es sind sauber bereitete, eichenfassvergorene Chardonnays, die allerdings stets gleich schmecken, woher sie auch stammen mögen. Viele Leute meinen, wenn sie sagen, sie mögen den Geschmack von Chardonnay, damit eigentlich jenen von Eichenholz oder wenigstens die Qualitäten des Eichenfassausbaus.

Obwohl der Chardonnay seiner Anbaufläche nach weit hinter Standardsorten wie der spanischen AIRÉN und dem italienischen TREBBIANO zurücksteht, ist er doch weiter verbreitet als jede andere Traube – wahrscheinlich sogar weiter als der ebenso modische CABERNET SAUVIGNON, der mehr Sonne zum Reifen braucht als der Chardonnay.

Dennoch ist die Chardonnay-Manie, von der vor allem die französischen Fassbauer profitieren, eine relativ neue Erscheinung. Noch zu Beginn der 1970er-Jahre wurde die Sorte außerhalb ihrer Heimat Burgund und der Champagne kaum angebaut. In Kalifornien und Australien hatte sie nur einen winzigen Anteil an der Rebfläche, aber zu Beginn der 1990er-Jahre war sie dort bereits die meistangebaute Weißweintraube.

Gelegentlich war die Nachfrage nach Chardonnay-Trauben so viel größer als das Angebot, dass sich dem bedrängten Weinbau als pragmatische Lösung Verschnitte von Chardonnay mit SÉMILLON oder COLOMBARD anboten.

Die Chardonnay-Rebe ist höchst anpassungsfähig. Guter Chardonnay lässt sich in heißem Klima, etwa in Kalifornien, Südafrika und Australien, produzieren, wo ihm geschickte Techniken tropisches Fruchtaroma und einen Anflug von Eichenholzwürze (freilich oft durch Verwendung von Eichenspänen) verleihen. In kühlen Gegenden, so in Chablis, Carneros und Tasmanien, bringt er dagegen apfelfrischen Most hervor, der

in manchen Jahren messerscharfe Säure haben kann. Bei besseren Weinen mildert diese sich in fünf oder mehr Jahren Reifezeit in der Flasche, wobei sich rundere Nuancen als Gegengewicht herausbilden – dagegen schmecken weniger konzentrierte Weine aus solchen Jahrgängen oft noch karger, wenn die Blüte der Jugend verblasst. Außer in Premier-Cru- und Grand-Cru-Lagen Burgunds bringt der Chardonnay keine Weine für lange Lebensdauer hervor.

In kühleren Gegenden wächst Chardonnay mit lebendiger, subtiler Frucht für die Schaumweinherstellung, bei der es auf Säure und verhaltenes Aroma ankommt. So ist Chardonnay die zweitmeist angebaute Rebsorte in der Champagne; weitgehend war auch die starke Ausweitung der Chardonnay-Anbaufläche in der Champagne daran schuld, dass die Traube in den 1980er-Jahren an die Spitze aller Weißweinrebsorten in Frankreich gelangte. Chardonnay kann in der Jugend blumigen, ja fast stahligen Charakter in Schaumweine einbringen, der sich dann nach jahrelanger Flaschenreife in Toastwürze verwandelt.

Die Weine von Chablis, einer der kühlen Weinbauregionen in Frankreich, zeichnen sich durch besonderen Geschmack aus. Sie erinnern mich an nasse Steine mit einem Anflug sehr grüner

Chardonnay neigt zu frühem Austrieb; daher müssen in nördlichen Weinbaugegenden wie in Chablis (links) bei Frostgefahr in den Weinbergen die Berieselungsanlagen in Gang gesetzt oder Öfen aufgestellt werden. In Neusüdwales in Australien (rechts) droht dem Chardonnay solche Gefahr nicht. Hier ist eher Überreife ein Problem.

Frucht, haben aber nicht das starke Aroma und den schlanken Körperbau eines SAUVIGNON BLANC. Traditionelle, für lange Lebensdauer bestimmte Spitzenweine können in mittlerem Alter sogar etwas dumpfig schmecken, so als sei auf den nassen Steinen Moos gewachsen. Dann, nach etwa acht Jahren Flaschenreife, entwickeln sie oft sehr viel komplexere, ja honigähnliche köstliche Nuancen.

In gemäßigterem Klima erbringt Chardonnay mit die feinsten trockenen Weißweine der Welt. Das Kernland von Burgund, die Côte d'Or, ist im Wesentlichen auch das Nervenzentrum dieses Weintyps: saftig und fest, wobei die Traube ein transparentes Medium abgibt, das es den Winzern ermöglicht, ihrem jeweils eigenen Stil, wenn auch oft erst nach Jahren der Flaschenreife, Ausdruck zu verleihen. Viele Weine beruhen dabei auf weitgehender Behandlung mit kleinen Eichenfässern und sind je nach Jahrgang oft so »verschlossen« und abweisend, dass man sie frühestens nach drei Jahren genießen kann. Dann aber entfalten sich im Aroma Anklänge an Haselnüsse, Süßholz, Butter, Gewürze und vieles mehr. Montrachet, Puligny-Montrachet, Chassagne-Montrachet, Meursault und Corton-Charlemagne sind hier die berühmtesten Namen. Typische Meursaults sind meist buttergelb und etwas schwerer, aber auch früher genussreif als die kargeren, reineren, nuancenreicheren, bis zu einem Jahrzehnt in der Flasche entfaltungsfähigen Weine aus den Montrachet-Lagen, während sich typischer Corton-Charlemagne durch Nusswürze, ja fast Mandelgeschmack, auszeichnet. Einen wirklich typischen weißen Burgunder aber gibt es kaum. Das kellertechnische Können ist derart unterschiedlich, dass der schlichte und weit billigere Bourgogne Blanc eines Winzers besser sein kann als der Montrachet eines anderen.

Im Mâconnais wird ein eher an die Neue Welt erinnernder Chardonnay-Stil gepflegt: Es sind füllige, entgegenkommende Weine, die oft nach sonnenwarmen Melonen oder Äpfeln schmecken. Die meisten, vor allem der Mâcon Blanc und der St-Véran, sind dafür gedacht, in spätestens zwei bis drei Jahren getrunken zu werden, aber einige ambitionierte Winzer, speziell in Pouilly-Fuissé, orientieren sich eher an den Maßstäben der Côte d'Or – doch das gilt meist nicht für den Preis. Der Chardonnay von der Côte Chalonnaise, also aus der Gegend zwischen dem Mâconnais und der Côte d'Or, liegt auch im Geschmack zwischen beiden.

Aus diesen traditionellen Hochburgen der Chardonnay-Rebe hat sie sich nun auch in andere Teile Frankreichs ausgebreitet. Die Weinerzeuger an der Loire haben sich der modischen Traube mit solchem Eifer bemächtigt, dass in den Vorschriften für Saumur-Schaumwein und für die trockenen Weißweine von Anjou und der Touraine der Chardonnay-Anteil ausdrücklich auf 20 % begrenzt werden musste, um den eigenständigen Loire-Charakter zu wahren. Auch in der Muscadet-Region wird mit eichenfassgereiften Chardonnays experimentiert und kosmopolitischere Erzeuger in anderen Gegenden Frankreichs, in denen der Chardonnay eindeutig als nicht typisch gilt, haben aus eigenem Interesse in aller Stille wenigstens ein paar Zeilen dieser Rebe angepflanzt.

In Limoux hat sich der Chardonnay dagegen mit Erlaubnis der für das Appellationssystem zuständigen Behörden festgesetzt und bringt in den Schaumwein Crémant de Limoux Finesse ein, wird aber auch zu fassvergorenem stillem Weißwein mit feiner Zitronenfrische verarbeitet. In immer größeren Mengen wird Chardonnay in den niedrigeren, flacheren Gegenden des oft als Neue Welt Frankreichs bezeichneten Languedoc angebaut, und zwar vor allem für Vin de Pays d'Oc. Wie nicht anders zu erwarten, hängt die Qualität dieser Weine (viele sind Verschnitte) weitgehend von der Lage der Weinberge, aber auch von Qualität und Stil der Weinbereitung ab. Der Preis kann hier als Leitfaden dienen. Billiger Chardonnay aus dem Languedoc ist nichts weiter als ein relativ körperreicher trockener Weißwein; dagegen bieten die oft im Eichenfass ausgebauten Spitzenerzeugnisse schon so etwas wie die Klasse eines Burgunders.

In Kalifornien ist Chardonnay dank eines erstaunlichen Anpflanzungsbooms in den 1980er-Jahren wahrhaft zum Synonym für Weißwein geworden und liefert ein bemerkenswert einheitliches Meer von goldenen, süffigen, eher lieblichen Weinen, denn die meisten handelsüblichen Chardonnays werden mit Bedacht etwas gesüßt, damit sie verbreitet Anklang finden. Der eigentliche Schlüssel zu großer Qualität liegt bei kalifornischem Chardonnay jedoch im Klima. Wo der Küstennebel den Entwicklungsprozess der früh reifenden Traube verlangsamt, sodass sich ihre Wachstumsperiode verlängert, und zugleich die Ertragsmengen eingeschränkt werden, entstehen wahrhaft feine Weine mit Saft und Kraft nach der Art von Burgundern, aber ohne die dort übliche Schroffheit in der Jugend. In Carneros, Santa Maria und weiten Teilen von Sonoma, vor allem im Alexander Valley, kommen immer wieder feine, nach dem Vorbild eines guten Meursault produzierte Chardonnays zustande.

Die Traube wird auch fast überall sonst in Nordamerika angebaut, wo sie nur halbwegs eine Chance hat zu gedeihen, so in den kühlen Weinbauregionen Kanadas und des Staates New York (wo sich Long Island als gut geeignet erweist) sowie in Washington und Oregon, wo sich eigentlich RIESLING bzw. PINOT GRIS besser bewähren.

Australiens Stärke liegt in der zuverlässigen Qualität und im abwechslungsreichen Charakter seiner Chardonnays der Mittelklasse. Mit ihrer klaren, einfachen Frucht, unterstützt durch Säurezusatz und Eichenholzspäne, feiern sie große Absatzerfolge. Lindemans Bin 65 ist inzwischen zur internationalen Marke von erstaunlich hoher Qualität geworden, wenn man die Mengen bedenkt, die aus der mächtigen Anlage in Karadoc hervorsprudeln. Konzentriertere Beispiele dieses vollreifen, verbraucherfreundlichen Stils kommen bei eingeschränkten Erträgen auch aus wärmeren Gegenden. So ist Cowra in Neusüdwales seit langem schon eine Quelle von Chardonnays, die wie geschmolzenes Gold aussehen und ebenso glanzvoll schmecken. Auch aus Mudgee kommt feiner Chardonnay von einem raren Klon, der schon im 19. Jahrhundert hierher gekommen sein soll, also lange bevor die Chardonnay-Manie Anfang der 1980er-Jahre das Land überrollte.

In kühleren Gegenden Australiens wächst subtilerer Chardonnay, der zwar nicht unbedingt im Geschmack, wohl aber im Gefüge an die Côte d'Or erinnert. Die kargsten Beispiele kommen aus Tasmanien – manche sind so karg, dass sie von der australischen Schaumweinindustrie begierig aufgenommen werden. Die Adelaide Hills, das Yarra Valley und die südlicheren Lagen Westaustraliens bewähren sich als Quelle erstklassiger Chardonnays mit kräftiger Säure, die ihnen jahrelange Lebensdauer in der Flasche sichert (dagegen soll der handelsübliche australische Chardonnay größtenteils möglichst jung, noch ehe er zwei Jahre alt ist, getrunken werden).

Die australischen Erzeuger schauen voll Neid auf den hohen Säuregehalt, den ihre Kollegen in Neuseeland kaum vermeiden können und deshalb ihrerseits lieber zuverlässigere Reife hätten. Obwohl die Reputation Neuseelands vor allem auf Sauvignon blanc beruht, wird hier eigentlich stets mehr Chardonnay produziert. Der kellertechnische Qualitätsstand ist unterschiedlich; mit Zurückhaltung bei den Erträgen und im Gebrauch von Eichenfässern kommen jedoch subtile und gelegentlich hoch interessante Weine zu Stande. Nicht nur der Gisborne Chardonnay hat schon seit langem seine Anhänger, spektakuläre Weine kommen von überall auf der Nord- und Südinsel.

In Südafrika litten die Experimente mit der beliebtesten Traubensorte der Welt in den 1980er-Jahren noch darunter, dass das amtlich genehmigte Pflanzgut ausgesprochen minderwertig war, doch inzwischen wird die Qualität rasch besser, obwohl sich am Kap ein eigener Stil erst noch entwickeln muss. Verschneiden mit anderen Sorten, vor allem mit Sauvignon blanc und Riesling, ist üblich.

Auch im Weinbau Südamerikas ist der Chardonnay noch relativ neu. In Chile bietet der Wein dieser Sorte gute Aussichten; insbesondere verarbeiten sich Trauben aus dem kühlen Casablanca gut mit reiferer Frucht aus Maipo. In Argentinien ist erst ein sehr geringer Anteil der Rebfläche mit Chardonnay besetzt, doch unter dem Namen Catena entstehen am kalifornischen Vorbild orientierte Weine, und Investoren aus aller Herren Länder legen Weinberge in höheren, kühleren Lagen wie Tupungato an.

In der Alten Welt verfügt Spanien über nur geringe Chardonnay-Bestände, weil diese Sorte in vielen Gegenden zu schnell reift und keine so eindeutige Affinität zur hier viel benutzten amerikanischen Eiche zeigt. Die Versuchsanpflanzungen in Portugal bewähren sich vielleicht besser, obwohl dort eine reiche Auswahl an einheimischen Traubensorten dem internationalen Eindringling Widerstand entgegensetzt.

In Italien entstanden schon recht früh allerdings eher flaue sortenreine Chardonnays; heute aber finden sich darunter erstaunlich ambitionierte, mit großer Sorgfalt bereitete Weine. Im Nordosten wird die Traube schon lange kultiviert und erbringt im Trentino, in Friaul und Südtirol oft schlichte Weine ohne Eichenholzaroma; ein großer Teil der Frucht geht aber auch in die Spumante-Herstellung ein.

Seit dem Zusammenbruch des Ostblocks erscheinen vor allem auf dem englischen Markt Unmassen osteuropäischer Chardonnays, von denen bisher nur wenige echten Sortencharakter zeigen, und die erste Welle eichenfassgereifter Beispiele war oft ölig und schwerfällig. Ertragsbeschränkung auf ein Niveau, bei dem sich interessanter Geschmack entwickeln kann, ist noch ein Problem, doch werden in Zukunft aus Bulgarien, Ungarn, Moldova, Rumänien und speziell Slowenien zweifellos Chardonnay-Weine mit echt internationalem Standard kommen.

Österreich und die Schweiz haben längst mit sehr feinen fassvergorenen Chardonnays den Beweis erbracht, dass sie zur internationalen Spitzenklasse zählen. Im Burgenland erbringt die Traube köstliche edelsüße Weine, die manchmal in Säure und Aroma durch Welschriesling noch gekräftigt werden.

Ganz exzellente Süßweine von Chardonnay-Trauben mit Edelfäule aus dem Mâconnais, aus Rumänien, Neuseeland und zahlreichen anderen Regionen belegen die Qualitäten der Sorte auch auf diesem Gebiet.

Links: Chasselas gilt zwar nicht als edle Traube, dennoch wird sie in der Schweiz und im ländlichen Frankreich – hier in Quercy – verbreitet kultiviert.
Rechts: Chenin-blanc-Trauben in Bonnezeaux im Anfangsstadium der Edelfäule. Unter günstigen Umständen überzieht der hochwillkommene Botrytis-Schimmelpilz sie schließlich ganz und gar mit einer ascheartigen Schicht *(siehe Seite 87).*

Chasan Zunehmend beliebte Kreuzung CHARDONNAY u LISTAN für brauchbare Sortenweine aus dem Languedoc.

Chasselas Tafeltraube; besonders verbreitet in der Schweiz als Fendant bzw. Dorin; wichtiger, eher neutraler Bestandteil der Weißweine von Savoyen. Im Elsass spielt die Sorte in einfachen Verschnittweinen eine Rolle und in Deutschland ist sie als **Gutedel** bekannt. Früher wurde sie auch im östlichen Mitteleuropa sowie in Neuseeland viel angebaut.

Chenin blanc Das Chamäleon unter den Traubensorten. Der Name Chenin blanc begegnet dem Verbraucher in Kalifornien auf den Etiketten billiger lieblicher Alltagsweine (meist aus dem Central Valley) und in Südafrika, wo die Sorte, manchmal unter dem Namen **Steen**, die meistangebaute Rebe ist. In diesen relativ warmen Gegenden wird die Eigenschaft der Traube, ihre natürliche Säure zu bewahren, besonders hoch geschätzt, weil sie den Weinen Frische verleiht.

Auch in seiner Heimat an der Loire zeichnet sich der Chenin blanc durch seine kräftige, in kühlen Jahren nicht immer als reine Freude empfundene Säure aus, die den trockenen und halbtrockenen Weißweinen der Gegend ungewöhnliche Lebensdauer verleiht. Feuchtes Stroh, Blumen, eine vage Honigwürze und (manchmal) scharfer Schwefelgeruch sind ihre Merkmale.

An der Loire kommt der Chenin blanc in besonders guten Jahrgängen, wenn sich in seinen Trauben schöne Süße entwickelt und schließlich durch Edelfäule (Seite 88) konzentriert wird, so recht zur Geltung. Ein Vouvray oder Montlouis mit der Bezeichnung Moelleux oder Liquoreux, aber auch ein Bonnezeaux, Quarts de Chaume und so manches Spitzengewächs von den Coteaux du Layon oder den Coteaux de l'Aubance kann ein wahres Wunder an Honigsüße, Limonenduft und Toast sein und sich über Jahrzehnte hinweg in der Flasche entfalten.

Auch Südafrika, Neuseeland und Kalifornien nehmen inzwischen den Chenin blanc ernst, weil er ansprechend ausdrucksvolle und körperreiche trockene Weine liefern kann, wenn er bei beschränkten Erträgen aus einer guten Lage kommt. Für Schaumwein wird vor allem die zuverlässige Säure der Traube geschätzt, so in Frankreich im Blanquette de Limoux, aber auch in Südamerika, vor allem in Argentinien.

Chevrier Synonym für SÉMILLON.

Clairette In Südfrankreich verbreitete Rebsorte; ihre oft flachen Weine oxidieren rasch und werden deshalb meist mit UGNI BLANC und/oder TERRET verschnitten, damit sie ausreichende Frische erlangen. Eine historische Appellation ist Clairette du Languedoc; der Schaumwein Clairette de Die aus dem Rhône-Tal hat seine Geschmacksfülle von MUSCAT-Trauben. In Südafrika wird die Sorte besonders für Verschnittzwecke angebaut. Gelegentlich Synonym für Ugni blanc und BOURBOULENC.

Clare Riesling In Südaustralien gebrauchter Name für CROUCHEN.

Clevner Siehe KLEVNER.

Códega Am Douro gebräuchlicher Name für den ROUPEIRO.

Colombard, Columbar Weit verbreitete Sorte aus Cognac, erbringt besonders in Kalifornien, wo sie als **French Colombard** im Central Valley einmal die meistangebaute Rebe war, neutrale, relativ frische Weine. Nicht nur in Kalifornien, sondern auch in Südafrika sowie in Frankreich in den Côtes de Gascogne und an der Charente liefert sie fruchtigen, preiswerten, lebendigen Wein. In Südwestfrankreich ist Colombard wegen seiner Anfälligkeit für Mehltau jedoch im Schwinden begriffen.

Completer In der Ostschweiz als Spezialität angebaute Rebsorte.

Cortese Spezialität im Südosten von Piemont, vor allem in Gavi. Frisch und mit etwas Glück auch fruchtig.

Criolla grande Argentiniens meistangebaute, jedoch sehr schlichte Traube liefert große Mengen an leicht rötlichem Wein, der außer als kleiner Bestandteil in Verschnitten nicht in den Export gelangt.

Crouchen In ihrer Heimat Südwestfrankreich kaum noch anzutreffende, in Clare (Südaustralien) und Südafrika jedoch als **Clare Riesling** bzw. als **Cape/Paarl/South African Riesling** verbreitet.

Debina Erbringt in Zitsa (Epirus) in Nordwestgriechenland perlende Weine.

Dimiat Bulgariens meistangebaute Weißweintraube liefert leichte, duftige Alltagsweine.
Dinka Einfache, in Ungarn und Ex-Jugoslawien sehr verbreitete Sorte.
Doradillo Einfacher Massenträger im Riverland (Südaustralien).
Dorin In der Waadt (Schweiz) gebräuchlicher Name für CHASSELAS.
Drupeggio Weiße Variante von CANAIOLO; interessanter Bestandteil im Orvieto.
Ehrenfelser Eine der besseren deutschen Neuzüchtungen auf Riesling-Basis; wird vor allem in der Pfalz und in Rheinhessen angebaut. Stellt höhere Ansprüche an die Lage als KERNER.
Elbling Historische deutsche Rebsorte, wird noch an der Mosel angebaut und liefert dort sehr säuerlichen, kargen Wein, der manchmal zu Sekt verarbeitet wird.
Emerald Riesling Blumige kalifornische Neuzüchtung, MUSCADELLE u RIESLING; besonders für heißes Klima, zum Beispiel Südafrika, bestimmt.
Encruzado Brauchbarer Bestandteil im Dão (Portugal).
Erbaluce Spezialität aus Nordpiemont; liefert um Caluso süßen, goldenen Wein.
Ermitage Siehe HERMITAGE.
Esgana, Esgana Cão In Portugal gebräuchliche Synonyme für CERCEAL.
Ezerjo Ungarische Rarität; erbringt in Mór süßen Wein.
Faber, Faberrebe Früh reifende Kreuzung WEISSBURGUNDER u MÜLLER-THURGAU, erreicht hohe Reifegrade bei guter Säure.
Favorita Nach Birnen schmeckende Traube aus Piemont; ihr Wein ist haltbarer als der von ARNEIS.
Fendant Im Wallis (Schweiz) gebräuchlicher Name für CHASSELAS.
Fernão Pires In Portugal weit verbreitete Traube, liefert Wein mit strengem Duft und kräftigem Körperbau. Populär in Ribatejo und als María Gomes in Bairrada. Wird ebenfalls in Südafrika angebaut.
Fetească, Feteaskă, Fetiaskă Spezialität Rumäniens, heißt in Ungarn **Leányka**. Volle, pfirsichduftige Weine, selten trocken ausgebaut. Durch Kreuzung **Fetească Albă** u GRASA entstand 1930 **Fetească Regală**, in Ungarn als **Királeányka** bekannt.
Fiano Alte Rebsorte in Kampanien (Italien); starke Weine. Wird auch in Sizilien angebaut.
Fie Eine mit SAUVIGNON BLANC verwandte Spezialität von der mittleren Loire.
Flora In Kalifornien gezüchtete rare, elegante Kreuzung GEWÜRZTRAMINER u SÉMILLON.
Folle blanche Früher für Cognac verwendete Traube; liefert heute in Südwestfrankreich säuerlichen Wein.
Frankenriesling SILVANER.
Freisamer, Freiburger Kreuzung von SILVANER u RULÄNDER; wird noch in Baden und der Ostschweiz angebaut und erbringt volle, liebliche Weine.
French Colombard Siehe COLOMBARD.
Frontignac, Frontignan Synonyme für MUSCAT BLANC À PETITS GRAINS.
Frühroter Veltliner oder **Früher Roter Veltliner** Säureärmere Variante des GRÜNEN VELTLINERS.
Fumé blanc Von Robert Mondavi aus Kalifornien in den 1970er-Jahren erfundener schwungvoller Name für SAUVIGNON BLANC; wird heute meist, aber nicht ausschließlich, für eichenfassgereiften Sauvignon benutzt.
Furmint Berühmte Tokajer-Traube. Neigt zu Edelfäulebefall und liefert feurigen, süßen, sehr langlebigen Wein mit guter Säure.
Garganega Im Veneto beheimatete Traubensorte; liefert von ertragsbeschränkten Reben feinen Wein mit Zitronen- und Mandelduft, v. a. Soave, Gambellara, Bianco di Custoza usw.
Garnacha blanca Spanischer Name für GRENACHE BLANC.
Gewürztraminer In aller Welt verbreitete Traubensorte mit rötlichen Schalen; liefert Weine mit kräftiger Farbe und Litschi-Geschmack, der in überreifem Zustand an Schmalz erinnert; neben SAUVIGNON BLANC die erste Traubensorte, die der neue Weinfreund herauszuschmecken vermag. Bei voller Reife alkoholstark und stets in Gefahr, Säure einzubüßen; daher wird malolaktische Säureumwandlung (Seite 72) vermieden. Vor allem in neueren Weinbaugebieten herrscht einige Konfusion; streng genommen aber ist Gewürztraminer die

aromatischere Form von TRAMINER – zumindest unterscheiden die Italiener zwischen Traminer und Traminer aromatico.

Die Hochburg des Gewürztraminers ist das Elsass; hier erbringt die Traube mit größerer Zuverlässigkeit als die anderen edlen Rebsorten Spätleseweine. Gute Gewürztraminer gibt es auch in Südtirol, Washington, Oregon, Kalifornien und Neuseeland. Auf der Iberischen Halbinsel wird die Sorte im oberen Penedès in allerdings nur geringem Umfang angebaut. Bei zu schneller Reife in warmem Klima fällt der Wein ölig und bitter aus.

Godello Die pikante Traube von Valdeorras (Nordwestspanien).

Goldburger Neuzüchtung aus dem Burgenland (Österreich).

Gordo Siehe MUSCAT OF ALEXANDRIA (Seite 116).

Gouais blanc Neutrale mittelalterliche Traube aus Frankreich, wie der PINOT NOIR verwandt mit Sorten wie CHARDONNAY, MELON, GAMAY und allen PINOT-Varianten.

Gouveio Am Douro gebräuchlicher Name für VERDELHO.

Grasă Rumänische Spezialität; erbringt die einst berühmten Süßweine von Cotnari.

Graşevina Kroatischer Name für WELSCHRIESLING.

Grauburgunder Deutscher Name für PINOT GRIS, meist als trockener Wein; in lieblicher Version dagegen RULÄNDER genannt.

Gray Riesling Wohl in Wirklichkeit TROUSSEAU Gris; erbringt in Kalifornien halbtrockenen Wein.

Grecanico Zunehmend verbreitete Rebsorte aus Sizilien. Spät reifend und pikant.

Grechetto Erbringt in Umbrien (Italien) charaktervolle, recht pikante Weine.

Greco Vermutlich griechischen Ursprungs; liefert in Kampanien den robusten Greco di Tufo und in Kalabrien den ungewöhnlichen Greco di Bianco.

Grenache blanc In ganz Südfrankreich verbreitete helle Grenache-Variante; sie liefert volle, duftige, manchmal flaue, bei guter Bereitung aber ansprechende, früh trinkreife Weine.

Grillo Sizilianische Traube mit oft adstringierendem, erdigem Wein.

Grolleau gris Einfache Sorte von der mittleren Loire; wird meist im Vin de Pays du Jardin de la France mitverarbeitet.

Die Gewürztraminer-Traube mit ihrer hellroten Schale (links) erbringt tiefgoldenen Wein. Sie ist eine Elsässer Spezialität, besonders berühmt aus der Lage Schlossberg oberhalb von Kaysersberg (rechts).

Gros Manseng Die schlichtere Manseng-Variante liefert meist Jurançon in trockeneren Versionen.
Grüner Veltliner Österreichische Spezialität; erbringt frische, schön spritzige, pfefferige Weine.
Gutedel Deutsches Synonym für CHASSELAS.
Gutenborner Kreuzung MÜLLER-THURGAU×CHASSELAS; in England erfolgreicher als in Deutschland.
Hanepoot Südafrikanischer Name für MUSCAT OF ALEXANDRIA, die am Kap meistangebaute Muskatellersorte.
Hárslevelü Der traditionelle Verschnittpartner für FURMINT im Tokajer; der Name spielt darauf an, dass der Wein oft nach Lindenblättern duftet.
Hermitage Synonym für MARSANNE.
Humagne Walliser Rarität; noch voller im Geschmack als AMIGNE und ARVINE.
Huxelrebe Deutsche Neuzüchtung (auch in England populär); erbringt bei beschränktem Ertrag körperreiche liebliche Weine.
Inzolia Westsizilianische Spezialität mit viel versprechender Nusswürze.
Irsai Oliver Ungarische Tafeltraube, eine noch junge Züchtung, erbringt auch dicklichen, muskatelleränhlichen Wein.
Italienischer Riesling / Rizling Synonym für WELSCHRIESLING.
Jacquère In Savoyen verbreitete Rebsorte.
Jaen Zentralspanische Rebsorte; in Portugal heißt sie AVESSO. (Siehe auch unter Rotweintrauben.)
Johannisberg Schweizer Name für SILVANER.
Johannisberg Riesling (JR) In Kalifornien gebräuchliches Synonym für RIESLING.
Juhfark Sehr seltene ungarische Traube, bekannt aus SOMLÓ.
Kéknyelü »Blaustielige« ungarische Rebsorte; erbringt im Bereich Badacsony am Plattensee stark duftigen, rauchigen Wein.
Kerner 1969 entstandene, erfolgreiche deutsche Neuzüchtung; erbringt Wein mit RIESLING-ähnlicher Substanz und Haltbarkeit, gedeiht noch in ungünstigeren Lagen als EHRENFELSER und duftet manchmal nach schwarzen Johannisbeeren.
Kevedinka, Kövidinka Siehe DINKA.
Királeányka Ungarischer Name der FETEASCĂ REGALĂ aus Rumänien.
Kişmiş Türkischer Name der SULTANA.
Klevner Im Elsass gebräuchliches Synonym für PINOT BLANC und Lokalrebsorten.
Lairén Synonym für AIRÉN.
Laski Rizling Slowenischer Name für WELSCHRIESLING.
Leányka Ungarischer Name für FETEASCĂ aus Rumänien.
Len de l'El, Len de l'Elh Traditionsreiche Traubensorte in Südwestfrankreich; liefert in Gaillac stark duftigen, manchmal aber flauen Wein und wird meist mit MAUZAC verschnitten.
Lexia Siehe MUSCAT OF ALEXANDRIA.
Listan Französischer Name für die Sherry-Traube PALOMINO.
Loureiro Feine Traube für Vinho Verde, wird auch im spanischen Galicien als **Loureira** zunehmend angebaut. Sie geht oft in Verschnitte mit TREIXADURA ein, kommt aber auch als sortenreiner Wein vor.
Macabeo In Nordspanien als **Maccabéo** oder als **Maccabeu** im Languedoc und Roussillon verbreitete Traube. In Rioja ist sie als **Viura** die vorherrschende Weißweintraube. Ihr leicht blumiger Charakter entfaltet sich erst bei voller Reife, sie wird aber meist früher gelesen, damit die Säure erhalten bleibt. Macabeo ist auch ein wichtiger Cava-Bestandteil.
Madeleine Angevine Eine Tafeltraube; erbringt in England ansprechenden Wein.
Malagousia, Malagoussia Eine vor dem Aussterben bewahrte griechische, jetzt auf der Domaine Carras im Norden des Landes angebaute Rebsorte für eleganten, überaus aromatischen Wein.
Malvasia Manchmal ungenau gebrauchter Name für verschiedene, meist sehr alte Traubensorten. Er ist von dem griechischen Hafen Monemvasia abgeleitet, durch den im Mittelalter viele Süßweine auf dem Weg nach West- und Nordeuropa gingen. **Malvasia di Candia** (aus Kreta) ist eine bekannte Subvarietät. In Italien werden mindestens zehn Varianten angebaut. **Malvasia toscana** ist oft im Verschnitt mit TREBBIANO in toskanischen und anderen mittelitalienischen Weißweinen anzutreffen. **Malvasia puntata** ist kleinbeerig und qualitativ besser. Malvasia hat meist tiefe Farbe und große Alkoholstärke, oxidiert

rasch, weist aber intensive Nusswürze, manchmal mit Nuancen von Orangenschalen und Trockenfrüchten, auf. Die Sorte wird auch in Spanien angebaut und liefert auf Madeira den süßesten Wein, dessen Name zu Malmsey anglisiert wurde. In Kalifornien bietet sie eine interessante Abwechslung zum allgegenwärtigen Chardonnay.

Malvoisie Französischer Name für MALVASIA, im Gebrauch ebenso großer Konfusion unterworfen, weil er viele Sorten bezeichnet, die oft nicht miteinander verwandt, stets aber hell sind und körperreiche, aromatische Weine liefern. Am häufigsten trifft man ihn an der Loire, in Savoyen und in der Schweiz als Synonym für PINOT GRIS an. Auch BOURBOULENC und MACCABÉO im Languedoc, TORBATO im Roussillon und VERMENTINO auf Korsika wurden zeitweise Malvoisie genannt.

Manseng Siehe GROS und PETIT MANSENG.

María Gomes Siehe FERNÃO PIRES.

Marsanne Eine dank ihres Ursprungs von der nördlichen Rhône, wo sie die meistangebaute Weißweinsorte ist, sehr modische Traube. Ihr Wein liegt zwischen körperreich und schwer und erinnert an Leim und Marzipan. Marsanne ist in vielen Weißweinen im Languedoc zugelassener Bestandteil und wird zunehmend sortenrein als Vin de Pays angeboten. Im australischen Victoria gibt es einen der ältesten Marsanne-Bestände der Welt, aus dem robuste Weine kommen. Auch in Kalifornien findet die Sorte zunehmend Interesse.

Mauzac, Mauzac blanc Die Haupttraube im Gaillac Blanc (im Verschnitt mit LEN DE L'EL) und im Schaumwein Blanquette de Limoux (in dem zur Milderung CHENIN BLANC und CHARDONNAY mitverarbeitet werden). Der ausgesprochen typische Duft erinnert an getrocknete Apfelschalen. Die Sorte treibt spät aus und reift spät, daher gärt sie seit jeher langsam bis in das folgende Frühjahr hinein und erbringt unterschiedlich stark schäumende Weine verschiedener Süßegrade.

Melon, Melon de Bourgogne Die Muscadet-Rebe verdankt ihren Erfolg in dieser Region ihrer Winterhärte und Ertragsstärke, sodass ihre Anbaufläche entgegen dem allgemeinen Trend weiter wächst. Ihr Wein bildet eine neutrale Basis für *terroir-* und *sur-lie-*Charakter (Seite 82). Der in Kalifornien angebaute »Pinot blanc« ist in Wahrheit wohl zum Teil Melon.

Merseguera Spanische Traube, vor allem in Alicante, Jumilla und Valencia angebaut.

Misket Bulgarische Kreuzung DIMIAT u RIESLING mit leicht traubigem Wein.

Molette Traube aus Savoyen; ihr neutraler Wein wird mit ROUSSETTE aufgebessert.

Morillon In der Steiermark noch gebräuchliches Synonym für CHARDONNAY.

Morio-Muskat Deutsche Kreuzung SILVANER u WEISSBURGUNDER; mit Muskateller nicht verwandt, schmeckt aber dennoch fast aufdringlich nach Muskateller. Sortenrein kann Morio-Muskat überzogen wirken, in neutrale Verschnitte, beispielsweise Liebfrauenmilch, bringt er jedoch eine willkommene würzige Note ein. Die Sorte braucht eine gute Lage, um voll ausreifen zu können, und ist fäuleanfällig; daher wird sie vielfach durch BACCHUS ersetzt.

Moscadello MOSCATO-Spezialität von Montalcino.

Moscatel Spanisch für Muskateller – meist ist MUSCAT OF ALEXANDRIA gemeint.

Moscato Italienisch für Muskateller – in den meisten Fällen ist MUSCAT BLANC À PETITS GRAINS gemeint.

Moscophilero Auf dem Hochplateau Mantinia auf dem Peloponnes (Griechenland) beheimatete Traube mit dunkelrötlichen Schalen; sie erbringt starkduftigen Weißwein.

Müller-Thurgau Die 1882 entstandene Züchtung Dr. Hermann Müllers hat dem guten Ruf des deutschen Weins Abbruch getan. Sie wurde nach dem Zweiten Weltkrieg mit Enthusiasmus angepflanzt, weil sie im kühlen deutschen Klima vorteilhaft früh reift, meist vor dem Einsetzen des Herbstregens, und (anders als Riesling und Silvaner) in fast allen Lagen zuverlässig reich trägt. Der Nachteil der Sorte ist, dass sie vor allem bei hohen Erträgen oft säurearmen Wein mit wenig Charakter erbringt. Sie bildet fast immer den Hauptbestandteil der Liebfrauenmilch und anderer billiger QbA-Weine (Seiten 260 und 261). Es handelt sich entweder um eine Kreuzung RIESLING u Riesling oder um Riesling u SILVANER mit Riesling-Genen. Die neueren Züchtungen EHRENFELSER, FABER,

KERNER und SCHEUREBE erbringen oft weit rassigeren Wein, und so deuten viele Anzeichen darauf hin, dass Müller-Thurgau – die in den 1970er- und 80er-Jahren in Deutschland populärste Sorte – nun im Rückgang ist.

Außerhalb Deutschlands scheint sich die Traube seltsamerweise besser zu bewähren (allerdings leistet sie in Österreich, wo sie verbreitet angebaut wird, selten ebenso Gutes wie der einheimische GRÜNE VELTLINER). Im US-Staat Washington zeigt Müller-Thurgau ebenso wie in Slowenien und als **Rivaner** in Luxemburg, als **Riesling-Sylvaner** in Neuseeland und der Schweiz sowie als **Rizlingszilvani** in Ungarn aromatische, frische Art und manche Erzeuger in Südtirol und in Friaul (vor allem Pojer & Sandri) bringen sehr gesuchten Wein zustande.

Muscadelle Neben SÉMILLON und SAUVIGNON BLANC die dritte Traube im Sauternes und in anderen Süßweinen von Bordelais und Bergerac. Sie ist im Schwinden begriffen, wird aber in Entre-Deux-Mers doch noch verbreitet angebaut und ergänzt die beiden anderen Sorten durch ihre jugendliche Frucht. In Monbazillac kann sie gut ausfallen. Sie wurde inzwischen als die Traube des alkoholangereicherten, dunklen, süßen Liqueur Tokay aus Victoria (Australien) identifiziert.

Muscat blanc à petits grains Die feinste und älteste Muskatellervariante hat kleine, meist helle Früchte. Die Beeren sind rund und nicht oval wie beim fast genauso weit verbreiteten MUSCAT OF ALEXANDRIA; daher lautet der Sortenname oft auch **Muscat à petits grains ronds**.

Die Rebe liefert die feinsten französischen Vins Doux Naturels: Muscat de Beaumes-de-Venise, Muscat de St-Jean-de-Minervois, Muscat de Frontignan, Muscat de Lunel und Muscat de Mireval sowie die besseren Versionen des Muscat de Roussillon. Die Weine erinnern oft an Orangenblüten und Gewürze. Synonyme: **Muscat de Frontignan, Frontignan, Muscat blanc, Muscat d'Alsace, Muskateller, Moscato bianco, Moscato d'Asti, Moscato di Canelli, Moscatel de Grano Menudo, Moscatel de Frontignan, Muscatel branco, White Muscat, Muscat Canelli, Muskadel** (in Südafrika).

Die Sorte wird in Mittel- und Osteuropa verbreitet angebaut; unter anderem liefert sie auch die überaus süßen Massandra-Muskateller von der Krim. Auf Russisch heißt sie **Tamyanka**, auf Rumänisch **Tămâioasă**. Die traditionsreichen griechischen Muskateller sind ebenso wie die Moscato-Weine der Spumante-Industrie Nordwestitaliens dieser Sorte zu verdanken. Eine in Australien als **Brown Muscat** bezeichnete dunkle Variante erbringt dort den Liqueur Muscat. Alle Muskateller

Oben: Früher wurden zum Süßen des von der Palomino-Traube produzierten Sherry bestimmte Trauben (hier vermutlich Pedro Ximénez) getrocknet, um ihren Zuckergehalt zu konzentrieren.
Rechts: Muscat blanc à petits grains wird in Beaumes-de-Venise durch Zusetzen von Alkohol zum noch unvollständig vergorenen Most zu süßem Wein verarbeitet.

mit den Namensbestandteilen Alexandria, Gordo, Romain, Hamburg oder Ottonel gehören *nicht* zu Muscat blanc à petits grains.

Muscat of Alexandria erbringt nicht so charaktervollen Wein wie MUSCAT BLANC À PETITS GRAINS (allerdings sind der Moscatel von Setúbal und sein trockenes Pendant João Pires aus Portugal oft interessant), er erreicht aber in warmem Klima hohe Reifegrade und Erträge. Sein Wein ist eher vage traubig, und die Süße überwiegt oft selbst gegenüber der Geranien- und Katernote. Der Unterschied lässt sich kurz durch »Marmelade statt Orangenblüten« charakterisieren. In Kalifornien wird Muscat of Alexandria für Rosinen, in Chile für die Lokalspirituose Pisco angebaut und in Australiens Bewässerungsgebieten gehen die großen Erträge von »Lexia« bzw. »Gordo« je nach Bedarf auf den Tafeltrauben- oder Weinmarkt. Bei sorgfältiger Vinifikation kann brauchbares Verschnittmaterial, insbesondere für halbtrockene Weine, entstehen. Im Roussillon herrscht er als **Muscat romain** im Muscat de Rivesaltes vor, in Südafrika heißt er **Hanepoot** und in Süditalien **Zibibbo**. Spanische Weine mit der Bezeichnung Moscatel stammen ebenfalls meist von dieser Sorte, die hier die Namen **Moscatel de España, Moscatel Gordo (blanco)** oder **Moscatel de Málaga** trägt. Das Haus Scholtz Hermanos in Málaga erbringt den Beweis, dass sorgfältiger Ausbau auch aus diesem Muskateller einen herrlichen Nektar machen kann.

Muskat Ottonel Die im 19. Jahrhundert für kühleres Klima in Mitteleuropa gezüchtete Muskatellersorte hat weniger Substanz und traubiges Aroma. Sie liefert unter anderem im Elsass recht leichte, meist trockene Weine, bringt aber ihre schönsten Ergebnisse in Form von Süßweinen am Neusiedlersee in Österreich, als **Tămâîoasă Ottonel** in Rumänien und als **Muskotaly** in Ungarn. Anderswo wird sie auch als **Ungarischer Muskateller** bezeichnet.

Muskateller Weit verzweigte Rebsortenfamilie mit meist nach Trauben duftenden und schmeckenden Weinen. Muskatellerreben lieben warmes Klima. Die Traubenfarben gehen von Grünlichgelb über Hellrot bis Dunkelbraun, von allen wird jedoch Wein gewonnen, der mindestens in der Jugend weiß ist (siehe aber auch MUSCAT HAMBURG, Seite 144). Früher wurden Muskatellerweine fast immer süß und schwer bereitet, heute entstehen jedoch immer mehr trockene Versionen nach dem Vorbild des Muscat d'Alsace.

Muskat-Silvaner Deutsches Synonym für die Sorte SAUVIGNON BLANC.

Muskotaly, Muskotalyos In Ungarn gebräuchliches Synonym für MUSCAT OTTONEL; erbringt in der Tokajer-Region trockenen Sortenwein.

Musqué Kein eigenständiger Sortenname, steht als Zusatz zu einem solchen, zum Beispiel Chardonnay Musqué, für eine besonders aromatische, traubige Variante.

Neuburger Populäre österreichische Neuzüchtung, eine Kreuzung von WEISSBURGUNDER u SILVANER; liefert körperreichen Wein.

Niagara Amerikanische Hybridrebe, liefert im Staat New York Wein mit Fuchsgeschmack.

Nuragus Einfache Traube Sardiniens.

Olaszrizling Ungarisches Synonym für WELSCHRIESLING.

Ondenc Im Schwinden begriffene Sorte in Gaillac; kommt auch in Australien vor.

Optima Deutsche Neuzüchtung; erreicht hohe Mostgewichte, reift sehr früh und ist daher in England populär.

Orémus Ungarische Züchtung FURMINT u BOUVIER; gelegentlich als trockener sortenreiner Wein anzutreffen.

Ortega Deutsche Neuzüchtung; bewährt sich auch in kühlen Jahren und erbringt spektakulär hohe Reifegrade. Außer in England mangelt es sortenreinen Weinen oft an Säure.

Palomino bzw. (zur Unterscheidung von dem gröberen, inzwischen verdrängten Palomino Basto) **Palomino fino** ist die in Jerez in Südspanien kultivierte Sherry-Traube. Sie verträgt Dürre gut und erbringt zuverlässige Erträge an säure- und zuckerarmen Trauben, deren Wein leicht oxidiert – also besten Rohstoff für Sherry. In Frankreich, wo sie im Rückgang ist, heißt sie oft **Listan** oder **Listan de Jerez** und in Alentejo (Portugal) **Perrum**. In Kalifornien (im Central Valley), Australien und Südamerika wird Palomino in geringem Umfang angebaut, ist dagegen in Südafrika, wo sein Wein vor allem destilliert oder für einfache Verschnitte genutzt wird, stark verbreitet.

Pansa blanca In Nordostspanien gebräuchlicher Name für XAREL-LO.

Pardillo, Pardina In Westspanien verbreitete schlichte Traube.

Parellada Die feinste weiße Traube Kataloniens wird zusammen mit MACABEO und XAREL-LO zu Cava verarbeitet und ist wegen ihrer schönen Säure als Verschnittbestandteil in vielen trockenen Weißweinen aus Penedès geschätzt.

Pedernão In der Vinho-Verde-Region gebräuchlicher Name für ARINTO.

Pedro, Pedro Jiménez, Pedro Ximénez, kurz »PX«. In der Sherry-Region kultivierte Traube, erbringt dort oft nach Trocknung der dünnschaligen Beeren dunkle Weine zum Süßen, aber auch alkoholangereicherte Sortenweine. Die Traube wird in ganz Südspanien angebaut, insbesondere in Montillo-Moriles. In Australien erbringt »Pedro« um Griffith (Neusüdwales) köstliche, langlebige edelsüße Weine. In Argentinien gibt es größere Bestände an **Pedro Giménez**, wobei es sich vielleicht um eine eigenständige Rebsorte handelt.

Perle In Franken verbreitete aromatische deutsche Neuzüchtung.

Petit Courbu In Südwestfrankreich beheimatete Traube; wird oft mit MANSENG und ARRUFIAC verschnitten.

Petit Manseng Die kleinbeerige Manseng-Sorte liefert die am Stock eingeschrumpften Trauben für erstklassigen süßen Jurançon und Pacherenc du Vic-Bilh Moelleux in Südwestfrankreich. Sie ist dickschalig und erbringt kleine Erträge, daher ist ihr Wein meist voll pikanter, frischer Aromasubstanzen. Wie TANNAT kam auch Petit Manseng im 19. Jahrhundert mit baskischen Auswanderern nach Uruguay. Unter sortenweinbesessenen Erzeugern von Languedoc bis Kalifornien erlangt sie derzeit eine Kultanhängerschaft.

Picolit In Italien hochverehrte Traube für sehr teuren Süßwein, der in Bestform (nicht mit VERDUZZO gestreckt) nach Aprikosen duftet.

Picpoul, Piquepoul In mehreren Farben vorkommende Traubensorte im Languedoc mit körperreichen, zitronenfrischen, säurereichen Weinen; der bekannteste ist der Picpoul de Pinet (AC Coteaux du Languedoc).

Pigato Alte ligurische Traube mit duftstarkem Wein.

Pineau de la Loire Synonym für CHENIN BLANC.

Pinot Beurot In Burgund gebräuchlicher Name für PINOT GRIS.

Pinot blanc Weiße Spielart von PINOT GRIS und daher mit PINOT NOIR verwandt. Im Elsass liefert die Sorte auch unter dem Namen **Clevner** oder **Klevner** einfachen, körperreichen, oft preiswerten Wein mit breiter Geschmackspalette und wird oft mit AUXERROIS verschnitten. In Italien heißt sie **Pinot bianco**, wurde aber lange mit CHARDONNAY verwechselt; ihr Wein ist rund, aber frisch und wird oft zu Schaumwein verarbeitet. In Deutschland besteht eine Tendenz zu trockenem **Weißburgunder**, der vielfach mit großem Erfolg mit Techniken wie Fassgärung und dergleichen, die sonst dem hier selten angebauten Chardonnay vorbehalten sind, behandelt wird. Im Burgenland in Österreich erbringt Weißburgunder dagegen superbe edelsüße Weine bis zur Trockenbeerenauslese (Seite 261). In ganz Mitteleuropa wird Pinot blanc oft unter dem Namen **Beli Pinot** verbreitet angebaut, und in Kalifornien gewinnt er als Alternative zu Chardonnay an Bedeutung. Ganz allgemein weist Pinot blanc ebenso viel Körper auf wie Chardonnay, jedoch bei eher rauchigem und dafür weniger fruchtigem und nusswürzigem Charakter.

Pinot Chardonnay Recht selten gebrauchtes Synonym für CHARDONNAY, der – wie inzwischen nachgewiesen worden ist – zur Pinot-Familie gehört.

Pinot gris Immer beliebter werdendes Mitglied der Pinot-Familie, eine hellrötliche Variante von PINOT NOIR; erbringt körperreiche und säurearme, sanft aromatische Weißweine mit viel Extrakt und tiefer Farbe. In Italien, wo die Traube als **Pinot grigio** verbreitet angebaut wird, erfolgt die Lese jedoch meist schon, bevor sich diese Merkmale entwickeln. Im Elsass gilt Pinot Gris im Gegensatz zu PINOT BLANC als edle Rebsorte; dort kommen überaus volle Weine von trocken bis zu den Süßegraden Vendange Tardive und Sélection de Grains

Nur die Riesling-Traube lohnt die mühevolle Arbeit in so halsbrecherisch steilen Lagen wie dem Ürziger Würzgarten im Moseltal mit seinem sonnendurchwärmten Schieferboden.

Nobles (Seite 179) zustande. Die trockeneren Versionen geben mit die feinsten Begleiter zu kräftigen Gerichten ab. An der Loire und in der Schweiz heißt die Sorte **Malvoisie**, und der ihr ganz eigene rauchige Geschmack kommt dort besonders schön zur Geltung.

In Deutschland wird die Traube vor allem in Baden und in der Pfalz kultiviert und erbringt unter dem Namen **Ruländer** meist liebliche und als **Grauburgunder** trockene Weine. In Ungarn heißt die im östlichen Mitteleuropa allgemein verbreitete Traube **Szürkebarát**. Sehr beliebt ist der Pinot gris in Luxemburg und in Oregon läuft er zu großer Form auf. In Kalifornien gewinnt diese Sorte zunehmend an Popularität.

Plavai Aus Moldova stammende, im östlichen Mitteleuropa angebaute, spät reifende Traubensorte.

Princ In Mähren gebräuchlicher Name für TRAMINER.

Prosecco Die Traube für unterschiedlich süßen, in Tankgärung (Seiten 85 und 86) hergestellten Schaumwein aus dem nordostitalienischen Friaul; auch für trockenen stillen Wein.

Blaubereifte Riesling-Trauben im Rheingau.

PX Siehe PEDRO XIMÉNEZ.

Ranina Siehe BOUVIER.

Räuschling Alte deutsche, in der Ostschweiz noch angebaute Traubensorte.

Regner Deutsche Neuzüchtung mit hohen Mostgewichten.

Reichensteiner In England sehr populäre, fäuleresistente deutsche Neuzüchtung.

Rheinriesling, Rhine Riesling Synonyme für RIESLNG.

Ribolla Traubensorte mit leichten und blumigen, außerordentlich frischen Weinen in Friaul; in Slowenien heißt sie **Rebula**; sehr wahrscheinlich identisch mit ROBOLA auf der griechischen Insel Kephalonia.

Rieslaner Deutsche Kreuzung SILVANER u RIESLING; sie liefert in Franken und auch in der Pfalz feine Weine mit Rasse und schöner Johannisbeerfrucht.

Riesling ist wohl die am gründlichsten missverstandene Rebsorte der Welt. Die Traube, die unumstrittene Königin der deutschen Weinberge, muss den Namen mit so vielen ihr bei weitem nicht ebenbürtigen Sorten teilen (CAPE RIESLING, CLARE RIESLING, EMERALD RIESLING, GRAY RIESLING, RIESLNG ITALICO, LASKI RIZLING, OLASZRIZLING und WELSCHRIESLING); darunter hat ihr guter Ruf gelitten. Allerdings darf auch nicht verschwiegen werden, dass aus Deutschland selbst genügend billige Rieslinge kommen, die auch nicht gerade zur Reputation des edelsten deutschen Weins beitragen.

Riesling-Weine sind anders als alle anderen – leicht an Alkohol und erfrischend reich an fruchtiger Säure, verleihen sie der Weinberglage durch ihren Extrakt und ihr Aroma Ausdruck und entfalten sich jahrzehntelang in der Flasche. Ganz anders als Chardonnay, aber ähnlich wie CHENIN BLANC, kommt Riesling am besten zur Geltung, wenn er kühl vergoren und ohne malolaktische Säureumwandlung oder Holzeinfluss früh abgefüllt wird. Riesling ist ein Star und – wie man meinen Worten unschwer entnehmen wird – einer meiner Favoriten.

Im Vergleich mit den meisten anderen internationalen Traubensorten reift Riesling recht früh, und daher kann seine Frucht in warmem Klima überreif und flach werden, ehe sich noch interessante Geschmacksnuancen entwickeln. In einem sehr kühlen Klima, beispielsweise im Moseltal, gilt er dagegen als spät reifend im Vergleich mit den für die kurzen Sommer dieser Gegend gezüchteten früh reifenden Sorten. Das bedeutet, dass MÜLLER-THURGAU überall reift, während Riesling zu voller Reife nur in besten Lagen gelangt, nämlich in solchen, die im günstigsten Winkel zur direkten und reflektierten Sonneneinstrahlung ansteigen. Dort bleibt seine Frucht bis weit in den Herbst am Weinstock und entfaltet subtile, dauerhafte Charakteristiken aller Art.

Riesling von der Mosel und ihren noch kühleren Nebenflüssen Saar und Ruwer gehört zu den eigenständigsten, unnachahmlichsten Weinstilen der Welt: leicht, frisch, rassig, erquickend wie ein Gebirgsquell und auf einzigartige Weise vom Geschmack des Schiefergesteins durchdrungen, das nachts die Sonnenwärme wieder abstrahlt und dadurch den Riesling-Trauben zu schönerer Reife verhilft. Riesling ist der Wein, den man beim Schreiben oder Lesen trinken soll: Er erfrischt den Gaumen und schärft den Geist (jedenfalls hat man so das Gefühl).

Ein Drittel des deutschen Rieslings wächst an der Mosel, doch auch in der Pfalz gedeiht er in beträchtlicher Menge und bringt dort volleren, darum aber nicht weniger bezaubernden Wein, der sich oft durch exotische Frucht auszeichnet (und trocken ausgegoren bis zu 13 % Alkohol erreichen kann). Riesling ist auch die klassische Traube im Rheingau, wo er mit stahliger, zitronenfrischer, mineralduftiger Art die Unterschiede selbst benachbarter Lagen vielleicht am besten zum Ausdruck bringt. Hier haben sich die führenden Weingüter zum VDP (Verband Deutscher Prädikatsweingüter) zusammengeschlossen, der sich dem großen trockenen Rheingauer Riesling verschrieben hat – und doch ist in warmen Jahren gerade der Rheingau die ideale Quelle exzellenter Beeren- und Trockenbeerenauslesen (Seite 260 und 261). Riesling ist besonders gut imstande, edelsüße Weine hervorzubringen, wobei allerdings die Edelfäule in fast dickflüssigen, rosinensüßen, tiefgoldenen Weinen meist die geographischen Unterschiede verschleiert. In Württemberg entsteht erdiger Riesling, der aber kaum je über die Grenzen seiner engeren Heimat hinausgelangt. Auch an der Nahe wachsen spritzige Rieslinge.

In der deutschesten Region Frankreichs – im Elsass – gilt der Riesling als die edelste aller Trauben, und die besten ihrer prickelnd trockenen, stahligen Weine, beispielsweise Trimbachs Clos Ste-Hune, entfalten sich ein, zwei Jahrzehnte lang in der Flasche. Nicht ganz so konzentrierte Elsässer Rieslinge haben so etwas wie Talkumpuder im Aroma – sie sind als Aperitifs großartig (das gilt überhaupt für alle, mit Ausnahme der süßesten Riesling-Weine jeglicher Herkunft). In Österreich steht die Wachau in der Reinheit ihres Rieslings, der hier auch **Rheinriesling** oder **Weißer Riesling** heißt, ebenbürtig neben der Mosel und dem Elsass, nur weist er hier mit seiner herrlich charaktervollen, trockenen, fest gefügten Art mehr Körper auf. An vielen Stellen des übrigen Mitteleuropas, vor allem in Slowenien und der Slowakei, gibt es geeignete Riesling-Lagen; die dort für die Traube gebräuchlichen Namen enthalten meist das Wort Rhein in der einen oder anderen Variante (in Kroatien beispielsweise heißt sie **Rizling Rajinski**). **Riesling Renano** (der »echte« im Gegensatz zum »Italico«) ist in Friaul stark verbreitet, hat hier bislang aber nur wenig Aufsehen erregende Weine hervorgebracht. Auch in der ehemaligen Sowjetunion wurde Riesling angeblich viel kultiviert; es dürfte sich aber dabei großenteils um Welschriesling gehandelt haben.

Es überrascht, dass im warmen Klima Australiens enorme Mengen an **Rhine Riesling**, dort oft kurz und bündig »Rhine« genannt, angebaut werden. Die besten Lagen findet er in den kühleren Gegenden Südaustraliens vor, insbesondere im Clare Valley und im Eden Valley. Auch in Neuseeland gedeiht Riesling; hier entstehen gute süße Weine. In Kalifornien gab es ebenfalls eine lange Tradition in vollem, recht schnell genussreifem Late Harvest **Johannisberg Riesling** bzw. **White Riesling**. Darüber hinaus bringen auch die Staaten Washington und New York äußerst zarte, schmackhafte, eher liebliche Rieslinge hervor, und in Kanada wird von dieser Sorte regelmäßig erstaunlich guter Ice Wine produziert.

Riesling italico ist der in Italien zum Missbehagen der deutschen Winzer gebräuchliche Name für WELSCHRIESLING, während der »echte« Riesling als Riesling renano bezeichnet wird.
Riesling-Sylvaner In Neuseeland und der Schweiz gebräuchlicher, etwas irreführender Name für MÜLLER-THURGAU.
Rivaner In Luxemburg gebräuchlicher Name für MÜLLER-THURGAU.
Rizling Auf Betreiben des deutschen Weinbaus für WELSCHRIESLING eingeführter Name, um diesen vom »echten« RIESLING zu unterscheiden.
Rkatsiteli Die meistangebaute russische Rebsorte wird auch in Bulgarien, Rumänien, China **(Baiyu)** und Kalifornien kultiviert. Die Trauben der sehr frostharten Rebe bewahren ihre Säure gut.
Robola Zitrusduftige Traubensorte von der griechischen Insel Kephalonia. Sehr wahrscheinlich identisch mit RIBOLLA in Italien.
Roditis Fragile griechische Traube mit hellrötlichen Beeren; bringt insbesondere im Retsina oft Säure in den weicheren SAVATIANO ein.
Rolle Alte provenzalische Sorte, vor allem in Bellet, aber auch im Roussillon angebaut. Französische Experten glauben, sie sei identisch mit VERMENTINO aus Sardinien; manche Italiener sehen darin jedoch die ligurische Sorte **Rollo**, die nichts mit Vermentino zu tun hat.
Romorantin Spezialität von Cheverny.
Rotgipfler Österreichische Spezialität, gemeinsam mit ZIERFANDLER für den vollen, würzigen Gumpoldskirchner verantwortlich.
Roupeiro Einfache Traube in Alentejo. Am Douro als **Códega**, in Alentejo auch als Alva bekannt.
Roussanne Rhône-Traube mit rötlichen Schalen; bringt unregelmäßige Erträge und ist daher bei den Winzern nicht so beliebt wie MARSANNE. Der Wein kann jedoch sehr fein sein, wie die eichenfassgereifte sortenreine Version von Château Beaucastel beweist (Roussanne, jedoch nicht Marsanne, ist im weißen Châteauneuf-du-Pape zugelassen). Er hält sich gut und duftet nach Bergkräutern. In Chignin (Savoyen) heißt die Sorte **Bergeron**; sie wird auch in Italien angebaut. Inzwischen sind verbesserte Klone verfügbar und Roussanne wird vermehrt in Südfrankreich und Kalifornien gepflanzt.
Roussette Feine Spezialität von Savoyen; sie liefert lebendige, frische, duftige Weine. Roussette de Savoie verfügt in vier Orten, insbesondere Frangy, über eigene Appellationen. Steht ein Ortsname auf dem Etikett, besteht der Wein rein aus Roussette; andernfalls kann ein Chardonnay-Anteil von bis zu 50 % dabei sein.
Ruffiac Anderer Name für ARRUFIAC.
Ruländer Synonym für GRAUBURGUNDER, steht meist für liebliche Versionen. Auch in Rumänien gebräuchlich.
Sacy Schlichte weiße Traube in der Gegend von Chablis.
St-Emilion In der Cognac-Region gebräuchlicher Name für UGNI BLANC.
Sämling 88 Österreichisches Synonym für die SCHEUREBE.
Sárfehér Traditionell im Ungarischen Tiefland kultivierte Rebe für Schaumwein und für Tafeltrauben.
Sauvignon blanc Oft kurz **Sauvignon** genannt (während CABERNET SAUVIGNON oft nur Cabernet heißt). Die überaus populäre Traube erbringt in aller Welt frischen, aromatischen, trockenen und höchst charaktervollen Wein, dessen Duft anders als bei CHARDONNAY scharf und durchdringend ist und oft mit Stachelbeeren, Nesseln, zerdrücktem Laub von schwarzen Johannisbeeren oder Katzen in Verbindung gebracht wird. Mit zunehmendem Alter entwickeln sich auch andere Düfte, zum Beispiel nach Dosenspargel. Dabei ist der Geruch des Sauvignon (der den größten Teil seines Charakters ausmacht) relativ einfach und konnte daher auch als einer der ersten auf seine vorherrschenden Bukettsubstanzen, die so genannten Methoxypyrazine, zurückgeführt werden. Auch bleibt sich der Sauvignon-Duft unabhängig von der Herkunft stets treu; aus diesem Grunde ist die Sorte neben GEWÜRZTRAMINER ein sehr guter Ausgangspunkt für das Erkennen verschiedener Rebsorten.

In Frankreich befindet sich die Hochburg von Sauvignon blanc an der oberen Loire, insbesondere in Sancerre und Pouilly-Fumé. Bessere Weine aus dieser Gegend sind trockener, dichter und langlebiger als die meisten Sauvignons blancs aus der Neuen Welt, und die besten bringt das *Terroir* je nach dem Anteil von Kies und Feuerstein im Boden klar zum Ausdruck. Die Traube wird auch weiter stromabwärts angebaut und erbringt dort Fluten von Sauvignon de Touraine, der von guten Erzeugern empfehlenswert sein kann – dasselbe gilt für Menetou-Salon, Reuilly und Quincy.

Auch in Bordeaux und Bergerac wird Sauvignon immer mehr angebaut, ist dort aber weniger verbreitet als SÉMILLON, mit dem er hier wie auch sonstwo in der Welt zunehmend sowohl zu trockenen (in Pessac-Léognan, Graves und Entre-Deux-Mers) als auch zu süßen Weinen (in Sauternes, Monbazillac und Umgebung) verschnitten wird. In die Weißweine von Bordeaux und Umgebung bringt Sauvignon meist Aroma und Säure ein, wobei die teureren trockenen Weine oft in Eichenfässern ausgebaut werden. Sauvignon und Eichen-

In der Domaine de Chevalier wird von Sauvignon-blanc-Trauben (oben) einer der langlebigsten Weine dieser Sorte produziert. Nicht weit davon entfernt bringen im Château Rayne-Vigneau Sémillon-Trauben von alten, dickstämmigen Stöcken (rechts) das Hauptgewicht in den großen Sauternes ein.

holz können jedoch, wenn nicht eine geschickte Hand beteiligt ist, eine ölige Mischung ergeben.

Sauvignon stellt in Rueda in Spanien, in der Steiermark in Österreich und im Collio in Nordostitalien eine Spezialität dar. Im deutschen Sprachraum wird er gelegentlich als Muskat-Silvaner bezeichnet (diese Charaktermischung beschreibt den Geschmack durchaus treffend).

Neuseeland hat mit seinem kräuterhaften, vom Duft tropischer Früchte geschwängerten Sauvignon-blanc-Stil, der auf langer, kühler Gärung beruht, so viel Erfolg, dass er in der Neuen Welt, besonders in Chile und Südafrika, aber auch im Languedoc, nachgeahmt wird. In manchen Jahren wird teils unreife, teils reife und teils überreife Frucht geerntet, um durch Mischung verschiedene Charakteristiken zu erzielen. Marlborough am Nordende der Südinsel ist heute die Sauvignon-Hauptstadt Neuseelands, vielleicht sogar der Welt. Das Casablanca-Tal als die einzige Gegend Chiles, in der vor allem Sauvignon blanc anstelle des ausdrucksschwächeren SAUVIGNON VERT kultiviert wird, könnte künftig eine ähnliche Rolle spielen. In Südafrika entsteht köstlicher Sauvignon blanc, teilweise vielleicht, weil die Traube sehr viel Zeit hatte, sich an die dortigen Gegebenheiten anzupassen. In Australien ist es dagegen größtenteils zu warm, als dass sich das charakteristisch »grüne« (leicht unreife) Aroma des Sauvignon blanc am Leben erhalten ließe; dennoch sind aus den Adelaide Hills schon besonders feine Beispiele gekommen.

Kalifornien bringt – manchmal unter der Bezeichnung Fumé blanc – eine eigenständige, körperreiche, oft eichenfassgereifte Version hervor, und auch in Texas und Washington hat sich die Traube schon bewährt. Zum Teil hält sich Sauvignon blanc einige Jahre lang in der Flasche, doch nur selten entfaltet er sich im Alter, denn die Stärke des Sauvignon liegt mehr in lebhafter, jugendlicher Frucht und Frische als in Subtilität.

Sauvignon gris Mutation von SAUVIGNON BLANC mit dunkleren Schalen und stark rauchigem Duft.

Sauvignon vert, Sauvignonasse oder TOCAI FRIULANO ist eine nicht mit SAUVIGNON BLANC verwandte Traube.

Savagnin Charakteristische kleinbeerige Sorte im Jura; von ihr wird insbesondere der Sherry-ähnliche VIN JAUNE gewonnen (sie darf jedoch auch in jedem Jura-Weißwein enthalten sein). Ihren Höhepunkt erreicht sie im Château-Chalon; Savagnin-Wein ist für sein Aroma und seine Haltbarkeit berühmt. Pierre Galet, der führende Rebenexperte Frankreichs, behauptet, TRAMINER sei Savagnin Rosé.

Savatiano Verbreitete griechische Traube, bringt die Hauptmasse in den Retsina ein, während ASSYRTIKO und RODITIS Frische beitragen.

Scheurebe Eine der erfolgreichsten deutschen Neuzüchtungen, SILVANER×RIESLING, eine Schöpfung von Dr. Georg Scheu. Wenn Lage und Wetter der Sorte zu voller Reife verhelfen, schmeckt ihr Wein anregend nach schwarzen Johannisbeeren oder süßer Grapefruit. In der Pfalz sind manche Winzer auf ihre Scheurebe stolzer als auf ihren RIESLING. Trotz kräftiger Säure dürften sich die Weine jedoch kaum so lange halten wie Riesling. Die Erträge sind tiefer als bei anderen Neuzuchten, dafür können – wenn die Natur mitspielt – in guten Lagen Beeren- und Trockenbeerenauslesen (Seite 260 und 261) entstehen und auch trockene Spätlesen sind oft sehr fein. In Österreich bringt das Burgenland von der hier als SÄMLING 88 genannten Sorte ebenfalls sehr gute süße Weine hervor.

Schönburger Deutsche Neuzüchtung mit hellrötlichen Schalen – an ihr sind PINOT NOIR und MUSCAT HAMBURG beteiligt; sie liefert jedoch milden Weißwein vor allem in England, aber auch in Deutschland.

Schwarzriesling Deutsches Synonym für PINOT MEUNIER.

Sémillon Die große Traube des süßen weißen Bordeaux wird ansonsten weithin unterbewertet. Sie zeichnet aber nicht nur für viele der größten süßen Weine der Welt, sondern auch für die großartigsten trockenen weißen Bordeaux-Weine und für den ausdrucksstärksten australischen Weißwein, den Hunter Valley Semillon, verantwortlich. Im Bordelais ist Sémillon die meistangebaute Weißweintraube; allerdings nimmt die Anbaufläche seines traditionellen Verschnittpartners SAUVIGNON

BLANC in letzter Zeit zu. Sémillon ist auch die Haupttraube im Sauternes, dem langlebigsten süßen Weißwein der Welt, und bildet einen zulässigen Bestandteil der meisten trockenen oder süßen Weißweine Südwestfrankreichs. Mit Sauvignon (mit dem er im Sauternes traditionell im Verhältnis 4:1 verschnitten wird) ergänzt er sich gut, weil es ihm selbst (mit Ausnahme von vagen Anklängen an Zitrusfrüchte, Lanolin und Bienenwachs im jungen Wein und der kräftigen Toastnote eines reifen Hunter) an eigenem Aroma mangelt, er aber zum Ausgleich dafür dem Sauvignon den fehlenden Körper liefert. Wird Sémillon vor der vollen Reife gelesen, schmeckt er übrigens Sauvignon-ähnlich. Seiner dünnen Schalen wegen ist er fäuleanfällig und eignet sich deshalb gut für Süßweine mit Edelfäule, und zwar nicht nur in Bordeaux und Monbazillac, sondern auch in Neusüdwales und Kalifornien. Sein Wein spricht gut auf Fassausbau an, wie die großen trockenen Weißweine von Graves und Pessac-Léognan im Bordelais beweisen.

In fast allen Weinbaugebieten der Welt wird Sémillon zwar kultiviert, es wird aber vorerst nur wenig aus ihm gemacht. Australien bemüht sich wohl am konstruktivsten um sortenreine Weine dieser Traube; vor allem aber dient sie zum Strecken der noch unzureichenden Mengen an modischem Chardonnay, sodass ein eigener, »SemChard« genannter Typus zustande kam. Gelegentlich tut sich auch ein Sortenwein in Ungarn und Neuseeland hervor, und der US-Staat Washington zeigt eindeutiges Potenzial. In Chile gibt es ebenfalls Sémillon; allerdings ist bisher nur wenig unter diesem Namen in den Export gelangt.

Sercial Anglisierter Name der CERCEAL-Traube auf Madeira.

Seyval blanc Sehr frostharte französische Hybridrebe; sie wird verbreitet in Kanada, New York und England angebaut und erbringt sehr frischen, fruchtigen Wein.

Siegerrebe Relativ ertragsschwache deutsche Neuzüchtung, bekannt für hohe Reifegrade, jedoch nicht für besondere Weinqualität.

Silvaner, Grüner Silvaner (im Elsass und in Österreich SILVANER) Die vermutlich aus dem östlichen Mitteleuropa stammende Traube war in der ersten Hälfte des 20. Jahrhunderts die in Deutschland meistangebaute Rebsorte, nachdem sie den ELBLING aus der Spitzenposition verdrängt hatte; sie musste später aber unverdientermaßen dem MÜLLER-THURGAU diesen Platz überlassen. Silvaner reift früher als Riesling, aber später als Müller-Thurgau, und stellt höhere Ansprüche an die Lage. Seine Weine zeichnen sich durch kräftige Säure, dagegen weniger durch Aroma und Langlebigkeit aus; an der richtigen Stelle, vor allem in guten Lagen Frankens, erbringt der Silvaner jedoch außerordentlich rassige und elegante Gewächse.

Die Traube wird in ganz Mitteleuropa unter verschiedenen Namen, die meist den Bestandteil »Silvan« enthalten, kultiviert, und in der Schweiz bringt sie als **Johannisberg** oder **Gros Rhin** kräftigeren Geschmack zuwege als der dort weit verbreitete CHASSELAS.

Smederevka In Serbien und in der Wojwodina verbreitete Rebsorte, benannt nach der Stadt Smederevo südlich von Belgrad. Sie besitzt gute Säure und wird oft für Verschnitte benutzt. Auch in Südungarn wird sie angebaut.

Steen In Südafrika gebräuchlicher Name für CHENIN BLANC.

Sultana Verbreitete Rosinentraube; in Australien und Kalifornien wird sie bei starker Nachfrage auch für die Produktion von einfachem Konsumwein genutzt.

Sylvaner Im Elsass und in Österreich gebräuchlicher Name für SILVANER. Im Elsass zeigt die Traube bei geschickter Behandlung und in guten Lagen oft ebenso viel Rasse wie Riesling, meist wird sie jedoch in weniger interessanten flacheren Lagen im Bas-Rhin angebaut und kommt mit anderen Sorten verschnitten als Edelzwicker auf den Markt.

Szürkebarát Ungarischer Name für PINOT GRIS.

Talia, Thalia Portugiesischer Name für TREBBIANO bzw. UGNI BLANC.

Tămâioasă Rumänischer Name für MUSKATELLER.

Tamyanka Russische Bezeichnung für MUSCAT BLANC À PETITS GRAINS.

Terret gris Alte, immer noch weit verbreitete Rebsorte im Languedoc; sie liefert oft körperreichen

In der Toskana erbringt die Vernaccia-Traube (oben) vorwiegend charaktervolle trockene Weißweine, während Trebbiano und Malvasia (rechts) wie hier im Weingut Selvapiana oft getrocknet und zu der süßen toskanischen Spezialität Vin Santo verarbeitet werden.

und frischen sortenreinen Wein. **Terret blanc** ist weniger stark verbreitet und nicht so charaktervoll. Beide Varianten sind für die Weißweine von Minervois, Corbières und Coteaux du Languedoc zugelassen.

Thompson Seedless Kalifornischer Name für SULTANA.

Tocai, Tocai friulano Die in Friaul meistangebaute weiße Traube erbringt lebendige, frische, aromatische, jung zu trinkende Weine. Es herrscht fast einmütig die Auffassung, dass diese Sorte mit Sauvignonasse bzw. mit SAUVIGNON VERT (in Chile vorherrschend) identisch ist. Italienische Experten behaupten, sie sei mit der Tokajer-Traube FURMINT verwandt. In Argentinien wird sie als Tocai friulano kultiviert.

Tokay d'Alsace Im Elsass allgemein gebräuchliches Synonym für PINOT GRIS, wird auf ungarisches Betreiben aber aufgegeben.

Torbato Traube auf Sardinien; im Roussillon als **Tourbat** (auch Malvoisie du Roussillon) bekannt; der Wein hat rauchiges Aroma.

Torrontés Rebsorte in Galicien (Spanien), Spezialität von Ribeiro; weit stärker angebaut wird sie in Argentinien, wo sie körperreiche, frische Weine mit markantem, Muskateller-ähnlichem Aroma

hervorbringt. Vermutlich, doch nicht nachweisbar, gelangte die Sorte mit spanischen Einwanderern nach Argentinien. Die Variante **Torrontés Riojano** ist nach der argentinischen Provinz La Rioja benannt, wo sie vor allem in Salta die meistangebaute Rebsorte ist. Weitere Varianten sind **Torrontés Sanjuanino** und **Torrontés Mendocino**. In Chile wird eine ähnliche Sorte als **Torontel** kultiviert.

Trajadura Portugiesischer Name für die aromatische galizische **Treixadura**.

Traminer Nach dem Ort Tramin in Südtirol benannter Vorfahr des aromatischeren, rötlich überhauchten GEWÜRZTRAMINERS, der dort **Traminer aromatico** heißt. In ganz Mitteleuropa werden Traminer-Varianten angebaut: **Tramini** in Ungarn, **Traminac** in Slowenien, **Drumin, Pinat Cervena, Prinç** oder **Liwora** in der früheren Tschechoslowakei, manchmal **Rusa** in Rumänien und **Mala Dinka** in Bulgarien. Traminer wird außerdem in Russland, Moldova und in der Ukraine kultiviert und bringt Duft in die dortigen Schaumweine ein. Gelegentlich dürfte es sich wohl auch um Gewürztraminer handeln, der sein kräftigeres Aroma bei nicht ganz ausgereifter Kellertechnik einbüßt. In Australien dient der Name Traminer als Kurzform für Gewürztraminer.

Trebbiano Die in Frankreich UGNI BLANC genannte Traube wird in ihrer Heimat Italien außer im äußersten Norden, wo sie nicht zuverlässig zur Reife gelangen würde, fast überall angebaut. Obwohl ihr Wein herb, dünn und charakterlos ist, entfällt auf sie etwa ein Drittel der gesamten DOC-Weißweinproduktion. Die Sorte hat viele Lokalvarianten: **Trebbiano toscano** (der verbreitetste Typ, erlaubte Zutat im Chianti und Hauptbestandteil im frischen, Durst stillenden Galestro), **Trebbiano romagnolo** (liefert vor allem flauen Trebbiano di Romagna), **Trebbiano d'Abruzzo** (ein Meisterwerk von Valentini, der es allerdings von der Rebsorte BOMBINO BIANCO produziert), **Trebbiano giallo** (gelbfrüchtig) und **Trebbiano di Soave**.

Die Traube kommt in Portugal als **Talia** sowie in Bulgarien, Russland, Griechenland und Südamerika (auch oft unter dem Namen **Ugni blanc**) vor. In Kalifornien zeigen rare Weine von alten Trebbiano-Reben erstaunlich viel Charakter und Extrakt.

Tresallier Wenig bemerkenswerte Spezialität von St-Pourçain im Département Allier.

Ugni blanc Die meistangebaute Weißweintraube Frankreichs ist auch in Südamerika sowie als TREBBIANO in Italien verbreitet. Nördlich von Bordeaux heißt sie ST-EMILION und ist die Hauptttraube für Cognac und ein wichtiger Bestandteil im Armagnac. Der Wein der Sorte ist dünn, leicht und herb und daher auf dem heutigen Markt kaum gefragt.

Veltliner Kurzname für Österreichs GRÜNEN VELTLINER.

Verdejo Charaktervolle, nusswürzige Spezialität von Rueda (Spanien); oft im Verschnitt mit SAUVIGNON BLANC.

Verdelho Portugiesische Traube mit kleinen, harten, säuerlichen Beeren für den zweittrockensten Madeira-Stil, ist vor allem aber als lebendiger, zitronenfrischer, körperreicher Tischwein aus Westaustralien anzutreffen. Vermutlich identisch mit GOUVEIO vom Douro und möglicherweise auch mit **Verdello** in Italien.

Verdicchio Die Traube der Marken (Italien) wurde berühmt durch den meist frischen, an Zitrusfrüchte erinnernden Verdicchio dei Castelli di Jesi in seiner Amphorenflasche – Verdicchio di Matelica ist jedoch oft konzentrierter.

Verduzzo Spezialität aus Nordostitalien; liefert anregende, honigwürzige Süßweine, zum Teil aus dem DOC-Bereich Ramandolo. Trockene Versionen erinnern stark an getrocknete Apfelschalen.

Vermentino Aromatische Spezialität von Sardinien und in geringerem Umfang von Ligurien, vermutlich identisch mit ROLLE; erbringt auf Sardinien höchst lebendige, leicht prickelnde Weißweine.

Vernaccia Die charaktervollste Weißweintraube der Toskana liefert vor allem um San Gimignano nusswürzige Weine mit tiefer Farbe.

Vespaiola Rebsorte aus dem Veneto; erbringt pikante, goldene Süßweine. Der Name bezieht sich auf die Wespen, die gern an den süßen Trauben nagen.

Vidal Französische Hybridrebe; bringt in Kanada köstlichen Ice Wine hervor.
Vilana Relativ zarte Spezialität von Kreta.
Villard blanc Ertragreiche französische Hybridrebe; um die Mitte des 20. Jahrhunderts in Frankreich stark verbreitet.
Viognier Hochmodische Traubensorte, die spät gelesen die besten Ergebnisse bringt. Sie liefert an der nördlichen Rhône den Condrieu, wird inzwischen aber in ganz Südfrankreich, in Kalifornien, Australien und wo immer sonst ein kosmopolitischer Winzer die Chance dazu wittert, gern angepflanzt. In kühlem Klima fällt der Ertrag oft dürftig aus; die kräftigen Weine duften ausgeprägt nach getrockneten Aprikosen und fast nach Moschus und wollen jung getrunken sein. Das kraftvolle Aroma verträgt Verschneiden.
Viura In Rioja gebräuchlicher Name für MACABEO.
Weißburgunder, Weißer Burgunder Deutscher Name für PINOT BLANC.
Weißer Riesling Offizieller Name für RIESLING.
Welschriesling, Wälschriesling, Welschrizling Nur einige Namen des »falschen« Rieslings. Mit dem »echten« RIESLING vom Rhein hat er nichts gemein als das durch lieblos bereitete, süßliche Getränke beschädigte Image. Dabei kann die Traube, die auch oft die Namenszusätze Laski, Olasz und Pecs führt, sehr gute Weine zuwege bringen, vor allem superbe edelsüße Versionen im österreichischen Burgenland. Verbreitet angebaut wird sie in Friaul (Italien), Slowenien, Ungarn, Rumänien, Albanien und China; sie reift spät und erbringt sanft aromatische Weine mit kräftiger Säure.
White Riesling Gelegentlich für RIESLING gebrauchter Name, vor allem in Kalifornien, wo es auch Emerald, Gray und Hungarian Riesling gibt.
Xarel-lo Die meist in Cava mitverarbeitete charaktervollste Traube Kataloniens riecht manchmal nach gekochtem Kohl; in Alella heißt sie **Pansa blanca**.
Xynisteri Spezialität von Zypern.
Zalema Traube der schweren Weine aus Condado de Huelva in Südspanien.
Zibibbo Sizilianischer Name für MUSCAT OF ALEXANDRIA.
Zierfandler Neben ROTGIPFLER die vollere, edlere Zutat zum österreichischen Gumpoldskirchner. Wird in Ungarn als **Cirfandli** angebaut.
Zilavka Vorwiegend in der Herzegowina um Mostar angebaute charaktervolle, nusswürzige Traubensorte.

Rotweintrauben

Abouriou Wenig verbreitete Traube in Südwestfrankreich.

Agiorgitiko (St. Georg) aus Nemea in Griechenland; liefert oft kräftige Rotweine und auch guten Rosé.

Aglianico Zunehmend beliebte, tiefdunkle, stark nach Graphit duftende und sehr spät reifende Traube griechischen Ursprungs; erbringt vor allem in Kampanien den Taurasi und in der Basilikata den Aglianico del Vulture.

Aleatico Italienische Rebsorte mit eigenartig traubigen, süßen Rotweinen; wird auch in Neusüdwales angebaut.

Alfrocheiro preto Tiefdunkle, für Verschnitte gut geeignete portugiesische Traube.

Alicante Bouschet Oft kurz **Alicante** genannt (was aber im Languedoc auch ein Name für GRENACHE ist); die rotfleischige Traube brachte lange Zeit Farbe in südfranzösische Tafelweine, insbesondere Aramon. Heute ist sie auf Korsika, in der Toskana, in Kalabrien, im ehemaligen Jugoslawien, in Israel, Nordafrika, Kalifornien und als **Garnacha tintorera** in Portugal und Spanien anzutreffen. Gezüchtet wurde die früh reifende Sorte im 19. Jahrhundert von Henri Bouschet durch Kreuzung einer Züchtung, die seinem Vater gelungen war, mit Grenache. Der Wein ist spritzig, aber kurz im Geschmack.

Aragonês Portugiesischer Name für TEMPRANILLO.

Aramon Minderwertige Massenträgersorte; sie beherrschte um die Wende vom 19. zum 20. Jahrhundert die Ebenen des Languedoc und wurde in den 1960er-Jahren von CARIGNAN verdrängt.

Aspiran Alte Rebsorte im Languedoc; ihr leichter, duftiger Wein ist zugelassener Bestandteil im Minervois.

Auxerrois In Cahors gebräuchlicher Name für MALBEC.

Baco noir, Baco 1 Eine französische Hybridrebe, erbringt in Nordostamerika leichte Rotweine ohne Fuchsgeschmack.

Baga Spezialität von Bairrada (Nordportugal) mit dickschaligen kleinen Beeren und sehr tanninreichem, säuerlichem Wein.

Barbarossa Lebendige Traube in der Emilia-Romagna; in der Provence als **Barberoux** bekannt.

Barbera Die meistangebaute Traube Nordwestitaliens; dort lieferte sie lange recht leichten, bitteren Wein mit Kirschengeschmack und ausgeprägter Säure. Bei niedrigen Erträgen und Fassausbau kommen heute hoch interessante Weine mit starken Anklängen an NEBBIOLO-Duft zustande. In Piemont wird etwa 15-mal so viel Barbera wie Nebbiolo angebaut. Verbreitet ist die Sorte auch in der Lombardei (oft mit BONARDA verschnitten), in Kalifornien und in Argentinien.

Bastardo Wenig bemerkenswerte Traube aus dem Portweinland am Douro.

Black Muscat Siehe MUSCAT HAMBURG.

Blauburger Österreichische Neuzüchtung PORTUGIESER u BLAUFRÄNKISCH; erbringt schlichte, leichte Weine.

Blauburgunder Schweizer Synonym für PINOT NOIR.

Blauer Spätburgunder In Deutschland und auch in Österreich gebräuchlicher Name für PINOT NOIR.

Blaufränkisch Eine über Mitteleuropa verbreitete Traube; erbringt lebendige, fruchtige, manchmal pfefferige Rotweine vor allem im Burgenland mit so viel Substanz, dass sie Fassausbau lohnen oder gute Verschnitte mit CABERNET und PINOT NOIR abgeben. In Deutschland heißt die Sorte meist LIMBERGER, in Württemberg und im US-Staat Washington LEMBERGER, in Friaul **Franconia**, in Bulgarien **Gamé** (früher wurde sie mit GAMAY verwechselt), in Ungarn **Kékfrankos**, in der Slowakei und Wojwodina **Frankovka**.

In den Langhe-Bergen in Piemont gedeiht Nebbiolo nur in Südlagen, Barbera stellt dagegen weniger Ansprüche. So entsteht im Herbst ein buntes Gewirr von Trauben in verschiedenen Reifestadien.

Bobal Spanische Traube; liefert an der südlichen Mittelmeerküste tiefdunklen Wein (und Traubenkonzentrat) in reichen Mengen. Ihr Wein ist etwas frischer und leichter als der von MONASTRELL, der oft zusammen mit ihr angebaut wird. Bobal ist vermutlich identisch mit Sardiniens **Bovale**.

Bonarda Italienische Rebsorte oder – genauer gesagt – drei Rebsorten mit gleichem Namen. Am verbreitetsten ist die ansprechend saftige lombardische Version, eigentlich CROATINA. In Argentinien die meistangebaute Traube.

Bordo In Nordostitalien gebrauchter Name für CABERNET FRANC.

Bouchet In St-Emilion und in den benachbarten Bordeaux-Bereichen gebräuchlicher Name für CABERNET FRANC. In Madiran auch **Bouchy**.

Brachetto Traube in Nordwestitalien, erbringt leichte, perlende Rotweine mit Erdbeeraroma. In der Provence als **Braquet** bekannt.

Breton An der mittleren Loire gebräuchlicher Name für CABERNET FRANC.

Brocol, Braucol FER in Gaillac.

Brunello In der Gegend von Montalcino (in der Toskana) entwickelter SANGIOVESE-Klon.

Cabernet Meist ist CABERNET SAUVIGNON gemeint, in Nordostitalien aber auch oft der dort verbreitetere CABERNET FRANC.

Cabernet franc Die Traube spielt zwar immer neben dem berühmteren CABERNET SAUVIGNON die zweite Geige, bringt aber auch selbst außerordentlich feine Weine zuwege (vor allem in St-Emilion und an der mittleren Loire). Die Rebe hat große Ähnlichkeit mit Cabernet Sauvignon, lediglich die Blätter sind nicht so stark eingebuchtet. Es handelt sich vermutlich um eine Mutation, die sich dem kühleren und feuchteren Klima auf dem rechten Gironde-Ufer, wo Cabernet Sauvignon oft nicht ohne weiteres zur Reife gelangt, besonders gut angepasst hat. Cabernet franc treibt und reift früher aus und ist stärker anfällig für Verrieseln (Seite 69), braucht aber für volle Reife nicht so viel Wärme. In den Bordeaux-Bereichen links der Gironde wird er zusammen mit Merlot als eine Art Versicherung gegen kühle Jahre angesehen. Ganz allgemein ist der Wein von Cabernet franc fruchtiger, leichter und weniger tanninherb als der von Cabernet Sauvignon und zeigt vor allem an der Loire einen anregenden Duft nach Bleistiftschabseln. Oft aber fällt er krautig aus und riecht dann wie unreifer Cabernet Sauvignon. Cabernet franc ist eine Zutat in den meisten Rotweinen Südwestfrankreichs und oft Hauptbestandteil der seidigen Rotweine von der mittleren Loire, zum Beispiel Saumur-Champigny, Bourgueil, Chinon und Anjou-Villages.

In Nordostitalien wird die Rebe unter dem Namen **Cabernet frank** verbreitet angebaut und erbringt in Friaul oft wundervoll reife Weine. Auch in Slowenien ist sie vielfach anzutreffen, während im übrigen Mitteleuropa der Cabernet Sauvignon weit größere Verbreitung hat.

In der Neuen Welt, wo Cabernet Sauvignon meist mit Leichtigkeit zur Reife gelangt, wird der Cabernet franc neben Merlot (mit dem er manchmal in Rebschulen verwechselt wird) weithin als unvermeidlicher Dritter in der Bordeaux-Dreifaltigkeit angesehen. Einige sortenreife Cabernet-franc-Weine sind in Australien, Südafrika und Nordamerika in Erscheinung getreten und beweisen, wie anregend diese Traube für sich allein wirken kann – und wie angenehm rascher ihr Wein trinkreif ist als Cabernet Sauvignon. Besonders zur Geltung kommt der Cabernet franc jedoch in kühleren Regionen, zum Beispiel auf Long Island im Staat New York, in Teilen des Staates Washington und in Neuseeland.

Cabernet Sauvignon Die berühmteste Rotweintraube erscheint auf Weinetiketten überall in der Welt. Neben Chardonnay mit seiner »Vanille« bildet Cabernet Sauvignon mit seinem eindeutigeren Geschmack gewissermaßen die »Schokoladennote«. Die Traube reift ziemlich spät und eignet sich deshalb für den Anbau in wärmeren Gegenden. Ihr Wein zeichnet sich, wo immer er gewachsen ist, stets durch ein kräftiges Aroma von schwarzen Johannisbeeren aus und duftet, wenn er in neuen Eichenfässern ausgebaut wurde, oft nach Zedernholz, Zigarrenkisten und manchmal auch Tabak. Er hat in der Jugend tief purpurrote Farbe und ist trotz nicht allzu großer Alkoholstärke überaus langlebig. Das kommt daher, dass die kleinen, dickschaligen Beeren einen hohen Anteil an farbstoff- und tanninreichen festen Substanzen besitzen. Wenn die Trauben allerdings nicht vollkommen reif sind, riecht der Wein oft nach grünem Laub oder Kraut, das heißt eher wie CABERNET FRANC, mit dem der Cabernet Sauvignon (wie auch mit dem SAUVIGNON BLANC) verwandt ist. Alles in allem erbringt Cabernet Sauvignon große Weine, aber – insbesondere im kühleren Klima – nicht unbedingt immer solche, die auch schon jung genussreif sind.

Während Chardonnay erst vor relativ kurzer Zeit zum Globetrotter wurde, hat sich Cabernet Sauvignon schon seit langem und mit recht viel Erfolg aus seiner Heimat Bordeaux auf Weltreise begeben. Entgegen der allgemeinen Auffassung ist Cabernet Sauvignon im Bordelais nicht etwa die meistangebaute Traube (siehe MERLOT). Da er ziemlich spät reift, braucht er eigentlich eine trockenere, wärmere Umgebung, als sie ihm in der Region zur Verfügung steht, damit er zu voller Reife kommt. Deshalb wird er in Bordeaux außer im Bereich Entre-Deux-Mers vor allem auf den durchlässigen Kiesböden im Médoc und in Graves kultiviert, wo er in den weltberühmten Crus Classés (Seite 161) stets die Haupttraube bildet, immer aber mit Merlot, Cabernet franc und manchmal auch mit PETIT VERDOT verschnitten wird. Im Médoc stellt er den größten Bestandteil der in ihrer Jugend meist strengen und kargen Weine von St-Estèphe, in den dichten, mineralduftigen Weinen von Pauillac, in so manchem üppigen, seidigen Margaux und in den schön ausgewogenen und haltbaren Weinen von St-Julien. Er bringt in die Weine von Graves Frische und Langlebigkeit und jenen Anflug von warmen Ziegelsteinen ein, wie er in manchen Gewächsen aus Pessac-Léognan anzutreffen ist.

Angebaut wird er aber auch in den um Bordeaux herum gelegenen Appellationen Südwestfrankreichs, wo ihn nur der Tannat aus Madiran an Tanninherbe übertrifft. Bergerac und Buzet sind seine Hochburgen.

An der Loire halten einige Winzer an ihm fest (obwohl Cabernet franc hier besser reift), doch die übrige Anbaufläche von Cabernet Sauvignon in Frankreich liegt im Süden. In der Provence ergibt die Traube in Mischung mit der würzigeren SYRAH ambitionierte, eichenfassgereifte Weine mit großer Haltbarkeit. Im Languedoc werden ihr dagegen nur zu oft übermäßig hohe Erträge abverlangt, und so liefert sie eher dürftigen, hohlen Vin de Pays; aber auch wirklich feiner Wein kommt in immer größerem Umfang zustande.

In Italien zeichnet Cabernet Sauvignon verantwortlich für einige äußerst feine Weine, vor allem die Supertoskaner (Seiten 218 bis 223), in denen er sich mit SANGIOVESE als Verschnittpartner hervorragend verträgt, aber auch für manchen guten Tropfen aus Piemont oder gar Sizilien. (Cabernet Sauvignon bewährt sich in warmen Regionen, weil er bei langsamer Endreife schöne Säure behält.) Die meisten kurz als »Cabernet« bezeichneten Weine Nordostitaliens enthalten mehr Cabernet franc als Cabernet Sauvignon.

Im östlichen Mitteleuropa wird Cabernet Sauvignon ebenfalls verbreitet angebaut. Eindeutiges Potenzial zeigt er in Moldova und der Ukraine, dagegen ist in Russland der frosthärtere CABERNET SEVERNY brauchbarer. Im Weinbau Bulgariens, Rumäniens und des ehemaligen Jugoslawien, in geringem Umfang auch in Österreich und Ungarn, spielt Cabernet Sauvignon eine bedeutende Rolle. Die dort entstehenden Cabernets sind nicht so vornehm wie ihre Vorbilder aus Bordeaux, eher intensiv fruchtig (wobei rote und nicht schwarze Frucht vorherrscht) und kaum je mit Eichenholzaroma versehen, außer gelegentlich durch überzogene Behandlung mit Eichenspänen.

In Portugal ist Cabernet Sauvignon selten und in Spanien ebenfalls noch relativ wenig anzutreffen. Allerdings führt die schleichende Internationalisierung des spanischen Weinbaus doch zur Entstehung von immer mehr rein von dieser Sorte gekelterten Weinen und zu Verschnitten mit größerem Cabernet-Anteil. In Navarra beweist Cabernet Sauvignon, dass er sich gut mit TEMPRANILLO verträgt, und auch in Penedès findet er weitgehend Anklang. Auch in anderen Mittelmeerländern, speziell im Libanon und in Israel, gedeiht die Rebe gut.

Viele der beliebtesten und einige der besten Weine Südafrikas sind Cabernets mit höchst inte-

Im Reich des Rotweins tragen die Cabernets die Krone, ob Cabernet franc – hier in den offenen Gärfässern von Chinon (ganz oben) – oder Cabernet Sauvignon mit seinen dunklen, fast schwarzblauen Trauben – wie im Napa Valley in Kalifornien (oben).
Cabernet Sauvignon zeigt besondere Affinität für die Terra Rossa, den ungewöhnlichen, gut durchlässigen roten Boden von Coonawarra (rechts) in Südaustralien.

ressanten regionalen Unterschieden. Die Weinerzeuger am Kap neigen zu völlig reinem Cabernet Sauvignon ohne mildernden Merlot oder würzenden Cabernet franc, wie es ja auch in Kalifornien anfänglich beim Aufkommen der »Varietals« der Fall war. Dort und vor allem im nördlichen Kalifornien sind große, prachtvolle, extrem reife Cabernets entstanden, zum Teil mit monströser Tanninstrenge (und gelegentlich auch Säure), doch inzwischen herrscht geschickte Weinbereitung vor. Es hat sich auch ein wachsendes und immer genaueres Verständnis für die Eigenart bestimmter Bereiche in Napa und Sonoma und für die Art, diese besonders schön zur Geltung zu bringen, entwickelt. Außer am Südende scheint das Napa Valley in weiten Teilen besonders gut für den Anbau von Cabernet Sauvignon geeignet zu sein, und so eröffnet sich wohl auf lange Sicht einer der reichsten Jagdgründe der Welt für Liebhaber von Cabernet-Wein, der lange reifen kann (allerdings nicht so lange wie Bordeaux). Viele feine Cabernets aus Kalifornien weisen einen Anklang an Minze, andere wieder erdige Art auf. Immer öfter entstehen hier unter der Bezeichnung Meritage auch Verschnitte nach dem Rezept von Bordeaux.

Im Staat Washington gedeiht der Merlot meist besser als der dort genauso stark verbreitete Cabernet Sauvignon; einige besonders anregende Ausnahmen bestätigen nur die Regel. In Texas hat der Cabernet wohl auch eine Zukunft, in Oregon dagegen macht die Reife Schwierigkeiten.

Nach Südamerika gelangten die ersten Cabernet-Stecklinge schon vor über hundert Jahren. Der chilenische Weinbau wurde eigentlich auf dieser Sorte aufgebaut. (Concha y Toro, das größte Unternehmen Chiles, behauptet, die umfangreichste Cabernet-Sauvignon-Anbaufläche der Welt zu besitzen.) Chilenischer Cabernet, zumeist von noch ungepfropften Reben, weist sehr geradlinigen, fruchtigen Geschmack auf, aber gewöhnlich ohne den Minzeton, wie er in Teilen Kaliforniens und Australiens anzutreffen ist.

Australien hat die dort am besten für Cabernet Sauvignon geeignete Gegend früher gefunden, als es für andere Rebsorten geschehen ist: Coonawarra mit seinem Terra-Rossa-Boden im äußersten Süden Südaustraliens. Hier entstehen Weine mit bemerkenswert kräftiger Säure und mit so starken Eukalyptusnoten, dass sie in der Jugend fast wie Hustenmedizin schmecken, doch im Alter entfalten sie sich oft superb. Auch am Margaret River in Westaustralien wachsen große, vornehme Cabernets, und weitere feine Beispiele kommen aus allen Teilen Victorias sowie aus dem Hunter Valley. Manchmal wird Cabernet mit dem vollmundigen SHIRAZ verschnitten und beide können einander sehr schön ergänzen.

In Neuseeland fällt Cabernet Sauvignon vielfach zu krautig und säurereich aus, die besten Vertreter aus Hawkes Bay und Waiheke zeigen aber frische, lebendige Art. In vielen Weinbauregionen wird Cabernet seiner langsamen Entwicklung wegen zugunsten anderer Rotweintrauben, vor allem Merlot, aufgegeben. Vielleicht wird Cabernet Sauvignon in einem oder zwei Jahrzehnten exklusiver als heute die Domäne ambitionierter Weinerzeuger sein.

Cabernet Severny Eine durch Kreuzung mit mongolischen Rebsorten gezüchtete CABERNET-SAUVIGNON-Variante mit speziell auf russische Winter abgestimmter Frosthärte.

Cadarca Rumänisch für KADARKA.

Calabrese Anderer Name für NERO D'AVOLA.

Caladoc Neuzüchtung GRENACHE u MALBEC aus Südfrankreich.

Canaiolo Eine zunehmend populäre Zutat im Chianti-Rezept.

Cannonau Auf Sardinien gebräuchlicher Name für GRENACHE.

Carignan, in den USA **Carignane**, in Italien **Carignano**, in Spanien **Cariñena**. Die verbreitetste, leider aber nicht die charaktervollste Rebsorte Frankreichs. Sie wurde als Ersatz für den in den Frösten von 1956 und 1963 zugrunde gegangenen ARAMON gewählt, nicht nur weil sie sehr ertragreich ist, sondern auch weil sie spät austreibt und daher selten Frostschäden erleidet. Sie reift aber auch sehr spät und eignet sich deshalb nur für den Anbau in warmem Klima, wo sie tannin- und säurereichen, oft rustikal nach heißen Beeren riechenden Wein hervorbringt. Um dem entgegenzuwirken, wird Carignan im Languedoc-Roussillon, wo die Traube sogar in AC-Weinen vorherrscht, in Kohlensäuremaischtechnik (Seite 78) verarbeitet. Den umfangreichen Weinbergrodungen, die im Midi im Rahmen des Kampfs gegen den europäischen Weinüberschuss stattfinden, fällt die Carignan-Rebe bei weitem am meisten zum Opfer, weil sie oft in niedrigen Büschen gezogen wurde, die sich nicht für die maschinelle Ernte eignen. Sehr alte Carignan-Weinstöcke bringen jedoch in heißem Klima dunklen, warmen, vollen Wein hervor. Auch aus Kalifornien kommen recht achtbare Beispiele, und Carignano del Sulcis aus dem Süden Sardiniens ist ebenfalls gut. Der Ursprung der Sorte liegt in Spanien, wo sie in Costers del Segre, Penedès, Tarragona und Terra Alta noch angebaut wird. In Rioja spielt sie unter dem Namen **Mazuelo** eine untergeordnete Rolle.

Carmenère Seltene alte Rebsorte aus Bordeaux, heute in Chile, wo man sie lange Zeit für MERLOT hielt, verbreitet anzutreffen. Sie ist dabei, eine eigene, ausgeprägtere Identität zu finden.

Carmenet Im Médoc gebräuchlicher Name für CABERNET FRANC.

Carnelian 1936 in Kalifornien von CARIGNAN, CABERNET SAUVIGNON und GRENACHE gezüchtete Sorte. Sie war als Cabernet für heißes Klima gedacht und wird noch heute in gewissem Umfang im kalifornischen Central Valley und in Texas angebaut.

Castelão Frances Vielseitige und charaktervolle Rebsorte in Südportugal, auch als Periquita, João de Santarém oder Santarém, Mortágua und Trincadeira Preta bekannt. Ihre Weine sind fruchtig, relativ vollmundig und recht haltbar.

Catawba Amerikanische Hybridrebe mit dunkelrosa Trauben. Sie wird im Staat New York verbreitet angebaut und bringt tief roséfarbene bis hellrote Weine mit strengem Geschmack hervor.

Cencibel In La Mancha und Valdepeñas gebräuchlicher Name für TEMPRANILLO.

Cesanese Rebsorte in Latium.

Chambourcin Speziell für feuchtes Klima gezüchtete französische Hybride. In der Muscadet-Region populär und in einem besonders feuchtwarmen Teil von Neusüdwales durch Cassegrain eingeführt. Ihr dunkler, aromatischer Wein weist keine Spuren der nicht europäischen Vorfahren auf.

Chancellor Im Staat New York angebaute ertragreiche französische Hybridrebe.

Charbono Ungewöhnliche Spezialität in Kalifornien, liefert im Napa Valley gelegentlich sortenreine Weine. Experten vermuten, dass es sich um DOLCETTO aus Piemont handelt.

Chenin noir Anderer Name für PINEAU D'AUNIS.

Chiavennasca Im Veltlin gebräuchlicher Name für NEBBIOLO.

Ciliegiolo In Mittelitalien angebaute Traube mit an Kirschen erinnerndem Geschmack.

Cinsaut, Cinsault In Südfrankreich und Korsika (wo sie jetzt weitgehend gerodet wird) verbreitete Rebsorte. Mit ihrer hellen Farbe und ihrem sanften Duft eignet sie sich besonders für Roséwein, jedoch gibt sie nur bei niedrigen Erträgen einige Geschmacksfülle ab. Gegenüber GRENACHE hat die Traube den Vorteil, dass sie sich bequem maschinell ernten lässt, und so kam es in den 1970er- und 1980er-Jahren in Südfrankreich, besonders in den Départements Aude und Hérault, zunehmend zu Neuanpflanzungen. Cinsaut bringt auch Duft und Frucht in die Weine von Minervois und Corbières ein. Ihrer Dürreverträglichkeit wegen eignet sich die Sorte für den Anbau in Nordafrika, Libanon, Israel und Südafrika, wo sie als Elternteil der Neuzüchtung PINOTAGE Berühmtheit erlangt hat. In Süditalien heißt sie **Ottavianello**.

Colorino Selten gewordene Farbtraube in der Toskana.

Concord Die »fuchsigste« Amerikaner Rebe mit dem stärksten nicht europäischen Aroma wird im Staat New York und in Brasilien angebaut.

Corvina, Corvina veronese Neben RONDINELLA und MOLINARA die feinste Zutat im Valpolicella und Bardolino; besonders gut für Weine von getrockneten Trauben, zum Beispiel Amarone.

Côt, Cot Anderer Name für MALBEC.

Couderc noir Französische Hybridrebe; wird im Languedoc inzwischen aufgegeben.

Counoise Seltene Zutat im roten Châteauneuf-du-Pape. Der Wein ist oft pfefferig und erfreulich säurereich.

Criolla chica PAIS/MISSION in Argentinien.

Croatina Spät reifende, ertragreiche Sorte; liefert saftigen Wein mit kräftigem Biss. Siehe auch BONARDA.

Currant Vor allem in Griechenland und Australien angebaute Sorte für die Rosinenproduktion.

Delaware Amerikanische Hybridrebe mit dunkelrosafarbenen Trauben; sie wird im Staat New York und vor allem in Japan angebaut, wo ihre frühe Reife willkommen ist. Das Aroma ist europäischer als bei CONCORD.

Dolcetto Die Sorte – ihr Name »kleiner Süßer« bezieht sich auf die Armut an Säure – ist nach BARBERA die meistangebaute Rotweintraube von Piemont; ihr Wein schmeckt in der Jugend köstlich vollmundig. Sie reift leichter als NEBBIOLO und sogar Barbera und kann daher auch in Nordlagen angebaut werden. Auch in Nord- und Südamerika wird sie in geringem Umfang kultiviert.

Domina Deutsche Neuzüchtung, in kühlen Lagen sehr brauchbar. Ihr Wein ist nicht charaktervoll.

Dornfelder Die erfolgreichste deutsche Neuzüchtung bei Rotweintrauben; sie liefert vor allem in Rheinhessen und der Pfalz saftige, tiefdunkle Weine. In Anbau und Reife ist sie bei starken Erträgen günstiger als SPÄTBURGUNDER, PORTUGIESER und LIMBERGER.

Dunkelfelder Tiefdunkle, aber ansonsten wenig charaktervolle deutsche Neuzüchtung.

Durif Rebsorte aus Südfrankreich; am bekanntesten wurde sie dadurch, dass sie eng verwandt ist mit der PETITE SIRAH in Kalifornien.

Early Burgundy Kalifornische Rebsorte, inzwischen als ABOURIOU identifiziert.

Espadeiro Ertragreiche Traubensorte; liefert in Galicien und im Vinho-Verde-Land meist recht dünnen Wein.

Fer, Fer Servadou Spezialität von Marcillac; ihr Anbau wird auch anderswo in Südwestfrankreich gefördert. Als **Brocol** in Gaillac und **Pinenc** in Madiran bringt sie rustikalen, rauchigen Geschmack in die Weine ein. Auch in den unbekannteren Bereichen Entraygues und Estaing spielt sie eine große Rolle. In Argentinien wird unter dem Namen Fer offenbar ein Klon von MALBEC angebaut.

Franconia Siehe BLAUFRÄNKISCH.

Frankovka Siehe BLAUFRÄNKISCH.

Frappato Eine sizilianische Traubensorte.

Freisa Traubensorte in Piemont; sie erbringt hellen, aber ziemlich tanninreichen, strengen Wein, oft perlend und lieblich.

Gaglioppo Rebsorte in Kalabrien, die dafür bekannt ist, dass sie alkohlstarke Weine liefert.

Im Beaujolais kühlen bei Chiroubles bereits Herbstnebel die Gamay-Reben (links), während in Châteauneuf-du-Pape (rechts) noch die Grenache-Trauben in der Hitze reifen, die von den galets *genannten großen, hellen Steinen zurückgestrahlt wird.*

Gamay Die Beaujolais-Traube heißt mit vollem Namen **Gamay noir à jus blanc** im Unterschied zu den vielen rotfleischigen **Gamays teinturiers**, die früher in Frankreich angebaut wurden und jetzt in Osteuropa anzutreffen sind. Gamay ist in jeder Hinsicht früh, das heißt die Rebe ist frostgefährdet, bringt ihre Trauben aber auch in kühlen Gegenden, zum Beispiel an der Loire, zur Reife. Ihre Weine sind meist hell, zeigen oft einen blauen Schimmer und lassen sich vage als »frisch und fruchtig« charakterisieren. Rasche Verarbeitung durch Kohlensäuremaischung (Seite 78) bringt ihre Nouveau-Weine früh auf den Markt und ruft kräftiges Aroma von Bananen/Birnen/Nagellackentferner hervor. Gamay-Wein ist nur selten für lange Lagerung gedacht, wirkt aber kühl serviert dank wenig Tannin- und viel Säuregehalt sehr erfrischend. Die Gamay-Rebe wird auch im Mâconnais, in der Touraine und anderen Gegenden, etwa Châteaumeillant, Coteaux du Lyonnais, Coteaux du Giennois, Côtes d'Auvergne, Côtes du Forez, Côte Roannaise und St-Pourçain, kultiviert. Im Mâconnais und in der Schweiz wird Gamay oft mit etwas PINOT NOIR zu Passetoutgrain bzw. Dôle verschnitten. Außerhalb Frankreichs ist Gamay nur in der Schweiz stärker verbreitet, aber auch im östlichen Mitteleuropa anzutreffen, wo er oft mit BLAUFRÄNKISCH verwechselt wird.

Gamay Beaujolais Kalifornischer Name vermutlich für einen Klon von PINOT NOIR.

Gamé Bulgarischer Name für BLAUFRÄNKISCH.

Gamza Bulgarischer Name für KADARKA.

Garnacha, Garnacha tinta Name der GRENACHE-Traube in ihrer Heimat Spanien. Garnacha tintorera (die »Färberversion«) ist der spanische Name für ALICANTE BOUSCHET; die Sorte wird vor allem in Almansa viel angebaut.

Garrut Katalonische Spezialität; ihr strenger Wein schmeckt oft nach Süßholz.

Graciano Seltene, aber feine, duftige Traube in Rioja; sie wurde leider wegen ihres schwierigen Anbaus weitgehend aufgegeben. Fast mit Bestimmtheit ist sie identisch mit dem ebenfalls seltenen MORRASTEL im Languedoc sowie **Xeres** in Kalifornien. In Argentinien wird eine Sorte namens **Graciana** angebaut.

Grand Noir, Grand Noir de la Calmette Eine im Languedoc und in Cognac erfreulicherweise rasch verschwindende, ertragsstarke Rebsorte mit rotem Fruchtfleisch.

Grenache, Grenache noir Die aufgrund ihrer Popularität in Spanien und Südfrankreich meistangebaute dunkle Rebsorte wurde im Mittelalter offenbar durch das Haus Aragon um das ganze Mittelmeer herum verbreitet – allerdings behauptet Sardinien (wo die Sorte Cannonau heißt), sie habe dort ihren Ursprung. Die ausgesprochen für heißes Klima geeignete Rebsorte braucht strengen Schnitt, damit sie keine übermäßigen Erträge bringt; ansonsten ist ihr Wein hell und recht alkoholstark mit würzigem, süßem Geschmack. Wie bei CINSAUT sind die Trauben dünnschalig und der Most oxidiert leicht, erbringt aber gute Rosés. Meist – selbst in seiner Heimat Châteauneuf-du-Pape – wird Grenache mit an Farbe und Tannin reicheren Sorten wie SYRAH und MOURVÈDRE verschnitten und ist in allen feinen Rot- und Roséweinen von der südlichen Rhône sowie als zulässiger Bestandteil in den meisten AC-Weinen im Languedoc-Roussillon enthalten. Seine charaktervollsten Erzeugnisse sind die Vins Doux Naturels von Banyuls, Maury und Rivesaltes. Grenache wird im gesamten Mittelmeerraum kultiviert; als GARNACHA TINTA ist die Sorte die wichtigste Rotweintraube Spaniens und außer in Andalusien überall verbreitet. In Rioja liefert sie saftigen Füllstoff zum festeren TEMPRANILLO. Der Priorato stellt Spaniens feinste Verkörperung der Garnacha tinta dar (manchmal unter Einschluss von **Garnacha peluda** bzw. LLADONER PELUT).

In Kalifornien und Australien wird Grenache ebenfalls viel angebaut, vorwiegend in heißen Bewässerungsgebieten, wo bei sehr hohen Erträgen kein interessanter Wein entstehen kann. Da der Markt inzwischen zunehmend nach Rhône-ähnlichen Weinen verlangt, werden ältere Reben nur in bewässerungsfreiem Anbau sehr gepflegt. In Kalifornien hat der Erfolg des White Zinfandel den White Grenache angeregt.

Grignolino Spezialität von Piemont für leichte, duftige Aperitifweine; auch im Napa Valley in Kalifornien wird sie vereinzelt angebaut.

Grolleau, Groslot Einfache, neutrale Rotweintraube an der mittleren Loire; sie wird oft mit GAMAY zu schlichten Roséweinen, v. a. Rosé d'Anjou, verarbeitet.
Gropello Rotweintraube in der Lombardei.
Harriague In Uruguay gebräuchlicher Name für TANNAT.
Helfensteiner Deutsche Neuzüchtung; Elternrebe des interessanteren DORNFELDERS.
Heroldrebe Ebenfalls eine Elternrebe des DORNFELDERS; wird in der Pfalz für Rosé angebaut.
Isabella Recht weit verbreitete *Labrusca*-Rebe (Seite 96); wird vorwiegend in Südamerika, im Staat New York und in Russland angebaut.
Jaen Sehr einfache Traube in Zentralspanien; ferner der Name einer am Dão in Portugal angebauten Sorte.
João de Santarém Name der CASTELÃO FRANCES in Ribatejo.
Kadarka Die ungarische Rotweintraube (eigentlich stammt sie aus Albanien) wird von den weniger fäuleanfälligen, früher reifenden Sorten KÉKFRANKOS und KÉKOPORTO verdrängt. Bei eingeschränktem Ertrag liefert sie volle, tanninherbe Weine; kommt auch in seltenen, besonders guten Stierblutversionen vor. Sie wird auch im Burgenland, in der Wojwodina, als **Cadarca** in Rumänien und als **Gamza** in Bulgarien angebaut.
Kékfrankos, Kékoporto Ungarische Namen für BLAUFRÄNKISCH und Blauen PORTUGIESER (kék bedeutet blau).
Lagrein Spezialität in Südtirol; liefert vollmundige Rot- und Roséweine.
Lambrusco Ertragreiche Traubensorte für oft lieblichen und perlenden Rotwein in der Emilia-Romagna. Es sind etwa sechzig Varianten bekannt.
Lemberger, Limberger Siehe BLAUFRÄNKISCH.
Limnio Alte griechische Traubensorte, liefert tiefe Weine mit mineralischem Duft und kräftigem Tannin.
Lladoner Pelut, Lledoner Pelut Gegen Fäule weniger empfindliche Form von GRENACHE, wird im Languedoc-Roussillon sowie als **Garnacha peluda** in Nordostspanien angebaut.
Magaratch Ruby Kreuzung CABERNET SAUVIGNON u SAPERAVI.
Malbec Als **Côt** in Südwestfrankreich und an der Loire, als **Pressac** in Teilen von Bordeaux, insbesondere in Bourg und Blaye, als **Auxerrois** in Cahors (dort die Hauptsorte) und als **Malbeck** in Argentinien (dort in der Rotweinerzeugung vorherrschend) verbreitet. Die Rebe ist in kühleren Gegenden recht fragil und liefert rustikale Weine, kann aber in Cahors sowie vor allem in der Region Luján de Cuyo in Mendoza (Argentinien) dunkle, intensiv reife, samtige und langlebige Weine hervorbringen. Wegen ihrer starken Verbreitung in Argentinien galt sie dort als drittrangig. Außenstehende haben aber der systematischen Verdrängung durch Cabernet Sauvignon, der ja fast überall in der Welt wächst, Einhalt geboten. Auch in Chile, Australien, Kalifornien und Nordostitalien wird die Sorte kultiviert.
Malvasia nera Dunkle Verwandte der MALVASIA-Traube; tritt von Piemont und Südtirol über Sardinien bis zu den Liparischen Inseln meist in Form von süßem Rotwein auf.
Mammolo Selten gewordener veilchenduftiger Bestandteil des Chianti.
Mandelaria Traube auf den griechischen Inseln; sie liefert dunkle, relativ leichte Weine für Verschnitte.
Maréchal Foch Sehr früh reifende, in Kanada, New York, früher auch an der Loire stark verbreitete französische Hybridrebe. Die Weine weisen attraktive Erdbeerfrucht auf.
Marzemino Liefert in Norditalien lebendige Weine.
Mataro Veralteter, vor allem in Australien und Kalifornien gebräuchlicher Name für die in Mode gekommene MOURVÈDRE-Rebe.
Mavro (griech.: schwarz) Name der verbreitetsten Rotweintraube auf Zypern.
Mavrodaphne Griechische Rebsorte, liefert um Patras einen vollen, Port-ähnlichen Wein.
Mavrud Auf dem Balkan angebaute Rebe; erbringt intensiv vollen, trockenen und tanninherben Wein, vor allem als Spezialität von Assenovgrad bei Plovdiv in Bulgarien.
Mazuelo Name von CARIGNAN in Rioja.
Melnik Kurzname der bulgarischen Sorte SHIROKA MELNISHKA LOSA.

Links: Merlot-Trauben im Château Palmer (Bordeaux).
Rechts: Die dünne Beerenhaut macht die Merlot-Traube besonders anfällig für Pilzkrankheiten, daher ist regelmäßiges Spritzen (hier in St-Emilion) unumgänglich.

Mencía In Nordwestspanien verbreitete Sorte, die leichte, luftige Rotweine erbringt. In Spanien hält man sie für eine Variante von CABERNET FRANC, anderswo verbindet man sie eher mit SYRAH.

Merlot, Merlot noir Die Traube ist zusammen mit CABERNET FRANC der berühmte Verschnittpartner für CABERNET SAUVIGNON, wird vermutlich aber mehr angebaut als die beiden anderen Sorten. Sie bringt meist vollmundigen, samtigen, früh reifenden Wein hervor, der die strengere Art des Cabernet mildert. Merlot ist ein zeitgemäßer Wein, der insbesondere in den USA große Popularität genossen hat.

In seiner Heimat Bordeaux ist er die meistangebaute Traube und der Hauptbestandteil vieler einfacher AC-Weine. Seine größten Erfolge erbringt der Merlot auf dem rechten Gironde-Ufer in Pomerol (wo er nur mit minimalen Mengen von Cabernet franc verschnitten wird) und in St-Emilion (wo Cabernet franc und manchmal auch Cabernet Sauvignon eine größere Rolle spielen). Trotz ihrer Reputation als früh genussreife und ansprechende Rebsorte können Spitzengewächse viele Jahrzehnte überdauern – mir ist das Glück zuteil geworden, im Château Ausone einen Wein von der Mitte des 19. Jahrhunderts kosten zu dürfen, der so lebendig war wie die Schlossherrin selbst.

Wie die beiden Cabernets ist auch Merlot in ganz Südwestfrankreich verbreitet, insbesondere in Bergerac und in Cahors, wo er den üblichen Verschnittpartner für MALBEC bildet. Auch im Languedoc wird er (oft mit mehr Erfolg als Cabernet Sauvignon) angebaut und liefert dort saftigen, fülligen Vin de Pays.

Nicht nur als Wein, auch als Traube reift Merlot früher als Cabernet Sauvignon, ist aber nicht so fäuleresistent und bei ungünstigem Wetter zur Blütezeit anfällig für Verrieseln (Seite 69). Meist gilt die Sorte als besonders geeignet für feuchte, schwere Böden.

Fast zwei Drittel des Merlot-Bestands der Welt stehen in Frankreich, der Rest befindet sich größtenteils in Nordostitalien, vor allem in Friaul, wo die Traube fülligere Weine hervorbringt als der an sich vorherrschende Cabernet, und zwar in Qualitäten vom einfachen, leichten Sortenwein bis zu vollen, konzentrierten *barrique*-gereiften Gewächsen, häufig im Verschnitt mit Cabernet und Sangiovese. Das gilt ebenso für die im Tessin produzierten Merlots. Auch in Rumänien, Bulgarien und Moldova wird die Sorte in großen Mengen

angebaut; ihr Wein ist oft nur schwer vom dortigen Cabernet zu unterscheiden.

In Nord- und Südamerika wird Merlot ebenfalls recht verbreitet kultiviert; im Staat Washington bewährt er sich durch Charme, frische Säure und gute Farbe. In Kalifornien hat er sich mit schöner Frucht als sortenreiner Wein Popularität errungen, aber auch als Bestandteil von Meritage-Verschnitten ist er beliebt. Allerdings hat der in Kalifornien ebenfalls erzeugte Merlot einfachsten Zuschnitts (roter Chardonnay sozusagen) seinem Ruf geschadet.

In Chile hat sich der Merlot einen idealen Standort erobert: Apalta in Conchagua. Die besten Beispiele zeigen ähnlichen Glanz wie in Kalifornien, aber noch ausdrucksvollere Frucht (siehe CARMENÈRE). Der Merlot Argentiniens hat keine so eindeutige Identität – argentinische Rotweine zeichnen sich dank der Gunst des Klimas sowieso durch große Reife aus.

In Australien und Neuseeland wird Merlot als Verschnittpartner für Cabernet angebaut; eigenständige sortenreine Versionen sind noch nicht in Erscheinung getreten. Südafrika hingegen hat schon Beispiele dafür gebracht, wie herrlich ein in warmem Klima gereifter Merlot ausfallen kann.

Meunier Siehe PINOT MEUNIER.

Mission Die älteste, jedoch nicht charaktervollste, eher raue Traube Kaliforniens ist mit PAIS in Chile und Criolla chica in Argentinien verwandt. Siehe auch MONICA.

Molinara Säurereiche Zutat im Valpolicella.

Monastrell Spanischer Name für MOURVÈDRE, auch **Mataro** genannt.

Mondeuse Eine höchst charaktervolle Traube in Savoyen; sie gilt als identisch mit REFOSCO in Friaul und liefert würzigen, saftigen Wein.

Monica Schlichte Sorte auf Sardinien; möglicherweise mit MISSION verwandt.

Montepulciano Italienische Traubensorte, gelangt nur in der Südhälfte des Landes zur Reife und liefert vor allem in den Abruzzen preiswerte, kräftige, charaktervolle Weine.

Morellino Name für SANGIOVESE im Westen der Toskana.

Moreto Schlichte Rebsorte in der portugiesischen Region Alentejo.

Moristel Spezialität von Somontano (Spanien). Der rasch oxidierende Wein der empfindlichen Rebe eignet sich am besten für Verschnitte.

Morrastel Seltene Sorte im Languedoc; vermutlich identisch mit GRACIANO. In Spanien auch der Name für Monastrell (MOURVÈDRE). In Nordafrika steht Morrastel sowohl für Graciano als auch für Mourvèdre.

Mortágua CASTELÃO FRANCES in Westportugal.

Mourisco tinto Einfache Portweintraube.

Mourvèdre Die modische Traubensorte tritt am stärksten in Bandol, aber auch an vielen anderen Stellen Südfrankreichs auf; unter dem Namen **Monastrell** ist sie in Südostspanien dagegen so häufig, dass sie die zweitmeist angebaute Sorte des Landes bildet. In Kalifornien und Australien galt sie jahrelang unter dem Namen **Mataro** als schlichtes Verschnittmaterial, heute geht sie in Rhône-ähnliche Weine der höheren Preisklasse ein. Sie braucht warme Lage und Witterung, um voll auszureifen; ihr Wein ist dunkel, alkoholstark und urwüchsig. Besonders gut sind Verschnitte mit der festeren SYRAH.

Müllerrebe Deutscher Name für PINOT MEUNIER.

Muscardin Lebendige, jedoch seltene Traube in Châteauneuf-du-Pape.

Muscat Hamburg, Black Muscat Beliebte Tafeltraube; sie kann selbst in England zur Reife gebracht werden und liefert in Osteuropa leichte, traubige Rotweine. Auch für den aufstrebenden Weinbau Chinas und Japans sehr wichtig.

Napa Gamay Aussterbende Spezialität Kaliforniens; vermutlich VALDIGUIÉ.

Nebbiolo Italiens edelste Rebe, eine Spezialität von Piemont. Wie PINOT NOIR stellt sie hohe Ansprüche an Lage und Boden und bringt beide stark zum Ausdruck. Als späte Sorte wird sie in ganz Piemont nur in Lagen angebaut, in denen sie gut zur Reife gelangen kann, und erreicht ihren Höhepunkt in Barolo und Barbaresco an Hängen, die im Herbst oft in Nebel (*nebbia*, daher vermutlich der Name) gehüllt sind. Im Norden Piemonts liefert sie als **Spanna** Weine wie Gattinara und Ghemme, und im Valtellina heißt sie **Chiavennasca**. Im Valle d'Aosta und im Nordwesten Piemonts, wo sie den Carema erbringt, wird sie **Picutener** genannt.

Nebbiolo-Wein ist ausgesprochen säure- und tanninreich; deshalb müssen die Trauben gut ausreifen, damit sie genügend Frucht als Gegengewicht für die Strenge liefern. Die Weine können sehr dunkel sein (werden aber auch leicht braun), erinnern im Duft oft an Teer, Rosen und Veilchen und verlangen ausgedehnte Reifezeit und gute Pflege.

In Kalifornien und in Argentinien wird Nebbiolo in geringem Umfang kultiviert.

Negramoll Siehe TINTA NEGRA MOLE.

Négrette Spezialität im Frontonnais; erbringt geschmeidigen, duftigen, jung zu trinkenden Wein.

Negroamaro (»Schwarzer Bitterer«) In Süditalien, vor allem in Apulien, verbreitet angebaute und zu schweren, haltbaren Rotweinen, zum Beispiel Salice Salentino, Squinzano und Copertino, sowie zu guten Rosés verarbeitete Traube.

Nerello, Nerello mascalese In Sizilien verbreitete Rebsorte; ihr Wein ist leichter als NERO D'AVOLA, besonders als Rosé lieblich und duftig.

Nero d'Avola Eine der seriösesten Rotweintrauben Siziliens, auch **Calabrese** genannt. Der sehr fruchtige Wein kann durch Fassausbau gewinnen.

Nielluccio Auf Korsika verbreitete Traube; wird oft mit dem charaktervollen SCIACARELLO verschnitten.

Ojo de Liebre Name für TEMPRANILLO im Penedès.
Ormeasco Ligurischer Name für DOLCETTO.
Ottavianello In Süditalien verbreitete Traube, vermutlich CINSAUT.
Pais Die im Süden Chiles für sehr einfachen Wein angebaute Traube wurde von den spanischen Conquistadores ins Land gebracht; sie ist identisch mit MISSION in Kalifornien und Mexiko.
Pamid In Bulgarien verbreitet angebaute Rebsorte.
Periquita Name für CASTELÃO FRANCES in Arrábida, Palmela und Teilen von Ribatejo.
Perricone Sanfte Traube in Sizilien.
Petite Sirah Erbringt in Kalifornien und in Mexiko robuste, tanninreiche, erdige Weine. Obwohl weniger elegant als SYRAH, ist sie vermutlich mit ihm verwandt, ebenso mit DURIF.
Petit Verdot Spät reifender Bestandteil im klassischen Bordeaux-Verschnitt; bringt in warmen Jahren angenehme, pfefferige Würze ein. In Kalifornien wird die Traube für Meritage-Verschnitte (siehe CABERNET SAUVIGNON) vereinzelt angebaut.
Piedirosso Spezialität in Kampanien.
Pignolo Rebsorte in Friaul mit lebendigem, charaktervollem Wein.
Pineau d'Aunis Von CABERNET FRANC nach und nach verdrängte Rebsorte an der mittleren Loire, erbringt leichten fruchtigen Wein.
Pinenc Name für FER in Madiran.
Pinot meunier Die in der Champagne meistangebaute Traube bringt jugendliche Frucht in Verschnitte mit CHARDONNAY und PINOT NOIR ein. Als Müllerrebe (der Name stammt vermutlich von der weiß bestäubten Unterseite der Blätter) wird sie in Württemberg angebaut, und auch in Victoria (Australien) liefert sie sortenreine Weine.
Pinot noir Die rote Burgundertraube ist imstande, himmlisch duftende, prachtvoll fruchtige Weine hervorzubringen, hat aber auch ihre Launen. In Burgund verleiht sie oft winzigen Unterschieden in Lage und Boden (dem *terroir*) schönen Ausdruck. In jungem burgundischem Pinot noir finden sich Nuancen von Himbeeren, Erdbeeren, Kirschen und Veilchen, die sich im Alter zu einem Bukett von Wild, Süßholz sowie herbstlichem Waldboden verdichten.

Die in Ostfrankreich schon seit undenklicher Zeit heimische Rebsorte ist sehr mutationsfreudig (siehe PINOT GRIS, PINOT BLANC und GOUAIS BLANC), sodass verschiedene Klone enorme Unterschiede in der Weinqualität aufweisen. Die Anpflanzung des falschen Klons an der falschen Stelle ist oft der Grund für die großen Qualitätsunterschiede zwischen roten Burgundern und Pinot-noir-Weinen anderer Herkunft. Auch auf die ihm zugemutete Ertragsmenge reagiert der Pinot noir höchst empfindlich; zahlreiche nichts sagende Weine sind lediglich auf Übererträge zurückzuführen. Die Frucht kommt relativ früh zur Reife (Chardonnay und Pinot noir werden in Burgund oft gleichzeitig gelesen); daher eignet sich die Sorte nicht für sehr warme Gegenden, wo die Säure so rasch abgebaut wird, dass keine Zeit zur Entfaltung interessanter Geschmacksnoten bleibt. Andererseits entsteht in kühleren Gegenden an der dünnen Beerenhaut leicht Fäule durch Herbstregen, was zu blassen Weinen führt. Wer Pinot noir anbaut, hat kein leichtes Leben.

Lange Zeit galt es als ausgemacht, dass es außerhalb Burgunds fast unmöglich sei, guten Pinot noir zu erzeugen, doch die frühen 1990er-Jahre haben eindeutig den Gegenbeweis erbracht – wenn es auch den feinen Pinots noirs der neuen Welle aus der Neuen Welt noch am Ausdruck der Herkunft fehlt, bieten sie doch für ihren Preis oft mehr Genuss als der durchschnittliche Burgunder.

Oregon im Pazifischen Südwesten der USA hat seine Reputation im Weinbau auf Pinot noir aufgebaut (vermutlich angeregt durch das ausgesprochen burgundisch feuchte Herbstwetter). Erstaunlicherweise herrscht auch in Kalifornien kein Mangel an Lagen, die dank der Meeresnebel so kühl sind, dass die Pinot-Trauben schöne, fruchtige Noten und feste Struktur entwickeln können. Es sind vor allem Los Carneros, das Russian River Valley und Sonoma Coast in Sonoma sowie die Central Coast, und schließlich haben Chalone und Calera bewiesen, dass echte Pinot-Grandeur sogar in den Bergen südlich von San Francisco gedeihen kann. Auch in Kanada ist schon mancher hoffnungsvolle Pinot noir entstanden, und am anderen Ende des klimatischen Spektrums de-

Rechts: In Burgund hat sich der Pinot noir so erstaunlich akklimatisiert, dass wie hier in Gevrey-Chambertin selbst aus unmittelbar benachbarten Weinbergen Weine mit deutlich verschiedenem Charakter kommen.
Unten: Die Trauben des Pinot noir reifen so früh, dass die Sorte sogar in England – hier in Denbies Estate – angebaut werden kann.

monstriert Chile neuerdings an kühlen Stellen gute Eignung für Pinot noir. In Australien haben sich Victoria (insbesondere das Yarra Valley, Geelong und die Mornington Peninsula) sowie Tasmanien als kühl genug für Pinot erwiesen. Neuseeland, das für sich in Anspruch nimmt, den besten Pinot außerhalb Burgunds zu erzeugen, bringt in Martinborough im Süden der Nordinsel tatsächlich erstaunliche Beispiele hervor. Weite Teile Südafrikas sind zu warm für Pinot noir, doch die kühlsten Küstenbereiche sind viel versprechend.

In Europa hat sich Pinot noir unter mancherlei Namen ausgebreitet. In Italien ist er als **Pinot nero** vor allem im Nordosten heimisch geworden und bringt zunehmend gute Qualität. In Deutschland ist er als **Spätburgunder** die meistangebaute Rotweintraube und zeigt sich inzwischen dank geschickter Anwendung erstklassiger Eichenfässer immer interessanter; das gilt in der Ostschweiz auch für den **Blauburgunder** und in Österreich für den **Blauen Spätburgunder**. Das ganze östliche Mitteleuropa hat sich der Pinot noir erobert – im ehemaligen Jugoslawien als **Burgundac crni**, in Ungarn (wo er zwar auch mit BLAUFRÄNKISCH verwechselt wird) als **Nagyburgundi**, und schließlich liefert er in Rumänien als **Burgund mare** sehr preiswerten, üppigen, aber untypischen Wein.

In Frankreich wird außerhalb Burgunds zunehmend mehr Pinot noir vor allem in der Champagne angebaut, wo er sich schon lange als die ideale dunkle Traube für erstklassigen Schaumwein erwiesen hat (für diesen Zweck wird er auch in Italien, Kalifornien und Australien weitgehend eingesetzt), aber auch im Elsass, in Sancerre, im Jura und in Savoyen, ja sogar im Languedoc, in höheren Lagen um Limoux.

Plavac mali Kroatische Spezialität mit schwerem, tanninreichem Wein, etwa Postup und Dingac. Verwandt mit ZINFANDEL.

Portan Französische Neuzüchtung GRENACHE u PORTUGAIS, reift zuverlässiger als Grenache. Gelegentlich Bestandteil im Vin de Pays d'Oc.

Portugieser, Blauer Portugieser Früh reifende, ertragreiche, in Österreich und Deutschland verbreitete Sorte; erbringt schlichte, leichte, säurearme Weine; in Ungarn und Rumänien als Kékoporto und in Kroatien als **Portugizac crni** oder **Portugaljka** und in Frankreich als **Portugais** bekannt.

Poulsard, Plousard Rarität im Jura; heller, duftiger Wein, wird meist mit PINOT NOIR verschnitten.

Pressac In Bordeaux gebräuchlicher Name für MALBEC.

Primitivo Süditalienische Version des kalifornischen ZINFANDEL. Die Weine sind meist alkoholstark und sehr dunkel.

Prokupac Serbische Spezialität; erreicht hohe Süßegrade und wird zu dunklem Rosé verarbeitet.

Prugnolo gentile Name für SANGIOVESE in Montepulciano.

Raboso Strenge, manchmal sehr saure Traube im Veneto.

Ramisco Adstringierende Traube in Colares.

Refosco, Refosco dal peduncolo rosso Historische Rebsorte in Friaul mit roten Stielen; erbringt kräftige, lebendige Weine mit Biss. In Slowenien und Kroatien als **Terrano** oder **Teran** bekannt. Möglicherweise identisch mit MONDEUSE.

Rondinella Einfache Traube in Valpolicella (siehe CORVINA und MOLINARA).

Roriz, Tinta Roriz In Portugal gebräuchlicher Name für TEMPRANILLO.

Rossese Feine ligurische Traubensorte, vor allem in Dolceacqua.

Rouchet, Ruchè Seltene Traube in Piemont für stark duftigen, strengen Wein.

Royalty In Kalifornien auf der Grundlage von TROUSSEAU gezüchtete Hybridrebe.

Rubired In Kalifornien auf der Grundlage von TINTA CÃO gezüchtete rotfleischige Hybridrebe. Im Anbau bequemer und daher beliebter als ROYALTY; bringt vielerorts Farbe in billige Verschnitte.

Ruby Cabernet Früher beliebte, rotfleischige kalifornische Neuzüchtung, in der sich die Charakteristiken von CABERNET SAUVIGNON mit dem Ertragreichtum und der Hitzeverträglichkeit von CARIGNAN verbinden sollte; wird auch in Südafrika und Australien angebaut.

Sagrantino Spezialität von Montefalco in Umbrien mit lebendigem, pikantem, oft strengem Wein.

St. Laurent Österreichische Traubensorte; sie erbringt volle, ansprechende, sanfte und Spätburgunder-ähnliche Rotweine, wird häufig mit bekannteren Sorten verschnitten, lohnt aber bei beschränkten Erträgen längere Fass- und Flaschenreife. In der Slowakei heißt sie **Vavrinecke**.
Salvador In Kalifornien gezüchtete Hybridrebe.
Samtrot In Österreich gebräuchlicher Name für PINOT MEUNIER.
Sangiovese In Italien die meistangebaute dunkle Traube, liefert die Grundlage der meisten mittelitalienischen Rotweine (vor allem Chianti, Brunello di Montalcino, Vino Nobile di Montepulciano sowie Rosso Conero und Rosso Piceno). Ist auch als **Brunello, Morellino** und **Prugnolo gentile** bekannt. Es gibt viele Varianten unterschiedlicher Qualität, von denen die spät reifenden Sorten meist festen Wein mit kräftiger Säure und einem gewissen Bauernhofcharakter – bei hochreifer Frucht stets mit voller Pflaumenwürze – erbringen. Sangiovese hat sich auch in anderen Weltgegenden besser bewährt als NEBBIOLO; so entstehen etwa in Kalifornien recht üppige (aber auch teure) Weine und in Argentinien einige weniger überzeugende Beispiele.
Santarém In Ribatejo gebräuchlicher Name für CASTELÃO FRANCES.
Saperavi Russische Traubensorte; erbringt aufgrund ihres rötlichen Fruchtfleischs dunkle, haltbare Weine mit kräftiger Säure. **Saperavi Severny** ist eine durch Einbeziehung mongolischer Reben auf besondere Frosthärte gezüchtete Hybride.
Savagnin noir Name für PINOT NOIR im Jura.
Schiava Italienischer Name des Vernatsch, der in Südtirol verbreitetsten Traube (Seite 217). In Württemberg heißt sie TROLLINGER.
Schioppettino Spezialität von Friaul; ihr charaktervoller Wein erinnert an Veilchen und Pfeffer.
Sciacarello, Sciaccarello Spezialität im Südwesten von Korsika; erbringt kräuterduftige Rot- und Roséweine, wird aber von NIELLUCCIO verdrängt.
Ségalin Französische Neuzüchtung Jurançon noir u PORTUGAIS; liefert fest gefügte Weine.
Seibel Gemeinsamer Name mehrerer französischer Hybridreben, die zur Unterscheidung numeriert sind.
Severny Der Beiname Severny steht für in Russland auf besondere Frosthärte gezüchtete Reben.
Shiraz In Australien und Südafrika gebräuchlicher Name für SYRAH. Shiraz-Weine sind meist voller und reifer im Geschmack als die typischen Syrah-Weine Frankreichs. Inzwischen besinnt sich Australien wieder auf seine meistangebaute Rotweintraube, deren Wein im Hunter Valley nach warmem Zedernholz, im Barossa Valley (ihrer Wahlheimat) nach Schokolade und in kühleren Regionen, etwa Macedon in Victoria, nach schwarzem Pfeffer schmecken kann. Nur wenige australische Erzeuger haben keinen Shiraz im Programm, viele dagegen sogar mehrere Ausführungen (darunter auch Schaumwein) sowie Shiraz-Cabernet- und Cabernet-Shiraz-Verschnitte. Der bisherige Spitzenerzeuger für Shiraz ist fraglos Penfolds; der Grange (Hermitage) aus diesem Hause ist der erste echte »Sammlerwein« Australiens. Als Max Schubert ihn nach einem Besuch in Bordeaux erstmals herausbrachte, stieß er als »trockener Portwein von ausgepressten Ameisen« auf scharfe Ablehnung. Ganz allgemein schmeckt Shiraz leicht süß und erreicht große Alkoholstärke. Südafrikanische Beispiele dagegen sind oft eher erdig und scharf.
Shiroka melnishka losa »Breitblättrige Rebe von Melnik« in Bulgarien nahe der griechischen Grenze. Ihr eichenfassgereifter Wein ist kraftvoll, würzig und langlebig – ähnlich wie Châteauneuf-du-Pape – und duftet manchmal nach Tabakblättern. Der gebräuchliche Kurzname ist Melnik.
Sousão, Souzão Die dunkle Traube aus dem Douro-Tal bringt Farbe in den Portwein; sie wird auch in Kalifornien und Australien angebaut.
Spanna Name für NEBBIOLO um Gattinara.
Syrah Die große Traube von der nördlichen Rhône erbringt unter anderem den konzentrierten, stämmigen, dunklen, langlebigen Hermitage und die (oft dank eines VIOGNIER-Anteils) verlockender duftenden Weine von der Côte Rôtie. Anders als bei anderen Reben wird bei ihr der Zusammenhang zwischen der Strenge des Rebschnitts und der Güte des entstehenden Weins sehr deutlich. Die Traube kann rasch an Aroma und Säure verlieren, wenn der optimale Reifezustand über-

Die Syrah-Traube an einigen ihrer feinsten Standorte.
Links: Shiraz-Trauben in einer kühlen Lage in Victoria (Australien).
Oben: Die vielleicht ältesten Shiraz- bzw. Syrah-Reben der Welt in Henschkes Hill of Grace in Südaustralien.
Rechts: Syrah auf Terrassen an den halsbrecherisch steilen Hängen der Côte Rôtie (nördliche Rhône).

schritten wird (hieraus erklärt sich, weshalb manche sortenrein von Syrah produzierten Vins de Pays etwas nichts sagend sind). Der auch preislich empfehlenswerteste Syrah-Wein ist derzeit wohl der Crozes-Hermitage, aber es gibt auch guten St-Joseph, und der Cornas ist dabei, seine Halsstarrigkeit abzulegen.

In den 1980er-Jahren erlebte die Syrah-Traube in Südfrankreich einen Anbau-Boom, wo sie verbreitet in Verschnitten mitverarbeitet wird, insbesondere mit dem Ziel, im Châteauneuf-du-Pape die GRENACHE-Traube zu unterstützen, aber auch um in der Provence Würze in CABERNET-SAUVIGNON-Weine zu bringen. In den AC-Weinen im Languedoc ist Syrah ein wertvoller Bestandteil und verdrängt Carignan schneller, als Grenache, MOURVÈDRE und CINSAUT es fertig bringen. Auch in Italien und in sonnigen Lagen im Wallis bringt sie gute Ergebnisse.

In Kalifornien wird Syrah mit Begeisterung von den so genannten Rhône-Rangers angepflanzt, die beweisen möchten, dass die Sorte sich noch besser als Cabernet Sauvignon für das Klima Nordkaliforniens eignet. Ihr Einfluss macht sich auch im Staat Washington und in ganz Südamerika bemerkbar – eigentlich überall da, wo Wein erzeugt wird und es nicht zu kalt ist.

In Südafrika und Australien kommt der Sorte unter dem Namen SHIRAZ größte Bedeutung zu.

Taminga Australische Neuzüchtung.

Tannat Ausgeprägt herbe Traube, am bekanntesten als Hauptzutat im Madiran, aber auch in anderen Gegenden Südwestfrankreichs und als **Harriague** in Uruguay verbreitet; dorthin gelangte sie durch baskische Auswanderer. Ihr Wein bekommt aus der dicken Beerenhaut starke Adstringenz, aber die besseren Weinerzeuger in Madiran verstehen es inzwischen, das tanninstrenge Monster zu bändigen.

Tarrango Australische Züchtung TOURIGA NACIONAL u SULTANA; reift sehr spät und braucht warmes Klima. Ihr überaus fruchtiger Wein ist ziemlich leicht und sehr tanninarm.

Tempranillo Der Name der meistangebauten Spitzenqualitätsrebsorte Spaniens kommt von *temprano* in der Bedeutung früh, was sich auf die Reife bezieht (allerdings kann »früh« in Rioja irgendwann im Oktober bedeuten). Als Spaniens Antwort auf CABERNET SAUVIGNON zeichnet sie sich durch ähnlich kräftigen Tannin- und Säuregehalt aus; sie ist jedoch nicht unbedingt besonders alkoholstark.

Auf Tempranillo beruhende Weine gehören zu den langlebigsten Spaniens. Die Traube verleiht dem Rioja das Rückgrat (den Körper liefert GARNACHA, Seite 240) und bildet den weitaus stärksten Bestandteil in Ribera del Duero, wo sie **Tinto fino** heißt. In Penedès trägt sie den Namen **Ull de Llebre** oder **Ojo de Llebre**, und in Valdepeñas erbringt sie als **Cencibel** nicht ganz so konzentrierte Weine (die oft noch durch Verschneiden mit weißen Trauben besonders hell ausfallen). Eine Rolle spielt sie ferner in La Mancha, Costers del Segre, Utiel-Requena und zunehmend auch in Navarra und Somontano. In Nordportugal ist sie als **(Tinta) Roriz** bekannt, und auch bei der im Central Valley in Kalifornien angebauten Sorte **Valdepeñas** handelt es sich um Tempranillo. In Argentinien heißt die Rebe **Tempranilla**.

Teran, Terrano Siehe REFOSCO.

Teroldego, Teroldego rotaliano Lebendige und saftige, meist jung zu trinkende Spezialität aus dem Trentino in Oberitalien.

Tibouren Rarität aus der Provence für erdige, kräuterduftige Roséweine.

Tinta Amarela Ertragreiche, fäuleanfällige Rebsorte in Nordportugal.

Tinta Barroca Robuste Portweintraube; sie wird auch in Südafrika angebaut, unter anderem für Tischwein.

Tinta Cão Feinste Portweintraube; erfreut sich im Douro-Tal erneuter Beliebtheit.

Tinta Francisca Leichte Portweintraube.

Tinta negra mole Die schlichte, aber nützliche Rebsorte verdrängte Anfang bis Mitte des 20. Jahrhunderts die feineren Madeira-Trauben. Vermutlich identisch mit Negramoll in Spanien.

Tinta Pinheira Eine Traube am Dão.

Tinto fino Siehe TEMPRANILLO.

Touriga francesa Gute, duftige Portweintraube.

Touriga nacional Die feinste Portweintraube wird auch in der Region Dão angebaut und er-

bringt hoch konzentrierte, dunkle, tanninreiche Weine. In Australien wird sie ebenfalls kultiviert.
Trincadeira preta Anderer Name für CASTELÃO FRANCES.
Trollinger Liebliche Spezialität in Württemberg; es handelt sich um die Südtiroler Traube SCHIAVA.
Trousseau Die im Jura heimische Rebe liefert robusten Wein, wird aber von PINOT NOIR verdrängt.
Ull de Llebre Katalanischer Name für TEMPRANILLO.
Uva di Troia Apulische Spezialität.
Uva rara In Nordpiemont zur Milderung von NEBBIOLO-Weinen benützte Sorte.
Vaccarèse Seltene, leichte Sorte in Châteauneuf-du-Pape.
Valdiguié Ertragreiche Rebe, ursprünglich aus Südwestfrankreich, heute insbesondere als NAPA GAMAY bekannt.
Vavrinecke Siehe ST. LAURENT.
Verdot Südamerikanische Rebsorte, vielleicht verwandt mit PETIT VERDOT.
Vernatsch Siehe SCHIAVA und TROLLINGER.
Vespolina Spezialität in Gattinara, wird oft mit NEBBIOLO verschnitten.
Villard noir Bis in die 1980er-Jahre in Frankreich verbreitete Hybridrebe.
Vranac Dunkle, schwere Spezialität Montenegros.
Wildbacher, Blauer Wildbacher Spezialität der Steiermark, wird zu einem frischen, duftigen dunklen Rosé, dem so genannten Schilcher, verarbeitet.
Xynomavro »Saure Schwarze«; in Naoussa heimische griechische Rebsorte; ihr Wein hält sich lange gut.
Zinfandel Die meistangebaute Rotweintraube Kaliforniens; ihre Herkunft lag lange im Dunkeln, inzwischen aber bestätigen DNA-Tests, dass sie mit der süditalienischen Sorte PRIMITIVO identisch ist. Sie liefert unterschiedliche Weine, vom blass rosafarbenen lieblichen White Zinfandel (in den 1980er-Jahren als Mittel gegen den Zinfandel-Überschuss und den Weißweintraubenmangel in Kalifornien erfunden) bis zum seriösen langlebigen, eichenfassgereiften, straffen, würzigen, lebendigen und körperreichen Rotwein, in dem das Aroma von Beeren dominiert. Die Rebe trägt sehr reich, ihre Trauben reifen jedoch ungleichmäßig, daher ist sorgfältige Pflege nötig. Überall in Kalifornien gibt es sehr alte Zinfandel-Reben. Die Beliebtheit der Traube ist hier so groß, dass sie auch in anderen Gegenden der USA sowie in Südamerika, Südafrika und Australien angebaut wird, wo immer das Klima volle Reife ermöglicht.
Zweigelt, Zweigeltrebe, Blauer Zweigelt Die in Österreich meistangebaute Rotweinrebsorte, eine Züchtung BLAUFRÄNKISCHuST. LAURENT, die den Biss der ersteren mit dem Körper der letzteren Sorte vereint. Sie bringt reiche Erträge und wird auch in Deutschland und England kultiviert.

4
Die Welt des Weins

Frankreich

Die Stellung Frankreichs in der Welt des Weins ist einzigartig und in mancher Hinsicht schwierig. Für viele ist Frankreich gleichbedeutend mit Wein – nicht immer dem bequemsten, doch häufig dem erfreulichsten. Frankreich produziert mehr Wein als jedes andere Land außer Italien, das bei der Quantität manchmal die Nase vorn hat, bei der Qualität aber nur selten mitkommt. Die Maßstäbe, an denen so gut wie alle Weine gemessen werden, setzt jedenfalls Frankreich. Sein gemäßigtes, abwechslungsreiches Klima und seine Landschaft bringen Weine aller Stile hervor. Die feinen Bordeaux-Weine bilden den Standard für die Cabernet-Sauvignon-Gewächse der Welt; die Millionen und Abermillionen Chardonnay-Reben in allen Erdteilen verdanken ihre Popularität dem weißen Burgunder, wie die Pinot-noir-Reben von der Bewunderung für die großen roten Burgunder leben. Die Erzeugnisse der Champagne stellen das Vorbild für jeden trockenen Schaumwein dar, gleich wo er produziert wird. Das Rhône-Tal steuert Rotweine mit großer Tiefe und Fülle bei, während die Loire eher für Rosé- und Weißweine verschiedener Süßegrade und für Schaumwein bekannt ist. Auch am Mittelmeer dominiert die Weinrebe in weiten Teilen Südfrankreichs, das allein fast 10 % der gesamten Weinerzeugung unserer Erde hervorbringt. Frankreich gibt sogar eigene Antworten auf Portwein (Banyuls) und Sherry (Vin Jaune). Nur Deutschlands Weine kommen ohne Anlehnung an die französische Tradition aus.

Dennoch tut sich Frankreich schwer damit, die moderne, von scharfer Konkurrenz geprägte, unermüdlich innovative Welt des Weins in den Griff zu bekommen. Der durchschnittliche französische Winzer begreift einfach nicht, was es an seinen Weinen zu kritisieren gibt. Er ist so durchdrungen von der Idee des *terroir* (Seite 62), dem Glauben also, sein Wein könne nur von seinem Fleck Erde so entstehen, wie es in den AC-Regeln festgelegt ist, und er selbst sei nur ein Instrument, das diesem Fleck Erde zu seinem einzigartigen Ausdruck verhelfen müsse, dass es ihm schwer fällt, die unbekümmerten Weinmacher der Neuen Welt zu verstehen, die den Menschen als den entscheidenden Faktor bei der Weinerzeugung ansehen. Verbesserungen beim französischen Wein wurden durch Selbstzufriedenheit verschleppt, doch inzwischen besteht der große Unterschied zu früher darin, dass die neue Winzergeneration praktisch vollständig eine berufliche Ausbildung hinter sich hat und nunmehr weiß, was sie tut und warum. Auch reisen heute fast alle jungen Weinerzeuger in andere Länder – und das kann für uns alle nur gut sein.

Der Unterschied im Stil zwischen dem französischen Wein und den Weinen der

Neuen Welt ist groß. Die Franzosen meinen, dass sie den Weinfreund nicht mit vordergründig fruchtigen Gewächsen zu umwerben brauchen, die getrunken werden können und sollen, sobald sie sich in der Flasche befinden. Stattdessen erzeugen sie im verhaltenen Stil ihrer Vorfahren Weine auf mittlere bis lange Sicht, und deshalb stellt der französische Wein im Allgemeinen größere Ansprüche an das Verständnis des Liebhabers als der Wein aus der Neuen Welt, doch er lohnt durchaus die Mühe und hält sich auf jeden Fall länger.

Die Franzosen selbst sehen den Wein zwar als wichtigen Teil ihres Erbes an, dennoch trinken sie selbst immer weniger davon. Die Generation, deren Vertreter mit Selbstverständlichkeit Tag für Tag einen Liter Rotwein vertilgten, macht rasch einer neuen Platz, der es mehr auf Qualität als Quantität ankommt. Auch ist es dem Weinabsatz in Frankreich nicht dienlich, dass die Franzosen außer zum Essen selten Wein trinken – dabei zeigen sie zum Aperitif eine erstaunliche Vorliebe für süße Getränke wie Port, Sauternes und Muskateller.

Etiketten richtig verstehen

AC, Appellation Contrôlée, auch AOC, Appellation d'Origine Contrôlée Frankreichs ausgefeiltes Herkunftsbezeichnungssystem soll Nachahmungen verhindern und die Echtheit garantieren. Mehr als ein Drittel der französischen Weinerzeugnisse, v. a. der gesamte Spitzenwein, fällt in dieses System. Für jede Appellation regeln strenge Vorschriften das jeweilige Gebiet, die zulässigen Traubensorten, den Rebschnitt, den Höchstertrag, den Lesebeginn, den Mindestreifegrad bzw. die Alkoholstärke und die Art und Weise der Bereitung. Oft sind die Gebiete ineinander verschachtelt; so ist die AC Pauillac mit ihren strenger gefassten Regeln ein Teil der AC Médoc mit ihren lockereren Vorschriften und diese wiederum ein Teil der umfassenderen AC Bordeaux. Zugeteilt und verwaltet werden die Appellationen durch das Institut National des Appellations d'Origine (INAO) mit Sitz in Paris.

Cave Keller oder Kellerei; oft die Bezeichnung für Winzergenossenschaften, zum Beispiel **Cave des Vignerons** de …

Château Wörtlich »Schloss«; in der Praxis ist damit meistens ein Weingut gemeint, auch wenn seine Baulichkeiten nur aus einem Schuppen bestehen. Am häufigsten kommt der Ausdruck im Bordelais vor.

Clos In Burgund viel gebrauchter Begriff für einen mit einer Mauer umgebenen Weinberg.

Côte(s), auch **Coteau(x)** Wörtlich Hügel, Hügelland, das heißt mit vielen Hanglagen, die guten Wein versprechen.

Cru Wörtlich »Gewächs«; bedeutet auch so viel wie Weinberglage. Unter einem **cru classé** versteht man ein Weingut im Médoc bzw. in Graves, das in die berühmteste aller Klassifizierungen (Seite 161) aufgenommen wurde.

Domaine In Burgund üblicher Ausdruck für Weingut; Domänenabfüllung heißt, dass der Wein vom Erzeuger selbst in die Flasche gebracht wurde.

Eleveur Der für den Ausbau des Weins Zuständige.

Grand Cru Ein viel gebrauchter Begriff; in Burgund bezeichnet er eine erstklassige Weinberglage.

Mis(e) en bouteille par/pour »abgefüllt von/für«. Bessere Weine werden meist vom Erzeuger abgefüllt *(au château* bzw. *au domaine).* Genossenschaften dürfen für Weine aus Einzellagen den Ausdruck »mise en bouteille *du* château« benutzen.

Négociant Handelshaus bzw. Abfüller.

Premier Cru (1er Cru) Viel gebrauchter Begriff; in Burgund bezeichnet er hochwertige Weinlagen der Stufe unter Grand Cru.

Récoltant Traubenanbauer.

Supérieur Gelegentlich gebrauchter Hinweis auf höhere Alkoholstärke.

VDQS Relativ seltene Qualitätsklasse für Weine in Anwartschaft auf einen AC-Rang (Seite 48).

Vigneron Winzer.

Villages Als Anhang einer Herkunftsbezeichnung meist ein Hinweis auf bessere Qualität.

Vin de Pays Siehe Seiten 48 und 202 bis 204.

Vin de Table Tafelwein.

Viticulteur Weinbauer.

Bordeaux

Im Überblick: *Große Mengen an meist langlebigen, mittelschweren, bekömmlichen Rotweinen, daneben süße und verschiedene trockene Weißweine.*
Haupttrauben: *(ROT) Merlot, Cabernet Sauvignon, Cabernet franc; (WEISS) Sémillon, Sauvignon.*

Bordeaux ist Frankreichs schärfste Waffe im Kampf um die Spitzenstellung beim Wein. Das große Anbaugebiet im Südwesten produziert mehr Appellation-contrôlée-Weine als jedes andere. Ungefähr die Hälfte der Erzeugung entfällt auf die einfache, bescheidene AC Bordeaux; ihre Palette reicht von besonders schlichten bis hin zu seriösen, eichenfassgereiften Gewächsen, selbst abgefüllt von qualitätsbewussten Erzeugern, die für ihre große Mühe nur einen relativ geringen Preis erzielen. Die Erzeugnisse der besten Weingüter – meist Châteaux genannt – in den anschließend besprochenen Appellationen sind nicht nur speziell gut und langlebig, sondern auch in größeren Mengen verfügbar als andere Spitzenweine. Namen wie Châtau Lafite, Mouton-Rothschild, Latour, Margaux und Haut-Brion, also die fünf »Erstklassigen« aus der 1855er-Klassifizierung (Seite 161), haben in der ganzen Welt einen guten Klang.

In mancher Hinsicht erscheint Bordeaux, das im Mittelalter zweihundert Jahre lang unter englischer Herrschaft stand, noch heute wie ein Königreich für sich – finanziell stabil, zum Atlantik und der übrigen Welt hin offen. In der Landschaft dominieren sorgfältig gepflegte Weinberge, die zum großen Teil nicht Einheimischen gehören, sondern Versicherungen, Banken oder Grundbesitzern, die ihren Wohnsitz in Paris, Genf, Tokio oder sonst wo haben.

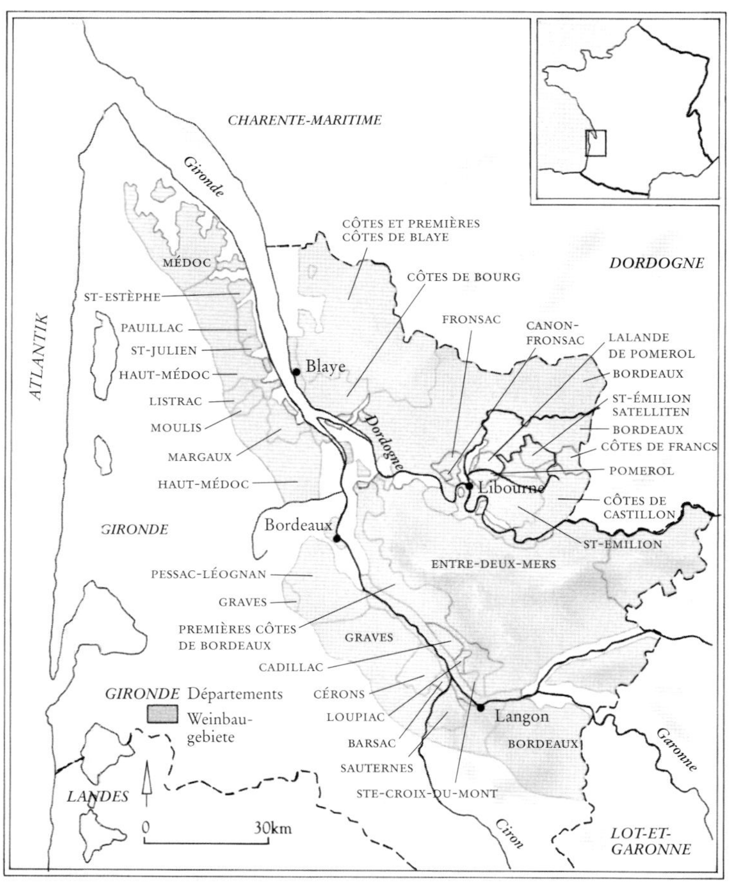

Médoc

Das Médoc, ein flacher Landstrich auf dem linken Ufer der Gironde, ist der berühmteste Weinbaubereich des Bordelais und die Heimat der Cabernet-Sauvignon-Rebe. Hier liegen auch die meisten der großartigen Weingüter von Bordeaux, die sich über die vergangenen zwei Jahrhunderte hinweg eine internationale Reputation geschaffen haben. Nur um die Größenverhältnisse einmal in die richtige Pespektive zu setzen, sei gesagt, dass im Médoc und in seinem Nachbarbereich Graves ziemlich genau hundertmal so viel feiner Wein entsteht wie in allen Grand-Cru-Lagen Burgunds zusammengenommen. Die berühmtesten Weinbauorte im Médoc sind – von Bordeaux aus nordwärts – **Margaux, St-Julien, Pauillac** und **St-Estèphe**. The-

Der Turm des berühmten Château Latour überragt die Gironde-Mündung.

oretisch entstehen in jedem dieser Orte Weine mit jeweils eigenem Charakter: seidig weich, vollendet ausgewogen, an Minerale und schwarze Johannisbeeren erinnernd bzw. vornehm karg. Praktisch jedoch scheinen in dieser von der ganzen internationalen Weinpresse hoch gelobten Gegend nur allzu viele Erzeuger Wein nach dem stets gleichen Erfolgsrezept zu machen, das sich in dunkler Farbe, vollem Körper und der beliebten Eichenholzwürze äußert – jedes Jahr werden große Mengen an neuen Eichenfässern in das Médoc gekarrt.

Schon mancher weinbeflissene Tourist, der sich durch die Vorstädte von Bordeaux seinen Weg zum Augapfel aller Weinbaubereiche der Welt gesucht hat, fand sich dort enttäuscht auf einem wenig ansehnlichen Plateau wieder, das in kaum merklicher Neigung zur Gironde-Mündung hinab verläuft und nur hie und da ein paar Gebäude mit einem Ehrfurcht einflößenden Namen trägt. Freilich lugt gelegentlich hinter einem prächtigen Parkgitter ein imposantes Landhaus aus dem 19. Jahrhundert mit Zinnen und Türmchen hervor, doch bleibt es dem nach Weinwissen und -flaschen dürstenden Besucher oft verschlossen – vor zehn Jahren war das sogar noch schlimmer, denn bis auf ganz geringe Mengen wird der gesamte hier produzierte Wein über ein vielschichtiges System von Maklern an die Handelshäuser abgesetzt, die seit Jahrhunderten in und um Bordeaux ihren Sitz haben. Die großen Ausnahmen bildeten lange nur die Châteaux Prieuré-Lichine in Margaux und Pichon Longueville in Pauillac: Sie stehen dem Besucher offen, der von der D2, der schmalen Straße, die sich durch das Médoc schlängelt, hereinkommt (allerdings wurde Alexis Lichine, als er damals ein Schild vor Margaux aufstellte, um Besucher hier willkommen zu heißen, von den Einheimischen als »schrecklich kommerziell« gerügt).

Nur wenige Weingutsbesitzer wohnen wirklich hier, zum Beispiel Anthony Barton auf Château Langoa- und Léoville-Barton. Die meisten Weingüter werden von Verwaltern geleitet, unter denen sich besonders begabte Kellermeister einen gewissen Rang erobert haben. Ab und zu lässt sich ein Weingutsbesitzer sogar dazu herab, Weinkaufleute, Weinpublizisten und einflussreiche Freunde einzuladen; dann füllen sich die Châteaux mit Leben – Speisezimmer und Salon spielen in diesem Zusammenhang die wichtigste Rolle.

Noch im 20. Jahrhundert haben viele dieser großen Weingüter lange Zeit nur wenig eingebracht. Das änderte sich erst in den 1980er-Jahren durch die allgemein gute Weltwirtschaftslage und eine Reihe sehr feiner Jahrgänge. Nun strömten Architekten und Bauunternehmen ins Médoc und renovierten Keller, Weinberganlagen und in besonders spektakulärer Weise auch die Châteaux selbst.

Die eigentliche Klassenbildung wurde – zweifellos ohne die geringste Ahnung, wie groß ihr Einfluss einmal sein würde – im Jahr 1855 eingeleitet. Kurz vor der von Napoleon III. ins Leben gerufenen Weltausstellung in Paris gaben die Veranstalter bei den Handelshäusern in Bordeaux eine Qualitätseinstufung der besten Châteaux in Auftrag. So entstand eine in fünf Abteilungen gegliederte, 61 **Crus Classés** umfassende Rangliste der Weingüter im Médoc, die sich bereits eine Reputation geschaffen hatten, wobei aus dem Bereich Graves das berühmteste dortige Weingut, Château Haut-Brion, hinzugenommen wurde. Nebenstehend ist eine aktualisierte Version wiedergegeben, die der Tatsache Rechnung trägt, dass einige Güter inzwischen verschwunden sind und ihr Land in anderen aufgegangen ist. Ansonsten hat es seit 1855 keine größeren Veränderungen in dieser Rangliste gegeben, ausgenommen die 1973 erfolgte Aufstufung von Château Mouton-Rothschild vom 2e zum 1er Cru.

Diese einmalige Sache wurde von einem der wenigen Marketing-Genies in der Welt des Weins, Baron Philippe de Rothschild, der den Markenwein Mouton-Cadet schuf und die Château-Abfüllung durchsetzte, den Behörden abgetrotzt. In für einen kosmopolitischen Aristokraten seiner Zeit ungewöhnlicher Weise hatte er in den vier Jahrzehnten zuvor viel Zeit auf die Besitzungen seiner Familie im Médoc verwendet und sein Wein war durchaus des 1er-Cru-Rangs würdig. Der große Preisvorteil, den ein 1er Cru gegenüber einem 2e Cru besitzt (ein größerer als der des 2e Cru gegenüber dem 3e Cru und so fort), lässt erahnen, dass die Klassifizierung von 1855 sich gewissermaßen weitgehend selbst trägt. Je höher der Rang eines Guts, desto mehr Entwässerungsgräben kann es unterhalten (das ist lebenswichtig in diesem Bereich, der ja Sumpfland war, ehe er im 16. Jahrhundert von Holländern trockengelegt wurde), aber auch umso mehr neue Fässer und umso sorgfältigere Auslese als die Güter, die weiter unten auf der Rangstufenleiter stehen. Die Grundbesitzer behaupten, dass ihr Boden jeweils

Bordeaux

Die offizielle Klassifizierung von 1855 für Médoc und Graves

Premiers Crus

	Commune	Appellation		Commune	Appellation
Château Lafite-Rothschild	Pauillac	Pauillac	Château Haut-Brion [a]	Pessac	Graves
Château Margaux	Margaux	Margaux	Château Mouton-Rothschild [b]	Pauillac	Pauillac
Château Latour	Pauillac	Pauillac			

Deuxièmes Crus

	Commune	Appellation		Commune	Appellation
Château Rauzan-Ségla	Margaux	Margaux	Château Brane-Cantenac	Cantenac	Margaux
Château Rauzan-Gassies	Margaux	Margaux	Château Pichon-Longueville (Baron)*	Pauillac	Margaux
Château Léoville-Las-Cases*	St-Julien	St-Julien			
Château Léoville-Poyferré	St-Julien	St-Julien	Château Pichon-Longueville, Comtesse de Lalande*	Pauillac	Pauillac
Château Léoville Barton*	St-Julien	St-Julien			
Château Durfort-Vivens	Margaux	Margaux	Château Ducru-Beaucaillou	St-Julien	St-Julien
Château Gruaud-Larose*	St-Julien	St-Julien	Château Cos d'Estournel*	St-Estèphe	St-Estèphe
Château Lascombes*	Margaux	Margaux	Château Montrose	St-Estèphe	St-Estèphe

Troisièmes Crus

	Commune	Appellation		Commune	Appellation
Château Kirwan	Cantenac	Margaux	Château Cantenac-Brown	Cantenac	Margaux
Château d'Issan	Cantenac	Margaux	Château Palmer*	Cantenac	Margaux
Château Lagrange*	St-Julien	St-Julien	Château La Lagune	Ludon	Haut-Médoc
Château Langoa-Barton	St-Julien	St-Julien	Château Desmirail	Margaux	Margaux
Château Giscours	Labarde	Margaux	Château Calon-Ségur	St-Estèphe	St-Estèphe
Château Malescot St-Exupéry	Margaux	Margaux	Château Ferrière	Margaux	Margaux
Château Boyd-Cantenac	Cantenac	Margaux	Château Marquis d'Alesme Becker	Margaux	Margaux

Quatrièmes Crus

	Commune	Appellation		Commune	Appellation
Château St-Pierre	St-Julien	St-Julien	Château La Tour-Carnet	St-Laurent	Haut-Médoc
Château Talbot	St-Julien	St-Julien	Château Lafon-Rochet	St-Estèphe	St-Estèphe
Château Branaire-Ducru	St-Julien	St-Julien	Château Beychevelle	St-Julien	St-Julien
Château Duhart-Milon-Rothschild	Pauillac	Pauillac	Château Prieuré-Lichine	Cantenac	Margaux
Château Pouget	Cantenac	Margaux	Château Marquis-de-Terme	Margaux	Margaux

Cinquièmes Crus

	Commune	Appellation		Commune	Appellation
Château Pontet-Canet	Pauillac	Pauillac	Château du Tertre	Arsac	Margaux
Château Batailley	Pauillac	Pauillac	Château Haut-Bages-Libéral	Pauillac	Pauillac
Château Haut-Batailley	Pauillac	Pauillac	Château Pédesclaux	Pauillac	Pauillac
Château Grand-Puy-Lacoste*	Pauillac	Pauillac	Château Belgrave	St-Laurent	Haut-Médoc
Château Grand-Puy-Ducasse	Pauillac	Pauillac	Château de Camensac	St-Laurent	Haut-Médoc
Château Lynch-Bages*	Pauillac	Pauillac	Château Cos-Labory	St-Estèphe	St-Estèphe
Château Lynch-Moussas	Pauillac	Pauillac	Château Clerc-Milon	Pauillac	Pauillac
Château Dauzac	Labarde	Margaux	Château Croizet-Bages	Pauillac	Pauillac
Château d'Armailhac [c]	Pauillac	Pauillac	Château Cantemerle	Macau	Haut-Médoc

a) Das Gut wurde, als Einziges in Graves (heute Pessac-Léognan), mit in die Klassifizierung des Médoc aufgenommen.
b) Das Gut bzw. sein Wein wurde 1973 zum Premier Cru erhoben (siehe Seite 160).
c) Früher Château Mouton-Baron-Philippe, dann Château Mouton-Baronne-Philippe.
*) Erzeugt in letzter Zeit besonders gleichmäßig gute Weine.

einzigartig sei; es lässt sich aber nicht abstreiten, dass seit 1855 viel Land von einem Château zum anderen übergegangen ist.

Es gibt unter den damals in die Klassifizierung gelangten Châteaux natürlich auch nachlässig geführte. Beispielsweise würde niemand behaupten, Château Rauzan-Gassies werde seinem Status als 2e Cru gerecht; anderseits habe ich in der Tabelle (Seite 161) einige Güter, deren Weine häufig über dem offiziellen Status liegen, mit einem * gekennzeichnet.

Unterhalb der Gruppe der Crus Classés schließen sich die **Crus Bourgeois** an; das sind weitere sechzig besonders um Qualität bemühte Châteaux. Zusammen bringen die Crus Classés und die Crus Bourgeois ungefähr 65% der Weinerzeugung im Médoc hervor (übrigens ist fast kein Weißwein dabei).

Graves und Pessac-Léognan

Graves, landeinwärts von Bordeaux, ist das Spiegelbild des Médoc. Wie dort besteht der Boden weitgehend aus Kies. 1987 wurde innerhalb dieses Bereichs die AC Pessac-Léognan geschaffen, die alle berühmten Châteaux von Graves umfasst. Die beiden sicher berühmtesten, Château Haut-Brion und der heute in der gleichen Hand mit ihm vereinigte einstige Rivale, Château La Mission-Haut-Brion, liegen tatsächlich in den südlichen Vororten der Stadt. Diese Güter produzieren nicht nur feste, trockene Rotweine mit einer typischen mineralischen Note, die oft an warme Ziegelsteine erinnert, sondern auch den für Graves typischen körperreichen, eichenfassgereiften, trockenen Weißwein, der lange Flaschenreife braucht (der von La Mission heißt Laville-Haut-Brion). Ebenfalls für feinen Wein bekannte Güter sind die Domaine de Chevalier und die Châteaux Pape-Clément (ab Jahrgang 1986), Smith-Haut-Lafitte (ab Jahrgang 1990), de Fieuzal, La Louvière und Haut-Bailly; für feinen Weißwein die Châteaux Couhins-Lurton und Clos Floridène. Aber auch weniger glorifizierte Güter im eigentlichen Bereich Graves bieten oft ansprechende Rotweine; außerdem entstehen hier, so bei Clos Floridène und bei Couhins-Lurton, trockene Weißweine, die weit interessanter und langlebiger sind als sonst im Bordelais üblich.

Château Villemaurine (oben) gehört zu den rund 70 Grands Crus Classés von St-Emilion; Château Ausone (rechts) bildet mit Château Cheval Blanc dort die absolute Spitze.

St-Emilion

Auf dem rechten Ufer der Gironde dominiert wie in der übrigen Region Bordeaux die Merlot-Traube, die wärmere, deutlich fruchtigere, drei bis zehn Jahre früher trinkreife Weine hervorbringt.

Die mittelalterliche Stadt St-Emilion bietet dem Touristen alles, was dem Médoc fehlt: eine schöne Landschaft, Gassen mit Kopfsteinpflaster, eine sehenswerte Felsenkirche, einen Kreuzgang und Dutzende von lohnenswerten Weingeschäften. St-Emilion verfügt über ein eigenes Klassifizierungssystem, das alle zehn Jahre revidiert wird.

Die mit **Grand Cru Classé** bezeichneten Weine bilden die Spitzengruppe, wobei den Châteaux Ausone und Cheval Blanc derselbe Rang zukommt wie den Premiers Crus im Médoc. Grand Cru ohne Classé dagegen bedeutet wenig. Gute Namen in St-Emilion sind: Château Angélus, l'Arrosée, Canon, La Dominique, Figeac, Tertre-Rôtebœuf und Valandraud.

Pomerol

Wie St-Emilion ist auch Pomerol ein Bereich mit kleinen Weingütern – das berühmteste, Château Pétrus, hat nur knapp 12 ha, und auch bei anderen Châteaux, zum Beispiel Lafleur und Le Pin, hilft die Kleinheit den Preis des Weins stützen. In den Weinen von Pomerol dominiert Merlot; ihre samtige Fülle in Duft und Geschmack macht sie meist zu einem enormen Genuss. Preisgünstige Weine sind hier so rar wie schlechte, doch in Jahrgängen, in denen der Merlot besser gedeiht als der Cabernet (etwa 1987 und 1998), liegen ihre Preise oft relativ niedrig, weil das von Cabernet dominierte linke Ufer der Gironde nun einmal in Bordeaux wie auch im übrigen Frankreich die Reputation eines Jahrgangs bestimmt.

Sauternes und andere süße Weißweine

In gewissem Sinn sind die markantesten (zugleich aber auch die verkanntesten) Weine des Bordelais die aus der Appellation Sauternes. Viele Weinbauregionen der Welt versuchen sich an einer Kopie des großen Rotweins von Bordeaux, doch nur in wenigen gibt es die natürlichen Voraussetzungen für die Entstehung der für große süße Weißweine unentbehrlichen Edelfäule (Seite 88). In Sauternes sind sie gegeben und daher ist diese Landschaft in der Lage, wahrhaft edle, langlebige, körperreiche süße Weißweine hervorzubringen.

In Sauternes und der darin eingeschlossenen Appellation **Barsac** treten im Herbst Morgennebel dort auf, wo der kühle Ciron in die wärmere Garonne einströmt. Kommt Sonnenschein hinzu und trocknet den Dunst weg, kann der Schimmelpilz *Botrytis cinerea* gedeihen und den Saft der vollreifen Trauben so konzentrieren, dass süße Weißweine davon produziert werden können, wenn die Erzeuger das Risiko auf sich nehmen, die Trauben lange genug am Weinstock zu belassen.

Manche aber ernten aus Enttäuschung über die schlechten Preise die Trauben zu früh und geben bei der Gärung so reichlich Zucker zu, dass ebenfalls süße Weine entstehen, obschon daraufhin mit viel Schwefel das Wiederaufleben der Gärung verhindert werden muss.

Der Château d'Yquem allerdings, der berühmteste aller süßen Weißweine, bleibt weit über ein Jahrhundert am Leben und ist nur zu himmelhohen Preisen zu haben. Doch sein Produktionsprozess ist so aufwändig, dass es heißt, er mache sich trotzdem nicht bezahlt.

Weitere Appellationen für süßen weißen Bordeaux – in absteigender Reihenfolge der Produktionsmenge – sind **Ste-Croix-du-Mont, Loupiac, Cadillac** und **Cérons**; in den Appellationen **Premières Côtes de Bordeaux** und **Graves Supérieur** wird darüber hinaus noch lieblicher Weißwein produziert.

Weitere Appellationen

Die vielleicht wichtigste Entwicklung im Bordelais seit Ende der 1980er-Jahre äußert sich durch die wachsende Zahl qualitätsbewusster Erzeuger in den nicht so glanzvollen Appellationen **Bordeaux, Côtes de Blaye, Côtes de Bourg, Côtes de Castillon, Côtes de Francs, Fronsac, Canon-Fronsac, Lalande-de-Pomerol, Premières Côtes de Blaye, Premières Côtes de Bordeaux** und in den Satelliten-Appellationen von St-Emilion für Rotwein sowie **Bordeaux, Entre-Deux-Mers** und **Blaye** für trockenen Weißwein. Die Preise der dortigen Gewächse betragen meist nur einen Bruchteil dessen, was für Crus Classés bezahlt wird; aus diesem Grunde stehen die Namen der folgenden Weingüter für besonders preisgünstige Weine: Château d'Aiguilhe, Belcier, Bertinerie, Bonnet, Carsin, Côte-Monpézat, l'Epéron, Fontenille, de Francs, Le Grand Verdus, Guibon, Haut Rian, Hauts Ste-Marie, de Haux, Jonqueyres, du Juge, Lassime, Méaume, Monbadon, Parenchère, Puygueraud, Reynier, Reynon, Roc de Cambes, de Roquefort, de Sours, Suau, Tanesse, Thieuley, La Tour de Mirambeau, Turcaud und die Domaines de Cambes, de Courteillac und de la Grave.

Burgund

Im Überblick: *Die kleine, hochkomplizierte Weinbauregion mit ihren oft schrecklich teuren Weinen kann nichtsdestoweniger Paradiesisches in Flaschen bieten.*
Trauben: *(ROT) Pinot noir, z. T. auch Gamay; (WEISS) Chardonnay, teilweise auch Aligoté.*

Burgund, auf Französisch Bourgogne, bedeutet für viele die Côte d'Or – das Herzstück des mittelalterlichen Herzogtums. Im weiteren Sinne umfasst Burgund aber auch die Côte Chalonnaise und das Mâconnais sowie die ganz eigenständigen Weinbaugebiete Beaujolais im Süden (vor den Toren von Lyon) und Chablis, eine gute Autostunde nordwestlich von Beaune, der Weinhauptstadt Burgunds. Mit seinen gotischen Giebeln und Dächern ist Beaune die auffälligste Touristenattraktion der Region, aber auch die meisten Weinorte haben sich offensichtlich wenig verändert, seit die Herzöge von Burgund ihr reiches, unabhängiges Land regierten.

Anders als Bordeaux ist Burgund bis auf den heutigen Tag das Land kleiner Bauern geblieben. Inzwischen können sich viele von ihnen dank des Weinbooms der 1970er- und 1980er-Jahre regelmäßige Besuche in Dreisterne-Restaurants leisten und haben einen Mercedes in der Garage; tief innerlich aber sind sie Kleingrundbesitzer geblieben.

Es könnte kaum einen größeren Gegensatz in der sozialen Struktur geben als den zwischen den beiden großen Weinbauregionen Burgund und Bordeaux. Während die berühmten Weingüter des Bordelais große Besitzungen sind, deren Mittelpunkt ein nur selten vom Eigentümer bewohntes Château ist, befinden sich die berühmtesten Weinberglagen Burgunds im Besitz derjenigen, die in ihnen arbeiten. Gegen Fremde zeigen sie sich oft verschlossen; wen sie aber kennen, dem strecken sie die Hand echter Freundschaft – und in ihr so manches wohl gefüllte Probierglas – entgegen.

Land, das in eine der besseren Appellationen fällt, ist so wertvoll, dass es nur selten aus der Familie weggegeben wird; vielmehr vererbt es sich in einem recht komplexen System weiter, das die gleichmäßige Aufteilung aller Hinterlassenschaften unter den Kindern vorschreibt.

Bis in die zweite Hälfte des 20. Jahrhunderts hinein wurde die Ernte stets an die mächtigen Handelshäuser in der Region verkauft, die dann aus jeder Appellation größere Mengen an Wein zusammenstellen konnten und unter dem eigenen Namen verkauften. Die in jüngster Zeit aufgekommene Mode, den Nachweis der Echtheit zu verlangen, brachte die Domänenabfüllung mit sich, bei der Winzer, Kellermeister und Abfüller ein und dieselbe Person ist. Der Verbraucher sieht sich nun mit vier unterschiedlichen Quellen konfrontiert:

1 Vom Négociant zusammengestellter Verschnitt aus der Erzeugung mehrerer Winzer *(récoltants/viticulteurs/vignerons)*; die Palette reicht von nichts sagenden bis zu äußerst kompetent bereiteten Weinen, etwa von Drouhin, Faiveley, Jadot und einer Vielzahl neuerer, kleinerer Häuser.
2 Vom Négociant abgefüllter Wein aus eigenen Weinbergen. Diese Art tritt immer häufiger in Erscheinung; vor allem Bouchard Père et Fils und Faiveley verfügen über bedeutende Besitzungen.
3 Wein in Domänenabfüllung aus der Hand eines guten Winzers, der sich auch auf die Kellertechnik versteht.
4 Wein in Domänenabfüllung aus der Hand eines Winzers, der mit der Kellertechnik nicht so gut zurechtkommt.

Die Tabelle soll die Sachlage veranschaulichen:

	nichts sagend	durchschnittlich	sublim
1	————	————	————
2		————	————
3		——	————
4	————	——	

Côte d'Or

Der Name Côte d'Or wird meist mit »goldener Hang« übersetzt – eine Interpretation, die sich angesichts der horrenden Preise für die Weine, die hier wachsen, geradezu aufdrängt. In Wahrheit freilich handelt es sich um eine Verkürzung von Côte d'Orient, also »Osthang«. Die besten Weinberglagen befinden sich hier auf einem schmalen Streifen Mergel und Kalkstein, der nach Südosten hin abfällt und sich daher in hohem Maß der Sonneneinstrahlung darbietet. Die Lagen am Fuß des Hangs haben mehr lehmhaltigen und daher nicht so durchlässigen Boden; auf ihnen geraten die Weine nicht ganz so fein.

Die Côte d'Or unterteilt sich in die Côte de Beaune im Süden – dort wachsen die großen weißen Burgunder und viele gute Rotweine – und die Côte de Nuits im Norden (benannt nach Nuits-St-Georges); hier entstehen die konzentriertesten und langlebigsten roten Burgunder. Im Lauf der Zeit haben die Orte an der Côte d'Or den Namen ihrer berühmtesten Weinlage an den eigenen angefügt; so wurde Nuits zu Nuits-St-Georges, Aloxe zu Aloxe-Corton, und sowohl Puligny als auch Chassagne legten sich den weltberühmten Montrachet bei.

Die über sechzig Appellationen der Côte d'Or, von denen manche nur ein paar tausend Flaschen Wein hervorbringen, fallen in vier Qualitätsstufen. Die einfachste ist die **AC régionale**; sie lautet am häufigsten Bourgogne (manchmal als Zugeständnis an die Neue Welt mit dem Zusatz Pinot noir oder Chardonnay), aber auch Bourgogne Aligoté für einen eher kargen trockenen Weißwein von der zweitwichtigsten weißen Traube Burgunds sowie als rotes Pendant Bourgogne Passetoutgrain, in dem die Reinheit des Pinot noir meist durch Vermischen mit Gamay befleckt wird.

Weine der AC Bourgogne kommen aus schlichteren Lagen in ganz Burgund und stellen oft eine einladende Verkörperung der Rebsorten Pinot noir und Chardonnay dar. Nur allzu häufig werden sie aber auf dieselbe Weise bereitet wie größere Weine (die als Rotweine lange Maischung, als Weißweine mehr Schwefel vertragen können), sodass ihre Botschaft alles andere besagt als die Aufforderung »tritt näher«.

Eine Stufe höher stehen die **Village**-Weine (beispielsweise mit der einfachen Bezeichnung Volnay oder Meursault);

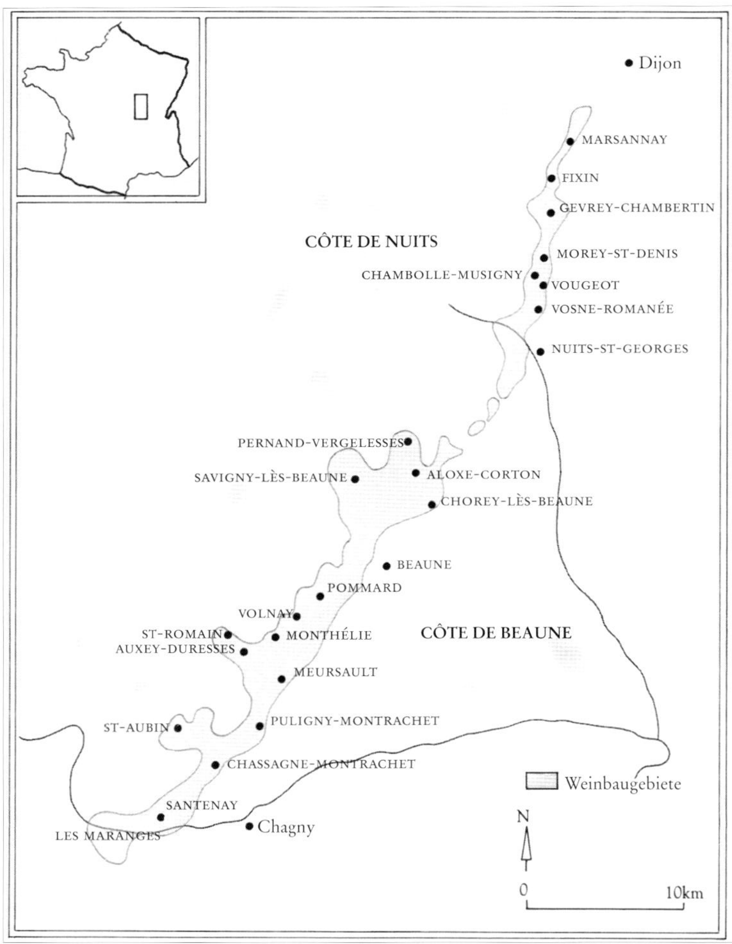

Rechts: Zur Lesezeit prägt der Traktor wie hier in Puligny-Montrachet das Straßenbild aller Orte an der Côte d'Or.

CHEMO
2200 Liter

die Appellation ist also der Name der Gemeinde, aus der diese Weine kommen. Sie stellen oft ganz hervorragende Burgunder dar, sollten aber nicht länger als drei bis vier Jahre nach dem Jahrgangsdatum aufbewahrt werden.

Alle Lagen, die deutlich besseren Wein hervorzubringen imstande sind (fast immer aufgrund günstiger Ausrichtung und guter Bodendurchlässigkeit), wurden im 19. Jahrhundert in die Qualitätsstufe **Premier Cru** eingeordnet. Ihre Weine sind stets, wenn auch nicht immer zu Recht, entsprechend teurer.

Die dreißig besten Lagen gehören in die Stufe **Grand Cru**. In den richtigen Händen liefern sie üppige, konzentrierte Weine, die sich über viele Jahre hinweg in der Flasche entfalten. Dabei können die Rotweine das außerordentlich breite Spektrum des Pinot noir in Struktur- und Geschmacksnuancen aufweisen, während die trockenen Weißweine die wohl saftigsten und körperreichsten der Welt sein dürften – zwischen ihnen und einem einfachen, sortenreinen Chardonnay liegen Welten. Aber auch bei diesen Weinen erlebt man Enttäuschungen, wobei entweder das Wetter oder mangelhafte Kellermeisterkunst daran schuld ist.

Die meisten Appellationen gelten sowohl für Rot- als auch für Weißwein; allerdings dominiert fast immer der eine oder der andere. Beispielsweise kommen auch roter Puligny-Montrachet und weißer Vougeot vor.

An der Côte d'Or gibt es tausende von Winzern, und heutzutage füllen die meisten eigenen Wein ab, sorgen allerdings daneben durch Verkauf an den Handel für sichere Einkünfte. Die durchschnittliche Besitzgröße beträgt 5 ha, verstreut über neun verschiedene Appellationen, die freilich manchmal nur ein paar hundert Meter auseinander liegen. In jedem Weinkeller (mit oft sehr einfacher Ausrüstung) liegen dutzende von Weinen aus verschiedenen Appellationen und Jahrgängen, jeweils in winzigen Mengen. Deshalb ist es an der Côte d'Or sehr schwierig, Einkaufsratschläge zu geben. Durch Erbfälle und Heiraten befinden sich zudem viele Besitzungen ständig im Fluss. Als Empfehlung kann ich hier nur Namen von Winzern nennen, deren Weine mir in den letzten Jahren Eindruck gemacht haben; freilich gilt es zu beachten, dass in ländlichen Gegenden manche Namen sehr häufig vorkommen, Verwechslungen also leicht möglich sind. In Burgund ist sowieso nichts unkompliziert – manche Winzer sollen aus Steuergründen sogar unterschiedliche Namen auf die Etiketten setzen.

Empfehlenswerte Erzeuger:
Rotwein
Domaine de l'Arlot, Comte Armand, Denis Bachelet, Jean-Marc Boillot, Robert Chevillon, Bruno Clair, Géantet-Pansiot, mehrere mit Namen Gros, Henri Jayer, Jayer-Gilles, Hubert Lignier, Domaine Leroy, Méo-Camuzet, Ponsot, Domaine de la Romanée-Conti (DRC), Armand Rousseau, Emmanuel Rouget, Tollot-Beaut.

Weißwein
Jean-Marc Boillot, Louis Carillon, Coche-Dury, Jean-Noël Gagnard, François Jobard, Comtes Lafon, Domaine Leflaive, Bernard Morey, Michel Niellon, Domaine Ramonet.

Besonders qualitätsbewusste Handelshäuser:
Bouchard Père et Fils, Drouhin, Faiveley, Jadot, Dominique Laurent, Olivier Leflaive, Nicolas Potel, Remoissenet, Verget (Weißwein).

Preisgünstige Appellationen:
Beaune, Chorey-lès-Beaune, Monthélie, Pernand-Vergelesses, St-Aubin (insbesondere Weißwein), St-Romain (Weißwein), Santenay, Savigny-lès-Beaune.

Gelegentlich missbrauchte Appellationen:
Die Weine aus den besonders bekannten Appellationen Meursault, Montrachet, Pommard, Puligny-Montrachet und (Clos) Vougeot sind meist ganz wundervoll; leider aber gibt es einzelne Abfüller, die mehr auf Gewinn als auf Qualität Wert legen und daher mit diesen Namen Missbrauch treiben. Vor auffallend billigen Weinen aus diesen Appellationen sollte man sich hüten, wenn man die Erzeuger nicht kennt.

Chablis

Das bekannteste Weißweingebiet Burgunds ist eine der nördlichsten Weinbauregionen Frankreichs. Kein Wunder also, dass die reinen Chardonnay-Weine dieser Gegend relativ sehnig, säurereich und stahlig statt üppig sind – ganz aus der Mode und weit entfernt von dem alkoholstarken, eichenholzwürzigen Stil, durch den der Chardonnay in den 1980er-Jahren so populär geworden ist. Vielmehr handelt es sich um einen urtypisch erfrischenden, langlebigen Weißwein, wie er außer in Chablis kaum irgendwo zustande kommen kann.

Wir Chablis-Enthusiasten schätzen die Reinheit des Geschmacks, die bescheidenen Dimensionen und die klare Brillanz der besseren Weine dieser Region und können gar nicht begreifen, wieso der Name Chablis jemals für liebliche Verschnitte der allereinfachsten Art in Gebrauch kommen konnte, was vor allem in den USA geschehen ist.

Den Verbraucher stört die ärgerliche Uneinheitlichkeit der Preise für Chablis. Das kommt zum Teil von der Berühmtheit dieses Weins, sodass mancherlei auf ihn einwirkt, was mit ihm selbst nichts zu tun hat. Es liegt aber auch daran, dass die Produktionsmenge beim Chablis von einem Jahr zum anderen sehr unterschiedlich sein kann, weil beispielsweise Spätfröste einen großen Teil des Jahresertrags zunichte machen. So ist Chablis, wo fast ausschließlich die früh austreibende Chardonnay-Rebe angebaut wird, auch durch seine besonderen Frostschutzmaßnahmen berühmt geworden. Inzwischen sind die früher üblichen Rauchöfen von Berieselungsanlagen, die einen Schutzmantel aus Eis um die Reben legen, aus den Weinbergen verdrängt worden.

Der Wein von Chablis fällt in vier Qualitätsstufen. **Petit Chablis** heißt das schlichte, manchmal flache Produkt aus der weiteren Umgebung des Orts von einer Rebfläche, die erschlossen wurde, als die weltweite Nachfrage nicht mehr gedeckt werden konnte. Dagegen hat der größte Teil des Weins aus der näheren Umgebung Anspruch auf die einfache Appellation Chablis, innerhalb deren ebenfalls beträchtliche Qualitätsunterschiede anzutreffen sind (bei Chablis, der außerhalb der Region selbst abgefüllt wurde, sollte man sich besonders vorsehen); in jedem Fall will Wein dieser Art jung getrunken sein. Die besseren Lagen von Chablis, auf die etwa ein Viertel der Produktion entfällt, tragen die Appellation **Chablis Premier Cru** und erbringen mit die zuverlässigsten Weine der Region. Die allerbesten Lagen befinden sich auf der Westseite des Hangs oberhalb der Stadt und sind an der Bezeichnung **Chablis Grand Cru** zu erkennen. Aus ihnen, besonders aus Les Clos, stammen die Weine, die mit ihrer bemerkenswerten Kombination von erfrischender Art und Langlebigkeit den großen Ruhm von Chablis begründet haben. Die Namen der Grands Crus außer Les Clos lauten Blanchots, Bougros, Grenouille, Preuses, Valmur und Vaudésir, und die bekannteren Premiers Crus heißen Fourchaume, Mont de Milieu, Montmains, Vaillons und Montée de Tonnerre – in besonders guten Lagen stehen sie den Grands Crus kaum nach und können wie diese über ein Jahrzehnt lang in der Flasche schön heranreifen. Chablis in Spitzenqualität weist dank seiner kräftigen Säure sogar größere Langlebigkeit auf als mancher Weißwein von der Côte d'Or. In der Jugend riecht er oft ausgesprochen unangenehm oder erinnert doch an feuchte Wolle oder nasses Hundefell. Nasse Steine ist dagegen eine Duftnote im jungen Chablis, die ich sehr mag.

Es gibt heute einen vielleicht unvermeidlichen Trend, den Chablis in einem volleren, stärker von Eichenholz geprägten Stil auszubauen. Mir missfällt das, was aber durchaus ein Zeichen dafür sein kann, dass ich es bin, die das Gefühl für Realitäten verliert – und nicht die Winzer von Chablis.

Empfehlenswerte Erzeuger:
Die besten Abfüllungen der Genossenschaft La Chablisienne, Dauvissat, Defaix, Droin, Laroche, Louis Michel, René et Vincent Raveneau.

Côte Chalonnaise

Südlich anschließend an die hervorragenden Weißweinlagen der Côte de Beaune liegt die Côte Chalonnaise, die ihren Namen von der Stadt Châlon-sur-Saône hat, wo im alten Gallien die vom Mittelmeer heraufbeförderten Flussschiffe ihre Weinladungen löschten, die anschließend über Land nach Norden weitertransportiert wurden. Während an der Côte d'Or die Rebe das Landschaftsbild bestimmt, wird hier die sanfte Erde weit vielfältiger genutzt, und nur manchmal schiebt sich ein Weinberg zwischen Wiesen und Felder.

Die Weine – mit Ausnahme des bekannten Aligoté von Bouzeron meist von Chardonnay oder Pinot noir bereitet – schmecken wie ländliche Verwandte der feinen Gewächse von der Côte d'Or; sie sind aber ihrer frühen Genussreife wegen höchst brauchbar.

Seit den 1980er-Jahren zeichnet sich die hiesige Erzeugung durch große Gleichmäßigkeit aus, die oft den Mangel an besonders guten Lagen wettmacht, sodass die Weine lange Zeit zu den preiswertesten in Burgund gehörten. Freilich treibt auch hier der Markt sein Spiel, und inzwischen sind die Preise für Weine aus den vier Appellationen der Côte Chalonnaise schon auf demselben Stand wie die für einfachere Village-Weine von der Côte d'Or.

Givry (nicht zu verwechseln mit dem berühmten Gevrey-Chambertin an der Côte d'Or) ist eine überaus zuverlässige Appellation und bringt vor allem Rotwein hervor. Wein von weit vornehmerer Art als sonst hier üblich produziert Joblot, und auch die Domaine Thénard hat ihren Sitz hier.

Mercurey Die vor allem auf Pinot noir spezialisierte Appellation ist die bei weitem größte dieses Gebiets. Es gibt hier mehrere Premier-Cru-Lagen, aus denen oft Weine mit schöner, geschmeidiger Frucht kommen. Der Framboisière des Hauses Faiveley in Nuits-St-Georges bringt die einzelnen Jahrgänge zuverlässig zum Ausdruck. Einer der Stars unter den Erzeugern ist hier Michel Juillot.

Montagny Der Name der auf Chardonnay spezialisierten Appellation ist durch Louis Latour aufgrund seines langfristigen Absatzvertrags mit der tüchtigen, innovativen Genossenschaftskellerei Buxy, die auch guten Schaumwein Crémant de Bourgogne herstellt, rund um die Welt bekannt geworden.

Rully (nicht zu verwechseln mit Reuilly bei Sancerre) produziert etwa ebenso viel Pinot noir wie Chardonnay. Der »Domaine de la Renarde« des Handelshauses André Delorme ist eine der besseren Weinquellen; dasselbe gilt für den »Château de Rully« von Antonin Rodet. Eric de Suremain aus Monthélie bringt etwas Côte-d'Or-Klasse in die Appellation.

Typische Landschaft in Südburgund, wo Weinberge mit Äckern und Wiesen abwechseln.

Mâconnais und Beaujolais

Das Mâconnais, benannt nach der Stadt Mâcon, bildet den Übergang zwischen der Côte Chalonnaise und dem Beaujolais. Ganz allgemein sind die Chardonnay-Weißweine der AC **Mâcon Blanc** oft rund und melonenduftig und meist zuverlässiger als die Rotweine der AC Mâcon, bei denen es sich vorwiegend um recht raue Produkte der Gamay-Traube handelt (die hier entstehenden Pinot-noir-Rotweine bringen unter der AC Bourgogne höhere Preise ein).

Mâcon Supérieur, Mâcon-Villages und Mâcon mit angefügtem Ortsnamen stehen qualitativ eine Stufe höher als der einfache Mâcon Blanc und können von einem begabten Erzeuger wie André Bonhomme, Olivier Merlin und Jean Thévenet so aufregend gut sein wie die Weißweine von der Côte d'Or mit Ausnahme der allerbesten – und das zu einem viel günstigeren Preis.

Mâcon-Chardonnay, Mâcon-Lugny und **Viré-Clessé** sind gute, nach dem Herkunftsort benannte Weißweine (Chardonnay ist in diesem Fall tatsächlich ein Ort). Lugny hat eine tüchtige Genossenschaftskellerei, und überhaupt strotzt der ganze Bereich von ambitionierten Erzeugern – sogar etwas süßer Weißwein mit Edelfäule entsteht hier.

Die besten Weißweinlagen des Mâconnais befinden sich in der Südostecke des Gebiets, unmittelbar angrenzend an das Beaujolais. Die berühmteste AC ist hier **Pouilly-Fuissé**, deren Weine allein schon wegen ihrer Popularität, trotz einiger Uneinheitlichkeit, besonders hohe Preise erzielen. Manche, zum Beispiel die Erzeugnisse der Domaine Corsin, von Ferret, Château Fuissé und Guffens-Heynen, sind überaus gut, gehaltvoll, oft mit feiner Honigsüße versehen. Auch **Pouilly-Loché** und **Pouilly-Vinzelles** können ähnliche Substanz aufweisen und sind im Übrigen kaum vom **St-Véran** und den besten Beispielen des **Beaujolais Blanc** zu unterscheiden.

Der rote Beaujolais kann ein sehr köstliches Gewächs sein, das im Übrigen mit dem weiter nördlich produzierten Burgunder nichts gemein hat. Er ist der einzige unbestreitbar erfolgreiche Wein der Gamay-Traube und zeichnet sich meist durch leichten Körper, viel jugendliche Frucht und relativ kräftige Säure aus. Immer mehr ambitionierte Produzenten erzeugen allerdings dichtere Weine im Rhône-Stil.

In der Regel sollte roter Beaujolais nicht lange aufbewahrt werden und schmeckt leicht gekühlt am besten. Leider wird er durch überzogene *chaptalisation* (Seite 72) allzu oft dicklich aufbereitet oder – eilig vergoren und brutal stabilisiert – in **Beaujolais Nouveau** oder **Beaujolais Primeur** verwandelt.

Die als *macération carbonique* (Seite 78) bezeichnete Methode der Verarbeitung in dicht verschlossenen Tanks unter Einwirkung von Kohlensäure, nach der der meiste Beaujolais bereitet wird, bewirkt mehr die Extraktion von Frucht als von Tannin. **Beaujolais-Villages** ist meist merklich besser als einfacher Beaujolais, und zwar deswegen, weil er näher an der sanft welligen Granithügellandschaft wächst, die den Kern des Gebiets bildet.

Aus diesen Hügeln selbst kommen die **Beaujolais Crus**, die von geringeren Erträgen gewonnene Elite der Weine, in denen sich der anregende Grundcharakter des Beaujolais mit konzentrierterer Frucht und größerer Lebenserwartung verbindet (ich habe schon höchst lebendigen 40-jährigen gekostet). Die Namen der Crus lauten **Brouilly, Chénas, Chiroubles, Côte de Brouilly, Fleurie, Juliénas, Moulin-à-Vent, Morgon, Régnié** und **St-Amour**.

Der König des Beaujolais ist Georges Dubœuf als Abfüller einer breiten Palette an Rot- und Weißweinen, teilweise aus einzelnen Weingütern. Ebenfalls gute Namen sind Jean-Marc Aujoux, Aviron-Potel, Jean-Marc Burgaud, Château des Jacques, Laurent Daumas, Château de Pizay, Clos de la Roilette, Michel Tête, Château Thivin und Domaine du Vissoux.

Champagne

Die Champagne, eine Autostunde von Paris entfernt, ist die selbstbewussteste Weinbauregion Frankreichs, denn sie begnügt sich mit der Erzeugung eines einzigen Luxusprodukts. In Reims, Epernay und den Orten in dem Hügelland, das einst mit den englischen South Downs eine zusammenhängende Landmasse bildete, ist man sich dessen bewusst, dass nur hier der großartigste Schaumwein der Welt produziert werden kann. Das beruht darauf, dass die Region das nördlichste Weinbaugebiet Frankreichs ist und einen stark kreidehaltigen Boden hat, der die Rebwurzeln dazu anregt, bis in große Tiefen nach einem gleichmäßigen, wenn auch nicht überreichlichen Wasservorrat zu suchen; sie verfügt zudem über die nötigen dunklen, feuchten Keller sowie über einen Vorsprung im Werbespiel, der dem Champagner seinen einmaligen Ruf als idealer Wein für glänzende Festlichkeiten eingetragen hat, dem wiederum die Champagne ihre einzigartige Stellung verdankt. Aus dieser Einzigartigkeit leitet sie denn auch das Recht ab, alle unnachsichtig zu verfolgen, die ihren kostbaren Namen missbrauchen.

Rebsorten und Weinberglagen

Erstaunlicherweise wird der seinem Wesen nach leichte, brillant weiße Champagner vorwiegend aus dunklen Trauben produziert. Nicht einmal 30% der in sauberen, niedrigen Zeilen dicht bepflanzten Rebfläche der Champagne entfallen auf die weiße Burgundertraube Chardonnay. Die rote Burgundertraube Pinot noir nimmt etwa ein Drittel der mageren Weinbergböden ein; den höchsten Anteil aber hat der Pinot meunier, ein fruchtigerer, früh reifender Verwandter des Pinot noir. Nur der Pinot meunier gelangt überall in der Region zuverlässig zur Reife und deshalb stellt er die bei weitem meistangebaute Rebsorte in den kühleren Gegenden des Marne-Tals und im nördlich davon etwas abgelegenen Bereich Aisne dar. Pinot noir und Chardonnay beanspruchen besonders günstige Lagen; im Allgemeinen gedeiht der Chardonnay hier am besten an den kreidehaltigen Süd- und Osthängen der Côtes des Blancs südlich von Epernay, während der Pinot noir an den unteren Hängen der bewaldeten Montage de Reims zwischen Reims und Epernay und in den wärmeren Weinbergen an der Aube im Süden der Champagne wächst.

Die dreihundert Weinorte der Champagne sind je nach der potenziellen Qualität der dort gezogenen Trauben in Qualitätsstufen zwischen achtzig und hundert Prozent eingeordnet. Die 17 mit hundert Prozent eingestuften Orte gelten als Grands Crus. Unter ihnen sind Ay, Bouzy und Sillery für dunkle Trauben sowie Avize, Cramant und Le Mesnil für Chardonnay am bekanntesten.

Weißer Wein kann von dunklen Trauben nur bei sehr sanftem Pressen gewonnen werden, wobei der beste Most der ist, der aus den superschonenden Weinpressen der Champagne zuerst austritt. Wie viel Most aus einem bestimmten Traubengewicht gewonnen werden darf, ist ganz genau vorgeschrieben, doch die billigsten Champagner werden meist von dem Most bereitet, der aus den stärkeren Pressungen stammt, und schmecken aus diesem Grund oft sehr herb (wenn er von Trauben aus den Randgebieten mit nur kurzer Flaschenreife hergestellt wird, liefert dieser Most sogar einen ausgesprochen sauren Geschmack).

Winzer contra Champagnerhäuser

Zwar denken die meisten Nichtfranzosen bei dem Wort Champagner vor allem an eine Hand voll berühmter Namen – Bollinger, Heidsieck, Moët & Chandon, Mumm, Perrier-Jouët, Pol Roger, Veuve Clicquot usw., aber eigentlich werden neunzig Prozent der Trauben für den Champagner von 15 000 kleinen Winzern gezogen, die im Durchschnitt 2 ha Weinberge besitzen. In der Champagne sind die Traubenpreise höher als sonst wo in der Welt – in manchen Jahren kostet ein Kilo mehr, als man beim Obsthändler für Treibhaustrauben bezahlen muss.

In so großer Entfernung vom Äquator bilden Jahr für Jahr Spätfröste und schlechtes Wetter zur Blütezeit eine Bedrohung für den Ernteertrag. Die Tatsache, dass die Traubenernte der Champagne in einem Jahr für dreihundert Millionen Flaschen ausreichen, im nächsten aber nur ein Drittel davon betragen kann, bringt Spannung in das Verhältnis zwischen den Winzern und den Herstellerfirmen mit den weltberühmten Namen.

Nun verkaufen zwar die meisten Winzer ihr Lesegut direkt an Genossenschaften oder an die großen Champagnerhäuser. Viele produzieren jedoch auch selbst, und diese Winzer-Champagner sind auf dem Inlandsmarkt besonders populär. Sie weisen enorme Qualitätsunterschiede auf: Manche sind Erzeugnisse allerschlichtester Heimarbeit, andere feine Beispiele der jeweiligen Lagen.

Die großen Häuser behaupten nun, dass nur unter Verwendung einer Vielzahl an Grundweinen – oft aus allen Gegenden der Region – Jahr für Jahr die Herstellung guter Champagner möglich sei. Sicher stimmt es auch, dass die Winzer-Champagner von einem Jahr zum anderen unterschiedlicher ausfallen als die Produkte der Herstellerfirmen, die ihren Stil des Hauses unabhängig von den Verhältnissen in dem einen oder anderen Jahr aufrecht zu erhalten bestrebt sind (siehe Seite 30).

Viele Champagnerhersteller spezialisieren sich auf die Produktion so genannter Hausmarken nach den besonderen Spezifikationen beispielsweise von Supermärkten oder Hotelketten. Die Preise dafür können entsprechend ausfallen.

Champagnerstile

Jahrgangsloser Champagner: *Das Grundprodukt aller Champagnerhersteller macht über achtzig Prozent der Gesamtproduktion der Region aus und beruht auf mehreren, in der Hauptsache etwa drei Jahre zurückliegenden Jahrgängen. Die Qualität kann sehr unterschiedlich sein.*

Jahrgangs-Champagner: *Ein Produkt der gehobenen Preisklasse, ausschließlich hergestellt von Traubengut aus einem einzigen Jahr; es kommt nach etwa sechs Jahren auf den Markt, ist meist verlässlich hochwertig und über zehn Jahre haltbar.*

Prestige-, De-luxe- *oder* ***Luxus-Cuvée:*** *Ein Spitzenprodukt, oft in einer besonders geformten Flasche, meist mit Jahrgang, fast immer enorm teuer. Die besten – Bollinger Tradition, Krug Grande Cuvée, Moët & Chandon, Dom Pérignon und Roederer Cristal – sind ihren Preis fast wert.*

Blanc de Blancs: *Nur von Chardonnay-Trauben gewonnen; oft gut haltbar.*

Rosé: *In Farbe und Qualität unterschiedlich; meist durch Verschneiden von roten und weißen Stillweinen vor der Flaschengärung hergestellt. Oft recht fruchtig und leicht lieblich.*

Demi-sec *(halbtrocken): Lieblichere Art als Brut (sehr trocken) und Sec (trocken).*

Die Kunst des Verschneidens

Die große Besonderheit des Champagners ist, dass er durch geschicktes Mischen und Veredeln ganz unterschiedlicher Grundweine zustande kommt. Das ist erforderlich, weil in diesen nördlichen Breiten die Jahrgänge so verschieden ausfallen können – von mageren, kaum ausgereiften Trauben wie 2001 bis zu vollreifem, säurearmem Lesegut wie 1989.

Mit Ausnahme des Blanc de Blancs und des Blanc de Noirs sind alle Champagner Mischungen der drei bereits erwähnten Traubensorten, wobei der Pinot meunier sozusagen den jugendlichen Überschwang, der Pinot noir den Körperbau und der Chardonnay das Rückgrat abgibt. Winzer-Champagner entstehen meist aus dem Lesegut einer einzigen Gegend; dagegen wird die Produktion der großen Herstellerfirmen zu drei Vierteln von Grundweinen aus dutzenden, ja hunderten verschiedener Lagen zusammengestellt. (Einzellagen-Champagner wie der Clos de Mesnil von Krug bilden die Ausnahme von dieser Regel.)

Das Verschneiden der Grundweine zu einer ausgewogenen **Cuvée**, die dann in der Flasche zu

der den beliebten Schaum bildenden Zweitgärung veranlasst wird (Seite 84 – 86), findet jährlich nach der Lese im Winter statt. Der Verkoster hat dabei die Aufgabe, die jahrgangslose Mischung zusammenzustellen, die den eigentlichen Stil des Hauses repräsentiert, und dafür zu sorgen, dass sie den Erzeugnissen der Vorjahre möglichst genau entspricht (allerdings verändert sich bei den einzelnen Firmen dieser Stil des Hauses dann doch entsprechend der Mode oder der Verfügbarkeit des

Der Rebschnitt im Winter gehört auch in der Champagne zu den mühseligsten Arbeiten des Winzers. Das abgeschnittene Rebholz wird im Weinberg verbrannt.

Die Witwe (Veuve) Clicquot verstand es so gut, ihren Champagner in aller Welt zu verkaufen, dass sie um die Mitte des 19. Jahrhunderts das prächtige Château de Boursault bauen konnte.

Traubenguts). Um die Qualitäts- und Mengenunterschiede zwischen den einzelnen Jahren auszugleichen, wird der jeweils neue Wein mit bis zu zwanzig Prozent Reservewein – das sind Stillweine aus früheren Jahrgängen – abgerundet.

In der Champagne wird manchmal bedauert, dass der ambitionierte Stil des **Jahrgangs-Champagners** (der also aus dem Lesegut eines einzigen Jahrgangs besteht) nur dazu geführt habe, die besten Trauben abzusahnen und infolgedessen die

Qualität des eigentlichen, nämlich des jahrgangslosen Champagners, zu beeinträchtigen. Obendrein trägt seit dem großen Erfolg des 1937 erschienenen Dom Pérignon von Moët die immer mehr um sich greifende Mode der Prestige- und Luxus-Cuvées dazu bei, dass in den besten Jahren das feinste Traubengut aus den am höchsten bewerteten Orten getrennte Wege geht.

Bis im Frühjahr sind dann alle Cuvées gemischt und mit einem Zusatz von Hefe und Zucker versehen in Flaschen gefüllt, die nun zu tausenden in den berühmten Kellern der Champagne liegen.

Der Charakter des Champagners

Wer je einmal einen der unter der Bezeichnung Coteaux Champenois angebotenen Stillweine gekostet hat, der weiß, wie sehr das Champagnerverfahren diese dünnen, leichten, säuerlichen Gewächse in edle, verfeinerte, überschäumend lebendige Essenzen mit schönster Geschmacksfülle verwandelt. Wie die Grundweine für die Cognac-Herstellung haben auch beim Schaumwein die bestgeeigneten Ausgangsweine kräftige Säure und relativ neutralen Geschmack. Vielleicht entstehen ja die eleganten Perlen im Champagner ebenso wie der etwas höhere Alkoholgehalt nur als Nebenprodukte der Zweitgärung in der verschlossenen Flasche, doch die Geschmacksnuancen und die brillanten Konturen verdankt er möglicherweise mehr als jeder andere Schaumwein der Lagerzeit in den dumpfigen Kellern der Champagne – meist ehemaligen Kalksteinbrüchen, den so genannten *crayères*.

Je länger der Wein auf dem nicht gerade appetitlich aussehenden Depot aus toten Hefezellen ruht, das sich im Bauch der Flasche ansammelt, desto mehr Charakter erlangt er schließlich und umso voller und reichhaltiger wird sein Geschmack. Forschungen haben ergeben, dass sich ein merklicher Effekt im Wein erst nach einer Mindestlagerzeit von achtzehn Monaten einstellt und dann nach etwa fünf Jahren noch stärker in Erscheinung tritt. Demnach ist es ein Unsinn, dass die derzeit gültige Vorschrift für die Reifung von jahrgangslosem und Jahrgangs-Champagner zwölf Monate bzw. drei Jahre beträgt, sodass im einfachsten Champagner eigentlich keine Geschmacksentfaltung durch die Lagerung auf der Hefe stattgefunden haben kann. Seriöse Champagnerfirmen lassen ihre Erzeugnisse daher mindestens zwei Jahre auf dem Hefesatz lagern, und Jahrgangs-Champagner kommen allgemein erst nach sechs Jahren auf den Markt.

Bei der Abrundung der kargeren Charakteristiken des Champagners spielt die Flaschenreife eine ebenso große Rolle wie die so genannte *dosage* (Seite 85), also der traditionelle Zusatz von Zucker beim Auffüllen der Flaschen; der Champagner mit seiner kräftigen Säure verträgt eine beträchtliche Beimischung von Zucker, bis die Süße spürbar wird.

Ein Champagneretikett richtig lesen

1 Ist ein Jahrgangsdatum angegeben? Wenn nicht, handelt es sich um einen jahrgangslosen Champagner (Seite 173).

2 Die Angabe »Blanc de Blancs« oder »Chardonnay« bedeutet, dass keine dunklen Trauben mitverarbeitet wurden und der Geschmack vermutlich etwas karg ist. »Blanc de Noirs« besagt dagegen, dass der Inhalt der Flasche nur von dunklen Trauben stammt und entsprechend fülliger schmeckt.

3 Die beiden Buchstaben vor der Code-Nummer des Herstellers bedeuten:

CM *co-opérative de manipulation* – das Produkt einer Winzergenossenschaft.

MA *marque d'acheteur* – Hausmarke, für einen Auftraggeber hergestellt.

NM *négociant-manipulant* – hierunter fallen die großen Champagnerhäuser (Seite 30).

RC *récoltant-co-opérateur* – das Produkt einer Winzergenossenschaft, verkauft von einem Winzer.

RM *récoltant-manipulant* – das Eigenprodukt eines Winzers (Seite 30).

Elsass

Im Überblick: *Gute, oft übersehene, rauchig-milde sortenreine Weißweine.*
Trauben: *Riesling, Gewürztraminer, Pinot blanc, Pinot gris, Sylvaner, Muscat.*

Der Elsässer ist eine der großen unterbewerteten Kostbarkeiten in der Welt des Weins. Rund um die geradewegs aus dem Märchenbuch entsprungenen Dörfer am Fuß der waldreichen Vogesen wachsen höchst ansprechende, duftige Weißweine und leichte Rotweine. Die zweisprachigen Ortsnamen und die schlanken grünen Weinflaschen sowie der Riesling als vorherrschende Traube und die duftig würzige Art der Weine erinnern daran, dass das Elsass über lange Zeiten seiner Geschichte hinweg zu Deutschland gehörte. Aber anders als in Deutschland sind die Elsässer Winzer darauf eingeschworen, allen Zucker in den Trauben zu Alkohol vergären zu lassen, wodurch trockene, körperreiche Weine entstehen, die sich von den leichteren, lieblicheren deutschen Pendants in der Struktur stark unterscheiden. Aber auch hier werden neue Fässer und die malolaktische Säureumwandlung bewusst vermieden, um das unmittelbare fruchtige Aroma der Traube voll zu bewahren.

Anders als sonst in Frankreich üblich, hat das Elsass nur zwei Appellationen: zum einen die AC **Alsace** für alle in der Region gewachsenen Weine und zum anderen die AC **Alsace Grand Cru**. Nach beiden kann der Name der Rebsorte stehen.

Riesling ist sehr zu Recht die im Elsass am höchsten angesehene der als »edel« anerkannten Rebsorten. Elsässer Rieslinge sind stahlig, in der Jugend manchmal streng, und erscheinen dem Novizen oft karg. Allerdings entfalten sie sich durch längere Flaschenreife, die bei Spitzengewächsen, zum Beispiel Clos Ste-Hune von Trimbach, bis zu zehn Jahre dauern kann – die meisten Weine sind jedoch schon nach drei bis vier Jahren fein. Wie alle mit Ausnahme der süßeren Elsässer (VT und SGN) sind sie als Aperitif großartig geeignet. Die spät reifende Rieslingtraube steht im Elsass in den besten, vor allem den Hanglagen in der Südhälfte der Region.

Gewürztraminer ist der Elsässer Wein, den der Weinneuling am leichtesten, oft auch überhaupt zuerst lieben lernt. Die ebenfalls als »edel« anerkannte Traube erbringt körperreichen, fast fett zu nennenden, so lebendig aromatisch schmeckenden Wein, dass sich die Geschmacksknospen unverzüglich in höchster Bewunderung öffnen – nur in sehr heißen Jahren passiert es, dass er ölig ausfällt. Die leichtesten und billigsten Beispiele zeichnen sich durch sanft blumigen (oft muskatellerähnlichen) Duft aus, während vollere, konzentriertere Versionen neben dem allen Gewürztraminern eigenen Litschi-Aroma sogar den Geruch von Schmalz an sich haben können. Solcher Wein passt gut zu würzigen Speisen, aber auch, obwohl er weiß ist, zu Gerichten, denen sonst Rotwein zugeordnet wird.

Pinot gris Der ebenfalls als »edle« Rebsorte anerkannte Graue Burgunder führte lange den Namen Tokay d'Alsace, bis die Ungarn sich über mögliche Verwechslungen mit ihrem Tokajer beschwerten. Er erbringt wundervoll körperreiche trockene Weine, die sogar zu Wild passen, zwar nicht besonders aromatisch sind, aber rauchig und exotisch schmecken. Pinot gris liefert vor allem gute Spätlesen (VT; Seite 179).

Muscat d'Alsace, auch Muscat blanc à petits grains, die vierte »edle« Rebsorte, erbringt oft in Mischung mit Muscat Ottonel ungewöhnlichen, zarten, trockenen Wein mit überwältigend traubigem und daher fast süßem Duft. Er wird nicht in großen Mengen produziert und hält sich nicht besonders lange, ist aber als Aperitif ganz köstlich.

Pinot blanc, der Weiße Burgunder oder Klevner, ist im Elsass die Alltagstraube. Ihr Wein ist breit und rauchig und hat den markanten Duft aller Elsässer Weißweine, jedoch nicht die Konturenschärfe des Rieslings und weit weniger Körper als der Gewürztraminer oder der Pinot gris. Ähn-

Das Elsässer Bilderbuchstädtchen Riquewihr (aus der Grand-Cru-Lage Schoenenberg gesehen) beherbergt die bekannten Weinhandelsfirmen Hugel, Dopff au Moulin und Dopff & Irion.

lich, aber doch eigenständig, ist der Auxerrois, der oft mit Pinot blanc verschnitten wird. Ein guter Pinot blanc ist seinen stets günstigen Preis immer wert.

Sylvaner ist da schwieriger zu würdigen. Er schmeckt oft mager und stellt hohe Ansprüche an die Lage, erzielt aber keine besonders hohen Preise, und deshalb geht er im Elsass auch stark zurück. Nichtsdestoweniger kann ein Sylvaner von einem Erzeuger, der sich auch auf die Bereitung stahliger Rieslinge versteht (wie Trimbach), wahrhaft markant schmecken.

Edelzwicker ist in der Praxis ein Verschnitt aller möglichen Weißweinsorten, meist Chasselas, Sylvaner und Pinot blanc. Manchmal wird die süffige, sanfte Mischung auch als Gentil bezeichnet.

Pinot noir Der Elsässer Beitrag zur Welt des Rotweins zeigt sich außer in sehr heißen Jahren meist rosafarben und schmeckt entsprechend leicht. Immer mehr Erzeuger versuchen sich an körperreicheren Versionen, trösten sich aber meistens mit dem Gedanken, dass die Touristen auch den blassesten Rotwein kaufen.

Das Elsässer Etikett

(Diese Bezeichnungen dürfen nur im Zusammenhang mit den vier edlen Rebsorten gebraucht werden.)

Grand Cru – Hochrangiger, vor kurzem unter heftigen Kontroversen an über fünfzig Einzellagen vergebener Status. Eine Qualitätsgarantie ist damit freilich nicht verbunden, denn leider nehmen manche Erzeuger den Titel Grand Cru lediglich als Vorwand für höhere Preise. Die maximal zulässigen Erträge liegen unter der sonst im Elsass üblichen Norm.

Vendange Tardive (VT) – Spätlese; ein bestimmter Mindestreifegrad ist vorgeschrieben (bessere Erzeuger überschreiten ihn noch), und die Lese darf erst nach offizieller Genehmigung erfolgen. *Vendanges Tardives* liegen zwischen fast trocken (bei konzentrierter Art) und recht lieblich, ohne dass auf dem Etikett ein Hinweis auf den Süßegrad gegeben wird. Gute Spätlesen sind viele Jahre haltbar.

Sélection des Grains Nobles (SGN) – Auslese von Trauben mit noch höherem Reifegrad und oft mit Edelfäule (Seite 88). Es handelt sich um Raritäten, die nur in sonnenreichen Jahren vor allem von der Gewürztraminertraube entstehen. Auch bei ihnen kommt unterschiedlicher Süßegrad vor; er liegt aber im Allgemeinen höher als bei den *Vendanges Tardives*.

Crémant d'Alsace Der trockene Schaumwein der Region wird nach dem Champagnerverfahren hergestellt, ist oft sehr erfrischend und mehrere Jahre haltbar, zeichnet sich aber eher durch Lebendigkeit als durch Substanz aus.

Als besondere gastronomische Spezialität hat das Elsass neben seinen Weinen und einer enormen Zahl von Restaurants mit Michelin-Sternen (dem Elsass musste sogar ein eigener vergrößerter Einschub auf der Michelin-Karte eingeräumt werden) vor allem auch seine bereits durch ihren Duft umwerfend wirkenden Obstwässer zu bieten – Kirsch *(Cerise)*, Quetsch *(Prune)*, Himbeer *(Framboise)* oder Birne *(Poire Williams)*.

Ausgesprochen empfehlenswerte Weinerzeuger sind unter anderem die großen Handelshäuser Beyer, Hugel und Trimbach, welche große Mengen Trauben einkaufen, sowie Blanck, Marcel Deiss, Kientzler, Kreydenweiss, Muré, Ostertag, Rolly Gassmann, Schlumberger, Schoffitt, die Fallers von der Domaine Weinbach und Zind-Humbrecht.

Loire

Im Überblick: *Frankreichs unterschiedlichste und am häufigsten gering geschätzte Weinbauregion mit vielen säuerlich frischen Weinen.*
Trauben: *Sauvignon blanc, Cabernet franc, Gamay, Chenin blanc, Melon de Bourgogne.*

Mit Ausnahme der Weine von Sancerre und Pouilly-Fumé werden die Gewächse von der Loire außerhalb Frankreichs weitgehend übersehen, vielleicht weil in diesen nördlichen Breiten als ausgeprägtestes Merkmal kräftige Säure entsteht, die nun einmal nicht in Mode ist. Da lange, heiße Sommer hier die Ausnahme sind, entsprechen die Rotweine nur selten den heutigen Vorstellungen von Dichte, Alkoholstärke, Tanningehalt und Eichenholzwürze, und die meisten Weißweine werden nach dem altmodischen Rezept, die Frucht so früh wie möglich und ohne Ausbau in neuen Fässern in der Flasche einzufangen, bereitet. Vielleicht ist es eigenartig, dass die Gegend mit dem besten Eichenholz in Frankreich – die Wälder von Nevers, Allier und Tronçais liegen an der oberen Loire – davon nicht viel Gebrauch macht, doch müssen die Trauben wirklich voll ausgereift sein, wenn ihr vergorener Saft nicht von der Wucht neuer Eichenholzfässer erdrückt werden soll (Seiten 91 bis 93).

Die recht komplizierten Verhältnisse mit den Weinnamen und -identitäten sind der Popularität ebenfalls nicht zuträglich. So stehen beispielsweise die Namen Anjou oder Saumur für eine ganze Palette von Weinen in allen drei Farben, von unterschiedlichen Traubensorten und in mehreren Süßegraden.

Der längste und trägste Strom Frankreichs berührt nicht nur die berühmten Schlösser – einst Tummelplatz der aristokratischen und heute der bürgerlichen Welt von Paris –, sondern auch eine ganze Reihe von Weinbaubereichen, die sich grob in drei Gebiete einteilen lassen: die von Sauvignon beherrschten Weinberge um Pouilly und Sancerre an der oberen Loire, fünfhundert Kilometer stromabwärts davon die Muscadet-Region an der Flussmündung und dazwischen die weiten, unterschiedlichen Bereiche, in denen große Süß- und gute Schaumweine sowie eine Unmenge

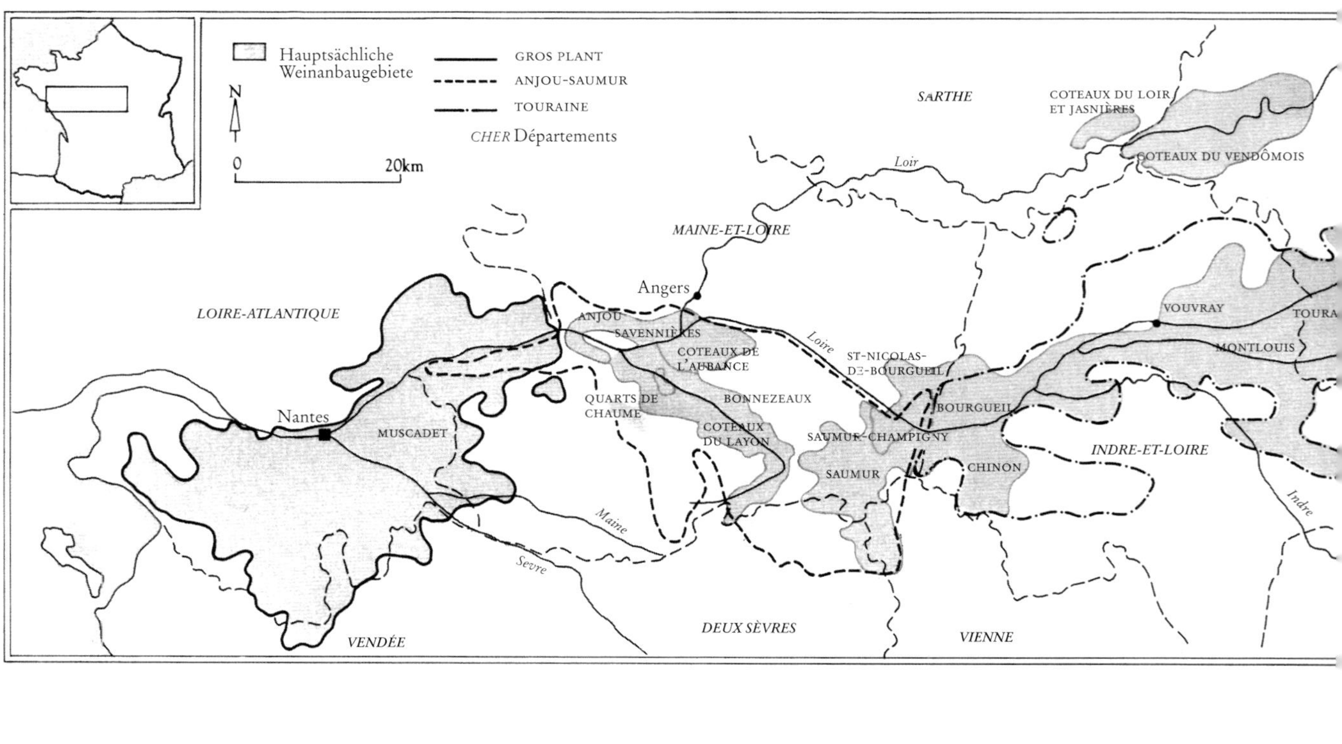

von stillen Rot-, Weiß- und Roséweinen von vielerlei Traubensorten – die wichtigsten sind Chenin blanc, Cabernet franc, Gamay und Sauvignon blanc – entstehen.

Die obere Loire

Die berühmtesten Botschafter der oberen Loire, ja der Loire insgesamt, sind der **Sancerre** und der **Pouilly-Fumé** (manchmal auch Blanc Fumé de Pouilly genannt). Ihre beiden Herkunftsbereiche liegen sich über den Fluss hinweg gegenüber, und die Bergstadt Sancerre ist nur 15 km von dem unscheinbaren Städtchen Pouilly-sur-Loire entfernt. Die Weine der Gegend, beide ausgesprochene, in den Restaurants der ganzen Welt stark gefragte Exportschlager, werden in karger, jedoch saftiger, aromatischer und frischer Art von der Sauvignon-blanc-Traube gewonnen.

Sie wachsen in sauber geschnittenen, heckenartigen Rebzeilen an sanften Hängen über dem Fluss mit dazwischen eingestreuten Getreide- und Sonnenblumenfeldern. In dieser Gegend mit ihrem feuchten Klima ist bei generösen Erträgen schon seit längerer Zeit maschinelle Lese üblich; hier entstehen oft recht stark aromatische, leichte, ziemlich säuerliche Weine.

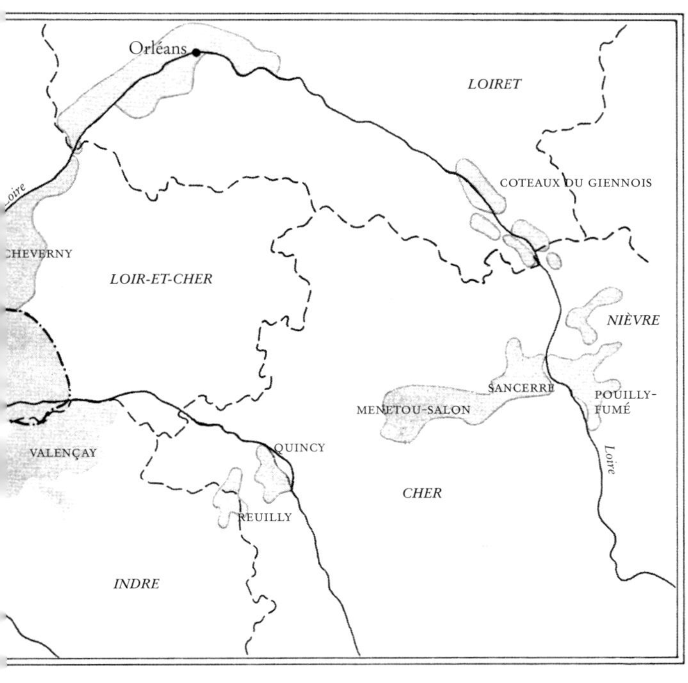

Nur bei den besten kommt die Eigenart der einzelnen Lagen in diesen Appellationen zum Vorschein. Seriöse Restaurants in Sancerre beispielsweise trennen die Weine nach den besten Weinorten der Appellation – Bué, Ménétréol und Chavignol, woher auch die besten Ziegenkäse Frankreichs stammen.

Das *enfant terrible* der Region ist Didier Dageneau, ein hoch begabter und tatkräftiger Erzeuger von Pouilly-Fumé, der in einem bescheidenen Haus in St-Andelain lebt und arbeitet – gleich nördlich vom großartigsten Bauwerk der Gegend, dem Château du Nozet, dem Weingut des bekanntesten Weinerzeugers an der oberen Loire, Baron de Ladoucette. Dageneau setzt leidenschaftlich auf niedrige Erträge und die Wiederherstellung des Bodengleichgewichts durch extreme organische Anbaumethoden – *biodynamisme* (Seite 65). Er gehört zu der Avantgarde, die dem Wein der Gegend hohe Konzentration verschafft und dadurch Gärung und Ausbau in neuen Eichenfässern ermöglicht.

So ähnlich sich die Weine auch sein mögen, die Einheimischen behaupten doch, dass die Leute von Pouilly und Sancerre Wesen von zwei getrennten Planeten, mindestens aber aus den grundverschiedenen Regionen Burgund und Berry seien, was so ziemlich auf dasselbe hinausläuft. In Bezug auf Wein unterscheiden sich die beiden Bereiche insbesondere dadurch, dass Sancerre leichten AC-Rot- und Roséwein von Pinot noir hervorbringt, während Pouilly-sur-Loire einem ausgesprochen minderen VDQS-Weißwein von Chasselas-Trauben den Namen gibt.

Empfehlenswerte Erzeuger sind ferner Henri Bourgeois, Lucien Crochet, Gitton, Joseph Mellot, Henri Pellé und Vacheron.

Weiter westlich liegen die Weinbaubereiche **Reuilly, Quincy** und **Menetou-Salon**, aus denen Weine kommen, die in der Art dem Sancerre und Pouilly-Fumé recht ähnlich, manchmal jedoch sorgfältiger ausgearbeitet sind, denn da ihr Ruf nicht so weit in die Welt gelangt ist, müssen sie sich ihren Markt allein durch Qualität erkämpfen. Claude Lafond, Jean-Michel Sorbe und Pierre Clément sind als zuverlässige Erzeuger zu nennen.

Die mittlere Loire

Am mittleren Lauf der Loire ist die Weingeographie am kompliziertesten. Der von der Muscadet-Region flussaufwärts reisende Weinliebhaber gerät zunächst in **Anjou**, der Region um die Stadt Angers, in einige Verwirrung. Hier wachsen der oft schlichtweg kommerzielle Rosé d'Anjou, der überaus langlebige, feine Cabernet d'Anjou Rosé, der ausgesprochen unterschiedliche, eher liebliche, von Chenin blanc dominierte Anjou Blanc, frische, leichte Rotweine der Appellationen Anjou Rouge und Anjou-Gamay und – wenn der Region ein schöner Sommer beschert wurde – wirklich feine, geschmeidige, seidige, von Cabernet bestimmte Rotweine der Appellation **Anjou-Villages**.

An der mittleren Loire erreicht die viel geschmähte Chenin-blanc-Traube ihre Glanzpunkte. In kühlen Jahren bringt sie zwar nur einen säurereichen, ziemlich aromatischen, halbtrockenen Weißwein hervor; zeigt sich die Natur dagegen günstig und lässt voll ausgereifte Trauben sowie die magische Edelfäule entstehen, kommen aus den Appellationen **Coteaux de l'Aubance, Coteaux du Layon** und insbesondere den Enklaven **Chaume, Quarts de Chaume** und **Bonnezeaux** große, honigsüße, langlebige Weißweine, die es mit den besten ihrer Art aufnehmen können. In den letzten Jahren sind hier mehrere feine Sélections des Grains Nobles entstanden.

Savennières ist eine kleine, aber weltberühmte Appellation in Anjou für trockenen Chenin blanc. Nicolas Joly, sicher einer der wortreichsten Verfechter des *biodynamisme* in Frankreich, hält hier mit seinem Coulée de Serrant die Flamme am Leben. Seine Weine sind in der Jugend schwer zu würdigen; aufgrund der geringen Erzeugung und der großen Nachfrage gelangen sie eigentlich nur in die Hand echter Enthusiasten.

Empfehlenswerte Erzeuger in Anjou und Umgebung sind: Domaine de Bablut, Pascal Cailleau, Château de Chamboureau, Château de Fesles, Christian Papin in der Domaine de Haute Perche, Claude Papin auf Château Pierre-Bise sowie Vincent Ogereau.

Das Château du Nozet, das Landhaus der Familie Ladoucette, ist das berühmteste Weingut an der Loire; nicht weit von hier wohnt der eigenwillige Didier Dageneau.

Als nächster Bereich folgt stromaufwärts gesehen **Saumur**; die gleichnamige Stadt ist bekannt für meist trockene, rassige Schaumweine, deren winzige, in stetem Strom hervorquellende Perlen auf großartiges kellertechnisches Können schließen lassen. Einen breiteren Markt finden diese Weine nur deshalb nicht, weil der ausgeprägte Chenin-blanc-Geschmack den Saumur Mousseux und den nach strengeren Vorschriften hergestellten Crémant de Loire beherrscht, obschon beide durch einen zunehmenden Chardonnay-Anteil immer »internationaler« im Charakter werden. Drei Champagnerfirmen leisten hier durch Zweigbetriebe besonders Gutes: Bouvet-Ladubay (Taittinger), Gratien & Meyer (Alfred Gratien) und Langlois-Château (Bollinger).

Darüber hinaus erhebt der Bereich mit dem Saumur-Champigny, dem modischsten und deshalb oft überteuerten, auf Cabernet franc beruhenden Rotwein von der Loire, Anspruch auf höheren Ruhm. In besonders reifen Jahren kann

In St-Nicolas-de-Bourgueil – dem Cabernt-franc-Bereich par excellence – steht dieses für das mittlere Loire-Tal typische Gebäude.

dieser duftige, seidige, süffige Wein von sorgfältigem Ausbau in kleinen Eichenfässern profitieren. Zu den besseren Erzeugern zählen Filliatreau und Foucault.

Die berühmtesten Rotweine von der Loire, Chinon, Bourgueil und St-Nicolas-de-Bourgueil, entstehen nach dem gleichen Rezept wie der Saumur-Champigny, an dessen Bereich Chinon ja angrenzt. Der Bourgueil ist oft der kräftigste, langlebigste Rotwein von der Loire; der leichtere St-Nicolas-de-Bourgueil kommt noch seltener als jener über die eigene Gemarkungsgrenze hinaus. Alle drei Appellationen fallen in die Weinbauregion **Touraine** um die Stadt Tours. Hier sind viele Weinkeller und sogar Wohnhäuser in den weichen, kalkreichen Tuffstein getrieben, dem der Wein der Region viel zu verdanken hat. Zu den begabten Erzeugern dieser Gegend zählen unter anderem Daniel Chauveau, Pierre-Jacques Druet, Charles Joguet sowie Olga und Jean-Marie Raffault.

In der Touraine sind die Weinnamen womöglich noch verwickelter. Weißweine entstehen hier von vier Traubensorten einzeln oder gemeinsam. Am häufigsten ist Sauvignon blanc; seine besten Vertreter können sich mit denen von der oberen Loire durchaus messen. Rot- und Roséweine gibt es als Mischung von Gamay (der verbreitetsten Traube) mit Cabernet franc, Cabernet Sauvignon, Cot (Malbec), Pinot noir, Pinot meunier, Pinot gris und den beiden Lokalsorten Pineau d'Aunis und Grolleau. Ein Touraine Primeur als Konkurrent für den Beaujolais Nouveau bringt weitere Konfusion ins Bild. Die Bereiche Amboise, Azay-le-Rideau und Mesland dürfen ihren Namen an die AC Touraine anfügen; eine Garantie für bessere Qualität ist damit jedoch nicht verbunden.

Die Bereiche Cheverny und Valençay haben sich im Gegensatz dazu nicht in die AC Touraine aufsaugen lassen.

Die markantesten Weine sind hier aber der Vouvray und sein Gegenstück Montlouis von der anderen Seite der Loire. Wie die großen süßen Weine von Anjou entstehen auch sie von der Chenin-blanc-Traube in ganz unterschiedlicher Art und Qualität. In großen Jahrgängen, beispielsweise 1947 und 1989, sorgen Edelfäule, hoher Reifegrad und kräftige Säure dafür, dass die tief grüngoldenen Versionen Moelleux und Liquoreux praktisch unendlich haltbar bleiben. In kühlen Jahren dagegen gibt das Lesegut eher eine lebendige Grundlage für Schaumwein ab. Zwischen diesen beiden Extremen liegen zahlreiche Weine mit der Bezeichnung Sec (trocken) und Demi-Sec (halbtrocken). Auch sie entfalten sich jahrzehntelang in der Flasche, und selbst die Demi-Sec-Versionen schmecken hervorragend zu Fischgerichten, vor allem wenn eine Rahmsauce dabei ist. Qualitätsbewusste Erzeuger sind u.a. Domaine Delétang, Foreau von Clos Naudin, Fouquet von der Domaine des Aubuisières, Huët, Prince Poniatowski und Jacky Supligeau.

Die Muscadet-Region

Wie die nördlich anschließende Bretagne ist auch die Muscadet-Region an der Loire-Mündung ozeanischer Natur – Wolken und salzige Sprühnebel treiben vom Atlantik herein. Der relativ leichte, neutrale Wein war eine Schöpfung tatkräftiger Holländer im 17. Jahrhundert. Sie förderten damals in dem Land um Nantes, das ganz so aussieht, als könnten hier Windmühlen in Tulpenfeldern stehen, den Anbau der recht einfachen Melon-Traube aus Burgund, die dem Muscadet zugrunde liegt.

Die AC Muscadet de Sèvre-et-Maine, benannt nach zwei Flüsschen südlich und östlich von Nantes, stellt die bei weitem verbreitetste Form dieses Weins dar. Da die Melon-Traube nicht viel geschmackliche Abwechslung hergibt, lassen viele Erzeuger ihre Weine einige Monate lang *sur lie*, »auf dem Hefesatz« (Seite 82), reifen und verleihen ihnen so etwas mehr Charakter und oft ein anregendes Prickeln. In der Zeit der großen Popularität des Muscadet als »weißer Beaujolais« wurde der Ausdruck *sur lie* allerdings etwas überstrapaziert, doch die Qualität des Muscadet ist stetig besser geworden. Ambitionierte Erzeuger, insbesondere Bosset, Guindon, Landron, Marquis de Goulaine, Donatien, Louis Métaireau und Sauvion, versuchen nun, mit Eichenholzfässern und stark eingeschränkten Erträgen aus ihren Gewächsen zeitgemäße Weine zu machen, doch immer noch sollten 95% aller Muscadets so jung wie möglich getrunken werden.

Der Muscadet Côtes de Grandlieu stellt eine blumigere Variante aus dem Westen der Region dar. Der Gros Plant (Nantais) ist hingegen ein leichter, herber Weißwein für Leute, die dem Sauren zugetan sind.

Um die Loire herum gruppieren sich zahlreiche VDQS-Bereiche (siehe auch Seite 205).

Rhône

Im Überblick: *Für lange Lebensdauer konzipierte, kräftige Rotweine.*
Trauben: *(ROT) Syrah, Grenache; (WEISS) Marsanne, Roussanne, Viognier.*

An den Ufern der breiten, langsam dahinströmenden Rhône reihen sich zwei der größten Weinbaugebiete Frankreichs und am Oberlauf die interessanten Bereiche Savoyens und der Schweiz. An der nördlichen Rhône wachsen sehr feine Weine in kleinen Mengen, während an der südlichen Rhône einer der beliebten Alltagsweine Frankreichs, der Côtes du Rhône, entsteht, daneben aber auch noch viel sonstiger Wein vorwiegend von der Grenache-Traube.

Die nördliche Rhône

Es ist nicht schwer zu verstehen, weshalb an den waldigen Steilufern der Rhône unmittelbar südlich von Lyon relativ wenig Weinbau getrieben wird. Hier finden sich die Weinberge – vermutlich die ältesten in Frankreich – auf schmalen Terrassen an die Berghänge geklebt (ähnlich jenen im Douro-Tal, der Heimat des Portweins); manche sind so steil, dass Trauben und Geräte mit Seilzugsystemen transportiert werden müssen. Inzwischen hat sich hier auch viel Industrie angesiedelt, und die Plateaux oberhalb er Hänge lassen sich durch Obstbau besser nutzen. Weinbau dagegen ist an diesem Teil der Rhône nur an wenigen Stellen rentabel, wo die Sonnenwärme lange genug eingefangen wird, damit die Trauben voll ausreifen können.

Die berühmtesten Weine dieser Gegend sind der Hermitage und der Côte Rôtie, beides langlebige Rotweine mit großer Geschmackstiefe und wie fast alle anderen hier von der Syrah-Traube gewonnen.

Eine Besonderheit der nördlichen Rhône ist auch, dass die Weingüter vorwiegend Familienbetriebe sind. Die bedeutendsten Erzeuger sind der als der beste Kellermeister unseres Planeten gepriesene Marcel Guigal an der Côte Rôtie sowie Chapoutier, wo eine neue Generation mit zutiefst traditionellen Techniken, zum Beispiel dem Austreten der Trauben *(pigeage)*, arbeitet, und Paul Jaboulet-Aîné, beide im Bereich Hermitage. Sie verfügen über eigenen Weinbergbesitz, kaufen aber auch das Traubengut zahlreicher kleiner Winzer auf. Wie in anderen Gegenden auch, füllen immer mehr dieser kleinen Winzer das Produkt ihrer mühsamen Arbeit inzwischen selbst ab, und

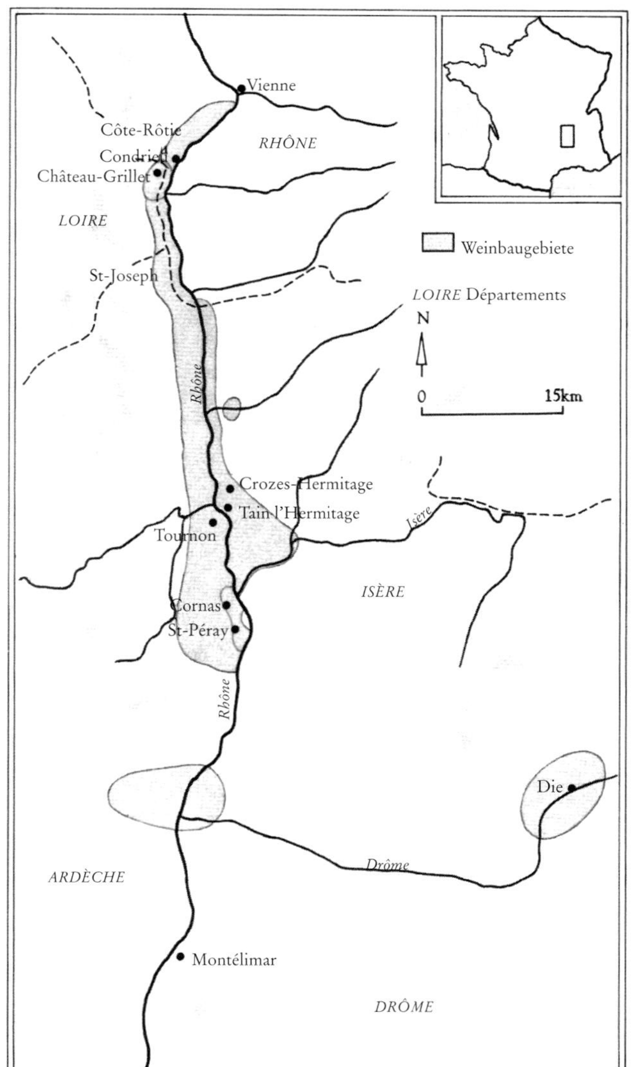

die von ihnen sowie von einigen ambitionierten Neulingen in der Region ausgehende Konkurrenz hat der Qualität des Rhône-Weins nur gut getan.

Die **Côte Rôtie** besteht aus einer Reihe von sonnenverbrannten Hanglagen oberhalb der kleinen Stadt Ampuis. Jedoch nur die besten Süd- und Südostlagen in den Schieferfelsen lohnen die ungeheure Mühe. Der südliche Teil heißt Côte Blonde, und die hier gewachsenen Weine reifen angeblich rascher heran als die aus dem nördlichen Teil, der Côte Brune – allerdings werden sie traditionsgemäß miteinander gemischt. Die flacheren oberhalb der Steilhänge gelegenen Weinberge haben nur Anspruch auf die allgemeine AC Côtes du Rhône, unter die vor allem auch die Weine von der südlichen Rhône fallen.

Marcel Guigal hingegen hat sich und der ganzen Côte Rôtie dadurch einen Namen gemacht, dass er mit der Tradition brach: Seine Spitzenweine aus den Einzellagen La Mouline, La Landonne und La Turque gehören zu den gefragtesten der Welt, seit er ihnen mit niedrigen Erträgen und unüblich langem Ausbau in neuen Eichenfässern massiv ansprechende Art in der Jugend und ein viel versprechendes Alter verleiht.

Vom Hermitage unterscheidet sich der Côte Rôtie grundsätzlich durch seinen Duft, der anscheinend durch die zulässige Beimischung von weißen Viognier-Trauben (wie sie auch in der benachbarten AC Condrieu wachsen) zustande kommt; in der Praxis aber entsteht der Côte Rôtie meist sortenrein von Syrah. Das Erziehungssystem ist auf die hier vorherrschenden Gefahren durch Windbruch und Bodenerosion abgestimmt; jeweils zwei Reben sind an Pfählen in einem Punkt zusammengeführt, sodass es manchmal aussieht, als seien die Hänge mit Christbäumen bepflanzt.

Als weitere zuverlässige Erzeuger von Côte Rôtie sind hier zu nennen: Barge, Clusel-Roch, Rostaing und Vidal-Fleury.

Die Produktion von Viognier an der nördlichen Rhône ist ziemlich klein; der von ihr gewonnene pfirsichduftige, körperreiche **Condrieu** von Erzeugern wie Cuilleron und Villard ließe sich mit Leichtigkeit dreimal verkaufen, so sehr ist dieser Wein in Mode gekommen. Die Handelshäuser kaufen so viele Trauben, wie sie nur bekommen können. Guigals Einzellagenwein Doriane setzt neue Maßstäbe, und Delas ist seit langem für tadellosen Condrieu bekannt. Die Weine von **Château-Grillet**, einer nur auf

Links: Marcel Guigals Frau Bernadette versorgt die Leser schichtweise mit Essen und Wein – freilich nicht gerade mit den Spitzensorten.
Rechts: 50 km flussabwärts von der Côte Rôtie ragt der Hermitage-Berg über dem Städtchen Tain auf. Hier keltert das Weingut Paul Jaboulet Aîné den wohl berühmtesten Wein von der Rhône, den Hermitage La Chapelle. Sein Name kommt von dieser Kapelle hoch oben auf dem rebenbedeckten Berg.

dieses drei Hektar große Weingut zugeschnittenen Appellation stromabwärts von Condrieu, erreichen noch schwindelndere Höhen.

Der schwere, stramme **Hermitage** wächst 50 km südlich an einem nur mit Reben bewachsenen sonnenverwöhnten Berg über Tain l'Hermitage auf dem linken Rhône-Ufer. In der Geschichte des französischen Weinhandels gab es eine Zeit, da Rotweine als *hermitagé* bezeichnet wurden, weil ihrer Farbe und Kraft mit Hermitage aufgeholfen wurde. Aber auch weißer Hermitage entsteht hier, und zwar von den Traubensorten Marsanne und Roussanne. Er ist ungewöhnlich schwer zu ergründen und sein Bukett entfaltet sich erst nach jahrelanger Flaschenreife. Eine Spezialität der Gegend ist der süße *vin de paille*.

In und um Tain und die Schwesterstadt Tournon am anderen Ende eines schwankenden Fußstegs über die Rhône haben nicht nur die großen Handelshäuser Chapoutier, Paul Jaboulet sowie Delas, sondern auch hervorragende kleinere Familienbetriebe, darunter die viel gepriesene Domäne J. L. Chave, ihren Sitz. Die Genossenschaftskellerei Cave de Tain l'Hermitage ist ebenfalls für bewundernswürdige Qualität bekannt.

Die meisten dieser Erzeuger produzieren auch Rot- und Weißwein aus der weit größeren, aber weniger anspruchsvollen Appellation **Crozes-Hermitage** im flacheren Land um den Hermitage-Berg. Ein roter Crozes aus einem guten Handelshaus oder von einem begabten Erzeuger wie Belle, Graillot oder Pochon ist eine relativ preiswerte Köstlichkeit.

Während auf den Crozes-Hermitage regelmäßig rund die Hälfte der Weinproduktion an der nördlichen Rhône entfällt, trägt die AC **St-Joseph**, ebenfalls für Rot- und Weißwein von Syrah bzw. Marsanne und Roussanne, fast ein Viertel zur Gesamterzeugung bei. Diese Appellation wurde in den 1970er- und 80er-Jahren oft in unkluger Weise stark ausgedehnt und erstreckt sich nun auf dem rechten Rhône-Ufer von Condrieu südwärts fast bis St-Péray. Zwischen den Weinen von schwer zu bearbeitenden Terrassen über Tournon und den Erzeugnissen aus dem flacheren Land bestehen oft große Qualitätsunterschiede. Der höhere Preis für St-Joseph gegenüber dem Crozes lohnt sich nur bei Erzeugern wie Chave, Cuilleron, Emile Florentin, Gripa, Grippat, Jean Marsanne und André Perret.

Obwohl in den letzten Jahren der nördlichen Rhône große Aufmerksamkeit gewidmet worden ist, stellt doch **Cornas** mit seinen durchaus beachtenswerten, nach acht Jahren Flaschenreife hochinteressanten Syrah-Weinen nach wie vor eine Appellation dar, die noch am Anfang steht. Der Star ist hier Clape, doch auch Allemand und Robert sind dabei, sich einen guten Ruf zu schaffen.

Die Kuriosität dieser Gegend ist der **St-Péray**, ein schwerer, meist schäumender Weißwein von Marsanne- und Roussanne-Trauben, welcher bei Nichteinheimischen bisher noch wenig Anklang findet.

Die südliche Rhône

Im Überblick: *Warme, volle Rotweine.*
Haupttraube: *Grenache.*

In dieser Region wachsen nicht nur die verbraucherfreundlichsten Weine Frankreichs – die AC Côtes du Rhône mit ihrer warmen, würzigen Art ist neben der AC Bordeaux mit ihrem trockeneren, kargeren Charakter das größte Sammelbecken für AC-Wein –, die Weine von der südlichen Rhône sind auch die alkoholstärksten des Landes. Der Mindestgehalt beträgt 12,5%, und in Châteauneuf-du-Pape, der berühmtesten Appellation, sind 14% durchaus nicht ungewöhnlich; dabei ist hier im Süden keine *chaptalisation*, also kein Zusatz von Zucker erlaubt.

Vielleicht ist der Alkohol schuld daran, dass diese Weine so beliebt sind, vielleicht ist es aber auch der offen fruchtige Charakter der hier dominierenden Grenache-Traube, die infolge der ihr durch den steinigen Boden und geringe Niederschläge aufgezwungenen niedrigen Erträge hohe Konzentration erreicht. Vielleicht liegt es aber auch daran, dass die südliche Rhône das Tor zur Provence bildet, ein Land der Oliven, der Zikaden, der Sonne und der impressionistischen Sommerlandschaften.

Die Weine aus dieser herrlichen Gegend trinken sich paradoxerweise am besten in kühleren Breiten. Vor allem in der Jahreszeit, der sie ihr Dasein verdanken, erscheinen sie in ihrer Heimat häufig bedrückend schwer – allerdings lösen die wenigen Rosés und trockenen Weißweine von der südlichen Rhône das dadurch entstehende Problem in schönster Weise.

Die südliche Rhône bildet ein ergiebiges Jagdgefilde für Handelshäuser von der nördlichen Rhône, und so strömt ein großer Teil des hier erzeugten Weins nordwärts und nimmt dann – in Flaschen gefüllt, auf deren Etiketten eine Adresse von Tain oder Tournon steht – seinen Weg in die ganze Welt.

Der **Côtes du Rhône** kann aus einem riesigen Gebiet mit fast 40 000 ha Rebfläche am Südende des Rhône-Tals stammen, der **Côtes du Rhône-Villages** dagegen kommt aus einem kaum ein Achtel so großen, genau umschriebenen Bereich mit besonders gut geeignetem Land nördlich und westlich von Châteauneuf-du-Pape. Meist wird der Côtes du Rhône in der vom Beaujolais her bekannten Technik der *macération carbonique* (Seite 78) als saftiger, fruchtiger, aber kurzlebiger Wein produziert. Unter den mehreren hundert Erzeugern von Côtes du Rhône-Villages dagegen finden sich viele mit größeren Ambitionen, die ihre Weine für fünf und mehr Jahre Flaschenreife auslegen. Bei gut um ein Sechstel niedriger als für den Côtes du Rhône angesetzten Ertragsgrenzen ist der Côtes du Rhône-Villages einer der empfehlenswertesten AC-Weine Frankreichs. Seit der Gründung dieser Appellation im Jahr 1966 haben von den fast zwanzig Orten bereits zwei – Gigondas und Vacqueyras – eigenen AC-Status erhalten, doch auch in den anderen auf den Etiketten angegebenen (und in der nebenstehenden Karte eingetragenen) Gemeinden entstehen bisweilen feine Weine, die obendrein oft durch ein gutes Preis-Leistungs-Verhältnis glänzen.

Der berühmteste und beste Wein der Region, der allen anderen Rot- und Weißweinen der Gegend als Vorbild dient, ist der **Châteauneuf-du-Pape**. In Weinbüchern liest man nicht selten, dass in dieser Appellation 13 Traubensorten zugelassen sind; in der Praxis aber wird der Châteauneuf vorwiegend von Grenache, ergänzt durch Syrah, Mourvèdre und in geringer werdendem Maß auch Cinsaut, produziert; die relativ raren Weißweine dieser Weingegend entstehen nach unterschiedlichen Rezepten unter anderem von Grenache blanc, Clairette, Bourboulenc und Roussanne.

Der rote Châteauneuf-du-Pape ist ein großer, kräftiger Wein mit viel Extrakt und einladender, manchmal allerdings auch umwerfender Art. Ich finde, dass diese Appellation eine der zuverlässigsten in Frankreich ist, und habe noch selten Enttäuschungen mit dem Inhalt der schweren, mit Prägungen geschmückten Flaschen erlebt. (Allerdings können die Weine hier in heißen Jahren gelegentlich zu alkoholstark und in sehr trockenen Jahren oft zu tanninreich ausfallen.)

Dass ein so großer Teil des Châteauneuf den Mindestanforderungen ohne weiteres entspricht, mag an den bemerkenswert niedrigen Erträgen und der vorgeschriebenen strengen Auslese liegen, die nur gesundes, reifes Traubengut zur Verwendung kommen lässt.

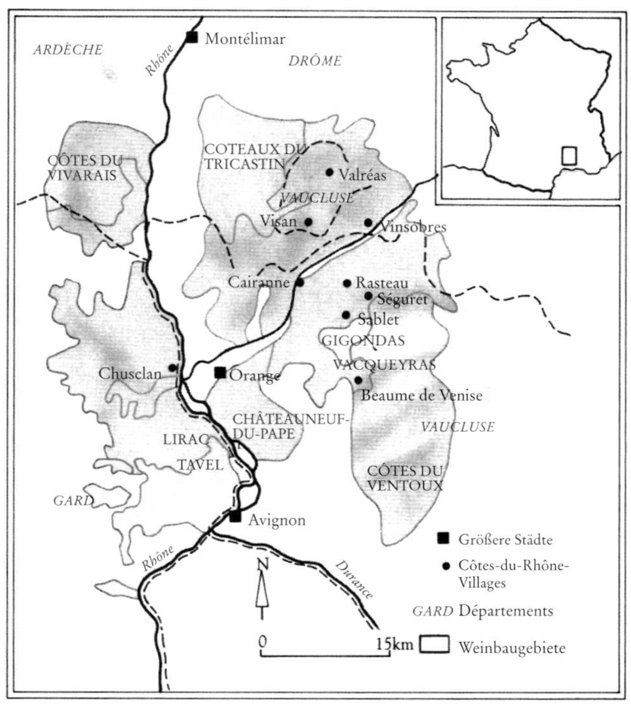

Zwei Gesichter der südlichen Rhône. Oben: Die für wuchtige Alkoholstärke verantwortliche Sommersonne geht über Châteauneuf-du-Pape unter. Rechts: Aus den verträumten Weinbergen von Gigondas kommt ebenso viel Genuss, jedoch oft zu weit erschwinglicheren Preisen.

In den Weinbereitungsmethoden bestehen große Unterschiede; High-Tech-Verfahren sind jedoch hier unter den Pinien selten. Im typischen Weinberg in Châteauneuf stehen die Reben als niedrige Büsche zwischen großen Steinen *(galets)*, die bis weit in die Nacht hinein die am Tag gespeicherte Sonnenwärme abstrahlen.

Der nach weit lockereren Regeln erzeugte weiße Châteauneuf ist zum Teil eher flach und nichts sagend; es gibt aber auch Beispiele mit schöner Frucht und Säure (und stets viel Alkohol); die Roussanne-Traube verleiht ihm oft besonderes Interesse.

In Châteauneuf sind viele gute bis sehr gute Erzeuger zu nennen, darunter Beaucastel, Rayas, Vieux Télégraphe, Bosquet des Papes, Clos des Papes und Réserve des Célestins (aber auch das Zweitetikett Pignan und der Côtes du Rhône Château de Fonsalette von Rayas sind weit überdurchschnittlich).

Der **Gigondas** entsteht als Rot- und Roséwein nach dem Vorbild von Châteauneuf. Er ist dabei nicht so teuer und schmeckt eher rustikal – ein Merkmal, dessen Charme heute Anklang findet. Zuverlässige Erzeuger sind neben anderen Domaine Les Goubert, Domaine St-Gayan und Château du Trignon.

Der **Vacqueyras** ist meist nicht ganz so konzentriert, aber oft durchaus empfehlenswert.

Außer in Châteauneuf, wo die Vorschriften strenger sind als sonst in Frankreich üblich, wird überall im Süden, wo immer Rotwein entsteht, auch der als sommerliche Erfrischung beliebte Rosé produziert. Die Traubensorten Grenache und Cinsaut mit ihrer relativ dünnen Beerenhaut und dem offenen, fruchtigen Geschmack eignen sich gut dafür. Der berühmteste Rosé der südlichen Rhône ist der kräftige **Tavel** aus dem historischen Bereich, der Châteauneuf über die Rhône hinweg gegenüberliegt. Dieser Rosé ist nicht unbedingt ein süffiges Getränk für die Gartenparty, eher ein gekühlt zu genießender gehaltvoller Rotweinersatz für heiße Tage. Ein besonders bekannter Erzeuger ist das Château d'Aqueria.

In **Lirac**, unmittelbar nördlich von Tavel, entsteht in beträchtlichen Mengen ganz ähnlicher Rosé neben vollblütigem Rotwein und körperreichem Weißwein. Hier ist die Domaine de la Mordorée besonders zu empfehlen.

An der südlichen Rhône wird auch süßer, recht alkoholstarker Vin Doux Naturel (Seite 89) produziert. Am berühmtesten ist der **Muscat de Beaumes-de-Venise**, ein goldenes, traubiges Gemisch aus dem Saft der besten Muskatellersorte mit Alkohol. Übrigens ist Beaumes-de-Venise einer der Orte, deren Rotweine als Côtes du Rhône-Villages auf den Markt kommen; ein weiterer solcher Ort (interessant durch hohen Mourvèdre-Anteil im normalen Rotwein) ist **Rasteau**. Er verfügt über eine eigene AC für roten und eichenfassgereiften braunen Vin Doux Naturel mit nicht so weltläufigem Geschmack wie der Muscat de Beaumes-de-Venise.

Gewissermaßen die Brücke zwischen Rhône und Provence bilden die **Côtes du Ventoux** mit ihren Weinbergen an den Hängen des Mont Ventoux, einem der wenigen Berge dieser Region, auf denen im Winter Schnee liegt. Die vorwiegend auf Grenache beruhenden Rot- und Roséweine sind in der Regel leichter als der Côtes du Rhône, dafür aber oft viel erfrischender. La Vieille Ferme ist eine von der Familie Perrin von Château de Beaucastel in dieser Appellation aufgebaute, sehr erfolgreiche Marke.

Der **Coteaux du Tricastin** liegt vom Geschmack her auf halbem Weg zwischen Côtes du Rhône und Côtes du Ventoux, kommt aber eigentlich aus einer Enklave im Norden des Bereichs Côtes du Rhône-Villages. Jenseits der Rhône liegt der ganz ähnliche VDQS-Bereich **Côtes du Vivarais**, wo die Domaine du Belvezet den Spitzenplatz hält.

Schließlich hat das Rhône-Tal noch im Osten einen Vorposten um **Die** an dem Flüsschen Drôme. Die hiesigen Weine, meist schäumende Kuriositäten – der nach dem Vorbild des Champagners hergestellte trockene Crémant de Die und der vollere, traubige Clairette de Die –, halten in ihren Namen die Erinnerung an Hannibal und seine alpentüchtigen Elefanten wach; hier tut sich besonders die Genossenschaftskellerei hervor.

Provence und Korsika

Im Überblick: *Trockene Rosés und feste, würzige Rotweine.*
Trauben: *(ROT) Grenache, Cinsaut, Syrah, Cabernet Sauvignon; (WEISS) Rolle.*

Zwar denken die meisten Menschen bei dem Namen Provence viel eher an Urlaub, die abwechslungsreiche Region hat aber auch immer bessere Weine zu bieten. Besonders gut fällt offenbar eine eichenfassgereifte Mischung der Bordeaux-Traube Cabernet Sauvignon mit der Rhône-Traube Syrah aus. Am auffälligsten tritt allerdings der in großen Mengen produzierte leichte trockene Rosé in Erscheinung, der, gut gekühlt und jung auf einer von Weinlaub beschatteten Terrasse zum Gesang der Zikaden getrunken, geradezu den Inbegriff der Weinseligkeit verkörpert. (Leider wird nur allzu viel davon mit dem Hintergedanken produziert, dass die Touristen gar nicht merken, was sie eigentlich trinken.)

Die umfassende Appellation **Côtes de Provence** erstreckt sich fast über die ganze Region. Über 60 % aller Weine dieses Namens gehören der Gattung Rosé an und sind von den Traubensorten Carignan, Cinsaut und der würzigen Lokalrebe Tibouren gekeltert. Die markanteste Weißweintraube der Region heißt Rolle. Hier im trockensten und sonnigsten Teil des französischen Mutterlands stellen Pilzkrankheiten nicht eine so große Bedrohung dar wie anderswo; darum eignet sich die Region auch besonders gut für organischen Weinbau und brodelt geradezu von Experimenten über, deren Resultate aber kaum über die Grenzen Frankreichs hinausgelangen.

Coteaux Varois ist eine neue, nach dem Département Var benannte Appellation in einem kühleren Teil der Côtes de Provence, wo sich ambitionierte Neulinge in der Domaine du Deffends und im Château Routas eingerichtet haben. Eine weitere große, aber nicht so sehr auf Rosé ausgerichtete AC trägt den Namen **Coteaux d'Aix-en-Provence**. An ihrem westlichen Ende liegt die AC **Les Baux de Provence** mit Weinbergen in dem felsigen Hügelland, von dem der Bauxit den Namen hat. Der Star ist hier die Domaine de Trevallon. Da sie sich aber weigert, nur die in den AC-Bestimmungen zugelassenen Rebsorten zu verwenden, müssen ihre Erzeugnisse als Vin de Pays verkauft werden. Gute Weine bieten ferner Mas de Gourgonnier und die organisch arbeitende Domaine des Terres Blanches.

Unter den spezifischeren Appellationen ist die für charaktervolle, warme, würzige, vorwiegend von Mourvèdre gekelterte Rot- und Roséweine berühmte AC **Bandol** die größte. Auf den vor dem Mistral geschützten Terrassen an der Küste ist es so warm, dass diese sehr späte Traubensorte jedes Jahr zuverlässig ausreift. Die Domaine Tempier ist am bekanntesten, aber alle Erzeuger von Bandol weisen sich durch einen bemerkenswert hohen Qualitätsstand aus.

Die sich rasch entwickelnde AC **Côtes du Lubéron** wird zwar offiziell zum Rhône-Tal gerechnet, gilt aber weitgehend als zur Provence gehörig, obschon sie kühlere Voraussetzungen für den Weinbau bietet als beide. Die im Nordosten daran anschließenden **Coteaux de Pierrevert** sind noch kühler und verschlafener.

In Weinbüchern wird Korsika meist in einem Atemzug mit der Provence genannt, denn beide haben gemeinsame Traubensorten – wie sie einst gemeinsame Herrscher hatten. Solange die Insel sich von den wilden und meist unklugen Weinbauexperimenten der 1980er-Jahre frei zu machen bestrebt war, gelangte nur wenig korsischer Wein in den Export. Die korsische Traubensorte Sciacarello findet zunehmend Anklang, und der Sangiovese wird hier als Nielluccio angebaut. Vermentino (Rolle) gilt als die eigene weiße Traube der Insel. Der Großteil der Erzeugung läuft unter dem klangvollen Namen Vin de Pays de l'Ile de Beauté; am interessantesten aber sind die raren, starken, süßen Vins Doux Naturels, vor allem der Muscat du Cap Corse.

Südwestfrankreich

Im Überblick: *Meist Bordeaux-ähnliche, aber auch vom Baskenland beeinflusste Weine.*
Trauben: *(ROT) Cabernet, Merlot, Malbec, Tannat, Négrette, Fer; (WEISS) Sauvignon, Sémillon, Mauzac, Gros und Petit Manseng.*

Unter dieser Bezeichnung werden alle Weinbaugebiete im Südwesten Frankreichs zusammengefasst, ausgenommen das Bordelais und die nördlich daran anschließende Region Cognac, die beide einen Sonderstatus genießen. Alle übrigen lassen sich grob in Gebiete einteilen, die im Wesentlichen stromaufwärts gelegene Fortsetzungen von Bordeaux mit denselben Traubensorten und Weinstilen darstellen, sowie in die südlich und östlich davon anschließenden Gebiete mit eigener Identität. Allen Weinen gemeinsam ist, dass in ihnen der Einfluss des Atlantiks stärker wirkt als der des Mittelmeers und dass sie leicht bis mittelschwer gebaut sind wie der Bordeaux.

In die erste Kategorie, das heißt die Bordeaux-Randgebiete, fallen Bergerac (und seine Unterbereiche Montravel, Rosette, Saussignac, Pécharmant und Monbazillac), Buzet, Cahors, Côtes de Duras und Côtes du Marmandais.

Bergerac bemüht sich um eine echte, eigene Identität gegenüber dem großen, Dordogne-abwärts gelegenen, kommerziell gewichtigeren Schwesterbereich. Die als Côtes de Bergerac angebotenen Weine sind zwar meist recht konzentriert, aber doch weit gehend ländliche Verwandte des roten sowie des trockenen weißen Bordeaux; außer **Monbazillac** treten die Unterbereiche im Export nur selten in Erscheinung. In sonnigen Jahren kommen aus Monbazillac oft wirklich gute und erschwingliche süße Weißweine nach dem Vorbild von Sauternes, vor allem wenn Edelfäule (Seite 88) hinzukommt. Spitzenreiter ist das Château La Grarière, gefolgt vom aufstrebenden Gut Clos d'Yvigne in Saussignac.

Links: Eine Weinbar in Toulouse. Nördlich der Stadt wächst um Fronton guter, kräuterwürziger Rot- und Roséwein.
Rechts: Hügellandschaft im Département Tarne-et-Garonne. Weiter im Norden ist es für Weinbau in größerem Stil zu kühl; nur der Bordeaux-ähnliche leichte Rotwein Lavilledieu entsteht hier in kleinen Mengen.

Südlich an Bergerac schließen die **Côtes de Duras** an, die zusammen mit den **Côtes du Marmandais** um die Stadt Marmande das Bordelais im Uhrzeigersinn umgeben. Diese Bereiche sind eher aus historischen denn aus geographischen Gründen aus dem behaglichen Mantel der AC Bordeaux ausgeschlossen, und ich zöge den Hut vor jedem Weinkoster, der bei verdeckten Weinproben ohne Fehl zwischen den Appellationen Bordeaux, Bergerac, Côtes de Duras und Côtes du Marmandais unterscheiden kann.

Buzet bringt ähnliche Weine hervor, allerdings mit etwas mehr Substanz und Zielgerichtetheit, denn der Bereich wird weit gehend von einer besonders ehrgeizigen Genossenschaftskellerei beherrscht, die seit Jahren die französischen Küfer in Lohn und Brot setzt.

Cahors ist eine Sache für sich. Viele Erzeuger hier am Lot würden es sich verbitten, als Anhängsel von Bordeaux eingestuft zu werden, denn ihr Wein hat sich eine eigene, markante Persönlichkeit geschaffen – insbesondere nachdem 1956 verheerende Fröste die Reben von Cahors so sehr in Mitleidenschaft zogen, dass ein dramatisches Neubestockungsprogramm unternommen werden musste.

Statt dabei das übliche Bordeaux-Rezept zu befolgen und Merlot mit Cabernet zu mischen, stützt sich Cahors nunmehr auf eine in Bordeaux relativ ungewöhnliche Sorte, nämlich Malbec (hier Auxerrois genannt), die mit Merlot und/oder Tannat aufgepolstert wird. (Cabernet Sauvignon würde so weit im Binnenland sowieso nicht zuverlässig reifen.) Auf diese Weise entsteht ein voller, recht schwerer, aber oft ländlich derber Rotwein, wobei die Weine von magerem Grund auf dem Plateau langlebiger ausfallen als solche aus tieferen Lagen.

Cahors hat eine Reihe gut betuchter Zugereister aus Paris und New York angezogen und ist nun dabei, seine Identität als moderne Version des einst berühmten schwarzen Weins zu finden, der früher den blasseren Gewächsen von Bordeaux Farbe verlieh. Die Châteaux de Haute-Serre, Lagrezette, St-Didier-Parnac und Triguedina geben sich hierbei die meiste Mühe.

Östlich von Bordeaux halten sich auf den wilden Hochflächen des Massif Central hartnäckig die Appellationen **Marcillac, Entraygues** und **Estaing** mit duftigen, pfefferigen, eigenständigen Weinen, die auf der Lokaltraube Fer Servadou beruhen – eine Varietät der Art, die einer Rebsortenspürnase, wie ich es bin, einen wohligen Schauer über den Rücken jagt.

Gaillac besitzt eine von Bordeaux völlig unabhängige Identität und Geschichte. Weinbau wurde im Hügelland um die historische Stadt Albi längst betrieben, bevor die Rebe nach Bordeaux kam, und lange Zeit halfen die hiesigen Gewächse den da unten wachsenden leichten Rotweinen auf die Beine. Alles dies stärkt das Selbstwertgefühl der Einheimischen; in Wahrheit aber muss Gaillac sich auf dem modernen Markt erst noch bemerkbar machen. Hier wird eine so bunte Palette an Traubensorten angebaut und ein so breites Spektrum an Weinstilen gepflegt, dass Gaillac eher das Zeug zum Lokalmatador als zum internationalen Superstar zu haben scheint. Die interessantesten Lokaltrauben sind Duras (keine Verwandtschaft mit Côtes de Duras) und Fer (wie in Marcillac); sie werden aber meist mit Gamay und Syrah, manchmal auch den Cabernets und Merlot verschnitten. Die typische weiße Traube von Gaillac ist Mauzac; sie verleiht ihren in verschiedenen Süßegraden und mehr oder weniger stark schäumend vorkommenden Weinen einen Geschmack von Apfelschalen. Auch die weißen Bordeaux-Trauben Sauvignon, Sémillon und Muscadelle werden verbreitet angebaut, daneben die Lokalspezialitäten Len de l'El und Ondenc. Ist es da ein Wunder, dass Gaillac ein konfuses Bild abgibt? Beherrscht wird die Appellation von den Genossenschaftskellereien Labastide de Levis und Cave de Tecou, die sich mit zunehmend verfeinerten Weinen hervortun, doch der Medienstar der AC, Robert Plageoles, hat unter anderem Pendants zu Sauternes, Champagner und Sherry anzubieten.

Die AC **Côtes du Frontonnais** ist ein kleiner, aber interessanter Bereich mit Rot- und Roséwein nördlich von Toulouse, wo sich die kernige Lokaltraube Négrette erhalten hat und von Erzeugern wie Bellevue-La-Forêt und Montauriol zu fast »internationalen« Weinen verarbeitet wird. Die wahrhaft charaktervollen Weine des Südwestens kommen allerdings aus der Gascogne – dem Armagnac-Land – sowie aus dem Baskenland.

Der gehaltvollste Wein dieser Gegend ist der **Madiran**, ein dunkler, fassgereifter, maskuliner Rotwein, der sich – dank der Lokaltraube Tannat mit ihrem kraftvollen Tanningehalt – ewig hält. Es gibt hier interessante Erzeuger, zum Beispiel Alain Brumont bzw. Château Bouscassé und Montus, die aus dieser meist mit Cabernet und Fer verschnittenen Sorte sogar Subtilität und Geschmeidigkeit herauszuholen verstehen. Ebenfalls erwähnenswert sind Château d'Aydie sowie Domaine Laffitte-Teston. Auf jeden Fall lohnt es sich, diese Gegend im Auge zu behalten.

Die Genossenschaftsgruppe Plaimont hat viel zur Wiederbelebung der Weinbautradition in der Gascogne beigetragen und ist Hauptproduzentin des preiswerten **Côtes de St-Mont** und des eigentlichen Erfolgsschlagers, des fruchtigen, trockenen weißen Vin de Pays, der von derselben Traube stammt wie der Armagnac.

Im Bereich Madiran entsteht von einer ganzen Palette von Lokaltrauben in relativ kleinen Mengen der weiße **Pacherenc du Vic-Bilh**, ein oft etwas blasses Abbild des großen Weißweins der Gegend, nämlich des grüngoldenen, pikanten **Jurançon**, der in den Pyrenäenausläufern um Pau bei Lourdes von Gros und Petit Manseng in den beiden Versionen Sec und Moelleux gekeltert wird. Der Petit Manseng mit seinen kleinen Trauben ist verantwortlich für den Jurançon Moelleux, dessen Süße nicht auf der Edelfäule beruht, sondern von am Weinstock fast zu Rosinen eingeschrumpften Früchten stammt. Die Domaine Cauhapé ist in dieser Region Spitzenerzeuger, aber auch Château Jolys und Charles Hours von Clos Uroulat können Gutes bieten.

Die kleine Appellation **Tursan** wird neu belebt mit raffinierten eichenfassgereiften Weißweinen, während die weiträumige AC **Béarn** charakteristisch für leichte Weine aus mehreren Teilen der Gegend ist.

Die eigentliche Kuriosität kommt jedoch aus halsbrecherisch steilen Weinbergen im Baskenland in Gestalt des **Irouléguy** in Rot, Rosé und Weiß, vorwiegend von den Cabernets und Mansengs. Die Genossenschaftskellerei produziert leichte, aber feste Weine, und Brana zeichnet sich als besonders tüchtiger Erzeugerbetrieb aus.

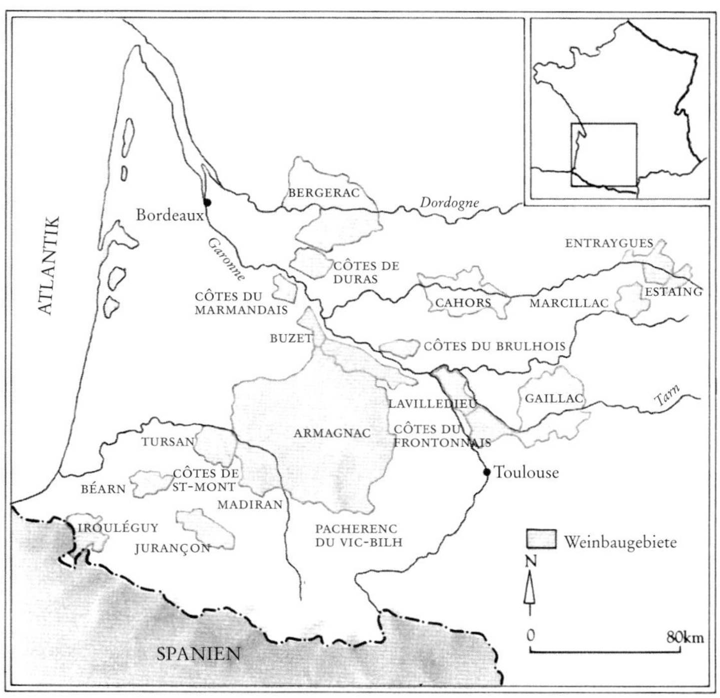

Languedoc

Im Überblick: *An der Neuen Welt orientierte Region mit immer besser werdenden AC-Weinen.*
Trauben: *(ROT) Carignan, Syrah, Grenache, Mourvèdre, Cinsaut; (WEISS) Maccabéo, Grenache blanc, Bourboulenc, Picpoul, Chardonnay.*

Das Languedoc ist meine Wahlheimat in Frankreich, ein Land wie die Provence, aber ohne Touristenrummel, ohne allzu große Horden von preistreibenden Ausländern (wie ich es bin), leider aber auch ohne den Duft von Lavendel, Thymian und Pinien – dafür aber echtes mediterranes Weinland mit einer urwüchsigen, in allen Himmelsrichtungen von der Rebe geprägten Landschaft. Aus dem flachen Land, vor allem aus den dürren Ebenen zwischen Narbonne und Montpellier, kommt die in Frankreich noch immer umfangreiche Produktion an schlichtem Tafelrotwein, der den europäischen Weinsee füllen hilft.

Das Languedoc wurde als erste Region Frankreichs von den Römern für Weinbau genutzt, und bislang beruhte seine Reputation auf Quantität zulasten der Qualität. Als die Eisenbahn kam, wurde der zuverlässig sonnenreiche Süden Frankreichs zur Produktionsstätte für leichten Rotwein, der nun in den gerade erst industrialisierten Norden geschafft werden konnte. Die von den Römern angelegten Weinberge an den Berghängen gingen rasch in dem Meer der in der weiten Küstenebene entstehenden anspruchsloseren Weinfelder unter.

So hoch waren hier die Erträge – oft weit mehr als 200 hl/ha – und so schwächlich die Trauben, dass aus Algerien, später auch aus Italien und Spanien robuste, dunkle Rotweine importiert werden mussten, um die blassen Produkte des Languedoc aufzubessern. Hier dominieren die Genossenschaften; noch immer haben die kleinen Weinbauern keine Erfahrung in der Weinbereitung.

In den 1980er-Jahren produzierte das Languedoc noch regelmäßig zehn Prozent der Weinerzeugung unseres Planeten; mit der Zeit aber wurde es bei sinkendem Verbrauch von *Vin de Table* in Frankreich immer klarer, dass der Wein, auf dem die Wirtschaft des Languedoc beruhte, keine Zukunft mehr hatte.

Heute besteht eines der drängendsten Probleme Europas darin, dieses große Gebiet mit seinen vielen tausend Vignerons und ihrem Wein, den niemand trinken will, in ein kleineres umzuwandeln, in dem vielleicht noch einige hundert Erzeuger sich auf den Wein mittlerer bis hoher Qualität konzentrieren, der hier durchaus wachsen kann.

Die Appellationen in den Bergen von Fitou, Corbières, Minervois und Coteaux du Languedoc beherbergen mit die ältesten Reben Frankreichs, oft nur noch knorrige Stümpfe von Carignan, die hoch konzentrierten, überaus tanninreichen, dunklen Rotwein zum Mischen mit moderneren, von der Rhône her eingewanderten Sorten liefern.

Heute entstehen nun im Languedoc zwei Arten von zum Teil höchst preiswerten Weinen: nicht nur die aus den schon genannten AC-Bereichen, sondern auch aus der darunter liegenden Rangstufe, zum Beispiel der Vin de Pays d'Oc, heute das bedeutendste Produkt der Region, und viele andere geographisch enger eingegrenzte Vins de Pays (Seiten 202 bis 204), oft in sortenreiner Ausführung.

Hier ist vor allem Rotweinland, aber auch kleine Mengen an Rosé (hauptsächlich von Cinsaut, Syrah und Grenache) und zunehmend interessante Weißweine (unter anderem von Grenache blanc, Bourboulenc, Maccabéo, Rolle, Viognier, Marsanne und Roussanne sowie den Lokaltrauben Picpoul, Terret und Clairette) werden produziert. Der nicht umzubringende Carignan liefert nach wie vor das Rückgrat der Languedoc-Rotweine, doch der Anteil an besseren Rebsorten, darunter Grenache (vor allem im Osten), Mourvèdre (in den wärmeren Lagen) und insbesondere Syrah (im Westen), wächst ständig. Auch Merlot hat inzwischen im Languedoc Fuß gefasst, wenn auch nur mit einer bescheidenen Rebfläche.

Diese Weine erzielen keine hohen Preise, und das stellt eine Bremse für die Modernisierung der oft noch primitiven Kellereien dar. Entrappeinrichtungen und Eichenfässer gelten noch weithin als Luxus; ganze Carignan-Trauben werden meist in einer Variante der aus dem Beaujolais bekannten *macération carbonique* (Seite 78) verarbeitet, um das oft raue Tannin zu mildern. Allerdings bessert sich vieles rasch, und die besten Weine zeigen bereits eine Bordeaux-ähnliche, immer komplexere Struktur (obwohl sie wie dort allmählich alkoholstärker werden), bewahren dabei jedoch unbändigere, mediterrane Geschmacksnoten – und das zu Preisen, die kaum jemals über denen der einfachen AC Bordeaux liegen.

Fitou, anders als die übrigen im Languedoc eine reine Rotwein-Appellation, liegt in den dürren Pyrenäen-Ausläufern südlich von Corbières. Das enorme Potenzial der Gegend ist noch nicht ausgeschöpft, vielleicht weil die dominierenden Genossenschaften – mit Ausnahme der dynamischen Cave de Mont-Tauch – noch nicht recht begriffen haben, dass Qualität der Schlüssel zum Überleben ist. Château de Nouvelles zählt zu den wenigen besseren Weingütern.

Nach Norden schließt sich die AC **Corbières** an, ein interessanter Bereich mit zahlreichen kleinen Winzern, die ihren Ehrgeiz darein setzen, aus den unterschiedlichen, stets trockenen Hanglagen kräuterwürzige, urwüchsige Rotweine mit echter Qualität und Integrität herauszuholen. Die Genossenschaftsgruppe Val d'Orbieu macht ihre Sache gut, ebenso die Châteaux La Baronne, Caraguilhes (organisch), Cascadais und Etang de Colombes, Hélène, Lastours, Les Ollieux, Les Palais-Rondolin, Pensées Sauvages, St-Auriol, La Voulte-Gasparets und die Domaines Fontsainte, du Grand Crès und du Révérend. Die billigeren Weine aus Corbières (und dem Minervois) schmecken allerdings nicht viel anders als einfacher Vin de Table.

Landeinwärts von Corbières liegt ein sanfteres Hügelland, wo Blanquette de Limoux und Crémant de Limoux, die sehr ansprechenden, nach traditioneller Methode hergestellten Schaumweine des Languedoc, entstehen. Der Erstere stammt hauptsächlich von der einheimischen Blanquette-

Unübersehbar dehnen sich die Weinfelder im Languedoc.

Traube (in Gaillac heißt sie Mauzac), während der Crémant wesentlich mehr Chardonnay enthält und ein zwar nicht so markantes, dafür aber feineres Produkt darstellt. **Limoux** heißt eine viel versprechende neue AC für fassvergorenen, höchst kosmopolitischen stillen Chardonnay.

Die Bereiche **Côtes de Malepère** und **Cabardès** im Süden bzw. Norden vor den Mauern der Stadt Carcassonne produzieren sehr preiswerte, relativ einfache Rotweine, die eine Mischung der Trauben Südwestfrankreichs (Cabernet, Merlot und Fer) mit denen des Languedoc bilden.

Das **Minervois** im Nordwesten bringt etwas geschmeidigere, feinere Weine hervor als Corbières, in kleinen Mengen auch trockenen Rosé und immer besseren Weißwein. Hier dominieren ebenfalls die Genossenschaftskellereien mit unterschiedlichem Sachkönnen. Die Hügel sind sanfter, doch manche der charaktervollsten Weine entstehen weiter oben in den höheren Vorbergen der Cevennen, insbesondere im Château de Centeilles und in den Domaines La Combe Blanche und Piccinini. Ausnehmend gute Weine produzieren auch die Châteaux Fabas, de Gourgazaud, La Grave, Laville-Bertrou, d'Oupia, La Tour Boisé und Villerambert-Julien sowie die Domaine Ste-Eulalie und Comte Cathare.

St-Chinian in den zerklüfteten Cevennen-Ausläufern profitiert sicher von der Dynamik der Genossenschaftskellerei, deren Weine (auch gute Weißweine) unter der Marke Berloup auf den Markt kommen. Der zwischen Minervois im Westen und Faugères im Osten gelegene Bereich bringt vor allem charaktervolle Rotweine von Carignan mit inzwischen stärkerem Beitrag von Syrah und Grenache hervor. Gute Erzeugerbetriebe sind hier Château Coujan und die Domaines du Fraisse und des Jougla; interessant sind vor allem die Vins de Pays.

Faugères zeigt ein ähnliches Profil; bessere Erzeuger sind hier Gilbert Alquier und Château de la Liquière. St-Chinian und Faugères gelten als »Crus« innerhalb der weit gefassten AC **Coteaux du Languedoc**. Die Region erstreckt sich von dem eigenartigen Felsen von La Clape an der Küste südlich von Narbonne (hier entstehen besonders gute, meeresduftige trockene Weißweine vorwiegend von Bourboulenc) bis zu den hoch gelegenen, verlässlichen Weinbergen von Pic-St-Loup und hat hunderte von interessanten Vins de Pays aufzuweisen, die aus einer Vielfalt von Traubensorten bereitet werden. Viele Weingüter, zum Beispiel Abbaye de Valmagne, Domaines d'Aupilhac und de l'Hortus, die Châteaux de Flaugergues, Pech-Redon, Pech Céleyran und Rouquette-sur-Mer sowie Mas Jullien produzieren aber auch AC-Weine in Rot, Weiß und Rosé, um zu beweisen, dass sie die französischen Lieblingsideen im Weinbau nicht ganz aufgegeben haben. Als Besonderheit ist der körperreiche weiße Picpoul de Pinet zu nennen.

Costières de Nîmes gehört schon zur südlichen Rhône, die Weine des Bereichs schmecken denn auch wie eine Mischung zwischen Languedoc und Rhône. Besonders gut habe ich die Weine vom Château Grande Cassagne, von Grand Pagnol und von Paul Blanc gefunden.

Ich liebe das Languedoc auch, weil es die volle Palette der Weinstile bietet – nicht nur Rot-, Weiß- und Roséweine, die sich selbst an einem heißen Sommertag angenehm trinken, und den Schaumwein von Limoux, sondern auch eine ganze Reihe von Süßweinen (Vins Doux Naturels) von der Muskatellertraube: die **Muscats** de Frontignan, Lunel, Mireval sowie den delikatesten und zartesten von allen, St-Jean-de-Minervois. Diese goldenen Sirupe können 16% Alkohol vorweisen und sollten gut gekühlt getrunken werden; angebrochene Flaschen halten sich im Kühlschrank eine Woche lang frisch. Wie im Roussillon wird ein wachsender Teil der weißen Trauben aber auch zu trockenem, duftigem, körperreichem Tischwein verarbeitet.

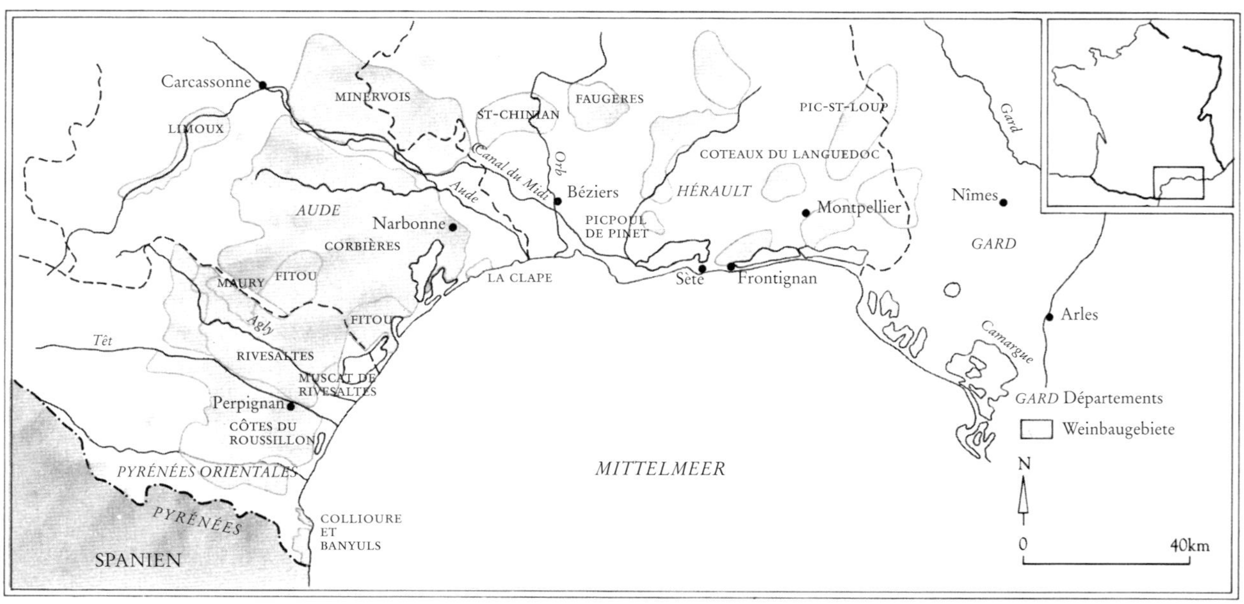

Roussillon

Im Überblick: *Traditionsreiche volle Dessertweine.*
Trauben: *(ROT) Grenache; (WEISS) Muscat, Grenache blanc, Maccabéo.*

Oft wird das Roussillon in einem Atemzug mit dem Languedoc genannt, dabei hat es ganz eigenen Charakter: in der Landschaft, in seinen ethnischen Wurzeln (es sieht sich noch immer als Teil des benachbarten Katalonien) und im Weinstil. Während das Languedoc fast ganz vom Wein lebt, ziehen die Bauern in den fruchtbaren Tälern des Roussillon vor dem Hintergrund der hoch aufragenden Pyrenäen alle möglichen Früchte. Das Klima ist schon fast spanisch und eignet sich großartig für Kirschen, Pflaumen, Pfirsiche, Aprikosen und Nektarinen.

Die Spezialität des Roussillon ist Vin Doux Naturel in vielen Varianten, wobei stets der nur gerade angegorene Traubenmost mit einem kräftigen Schuss Weingeist stabilisiert wird (Seite 89).

Das höchste Ansehen genießt der **Banyuls**; er wird vorwiegend von fast rosinierten, dunklen Grenache-Trauben gewonnen, die auf schroff zum Meer abfallenden Felsterrassen an der Grenze zu Spanien wachsen. Die Winzer hier versuchen auf mancherlei Weise den Sonnenschein ihrer Region in ihren Weinen einzufangen. Die einen setzen den jungen Wein in Glasballons oder Fässern im Freien der Hitze aus (Seiten 58 und 59), andere arbeiten mit Ausbau in verschieden großen und alten Fässern; die meisten aber lassen ihn einen Sommer lang unter den Dachsparren schmoren. So entstehen hellrote bis tiefbraune Weine mit rosinenähnlichem Geschmack, andere wiederum erlangen durch das Lagern an der Luft und in der Wärme eine nussartige, fast ranzige Note und werden deshalb als »rancio« bezeichnet. Der Banyuls Grand Cru muss mindestens zweieinhalb Jahre im Fass reifen; gute Erzeuger wie die Domaines du Mas Blanc und de la Rectorie jedoch dehnen den Ausbau über viele Jahre aus und erzielen dadurch sirupsüße und doch ausgewogene Weine, die von Feinschmeckern sogar zu Schokolade empfohlen werden.

Der **Maury** entsteht weiter landeinwärts und kann, etwa aus der Erzeugung von Mas Amiel, ebenso fein sein wie der Banyuls. Die Weine aus der Gegend zwischen Banyuls und Maury, der **Rivesaltes** und der **Muscat de Rivesaltes**, sind meist nicht ganz so vornehm und anspruchsvoll, aus halben Melonen geschlürft aber stets ein Genuss. Letzterer wird in enormen Mengen vor allem von der weniger charaktervollen Traubensorte Muscat d'Alexandrie produziert, doch seine Qualität bessert sich zusehends. Ein gut bereiteter Rivesaltes kann sehr fein sein; bei den meisten handelt es sich allerdings um nicht immer sorgfältig und vorschriftsmäßig über ein Jahr lang gereifte Grenache-Verschnitte in verschiedenen Farbtönen.

Die nicht mit Alkohol angereicherten Weine aus dem Roussillon haben sich enorm verbessert – das stellen die Erzeugnisse von Casenove, Gauby, Piquemal, Mas Crémant, Mas Segala sowie die besseren Abfüllungen der Handelshäuser Sarda-Malet und Cazes eindeutig unter Beweis. Die AC **Côtes du Roussillon-Villages** ringt noch immer um eine Identität, und viele der interessanteren Weine der Region sind Vins de Pays oder laufen – wie die von Fernand Vaquer – nur als Vins de Table. Bei den besseren Weißweinen handelt es sich oft um eichenfassgereifte, körperreiche Gewächse, die Roussanne, Rolle (Vermentino) und Marsanne den Geschmack, Grenache blanc die Substanz und Maccabéo die Säure verdanken. Muscat wird auch immer öfter zu einem trockenen, traubigen, perlenden Weißwein verarbeitet. **Collioure** heißt ein schwerer, feuriger, eher spanisch als französisch anmutender Rotwein von vollreifen Grenache-Trauben aus dem Bereich Banyuls.

Vin de Pays

Im Überblick: *In Frankreich gering geschätzte, aber oft empfehlenswerte Kategorie.*
Trauben: *So gut wie alle, meist aber internationale Sorten.*

Vin de Pays heißt eigentlich Landwein, oft aber verbirgt sich dahinter der Geist der Neuen Welt mit französischem Akzent. Diese Weine dürfen nach der Traubensorte, aus der sie bestehen, benannt werden.

Die Bedeutung dieser umfangreichen, stetig wachsenden Kategorie für die Zukunft des französischen Weinbaus ist kaum zu überschätzen. Die Franzosen selbst betrachten den Vin de Pays als dem AC-Wein gegenüber minderwertig, während viele Abnehmer im Ausland in den besseren Vins de Pays preiswerte, verbraucherfreundliche Botschafter aus dem angesehensten Weinbauland der Welt sehen.

Die erst in den 1970er-Jahren geschaffenen Regeln für den Vin de Pays ermöglichen größere Flexibilität und höhere Erträge als die AC-Vorschriften. Zudem besteht freiere Auswahl aus einem breiteren Spektrum an Trauben, darunter die »internationalen« Rebsorten Chardonnay, Cabernet Sauvignon, Sauvignon blanc, Merlot usw., und manche Erzeuger füllen die Frucht von Reben, die für AC-Weine noch zu jung sind, als Vin de Pays ab. Normalerweise wird für Vin de Pays ein Ertrag von 90 hl/ha zugelassen, während in den meisten AC-Regeln 50 oder 60 hl/ha als Grenze angesetzt sind; allerdings gilt beim Vin de Pays, dass die Regeln umso anspruchsvoller sind, je kleiner der erfasste Bereich ist.

Auch überlagern sich die beiden Systeme so, dass die meisten Erzeuger die Wahl haben, ihren Wein als AC oder als Vin de Pays einzustufen, wobei wirtschaftliche Erwägungen natürlich die Hauptrolle spielen. So entscheiden sich nur wenige Winzer in Burgund dafür, ihre wertvolle AC zugunsten eines Vin de Pays de la Côte d'Or aufzugeben, während im Languedoc viele Erzeuger mehr Gewinn erlangen, wenn sie einen Vin de Pays d'Oc mit einem Zaubernamen wie Chardonnay oder Merlot oder einen geographisch exakter bestimmten Vin de Pays herausbringen als einen AC-Wein aus dem Languedoc.

Teils weil die Appellationen des Languedoc-Roussillon keinen besonders guten Preis einbringen, teils aber auch, weil viele Weinberge außerhalb der Appellationsgebiete liegen und deshalb nur als Vin de Table gelten könnten, kommen die meisten Vins de Pays aus diesem umfangreichen Weinbaugebiet. Der Vin de Pays d'Oc ist überhaupt der wichtigste Vin de Pays und wegen der Größe des Einzugsgebiets in der Qualität sehr unterschiedlich. Immerhin haben sich Chardonnay und Merlot in kurzer Zeit gut im mediterranen Klima eingewöhnt. Auch Sauvignon blanc, Cabernet Sauvignon und Syrah erbringen Gutes, und die Viognier-Anpflanzungen nehmen mit dem wachsenden Ruf dieser Traube ständig zu. Aber auch die Lokalspezialitäten Terret, Rolle und Clairette werden vom Vin de Pays gut vermittelt. Ausbau im Eichenfass und Seltenheitswert (beispielsweise anfangs beim Viognier, auch als Vionnier bezeichnet) sorgten dafür, dass die Preise oft über das Niveau der AC-Weine stiegen.

Das auffälligste Beispiel hierfür sind die hoch konzentrierten Languedoc-Weine von Mas de Daumas-Gassac und Granges des Pères, die als Vin de Pays de l'Hérault fast zu Preisen wie ein Cru classé von Bordeaux verkauft werden.

Weitere Vins de Pays aus dem Languedoc sind nach den Départements Aude und Gard benannt, während die verbreitetsten Vins de Pays aus dem Roussillon die Beinamen »Catalan« bzw. »des Côtes Catalanes« tragen.

Die französischen Behörden achten mit Argusaugen darauf, dass keinesfalls Verwechslungen mit AC-Weinen vorkommen; aus diesem Grunde sind manche Namen von Vins de Pays für alle, die sich mit der französischen Geschichte und Geographie

nicht so perfekt auskennen, etwas schwer zu begreifen.

In der nachfolgenden Tabelle sind die bekannteren Vins de Pays mit geographischen Hinweisen (manchmal in Gestalt des nächstgelegenen AC-Weins) und mit Angaben über ihren Stil aufgeführt.

Die Weinberge bei Cucugnan können ihrer Lage nach durchaus vollen Rotwein hervorbringen, der die Bestimmungen der AC Corbières im Languedoc erfüllt. Sie werden aber oft für Vin de Pays genützt, weil dafür reichere Erträge und ein breiteres Spektrum an Rebsorten zugelassen sind.

Vin de pays (du/de la/de l'/des)	Lage	Weintyp
Aude	Westliches Languedoc mit Minervois, Corbières	Internationale und experimentelle Traubensorten
Bouches-du-Rhône	Um Aix-en-Provence	Sortenreine Weine
Catalan	Ebenen im Roussillon	Internationale Trauben
Charentais	Cognac-Region	Leichter, trockener Weißwein
Cité de Carcassonne	Zwischen Cabardès und Côtes de la Malepère	Leichte Rotweine
Collines Rhodaniennes	Nördliche Rhône	Leichter Syrah, Marsanne, Viognier
Comtés Rhodaniens	Nördliche Rhône, Beaujolais oder Savoyen	Leichte Rotweine
Comté Tolosan	Südwestfrankreich	Bordeaux-ähnliche Rotweine
Coteaux de l'Ardèche	Südlich von St-Péray auf dem rechten Rhône-Ufer	Interessanter Chardonnay und Viognier
Coteaux de Murviel	Südlich von St-Chinian	Sehr gute sortenreine Weine
Coteaux du Quercy	Südwestlich von Cahors	Preiswerter ländlicher Cahors
Côtes Catalanes	Berge im Roussillon	Volle Rotweine, trockener Muscat
Côtes de Gascogne	Armagnac-Region	Frischer, fruchtiger trockener Weißwein vor allem von Colombard
Côtes de Thongue	Nordöstlich von Béziers	Sortenreine Weine, vor allem Syrah und Chardonnay
Gard	Costières de Nîmes	Ländlicher Côtes du Rhône
Gers	Armagnac-Region	Ähnlich wie Côtes de Gascogne
Hérault	Mittleres Languedoc	Sehr unterschiedlich
Ile de Beauté	Korsika	Leichte Rotweine, einige Rosés
Haute-Garonne	Um Toulouse	Einiges von internationaler Klasse
Jardin de la France	Loire-Tal	Frische Weine aller Farben
Loire-Atlantique	Muscadet-Region	z. T. interessante Chardonnays
Oc	Ganzes Languedoc	Unterschiedliche Trauben und Qualitäten
Principauté d'Orange	Obere südliche Rhône	Feine sortenreine Weine
Sables du Golfe du Lion	Sandgebiet bei Sète	Leichte Weiß- und Rotweine (Erzeuger: Listel)

Das übrige Frankreich

Eine Reise durch die Weinbaugebiete Frankreichs führt meist nicht in die zwar lokal bedeutsamen, im Export aber selten in Erscheinung tretenden Bereiche im Osten.

Im Geschmack der Weine von Savoyen spürt man die Alpen, in deren Ausläufern sie wachsen – sie bestehen ganz aus Frische und saftiger Kräuterwürze. Ich liebe besonders den eigenartig dunklen, rosinenhaften, leicht bitteren Rotwein der Mondeuse-Traube, aber es gibt auch zahlreiche leichte, fruchtige, kristallklare Weißweine, von denen der feinste meist Roussette ist, sowie immer interessanter werdenden Pinot noir. Der Schaumwein Seyssel ist oft sehr preiswert; weitere gelegentlich auch außerhalb Frankreichs anzutreffende Namen sind Crépy, Apremont und Chignin-Bergeron. Als gute Erzeuger seien genannt: Michel Grisard, Château Ripaille sowie die Gruppe Quénard. Auch der Bugey aus der Gegend von Bourg-en-Bresse verlässt seine Heimat nur selten, doch es gibt Weine, die den Stil des Jura weit über seine Grenzen hinaustragen. Die Abgeschiedenheit der Berge östlich von Burgund hat vielleicht die Tradition des Sherry-ähnlichen *vin jaune* (Gelber Wein) und des noch süßeren *vin de paille* (Strohwein) am Leben erhalten; Letzterer wird aus Trauben bereitet, die auf Strohmatten getrocknet werden. Die Appellationen heißen Arbois, Côtes du Jura, L'Etoile und – nur für *vin jaune* – Château-Chalon. Auch Schaumwein wird hier hergestellt.

Etwas weiter nördlich entstehen die leichten, oft recht herben Weiß- und Roséweine der AC Côtes de Toul und der AC Vins de Moselle; die zweitgenannte ist praktisch ein Anhängsel des Weinbaugebiets von Luxemburg.

In der Champagne werden auch leichte, manchmal recht saure Stillweine produziert, meist unter der AC Coteaux Champenois, vor allem Weißwein, in guten Jahren aber auch heller Rotwein, beispielsweise der mit dem hübschen Namen Bouzy Rouge, und als Lokalspezialität der Rosé de Riceys.

Im Südwesten gibt es ebenfalls kaum bekannte Appellationen, darunter die Bordeaux-ähnlichen Côtes du Brulhois sowie die an den Nachbarbereich Marcillac angelehnten Vins d'Entraygues et du Fel und die Vins d'Estaing. Weitere AC- und VDQS-Weine sind im Loire-Becken anzutreffen (ein wahrhaft weites Feld). Der Sauvignon de St-Bris gehört zwar verwaltungstechnisch zu Chablis, der messerscharfe Stil dieses Weißweins ist aber ganz und gar Loire-typisch.

Die sehr leichten Weine namens Fief-Vendéens sind nur ein Abglanz des Muscadet. Die Coteaux d'Ancenis und Vins du Thouarsais liegen am Rand des Bereichs Anjou-Saumur. In Haut-Poitou, südlich der Touraine, bringt weit von der Loire entfernt eine Genossenschaft gute, moderne Weine zuwege. Coteaux du Loir heißt verwirrenderweise ein Bereich am nördlichen Ende der Touraine, wo es den sehr feinen trockenen und lieblichen Jasnières von der Chenin-blanc-Traube gibt – die Besten der Art stammen von Joël Gigou sowie Aubert de Rycke. In den Coteaux du Vendômois entstehen um die Stadt Vendôme leichte Weine. Die Städte Orléans und Gien geben den Vins de l'Orléanais bzw. Coteaux du Giennois am Loire-Knie den Namen.

An der Innenseite dieses Knies erbringen die von Gamay dominierten Bereiche Châteaumeillant und St-Pourçain-sur-Sioule von unterschiedlichen Traubensorten Weine mit dem typischen Kennzeichen der Loire: kräftige Säure und leichte Art. Zwischen St-Pourçain und Lyon liegen die Côtes du Forez und die Côte Roannaise mit ihren kräftigen Beaujolais-ähnlichen Weinen sowie die Côtes d'Auvergne; und Beaujolais-ähnlich sind auch die Gewächse aus den Coteaux du Lyonnais.

Italien

Oh wunderschönes, verwirrendes und verwirrtes Italien! – Es bietet dem Weinliebhaber eine solche Vielfalt an markanten, einzigartigen Stilen und Geschmacksnoten, so viel in Flaschen gefüllte italienische Energie und Kreativität – und anderseits ganze Ströme von schändlich dünnem, charakterlosem Getränk unter herrlich klingenden Namen: Soave, Valpolicella, Lambrusco, Frascati …

Der Schlüssel zum Verständnis Italiens liegt in der Erkenntnis, dass es kein einheitliches Land, sondern eine Ansammlung unterschiedlicher Regionen ist, deren Weine die ganze Spanne von den schweren, oft süßen Produkten des äußersten Südens bis zu den zarten subalpinen Essenzen des Nordens umfassen. Und doch ist es möglich, bis zu einem gewissen Grad Allgemeingültiges über den italienischen Wein auszusagen: Die Rotweine zeigen eine gewisse, aber keineswegs unangenehme bittere Note. Italienische Weißweine waren hingegen bisher durch einen Mangel an Aroma und deutlicher Fruchtigkeit gekennzeichnet und daher sehr unmodern, doch das ändert sich – sicherlich auch unter dem Einfluss der »Flying Winemakers« (Seite 68).

So sieht für viele von uns Italien aus: ein kleiner Laden im Chianti-Land, wo niemand eine Sonderkonzession für den Weinverkauf braucht.

Etiketten richtig verstehen

Cantina Keller, auch Kellerei.
Cantina Sociale Genossenschaftskellerei.
Classico Kernland einer Weinbauzone.
Cru Ausdruck für Einzellage (v. a. in Piemont).
DOC, Denominazione di Origine Controllata Italienische Ursprungsbezeichnung für Wein; das den französischen Appellations Contrôlées nachempfundene System ist allerdings weitgehend fehlgeschlagen – manche behaupten, weil es zu früh eingeführt wurde und zu streng war, andere, weil es zu spät gekommen und nicht streng genug sei. Die wahre Ursache dürfte die Ablehnung jeglicher Reglementierung sein. Für den Verbraucher bedeutet es wenig, denn in den meisten DOC-Zonen sind die Erträge zu hoch angesetzt, sodass die gewünschte Qualität nicht gewährleistet ist.
DOCG, Denominazione di Origine Controllata e Garantita Die übergeordnete Kategorie des DOC-Systems besteht seit 1982. DOCG-Weine gehören zuverlässig zu den besseren Italiens.
Frizzante Perlend; Perlwein.
IGT Neuere Kategorie von Regionalweinen, angesiedelt zwischen DOC und Vino da Tavola.
Riserva bedeutet längeren Ausbau unter genau vorgeschriebenen Bedingungen.
Spumante Schäumend, Schaumwein.
Superiore bedeutet meist bessere Qualität und etwas höheren Alkoholgehalt.
Tenuta Weingut.
Vendemmia Lese; Jahrgang.
Vino da Tavola Die Kategorie Tafelwein beinhaltete in Italien eine Zeit lang nicht nur sehr einfache Produkte, sondern auch zahlreiche Spitzengewächse, die von den DOC-Bestimmungen für das jeweilige Ursprungsgebiet abwichen. Sie sollen nun von der neuen IGT-Kategorie aufgefangen werden.

Nordwestitalien

Piemont

Im Überblick: *Die am stärksten am Terroir orientierte Region Italiens; viel Ähnlichkeit mit Burgund.*
Trauben: *(ROT) Nebbiolo, Barbera, Dolcetto; (WEISS) Moscato, Cortese, Arneis.*

Von allen Gegenden, die ich zur Vorbereitung dieses Werks besucht habe, hat Piemont mit seiner *joie de vivre* mein Herz am meisten erobert – der französische Ausdruck ist hier durchaus angebracht, denn die vielfältigen Verbindungen zum nahe gelegenen Frankreich spiegeln sich vor allem im Dialekt der Region. Aber nicht nur mein Herz, auch meinen Magen habe ich hier verloren. Ich kenne keine andere Weltgegend, in der jedes kleine Café oder Restaurant auf dem Land in ebensolcher Weise imstande wäre, ein so erstaunlich frisch und stilvoll zubereitetes Gericht nach dem anderen auf den Tisch zu bringen, vom Antipasto über das Risotto bis zu den Tartufi, den wie kleine weiße Kartoffeln aussehenden Trüffeln, die von besonders dazu abgerichteten Hunden aufgestöbert werden – auch diese Hunde sind weiß, was die Suche bei Nacht und damit die Geheimhaltung der Fundstellen erleichtert … doch genug davon. Ich soll hier schließlich über Wein schreiben.

Auch die Landschaft ist erstaunlich, insbesondere im Herbst, wenn sich das Weinlaub in einem Farbenspiel von Feurigrot, Orange, Braun, Purpur und Grün präsentiert. Hebt sich der Nebel *(nebbia)*, stehen die dicht aneinander gedrängten Langhe-Hügel mit den Weinbergen von **Barolo** und **Barbaresco** (den berühmtesten ganz Piemonts) vor der gewaltigen Kulisse der schneebedeckten Alpen. In solcher Umgebung voll beneidenswerter Schönheit und gastronomischer Fülle, zu der jeder Zugang zu haben scheint, wachsen die herrlich abwechslungsreichen Weine Piemonts.

Anders als sonst in Italien bilden im Weinbau von Piemont die Traubensorten den Schlüssel. Jahrzehntelang waren die berühmtesten Weine der Region die großen, dunklen, intensiven, subtil duftigen, alkoholstarken, langlebigen und manchmal unerträglich tanninherben Rotweine aus der heiklen, spät reifenden Nebbiolo-Traube, einer vermutlich nach dem Nebel benannten einheimischen Sorte. Doch daneben entstehen in enormen Mengen der viel kernigere, frischere, lebendigere Barbera, der sanfte, vollmundige Dolcetto sowie einige Lokalraritäten wie der erdbeerduftige Brachetto, der eigentümlich liebliche, schäumende Freisa, der leichte, pikante Grignolino und der außergewöhnliche Ruchè oder Rouchet.

Piemont ist auch die Heimat einiger weißer Traubensorten, denen eine zarte, trockene Art und ein Aroma, das mich oft an reife Birnen erinnert, gemeinsam ist. Cortese heißt die Traube, die den hoch angesehenen weißen **Gavi** erbringt; die duftige Arneis ist groß in Mode, ebenso die Favorita aus Roero nördlich von Barolo und Barbaresco. Kleine Mengen von lieblichem Weißwein werden auch in Erbaluce erzeugt; die fruchtbarste weiße Rebe ist in Piemont der Moscato, der die Grundlage für Meere von Asti und anderen federleichten, traubigen, meist schäumenden Gewächsen abgibt. Viele Jahre lang war es groß in Mode, über diesen Weinstil die Nase zu rümpfen – doch auf jeden Trend folgt ein Gegentrend: Einige der anspruchsvollsten Gaumen der Weinwelt sind mittlerweile begeisterte Anhänger der besten Vertreter von Moscato d'Asti geworden. Diese extrem leichten Tropfen mit oftmals weniger als 6 % Alkohol gefallen durch erfrischendes Prickeln und fruchtige Süße, womit sie sich als ideale Dessertbegleiter nach einem schweren Essen empfehlen.

Viele Weine Piemonts treten sortenrein in Erscheinung, darunter Nebbiolo delle Langhe, Barbera d'Asti und Dolcetto d'Alba. Aus Monferrato, Diano, Ovada und Acqui kommen Nebbiolo-Weine, die zu einem weit erschwinglicheren Preis als Barolo und Barbaresco oft dieselbe tiefdunkle Majestät und satanische Wucht bieten – das können aber auch die besten Gewächse der Barbera-Traube, die überall in der Region in großen Mengen angebaut wird. Jahrzehntelang wurde Barbera als leichter, herber, süffiger Wein abgetan, der möglichst jung getrunken sein will. Im letzten Jahrzehnt allerdings starteten viele Weine aus Piemont gewaltig durch – und Barbera machte von allen den vielleicht größten Qualitätssprung nach vorn. Der **Barbera**, den man heute außerhalb der Region antrifft, ist aller Wahrscheinlichkeit nach ein ernsthafter (und damit gleichzeitig teurer), dunkler Wein mit mittlerem bis gutem Alterungspotenzial. Hunderte von Erzeugern haben sich an dem wegweisenden eichenholzgereiften Bricco dell'Uccellone von dem mittlerweile verstorbenen Giacomo Bologna orientiert und ihre Barbera-Produktion in Weinberg und Keller auf Vordermann gebracht. Die in *barriques* gereiften Erzeugnisse ertragsbeschränkter Barbera-Reben sind oft reinste Offenbarungen und doch eindeutig piemontesisch im Charakter. Wein aus Piemont war traditionell ein durch und durch reinsortiges Gewächs, doch immer mehr Winzer experimentieren heute mit Verschnitten und stellen der Nebbiolo-Traube Barbera, Merlot, Cabernet oder sogar Syrah zur Seite.

Der freundlichste Wein aus Piemont ist der eindrucksvolle dunkle, recht alkoholstarke **Dolcetto** – er quillt geradezu über vor Frucht. Für den Winzer ist Dolcetto eine erfreuliche Sorte, denn anders als der spät reifende, anspruchsvolle Nebbiolo begnügt sie sich mit weniger günstigen, ja sogar nach Norden gerichteten Lagen. Seinen Namen, wörtlich »kleiner Süßer«, hat Dolcetto bekommen, weil er viel säureärmer als Barbera ist und verglichen mit ihm tatsächlich süß schmeckt. Im Gegensatz zu den meisten Roten aus Piemont sollte er in den ersten drei bis fünf Jahren getrunken werden. Viele der besten Weine stammen aus dem Bereich Dolcetto d'Alba, doch auch Dolectto di Ovada und Dolcetto di Dogliani können sich sehen lassen und haben obendrein eines der besten Preis-Leistungs-Verhältnisse in ganz Piemont zu bieten.

Mehr und mehr Erzeuger schauen sich inzwischen in der weiten Welt um (obwohl ich das nicht recht verstehen kann; ich jedenfalls wäre völlig mit dem zufrieden, was es hier gibt). Infolgedessen sind viele Anpflanzungen »internationaler« Rebsorten entstanden: insbesondere Cabernet Sauvignon, auch Chardonnay, von dem sich durch Fassgärung sehr eleganter Wein gewinnen lässt, außerdem Sauvignon blanc, Riesling und Viognier.

Fraglos aber sind die größten Weine Piemonts nach wie vor der Barolo und der etwas leichtere, früher genussreife Barbaresco. Sie entstehen nur in kleinen Mengen und zählen zu den Gipfelpunkten der Weinlandschaft, sind aber – wie Aldo Conterno bemerkt – nicht leicht zu ergründen.

Die Langhe-Berge um die Stadt Alba sind mit ihren mannigfaltigen Lagen das Pendant zur Côte d'Or in Burgund; auch hier können einzelne Lagen ganz verschiedene Weine hervorbringen, und daher mehrt sich die Zahl der Einzellagenabfüllungen. Unter der Bezeichnung **Barolo**, der gern auch Italiens »Wein der Könige und König der Weine« genannt wird, fasst man eine besonders große Familie unterschiedlicher Weinpersönlichkeiten zusammen. Zu verdanken ist die Vielfalt zwei Bodentypen, die die Barolo-Zone in zwei Lager spalten: Sandstein und Mergel. Ein Barolo ist in jeder Hinsicht majestätisch – die konzentrierteste Verkörperung der Nebbiolo-Traube, die verwöhnt werden will und einen schönen Herbst braucht, um gut auszureifen. Dabei gibt es enorme Unterschiede zwischen den einzelnen Lagen der fünf kleinen Gemeinden, die die DOCG Barolo bilden. Weine aus den westlich gelegenen Dörfern La Morra und Barolo fallen etwas leichter und zugänglicher aus als ihre Gegenstücke aus Castiglione Falletto, Monforte d'Alba und Serralunga d'Alba im Osten und Norden.

Die Tropfen der DOCG **Barbaresco** wiederum ähneln den leichteren Erzeugnissen aus Barolo. Die kleinere Anbauzone erstreckt sich auf wärmerem, tiefer gelegenem Terrain, weshalb die Trauben und auch Weine etwas schneller reifen. »Schneller« ist allerdings relativ zu verstehen, denn es bedeutet, dass man nicht wie in Barolo 20, sondern »nur« zehn Jahre warten muss. Auch ein Barbaresco ist also kein Wein für Ungeduldige – und wenn diese im Grunde anachronistischen Essenzen in unserer hastenden, auf schnel-

len Genuss programmierten Gesellschaft noch in so hohem Ansehen stehen, dann ist das ein umso eindringlicherer Beweis ihrer Klasse. Das Verdienst, ihren Ruf gemehrt zu haben, gebührt zu einem nicht unwesentlichen Teil dem berühmtesten Einwohner von Barbaresco, Angelo Gaja. Die Einzellagenweine des als Werber und Winzer gleichermaßen talentierten Italieners waren die ersten international – und zu Schwindel erregenden Preisen – vermarkteten Erzeugnisse aus Barolo und Barbaresco. Heute sind diese oft als Sorì oder Bricco (Einzellagen) etikettierten Weine zu hunderten in Umlauf. Gaja hat mittlerweile nicht nur auch in Barolo Fuß gefasst, sondern seinen Einflussbereich obendrein auf Montalcino und die Maremma in der Toskana ausgeweitet.

Die Weine der Region wurden wie in ganz Italien traditionell in großen, alten, ovalen Fässern aus slowenischer Eiche ausgebaut. Mit der Einfuhr von französischen Barriques in den 1970er- und 1980er-Jahren allerdings veränderte mancher Wein seinen Charakter: Viele wurden zugänglicher und weniger eigenständig, gelangten also früher zur Trinkreife und ließen sich von der

Essen im Freien bei der jährlichen Herbstmesse für Wein und Speisen in Asti.

Eiche ihre Kanten abschleifen. Um den Wettstreit zwischen Modernisten und Traditionalisten hat man in den letzten zwei Jahrzehnten in den Langhe viel Aufhebens gemacht, aber im Grund haben sich alle Weine langsam weiterentwickelt, d. h. sie bewahrten die außerordentlich faszinierenden Eigenschaften des Nebbiolo mit seinen Anklängen an Veilchen, Teer, Trüffeln und gelegentlich Rosen, waren aber schon nach rund zehn Jahren in der Flasche und manchmal sogar noch früher auf der Höhe.

Neben kleinen französischen Eichenfässern aber machten noch weitere Faktoren die Weine von Barolo und Barbaresco hoffähig für das 20. und sogar 21. Jahrhundert. Die Erzeuger verwenden heute einen Mix aus Barriques und größeren Eichenbehältern. Erst vor relativ kurzer Zeit schafften die Winzer in den Langhe den Sprung vom Weinbauern, der seine Trauben oder selbst gemachten rustikalen Tropfen an große Händler und Abfüller verkaufte, zum geschickten Weinmacher mit eigenem Etikett. Sie haben heute den Gärprozess und insbesondere die dabei entstehenden Temperaturen im Griff und entlocken den Beeren nur das Beste, nicht aber die abweisend adstringierenden Tannine.

Ein weiterer Grund für den Stilwandel von Barolo und Barbaresco ist die Klimaveränderung. Der weltweite Treibhauseffekt hat sich gerade in dieser Region sehr stark bemerkbar gemacht und ihr seit Mitte der 1990er-Jahre eine Reihe hervorragender Jahrgänge beschert, in denen selbst die spät reifende Nebbiolo-Traube souverän und glanzvoll ausreifte, ja, bisweilen sogar zur Überreife gelangte.

Selbst die Farbe der Weine scheint sich verändert zu haben. Früher zeichneten sich Barolo und Barbaresco durch nicht allzu tiefe Farbe aus und entwickelten oft schon nach wenigen Jahren einen orangefarbenen Einschlag. Heute liegen sie in der Regel wesentlich farbintensiver im Glas und funkeln eher karmin- als orangerot. Das mag zum einen an den Fortschritten in der Bereitungstechnik liegen und zum anderen daran, dass die Nebbiolo-Traube wie Pinot noir in Burgund leicht mutiert und sich daher rasch an die örtlichen Bedingungen angepasst hat. Viele mutmaßen allerdings, dass die tiefere Farbe auf einen heimlichen Spritzer Barbera oder sogar Cabernet bzw. Merlot zurückzuführen sei – obwohl Barolo und Barbaresco offiziell 100-prozentige Nebbiolo-Tinkturen sein sollen.

In den beiden kleinen Bereichen sind dutzende inspirierter Erzeuger am Werk; zu meinen Favoriten allerdings zählen Elio Altare, Ascheri, Clerico, Aldo Conterno, Giacomo Conterno, Conterno-Fantino, Fontanafredda (jüngere Jahrgänge), Gaja, Elio Grasso, Marchese di Gresy, Mascarello, Parusso, Pira, Prunotto, Ratti, Bruno Rocca, Sandrone, Vajra, Vietti und Roberto Voerzio.

Erdigere, leichtere Nebbiolo-Weine entstehen nördlich von Alba in den Vorgebirgen der Alpen in folgenden Gemeinden um die Stadt Gattinara, wo die Nebbiolo-Traube den Namen Spanna trägt: **Gattinara, Ghemme, Boca, Lessona, Bramaterra, Sizzano, Fara** und, an der Grenze zum Valle d'Aosta, dem Aostatal, **Carema**. Die Weine von hier haben zwar nach wie vor den orangefarbenen Rand, verheißen aber oft ein weitaus preiswerteres Nebbiolo-Erlebnis als die Weltstars aus den Langhe.

Valle d'Aosta

Aus der Alpenregion gelangt nur wenig Wein nach draußen, aber für die Liebhaber alter roter und weißer Traubensorten ist sie ein herrliches Jagdgefilde. Hier geben sich Sorten aus Piemont, von der Rhône, aus Burgund und aus der Schweiz ein Stelldichein Seite an Seite mit einheimischen Reben, die man immer mehr schätzt und auch versteht. Chambave, Morgex, Nus und La Salle sind die Namen von Weinen, die im Geschmack – wen wundert es – Anklänge an die Schweiz zeigen.

Lombardei

Zu den außergewöhnlichsten Weinen aus den Bergen und Ebenen nördlich von Mailand zählen die recht strengen, auf Nebbiolo beruhenden Roten aus dem **Valtellina** (Veltlin) von steil abfallenden Südhängen nahe der Schweizer Grenze, der eher harmlose trockene weiße **Lugana** vom Gardasee und die seriösen Rotweine, trockenen Weißweine und interessanten Schaumweine aus **Franciacorta**. Auch andere Teile dieser im Export nur wenig vertretenen Region liefern gutes Rohmaterial für die besten Schaumweinhersteller Italiens, zum Beispiel Bellavista und das dynamische Haus Ca' del Bosco, dessen feiner Annamaria Clementi auf Chardonnay-Basis die meisten Champagner in den Schatten stellt.

Ligurien

Die Schwindel erregend steilen Weinberge an der Küste um Genua bringen kaum genug Wein für die Touristen hervor. Cinqueterre und Dolceacqua sind die Namen, denen man außerhalb der Region am häufigsten begegnet. Lokalspezialitäten sind der Ormeasco (Dolcetto in Piemont), der trockene weiße Pigato, der leichte rote Rossese und der frische, weiße Vermentino.

Nordostitalien

Hier ist das Land der Tre Venezie: Veneto, Friaul und Trentino.

Veneto

Im Überblick: *Kommerzieller Soave und Valpolicella; Zentrum der Recioto-Erzeugung.*
Trauben: *(ROT) Corvina, Molinara, Rondinella; (WEISS) Garganega, Trebbiano di Soave, Chardonnay.*

Das Veneto um Verona im Hinterland von Venedig ist Italiens Weinfabrik. Hier werden Meere von blassrotem Valpolicella, Bardolino und von wässerigem Soave in Flaschen gefüllt, die zu Millionen in italienische Restaurants in aller Welt gehen, wo sie von einem anspruchslosen Publikum vertilgt werden. Aus flachen, fruchtbaren Weinfeldern strömen reichlich bemessene Erträge an charakterlosen Weinen, die zwar als DOC gelten, aber doch wie die Liebfrauenmilch zur reinen Massenware geworden sind. Der Unterschied ist lediglich, dass niemand mehr auf die Idee kommt, eine seriöse Liebfrauenmilch zu produzieren, während in diesen drei DOC-Zonen viele ambitionierte Erzeuger sehr gute Weine hervorbringen.

Dem Fachhandel und dem Verbraucher bleibt es überlassen, die Spreu vom Weizen zu sondern. Dabei ist ein zweckdienlicher, wenn auch (wir sind schließlich in Italien) nicht unfehlbarer Ausgangspunkt der Classico, der im ursprünglichen Kernbereich entsteht und nicht in der so großzügig erweiterten Zone, die nur dazu geschaffen wurde, auf den internationalen Märkten möglichst viel bare Münze aus dem guten Namen zu schlagen. **Valpolicella** mit dem Zusatz Superiore muss mindestens

Im Veneto werden aus getrockneten Trauben hoch konzentrierte, alkoholstarke Recioto-Weine gewonnen.

Die schöne Villa Allegri steht inmitten ihrer Reben in der Zone Valpantena der DOC Valpolicella.

12 % Alkohol (gegenüber normalen 11 %) aufweisen und wenigstens ein Jahr Ausbauzeit hinter sich haben. Ein weiterer Qualitätsindikator ist der Preis. Lebhaft roter und nicht nur dünn rötlicher Valpolicella, der nach saftigen bitteren Kirschen und nicht nur einfach bitter schmeckt, lässt sich nicht billig produzieren. Auch liegen dabei die Erträge weit niedriger als in den flachen, mechanisierten Weinbergen. Zuverlässig gute Erzeuger von Valpolicella sind Allegrini, Boscaini, Dal Forno, Masi, Quintarelli, Santi und Tedeschi.

Mit dem Rezept des Valpolicella ist ebenfalls etwas falsch gelaufen. Die charaktervollste der drei Traubensorten, von denen er produziert werden darf, ist Corvina (sortenreine Corvina-Weine sind aber der Regel zufolge nicht gestattet, sodass sie wie so viele andere gute italienische Weine als Vino da Tavola firmieren müssen), von den beiden anderen erbringt die Molinara-Traube dünnen, säuerlichen Wein, und aus der Rondinella ist kaum Geschmack herauszupressen. (Gerade weil die Bestimmungen nur maximal 70% Corvina zulassen, verzichtet die ausgezeichnete Kellerei Allegrini auf die Zulassung durch die DOC Valpolicella – dem Veneto droht also die gleiche Weinanarchie, mit der schon die Toskana zu kämpfen hat.)

Die klassische Art, dem Valpolicella (der erfrischend und pikant, aber nicht unbedingt jahrelang haltbar sein soll) etwas mehr Tiefe und Biss beizubringen, besteht darin, Schalen von Trauben beizumischen, deren Süße durch Trocknen konzentriert wurde – diese als *ripasso* bekannte Technik steigert den Alkohol- und Phenolgehalt des Weins, der dann als *passito* bezeichnet wird.

Die wahre Stärke des Venetos liegt aber darin, dass es die einzige Region ist, wo noch größere Mengen Wein von getrockneten Trauben bereitet werden; das war die einzige Art, wie die alten Griechen und Römer den Zuckergehalt der Trauben und damit den Alkoholgehalt des Weins steigern konnten, denn die Technik des Destillierens war noch nicht bekannt. So bereiteter roter oder weißer Wein heißt in süßer Version **Recioto** und in trockener **Amarone** (Bitterer). Mit bis zu 16% Alkohol eignet er sich vor allem als Dessertwein.

Der seltenere weiße, erfrischend süße Recioto di Soave zeigt die Qualitäten der Lokaltraube Garganega in schöner Konzentration. Der Soave, der weltweit berühmteste Weißwein des Veneto, ist ebenso unberechenbar in der Qualität wie der Valpolicella, nur kommt noch hinzu, dass das Spektrum der verwendbaren Trauben größer ist: Er darf nicht nur die Lokalsorten Garganega und Trebbiano di Soave, sondern auch Chardonnay, Pinot bianco und den neutralen Trebbiano toscano enthalten. Guter Soave ist strohgelb und erinnert im Geschmack an Mandeln und Äpfel.

Anselmi und Pieropan beweisen schon seit Jahren, dass Soave weit mehr sein kann als nur ein nichts sagendes, aromaloses Getränk, und inzwischen machen ihnen immer mehr Erzeuger wie Bertani, Ca' Rugate, Gini, Inama, Prà und Zenato kräftig Konkurrenz. Die Erzeuger ihres Kalibers haben mittlerweile so viel Vertrauen in die grünen Terrassen ihrer Zone gefasst, die den Reben einen unverwechselbaren Charakter mit auf den Weg geben, dass sie immer mehr Einzellagenweine auf den Markt bringen. Manchen ist eine solche Geschmacksintensität und Konzentration eigen, dass sie einem Ausbau im Barrique problemlos standhalten. Diese eigenständigen Erzeugnisse sind qualitativ – und preislich – meilenweit von dem nichts sagenden Mundwasser entfernt, das einst Soave genannt und überwiegend von den hier dominierenden Genossenschaften auf den Markt geschüttet wurde.

Der **Bardolino** von den Ufern des Gardasees ist im Grund ein leichter Valpolicella; gute Beispiele – etwa von Corte Gardoni, Guerrieri Rizzardi und San Pietro – sind im Sommer köstlich erfrischend. Als Rosé heißt er Chiaretto; hinzu kommen noch Soave-ähnliche, recht nette Weißweine wie der Lugana und der Bianco di Custoza. Gambellara entsteht unmittelbar östlich von Soave und lässt sich nur schwer von dem bekannten Nachbarn unterscheiden. Die Roten und Weißen aus der Gegend um Vicenza und Padua mit ihren schönen palladianischen Villen sind als Colli Berici und Colli Euganei bekannt. Sie entstehen aus einem Mix aus einheimischen Sorten und Weltenbummlern wie Merlot, Cabernet und Pinot bianco (Pinot blanc). Ein ähnliches Traubensortiment wird um die Stadt Breganze unweit nördlich von Vicenza angebaut. Ein einziger hart arbeitender Erzeuger namens Maculan und eine einzige Lokalrebe, Vespaiolo, haben es geschafft, Breganze der Weinwelt ins Bewusstsein zu rufen. Die Vespaiolo-Traube hat ihren Namen angeblich von den Wespen, die sich von ihren sehr süßen Beeren besonders angezogen fühlen. Und Maculan hat unter Beweis gestellt, dass sich daraus großartige Süßweine bereiten lassen. Torcolato wird aus halbrosinierten Trauben gewonnen und ist sehr süß, zugleich aber auch kernig und erfrischend – ein Zaubertrick, für den besonders italienische Dessertweine bekannt sind.

Nordöstlich von Padua und Vicenza entsteht jenseits des Flusses Piave nördlich der Ebenen, die sich bis zu den Lagunen von Venedig hinunterziehen, der beliebteste Schaumwein Nordostitaliens: der Prosecco aus der gleichnamigen Traube. Unzählige Reisende verfielen ihm in Harry's Bar, wo man ihn als Erstes mit Pfirsichsaft mischte und als Bellini servierte, oder im berühmten Lokal Locanda Cipriani auf der gespenstisch ruhigen Insel Torcello, wo er in Glaskrügen serviert wird. Ich muss zugestehen, dass ich für den Zauber von Prosecco relativ unempfänglich bin. Selbst die Glanzlichter der Gattung von Erzeugern wie Adami, Bisol und Carpeni-Malvolti sind mir ein Quäntchen zu süß und zu schaumig. Vielleicht erwarte ich von Prosecco aber auch zu viel Champagnercharakter. Die beste Zone ist Conegliano-Valdobbiadene.

Die meisten Stillweine der fruchtbaren Ebene werden als Piave oder Lison-Pramaggiore etikettiert. Es handelt sich zumeist um anständig gemachte, leichte, aber auch unspektakuläre Tropfen aus Cabernet, Merlot oder der einheimischen Weißweintraube Verduzzo. Interessanter fallen da schon die Roten aus Raboso und Refosco aus, die allerdings kompromisslos trocken bereitet werden.

Friaul

Im Überblick: *Saubere, aromatische Sortenweine.*
Trauben: *(ROT) Alle universellen Sorten, dazu Refosco; (WEISS) Tocai friulano, Picolit, Ribolla, Verduzzo.*

Friaul – mit vollem italienischem Namen Friuli-Venezia Giulia (Friaul-Julisch Venetien) – genießt bei vielen Weinliebhabern im übrigen Land große Verehrung. Diese Popularität beweist wieder einmal, dass die Regel vom anderswo grüneren Gras auch in der Welt des Weins gilt. Grundsätzlich wird in jedem Land das am meisten bewundert, was dort am schwierigsten zu produzieren ist. In Deutschland beispielsweise, der Heimat leichter, aromatischer Weißweine, wird voller, dunkler Rotwein besonders geschätzt. Friaul ist die einzige Gegend Italiens, wo saubere, frische sortenreine Weißweine mit Leichtigkeit zustande kommen (weitgehend dank der frühzeitigen Einführung von Kühltechniken), und die Weinkenner Italiens zahlen ohne weiteres überaus hohe Preise dafür.

In gewisser Weise sind die Weine Friauls dem italienischen Wesen fremd; eigentlich sind sie das Produkt des hügeligen Grenzgebiets zwischen dem Veneto, Slowenien und Südösterreich – und das merkt man ihrem Geschmack an; sie werden prinzipiell sortenrein bereitet und bringen jeweils die Eigenart der 17 in den angesehensten DOC-Zonen **Collio (Goriziano)** und **Colli Orientali (del Friuli)** zugelassenen Rebsorten zum Ausdruck. Am meisten werden Tocai friulano, Pinot grigio, Sauvignon blanc, Pinot bianco, Merlot, Chardonnay und Cabernet franc (von dem man heute gemeinhin annimmt, dass er mit der chilenischen Carmenère-Traube identisch ist) angebaut, dazu die Lokalspezialitäten Ribolla, Verduzzo und Picolit für Weißwein und Refosco, Schioppettino und Pignolo für Rotwein. Die besten Roten stammen in der Regel aus der südwestlichen Ecke der Colli Orientali, die zumeist schon alpinen Charakter haben und im Grunde auch tatsächlich die Ausläufer der Dolomiten bilden. Eine Lokalspezialität der Colli Orientali ist der goldene, (recht) süße weiße Picolit aus rosinierten Trauben, der früher groß in Mode war und noch immer viel zu teuer ist.

Collio ist vom slowenischen Nachbarbereich jenseits der Berge von Gorizia fast nicht zu unterscheiden. An feinen, immer fruchtigeren, interessanten Weißen herrscht hier kein Mangel. Man kultiviert Traminer, Malvasia und Riesling italico, bei dem es sich um den Welschriesling und nicht den klassischen deutschen Riesling handelt, der in Italien unter der Bezeichnung Riesling renano läuft.

Da inzwischen die Erzeuger südlich und westlich von Friaul sich auch auf die Bereitung frischer, fruchtiger Weißweine verstehen, müssen sich die Winzer im Collio (Goriziano) und in den Colli Orientali (del Friuli) mit anderen Mitteln, meist mit kleinen Eichenfässern, bemühen, ihren Preisvorsprung zu halten. Der Qualitätsstand ist hier allgemein sehr hoch, die Erträge werden relativ stark beschränkt – leider kommt dadurch viel Gleichförmigkeit zu Stande.

Die in Italien am höchsten angesehenen Erzeuger dieser Gegend sind Abbazio di Rosazzo, Borgo Conventi, Borgo del Tiglio, La Castellada, Girolamo Dorigo, Filliputi, Felluga, Gravner, Jermann, Marin, Puiatti, Radikon, Ronchi di Manzano, Ronco del Gnemiz, Schiopetto, Tercic und Villa Russiz, deren Weine sich in der Flasche noch zwei bis drei Jahre lang entwickeln.

Die gleichfalls bedeutende DOC-Zone **Isonzo** liegt weiter südlich und ist daher stärker dem wärmenden Einfluss der Adria ausgesetzt. Die umfangreiche DOC **Grave del Friuli** wiederum erstreckt sich über flacheres Land und bringt nicht so eindrucksvolle Geschmacksnuancen hervor. Dennoch beweisen Weingüter wie Di Lenardo, Lis Neris, Masut da Rive, Pighin, Pittaro, Vie di Romans und Vistorta, was in den besten Lagen der Gegend möglich ist. Als weitere DOC-Bereiche sind **Aquileia, Latisana** und **Carso** zu nennen.

Trentino und Südtirol

Im Überblick: *Alpengegenden mit leichten, sortenreinen Weinen.*
Trauben: *(ROT) Alle universellen Sorten, dazu Teroldego, Schiava, Lagrein; (WEISS) Traminer, Muskateller.*

Die beiden zusammengehörigen, von Kellereigenossenschaften beherrschten Weinbauregionen, das Trentino im südlichen Etschtal und Südtirol (Alto Adige) im nördlichen Etschtal, bringen alpine Weine hervor.

Trentino heißt die umfassende DOC um Trient für verschiedene sortenreine Weine, vom leichten, lieblichen Schiava (Vernatsch) bis zum fassvergorenen Chardonnay aus hohen Lagen. Die lokale Rotweinspezialität Marzemino gehört zu den wenigen Weinen überhaupt, die in einer Oper Erwähnung finden, in diesem Fall *Don Giovanni*; sie wird oft als süßer, leicht perlender, blasser Roter in Umlauf gebracht. Der schmackhafte Teroldego Rotaliano wiederum ist eine gängigere einheimische Roweinrebsorte; sie wurde nach der Ebene Rotaliano nördlich von Trient benannt, einer der wenigen völlig flachen Gegenden in ganz Südtirol. Wenn die Erträge in Grenzen gehalten werden, kann sie intensiv fruchtig und farbtief ausfallen. Die beachtlichsten Vertreter stammen von Elisabetta Foradori, ansonsten aber besteht kein Mangel an bitteren, billigen Zechweinen. Daneben entstehen auch Weine der gängigen internationalen Sorten in meist recht hellen Versionen. Erzeuger wie Pojer & Sandri (mit einem der wenigen heiß begehrten Müller-Thurgau-Weine der Welt), das stattliche Gut San Leonardo mit seinen Bordeaux-Verschnitten und das Forschungsinstitut San Michele all'Adige beweisen, was in dieser Gegend geleistet werden kann. Und Ferrari demonstriert seit langem schon das Potenzial der Region für hochwertigen Schaumwein.

Südtirol (Alto Adige) bringt in seinem durch den Kontrast zwischen warmen Sommern und

kalten Wintern geprägten Klima in den Ausläufern der Dolomiten Markanteres hervor. Auch diese Region verfügt fraglos über ein enormes, noch nicht voll ausgeschöpftes Potenzial – manche ihrer Weine könnten weithin mehr Eindruck machen, wenn hier Chaptalisierung erlaubt wäre. Vernatsch (Schiava) hat hier zwar die Oberhand, wird aber zunehmend von der zweiten roten Lokalsorte Lagrein verdrängt, der man viel zutraut, sofern ihre Bitterkeit durch sorgsame Bereitung und oftmals auch Ausbau im Barrique gemildert wird. Die dunkelrote Version ist als Lagrein scuro (Lagrein dunkel) bekannt, während die rosa Spielart Lagrein rosato oder Kretzer genannt wird. Gries direkt westlich von Bozen gilt als besonders gute Lagrein-Quelle.

Südtirol kann mit seinen sauberen, international vertrauteren sortenreinen Weinen von Erzeugern wie Castel Schwanburg, Franz Haas, Hofstätter, Alois Lageder, Niedrist, Tiefenbrunner, Elena Walch und Widmann durchaus mit Friaul konkurrieren. Ein besonderer Trumpf im Südtiroler Ärmel ist der vermutlich aus Terlano (Tramin) stammende Gewürztraminer.

Genossenschaften spielen in der Region seit langem eine wichtige Rolle. Manche, wie z. B. Colterenzio, gehören sogar zu den meistbewunderten Einrichtungen dieser Art in Italien.

Österreichisch anmutende Kirche in Südtirol. Hier werden die Reben im berühmten Pergola-System erzogen und stehen in gut durchlüfteten, der Sonne zugewandten Reihen.

Toskana

Im Überblick: *Italiens Weinkraftwerk.*
Trauben: *(ROT) Sangiovese, Cabernet Sauvignon; (WEISS) Trebbiano, Malvasia, Vernaccia.*

Logisch und geographisch erscheint es vielleicht absurd, die Toskana vom übrigen Mittelitalien trennen zu wollen, doch der Weinliebhaber erkennt es als sinnvoll. Während das Veneto das kommerzielle Zentrum des italienischen Weinbaus und Piemont die Quelle der großartigsten gastronomischen Feinheiten ist, beherbergen die auf

Unten: Traubenleserinnen und -leser bei der Mittagspause auf der Terrasse des bekannten Chianti-Classico-Weinguts Riecine.
Rechts: Im Sommer kann man es kaum länger als unbedingt nötig unter der brennend heißen Sonne der mittelitalienischen Toskana aushalten; im Herbst aber überzieht oft Nebel die Täler um das durch seinen vollen, trockenen Vernaccia berühmte vieltürmige San Gimignano (am rechten Bildrand gerade noch sichtbar).

ewige Zeiten vom Mittelalter geprägten Hügel der Toskana die stärkste Konzentration ambitionierter Weinerzeuger. Hier dominieren nicht die großen Genossenschaften, sondern die kleinen Weingüter, deren Besitzer oft ihr nicht unbeträchtliches Vermögen anderswo verdient haben, beispielsweise im Napa Valley in Kalifornien. Seit den 1970er-Jahren überschwemmen sie diese einst von aristokratischen Florentiner Kaufmannsfamilien wie den Antinori, Frescobaldi und Ruffino beherrschte Landschaft der Oliven, Pinien und Weinreben.

Als in den 1960er-Jahren Quantität in der Weinwelt weit wichtiger war als Qualität, kamen einige äußerst fragwürdige Sangiovese-Klone zum Einsatz. Sie ergaben so leichte Weine, dass sie insgeheim mit Beimengungen aus den heißeren Klimazonen im italienischen Süden aufgepeppt werden mussten. Die Önologen der Region Chianti haben es sich vor einiger Zeit zur Aufgabe gemacht, die qualitativ hochwertigsten Sangiovese-Klone aufzuspüren. Deshalb haben heute die allermeisten Chianti-Weine, die in den Export gelangen, so gut wie keine Ähnlichkeit mehr mit den blassen, grünen Gärprodukten von einst. Vielmehr bieten sie sich mittlerweile als farbintensive, sorgfältig in Eiche ausgebaute Tropfen mit gutem Alterungspotenzial und faszinierenden Pflaumen- und Esskastaniennoten an.

Die unablässig gewellte Landschaft und ihr gemäßigtes Klima lässt Rotweine entstehen, die in Gewicht, Alkoholstärke (12 bis 13 %) und Haltbarkeit dem roten Bordeaux vergleichbar sind, sich im Geschmack jedoch sehr stark von ihm unterscheiden. Die hier vorherrschende Sangiovese-Rebe erbringt Wein, dessen Qualität weitgehend von der Lage des Weinbergs abhängt. (Wie jeder weiß, der die Toskana im Winter kennt, kann es hier recht unwirtlich sein.)

Chianti ist die größte, wenn auch vielfach unterteilte Weinbauzone der Toskana, ja ganz Italiens. Ihr berühmter Wein beruhte lange auf Sangiovese, mehr oder weniger stark gemischt mit der weißen Trebbiano-Traube und gelegentlich der weißen Malvasia und dem roten Canaiolo, und es gibt ihn in allen Qualitätsstufen, von überaus schlicht bis sublim (wobei der sublime nicht unbedingt viel teurer sein muss als der schlichte). Ein einfach nur als Chianti bezeichneter Rotwein gehört meist der schlichten, billigen Art an. Will man entdecken, was die Hügel der Toskana dem Geschmackssinn bieten können, muss man schon zu einem Wein greifen, auf dessen Etikett einer der Unterbereiche namentlich genannt ist. **Chianti Colli Aretini** (um Arezzo), **Chianti Colli Fiorentini** (um Florenz), **Chianti Colline Pisane** (um Pisa) und **Chianti Colli Senesi** (um Siena) werden kaum exportiert. Der relativ neue Bereich **Chianti Montespertoli** ist im Prinzip die westliche Verlängerung der Colli Fiorentini. Der leichte **Chianti Montalbano** entsteht westlich von Florenz, während im Osten der Stadt der oft sehr feine und langlebige **Chianti Rufina** produziert wird, der allerdings in seiner Jugend etwas leicht und grün daherkommt; ein Paradebeispiel stammt von Selvapiana. Die nach Qualität und Langlebigkeit wichtigste Zone aber ist **Chianti Classico**, das Kernstück des Chianti-Gebiets.

Man kann mit Fug und Recht behaupten, dass der Chianti Classico zu den am gleichmäßigsten gut bereiteten Weinen der Welt gehört. Mancher Weinfreund mag den ländlichen, ja bäuerischen Charakter des traditionellen Sangiovese nicht so besonders schätzen; Mangel an Sorgfalt kann man jedoch nur erstaunlich wenigen Chianti-Classico-Erzeugern vorwerfen.

Die 1984 (also durch Ironie des Schicksals in dem für die Toskana seit Menschengedenken katastrophalsten Jahrgang) bei der Erhebung in den DOCG-Rang eingeführten neuen Regeln schreiben für den Chianti Classico angemessen niedrige Erträge, vernünftige Mindestausbauzeiten und die Nichtverwendung der Frucht von noch nicht fünfjährigen Reben vor. Auch wurde anerkannt, was in der Realität aufgrund der Mängel des Rebsortenrezepts für den Chianti längst gang und gäbe war: Sangiovese erbringt weiterhin das Rückgrat des Chianti Classico (die Frucht besserer Klone kann bei sorgsamer Vinifizierung eine schöne, reife Pflaumennote aufweisen), die im Chianti-Grundrezept enthaltenen weißen Traubensorten können ganz entfallen, und es dürfen bis zu 10 % fremde Traubensorten mitverarbeitet werden, zum Beispiel Merlot, Syrah und Cabernet Sauvignon, die übrigens alle schon – wie es heißt: Syrah mit besonderem Erfolg – in der Toskana erstaunliche Weine hervorgebracht haben. Die französischen Rebsorten stellen die wichtigste Neuerung in den Weinbergen der Toskana dar und dasselbe lässt sich in den Kellern der Region von den kleinen französischen Eichenfässern sagen. Früher wurden die Weine stets in großen alten, ovalen Fässern aus slowenischer Eiche ausgebaut, inzwischen aber wirkt sich der Gebrauch neuer *barriques* konzentrierend und mildernd aus.

Das charakteristische Chianti-Classico-Weingut produziert aber weit mehr als nur den typischen, früh genussreifen Chianti Classico, nämlich gewöhnlich auch noch einen lagerfähigen Chianti Classico Riserva mit längerem Fassausbau, einen einfachen Weißwein – meist einen Galestro, der den Trebbiano-Überschuss aus der Toskana aufnimmt –, dazu vielleicht noch einen fassgereiften Chardonnay oder Sauvignon blanc, manchmal auch noch Olivenöl von eigenen Bäumen, oft süßen, starken, fassgealterten Vin Santo (eine süße, goldene, nusswürzige Spezialität der Toskana aus rosinierten Trauben, traditionell von Malvasia) und fast immer einen hochwertigen Rotwein auf der Basis von Cabernet, Merlot oder Syrah, im Verschnitt miteinander oder mit Sangiovese. Bis zur Einführung der IGT-Kategorie (siehe Seite 207) hatten diese so genannten **Supertoskaner** nur Anspruch auf die Bezeichnung Vino da Tavola, und deshalb lassen sich die Erzeuger die schönsten Fantasienamen nach dem Vorbild von Antinoris Tignanello (ein *barrique*-gereifter Verschnitt von Sangiovese und Cabernet Sauvignon) einfallen.

Die interessanteste Entwicklung um die Jahrtausendwende war das neuerliche Interesse am Chianti Classico Riserva. Als importierte französische Rebsorten noch der letzte Schrei waren, neigten die Erzeuger dazu, die Supertoskaner als ihre Flaggschiffe anzusehen. Heute haben die meisten erkannt, dass ein mit größter Sorgfalt bereiteter Sangiovese-Wein von den hochwertigsten Rebstöcken den ureigenen Chianti-Charakter am besten zum Ausdruck bringt – was nicht heißt, dass er nicht durchaus einen geringen Anteil ausländischer Trauben oder anderer toskanischer Rotweinrebsorten wie Colorino oder Canaiolo enthalten kann.

In der von Touristen und betuchten Möchtegernbauern aus ganz Norditalien, Nordeuropa und Nordamerika überschwemmten Region mangelt es nicht an Investitionen, Ehrgeiz und Knowhow (für gewöhnlich in Form gut bezahlter Berater). Entsprechend viele gute Kellereien, meist mit Castello im Namen, gibt es – ihre Zahl geht in die dutzende, wenn nicht gar hunderte. Der häufigste Weinfehler – einer der wenigen, die es hier überhaupt gibt – ist ein zu eichenlastiger Ausbau, ein Fehlgriff, den sich nur die Reichen leisten können.

Empfehlenswerte Namen sind jedenfalls Badia a Coltibuono, Castello di Ama, Castell'in Villa, Fattoria di Felsina, Fonterutoli, Fontodi, Isola e Olena, Fattoria di Montevertine, Il Poggio, Castello di Querceto, Querciabella, Castello di Rampolla, Riecine, San Giusto a Rentennano, San Polo in Rosso, Vicchiomaggio und Castello die Volpaia. Diese Liste ist jedoch alles andere als komplett. Neue Güter, die eine noch nicht ganz so abgegriffene Reputation vorzuweisen haben, sind Brolio (seit kurzem wiederbelebt), Cacchiano, Castellare, Collelungo, La Massa, Monsanto, Monte Bernardi, Nittardi, Paneretta, Terrabianca, Valtellina und Villa Cafaggio.

Die großen Handelshäuser Antinori, Frescobaldi und Ruffino produzieren allesamt sehr feine Weine, viele davon Einzellagenabfüllungen, die bei Antinori aus ganz Mittelitalien kommen. Es liegt bei den Erzeugern der modernen italienischen Weinlandschaft heute im Trend, über die Grenzen ihrer geographischen Heimat hinauszublicken. Bei einem so mächtigen Unternehmen wie Antinori überrascht es nicht, wenn es seine Tentakel von Prunotto in Piemont bis zum Stiefelabsatz Italiens ausstreckt, wo es ausgedehnte Rebflächen besitzt. Doch selbst ein Individualist wie Angelo Gaja, der seinen Stammsitz in Barbaresco hat, erweitert mit einer spektakulären Kellerei an der toskanischen Küste und einem Spitzengut in Montalcino seinen Horizont.

Die Essenz des Sangiovese ist im **Brunello di Montalcino** aus dem Bereich um die Stadt Montalcino bei Siena eingefangen; Brunello ist eine Lokalvariante von Sangiovese, die allein diesen hoch konzentrierten Wein erbringt, der potenziell zu den feinsten Gewächsen Italiens zählt.

Der südlich von Chianti gelegene, mit für den Weinbau gut geeigneten kargen, unfruchtbaren Böden gesegnete, fast quadratische Bereich Montalcino hat dank seines wesentlich milderen Klimas keine Probleme mit dem Ausreifen der wenigen Trauben, die jeder Stock trägt. Hier entsteht eine Art Sangiovese-Sud, der theoretisch bis zum Nimmerleinstag aufgehoben werden kann. Ein Brunello di Montalcino etwa wird erst nach vier Jahren freigegeben und lässt sich im ersten Jahrzehnt seines Lebens nur schwerlich mit Genuss trinken.

Wenn der Chianti Classico Riserva allgemein vier bis acht Jahre Reifezeit in Anspruch nimmt, so entfaltet sich der Brunello zehn, manchmal zwanzig Jahre lang. Die leichteren (in mancher Hinsicht brauchbareren) Weine der Zone tragen die Bezeichnung Rosso di Montalcino; von einem guten Erzeuger wie Altesino, Argiano, dei Barbi, Biondi-Santi, Caparzo, Case Basse, Col d'Orcia, Costanti, Lisini, Pacenti, Pieve Santa Restituta, Poggio Antico, Il Poggione, Sesta und Talenti sind sie ihren Preis oft ausgesprochen wert und lassen sich nach drei bis sieben Jahren schön trinken. In Brunello hat auch das Jointventure zwischen Frescobaldi und Robert Mondavi aus Kalifornien seinen Sitz, außerdem ein Zweig des gigantischen Exportunternehmens Villa Banfi.

In den tiefsten Lagen der südwestlichen Ecke des Anbaubereichs Montalcino entstehen die konzentriertesten Weine und in den höchstgelegenen Weinbergen unmittelbar südlich der verschlafenen Stadt Montalcino die Gewächse mit der größten Finesse (wenngleich es vielleicht ein Widerspruch in sich ist, Brunello mit Finesse gleichzusetzen).

Wie überall in der italienischen Weinlandschaft ist alles in Bewegung und wird ständig modernisiert. So wurde innerhalb der Montalcino-Zone eine neue DOC San'Antimo für Weine von internationalen Rebsorten eingerichtet. Immer häufiger greifen die Winzer zu Fässern aus neuer französischer Eiche, die den eigenständigen Brunello-Charakter zu verschleiern droht. Andererseits kann man den Erzeugern kaum übelnehmen, dass sie sich nach den Wünschen der ungeduldigen Kundschaft unserer Tage richten.

Der **Vino Nobile di Montepulciano** wurde gleichzeitig mit dem Brunello in den DOCG-Rang erhoben, aber mit Ausnahme der Erzeugnisse von Avignonesi kann er es mit dem Brunello noch nicht so recht aufnehmen – vielleicht weil das Klima hier sogar noch etwas wärmer oder der allgemeine Qualitätsstand der Kellertechnik schwächer ist. Auch in dieser Zone entsteht ein leichterer und früher genussreifer Wein unter dem Namen Rosso di Montepulciano. Die Lokalvariante des Sangiovese heißt hier Prugnolo gentile. Die Mindestausbauzeit in Eichenfässern wurde ebenfalls verringert; sie beträgt nun nur noch ein Jahr, während Brunello noch zwei Jahre im Fass reifen muss. Man könnte Vino Nobile als eine Art Kreuzung zwischen Brunello und Chianti Classico beschreiben. Zu den verlässlichsten Winzern gehört Poliziano.

Das vielleicht größte Geschenk, das Montepulciano den Weinfreunden der Welt beschert hat, dürfte aber der überragende Vin Santo sein (siehe Seite 221).

Der vierte DOCG-Bereich in der Toskana ist **Carmignano**, eine kleine Zone bei Pisa, wo schon seit Jahren Cabernet Sauvignon kultiviert wird und deshalb ein für Nichtitaliener besonders leicht eingängiger Wein entsteht. Die führende Stellung hat hier das Weingut Capezzana inne.

Die Toskana ist im Wesentlichen ein Rotweinland. Verschiedene hochklassige bzw. finanzkräftige Kellereien haben versucht, weißen Burgunder, Sauvignon blanc von der Loire und sogar Condrieu zu kopieren; zudem stehen mehrere nichts sagende Trebbiano-Weine zur Verfügung, die ausschließlich in der Region konsumiert werden. Doch nur wenige Weiße sind wirklich exportwürdig.

Der interessanteste Weißwein der Toskana ist der trockene, mit kräftigem Geschmack aufwartende **Vernaccia di San Gimignano** aus der geschmacksintensiven Vernaccia-Traube, die um die wunderschöne, vieltürmige Stadt San Gimignano heranreift (siehe Abb. Seite 219). Das Spektrum der Weine reicht von gesichtslos über markant fruchtig bis zu deutlich ölig. Manche Weine profitieren von einem Ausbau in Eiche, andere erschlägt dieses Holz. Zu den ehrgeizigsten Erzeugerbetrieben gehören Montenidoli und Terruzi & Puthod.

Überall in der Toskana liegen kleine Weinbauzonen verstreut, von denen die Maremma an der **toskanischen Küste** südlich von Livorno – vorwiegend, aber nicht ausschließlich in der Gegend um das Dörfchen Bolgheri – das größte Potenzial zu bieten scheint. Dort bewies erstmals ein Mitglied der Familie Antinori auf der Tenuta San Guido, dass die Gegend imstande ist, Weltklasse-Cabernet hervorzubringen, nämlich den Supertoskaner Sassicaia. Dann machte sich gleich nebenan ein jüngerer Antinori mit Ornellaia (vorwiegend Cabernet) und Masseto (vorwiegend Merlot) einen Namen, und neuerdings schießen ambitionierte Neupflanzungen überall an der alten Via Appia aus dem Boden. Meist handelt es sich um Hobbybetriebe, die reichen Leuten gehören und mit dem Besten ausgerüstet sind, das für Geld zu haben ist; hier entstehen Weine, die in Statur und Stil den Spitzengewächsen von Bordeaux nachempfunden sind.

Antinori expandiert rasch hier und sein Guado al Tasso ist mit Sicherheit nur der Anfang einer Expansionswelle. Das Ornellaia-Gut wurde an Robert Mondavi aus Kalifornien verkauft. Gaja hat seine Kellerei Ca'Marcanda in einen Landstrich gesetzt, den bereits Le Macchiole und Grattamarco mit Erfolg erschlossen haben. Obwohl nun allgemein Einigkeit darüber herrscht, dass Bolgheri neben dem Médoc und Graves, dem Napa und Sonoma Valley, Maipo in Chile und Margaret River in Westaustralien das ideale Terrain für den Anbau subtiler, erlesener Cabernet-Sauvignon-Kreszenzen ist, hat Michele Satta bewiesen, dass sich auch Sangiovese hier beachtlich schlägt.

Das wohl Faszinierendste an diesem Teil der Welt aber ist seine Jungfräulichkeit. Es gibt noch so viel zu entdecken. Tua Rita zeigt, dass in der Suvereto-Zone direkt südöstlich von Bolgheri echtes Potenzial steckt. Bellavista aus Franciacorta in der Lombardei, Foradori im Trentino und andere Pioniere kaufen zuhauf geeignetes Rebland. Namen wie Val di Cornia, Montecucco, Monteregio di Massa Marittima und Morellino di Scansano, eine schon jetzt bewährte Zone mit der richtigen Kombination aus Traube und Terroir, wird man in Zukunft noch oft hören.

Durstige Zaungäste wie ich sehen frohgemut, dass selbst in einem der ältesten Weinbauländer der Erde Neues entdeckt, Altes wiederentdeckt wird.

In der Toskana ist der Wein eng mit dem agriturismo *verbunden – auf so manchem Weingut werden Wirtschaftsgebäude in Ferienunterkünfte umfunktioniert.*

Das übrige Mittelitalien

Emilia-Romagna

Die weite südliche Po-Ebene bildet die reich sprudelnde Quelle von relativ leichtem, dürftigem roten Sangiovese di Romagna (in keiner Weise verwandt mit feinem Chianti Classico) sowie neutralem trockenem weißem Trebbiano di Romagna. Interessanterweise ergaben die auf Seite 220 erwähnten Untersuchungen von Sangiovese-Klonen, dass die in der Romagna vorkommende Spielart zu den besten gehört und bei niedrigen Erträgen und guten Lagen konzentrierte, lebendige Weine wie die von Zerbina und Paradiso hervorbringen kann. Eine einheimische Weißweinspezialität heißt Albana di Romagna; aus ihr entsteht gelegentlich vorzüglicher Süßwein. Gleiches gilt für die weiße Pagadebit-Traube. Aus der Emilia-Romagna kommt auch der Lambrusco, der in den 1980er-Jahren von gigantischen Genossenschaftskellereien in ein süßes, schwächliches, perlendes Getränk jeglicher Farbe verwandelt wurde, das nur wenig Ähnlichkeit mit Wein hat. Dabei gibt es guten Lambrusco in Gestalt tief kirschroter, spritziger, trockener Weine, die aber nur selten exportiert werden. Die Emilia wird von Barbera und Bonarda beherrscht. Die beiden Trauben taugen für leichte, fruchtige Rote, die eigentlich eher Norditalien zuzuordnen sind.

Marken

Diese ausgedehnte Region entlang der Adriaküste südlich der Romagna von Rimini bis Ancona und darüber hinaus befindet sich in einer aufregenden Umbruch- und Aufschwungphase. Der berühmteste Wein von der mittleren Adriaküste ist der Verdicchio, ein trockener, oft gefälliger und immer häufiger auch aufregender Weißwein. Die beiden bekanntesten DOC-Zonen für diesen zitronigen, potenziell charaktervollen Wein sind Verdicchio dei Castelli di Jesi und Verdicchio di Matelica im grünen, hügeligen Hinterland. Einer der größten Erzeuger, Umani Ronchi, hat mit Rot- und Weißwein schon Wunder gewirkt. Sein Casal di Serra gehört seit Jahren zu den verlässlich interessantesten, ausgewogensten Weißen, während er mit den in Eiche ausgebauten Cùmaro und San Lorenzo schon bei ihrem ersten Erscheinen die nach dem Monte Cònero benannte einheimische Rotweinspezialität Rosso Cònero zu neuen Höhen führte. Der Rosso Cònero und der Rosso Piceno aus einem weit größeren Bereich in den südlichen Marken werden aus der Montepulciano-Traube gekeltert (die nichts mit der toskanischen Stadt zu tun hat, in der der Vino Nobile aus Sangiovese entsteht). Sie ist zweifellos eine der nützlichsten Trauben Italiens, denn mit etwas Geschick kann man aus ihr dunkle, saftige, gut strukturierte Rote erzeugen, die in der Regel unglaublich billig sind, was man nicht von vielen Weinen des Landes behaupten kann. Sie wird in der Region oft mit Sangiovese verschnitten. Weitere Kellereien von Rang sind Bisci, Fazi Battaglia, Garofoli und Le Terrazze.

Umbrien

Die Region, eigentlich eine Fortsetzung der Toskana nach Süden, ist potenziell das interessanteste dieser Gebiete und hat sich in den letzten zehn Jahren auch am tiefgreifendsten verändert.

Lange Zeit war es größtenteils zwei Erzeugern zu verdanken, dass die internationale Weinken-

Spätherbstnebel über kahlen Weinbergen in Umbrien (links); der berühmteste Wein der Region kommt aus Orvieto (oben) – er nimmt in letzter Zeit immer seriösere Gestalt an.

nerschaft überhaupt von Umbrien Notiz nahm. Lungarotti war lange Zeit der führende Erzeuger mit achtbaren, langlebigen Torgiano-Weinen, deren Frucht nicht verblasst. Auch das Haus Antinori verfügt in Umbrien über höchst erfolgreichen Weinbergbesitz, insbesondere das Castello della Sala, wo ein fein eichenfassgereifter weißer Cervara das Licht der Welt erblickt, der zunehmend unter Beweis stellt, was im einheimischen Grechetto steckt.

In Umbrien entsteht neben interessantem Pinot nero und einigen fassgereiften, trockenen Weißweinen (darunter auch süßer *muffato*, das heißt Wein mit Edelfäule) Wein von Lokaltraubensorten wie Grechetto, manchmal im Verschnitt mit Chardonnay und Sauvignon blanc. Der bei weitem bekannteste Wein der Region ist jedoch der körperreiche trockene oder liebliche *(amabile)* weiße Orvieto, bereitet von der Trebbiano-Traube; zwei der besten Erzeuger sind Bigi und Barberani.

Vor allem einem Winzer aber ist es zu verdanken, dass Umbrien nicht mehr als weißer Fleck auf der Weinlandkarte erscheint. Arnaldo Caprai (unter der Leitung von Sohn Marco) hat die widerspenstige örtliche Rebe Sagrantino mit so viel Erfolg besänftigt, dass die italienischen Weinfreunde eilends nachgeblättert haben, wo das Städtchen Montefalco in den Hügeln nördlich von Spoleto in den südlichen Apenninen denn nun genau liegt. Der rührigen Textildynastie ist mittlerweile aufrichtige Anerkennung zuteil geworden, als man ihr Anfang der 1990er-Jahre DOCG-Status für den Sagrantino di Montefalco verlieh. Die Weine sprühen förmlich vor Leben und bleiben in der Flasche viele Jahre lang auf der Höhe, so sehr sie auch mithilfe moderner Bereitungsverfahren entstehen. Sagrantino wird oft mit Sangiovese verschnitten, der verbreitetsten Rotweintraube in Umbrien, die vor allem in den Colli di Trasimeno um den seit der Antike berühmten Trasimenischen See gute Ergebnisse erbringt.

In einem Weinberg in den Castelli Romani werden Malvasia-Trauben für Frascati geerntet.

Der zweite Erzeuger, der die Aufmerksamkeit der Weinwelt auf Umbrien gelenkt hat, ist Riccardo Cotarella. Mit seinem Bruder Renzo, der lange Zeit als technischer Direktor für das Florentiner Handelshaus Antinori arbeitete, betreibt er eine der dynamischsten Weinberatungsfirmen Italiens mit Sitz an der Grenze zwischen Umbrien und Latium (siehe unten). Mit der Anwendung moderner Bereitungsmethoden, superreifer Frucht und einem Ausbau im Fass, der die Weine verblüffend mild werden lässt, hat er ein Weinsortiment geschaffen, dem man vielleicht eine zu starke Ausrichtung am internationalen Markt vorwerfen kann, mit Sicherheit aber nicht mangelnde Qualität oder überteuerte Preise.

Latium

Für die Weinbauregion Lazio um Rom ist der Frascati, was der Orvieto für Umbrien bedeutet. Manchmal sind diese zwei körperreichen trockenen Weißweine kaum voneinander zu unterscheiden – besonders bemühte Erzeuger sind Castel de Paolis und Tenuta Le Quinte.

Wunder hat Riccardo Cotarella bei einem Weißen aus dem Norden Latiums bewirkt, der eher seines Namens als seiner Qualität wegen bekannt ist: Est! Est!! Est!!! Auf dem Familiengut Falesco in der Nähe von Montefiascone ist es ihm gelungen, einen Wein zu bereiten, der wesentlich interessanter ist als der offiziell vorgegebene Verschnitt aus Trebbiano mit etwas Malvasia. (Frascati soll übrigens größtenteils aus Malvasia bestehen, einer weitaus interessanteren Traube als die verschiedenen Trebbiano-Versionen, die Mittelitalien zuhauf bevölkern, setzt sich aber oft zu 100 % aus dem nichts sagenden Trebbiano zusammen.) Riccardos berühmtester Latium-Wein aber ist der besonders üppige, sortenreine Merlot namens Montiano, der mittlerweile Preise erzielt, an die man in der Ära vor Cotarella nicht einmal im Traum zu denken wagte. Ansonsten aber hat die römische Region abgesehen von einem Quäntchen weißem Marino, der westlich von Frascati entsteht, und etwas rotem Cesanese aus den Bergen erstaunlich wenig zu bieten.

Abruzzen und Molise

Die wild zerklüfteten Regionen im Osten Mittelitaliens an der Adria zwischen den Marken und Apulien sind wohl die abgelegenste Weinlandschaft des Stiefels. Man muss den wenigen Winzern gratulieren, die aus den beiden dominierenden, in Hocherziehung kultivierten Reben beachtliche Weine bereiten.

Die beiden offiziell zugelassenen Trauben sind der Montepulciano (der auch in den Marken verbreitet ist) für Rote und eine lokale Trebbiano-Variante namens Trebbiano d'Abruzzo, die gelegentlich auch Bombino bianco genannt wird. In der Regel besitzen die Rotweine wesentlich mehr Charakter als die Weißen, selbst wenn die meisten eher anspruchslose, sehr preiswerte Erzeugnisse der örtlichen Genossenschaften sind.

In den Händen des fast schon fanatischen Eduardo Valentini allerdings ist der Montepulciano d'Abruzzo zum Kultwein avanciert – ein tiefer, dichter, majestätischer Tropfen, der sich auch nach vielen Jahren in der Flasche noch steigern kann. Valentinis Trick: Er erntet viel geringere Erträge als üblich und sortiert das Lesegut mit größter Sorgfalt aus, d.h. das Gros der Trauben wird der Genossenschaft überlassen und nur die allerbesten behält er für die Weine mit seinem eigenen Etikett. Sein Roter ist ein außergewöhnliches Geschöpf, doch sein Trebbiano d'Abruzzo ragt noch mehr aus dem Durchschnitt heraus – diese konzentrierte, subtile Essenz lässt sich mindestens so lange lagern wie ein großer weißer Burgunder. Mittlerweile bieten andere Erzeuger der Region Abruzzo seinen Roten erfolgreich Paroli.

In Molise gibt Di Majo Norante den Ton an. Das Familienunternehmen (eines der zahlreichen Güter, die Cotarellas Dienste in Anspruch nehmen) stieg schon Jahre bevor der Bioweinbau in Mode kam auf organische Bewirtschaftung um. Die besten Weine sind aus dem Montepulciano und den hervorragenden Rot- und Weißweintrauben Aglianico, Fiano, Falanghina und Greco aus Süditalien gekeltert, auf die im nächsten Kapitel ausführlicher eingegangen wird.

Süditalien und die Inseln

Kampanien

Im Überblick: *»Antike« Rebsorten und enormes Potenzial.*
Trauben: *(ROT) Aglianico; (WEISS) Fiano, Falanghina, Greco.*

Die Weinberge in der von Neapel beherrschten Region gehören in gewisser Hinsicht zu den faszinierendsten Rebgärten Italiens. In vielen stehen Weinstöcke, deren Vorfahren vermutlich schon von den alten Griechen hierher gebracht wurden. Schon der Name Aglianico – eine Ableitung von Elleniko, »Hellenisch« – deutet auf die Herkunft hin. Die enorm charaktervolle Rotweintraube lässt sich wegen ihrer späten Reife weiter nördlich nicht sinnvoll anbauen. Noch offensichtlicher ist die Herkunft beim weißen Greco. Die Falanghina soll für die bräunliche Farbe alter Falerner verantwortlich gewesen sein, dem wohl berühmtesten Wein in der klassischen Literatur. Fiano, aus dem man nussige, haltbare Weiße keltert, wurde schon von Plinius erwähnt. All das bliebe wohl für immer in verstaubten Archiven verborgen, würden sich nicht so viele Winzer ins Zeug legen, um aus diesen uralten Trauben feine, moderne Tropfen zu bereiten, die alle mit außerordentlicher Eigenständigkeit auftrumpfen.

Der berühmteste Wein aus dem kantigen, stämmigen Aglianico ist der Taurasi. Er stammt aus den Hügeln im Hinterland von Neapel, wo man bisweilen erst im November mit der Lese beginnt. Der berühmteste Taurasi-Erzeuger heißt Mastroberardino, doch Konkurrenten wie Caggiano, Molettieri, Terredora di Paola und die durch und durch moderne Kellerei Feudi di San Gregorio, die den jahrtausendealten Rebsorten internationalen Glanz verleiht, sind ihm dicht auf den Fersen. Die vielleicht bekannteste Schöpfung von Feudi ist der Serpico, ein eichenfassgereifter Verschnitt aus Aglianico mit etwas Merlot als besänftigender Partnerin. Feudi kultiviert wie andere Weinbauern der Gegend auch die einheimische Piedirosso-Traube, die allerdings an der Küste noch verbreiteter ist.

Der moderne Weinfreund wird der Fiano-Rebe in einem trockenen, aber kraftvollen, alterungsfähigen Weißen namens Fiano di Avellino begegnen; sie ist nach einer Stadt zwischen der Taurasi-Zone und Neapel benannt. Feudi hat mehrere überaus eigenständige Einzellagenabfüllungen mit etwas Eichenausbau im Programm. Als moderner Falerner tritt der facettenreiche Falerno del Massico auf, der an der Küste nördlich von Neapel entsteht und in den Erzeugnissen von Villa Matilda seinen überzeugendsten Ausdruck findet. Der vielleicht faszinierendste Wein von Kampanien aber ist der Greco di Tufo von Greco-Trauben auf Tuff, einem weichen, besonders gut durchlässigen Kalk, der den Boden unmittelbar westlich von Taurasi prägt.

Apulien

Im Überblick: *Alkoholschwerer Verschnittwein auf dem Weg der Besserung.*
Trauben: *(ROT) Negroamaro, Malvasia nera, Primitivo, Uva di Troia.*

Puglia nimmt in der Weinwelt eine quantitative, allerdings nicht unbedingt immer eine qualitative Spitzenstellung ein. Die Region zieht sich den Stiefelabsatz Italiens bis hinauf zur Ferse und erzeugt mehr Wein als ganz Australien, wenngleich bislang nur ein winziger Teil in Flaschen gefüllt wird. Dennoch findet man ihren Namen auf immer mehr Etiketten. Es tut sich einiges in Apulien.

Bis in die 1990er-Jahre hinein war Apulien ein Landstrich, über den die Winzer nur hinter vorgehaltener Hand sprachen, denn ihre kräftigen Roten und schweren Weißen wurden insgeheim nach Norden geschafft, wo sie die nicht ganz so reifen Erzeugnisse berühmterer Güter aufpeppten, den dünnen Wässerchen in Südfrankreich

Farbe und Gewicht verliehen und nordeuropäischen Schaumwein- und Wermutfabrikanten – durchaus das passende Wort – das nötige Rohmaterial lieferten. Was Winzer über Apulien wussten, behielten sie lieber für sich.

Als Weine aus der Neuen Welt in Mode kamen, standen mit einem Mal auch wieder die Erzeugnisse aus heißen Klimazonen in höherem Ansehen. Die fliegenden Weinmacher nahmen sich der Weinberge und riesigen Keller in Apulien an, um ihnen verlässliche, preiswerte Tropfen für die nordeuropäischen Supermärkte zu entlocken. Chardonnay und andere internationale Rebsorten wurden gepflanzt; sie lieferten noch mehr ausdruckslose, aber berechenbare Billigweine. Viele tragen die Herkunftsbezeichnung IGT Puglia – oder auch IGT Salento, wenn sie von der Halbinsel stammen, die den Stiefelabsatz bildet.

Natürlich gibt es einige DOCs in Apulien, aber nur wenige von ihnen haben sich bereits einen internationalen Ruf erarbeitet. Lediglich 3 bis 4% aller apulischen Weine werden überhaupt als DOC verkauft. Meist handelt es sich um Salice Salentino, Copertino, Squinzano oder Primitivo di Manduria – alles starke, fast schon portweinartige Rote.

Apuliens Stärken sind derzeit Alkohol, Geschmacksintensität und eine Reihe kräftiger einheimischer Rebsorten. Die Negroamaro, wörtlich »schwarz und bitter«, gehört zu den verbreitetsten Trauben der Region; sie ist bei Weinbauern vor allem wegen ihrer Robustheit im Rebhang beliebt, während Kellermeister ihre Farbtiefe, ihren Geschmack und ihre Alkoholstärke schätzen. Oft wird sie mit der weicheren, samtigeren Malvasia nera verschnitten. Ihren beiden nach den Städten Lecce und Brindisi benannten Spielarten sagen manche eine noch größere Zukunft voraus als Negroamaro. Uva di Troia, eine weitere Sorte, deren Name auf einen griechischen Ursprung hindeutet, wird im Norden Apuliens kultiviert. Und Montepulciano findet man im äußersten Norden an der Grenze zu Molise.

Die für Nichtitaliener interessanteste Traube indes ist der früh reifende Primitivo, eine Spezialität der Gioia-del-Colle-Ebene südlich von Bari und Manduria an der Westküste des Absatzes unter Taranto. DNA-Analysen haben bestätigt, was viele schon lange vermuteten: Der Primitivo und der kalifornische Zinfandel sind identisch. Außerdem sind sie mit der kroatischen Sorte Plavac mali verwandt. Manche Erzeuger etikettieren für den Export bestimmte Weine bereits als Zinfandel.

Man findet allerlei Weintypen in der italienischen »Neuen Welt«, in der die Winzer ihre eigenen Gesetze haben und die Preise – noch – erschwinglich sind: preiswerte Sortenweine, die überall entstanden sein könnten, wuchtige Essenzen mit einer Menge Alkohol fürs Geld, verdächtig blasse Light-Versionen eben dieser Tropfen (ein Hinweis auf hochgetriebene Erträge oder bewusste Verdünnung) und schließlich einige gut gemachte, geschmeidige, füllige Rote, in denen sich die Region für den modernen Weinliebhaber von der besten Seite zeigt. Halten Sie Ausschau nach Weinen von Felline, A Mano, Pervini und Promessa.

Basilikata

Der Aglianico del Vulture von einer ebenfalls auf griechischen Ursprung zurückgehenden Traube ist der einzige Wein aus der kleinen Region, der Anspruch auf Weltruhm erheben darf. Seine tiefe Farbe und sein kräftiger Tanningehalt zeichnen ihn schon in der Jugend aus; er braucht aber lange Jahre, um sein Bestes zur Geltung zu bringen. Der führende Erzeugerbetrieb Fratelli D'Angelo nutzt in seinem Spitzenwein Canneto die Gegebenheiten meisterhaft und auch Paternoster wartet mit einigen feinen Versionen dieser einheimischen Aglianico-Spezialität auf, die in relativ großer Höhe an den Hängen eines erloschenen Vulkans wächst.

Kalabrien

Die Weinberge an der Stiefelspitze Italiens nehmen sich ebenso wild aus wie alles andere dort; es gelangen nur wenige Weine der Gegend über die Grenzen hinaus. Die große Ausnahme bildet der von der Greco-Traube gewonnene außergewöhnliche, klassische süße Weißwein Greco di Bianco (ausnahmsweise ist hier Bianco der Ortsname). Erwähnung verdient auch Cirò mit seinem viel gelobten dunklen, intensiven Rotwein. Das Glanzlicht der Region ist bislang Librandis Duca San Felice, doch in den Erzeugnissen von San Francesco erwächst ihm ernsthafte Konkurrenz.

Sardinien

Im Überblick: *Zukunftsträchtiges Weinland.*
Trauben: *(ROT) Cannonau, Carignano; (WEISS) Vermentino, Nuragus, Torbato.*

Sardinien ist vor allem Insel und erst in zweiter Linie ein Teil Italiens. Seine Weinbaugeschichte erhielt lange Zeit ihre Impulse von Spanien aus und viele Lokalrebsorten wie Bovale, Carignano, Cannonau, Monica, Vermentino, möglicherweise auch Torbato, sind spanischen Ursprungs.

Die Insel liegt sowohl geographisch als auch önologisch auf halbem Weg zwischen Korsika und Sizilien. Wie Korsika hat auch Sardinien in letzter Zeit einen Boom durch subventionierte Neupflanzungen erlebt. Wie Sizilien zeigt es echtes Potenzial und die nötige Entschlossenheit, aus den eigenen Rohstoffen etwas zu machen – das Centro Enologico Sardo betreibt tatkräftige Weinbauforschung.

Die Weine – einige davon hochmodern und charakterlos – tragen zumeist Rebsortennamen. Vermentino ist oft ein anständiger, leichter, anregender Weißwein vor allem aus dem Norden Sardiniens. Der weiße Nuragus di Cagliari kann in trockenen Versionen ein würdiges Beispiel einer der ältesten Traubensorten der Insel sein. Der rote Carignano di Sulcis aus dem Süden zeigt, wie saftig der Wein der sonst so strengen Carignan-Traube ausfallen kann, wenn sie genug Wärme bekommt. Cannonau ist die Lokalvariante von Grenache bzw. Garnacha. Der Vernaccia di Oristano aus Westsardinien stellt eine zwar interessante, kommerziell aber wohl kaum durchschlagskräftige Alternative zum Sherry dar. Als ein von den Genossenschaftskellereien unabhängiger Erzeugerbetrieb ist Sella & Mosca im Besitz von Campari speziell zu erwähnen. Die bei weitem opulentesten Weine gehen auf das Konto von Argiolas, dessen Turriga aus Cannonau und Carignano von alten Stöcken weltweit begehrt ist. Auch der Terre Brune der Genossenschaft Santadi empfiehlt sich als verlässlich interessanter Tropfen.

Sizilien

Im Überblick: *Insel in radikalem Wandel mit zum Teil verheißungsvoller Entwicklung.*
Trauben: *(ROT) Nero d'Avola, Nerello mascalese; (WEISS) Catarratto, Inzolia.*

Sizilien ist in seiner Weinbaugeschichte ebenso interessant wie in seiner Kulturgeschichte. Die große Insel nicht weit von der afrikanischen Küste bringt regelmäßig so viel Wein hervor wie Australien, Chile und Bulgarien zusammengenommen, doch gelangt davon nur wenig unter eigener Flagge hinaus in die Welt. Wie Apulien liefert auch Sizilien vor allem Verschnittwein in den Norden sowie Nachschub für den europäischen Weinsee. Erstaunlicherweise werden hier viel mehr weiße als rote Trauben kultiviert – die Lokalrebsorte Catarratto ist so stark vertreten, dass sie in Italien hinter dem Sangiovese auf dem zweiten Platz der meistangebauten Trauben steht.

Allerdings gibt es hier mehr Anzeichen für Dynamik im Weinbau als in den anderen Regionen Süditaliens. Die Weinbauforschungsstation bei Palermo bemüht sich sehr, das Potenzial der Lokalsorten, beispielsweise der weißen Inzolia sowie der roten Nero d'Avola und Nerello mascalese, zu stärken. Inzolia ist vermutlich interessanter als der verbreitete Catarratto, als Siziliens Trumpf indes gilt der farbintensive, kernige, kirschrote Nero d'Avola. Er verträgt sich im Verschnitt gut mit anderen einheimischen Sorten wie Nerello und Frappato (die etwas säureärmer sind), aber auch mit einer breiten Palette internationaler Reben wie Cabernet Sauvignon, Merlot und Syrah. Viele fliegende Weinmacher statteten der Insel einen Besuch ab, um den preiswerten, in riesigen Mengen vorhandenen Trauben Schwung zu verleihen. Als besonders erfolgreich haben sich in ihren Händen Kombinationen aus internationalen und sizilianischen Rebsorten erwiesen, etwa Catarratto und Chardonnay. Zudem hat es große Fortschritte mit kühlerer und ausgefeilterer Gärtechnik und natürlich auch mit dem Einsatz kleiner Eichenfässer gegeben.

Jahrelang profitierte die Insel von den enormen Zuschüssen aus Brüssel, um deren Verbleib man sich dank der isolierten Lage Siziliens nie allzu viel Gedanken machte. Heute aber ist echtes Engagement in Weinberg und Keller erkennbar, denn Erzeuger im Ausland und auf dem italienischen Festland möchten das Potenzial dieser vielfältigen, historischen Weinlandschaft erkunden. Das Familienunternehmen Planeta im Westen der Insel spielte eine wichtige Rolle dabei, denn es brachte eine Reihe teurer, äußerst gut gemachter Sortenweine aus internationalen Rebsorten auf den Weltmarkt. Anschließend konzentrierten sich die Planetas in erster Linie auf sizilianische oder zumindest italienische Trauben wie Nero d'Avola und Fiano aus Kampanien.

Andere besonders qualitätsbewusste Erzeuger sind Castiglione, Abbazia Sant'Anastasia, die Genossenschaft Elorina (mit dem Pachino, dem von jeher feinsten Nero d'Avola), Donnafugata, Duca di Salaparuta, Regaleali und das Gut Calatrasi, das seine sizilianische Kellerei sogar für die Bereitung von Wein aus seinen tunesischen Besitzungen nutzt. Regalealis kraftvoller Rosso del Conte von den Traubensorten Perricone und Nero d'Avola aus Lagen in 500 m Höhe hat den Startschuss für den Wiederaufstieg Siziliens als Erzeugerland für Tischwein gegeben.

Lange Zeit war der Marsala der berühmteste Wein der Insel gewesen. Der von hochreifen weißen Trauben unter Beimischung von *cotto* (eingedicktem Most) und Weingeist bereitete und dann in heißen Lagerhäusern im Hafen von Marsala gereifte Wein hat Ähnlichkeit mit Madeira, ist aber dunkler braun, süßer, säureärmer und alles in allem weniger geschätzt. Bis noch vor kurzem war er nichts weiter als stark, süß und billig, doch inzwischen wurden die Regeln gestrafft, und so entstehen neben dem einfachen Marsala für die Küche

Sizilien gleicht einem Meer von Reben. Hier eine Frühlingsimpression aus der unbekannten Weinregion Alcamo südwestlich der Hauptstadt Palermo.

und manchen mit Eiern vermischten *zabaglione*-ähnlichen Produkten nun auch wieder feinere Weine, vor allem jene von De Bartoli in verschiedenen Stärke- und Süßegraden.

Die Temperaturen machen Sizilien zum idealen Herkunftsland für Dessertwein, und so gab es hier schon seit jeher edle, gehaltvolle Muskateller, zu deren Wiederbelebung inzwischen bewunderungswürdige Anstrengungen unternommen werden; von einer Insel vor der tunesischen Küste kommt der Moscato di Pantelleria. Ein geringfügig subtilerer, orangefarbener, kräftiger Süßwein ist der Malvasia delle Lipari, den Carlo Hauner im Alleingang als direktes Bindeglied zur antiken Kultur und Weinbautechnik auf der Vulkaninsel Lipari vor der Nordostküste Siziliens am Leben erhalten hat.

Spanien

Im Überblick: *Das Land des Sherry, der niedrigen Buschreben und der Fässer aus amerikanischer Eiche.*
Trauben: *(ROT) Tempranillo, Garnacha; (WEISS) Airén, Viura (Macabeo), Verdejo, Albariño.*

Spanien ist ein Weinbauwunder, das darauf wartet, endlich geschehen zu dürfen – und zwar schon allzu lange. Hier ist der Rebe mehr Land eingeräumt als irgendwo sonst, und doch beginnt Spanien gerade erst, von diesem Schatz auch gute Zinsen zu erzielen. Gäbe es hier so viel Liebe zu tüchtiger Arbeit wie in Deutschland oder so viel Respekt für einheitliche Regelungen wie in Frankreich, könnte Spanien auf den internationalen Markt zugeschnittenen Wein zu vernünftigen Preisen in wahren Strömen von sich geben. Doch Spanien ist ein anarchisches Gewirr von Distrikten und Regionen, so wie seine Landschaft ein anarchisches Gewirr Ehrfurcht gebietender Szenarien voll von rührend unzulänglichen Gebilden aus Menschenhand ist, die der Weinenthusiast nun einmal so nehmen muss, wie sie sind. Wer jedoch zu graben versteht, kann hier wahre Schätze heben, und in dem Maß, wie sich in Spanien selbst eine Kennerschaft entwickelt, verändern immer mehr ambitionierte Investoren bereits das Image des spanischen Weins.

Ein Blick auf die Karte genügt, um zu erkennen, wie groß die klimatischen Unterschiede der spanischen Weinbauregionen – von den feuchtigkeitsgesättigten Weinbergen Galiciens an der Atlantikküste bis zum sonnenverbrannten mediterranen Südosten – sein müssen. Hilfreich für den spanischen Weinbau ist, dass seine Weinberge in großer Höhe liegen, zahlreiche über 650 m. In vielen Fällen entwickeln die Trauben genügend Farbe und Säure, weil es nachts oft angenehm kühl wird, sodass sie eine günstig lange Wachstumsperiode zum Reifen zur Verfügung haben. Da Bewässerung in Spanien offiziell nicht gestattet wird (und viele Bereiche auch gar nicht das dafür erforderliche Wasser haben), stehen die Reben in weiten Abständen als niedrige Büsche und erbringen von Natur aus sehr niedrige Erträge, was im Idealfall mit Geschmack voll gepackte Frucht bedeutet. Tiefer gelegene Bereiche, vor allem in der Levante an der Mittelmeerküste im Süden, bringen dagegen Weine hervor, die an zu viel Alkohol und zu wenig Säure leiden.

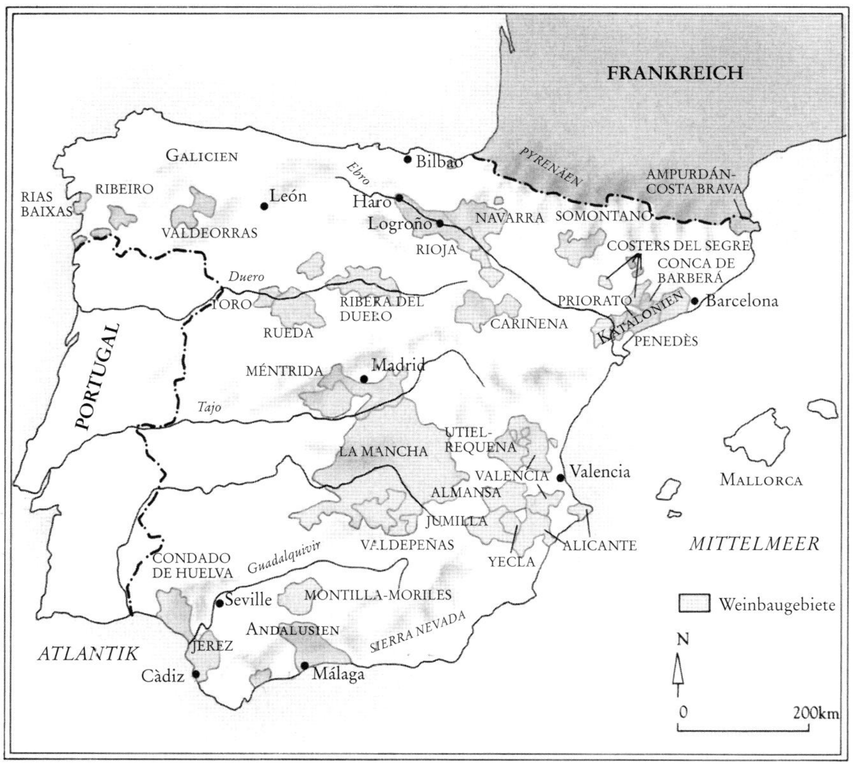

Das spanische Standardrezept, solchen Problemen zu begegnen, besteht im Beimischen von weißen Trauben oder weißem Wein, und die

Landschaft im oberen Penedès. An Drähten und nicht in Buschform erzogene Reben bilden noch immer die Ausnahme.

Überschüsse helfen gemeinsam mit vielen flauen französischen Rotweinen, den Weinsee Europas zu füllen.

Spanien verfügt über eine Fülle einheimischer Traubensorten. Die besseren Rotweine des Landes beruhen auf Tempranillo, der unter vielen Namen verbreitet ist. Die Grenache-Traube Frankreichs kommt ursprünglich wohl aus Spanien, wo sie als Garnacha zu den meistangebauten Sorten gehört. Der in der Levante oft anzutreffende Monastrell ist nichts anderes als die Modetraube Mourvèdre. Zwei Weißweintrauben von unbestreitbarer Klasse sind der erst vor kurzem wieder aus der Versenkung aufgetauchte Verdejo in

Rueda und der Albariño in Galicien. Neben ihnen stehen viele andere, von denen hier nur Graciano aus Rioja und Godello aus Galicien als die vielleicht bekanntesten genannt sein sollen.

Die eigentlichen Probleme des spanischen Weinbaus liegen aber nicht in den Weinbergen, sondern in den Kellern, genauer gesagt in den Kellereien der vielen Genossenschaften, in denen so viel spanischer Wein entsteht, sowie der großen Abfüller, die die Weinwirtschaft des Landes beherrschen. Erst seit dem Anfang der 1980er-Jahre sind qualitätsbewusste Erzeuger in größerer Zahl in den Vordergrund getreten; aber auch heute noch ist es selten, dass die Verarbeitungsbetriebe ihre Trauben selbst anbauen. Fast alle großen Namen in den bekannten Regionen kommen ohne das Lesegut kleiner Winzer nicht aus.

Ein weiteres traditionelles Merkmal ist die spanische Vorliebe für amerikanische Eiche. Seit der Kolonisierung Amerikas wird dieses Holz, das die Fässer für den langen Ausbau der Rot- und der Weißweine liefert, in großen Mengen importiert. Dabei kommen häufig helle, vanillinsüße Rotweine zustande; erst neuerdings haben die Spanier ihr Herz für dunkle, tanninreiche Rotweine entdeckt, wodurch nun die Ausbreitung der aus Frankreich importierten Cabernet-Sauvignon- und Syrah-Reben zusätzlich begünstigt wird.

Die besten Weinbauregionen

Die Herkunft der im Ausland am häufigsten anzutreffenden Weine soll hier in absteigender Reihenfolge ihres derzeitigen Prestiges, wie ich sie in höchst subjektiver und deshalb bestreitbarer Weise einschätze, aufgeführt werden. Aus der Karte auf Seite 232 ist zu entnehmen, wo in Spanien sich die genannten Regionen befinden.

Rotwein

Ribero del Duero	Conca de Barberà
Priorato	Costers del Segre
Rioja	Toledo
Penedès	Mallorca
Toro	
Somontano	

Etiketten richtig verstehen

Blanco Weiß.
Bodega Keller, Kellerei.
Clarete Heller Rotwein; nach EU-Recht nicht mehr zulässige Bezeichnung.
Crianza Einfachster Weintyp mit mindestens einem Jahr Fassausbau. Zwischenstufe zwischen Joven bzw. Sin Crianza (ohne Fassausbau) und Reserva.
DO, Denominación de Origen Das an die französische AC angelehnte Bezeichnungssystem. Die besseren Weine Spaniens fallen meist unter die jeweilige DO; in Spanien herrscht noch nicht ganz die Anarchie wie in Italien
DOCa, Denominación de Origen Calificada Höhere Stufe der DO; 1991 wurde Rioja in diesen Rang erhoben.
Espumoso Schäumend.
Gran Reserva Länger als Reserva gereifter Wein der obersten Klasse.
Joven Junger Wein ohne Fassausbau.
Reserva Länger als eine Crianza gereifter Wein.
Rosado Rosé; eine in Spanien sehr populäre Art.
Seco Trocken.
Tinto Rotwein.
Vendimia Lese; Jahrgang.
Viña Weinberg.
Vino Wein.
Vino de la Tierra Landwein, dem Vin de Pays entsprechende Kategorie.
Vino de Mesa Tiefste Qualität von Tafelwein.

Weißwein

Galicien	Conca de Barberà
Rueda	Kanarische Inseln
Somontano	

Der großartigste Beitrag Spaniens zur Welt des Weins ist freilich kein Tischwein im strengen Sinn, sondern der mit Alkohol angereicherte, Appetit anregende, häufig nachgeahmte und doch sogar in seiner Heimat Jerez oft gering geschätzte, ganz unvergleichliche Sherry (Seiten 247 bis 249). Mit viel Enthusiasmus geben sich die Spanier aber auch dem Genuss ihres eigenen Schaumweins, der vor allem in Penedès in Nordostspanien produzierten Cava, hin (Seite 243).

Nordwestspanien

Im Überblick: *Das Zentrum der Erzeugung feiner Weißweine in Spanien.*
Trauben: *(ROT) Tempranillo (Tinto fino, Tinta de Toro), Mencía; (WEISS) Albariño sowie viele Lokalspezialitäten.*

Die bedeutendste Weinbauregion Nordwestspaniens ist Ribera del Duero (Seite 237).

Wer zum ersten Mal nach Galicien im äußersten Nordwesten der Iberischen Halbinsel kommt, wird erstaunt sein, wie »unspanisch« die Region ist. Die Landschaft ist hier üppig grün und sanft und erinnert manchmal an Irland. Vom Atlantik, der sich in Gestalt von schmalen Fjorden (den *rías*) landeinwärts vorstreckt und die ursprünglich keltische Bevölkerung mit einer ungeheuren Fülle von Fisch versorgt, treiben regenschwere Wolken herein.

Seit langem entstehen in Galicien spritzige, leichte, trockene Weiß- und Rotweine, ähnlich dem Vinho Verde im benachbarten Portugal. Sie wurden früher meist in den Fischrestaurants der Region getrunken; erst seit den 1980er-Jahren wird Galicien als Quelle feiner, oft exotisch duftender, frischer Albariño-Weißweine hoch geschätzt.

Rías Baixas an der Küste, an die einst Kolumbus mit der Nachricht zurückkehrte, dass sie nicht das Ende der Welt darstellte, ist der berühmteste der Bereiche, in denen die Albariño-Traube gedeiht, von der die Einheimischen behaupten, sie müsse mit Riesling verwandt sein, so rein ist ihr Aroma und so überraschend groß das Vermögen ihres Weins, sich in der Flasche zu entfalten. Do Ferreiro, Lagar de Cervera, Lusco do Miño, Morgadío und Pazo de Señorans gehören zu den angesehensten Erzeugern; Agedas das Eiras und Agro de Bazán leisten Pionierarbeit in der Fassgärung, die allerdings für diese zarten Weine vielleicht doch nicht ganz ideal ist.

Ribeiro, etwas mehr landeinwärts, ähnelt der Vinho-Verde-Region insofern, als sie stromaufwärts an demselben Fluss (dem Miño) liegt, vor allem die Treixadura-Traube kultiviert und auch in größeren Mengen leichte, herbe und dunkle Rotweine hervorbringt, die hier von der rotfleischigen Garnacha tintorera für den lokalen Bedarf gewonnen werden. Gute Erzeuger: Emilio Rojo und Vilerma.

Noch weiter landeinwärts liegt **Valdeorras**, dessen leichte, trockene Weißweine von der einheimischen Godello-Traube am besten durch Senén Guitián, Godeval und Joaquín Rebolledo erzeugt werden. Aus den steilen, unzugänglichen Weinbergen kommen aber auch saftige, leichte Rotweine von der fruchtigen Mencía-Traube, die in der Version von Alvaro Palacios aus Priorato Beachtung verdienen.

Rueda ist die aussichtsreichste und vielseitigste Weißweinregion Spaniens. Sie bringt Gewächse mit mehr Körper hervor als Galicien, die auch international mehr Anklang finden. Rueda liegt auf demselben Hochplateau wie Ribera del Duero und kultiviert mit großem Erfolg die Verdejo-Traube, deren frisches Nussaroma daran erinnert, dass sie früher zu einem Sherry-ähnlichen Wein verarbeitet wurde. Heute erbringt sie moderne, aromatische, ungespritete Tischweine, wobei die Region ihren Erfolg auf diesem Gebiet vor allem der Einführung der Sauvignon-blanc-Traube in den 1970er-Jahren durch den Marqués de Riscal aus Rioja verdankt.

Auch weitere Erzeuger experimentieren mit Techniken wie Fassgärung, unter anderem Belondrade y Lurton, Marqués de Griñon und Palacio de Bornos. Das kühle Klima und die große Sauvignon-Anbaufläche haben auch »fliegende Weinmacher«, vor allem die Gebrüder Lurton aus Bordeaux, angelockt.

Als eine der dynamischsten Rotweinregionen tut sich derzeit **Toro** unmittelbar westlich von Rueda hervor. Jahrelang galt sie als unbedeutende Quelle eines recht rustikalen, dunklen Roten aus der einheimischen Traube Tinta de Toro, einer Variante des Tempranillo. Dann traten vorzügliche

Erzeuger auf den Plan – unter anderem einige der berühmtesten Häuser Spaniens – und seither geht es mit Toro steil aufwärts. Man pumpt enorme Investitionen in den Bereich, weshalb die Preise wohl bald steigen werden. Zu den ehrgeizigsten Newcomern gehört Vega Sicila aus Ribera del Duero, dessen Kellermeister auf dem Gut Alquiriz erstaunlich »erwachsene« Rote bereitet.

Im regenfeuchten DO-Bereich Rías Baixas in Galicien (Nordspanien) werden die Reben hoch über dem Boden auf Pergolen mit Granitpfosten gezogen; diese Weinbautechnik wird angewendet, um die Fäule in Schach zu halten.

Die schokoladenüppigen Tropfen können in den rechten Händen außerordentlich süß und weich geraten. Da Toro flussabwärts hinter Ribera del Duero liegt, ist die Zone auch nicht so anfällig für Frühjahrsfröste.

Cigales ist für angenehme Rote und einige Rosés gut, während im **Baskenland** um Bilbao nervige, trockene Weiße entstehen.

Ribera del Duero

Die dürre Hochfläche zwischen Valladolid und Aranda, der selbst ernannten Lammbratenhauptstadt der Welt, bringt zum Erstaunen der Winzer, die schon seit Generationen an den Ufern des Duero leben, die meistbewunderten Rotweine Spaniens hervor. Flussabwärts in Portugal wachsen im dortigen Douro-Tal die Trauben für den Portwein; doch während dieser schon seit drei Jahrhunderten Weltruhm genießt, hat es der Wein von Ribera del Duero erst viel später dazu gebracht.

Am Ende des 19. Jahrhunderts gewann sich ein Weingut, das heutige Vega Sicilia, Anerkennung für seine intensiven Weine. Und dann dauerte es bis zur Mitte der 1980er-Jahre, bis Alejandro Fernández von den Bodegas Pesquera es fertig brachte, konzentriertere, lebendige, eichenfassgereifte Weine mit tiefer Farbe und relativ kräftiger Säure fest zu etablieren.

Hier, in einer Höhe von 650 m, wird es nachts kühl, sodass sich der Reifevorgang bis weit in den Oktober, manchmal sogar in den November hinauszieht. Dadurch erlangen die Trauben einen besonders hohen Gehalt an Farb- und Geschmackssubstanzen. Einige Rebflächen östlich von Aranda ziehen sich sogar bis in 800 m Höhe hoch. Auf seinem gewundenen Weg nach Westen Richtung Portugal aber wird der Duero von immer niedrigeren Weinbergen flankiert, sodass die Rebgärten der knapp westlich der offiziellen Ribera-Grenze gelegenen Bodegas Mauro und des riesigen, vom Schweizer Arzneimittelgiganten Novartis wiederbelebten Guts Abadía de Retuerta wesentlich wärmer als der DO-Durchschnitt sind.

Die Haupttraube ist Tempranillo – hier Tinto fino oder Tinto del País genannt –, doch der bereits 1864 von Vega Sicilia hier eingeführte und deshalb kaum als Emporkömmling anzusehende Cabernet Sauvignon holt inzwischen auf. Fäule ist in der frischen, trockenen Luft dieser Hochfläche mit ihren kleinen Plateaux und Schirmpinienwäldchen eine Seltenheit. Dagegen bilden Spätfröste stets eine Bedrohung. Schafherden bevölkern das Land, dessen Kühle nicht im Geringsten zum mediterranen Image Spaniens passt.

Seit jeher bauen die Einheimischen Wein für den Hausgebrauch, und wer mehr hatte, als er

Die Kapelle L'Ermita in den Weinbergen oberhalb Pesquera. Nicht zuletzt dank der hier von Alejandro Fernández erzeugten Weine hat sich die Region Ribera del Duero einen Platz auf der internationalen Weinlandkarte erobert.

selbst benötigte, verkaufte das Übrige an die Genossenschaft in Peñafiel. Nachdem der Pesquera jedoch in Madrid und den USA zum Kultwein wurde, sind Bodegas wie Pilze aus dem Boden geschossen, die zum Teil dasselbe lebhafte Potenzial vorweisen können wie der Pesquera, zum Teil aber auch nur von Opportunisten betrieben werden. Gegen Ende der 1990er-Jahre entstanden in der Region Dutzende blitzender neuer Bodegas, deren Gesamtzahl auf weit über 100 stieg – wesentlich mehr als bei der Einrichtung der DO im Jahr 1982, als ganze 24 Güter aktiv waren. Die meisten Kellereien liegen gut sichtbar in der Nähe der Hauptstraße, bei mehreren sind die Besitzverhältnisse auf mysteriöse Weise unklar und viele haben keine ersichtliche Trauben- bzw. Weinbezugsquelle. Wie in Rioja kaum zwei Autostunden weiter nordöstlich ist der Rebbau in Ribera del Duero zu einem Großteil in der Hand von Kleinbauern, die den Traubenpreis nach Belieben diktieren können, was dieselben ärgerlichen Preisfluktuationen nach sich gezogen hat wie in Rioja.

So verwundert es nicht, dass die gefeiertsten Kellermeister der Region, wie z. B. der Däne Peter Sisseck mit seinem hoch geschätzten, allerdings auch Schwindel erregend teuren Dominio de Pingus und dem etwas erschwinglicheren Hacienda del Monasterio, strengstes Stillschweigen über die Herkunft ihres besten Leseguts bewahren. Allerdings steht fest, dass die Böden hier sehr unterschiedlich ausfallen können und sogar innerhalb eines Weinbergs variieren. Der nördlich des Flusses häufig anzutreffende weiße Kalk speichert das bisschen Niederschlag, das im Sommer vom Himmel fällt, recht gut. Im Herbst hingegen ist der gerade während der Lese oft einsetzende Regen überhaupt nicht willkommen; wegen ihm sind die Jahrgänge leider von stark schwankender Qualität (siehe Seite 340).

Es besteht in dieser Denominación de Origen wenig Zusammenhang zwischen Preis und Qualität, doch auf Arzuaga Navarro, Dehesa de los Canónigos, Hermanos Cuadrado, Ismael Arroyo, Montebaco, Pago de Carraovejas, Perez Pascuas, Sastre, Teófilo Reyes und Valtravieso ist meist Verlass.

Vega Sicilia lässt seinen Wein länger in kleinen Eichenfässern reifen als irgendein anderer Erzeugerbetrieb, den ich kenne, und bringt dadurch einen höchst individuellen und natürlich auch teuren Ribera del Duero hervor (inzwischen sind die früher genussreifen Alión-Weine hinzugekommen). 1995 brachte Vega Sicilia beispielsweise seinen Spitzenwein Unico aus dem Jahrgang 1970 heraus, dazu Magnumflaschen des legendären 1968ers. Selbst die einfacheren Weine unter dem Namen Valbuena lagen bisher an die fünf Jahre lang im Fass. Vega Sicilia geriet zwar in den 1990er-Jahren wegen giftiger Holzschutzmittel in Schwierigkeiten, verfügt mittlerweile jedoch über eine makellose Kellerausrüstung im komplett renovierten alten Gut und in der neueren Bodega Alión.

Die modernere Art von Pesquera, den Wein schon nach drei bis vier Jahren Fassausbau abzufüllen, wird von den neueren Betrieben gern aufgegriffen – aus auf der Hand liegenden finanziellen Gründen, aber vermutlich auch, weil der so entstehende lebendigere Stil bei Weinliebhabern mehr Anklang findet. 1995 brachte Alejandro Fernández die ersten Weine aus der östlich von Pesquera aus dem Felsen gehauenen hohen Lage Roa de Duero unter dem Namen Condado de Haza heraus.

Vega Sicilia sorgte zwar dafür, dass die Weinwelt überhaupt erst Notiz von der Bergregion nahm, doch Alejandro Fernández lockte als Erster zuhauf die vielen Erzeuger herbei, die vom neuen Ruhm der Weinlandschaft Ribera del Duero profitieren wollen. Er glaubt fest an die einheimische Tinto-fino-Traube, hat den einst modischen Bordeaux-Rebsorten abgeschworen und verlangt vernünftige Preise für seine Tropfen, obgleich er felsenfest davon überzeugt ist, dass sie auf einer Stufe mit einem Château Pétrus oder Romanée-Conti stehen.

Einer von vielen jungen Weinbergen in Ribera del Duero in hoher Lage auf durchlässigem, kalkreichem Boden, der gute Weinqualität verbürgt und auf dem bemerkenswerter spanischer Rotwein erzeugt wird.

Rioja

Rioja in Nordostspanien war lange Zeit die einzige Weinbauregion mit hohem Profil, heute aber ist sie auf der Suche nach einer neuen Identität. In den 1980er-Jahren verlor sie durch überzogene Preise und schwache Leistungen viele Freunde (das beginnt sich nun in der Spitzenregion Ribera del Duero zu wiederholen).

Der Rioja entsteht aus einer Mischung von Tempranillo und Garnacha und reift viele Jahre lang in der süßen, vanilleduftigen Wärme kleiner Fässer aus amerikanischer Eiche. Als Resultat dieser langen Ausbauzeit blieb ein großer Teil der Phenole (Seite 73) als Bodensatz im Fass zurück, und in der Flasche war der Rioja ein relativ heller, sanfter, an Erdbeeren und Früchtekompott erinnernder Wein. Dieser einschmeichelnde, eingängige Charakter und der günstige Preis voll ausgereifter Weine machten den Rioja zum ersten spanischen Wein, der Ende der 1970er-Jahre außerhalb des Landes Erfolge feiern konnte.

Seither aber sind die Rioja-Erzeuger der Unbeständigkeit des modernen Verbrauchers zum Opfer gefallen. Die mit den immer jüngeren und langweiligeren, dabei aber teureren Produkten inzwischen unzufrieden gewordenen alten Kunden Riojas sprangen ab. Angesichts der Erfolge der viel dunkleren, tanninreicheren und oft alkoholstärkeren Weine von Ribera del Duero versuchen nun viele Erzeuger, deren Stil nachzuahmen. Heute wird durch wesentlich behutsamere, langsamere Vergärung und Farb- sowie Geschmacksextraktion eine Reihe technisch einwandfreier Rotweine produziert, die nichts von amerikanischer Eiche an sich haben, sondern oft relativ kurz in französischen Barriques ausgebaut werden.

Manche Erzeuger tendieren beim Zusammenstellen ihrer Verschnitte bewusst zu den körperreicheren Garnacha-Weinen aus Rioja Baja, dem tiefer gelegenen, vom Mittelmeer stärker beeinflussten Osten der Region. (Sehr wenige Riojas sind Gutsabfüllungen, nur Contino und Granja Remelluri stellen Ausnahmen dar.) Rioja Alta dagegen, der gebirgige westliche Teil der Region, unterliegt so stark dem Einfluss des Atlantiks, dass hier die Lese erst Ende Oktober stattfindet. Der Teil von Rioja, der in die Provinz Alava im Norden fällt, heißt Rioja Alavesa; dort entstehen auf mageren Böden besonders feine Weine.

Zwar dominieren Tempranillo und Garnacha in den Weinbergen von Rioja, aber auch Mazuelo (der Lokalname für Carignan) und der interessantere, aber seltene Graciano sind im roten Rioja zugelassen. Viura (Macabeo) ist die Haupttraube im weißen Rioja; sie wird unterstützt von Garnacha blanca und der inzwischen selten gewordenen Malvasia, die dem Wein echten Charakter verleiht. Heute ist der weiße Rioja entweder ein blitzsauberes, kühl vergorenes, erfrischendes Getränk nach dem vom Marqués de Cáceres eingeführten Modell oder ein sehr stark eichenholzwürziger, oft schwerer Wein nach der Art von Viña Tondonia.

Sein Glück machte Rioja gegen Ende des 19. Jahrhunderts, als Weinproduzenten aus dem Bordelais die in ihrer von Mehltau und Reblaus verwüsteten Heimat gebräuchlichen Techniken über die Pyrenäen hinweg hierher verpflanzten. Die ältesten Bodegas von Rioja konzentrieren sich daher um Haro in Rioja Alta, das eine bessere Eisenbahnverbindung nach Frankreich bot als die eigentliche Hauptstadt Logroño. Firmen wie La Rioja Alta, CVNE, Lopez de Heredia, Muga, Marqués de Murrieta und Marqués de Riscal bilden mit ihrer langjährigen Reputation gewissermaßen die Rioja-Aristokratie. Sie gehen mit ihren Weinen oft einen Mittelweg zwischen Tradition und Moderne. Der Baron de Chirel des Marqués de Riscal beispielsweise ist eine konzentriertere Version der leichten, süßen Roten, die zu Anfang des 20. Jahrhunderts in Rioja entstanden. Er lagert in den historischen Kellern des Unternehmens im Dorf Elciego, die mittlerweile von einer futuristischen Bodega dominiert werden. Gebaut hat sie der Architekt Frank Gehry,

Das Gut Viña Salceda, heute im Besitz der Bodegas Chivite in Navarra, liegt auf dem Nordufer des pappelgesäumten Flusses Ebro.

dessen berühmtes Museum in Bilbao gar nicht so weit westlich davon liegt.

Die traditionellen großen Namen von Rioja werden in der internationalen Weinpresse rasch von einem Heer aus Newcomern verdrängt. Sie warten mit ernsthaften, farb- und geschmacksintensiven Weinen auf, die unverhohlen auf den modernen, an Rote aus der Neuen Welt gewöhnten Verbraucher in San Francisco und Singapur zugeschnitten sind. Zu den offensichtlichsten Vertretern der neuen Richtung gehören Artadi, Finca Allende, Finca Valpiedra, Marqués de Vargas, Remírez de Ganuza, Roda, Señorío de San Vicente, Sierra Cantabria und Torre de Oña.

Viele Jahre lang begnügten sich die Bodegas in Rioja damit, Wein zu verschneiden und auszubauen. Sie besaßen nicht nur keine Rebflächen, sie kauften die Weine oft sogar schon fertig vinifiziert von den örtlichen Weinbauern oder Genossenschaften ein. Heute legen die strebsamsten Erzeuger in der Region den keineswegs beklagenswerten Ehrgeiz an den Tag, eine möglichst große Kontrolle über den gesamten Herstellungsprozess zu haben. (Leider gibt es nach wie vor viel zu viele Winzer, die keine solchen Ambitionen hegen und auch keine Ahnung von Weinqualität haben.) Endlich nimmt deshalb auch der Anteil der Weinberge zu, die den Leuten gehören, deren Namen man auf den Etiketten lesen kann. Viele dieser aussichtsreichen Flächen findet man auf den Terrassen hoch über dem Fluss Ebro.

Viele glauben wie eh und je an den Vorteil des Verschneidens und bringen in ihren Weinen bewusst Rohmaterial aus allen drei Subregionen Rioja Alta, Rioja Baja und Rioja Alavesa zusammen. Die meisten setzen sogar auf einen Mix verschiedener Rebsorten. Tempranillo ist noch immer die Nummer eins, doch hat man mittlerweile schon die Wahl zwischen mehreren von Garnacha dominierten Gewächsen, ein paar reinsortigen Graciano-Tropfen und sogar ein oder zwei Mazuelos. Seit über hundert Jahren wird in der Region in kleinen Mengen auch Cabernet Sauvignon kultiviert und die Fläche, die den roten und weißen internationalen Sorten eingeräumt wird, nimmt mit und ohne offizielle Genehmigung ständig zu.

Nordostspanien

Navarra

Die Stierkampfstadt Pamplona ist das Zentrum der Region, die im Wesentlichen eine Verlängerung von Rioja in Richtung Nordosten bildet; auch sie hat Ende des 19. Jahrhunderts vom Bordeaux-Unglück profitiert, und wie in Rioja bauen auch hier kleine Grundbesitzer die Trauben an und beliefern Genossenschaften und Großkellereien.

Schon lange ist Garnacha die meistangebaute Traubensorte, und seit der Einführung kühler Gärtechniken bringt Navarra von ihr große Mengen an sauberem, fruchtigem, trockenem Rosado hervor, der sich in Spanien größter Beliebtheit erfreut. Der Gran Feudo von Chivite ist wie der weiße Rioja von Marqués de Cáceres aus keinem spanischen Restaurant, das etwas auf sich hält, mehr wegzudenken.

In Navarra ist man sich aber klar darüber, dass die Zukunft nicht allein auf einem noch so beliebten Rosé aufgebaut werden kann. Mit Unterstützung eines staatlichen Forschungsprogramms brachte man die Winzer dazu, nicht nur Tempranillo anzubauen, den man in Spanien für wesentlich erlesener hält als die allgegenwärtige Garnacha-Traube, sondern auch eine ganze Reihe französischer Starsorten wie Cabernet Sauvignon, Merlot und Chardonnay.

Die Ergebnisse fallen beachtlich, wenn auch nur selten hervorragend aus. Die Bodegas von Navarra konnten sich für ihre französischen Rebsorten auch französische Eichenfässer besorgen. Auf dem Markt ist daher eine Vielzahl erschwinglicher Verschnitte aus französischen und spanischen Trauben zu haben, die oft in Eiche ausgebaut werden. Die Weine von Guelbenzu sowie von Chivite, der unter anderem einen köstlichen edelfaulen Muscat-Tropfen namens Vendimia Tardía offeriert, gehören zu den Glanzlichtern von Navarra.

Der Landstrich ist bäuerlicher als Rioja, aber wie dort herrscht ein gewaltiger Unterschied zwischen den flacheren Rebgärten weiter im Süden und den Weinbergen im wesentlich bergigeren Norden, wo man die Trauben zuweilen erst im Dezember von den Stöcken holt.

Somontano

Die kleine Region hoch oben in den Pyrenäenausläufern ist eine der interessanteren Spaniens, obschon ihre Produktion zum großen Teil dem Vorbild der internationalen Klassiker, unter anderem dem roten und weißen Burgunder, nachstrebt, statt eigenständige Qualitäten herauszustellen. Der innovative Erzeugerbetrieb Viñas del Vero hat aber einen saftigen Tempranillo und einen überraschend zarten Gewürztraminer zu bieten. Enate, ein weiterer Privatbetrieb, bereitet ebenfalls einige feine Rot- und Weißweine aus importierten Rebsorten. Die dynamische Genossenschaft Bodegas Pirineos hingegen bemüht sich um die einheimischen Trauben Moristel und Parraleta. Auch diese spanische Region dürfte künftig durchaus internationale Beachtung erfahren.

Penedès

Penedès ist das bedeutendste und dynamischste Weinbaugebiet in der selbstbewussten, tüchtigen Region Katalonien, die mit dem Katalanischen sogar eine eigene Sprache vorzuweisen hat. Die Katalanen nennen ihre Region Catalunya, Priorato ist Priorat, San Sadurní de Noya heißt Sant Sadurní d'Anoia usw. Das Hauptprodukt ist Cava (siehe nächste Seite), aber auch Stillweine in allen Farben und Stilen werden hier erzeugt. Der auf Katalanisch Ull de Llebre genannte Tempranillo ist hier wie in ganz Nordspanien stark verbreitet, Miguel Torres, seit langem der berühmteste Erzeuger der Region, hat jedoch in den 1970er-Jahren auch französische und deutsche Rebsorten und Techniken eingeführt und produziert zunehmend überzeugende Weine von einheimischen und fremden Traubensorten, meist im Verschnitt. Nach jahrelangem Experimentieren mit Cabernet Sauvignon, Merlot, Pinot noir, Chardonnay, Sauvignon blanc, Gewürztraminer und Riesling sowie einem Abstecher nach Chile ist ihm nun sein bislang bester Wein gelungen: ein äußerst charaktervoller Roter namens Grans Muralles aus einem Verschnitt uralter Lokaltrauben.

Auf dem tiefer gelegenen Terrain in Küstennähe reifen die einheimischen Sorten Garnacha, Monastrell und etwas Cariñena wesentlich leichter aus. Sie ergeben nicht sonderlich subtile, runde Rote, die in und um Barcelona bereitwillige Abnehmer finden. Für Dessertweine werden Moscatel und Malvasía kultiviert. Und das Hinterland von Tarragona war lange Zeit für seine süßen, klebrigen Roten berühmt.

In den Bergen westlich von Tarragona hat man vor kurzem im Osten der immer trendigeren DO Priorato um die Stadt Falset, das Tor zu Priorato, die neue DO Montsant eingerichtet, die besonders rasche Fortschritte macht. Empfehlenswerte Erzeuger dort sind die hervorragend geführte Genossenschaft Celler de Capçanes und die private Kellerei Joan d'Anguera.

In ganz Penedès findet man immer wieder Weinbauecken und inbesondere ehrgeizige Güter. Zu meinen Lieblingswinzern zählen Can Feixes, Can Ràfols dels Caus, Jané Ventura und Jean León. Selbst nördlich von Barcelona trifft man noch auf interessante Erzeuger wie Oliver Conti in Ampurdán-Costa Brava.

Cava

Cava ist nicht etwa der Name einer Weinbauregion, sondern des sehr beliebten spanischen Schaumweins; er ist trocken, weiß und verdankt seinen Schaum der traditionellen Methode. Der größte Teil der Cava entsteht in einer Hand voll gigantischer Bodegas in und um San Sadurní de Noya von Trauben aus Penedès: Macabeo, Parellada und Xarel-lo. Diese Sorten und das relativ warme Klima verleihen der meist technisch einwandfrei hergestellten Cava mit ihrem stetigen Strom winziger Perlen einen oft seltsam rustikalen, eher süßen Geschmack, der dem an Schaumwein von Chardonnay und Pinot, vor allem also Champagner, gewöhnten Gaumen auffällt. Heute pflanzt man immer häufiger Chardonnay und seit kurzem auch Pinot noir – mit dem Ergebnis, dass Cava nun zwar nicht mehr so charakteristisch katalanisch ausfällt, aber wesentlich besser an den internationalen Geschmack angepasst ist.

Vielleicht stammt diese Eigenart aber auch aus der Verarbeitung – die Spitzenprodukte von Codorníu, Freixenet, Joan Raventós, Juvé y Camps, Nadal, Parxet und dem Haus Moët & Chandon mit seinen besonders französisch wirkenden Cavas sind jedenfalls das, was jeder gute Sekt sein soll, nämlich erfrischend und belebend.

Die Spanier trinken so gern Cava (oder die Produzenten verdienen so viel daran), dass die größeren Hersteller, Codorníu und Freixenet, ohne weiteres eigene Schaumweinkellereien in Kalifornien finanzieren konnten (Seite 291).

Obwohl die Cava-Industrie in Penedès erst in den 1880er-Jahren von José Raventos, dem Gründer der Codorníu-Dynastie, nach einem Besuch in Frankreich in kommerziellem Maßstab ins Leben gerufen wurde, beträgt ihre Jahresproduktion heute rund 130 Millionen Flaschen, also etwa halb so viel, wie die Champagne hervorbringt.

Conca de Barberà

Der Bereich ist eigentlich eine Verlängerung von Penedès nach Westen. Hier, wo im Winter die Temperaturen noch weiter zurückgehen, wächst ein großer Teil der Trauben für Cava, aber auch der Chardonnay für den gehaltvollen, hoch gepriesenen, eichenfassgereiften Milmanda von Miguel Torres.

Priorato

Bemisst man Potenzial nach finanziellem und menschlichem Engagement, stellt das Priorato (katalanisch Priorat) die interessanteste Weinbauregion Spaniens dar. Sie ist nach der Kartäuserpriorei benannt, deren Mönche hier schon im 12. Jahrhundert Reben anbauten. Heute erbringen auf dramatisch steilen Schieferterrassen ertragsschwache alte Garnacha- und Cariñena-Reben wie im benachbarten Banyuls in Frankreich winzige Mengen an hoch konzentriertem, tanninreichem, mit oft mehr als 16% überaus alkoholstarkem Wein.

Bis vor kurzem noch war der Priorato ein recht schlichtes Gewächs, doch in jüngerer Zeit haben frisches Kapital und neuer Enthusiasmus Güter oder »Clos« entstehen lassen, die von ehrgeizigen Neulingen wie Alvaro Palacios betrieben werden. Angeführt werden sie von René Barbier aus dem gleichnamigen Weingut in Penedès, der sich nun auf Clos Mogador niedergelassen hat. Die besten Tropfen der neuen Generation, etwa Palacios' L'Ermita und Finca Dofí, haben sich als einige der sensationellsten Jungstars unter den spanischen Weinen erwiesen. Viele neue Erzeuger mischen Cabernet, Merlot und Syrah bei, um ihren Weinen noch vielschichtigere Nuancen zu verleihen. Der Siegeszug dieser ursprünglichen Bergregion im Hinterland von Tarragona im südlichen Katalonien hat sich mit Winzern wie Miguel Torres fortgesetzt, die das Land buchstäblich neu formten, indem sie leicht zu bearbeitende Terrassen anlegten. Zu verdanken haben die Weine von Priorato ihren außergewöhnlich mineralischen Geschmacksreichtum der besonderen Beschaffenheit des Untergrunds. Der *llicorella* genannte dunkelbraune Schiefer scheint die Gewächse förmlich zu durchdringen. Nur wenige Weine auf der ganzen Welt haben einen ebenso offensichtlichen Terroir-Geschmack wie die Kreszenzen aus Priorato.

Fast tagtäglich treten neue Erzeuger und Tropfen auf den Plan, doch schon jetzt haben sich in der kurzen Geschichte dieser Region Cims de Porrera, Clos Erasmus, Clos de l'Obac, Mas Martinet und Rotllán Torra einen Namen gemacht.

Costers del Segre

Costers del Segre im rauen, dürren Hinterland von Lérida ist praktisch ein DO-Bereich für einen einzigen Weinbaubetrieb, nämlich Raimat. Dieses umfangreiche Gut wurde in jahrzehntelanger harter Arbeit vom Besitzer der großen Cava-Firma Codorníu auf Weinbau umgestellt. Angebaut werden Tempranillo und die üblichen internationalen Rebsorten. Die eichenfassgereiften Roten aus Bordelaiser Rebsorten können äußerst ansprechend ausfallen. Dank einiger Weinberge mit alten Stöcken bereichert diese viel versprechende, doch etwas andere Zone den Weinmarkt mit eigenständigen Tropfen, wobei vor allem die roten Garnacha- und weißen Macabeo-Erzeugnisse von Cérvoles zu empfehlen sind.

Sonstige Regionen

Als weitere Denominación-de-Origen-Bereiche sind zu nennen: Alella (für Weißwein), Campo de Borja (Quelle einiger saftiger Roter mit großartigem Preis-Leistungs-Verhältnis), Calatayud, Cariñena und die aufstrebende Terra-Alta-Zone westlich von Tarragona und Priorato.

Weinberge bei Tarragona in Nordostspanien, ein Gebiet, das dank des Erfolgs der angrenzenden DO Priorato rasche Fortschritte macht.

Das übrige Spanien

Das gewaltige Weinbaugebiet ist ein noch schlafender Riese, der jetzt aber allmählich durch verschiedene, von außen herangetragene Einflüsse und Interessen geweckt wird.

La Mancha, Valdepeñas und Umgebung

Der größte Teil des spanischen Weinbaus konzentriert sich auf dem Tafelland um die Hauptstadt Madrid, insbesondere auf der Ebene von La Mancha, die einen großen Teil des einfachen Vino de Mesa sowie den Rohstoff für den in Spanien massenweise konsumierten Brandy de Jerez liefert. Es handelt sich weitgehend um ausdrucksschwache trockene Weißweine von der Airén-Rebe, die in diesen dürren, unbewässerten Weinfeldern in so weiten Abständen steht, dass sie die größte Anbaufläche aller Traubensorten der Welt in Anspruch nimmt. Die DO La Mancha ist mit 160 000 ha das größte Qualitätsweinanbaugebiet Europas – allerdings wächst hier nur wenig hochwertiger Wein.

Im Sommer herrscht in diesem unwirtlichen Landstrich sengende Hitze, und es fällt kaum genug Regen für Vegetation, im Winter dagegen bleibt es wochenlang eiskalt. Der einzige Vorteil des trockenen Klimas ist, dass hier Rebenkrankheiten praktisch nicht vorkommen; daher entfällt das teure Spritzen. Die Weinstöcke wachsen als niedrige Büsche und bringen kleinste Erträge.

Seit Mitte der 1980er-Jahre hat nun aber auch in La Mancha der moderne Weinbau Einzug gehalten. Insbesondere erbringt temperaturgeregelte Gärung inzwischen frische, säuerliche, billige, allerdings immer noch recht ausdrucksschwache trockene Weißweine.

Wo in den Weinbergen nicht Airén gepflanzt ist, steht Cencibel, die Lokalvariante des Tempranillo und Spezialität von Valdepeñas, einer Enklave im Süden von La Mancha. Hier entstehen saftige, oft mit Sorgfalt ausgebaute Rotweine zu erfreulich günstigen Preisen. Der von den schwach tragenden Reben in La Mancha und Valdepeñas geerntete Tempranillo ist oft dermaßen dunkel, dass weiße Trauben mitverarbeitet werden, um ihn etwas aufzuhellen.

Der Beweis dafür, dass selbst sehr einfache Weinbauregionen heute ambitionierte Investitionen aus anderen Gegenden anlocken können, wird in La Mancha von mindestens zwei Weingütern der Spitzenklasse erbracht, die beide in fast 1000 m Höhe liegen. Baronia und Manuel Manzaneque haben natürlich internationale Rebsorten eingeführt und ernten dafür stürmischen Beifall aus Madrid.

Außerhalb der DO Méntrida liegt die Dominio de Valdepusa unweit der Stadt Toledo, die allein durch die Stärke ihrer meist von Genossenschaften produzierten Rotweine Berühmtheit erlangt hat. Das dynamische Rotweingut gehört dem Marqués de Griñon, der hier einige der meistbeachteten Cabernet-Sauvignon-Weine Spaniens sowie viel versprechenden Syrah und sogar einen interessanten Petit Verdot erzeugt. Wichtig sind in diesem trockenen Klima ausgefeilte Laubpflegetechniken bei der Erziehung der Reben.

Die Mittelmeerküste

In der Levante entsteht seit jeher Wein, der so süß und stark ist, dass er dem seriösen Weinliebhaber nicht zusagt; das aber ändert sich mit zunehmender Wertschätzung der Monastrell-Traube. Schon jetzt kann die dicht bepflanzte, sonnenverwöhnte Anbauregion auf einige der Rotweine mit dem günstigsten Preis-Leistungs-Verhältnis der Welt stolz sein. Anfangs brauchte es nur das Know-how herbeigerufener Fachleute, die wussten, was die Verbraucher auf dem internationalen Markt wünschen, und aus den preiswerten, problemlos ausreifenden Trauben entsprechende Weine produzierten. Heute freunden sich immer mehr einheimische Winzer mit modernen Bereitungsverfahren an und investieren auch in neue

Ausrüstung. Ein wichtiger Schritt war außerdem die Zähmung der ultrareifen Monastrell und Bobal, indem man Sorten wie Merlot, Syrah sowie Tempranillo anpflanzte und sie mit ihnen verschnitt, um generell leichtere Tropfen zu bekommen.

Die offiziellen DOs in der Levante heißen von Nord nach Süd Valencia, Utiel-Requena, Manchuela, Almansa, Alicante, Yecla, Jumilla und Bullas. International einen Namen gemacht haben sich hier bereits Agapito Rico in Alicante, Balcona in Bullas, Casa Castillo in Jumilla, Laderas de El Seque in Alicante und Solanero in Yecla.

Alicante war lange Zeit für seine extrem süßen Weine bekannt. Diese Tradition führen Enrique Mendoza mit seinem Dolç de Mendoza und Gutierrez de la Vega mit dem Casta Diva Cosecha Miel fort – und zwar mit Weinen, die selbst Anhänger moderner Erzeugnisse nicht verschmähen dürften, und sei es auch nur wegen des ausgezeichneten Preis-Leistungs-Verhältnisses.

Die Inseln

Jahrelang wurden die Balearen und Kanaren vom immer größer werdenden Kreis spanischer Weinliebhaber ignoriert. Heute macht eine Hand voll geschickter Winzer auf **Mallorca** mit intensiven Roten guter Qualität auf sich aufmerksam, die einen vernünftig dosierten Eichenton aufweisen und oft, aber nicht immer auf der einheimischen Manto-negro-Traube basieren. Der Anima Negra gehört zu den meistdiskutierten Weinen der relativ neuen DO Plà i Llevant.

Während auf den spanischen Inseln im Mittelmeer üppigen Roten das Terrain gehört, bilden auf den **Kanarischen Inseln** im Atlantik feingliedrige Weiße die qualitative Spitzengruppe der extrem vielfältigen Weinlandschaft. Nicht weniger als zehn DOs sind mittlerweile auf dem Archipel ausgewiesen, was etwas übertrieben erscheinen mag, aber den nicht nur stilistischen, sondern auch qualitativen Facettenreichtum der Inselweine gut widerspiegelt. Als Spitzenwinzer hat sich Viñátigo mit hochmodernen trockenen Weißen profiliert, darunter einem gelungenen Gewächs aus der einheimischen Marmajuelo-Traube, aber auch einem leichten, süßen, doch verblüffend blassen Malvasia Classico. Solche Weine dürften schon im Mittelalter hier entstanden sein, als Handelsschiffe die Malvasia-Traube aus der Ägäis hierher und nach Madeira weiter südlich brachten.

Auf der Kanarischen Insel Lanzarote werden die Reben in den vulkanischen Sandboden eingegraben und mit Steinwällen gegen den Wind geschützt.

Sherry

Im Überblick: *Die am meisten vernachlässigte Weinkostbarkeit der Welt.*
Traube: *Palomino.*

So mancher Weinfreund wird sich verwundert fragen, wie um alles in der Welt ich dazu komme, einem solchen Dinosaurier von einem Wein drei ganze Seiten zu widmen. Die Antwort liegt jedem auf der Zunge, der jemals einen wirklich guten Sherry gekostet hat, was jedoch bisher nur wenigen vergönnt war.

Sherry ist ein so feiner, nobler und abwechslungsreicher Wein und so kompliziert in der Bereitung, dass es wohl ein Wunschtraum aller talentierten Kellermeister der Welt ist, ihn – wie auch den Champagner – nachzuahmen.

Es gibt zwei Sherry-Stile, die sich grundsätzlich von den populären süßen Billig-Sherrys unterscheiden. Der **Fino Sherry** und der ihm sehr ähnliche **Manzanilla** sind trockene, helle, zarte, aber quicklebendige, den Gaumen erfrischende Rassegewächse mit 15,5 % Alkohol. Sie sind so empfindlich wie Tischwein und wollen kühl getrunken werden; sie büßen ihren Reiz ein, wenn sie länger als ein paar Tage in der angebrochenen Flasche stehen – es ist dann besser, sie in kleinere Flaschen umzufüllen und im Kühlschrank aufzubewahren.

Der andere feine Sherry-Stil ist dunkel und nusswürzig und erfreut den Gaumen mit Nuancen, die das direkte, köstliche Resultat eines langen Alterungsvorgangs in Eichenfässern sind. Trockener **Amontillado** und – noch besser – ebensolcher **Oloroso** sind ideale Waffen zur Abwehr winterlicher Erkältungen. Allerdings schmücken sich auch gesüßte, kommerzielle Verschnitte junger Weine mit diesen Namen, doch nur die besseren verdanken ihren noblen Charakter der Zeit und erstklassigen Grundweinen. Auch süßer Sherry kann ein Genuss sein, er muss dann aber ein weit höheres Alter haben als die meisten der viel gepriesenen **Cream Sherrys** (der **Pale Cream** ist dasselbe wie der Cream, allerdings ohne die dunkle Farbe).

Die Sherry-Region darf als Einzige in Europa diesen Namen tragen; sie ist mit Sicherheit eine der heißesten Weinbaugegenden der Welt, denn sie liegt nicht weit von Nordafrika entfernt in Andalusien, der südlichsten Region von Spanien. Den Namen hat sie von ihrer Hauptstadt Jerez mit ihren strahlend weißen Bodegas, den von Jacaranda gesäumten, staubigen Alleen und der *Mañana*-Mentalität.

Es passt zu der geruhsamen Art der Einheimischen, dass der Werdegang des Sherrys viel Zeit beansprucht. Gewöhnlicher Sherry lässt sich durch das Mischen relativ junger Bestandteile leicht herstellen, aber der echte, intensive, subtile Sherry braucht Jahrzehnte (sein Alter schlägt sich allerdings im Preis kaum nieder, denn er ist derzeit nicht in Mode).

Die Weinberge erstrecken sich auf blendend weißem, kalkreichem Boden zwischen Jerez und den beiden Sherry-Häfen Sanlúcar de Barrameda und Puerto de Santa María; was hier an Regen fällt, entspricht eher einer Tropfbewässerung. Die weiße Palomino-Traube liefert die Grundlage für den Sherry, aber auch einige eher flaue, schwere, trockene Tischweißweine – ein Beweis dafür, wie viel besser es ist, Sherry davon zu produzieren.

Sherry-ähnliche Weine außerhalb Spaniens

Durch Florhefe beeinflusster Wein entsteht als Vin jaune im Jura und – noch rarer – in Gaillac. In vielen Ländern gibt es gespritete Weine, die als Sherry ausgegeben werden, oft aber eher flau, rosiniert und dem echten Sherry weit unterlegen sind. Dagegen besteht in Australien und Südafrika eine Tradition der kompetenten Erzeugung aller Sherry-Stile. Auf Zypern wird seit Jahrzehnten billiger Sherry-ähnlicher Wein, aber auch viel Traubenkonzentrat produziert, das in England zu dem dubiosen British Sherry (Seite 336) verarbeitet wird.

Die Kelterstationen befinden sich ganz in der Nähe der Weinberge; von ihnen aus geht der Grundwein zur weiteren Verarbeitung in die Bodegas, wo der erste Schritt darin besteht, den frisch vergorenen, geklärten Wein zu spriten, das heißt ihn mit Weingeist anzureichern.

Für die Entstehung von Fino Sherry ist aber mehr nötig als nur der *albariza*-Boden von Jerez und die Palomino-Traube. Der Fino verdankt nämlich seinen pikanten Geschmack einer in der Region Jerez heimischen, *flor* genannten Hefeart, die auf der Weinoberfläche einen brotähnlichen Überzug bildet. Um die notwendige Oberfläche zu schaffen, auf der sie ihre oxidationshemmende Wirkung tun kann, und um sie am Leben zu halten, werden die Fässer – die so genannten Butts – nur zu fünf Sechsteln gefüllt und dann in regelmäßigen Abständen mit jüngerem Wein versorgt, von dem sich die Hefe nähren kann. Wein dieser Art, der in den Bodegas von Sanlúcar reift und nicht im wärmeren, trockeneren Klima von Jerez, wird Manzanilla genannt und hat sogar noch pikanteren Geschmack. Gern schließt man sich der Meinung an, dass in ihm ein Hauch Meeresluft und Salz zu schmecken ist; deshalb passt dieser Wein ja auch so herrlich zu den Tapas mit Meeresfrüchten.

Die Florhefe stellt aber sehr genaue Ansprüche – sie wächst nämlich nur auf Wein mit 15,5 % Alkohol. Darum werden auch die dafür ausgewählten, besonders feinen und eleganten Grundweine auf diesen Wert angereichert. Im Gegensatz dazu erhalten schwerere, derbere Weine, die für dunklere, eher nusswürzige, manchmal mit besonders dafür konzentriertem Pedro-Ximénez-Most gesüßte Sherrys bestimmt sind, eine stärkere Alkoholdosis.

Sonstige Spezialitäten aus Südspanien

*Die Region **Montilla-Moriles** östlich von Jerez kommt nicht in den Genuss kühlender Atlantikbrisen, und deshalb gedeiht hier die Florhefe nicht so gut. Die Weine von Montilla sind zwar dem Sherry ähnlich (schließlich bedeutet Amontillado »im Stil von Montilla«); es fehlt ihnen aber an Finesse. Noch entferntere Verwandte des Sherry entstehen in **Condado de Huelva** westlich von Jerez. Für Weinliebhaber ist der Name der betriebsamen Stadt **Málaga** an der Costa del Sol gleichbedeutend mit einem köstlichen dunklen, rosinensüß sirupartigen, alkoholangereicherten Wein, in der Hauptsache aus der Produktion des Hauses Scholtz Hermanos.*

Das ständige Auffüllen der Fässer, in denen Fino und Manzanilla reifen, hat zur Entwicklung einer weiteren Eigenheit der Sherry-Erzeugung, des so genannten *Solera*-Systems, geführt. Es ermöglicht den Sherry-Erzeugern die Einhaltung eines gleichmäßigen Mischungscharakters über Jahre hinweg. Mit ganz wenigen Ausnahmen trägt Sherry keine Jahrgangsangabe, denn dadurch, dass jeweils alter Wein aus einem Fass entnommen und durch jüngeren ersetzt wird, erhält er von selbst den Charakter eines Verschnitts aus vielen Jahrgängen. Je mehr Verschnittstufen das System enthält und je älter das System ist, desto subtiler wird der Wein, und jede aus ihm entnommene Flasche Sherry enthält einen wenn auch noch so winzigen Bruchteil des ältesten Weins im System – das kann in manchen Fällen ein Jahrhundert ausmachen.

Leider wird der Sherry heute weitgehend vernachlässigt, aber einige goldene Regeln dürften es ermöglichen, die im Programm eines jeden großen Erzeugers enthaltenen besseren Sherrys aus dem Gros der gängigen Ware herauszusondern.

- Dry Amontillado und Dry Oloroso sind in den meisten Fällen vertrauenswürdig.
- Bei Fino und Manzanilla sollte man auf geringe Alkoholstärke achten. Wie die Spanier ihn trinken, hat er 15,5 %, liegt also näher bei Tischwein als bei alkoholangereichertem Wein.
- Versuchen Sie herauszubekommen, wann ein Fino oder Manzanilla zum Versand gelangt ist – lange Flaschenlagerung ist für diese Weine nämlich nicht günstig. Meiden Sie Sherry aus angebrochenen Flaschen.
- Sherry mit der Bezeichnung Almacenista stammt aus besonderen Beständen und sein herausragender Charakter lohnt meist einen Mehrpreis.

Jerez: Der Sherry-Absatz wäre höher, wenn mehr Besucher in diese schöne Gegend Andalusiens kämen.

Portugal

Im Überblick: *Heimat des Portweins, des Madeira und vieler, zunehmend modernerer, oft preisgünstiger Tischweine.*
Trauben: *Noch weitgehend unergründete Lokalrebsorten in großer Zahl.*

Was den Wein anbelangt, ist Portugals Vorzug, nämlich seine Isolierung, die das reiche Erbe an einheimischen Rebsorten intakt gehalten und vor der Chardonnay- und Cabernet-Manie bewahrt hat, zugleich sein Nachteil. Die Portugiesen haben sich daran gewöhnt, Wein für den eigenen Geschmack zu produzieren und nicht in dem fruchtig-saftigen und doch straffen Stil, wie er beim Verbraucher in anderen Ländern am besten ankommt. Bis vor kurzem waren in Portugal auffallend strenge Rotweine am beliebtesten, die viel zu lange im Fass lagen, daneben aber auch einige seltsam müde wirkende Weißweine, deren Geschmack dem Außenstehenden nicht vertraut ist.

Dabei verfügt Portugal über erstklassiges Ausgangsmaterial und bringt nach und nach auch das Sachkönnen und den Willen auf, es in exportfähige Weine zu verwandeln. Allerdings scheint mir wenig Zusammenhang zwischen den Qualitätsweinanbaugebieten (DOC) und der Qualität des Weins selbst zu bestehen. Dão beispielsweise ist eine der seit jeher angesehensten Weinbauregionen; mir aber ist unendlich viel Genussreicheres aus weit unbekannteren Winkeln des im Wesentlichen vom Atlantik beeinflussten Landes (wo ja überall Wein wächst) begegnet.

Die Regenmengen sind je nach der Nähe zur Küste stark unterschiedlich. Die für ihre leichten, trockenen Weißweine bekannte Vinho-Verde-Region im Nordwesten zum Beispiel ist über die Wachstumsperiode hinweg eine der regenreichsten, das Douro-Tal unmittelbar südöstlich davon eine der trockensten Gegenden der Weinbauwelt. Dieses Tal mit seinem außerordentlich dürren, herben Klima ist die Quelle des süßen und starken Portweins, des zweitwichtigsten Geschenks, das die Weinwelt Portugal verdankt – das wichtigste ist natürlich der Kork, der zum allergrößten Teil aus diesem Land kommt.

Die Weinerzeugung liegt hier vor allem in der Hand der Genossenschaften, die ihre Ideen und Techniken nur allmählich verjüngen. Für Verwirrung sorgt auch, dass manche DOC – beispielsweise Carcavelos – eher die reiche Weinexportgeschichte Portugals als die moderne Realität widerspiegelt.

Die Hauptweinbaugebiete sind von Nordwesten nach Südosten:

Vinho Verde

Der »grüne Wein« heißt nicht etwa seiner Farbe, sondern seiner Jugend wegen so. Der rote und weiße Vinho Verde aus der regnerischen Region südlich vom Minho, dem Grenzfluss zu Spanien, will stets jung und frisch getrunken werden. Seine Kennzeichen sind kraftvolle Säure und mehr als nur eine Spur Spritzigkeit. Die Ähnlichkeit mit den Weinen aus dem benachbarten Rías Baixas in Galicien ist nicht zu verkennen – tatsächlich ist die dort als die vornehmste geltende Traubensorte

Etiketten richtig verstehen

Adega Keller, Kellerei.
Branco Weiß.
Colheita Lese, Jahrgang.
DOC, Denominação de Origem Controlada Gegenstück zum französischen AOC-System; als Wegweiser zu den verbraucherfreundlichsten Gegenden des Landes nicht so brauchbar.
Garrafeira Lang gereifter Wein, theoretisch in besserer Qualität.
IPR, Indicação de Proveniencia Regulamentada Gegenstück zum französischen VDQS.
Quinta Weingut.
Vinho Regional Landwein.

auch hier – in der Schreibweise Alvarinho – die angesehenste und insbesondere eine Spezialität der Gegend um Monção. Andere Rebsorten, die zur Eindämmung der in der feuchten Minho-Region häufigen Pilzkrankheiten in der Regel mittels Hocherziehung in Pergola-Form kultiviert werden, sind Azal, Loureiro, Trajadura, Avesso und Pedernão. Der typische weiße Vinho Verde ist ein Verschnitt einiger dieser Trauben. Die handelsüblichen Abfüllungen werden übrigens leicht gesüßt und mit Kohlensäure versetzt, doch der beispielsweise von Palacio de Brejoeira, Paço do Teixeiró, Quinta de Alderiz und Quinta do Ermizio angebotene Flaschenwein würde auch von Einheimischen als Vinho Verde erkannt.

Einige Erzeuger in der Region beginnen allmählich über die Grenzen ihrer Heimat hinauszublicken und bereiten Weiße mit mehr Körper und sogar etwas Eiche, was den Weinen allerdings nicht unbedingt zum Vorteil gereicht. Eine besonders innovative Kellerei ist Quinta da Covela; sie produziert erfolgreich moderne Tropfen, die nicht als Vinho Verde verkauft werden dürfen und deshalb unter Minho laufen. Im Land wird übrigens doppelt so viel roter wie weißer Vinho Verde getrunken; in den Export gelangt dieser leicht perlende, knochentrockene, sehr leichte Rote aber nie – aus gutem Grund.

Douro

Das dramatische, seit langem der Portweinerzeugung gewidmete Douro-Tal ist zu einer wichtigen Herkunftsregion robuster, charaktervoller, tanninreicher Tischrotweine avanciert. Manche Portweinproduzenten betrachten sie zwar als Ketzerei, dem Weinliebhaber bieten sie jedoch mit ihrem konzentrierten Geschmack, um den sie mancher Winzer anderswo beneiden würde, schönen Genuss. Der Barca Velha des Portweinhauses Ferreira war der Prototyp und er erzielt noch immer sehr hohe Preise, inzwischen aber ist eine ganze Reihe dichter, tiefroter Tischweine zu viel günstigeren Preisen erhältlich. Das entlegene Tal flussaufwärts hinter Porto gehört zu den Wundern der Weinwelt. Die Winter sind beißend kalt, während im Sommer der Regen oft völlig ausbleibt und eine solche Trockenheit herrscht, dass an den atemberaubend steilen Schieferhängen mit bis zu 60° Gefälle nur wenige Pflanzen gedeihen. Die Reben mit ihren langen Wurzeln aber können sich an den sorgfältig angelegten Terrassen so tief in den Untergrund bohren, dass sie noch etwas Wasser ergattern. Die Erträge sind von Haus aus niedrig, weshalb die Trauben sehr hohe Farb-, Tannin- und Zuckerkonzentration aufweisen. Die idealen Voraussetzungen für aufregende Rotweine wären also gegeben.

Zu den hochklassigsten Weinen gehören die Abfüllungen von Dirk Niepoort, etwa seine Redoma-Linie, die – ganz ungewöhnlich – auch eine weiße und rosa Version umfasst, die Weine von Fojo sowie der Chryseia, eine leicht Bordeaux-ähnliche Variante, die Bruno Prats, einst Besitzer von Château Cos d'Estournel in Bordeaux, für die Familie Symington bereitet. (Symington zeichnet außerdem für Graham, Dow, Warre und eine ganze Reihe weiterer Portweine verantwortlich.) Eigenständige rote Tischweine bekommt man auch von bewährten Häusern wie Quinta do Côtto, Quinta do Crasto, Quinta da Gaivosa, Quinta de Leda, Quinta de la Rosa Reserva, Quinta do Vale D. Maria, Quinta do Vale Meão und Quinta do Vallado, doch darüber hinaus treten jedes Jahr Neueinsteiger mit interessanten Kreationen auf den Plan.

Dão

Viele Jahre lang wurde die große Rot- und Weißweinregion südlich vom Douro von altmodischen Weinbereitungsmethoden – insbesondere langer Maischung mit bitteren Stielen und überzogener Fasslagerung – buchstäblich erstickt; die meisten ihrer Weine schmeckten hart und keineswegs fruchtig. Allmählich aber beginnt sich einiges zu ändern. Weingüter wie Quinta dos Roques und Quinta da Pellada beweisen, dass die Region Tropfen mit feiner Frucht, Alterungspotenzial und Charakter hervorbringen kann. Beide Kellereien experimentieren mit reinsortigen Erzeugnissen und versuchen gleichzeitig die Wesensmerkmale der für Dão zugelassenen Trauben herauszuarbeiten. Die feinste Portweintraube, Touriga Nacional, spielt eindeutig die Hauptrolle, wie der Quinta dos Carvalhais von Sogrape zeigt, aber auch der hier als Tinta Roriz oder Aragonez bezeichnete Tempranillo und Jaen werden in den rechten Händen zu guten Weinen. Der weiße Dão ist meist noch anachronistischer, obwohl die seinen Hauptbestandteil bildende Encruzado-Traube schön säuerlich frisch und duftig sein kann. Quinta dos Roques bereitet recht fleischige Weiße, die meilenweit von den ausgetrockneten Flüssigkeiten von einst entfernt sind. Sicherlich wird auch Dão früher oder später sein Potenzial erkennen.

Bairrada

Anders als in den übrigen Weinbaugebieten Portugals herrscht in dieser durch gemischte Landwirtschaft gekennzeichneten Region zwischen Dão und der Küste eine einzige Traubensorte vor: die kleinbeerige, dickschalige Baga, die selbst dann, wenn alle Kellereien in Bairrada über Abbeereinrichtungen verfügten, noch sehr tanninreichen Wein ergäbe. So aber kommt aus den Genossenschaftskellereien noch strengerer Wein als unbedingt nötig, doch ist durchaus denkbar, dass die hoch konzentrierten Rotweine aus Bairrada eines Tages außerhalb Portugals besonders populär sein werden. Luis Pato ist als einer der besten Erzeuger zu nennen; vor allem sein Vinha Barrosa hat einen festen Platz unter den interessantesten, ernsthaftesten Roten. Doch auch Pato stieß wie viele Pioniere auf den Widerstand der örtlichen Behörden, weshalb er seine Weine nun nicht mehr unter der offiziellen Denomination herausbringt. Das Wort Bairrada sucht man derzeit noch vergeblich auf seinen Etiketten. Keine Probleme mit der Weinobrigkeit haben Quinta do Poço do Lobo und Quinta de Baixo, die beide herausragende Bairrada-Tropfen offerieren. Auch einige interessante trockene Weiße und Schaumweine entstehen in Bairrada. Die hellhäutige Bical-Traube zeigt fast ebenso viel Charakter

Links: Lese der Trauben für Tinto da Anfora in der zukunftsträchtigen Region Alentejo. Rechts: Eines der für Portugal typischen gekachelten Häuser.

wie die dunkle Baga und bringt die gleiche Säuredosis mit, weshalb sie sich gut für prickelnde Erzeugnisse eignet.

Das berühmte Palace Hotel am Rand von Bairrada füllt seine dort und in Dão eingekauften, roten und weißen Buçaco-Verschnitte, die zu den Spitzenweinen Portugals gerechnet werden, selbst ab. Den größten Weltruhm aber hat sich wohl der in einer gigantischen Kellerei von Bairrada produzierte Mateus Rosé von Sogrape errungen. Der große Erfolg dieses Weins um die Mitte des 20. Jahrhunderts war wohl darauf zurückzuführen, dass er weder süß noch trocken, weder weiß noch rot und weder still noch schäumend ist. Die Familie Guedes, die den Mateus geschaffen hat, dehnt ihre Interessen wohlweislich auch auf charaktervollere Erzeugnisse wie die in der Kellerei Quinta dos Carvalhais in Dão bereiteten Tropfen aus, die sich gut für eine Einführung in den portugiesischen Wein eignen. Viel versprechend fallen auch die Gewächse aus einer größeren, Dão und Bairrada umfassenden Anbauregion aus, die als Beiras etikettiert werden.

Colares

Der winzige DOC-Bereich ist durch seine Lage auf einem schmalen Dünenstreifen an der windigen Atlantikküste nahe bei Lissabon vielleicht berühmter geworden als durch die Qualität seiner Weine. Da die Reblaus (Seite 96) im Sand nicht leben kann, ist die Ramisco-Rebe, die auch den roten Colares liefert, wohl die Einzige, die nie auf reblausfeste amerikanische Wurzelstöcke gepfropft werden musste. Darin wird sich vermutlich das Interesse am Colares erschöpfen.

Bucelas

Dieser Name ist auf vielen Dekanter- und Kellerschildern aus dem England des 19. Jahrhunderts anzutreffen; das beweist, wie populär der trockene, duftige portugiesische Weißwein von der Arinto-Traube damals dort war. Er wird heute nur noch in kleinen Mengen produziert; inzwischen befassen sich neue Erzeuger, allen voran Quinta da Romeira, wieder stärker mit ihm.

Portugal ist der größte Korklieferant der Welt. Die meisten Korkeichen, aus deren abgeschälter Rinde die Korken herausgestanzt werden, wachsen im Süden des Landes.

Ribatejo

Die große Obst- und Gemüsebauregion am Tejo stromaufwärts von Lissabon ist (zusammen mit Oeste bzw. Estremadura) Portugals ergiebigste Quelle für einfachen, relativ leichten Verschnittwein, der sich oft erfreulich vom sonst strengeren portugiesischen Weinstil abhebt. Die Vorherrschaft der Genossenschaftskellereien hat hier oft auch ihre guten Seiten, wie sich an preiswerten Rotweinen mit den Namen Almeirim, Cartaxo und Santarém erweist. Die gängigsten portugiesischen Trauben sind hier die saftige rote Trincadeira preta und eine als Periquita, Castelão Francês und João de Santarém bekannte Sorte. Allerdings ist die fruchtbare Region, in die viele EU-Zuschüsse fließen, eines der wenigen Anbaugebiete des Landes, das ernsthaft mit internationalen Rebsorten experimentiert. Monte d'Oiro konnte mit Syrah einigen Erfolg verbuchen, während der Cabernet Sauvignon Special Selection von der Quinta de Pancas beweist, dass in Ribatejo ein echtes Potenzial steckt.

Setúbal/Palmela/Arrábida

Die Halbinsel Setúbal südlich von Lissabon und die beiden sie flankierenden Weinbauzonen Palmela und Arrábida sind Quellen der am meisten exportierten Tischweine Portugals. Der Setúbal oder Moscatel de Setúbal ist ein nobler, historischer, kupferfarbener Muskateller, der vor dem Ausbau mit Weingeist angereichert wird und wie eine Kreuzung eines Muscat de Beaumes-de-Venise aus Südfrankreich mit einem Tawny Port schmeckt. Größeres Interesse dürfen wohl die trockenen roten und weißen Tischweine beanspruchen, die in Azeitão in Arrábida entstehen. Die Familienfirma José María da Fonseca Successores bietet Tischweinverschnitte wie Periquita und Quinta de Camarate an, während das Haus J. M. da Fonseca Internacional geradezu weltweiten Ruhm als Abfüller von Lancers, dem großen Rivalen des Mateus Rosé, genießt. Der Australier Peter Bright hat viel dazu beigetragen, diese Gegend bekannt zu machen, vor allem mit dem vollen, trockenen Muskateller João Pires von J. P. Vinhos, aber auch mit gut gemachten Weißen aus Chardonnay und der portugiesischen Traube Fernão Pires. Ein weiteres verlässliches Gut ist Pegos Claros, das in der Regel dichte Rote zu bieten hat.

Alentejo

Die warme, trockene Region Alentejo im Südosten ist die angesagteste Quelle für körperreichen, dunklen, entgegenkommenden Rotwein. Manch ein Portweinhändler ließ sich hier zunächst einen anständigen, vollmundigen Roten schmecken, bevor es ernsthaft ans Portweintrinken ging. Auch viele Korkeichenwälder findet man in der sanft gewellten, von Kleinbauern geprägten Landschaft an der spanischen Grenze.

Das Klima meint es mit Alentejo so gut, dass die Trauben regelmäßig im August gelesen werden können. Während im Norden Portugals Kleinwinzer vorherrschen, trifft man hier oft auf große Güter, für die der Rebbau allerdings nur eine Nebenrolle spielt.

Der Australier David Baverstock, der es satt hatte, am Douro immer nur Portwein zu produzieren, exportiert inzwischen immer ansprechendere Weine aus dem großen Weingut Esporão. Wie es sich für einen australischen Winzer gehört, testete er reinsortige Versionen der Trauben Tempranillo (in Alentejo Aragonêz genannt), Trincadeira preta und Periquita, außerdem der weißen Roupeiro, die ihre Säure bewahrt – ein großer Vorteil in dieser Region. Natürlich holten sich die hiesigen Winzer auch Touriga nacional sowie einige Cabernet- und Syrah-Stöcke ins Land. Syrah war allerdings lange Zeit ein inoffizieller Import, den ihr Hauptförderer, Cortes de Cima, als Incógnito auf den Markt brachte.

Die Genossenschaftskellereien Borba, Granja, Redondo, Reguengos de Monsaraz und Vidigueira gehören zu den tüchtigsten ihrer Art in Portugal. Daneben aber gibt es viele hoch interessante Weingüter wie Mouchão, Tapada de Coelheiros, Quinta do Mouro und Quinta do Carmo (an dem die Rothschilds von Château Lafite beteiligt sind) sowie Spezialitäten wie Peter Brights Tinta da Anfora. Die Preise sind hier glücklicherweise noch nicht allzu überzogen. Sogar die Weißweine verdienen Beachtung. João Portugal Ramos, der in ganz Südportugal als Berater unterwegs ist, hat die Marke Marques de Borba als erfolgreichen und von Jahr zu Jahr köstlicheren Wein aus Alentejo etabliert. Kurzum: Der Landstrich hat seinen festen Platz unter den viel versprechendsten Weinregionen der Welt.

Das übrige Portugal

Auch aus vielen anderen Gegenden Portugals, etwa aus Tras-os-Montes und Beiras, kommen ordentliche Weine zu günstigen Preisen. Selbst die Algarve, die lange Zeit eine önologische Wildnis war, hat seit kurzem ihren Platz auf der Weinlandkarte – was sie keinem Geringeren als dem britischen Popstar Sir Cliff Richard und seinem roten Vida Nova verdankt. Nicht unerwähnt bleiben sollte, dass bei portugiesischem Wein die Reputation des Fachhändlers oft ein besserer Anhaltspunkt für gute Qualität ist als der Name des Anbaugebiets.

Erntehelfer in der Weinregion Alentejo, die zunehmend an Bedeutung gewinnt.

Portwein

Im Überblick: *Starker, süßer Wein in vielen Stilen und meist gleichmäßiger Qualität.*
Haupttraube: *Touriga nacional (ROT).*

Auch außerhalb Portugals werden Weine produziert, die wie Port schmecken sollen; es geht aber nichts über den echten Portwein vom Douro, einer der Lebensadern herausragender Weinbaugebiete. Fast die ganze Bevölkerung in diesem fernen Tal im Norden Portugals verdient sich ihren Lebensunterhalt fast ausschließlich über die ganz und gar unportugiesischen Portweinfirmen wie Cockburn, Croft, Dow, Graham, Sandeman, Warre und Taylor, die ihren Sitz in dem eine halbtägige Autofahrt entfernten Porto und ihre Lagerhäuser in Vila Nova de Gaia auf dem anderen Flussufer haben. Seit gegen Ende des 17. Jahrhunderts englische Kaufleute im verbündeten Portugal nach Waren suchten, die sie anstelle der schwer besteuerten Güter aus Frankreich einführen konnten, befindet sich der Portweinhandel weitgehend in britischen Händen.

Die steilen, felsigen, notwendigerweise terrassierten Hänge am Douro sind schon seit langem mehrheitlich nach der Konzentration des Weins eingeteilt, der an den verschiedenen Stellen wächst, und für die Trauben werden entsprechende Preise gezahlt. Das höchstbewertete Portweinland befindet sich etwa 100 km stromaufwärts von Porto, weit weg von der regenreichen Küste. Viel versprechende Lagen befinden sich auch etwas stromabwärts von der Stelle, wo der spanische Duero zum Douro wird. Hier ist es so felsig, dass die Weinrebe ihre Wurzeln metertief in die Spalten des Schiefergesteins treiben muss, um an das lebenswichtige Wasser zu gelangen.

Im Portweinland hat es länger als anderswo gedauert, bis die Erzeuger genauer über die rund 80 Rebsorten Bescheid wussten, denen sie ihren erstaunlich konzentrierten, dunklen Wein verdanken. Doch vergleichbar mit Sherry und Madeira ist auch der Port im Wesentlichen ein Verschnitt, und viele der größten Portweine, die ich bisher gekostet habe, stammen aus einer Zeit, als »Sortenreinheit« noch kein übermächtiger Begriff war. Allgemein gilt Touriga nacional als die wichtigste Portweintraube; sie wird ergänzt durch Tinta barroca, Touriga francesa, Tinta cão und Tinta Roriz. Das große Bestreben aller Portweinerzeuger ist es, ein möglichst dunkles, süßes Produkt zu erzielen. Damit die Süße der Trauben erhalten bleibt, wird in einem frühen Stadium des Gärprozesses Weingeist zugesetzt, um die Hefen zu betäuben; das aber bedeutet, dass Farbe und Tannin möglichst frühzeitig extrahiert werden müssen. Im Douro-Tal wird an manchen Stellen zur größten Freude aller auf malerische Fotos erpichten Touristen die Frucht noch heute mit Füßen getreten; meistens aber übernehmen auch hier Maschinen das Keltern.

Portwein außerhalb Portugals

Wo immer das Klima so heiß ist wie am Douro, vor allem in Australien, aber auch in Südafrika und Kalifornien, versuchen sich Weinerzeuger gern an dunklen, süßen, alkoholangereicherten Weinen im Portstil. Nur wenige verfügen bislang allerdings über größere Bestände der Portweinrebsorten. So ist ein als Tawny bezeichneter Wein meist das Ergebnis langen Fassausbaus, während ein Ruby relativ jung in Flaschen abgefüllt wird. Dem Portwein am nächsten kommen der Banyuls und der Maury aus Roussillon in Südfrankreich.

Die einfachste Art von Portwein ist der so genannte »Holzport« (allerdings lagert er heutzutage meist in Zement- oder Edelstahltanks und nicht mehr in Holzfässern), bei dem in der Flasche mit keiner weiteren Entwicklung zu rechnen ist. Ein **Ruby** ist ein junger, nach zwei bis drei Jahren Tanklagerung abgefüllter Port. Der größte Teil des heute auf dem Markt befindlichen Portweins entfällt auf diesen kräftigen und saftigen Stil. Steht der Zusatz **Late Bottled Vintage** oder **LBV** auf dem Etikett, dann handelt es sich um einen nach vier bis sechs Jahren Reifezeit abgefüllten Ruby aus einem bestimmten Jahrgang.

Ein einfacher **Tawny Port** ist ein enger Verwandter des Ruby aus geringerwertigen Lagen, der seine hellere, eher bräunlichere Farbe durch Beimischen von **White Port** – einem von den wenigen weißen Trauben aus dem Douro-Tal nach der Portmethode gewonnenen Wein – erhält. Echter **Aged Tawny** verdankt dagegen seine verlockende helle, brillante gelbbraune Färbung einer langen Reifezeit im Fass – zehn bis über vierzig Jahre! Am besten schmeckt mir zwanzigjähriger Port, der gekühlt in der Sommerhitze am Douro ein ebensolcher Hochgenuss ist wie daheim im britischen Winter an meinem Kamin. Diese Art bevorzugen auch die Portweinhändler selbst. Einige portugiesische Portfirmen (die gibt es natürlich auch: beispielsweise produzieren Ferreira,

Madeira

***Im Überblick:** Ungemein langlebige, pikante, alkoholangereicherte Weine.*
***Trauben:** Tinta negra mole, Malvasia, Sercial, Verdelho.*

Madeira ist eine Vulkaninsel mitten im Atlantik, ein Wein und ein Wunder. Erstklassiger Madeira (der leider oft ebenso viel kostet wie ein Cru Classé aus Bordeaux) ist der langlebigste Wein der Welt. Dank hohen Alkoholgehalts und kräftiger Säure und aufgrund eines Produktionsverfahrens, in dessen Verlauf er praktisch gebrannt wird, ist er unverwundbar – ob er nun im Fass oder Glasballon in einem Lagerhaus in Funchal oder in einer vor wer weiß wie langer Zeit angebrochenen Flasche bzw. im Dekanter auf der Anrichte ruht. Ich glaube auch fest daran, dass nur dieser Wein die einzigartige Eigenschaft besitzt, keinen Kater zu verursachen.

Leider ist der meiste heute produzierte Madeira ziemlich schlicht – zwar sehr gut für die Küche, nicht aber als eigenständiger Genuss. Das ist zum Teil darauf zurückzuführen, dass die edlen weißen Traubensorten Sercial, Verdelho, Bual und Malvasia (für Malmsey) vor langer Zeit weitgehend durch die im Anbau bequemere, ertragreichere, aber rauere rote Tinta negra mole ersetzt wurden. Wer erstklassigen Madeira sucht, muss deshalb darauf achten, ob eine der vier noblen Trauben auf dem Etikett steht.

Der süßere Madeira wird ähnlich wie Port erzeugt, das heißt die Gärung wird auf halbem Weg durch Zusatz von Alkohol unterbrochen; dagegen werden die trockeneren Arten zunächst wie der Sherry durchgegoren, und dann erst wird Weingeist zugesetzt. Was den Madeira jedoch besonders auszeichnet, ist die Lagerung des jungen Weins bei hohen Temperaturen, wodurch er normalerweise zu seiner tiefen Karamellfarbe kommt.

Madeira-Etiketten richtig verstehen

Bual/Boal Voller, dunkler, süßer Madeira, der sich lange Zeit hält, hingegen jünger als Verdelho und insbesondere Sercial getrunken werden kann (am besten zu oder nach Käse). Einfachere Versionen von Tinta negra mole werden als Medium Sweet bezeichnet.
Malmsey Der süßeste, dunkelste Madeira, fein als Dessertwein. Einfachere Versionen tragen die Bezeichnung Sweet oder Rich.
Sercial Der trockenste Madeira, sehr fein als Aperitif, braucht aber jahrzehntelange Reife, bis er sein volles Potenzial erreicht. Geringere Versionen heißen Dry.
Single Harvest (Colheita) Neuere Kategorie für jüngere Weine aus einem einzigen Jahrgang, die in der Regel nach etwa fünf Jahren freigegeben werden.
Solera Madeira aus einem Sherry-ähnlichen Verschnittsystem, das im jeweils angegebenen Jahr begonnen wurde (zum Beispiel Solera 1870).
Verdelho Der zweitleichteste und -trockenste Madeira mit herrlich pikanter Nusswürze. Geringere Versionen werden als Medium Dry bezeichnet.
Vintage Madeira Ein beispielsweise mit 1944 ohne den Zusatz Solera bezeichneter Madeira enthält nur Wein des Jahrgangs 1944.

Das Douro-Tal bei Pinhão im Sommer (links) und im Herbst (rechts). Erst neuerdings wurde systematisch untersucht, wie die Weinberge in dieser wilden, menschenleeren, nur zur Lesezeit bevölkerten Gegend am besten anzulegen sind.

Niepoort, ursprünglich eine holländische Firma, und Quinta do Noval ganz superbe Weine) reifen Verschnitte mehrerer Tawny Ports aus einem einzigen Jahrgang jahrelang im Fass zum so genannten **Colheita Port**.

Alle diese Portweinarten werden im Fass oder Tank ausgebaut und entfalten sich nicht wie feiner Tischwein in der Flasche noch weiter.

Der Portweinstil, um den es bei Auktionen und vielen Gesprächen am Kamin eigentlich geht, ist der **Vintage**. Er ist ein langlebiger, relativ einfach zu produzierender Wein, denn er wird nach zwei bis drei Jahren im Fass abgefüllt und dann dem Verbraucher in die Hand gegeben, der ihn nun im eigenen Keller ein Jahrzehnt nach dem anderen reifen lassen kann. Wein dieser Art – stets aus einem besonders guten Jahrgang, wie er nur etwa alle drei Jahre vorkommt und je nach Weinqualität und Marktnachfrage »deklariert« wird – muss von feinster, konzentriertester und tanninreichster Frucht bereitet sein, wenn er von der langen Flaschenreife profitieren soll, in deren Verlauf er eine mächtige »Kruste« entwickelt, sodass er stets dekantiert (Seite 25) werden muss. Auf diesen jeweils einfach durch den Namen des Hauses und den Jahrgang – zum Beispiel Fonseca 1992 – bezeichneten Stil entfällt lediglich etwa 1 % der Portweinproduktion. Der Vintage Port des kleinen Mannes ist der **Single Quinta Vintage**, ein Portwein aus einem bestimmten Weingut – das sich meist im Besitz eines Handelshauses befindet, etwa Grahams Quinta dos Malvedos – und aus einem Jahrgang, der von diesem Haus nicht deklariert wurde. Er bietet die Möglichkeit, den Stil eines Vintage Port zu erleben, ohne dass man dafür so tief in die Tasche greifen oder so lange darauf warten muss.

Crusted Port ist ein Verschnitt aus mehreren Jahrgängen, der früh im jeweils angegebenen Jahr ohne Filtration abgefüllt wird, also ebenfalls dekantiert werden muss, weil er wie Vintage Port reift und einen Bodensatz bildet.

Deutschland

Im Überblick: *Mit die feinsten, leichtesten und langlebigsten Weißweine der Welt.*
Trauben: *Riesling, Riesling-ähnliche Neuzüchtungen, Burgunder in Weiß, Grau und Blau.*

Der deutsche Weinbau ist im Umbruch – zum Glück. Die ganzen 1970er- und 80er-Jahre hindurch ruhte er selbstzufrieden auf den Lorbeeren seiner Technik und Organisation, die in der Welt ihresgleichen suchte, aber leider verlor er dabei irgendwie den Sinn für guten Geschmack – des Weins selber nämlich. Heute muss er nun in einem schmerzlichen Prozess den eigenen Wert erst wieder entdecken.

Das gut gemeinte Weingesetz von 1971 wies jedem Posten Wein eine Kennnummer zu und erlaubte es allen bis auf ganz wenige, sich »Qualitäts-

Etiketten richtig verstehen

Die wichtigsten Angaben auf deutschen Weinetiketten sind neben dem Namen des Erzeugers und dem Jahrgang die Qualitätsstufe, die Rebsorte und die Herkunftsbezeichnung.
1 In aufsteigender Reihenfolge: Tafelwein, Landwein, Qualitätswein bestimmter Anbaugebiete und Qualitätswein mit Prädikat, unterteilt in Kabinett, Spätlese, Auslese, Beerenauslese und Trockenbeerenauslese.
2 Die meisten deutschen Weine sind sortenrein, das heißt von der auf dem Etikett angegebenen Traubensorte bereitet, zum Beispiel (nach der Größe der Anbaufläche geordnet): Müller-Thurgau, Riesling, Silvaner, Kerner, Spätburgunder, Portugieser, Scheurebe, Bacchus, Faberrebe, Morio-Muskat. Am empfehlenswertesten sind Riesling, Scheurebe und (besonders in Franken) Silvaner, aber auch feiner trockener Grauburgunder und Weißburgunder wird erzeugt.
3 Bei Qualitätswein ist stets das »bestimmte Anbaugebiet« angegeben; es liefert oft einen klareren Hinweis auf den Charakter des Weins als die Lagenbezeichnung, die stets aus einem Ortsnamen mit anschließendem Lagennamen besteht, zum Beispiel Bernkasteler Schlossberg. Leider ist es selbst für Profis nicht immer leicht festzustellen, ob es sich dabei um eine Einzellage handelt oder um eine so genannte Großlage, unter deren meist an berühmte Namen anknüpfende Bezeichnung Weine aus einem verhältnismäßig großen Einzugsgebiet eingegliedert sind.
Wie soll der arme Verbraucher wissen, dass Zeller Schwarze Katz, Kröver Nacktarsch, Bernkasteler Badstube, Bernkasteler Kurfürstlay, Piesporter Michelsberg, Klüsserather St. Michael, Wiltinger Schwarzberg, Niersteiner Gutes Domtal, Oppenheimer Krötenbrunnen und viele andere dieser Art für Großlagen und nicht für Einzellagen stehen?

Auslese Dieser von voll ausgereiften Trauben erzeugte, meist langlebige Wein ist oft lieblich, kommt aber auch trocken vor.
Beerenauslese (BA) Süße, meist sehr teure Rarität.
Deutscher Tafelwein Auf diesen, den einfachsten deutschen Wein, entfallen knapp fünf Prozent der Produktion (siehe auch Tafelwein).
Eiswein Eine Spezialität, die oft höhere Preise einbringt als eine Beerenauslese.
Gutsabfüllung Immer beliebter werdender Ausdruck für Erzeugerabfüllung.
Halbtrocken Ein Süßegrad zwischen trocken und lieblich.
Kabinett Die erste Stufe der Kategorie Qualitätswein mit Prädikat umfasst meist leichte, oft trockene, als Aperitif geeignete Weine.
Landwein Die als Pendant zum Vin de Pays gedachte Kategorie kommt nicht recht in Schwung;

wein« zu nennen. Noch katastrophaler wirkte sich aus, dass es verordnete, die Weinqualität sei mit einem einzigen simplen Instrument – der Mostwaage nämlich – zu messen: je höher das Mostgewicht, desto höher die Qualitätsstufe. Als Folge davon wurden Deutschlands Weinberge von Rebsorten überflutet, die speziell dazu gezüchtet waren, hochreife Trauben zu liefern, deren Weine jedoch oft so nichts sagend schmecken wie preisgekrönte Riesentomaten. Alles das ging zulasten der größten Kostbarkeit im deutschen Weinbau, der nur schwer zur Reife zu bringenden Riesling-Traube.

Die Erträge blieben (im Gegensatz zu Frankreich und Italien) lange Zeit ohne Regulierung, stiegen daher ständig, und als Folge hiervon ging das, was die Weintraube im kühlen deutschen Klima an Geschmacksnoten hervorbringen kann, nur allzu oft in einem Meer billiger, leichter, lieblicher Weißweine unter, die den internationalen Markt als Massenware mit schönen Namen wie Liebfrauenmilch, Niersteiner Gutes Domtal oder Piesporter Michelsberg überschwemmten.

Inzwischen brachte eine kleine Schar hartnäckig qualitätsbewusster Weingüter unverwandt Beispiele dafür hervor, welche Wunder in deut-

---

dabei sollte man vielleicht die ganze Kategorie Qualitätswein bestimmter Anbaugebiete hier einreihen.

Liebfrauenmilch Der für den Export geschaffene leicht aromatische, halbtrockene Weißwein muss bestimmte Anforderungen an Traubensorten, Reifegrad und Herkunft erfüllen.

Qualitätswein bestimmter Anbaugebiete (QbA) Schmachvoll für den deutschen Wein ist, dass in diese bei weitem größte Kategorie nicht nur die gesamte Liebfrauenmilch, sondern auch die Masse der mit Süßreserve aufgebesserten Großlagenweine fällt. Sie enthält daneben allerdings auch höchst achtbare Weine, die zur Erzielung eines guten Gleichgewichts vor der Gärung mit Zucker angereichert werden mussten (für Qualitätswein mit Prädikat ist dies nicht zulässig).

Qualitätswein mit Prädikat (QmP) Die wahrhaft besseren Weine Deutschlands fallen in diese Kategorie, die sich – in aufsteigender Reihenfolge des für sie erforderlichen Reifegrads geordnet – in die Prädikatsstufen Kabinett, Spätlese, Auslese, Beerenauslese und Trockenbeerenauslese gliedert. Das deutsche Weingesetz legt den für die einzelnen Stufen jeweils erforderlichen Reifezustand der Trauben (in Öchsle-Graden) für jede Rebsorte im Zusammenhang mit dem Anbaugebiet fest.

Sekt wird oft von importierten (meist italienischen) Grundweinen hergestellt. Lautet die Bezeichnung »Deutscher Sekt«, dann dürfen nur in Deutschland gewachsene Weine verarbeitet worden sein.

Spätlese In diese Prädikatsstufe fallen viele feine, konzentrierte Weine – in trockenen bis lieblichen Versionen.

Tafelwein Einfacher Tafelwein braucht nicht allein aus deutschen Gewächsen zu bestehen; vielmehr handelt es sich in den meisten Fällen um einen »Euroverschnitt« von billigen trockenen Weißweinen aus Spanien oder Italien, die mit einem Schuss einer besonders aromatischen deutschen Sorte aufgebessert und zusätzlich noch mit Traubenkonzentrat gesüßt sind.

Trocken Der in Deutschland und auch im Ausland populäre Wein dieses Süßegrades ist vor allem als Begleitung zu Speisen gedacht und meist alkoholstärker, weil ja der gesamte Traubenzuckergehalt vergoren wurde.

Trockenbeerenauslese (TBA) Diese Prädikatsstufe steht für die süßesten und üppigsten deutschen Weine, gewonnen in kleinen Mengen von am Stock durch Edelfäule oder durch Wärmeeinwirkung eingetrockneten und dadurch in Zucker- und Säuregehalt hoch konzentrierten Trauben. Neuzüchtungen wie Ortega und Optima sind spezifisch auf die Erzielung höchster Reifegrade ausgelegt, was man sicherlich unterstützen kann; sie lassen aber oft an Geschmacksvielfalt einiges zu wünschen übrig.

schen Weinbergen vollbracht werden können, wo im kühlen Klima die Sommer einen hohen natürlichen Säuregehalt der Trauben begünstigen und die Winter auf natürlichste Weise die Bereitung von Weinen durch langsame, kühle Gärung bei minimaler Behandlung ermöglichen. Die klassischen deutschen Weine verfügen über viel aus dem Boden stammenden Extrakt (Seite 16) bei relativ geringem Alkoholgehalt. Riesling von den steilen Schieferhängen der Mosel ist der Inbegriff des traditionellen deutschen Weins: aromatisch, zart, rissig, langlebig und ganz anders als alle Weine sonst wo in der Welt, und das ist mehr, als von den meisten Weinen gesagt werden kann, die jenseits der Grenze in Frankreich entstehen.

Seit der Mitte der 1980er-Jahre geht nun ein frischer Wind des Zweifels am bisherigen Selbstverständnis durch die zutiefst zersplitterte deutsche Weinlandschaft (die durchschnittliche Besitzgröße beträgt 1/2 bis 1 ha, die meisten Weinberge werden nebenberuflich bewirtschaftet) und endlich hat sich eine neue Winzergeneration den Bannerträgern der alten Brigade angeschlossen. Angesichts der Entwicklung, die sich in der übrigen Welt seit der Einführung des in gewissem Sinn lähmenden deutschen Weingesetzes vollzogen hat, werden nun Experimente unternommen, oft auch mit neuen Eichenholz-*barriques* anstelle der in Deutschland bisher üblichen geschmacksneutralen großen Fässer oder Edelstahltanks. Die besseren Erzeuger wissen, dass der erste und wichtigste Schritt zur Produktion von Weinen mit echter Ausdrucks- und Geschmackskraft in der Ertragsbeschränkung besteht.

Auch geht der Trend zu weit trockeneren Weinen, als es bisher üblich war, und so ist die durchschnittliche Alkoholstärke des deutschen Weins gestiegen (denn der natürliche Zuckergehalt wird nun zu Alkohol vergoren und bleibt nicht mehr als Restsüße im Wein). Infolgedessen hat so mancher, der bisher glaubte, von deutschem Wein könne man keinen Kater bekommen, inzwischen einige Überraschungen erlebt. Es kommt nun ein neues Spektrum an Weinstilen aus Deutschland, die eher einen Platz auf dem Esstisch haben als ihre Vorgänger: ziemlich körperreiche, kräftige und rassige Weißweine, stets mit einem Rückgrat aus feiner Säure, das sie viel erfrischender schmecken lässt als beispielsweise manchen Chardonnay.

Der deutsche Verbraucher hat aber nicht nur besonderen Geschmack an trockeneren Weinen gefunden, er pflegt auch seine Passion für Rotwein und ermutigt dadurch einen dramatischen Anstieg im Anbau von Rotweintrauben, vor allem früh reifenden Sorten wie Blauer Spätburgunder.

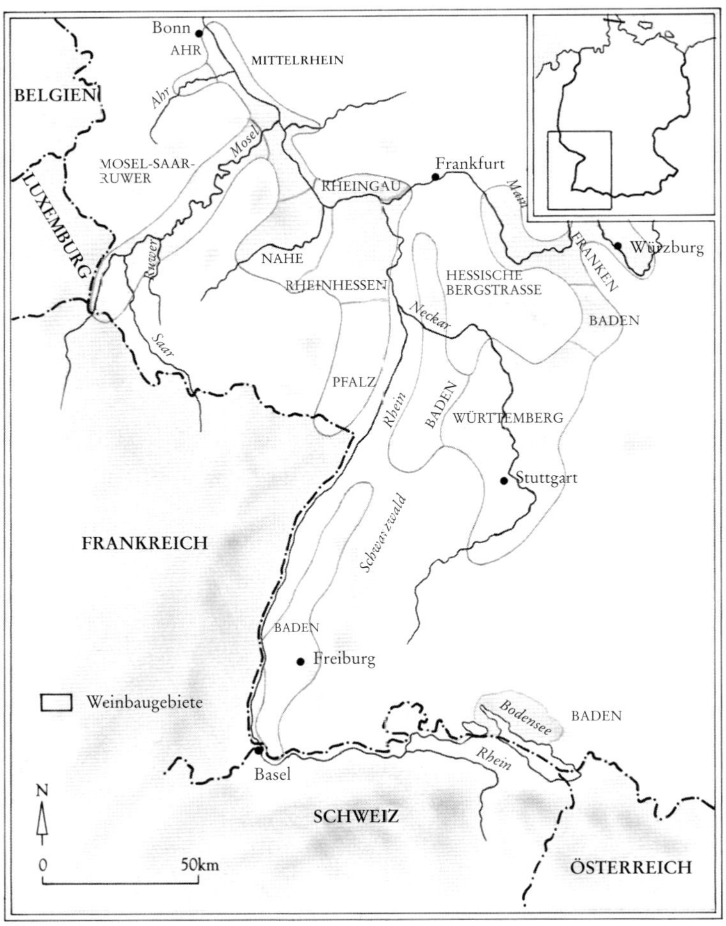

Bei Cochem am Unterlauf der Mosel sind die Weinberge grün, der Fluss ist grün – und sogar der Wein hat einen grünlichen Hauch.

Mosel-Saar-Ruwer

Das Anbaugebiet an den Ufern der Mosel und ihrer Nebenflüsse Saar und Ruwer besitzt zwar nur die drittgrößte Rebfläche in Deutschland, jedoch das höchste internationale Prestige, und ist wirtschaftlich am stärksten vom Weinbau beherrscht. Auf dem Grund und Boden, der die besten Steillagen bildet, könnte keine andere Nutzpflanze rentabel angebaut werden, und für zahlreiche der tausenden von Winzern an der Mosel rentiert sich denn auch der Weinbau zu den niedrigen Preisen von heute eigentlich nicht mehr.

Die großen modernen Abfüllanlagen, die in dieser grünen, vorwiegend ländlichen Gegend aus dem Boden geschossen sind, verarbeiten so viel Wein, dass sie die größte Weinlieferquelle Deutschlands darstellen, obwohl durchaus nicht aller von ihnen gelieferte Wein an der Mosel oder auch nur in Deutschland gewachsen ist. Die bei Touristen beliebte Stadt Bernkastel beispielsweise ist längst an die von weit herkommenden Tanklastzüge gewöhnt, die durch ihre Straßen donnern.

Der obere Mosellauf mit seinen vornehmen Landsitzen aus der Gründerzeit und seinen fotogenen steilen Weinberglagen ist aber nicht nur der landwirtschaftlichen Nutzung gewidmet, sondern nimmt auch gewaltige Touristenschwärme gastlich auf. In den vielen engen Windungen des Moseltals würde der ortsfremde Besucher freilich bald die Orientierung verlieren, wäre da nicht die Sonne, die der großen Riesling-Traube in den besten Süd- und Südwestlagen zu schönster Reife verhilft. Die Weinberge steigen so schroff ganz dicht am Flussufer auf, dass sie auch das vom Wasserspiegel reflektierte Sonnenlicht in ihrem porösen Schiefergestein, das nicht nur dem Regenwasser raschen Abzug gewährt, sondern auch als Wärmespeicher für die Nacht dient, auffangen.

Es sind die arbeitsintensivsten Weinberge der Welt – sie erfordern bis zu siebenmal mehr Zeitaufwand als die flachen Lagen im Médoc. An der Mosel heißt es, dass jeder Pfahl im Weinberg – hier stehen die Reben einzeln an Pfählen ohne hinderliche Spanndrähte – mindestens siebenmal im Jahr aufgesucht werden muss.

Manche Hänge sind so steil und unzugänglich, dass schon etliche Winzer darin abgestürzt und ums Leben gekommen sind. Aus eigener Erfahrung weiß ich, wie ermüdend es ist, wenn man sich an einem Hang mit nur 30° Neigung aufrecht halten will – und viele Weinberge an der Mosel sind weitaus steiler.

Wie in Burgund, wo die vom Erbrecht geschaffenen Besitzverhältnisse noch dadurch kompliziert werden, dass ein paar Meter weiter in der einen oder anderen Richtung schon ganz andere Weinqualitäten entstehen können, was sich auf den Wert des Lands entsprechend auswirkt, verfügen auch an der Mosel die einzelnen Winzer über jeweils kleine Parzellen in den verschiedensten Einzellagen. Tatsächlich kann hier ein Unterschied in der Höhenlage oder in der Himmelsrichtung noch viel mehr ausmachen als an der Côte d'Or, denn an bestimmten Stellen hat die Riesling-Traube keine Chance auszureifen, sodass dort eine früher reifende, jedoch notwendigerweise geringerwertige Rebsorte angepflanzt werden muss.

Der anspruchslose Müller-Thurgau drängt sich da als Alternative auf, und er wurde auch auf flacherem Grund, der es mit den besten Lagen der Mosel natürlich nicht aufnehmen kann, weitgehend angesetzt. Seine Frucht ist freilich im Vergleich mit dem rassigen, nervigen, langlebigen Riesling, wie ihn die Mosel hervorbringen kann, so nichts sagend, dass der davon gewonnene mindere Wein nicht viel einbringt. Daraus aber hat sich unglücklicherweise ein Dämpfungseffekt für den Preis aller Moselweine ergeben – selbst für die aus Spitzenlagen mit größter Sorgfalt und schwierigster Pflege produzierten. Angesichts der fragilen Verhältnisse auf dem deutschen Weinmarkt haben viele der kleinen Winzer, die hier den Löwenanteil am Weinbau bestreiten, mit echten finanziellen Nöten zu kämpfen.

Für den Verbraucher hat dies den erfreulichen Aspekt, dass feiner Mosel zu einem den *petits châteaux* vegleichbaren, also sehr günstigen Preis gehandelt wird. Bedenkt man, wie viel Mühe für den Wein aus den steilsten, unzugänglichsten Mosellagen aufgewendet werden muss, dann sind die Preise – außer für die rarsten, auf Auktionen mit viel Publizität versteigerten Beeren- und Trockenbeerenauslesen – wahrhaftig lächerlich gering.

Am meisten zu empfehlen sind an der Mosel Riesling-Kabinett- und Spätleseweine aus Einzellagen von Erzeugern wie Bischöfliche Weingüter, J. J. Christoffel, Robert Eymael, Friedrich-Wilhelm-Gymnasium, Fritz Haag, Willi Haag, Reinhold Haardt, von Hövel, Karthäuserhof, von Kesselstatt, Dr. Loosen, Milz, Egon Müller, J. J. Prüm, Max. Ferd. Richter, Schloss Saarstein, von Schubert (Maximin Grünhaus), Selbach-Oster, Dr. Thanisch, Wegeler-Deinhard, Dr. Weins-Prüm und Zilliken.

Aus den weit moselaufwärts gelegenen Tälern von Saar und Ruwer kommen sehr feine, nicht übermäßig alkoholstarke (oft nur 8 bis 9%) und doch entfaltungsfähige Weine, die dank ihrer intensiv fruchtigen Säure und ihres vielschichtigen mineralischen Extrakts hoch interessante Geschmacksnuancen bieten.

Die Mittelmosel, der Teil also, an dem Klüsserath, Trittenheim, Piesport, Brauneberg, Bernkastel, Graach, Wehlen, Zeltingen, Ürzig und Erden liegen, bringen vollendete, überaus langlebige Weine hervor.

Ahr

In dem wirklich kleinen Anbaugebiet weit im Norden produzieren vorwiegend Genossenschaftskellereien leichte, in Deutschland sehr populäre, oft liebliche Rotweine vor allem von Spätburgunder, aber auch einige bemerkenswertere Gewächse.

Mittelrhein

Das kleine Anbaugebiet verdankt seinen internationalen Ruf vor allem Toni Jost aus Bacharach, der mit seinen hoch konzentrierten halbtrockenen Rieslingen beweist, was in den Weinbergen des berühmten Rheintals geleistet werden kann.

Nahe

An der Nahe erstreckt sich derzeit eines der verheißungsvollsten deutschen Anbaugebiete, in dem man abseits ausgetretener Weinpfade einige der besten Erzeuger findet. Die Weinberge an dem Fluss, der dem westlichen Ende des Rheingaus gegenüber in den Rhein mündet, liegen ein gutes Stück weiter im Süden als die Mosel; dennoch vereinen ihre Spitzengewächse oft die Rasse feinster Moselweine mit der Substanz bester Rheingauer, sind aber in der Jugend meist zugänglicher als diese beiden. Wichtige Weinbauzentren an der Nahe sind Schlossböckelheim, Bad Kreuznach, Burg Layen und Niederhausen; die zu ihnen gehörenden Bereiche bieten vor allem spritzige Rieslinge (obwohl lediglich ein Viertel der Anbaufläche auf diese nur in besten Lagen zur Reife gelangende Sorte entfällt).

Diel, Dönnhoff, Emrich-Schönleber, Schäfer, Prinz zu Salm-Dalberg (Schloss Wallhausen) sowie die Staatlichen Weinbaudomänen verdienen als zuverlässige Erzeuger an dieser Stelle besondere Erwähnung.

Rheingau

Die nach Süden sanft zum Rhein hin abfallenden, gegen Norden durch die Taunushöhen windgeschützten Weinberge des Rheingaus gelten seit eh und je als das vornehmste deutsche Anbaugebiet. Das hat zum Teil seinen Grund darin, dass hier viele aristokratische Weingüter und das berühmte Kloster Eberbach, seit langem Zentrum der deutschen Weinwerbung, beheimatet sind. Die Reputation der Schlösser Johannisberg, Schönborn und Vollrads ist so jahrhundertealt wie ihre Kellergewölbe. In den 1980er-Jahren stellte es sich jedoch heraus, dass das Leben im Weinbau anderer Regionen (vor allem der Pfalz) weit kräftiger pulsierte und der Rheingau inzwischen Gefahr lief, von vergangenem Ruhm zu zehren. Zum Glück verleihen nun Erzeuger wie August und Johannes Eser der Region neuen Schwung, nicht zuletzt auch der japanische Whisky-Gigant Suntory, der anscheinend entschlossen ist, im Weingut Robert Weil Weine hervorzubringen, die dem Yquem die Spitzenstellung in Rang und Preis streitig machen sollen. Zu den vielen Orten, deren Namen im Weinbau (und im Tourismus) guten

Klang haben, gehören Hochheim (eigentlich am Main), Eltville, Hattenheim, Oestrich-Winkel, Geisenheim (mit der berühmten Weinbauversuchsanstalt), Rüdesheim und Assmannshausen (mit seinen Spätburgunder-Rotweinen).

Die besten Rheingauer Weine sind fast alles Rieslinge mit ausgeprägten mineralischen Noten und kräftigerem Körper, als die meisten Moselweine aufzuweisen haben. Ein großer Teil der feinsten deutschen Beeren- und Trockenbeerenauslesen stammt aus dem Rheingau (die berühmt tiefgoldenen 1959er und 1971er sind noch jugendlich frisch); hier stand aber auch die Wiege des Trends zum trockeneren deutschen Wein. Der dynamische Bernhard Breuer gründete mit der »Charta« einen Zusammenschluss erstklassiger Weingüter, die es sich zur Aufgabe machen, den Rheingauer Riesling als mittelschweren, trockenen Wein mit erfrischender Säure zu gestalten, der seinen Platz auf dem Esstisch hat. Das Wahrzeichen der Charta ist ein romanischer Doppelbogen auf brauner Flasche.

Die Weingüter J. B. Becker, Domdechant Werner, Eser, Knyphausen, Franz Künstler, Langwerth von Simmern und Robert Weil bilden die Spitze, doch dürften sich nun, da die Region aus ihrer selbstzufriedenen Ruhe erwacht, weitere zu ihnen gesellen – oder sollte sich die Nähe der reichen Stadt Frankfurt dabei als Hemmnis erweisen?

Rheinhessen

Das größte deutsche Anbaugebiet, eine abwechslungsreiche Hügellandschaft dem Rheingau gegenüber, wird seit langem als Quelle für Verschnittweine missbraucht (über die Hälfte der Liebfrauenmilch kommt aus Rheinhessen). Dabei gibt es hier auch einen Bereich mit ausgesprochen feinem Wein – die Rheinterrasse. Ihre Weinberge steigen am linken Rheinufer steil auf, am charaktervollsten der Rote Hang mit seinem rötlichen Boden nördlich von Nierstein. Es muss für jeden ambitionierten, qualitätsbewussten Winzer hier ein deprimierendes Gefühl sein zu wissen, dass die meisten Weinfreunde in der Welt den guten Namen Nierstein unwillkürlich mit dem dürftigen, billigen Getränk in Verbindung bringen, das sich Niersteiner Gutes Domtal nennt und von Müller-Thurgau-Trauben stammt, die kilometerweit weg in flachen, weit ungünstigeren Lagen an allzu ertragreichen Reben gewachsen sind.

Rheinhessen ist berühmt für die Vielfalt der hier angebauten Rebsorten, unter denen »Neuzuchten« wie Ortega und Optima, die relativ wenig Sonnenschein brauchen, um ihre Trauben auf höchste Öchslegrade reifen zu lassen, eine große Rolle spielen. Als besonders gewissenhafte Erzeugerbetriebe sind unter anderem zu nennen: Gunderloch, Guntrum, Heyl zu Hernsheim und St. Antony.

Pfalz

Wie Rheinhessen ist auch dieses Anbaugebiet (früher Rheinpfalz) unterschiedlich in der Qualität, bildet aber für den Weinfreund ein oft preisgünstiges Jagdgefilde. Da hier die Preise für Grund und Boden noch relativ niedrig sind, konnten sich ambitionierte junge Winzer in wachsender Zahl in Weinlagen auszeichnen, die zu den wärmsten in Deutschland zählen – oft kommen bei beschränkten Erträgen natürliche Alkoholgehalte von über 13% zustande. Zu den altehrwürdigen Weingütern wie Bassermann-Jordan, Bürklin-Wolf und von Buhl sind auf diese Weise junge Sterne wie Josef Biffar, Kurt Darting, Koehler-Ruprecht, Rainer Lingenfelder, Müller-Catoir und Pfeffingen am Weinhimmel aufgegangen.

Neben Riesling bringen auch Scheurebe, Rieslaner und Grauburgunder sowie einige rote Sorten geschmacksintensive, konzentrierte, körperreiche Weine in allen Versionen von trocken bis Trockenbeerenauslese zuwege.

Baden

Im südlichsten deutschen Anbaugebiet – dem Elsass gegenüber auf dem rechten Rheinufer – herrscht ein Klima, das eindrucksvolle Rotweine sowie robuste Grau- und Weißburgunder gedeihen lässt. Der bei weitem größte Erzeugerbetrieb ist die von Ehrgeiz beseelte Genossenschaftszentralkellerei Badischer Winzerkeller in Breisach. Einige sehr gute, »experimentelle« Burgunder, darunter tiefrote Spätburgunder, werden im Ausland noch nicht gebührend gewürdigt. Die Weingüter Dr. Heger, Karl Heinz Johner und Wolff-Metternich sind besonders zu empfehlen.

Württemberg

Der württembergische Wein – meist rustikaler, trockener Riesling und leichter, recht lieblicher Rotwein von der Trollinger-Traube – gelangt kaum über die Grenzen des Landes hinaus. Er wächst, anders als in den meisten andern Weinbaugegenden Deutschlands, in der Art eines Flickenteppichs weit verstreut. Besonders charaktervolle Gewächse bietet das Weingut Fürst zu Hohenlohe-Oehringen.

Hessische Bergstraße

Das kleine, stark auseinander gezogene Anbaugebiet bringt vor allem trockenen Riesling in der Art der Rheingauer Weine hervor, die ebenfalls außerhalb ihrer engeren Heimat nicht oft anzutreffen sind. Sie werden zu einem beachtlichen Teil trocken ausgebaut. Des Weiteren wachsen hier Müller-Thurgau und Silvaner.

Franken

Das Anbaugebiet erstreckt sich am Main entlang weit nach Osten und bringt erdige, trockene, infolge der starken Nachfrage recht teure Weißweine hervor, die sich von den üblichen deutschen Gewächsen deutlich unterscheiden. In den hier oft strengen Wintern bildet Frost eine beträchtliche Gefahr, und dementsprechend sind die Erträge uneinheitlich. Das äußere Erkennungszeichen des Frankenweins ist die rundliche, gedrungene Bocksbeutelflasche (man braucht für sie ein spezielles Weinregal). Die typische Frankenweintraube, der Silvaner, stellt wie der Riesling hohe Ansprüche an die Lage, damit er zu voller Reife gelangen kann. Auch die hier entstandene Neuzüchtung Rieslaner, eine Kreuzung Riesling u Silvaner, bringt oft eindrucksvolle Spätlesen hervor. Die berühmteste Lage Frankens ist der Würzburger Stein und als führende Weingüter sind das Bürgerspital, Castell, das Juliusspital und Wirsching zu nennen.

Saale-Unstrut und Sachsen

Die beiden Anbaugebiete in den inzwischen neu hinzugekommenen Bundesländern befinden sich im Wiederaufbau und es dürfte noch eine geraume Weile dauern, bis ihre leichten, trockenen Weine in größerem Umfang über die Grenzen ihrer Heimat hinausgelangen.

Assmannshausen – eine Rotwein-Enklave am westlichen Ende des Rheingaus.

Österreich

Im Überblick: *Großartige trockene Rieslinge und edelsüße Weine.*
Trauben: *(ROT) Zweigelt, Portugieser, Blaufränkisch; (WEISS) Grüner Veltliner, Welschriesling, Riesling, Müller-Thurgau.*

Der österreichische Wein ist der wohl geheimste Geheimtipp in der Welt des Weins, zum Teil vielleicht, weil die Österreicher selbst ihn so sehr lieben, dass sie die übrige Welt gar nicht erst merken lassen wollen, was für köstliche Tropfen Wein sie haben.

Allerdings wird es auch noch geraume Zeit dauern, bis endlich genug Gras darüber gewachsen ist, dass im Jahr 1985 einige österreichische Weinhändler versuchten, durch Beimischen einer zwar harmlosen, jedoch unerlaubten Substanz, die unglücklicherweise auch einen Bestandteil von Frostschutzmitteln bildet, bestimmten Weinen mehr Körper zu verleihen. Als Folge dieses ruchlosen Tuns hat Österreich nun die wohl strengsten Weingesetze der Welt und seine Weinerzeuger (die in ihrer überwiegenden Mehrheit überhaupt nichts mit dem Weinskandal zu tun hatten) produzieren mit die reinsten und feinsten Weißweine der Welt, von trocken und pikant bis süß und rassig.

Niederösterreich

In der Nordostecke des Landes wächst der größte Teil des österreichischen Weins. Die **Wachau** mit ihrer atemberaubend schönen Landschaft donauaufwärts von Wien bietet die wohl qualitätsbeständigste Musterschau an Rieslingen. Auf steilen Weinbergterrassen wächst neben dem Riesling auch die hochpikante, ureigene österreichische Traubensorte Grüner Veltliner zu schönster Reife heran; beide werden vor allem von kleinen Familienbetrieben (darunter Alzinger, F. X. Pichler, Prager, Knoll, Jamek und Hirtzberger) mit peinlichster Sorgfalt in kraftvolle und doch duftige, feine trockene Weißweine verwandelt, die leider außerhalb Österreichs nur selten anzutreffen sind. »Smaragd« ist die Bezeichnung für den Spitzentyp; eine Stufe darunter steht »Federspiel«. Es werden auch Versuche mit Beeren- und Trockenbeerenauslesen unternommen, doch die wahre Stärke der Wachau mit ihren knapp 1450 ha Rebfläche, wovon ungefähr 90 % mit Weißweinsorten bepflanzt sind, bildet der trockene Riesling.

Unmittelbar östlich schließen sich das **Kremstal** um die alte Stadt Krems und das **Kamptal** mit dem Hauptweinort Langenlois an; dort entstehen Weine mit fast ebenso viel Finesse wie in der Wachau, doch in der Regel zu günstigeren Preisen. Bründlmayer darf als führender Erzeuger genannt werden.

Die Weinbaugebiete **Donauland** und **Carnuntum** bilden eine vielgestaltige Rebfläche östlich von Wien; hier ist die Heimat der berühmten Weinbauklöster des Landes, darunter die Weinbaulehr- und -forschungsanstalt Klosterneuburg.

Thermenregion lautet seit 1985 der Name des Gebiets, in dem der füllige, feurige weiße Gumpoldskirchner wächst.

Das weite, fruchtbare Gebiet in der Donauebene nördlich von Wien bis zur tschechischen Grenze heißt **Weinviertel**; hier entsteht der größte Teil des österreichischen Alltagsweins und Sekts, daneben aber auch interessanter Rotwein. Die meistangebauten Traubensorten sind Müller-Thurgau und Welschriesling. Selbst Eiswein ist möglich.

Wien

Die Hauptstadt Österreichs ist die Einzige in der Welt, die auch im Weinbau eine bedeutende Rolle spielt. Nicht nur befinden sich gute Weinberglagen in den Vororten, hier wird auch die Heurigentradition gepflegt; vor allem in Grinzing schenken die Winzer den eigenen Wein gewissermaßen direkt aus dem Gärbottich aus. Zu den besten Erzeugern gehören hier Franz Mayer und Wieninger.

Burgenland

Aus der flachen Weinbauregion, die ihrem Wesen nach fast ebenso sehr ungarisch wie österreichisch ist, kommen fast alle großen, süßen Weißweine und der überwiegende Teil der besten Rotweine Österreichs.

Neusiedlersee ist das bedeutendste Gebiet für süße Weißweine. Der große, von seinem Schilfgürtel fast den Blicken entzogene See bildet eine verlässliche Quelle für die Entstehung der Edelfäule (Seite 88); diese lässt die Weintrauben einschrumpfen und zu so konzentrierter Süße gelangen, dass zahlreiche Beeren- und Trockenbeerenauslesen zustande kommen, die es mit großem Sauternes aufnehmen können. Die Weinberge liegen hier zum großen Teil in einem Vogelschutzgebiet, was den Winzern das Leben schwer macht; insbesondere Alois Kracher, Nittnaus, Stiegelmar, Umathum und Willi Opitz kultivieren eine ungewöhnlich breite Palette an Traubensorten, darunter Weißburgunder, Traminer, Scheurebe, Chardonnay und den hier zu besonders großer Form gelangenden Welschriesling.

Neusiedlersee-Hügelland liegt am westlichen Rand des gleichnamigen Sees und bringt ganz ähnliche Weine hervor. Die historische Spezialität dieser Gegend ist der Ausbruch aus dem weithin berühmten Fremdenverkehrsort Rust, wo Ernst Triebaumer und Heidi Schröck eine führende Stellung unter den Erzeugern innehaben.

Das **Mittelburgenland**, wo es vermutlich auch schon zu Zeiten der Römer Weinbau gab, genießt einen besonders guten Ruf als Rotweingebiet. Hier reifen im warmen Sommerwetter der lebendige Blaufränkisch sowie Blauburgunder, Cabernet Sauvignon und die österreichischen Spezialitäten Zweigelt und St. Laurent. Erzeuger wie Gesellmann und Igler erbringen den Beweis, dass auch Österreichs Kellermeister mit der malolaktischen Säureumwandlung umzugehen und tiefdunkle, festgefügte Rotweine hervorzubringen verstehen.

Etiketten richtig verstehen

Ausbruch Wein aus überreifen bzw. edelfaulen Beeren, besonders bekannt als Spezialität von Rust, meist tief in der Farbe und mit mehr als nur schwachen Anklängen an Tokajer.
Auslese Meist lieblicher Wein von besonders ausgesuchten Trauben.
Beerenauslese Süßer Wein, meist mit Edelfäule; wuchtiger, oft jedoch säureärmer als deutsche Pendants und daher früher zu trinken.
Kabinett Leichte, eher trockene, frische Weine mit echtem Charakter.
Landwein Qualitätsstufe über dem Tafelwein.
Spätlese In Qualität und Charakter zwischen Kabinett und Auslese.
Tafelwein Einfacher Tischwein, kommt nur in großen Flaschen auf den Markt.
Trockenbeerenauslese Besonders feiner Wein von edelfaulen Beeren; entsteht im Burgenland fast jedes Jahr und ist nicht so teuer wie deutsche Trockenbeerenauslese.

Aus dem **Südburgenland** kommt vor allem leichterer Blaufränkisch. Besonders zu empfehlen ist H. & M. Krutzler in Deutsch-Schützen.

Steiermark

Im Südosten des Landes entstehen zwar nicht viele, dafür aber oft aufregend gute sortenreine Weine, vor allem aromatischer Sauvignon blanc und uneinheitlicher Chardonnay, der hier auch Morillon heißt. Die hiesigen Weine sind nicht so typisch österreichisch, sondern eher mit den Gewächsen aus dem benachbarten Slowenien oder Friaul verwandt. Die einzelnen Weinbaugebiete heißen Süd-, Südost- und Weststeiermark. Das der Menge nach bedeutendste ist die Südsteiermark, wo in relativ hoch gelegenen Weinbergen um Liebnitz unter anderen die Erzeuger Alois Gross, Reinhold Polz, Sattlerhof und insbesondere Tement vor allem sortenreine Weißweine produzieren.

Schweiz

Im Überblick: *Duftige Weißweine und erstaunlich konzentrierte Rotweine aus drei verschiedenen Kulturkreisen.*
Trauben: *(ROT) Gamay, Blauburgunder, Merlot; (WEISS) Chasselas, Sylvaner.*

Nichtschweizer tun den Schweizer Wein, vor allem Fendant und Dôle, oft als ausdrucksschwach, dafür aber teuer ab. Freilich ist der Schweizer Wein wie alles dort nicht billig. In ihm spiegelt sich der kostspielige Schweizer Lebensstandard und obendrein hat es seinem Ruf auch nicht gut getan, dass dem Schweizer Weinhandel bei Verschnitten mit ausländischem Wein zu viel freie Hand gelassen wurde. Da die Schweiz kein EU-Mitglied ist, gilt das europäische Weinrecht dort nicht. Die Eidgenossenschaft hat jedoch ihre Weingesetze in den letzten Jahren spürbar verschärft.

Nun gibt es aber überall in der Schweiz passionierte Weinerzeuger, die Jahr für Jahr immer bessere Weine – zum großen Teil Rotweine – hervorbringen. Freilich handelt es sich um sehr kleine Mengen, die rasch in den Kellern der Weinkenner von Genf oder Zürich verschwinden und in der internationalen Weinfachpresse kaum je erwähnt werden.

Die Schweizer pflegen ihr landwirtschaftliches Erbe mit größter Sorgfalt, und zwar nicht nur die glockenbewehrten Kühe auf den Alpweiden und die Heidi-Tradition, sondern auch die zwar malerischsten, aber am schwierigsten zu bearbeitenden Weinberge, die man sich vorstellen kann; die meisten von ihnen liegen im westlichen, französischsprachigen Teil des Landes.

Schweizer Weine schmecken ganz anders als beispielsweise die deutschen und österreichischen, schon weil die Schweizer Kellermeister sehr gerne die mildernde malolaktische Säureumwandlung (Seite 72) begünstigen, sodass ihre Weine weniger auffallende Säure besitzen. Zudem wird durch Zuckerung im Gärbehälter (der Franzose nennt das *chaptalisation*) für eine kräftige Steigerung des Alkoholgehalts gesorgt. Daher sind Schweizer Weine meist lange nicht so streng und dünn, wie man es bei den großen Höhen und dem eher kontinentalen Klima des Landes eigentlich erwartet.

Französische Schweiz

Die hier verbreitetste Traubensorte ist Chasselas, auch als Tafeltraube bekannt. Auf den sonnigen Südhängen im **Wallis** im oberen Rhône-Tal südöstlich vom Genfersee wächst mehr Wein als sonst wo in der Schweiz. Die Sommer sind hier so warm und trocken, dass manche Weinberge – viele von ihnen so steil, dass sie nur mit Seilzugsystemen bearbeitet werden können – gelegentlich bewässert werden müssen. Bis in die höchsten Lagen trifft man Lokalspezialitäten wie Petite Arvine, Humagne und Amigne und es entstehen hier auch seriöse süße Spätlesen, manchmal von rosinierten *(flétri)* Trauben.

Weiter talabwärts kommen konzentrierte Weißweine von Fendant (Chasselas), Johannisberg (Sylvaner), Ermitage (Marsanne) und Malvoisie (Pinot gris) zustande, aber auch tiefe Syrah-Rotweine, die so manchem Winzer am Hermitage-Berg weiter Rhône-abwärts in Frankreich Bewunderung abnötigen dürften. Im Wallis werden Pinot noir und Gamay gemeinsam zum Dôle, dem Schweizer Gegenstück des Bourgogne Passetoutgrain (Seite 166), verarbeitet. Führende Erzeuger sind hier unter anderen Josef-Marie Chanton, Marie-Thérèse Chappaz, Urbain Germanier, Didier Joris und Simone Maye.

Der Kanton **Waadt** am Nordufer des Genfersees ist ebenfalls eine bedeutende Weinbauregion; hier sind auch große Weinhandelshäuser beheimatet. Chablais (mit Aigle und Yvorne), La Côte und Lavaux (mit Dézaley) sind die wichtigsten Weinbaugebiete im Waadtland mit seinem Zentrum Lausanne; die Haupttraube ist Chasselas, hier auch Dorin genannt. Die in der Waadt produ-

Dicht gepflanzte Reben – mit großer Wahrscheinlichkeit Chasselas – in Weinbergen oberhalb der Walliser Kantonshauptstadt Sion in der französischsprachigen Schweiz, wo jeder Quadratmeter Boden genutzt wird.

zierte Version von Dôle ist Salvagnin, allerdings meist mit schwächerem Pinot-noir-Einfluss. Auf sanft zum See abfallenden, südexponierten Hängen profitieren auch Chardonnay und Pinot gris vom Reife fördernden reflektierten Sonnenlicht. Hoch angesehene Erzeuger sind hier Jean-Michel Conne und Henri Cruchon.

Auch um die Stadt **Genf** selbst wird viel Wein gebaut; besonders beliebt ist in dieser Gegend Gamay. In **Neuchâtel** (aber auch im Wallis und Waadtland) wird als Lokalspezialität ein heller Rosé namens Œil de Perdrix aus der Pinot-noir-Traube produziert.

Deutsche Schweiz

Die Weine der Ostschweiz sind ganz anderer Natur. Hier ist der Blauburgunder besonders populär und wird zu Weinen der verschiedensten Stile, von lieblich und saftig über burgunderhaft bis hin zu einer starken und süßen Version von getrockneten Trauben aus dem experimentierfreudigen **Graubünden**, verarbeitet. Die Weißweinerzeugung ist von Müller-Thurgau beherrscht und die Gegend von **Schaffhausen** verlängert gewissermaßen das deutsche Anbaugebiet Baden. Baumann, Gantenbein, Kesselring und Schwarzenbach sind führende Erzeuger.

Italienische Schweiz

Eine weitere eigenständige Weinbauregion der Schweiz ist das **Tessin**. Hier entsteht vor allem leichter Merlot für den Schweizer Rotweindurst. Seit einiger Zeit gibt es zunehmend mehr Weißweine und Rosés aus Merlot.

Zudem wird in dieser südlichsten Landesgegend erstklassiger eichenfassgereifter Merlot del Ticino sowie Rotwein anderer internationaler Traubensorten von ertragsbeschränkten Reben in besonders günstigen Lagen produziert. Nur wenig davon verlässt die Schweiz. Besonders kosmopolitische Erzeuger im Tessin sind Daniel Huber, Adriano Kaufmann und Werner Stucky.

Mittel- und Osteuropa

Ungarn

Im Überblick: *Feurige Weißweine, preiswerte Rotweine und ein historisches süßes Relikt.*
Trauben: *(ROT) Kadarka und die üblichen internationalen Sorten;*
(WEISS) Furmint, Hárslevelü, Leányka und viele andere.

Wie alle Weinbau treibenden Länder Osteuropas – und es sind ihrer nicht wenige – versucht auch Ungarn, nach dem Zusammenbruch des Ostblocks seine Weinwirtschaft neu aufzubauen. Bis 1989 galt der Wein wie Getreide oder Kartoffeln lediglich als eine im Rahmen langfristiger Wirtschaftspläne sowohl den Ungarn als auch (und vor allem) den Russen verfügbar zu machende Ware. Ein Staatsmonopol war für Absatz und Verteilung des Weins zuständig, und während weite Teile der Anbaufläche in privater Hand verblieben, wurde doch viel ungeeignetes Land einfach mit Reben bepflanzt. Quantität war die Hauptsache, Qualität galt als elitär.

Heute müssen sich nun die ungarischen Weinerzeuger mit einem völlig anderen System herumschlagen, das ihnen keine Sicherheit und keinen bequemen Markt bietet. Russland hat sich als Absatzgebiet abgesetzt, der Inlandsmarkt schrumpft und im Export herrscht eine Konkurrenz wie nie zuvor. Alles in allem geht es dem ungarischen Wein noch recht gut, mindestens auf dem britischen Markt.

Von allen osteuropäischen Weinbauländern hat Ungarn die stärkste Invasion an so genannten »Flying Winemakers« zu verzeichnen. Sie verarbeiten das Traubengut zu sauberen, fruchtigen, höchst »internationalen« Weinen, sodass aus Ungarn heute ein Schwall preiswerter, gut bereiteter, allerdings nicht gerade atemberaubend charaktervoller Sortenweine wie Chardonnay, Sauvignon blanc, Pinot noir, Cabernet und Merlot hervorquillt, zu denen sich zunehmend bei Weißwein Hárslevelü, Irsai Oliver, Furmint sowie Leányka und bei Rotwein Kadarka, Kékfrankos und Kékoporto gesellen.

Gemeinsame Merkmale sind bei den Weißweinen kräftiger Körper und magyarisch feurige, würzige Art. Die Rotweine sind weniger eigenständig; in den Export gelangen vorwiegend saubere, fruchtige Beispiele, während die Einheimischen mehr auf die charaktervolleren Erzeugnisse von Josef Bach und seinesgleichen schwören. Junger Kékfrankos ist oft besonders saftig und anregend, und in manchen Jahren (das Wetter zeigt in Ungarn beträchtliche Schwankungen) gedeiht schöne Blauburgunderfrucht.

Einerseits befinden sich große Teile der ungarischen Rebfläche nicht in guter Form, und anderseits leiden die Weinkellereien des Landes an Geldknappheit, seit das Produktionssystem in Privathand überging. Moderne Ausrüstungen stammen zumeist aus westlichen Investitionen.

Das Erbe an einheimischen Rebsorten ist eigenständig und vielfältig: bei den weißen Trauben besteht es aus Furmint, Hárslevelü, Irsai Oliver, Juhfark, Kéknyelü, verschiedenen Muskatellern, Séfehér und Ezerjó; Olaszrizling ist Welschriesling, Szürkebarát Grauburgunder, Tramini Traminer; Leányka und Királeányka entsprechen den rumänischen Sorten Fetească bzw. Fetească Regală.

Kadarka, die ureigene dunkle Traube Ungarns, fällt dem Trend zur Anpflanzung internationaler Sorten wie Cabernet, Merlot und Pinot noir immer mehr zum Opfer; bessere Kadarka-Weine kommen aus Szekszárd, aber auch aus Kiskun, Hajos-Vaskút, Csongrác und Villány-Siklos. Kékfrankos ist Blaufränkisch, wird aber manchmal irrtümlich auch Nagyburgundi genannt, und Kékoporto ist der Blaue Portugieser.

Sicherlich wird es noch lange dauern, bis die Weinliebhaber der Welt ungarischen Wein nach den Namen der ihnen noch unbekannten Regionen kennen lernen. Auch ist der Wiederaufbau in Ungarn noch nicht so weit gediehen, dass schon ein langfristig gültiges Urteil über die Weinstile und -typen der einzelnen Regionen abgegeben werden könnte. Noch geben die fremden Investoren den Ton an und der Erfolg der dabei entstehenden Weine spiegelt oft mehr die Höhe der Investition als das natürliche Potenzial.

So ist es beispielsweise unwahrscheinlich, dass das heute für trockenen Rotwein bekannte **Sopron** – eigentlich eine Verlängerung der österreichischen Süßweingebiete am Neusiedlersee – in absehbarer Zeit imstande sein könnte, den begehrten edelsüßen Weinen des Nachbarlandes Konkurrenz zu machen. **Somló** bringt vor allem aromatische Weißweine hervor, während Mór und **Etyek** sich mit exportfähigen Sortenweinen beider Farben einen guten Ruf aufbauen.

An den Ufern des **Plattensees** befinden sich mit **Badacsony** und **Balatonfüred-Csopak** bedeutende und zunehmend modernisierte Weinbaugebiete.

Auf dem rechten Donauufer liegen weiter im Süden drei Weinbaugebiete mit feinen, konzentrierten Rotweinen: **Szekszárd, Villány-Siklós** und die **Mecsek**-Berge um die früher für guten Olaszrizling bekannte Stadt Pécs. Das Haus Antinori aus Italien verschaffte Szekszárd internationalen Respekt durch die gemeinschaftliche Produktion unter der Marke Bátaapáti mit der dortigen Winzergenossenschaft.

Auf dem anderen Ufer der Donau dehnt sich das **Alföld**, das **Große Ungarische Tiefland** mit seinem Sandboden, in dem die Reblaus nicht leben kann, weshalb hier seit dem Auftauchen dieses Schädlings viel Weinbau getrieben wird. Aus dieser Gegend kommen heute vorwiegend einfache Verschnittweine in großer Menge, aus den Distrikten **Hajós, Kiskun** und **Csongrád** aber auch preiswerte Weine internationaler Sorten.

Die restliche Rebfläche Ungarns liegt im Nordwesten. In den Mátra-Ausläufern (**Mátraalja**) sind die Reben vor Nordwind geschützt; der Chardonnay und der Sauvignon blanc aus dem Weingut Gyöngyös gehörten zu den ersten Weinen der »neuen Welle«, die in den Export gelangten.

Östlich davon liegt die historische Stadt **Eger**, deren Egri Bikavér, das mehr oder weniger kraftvolle berühmte Erlauer Stierblut, lange Zeit auf dem Exportmarkt zu finden war. Heute bemüht sich Egervin, das alte, inzwischen durch eine Kapitalspritze von 10 Millionen Dollar wiederbelebte Monopol, um eine neue, kontrollierte Identität für das Stierblut.

Der bei weitem berühmteste Wein Ungarns stammt jedoch aus dem Nordosten, aus der Region **Tokaj-Hegyalja** (die früher über die Grenze in die Slowakei hineinreichte). Der Tokajer (Tokaji), einst der großartigste süße Weißwein der Welt, wird schon seit 1650 von edelfaulen Trauben bereitet – also schon ehe diese Art in Sauternes und im Rheingau in Erscheinung trat. Seine Haupttrauben sind Hárslevelü und vor allem Furmint, dazu etwas Muskateller. Die Gegebenheiten in den 28 Orten des wettergeschützten Tokajer-Gebiets gewährleisten in einem guten Jahr weitgehenden Befall mit Edelfäule (wie in Sauternes fördern zwei ineinander mündende Flüsse die Bildung von Morgennebeln). Die Weine der folgenden Bezeichnungen gehen von trocken bis sehr süß: Szamorodni (von nicht edelfaulen Trauben), Aszú 3, 4, 5 oder 6 puttonyos – gemeint ist die Anzahl von »Butten« der traditionell aus gemahlenen edelfaulen Trauben bereiteten Paste, die einem Fass (Inhalt bis zu sieben Butten) Wein aus nicht edelfaulen Trauben beigemischt wird, worauf das Ganze eine langsame zweite Gärung durchmacht. Aszú Eszencia wird nur von der Frucht bester Jahre aus besten Lagen produziert, und Eszencia oder Tokaji Nectar ist eine überaus rare Traubenzuckeressenz von dem abgetropften Saft der edelfaulen Trauben, die zur Bereitung der Aszú-Paste dienen. Bei dem sehr hohen Zuckergehalt dieses Mosts können die Hefen in ihm nur im Schneckentempo wirken, sodass die Gärung Jahre in Anspruch nimmt – auf ihm beruhte einst der Ruhm des Tokajers als Lebens- und Liebeselixier. Der eigentliche Akzent im Charakter des Tokajers entsteht dadurch, dass er ähnlich wie Sherry unter einer Hefeschicht in nur zum Teil gefüllten Fässern reift, und zwar in Kellern, deren Wände mit einer schwarzen, filzigen Schimmelschicht bedeckt sind und die nur durch niedrige, in den Fels gehauene Eingänge betreten werden können. Von allen Weinbaugebieten Ungarns hat dieses die meiste Aufmerksamkeit bei ausländischen Investoren gefunden, unter denen sich drei französische Versicherungen (darunter AXA) und ein Konsortium namens Royal Tokay Wine Company, an dem auch der Weinbuchautor Hugh Johnson beteiligt ist, befinden. Viele seit 1992 entstandene Weine zeigen einen nicht mehr so charaktervollen Geschmack, sie wirken eher »sauber«, Sauternes-ähnlich als typisch ungarisch wie noch ihre Vorgänger unter Staatsmonopol. Alle werden in klare Halbliterflaschen abgefüllt.

Bulgarien

Im Überblick: *Preiswerte Weine internationaler Sorten.*
Trauben: *(ROT) Cabernet Sauvignon, Mavrud, Melnik; (WEISS) Rkatsiteli, Aligoté, Chardonnay.*

Mit weit weniger aussichtsreichen Traubensorten, aber einem ähnlichen kommerziellen Klima wie in Ungarn schaffte Bulgarien in den 1970er- und 80er-Jahren ein kleines Wirtschaftswunder. Da im Inland weder ein größerer Absatzmarkt für Wein noch interessante einheimische Rebsorten vorhanden waren, lieferte das damalige bulgarische Staatsmonopol einfache Weine an die Sowjetunion, pflanzte aber systematisch andere Rebsorten an, die es auf dem britischen Markt abzusetzen hoffte: Cabernet Sauvignon, Merlot, Pinot noir, Chardonnay, Sauvignon blanc, Traminer und Riesling.

Von diesen erwies sich damals der vollmundige, etwas rustikale, mit seinem Geschmack von schwarzen Johannisbeeren allerdings durchaus typische Cabernet Sauvignon als bei weitem am erfolgreichsten, sodass Bulgarien schließlich 1988 zum fünftgrößten Weinlieferanten Englands wurde. Kalifornisches Sachkönnen in der Weinerzeugung kam Bulgarien im Austausch gegen die Überlassung des Cola-Markts an PepsiCo zugute. Um die Mitte der 1980er-Jahre schien der bulgarische Weinbau mit einem Polster großer, regelmäßiger Aufträge aus der Sowjetunion auf festen Füßen zu stehen.

Jedoch schon vor 1989 – noch vor dem Zusammenbruch des Ostblocks und damit des wichtigsten Absatzmarktes – war der bulgarische Weinbau in Nöte geraten. Gorbatschows Anti-Alkohol-Kampagne führte zur Vernachlässigung der Rebenpflanzungen. 1990 erreichte die Gesamterzeugung trotz lebhaften Absatzes in England nur noch ein Viertel der Ziffer von 1985.

Inzwischen versucht der bulgarische Weinbau, sich in dem ganz unvertrauten Wirtschaftsklima, in das er urplötzlich gestürzt wurde, neu einzurichten. Disziplin, Hygiene und Technik der Weinbereitung sind noch immer stärker ausschlaggebende Faktoren dafür, ob sich bulgarischer Wein für westliche Gaumen eignet, als die naturgegebenen Voraussetzungen, unter denen er wächst. Viele ältere Weinkellereien, zum Beispiel Assenovgrad im Süden, wurden nach sowjetischem Muster eigentlich mehr als Abfüll- und Verteilungszentren in der Nähe großer Städte statt in den Weinbaugebieten selbst errichtet (dennoch hat Assenovgrad viel herrlich vollen, haltbaren Mavrud hervorgebracht). Andere Kellereien, beispielsweise Russe und Suhindol an der rumänischen Grenze im Norden, Preslav und Burgas am Schwarzen Meer im Osten und Sliven in den Ausläufern des Balkangebirges, sind mit Erfolg modernisiert worden und auch Svischtov, Khan Krum, Varna und Stambovolo beliefern regelmäßig den westlichen Markt.

Einen wirklich aufregenden bulgarischen Weißwein habe ich bisher noch nicht gefunden – die meisten sind blasse Versionen internationaler, aber auch einheimischer Traubensorten wie Aligoté, Misket, Rkatsiteli und Fetiaska. Sicherlich aber wird demnächst hier und da ein erstaunlicher fassvergorener Chardonnay auftauchen.

Die bulgarischen Rotweine hingegen sind oft sehr empfehlenswert. Mir ist zwar eine übertriebene Vorliebe für Eichenholzspäne aufgefallen und ich halte auch nicht viel von den weichen,

Abstich des vollen, goldenen Tokajers in schimmelüberzogenen Kellern. Der Qualitätsstand der Weinbereitung geriet in Ungarn gegen Ende des alten Regimes stark in Verfall, erholt sich nun aber mit der Hilfe ausländischer Investoren.

pflaumenwürzigen, leichten, fruchtigen Verschnitten, wie einige bulgarische Kellereien sie von Merlot mit Pinot noir, Merlot mit Gamza (der ungarischen Kadarka) und Merlot mit Pamid (der schlichtesten bulgarischen Rotweintraube) produzieren; es gibt aber zweifellos guten, ausgesprochen preiswerten Cabernet Sauvignon, Mavrud und Melnik.

Rumänien

Im Überblick: *Noch entwicklungsbedürftig.*
Trauben: *(ROT) Cabernet Sauvignon; (WEISS) Fetească, Welschriesling, Tămaîioasă.*

Rumänien hat ein großes Potenzial für eine abwechslungsreiche, hochwertige Weinproduktion, aber es wird wahrscheinlich für lange Zeit noch unausgeschöpft bleiben. Das Land verfügt über eine größere Rebfläche als alle anderen in Osteuropa (außer der ehemaligen Sowjetunion) und die süßen Weißweine aus Cotnari im Nordosten waren einst ebenso berühmt wie der Tokajer und der Constantia.

Anders als Ungarn und Bulgarien ist Rumänien auch ein Land mit großem Weinverbrauch. Es liegt auf gleicher geographischer Breite wie Frankreich, doch das Klima ist stärker kontinental (nur an der Schwarzmeerküste sind die Winter nicht so streng).

Rumänien verfügt über größere Cabernet-Sauvignon-Bestände als das gerade mit dieser Sorte exportstarke Bulgarien; die Haupttrauben sind aber die einheimische Fetească und die Neuzüchtung Fetească Regală. Beide erbringen aromatische Weine unterschiedlicher Süße und Qualität. Ebenfalls eine wichtige Rolle spielen Welschriesling (auch Banat Riesling genannt), Aligoté und Merlot, zudem gibt es größere Bestände an Sauvignon blanc, Pinot gris, Rkatsiteli, Muscat Ottonel, Traminer und der einheimischen Sorten Grasă und Tămaîioasă, die früher den Cotnari erbrachten.

Aus den waldreichen Bergen Siebenbürgens kommen viele potenziell fesselnde Weißweine, vor allem aus der Region **Tîrnave** (oder **Tarnave**). Mit den knapp 15 % der Weinproduktion, die in den Export gehen, sind auch die Namen **Murfatlar** (an der Küste, mit einer gewissen Reputation für rumänische Süßweinspezialitäten) sowie **Dealul Mare** (in den Karpatenausläufern bei Bukarest, mit guten Rotweinen, unter anderem etwas dicklichen, billigen Pinot-noir-ähnlichen Tropfen) im Ausland bekannt geworden.

Derzeit leiden die rumänischen Weinerzeuger – wie das Land überhaupt – noch an einem chronischen Mangel an Material und Ausrüstungen, insbesondere für Abfüllung und Gärtemperaturregelung, wie sie im Westen als Standard gelten.

Moldova

Im Überblick: *Gutes Klima, große Rebfläche.*
Trauben: *Internationale Sorten.*

Der unabhängige Staat Moldova hat sich bisher als einziges GUS-Mitglied im Ausland eine gewisse Reputation als Weinbauland geschaffen. Er bildet geographisch und ethnisch den Übergang zwischen Rumänien und der Ukraine und hat eine eigene, wenn auch getrübte Weinidentität. Gut 10 % des sanften Hügellands mit idealen natürlichen Voraussetzungen für den Weinbau sind Rebfläche, die großenteils mit exportfreundlichen Rebsorten wie Cabernet Sauvignon, Chardonnay, Sauvignon blanc und Pinot noir besetzt ist.

Seit der Unabhängigkeit im Jahr 1989 hat das Land bei ausländischen Investoren (sogar bei dem australischen Weingiganten Penfolds) und ganzen Schwärmen von »Flying Winemakers« (Seite 68) viel Interesse gefunden.

Die natürlichen Gaben Moldovas als Weinbauland sind in schönster Ordnung; was aber an Flaschenwein in den Export gelangt, leidet noch unter schlechten Korken, Transportarbeiterstreiks und dergleichen – Aufmerksamkeit verdient es aber gewiss.

Weitere GUS-Staaten

In der ehemaligen Sowjetunion produzieren vor allem die Republiken am Kaspischen Meer, Georgien, das eine äußerst lebendige Weinkultur hat,

Aserbaidschan, Kasachstan und Usbekistan, beträchtliche Mengen an Wein, der allerdings westlichen Gaumen rosinensüß und wenig raffiniert erscheinen dürfte.

Die Ukraine und insbesondere die Halbinsel Krim verfügen zweifellos über exzellentes Potenzial, wie die gegen Ende der 1980er-Jahre bei Sotheby's versteigerten gehaltvollen Dessertweine aus der Zentralkellerei Massandra bezeugen. Zu den feinen einheimischen georgischen Traubensorten gehören die weiße Rkatsiteli und die rote Saperavi. In der Region steckt ein enormes Potenzial – das hat auch der französische Getränkeriese Pernod-Ricard erkannt und dort investiert.

Tschechien und Slowakei

Die meisten Weine in diesen beiden Ländern sind weiß, leicht und spritzig und ihnen bleibt oft die schwere Hand der Genossenschaftskellereien und reichliche Süßreserve erspart, die sonst das Bild des Weinbaus in Mittel- und Osteuropa trüben. Manche preiswerte, doch interessante Rieslinge, Grüne Veltliner und Weißburgunder sind schon zu westlichen Kunden gelangt.

Die Slowakei verfügt über die größere Weinproduktion; insbesondere die Region **Nitra** im Süden exportiert ihre Produkte mit viel Enthusiasmus.

Slowenien

Das am stärksten verwestlichte Weinbauland dieses Raums hat außerordentlich feine, saubere, lebendige, meist weiße sortenreine Weine aus zwei Regionen im Osten und im Westen zu bieten. Die im Westen produzierten Weine entstehen nach dem Vorbild von Friaul, während die Weine im Osten jenen der benachbarten Steiermark nacheifern. Das Haupterzeugnis war lange Zeit der unter dem Etikett Lutomer exportierte, dicklich gesüßte Welschriesling, bis der deutsche Weinbau durchsetzte, dass die nicht mit dem »echten« Riesling verwandte Traubensorte Laskirizling genannt werden soll.

Das übrige Ex-Jugoslawien

Diese Region mit gutem Potenzial lieferte früher vor allem billige, liebliche Rotweine nach Deutschland. Kroatien wird vielleicht demnächst so manches Geheimnis um seine Rebsorten und ihre Verwandtschaft mit italienischen und griechischen Namen lüften. In der Wojwodina entstehen im Gebiet Fruska Gora einige sehr hübsche sortenreine Weißweine mit mitteleuropäischem Akzent. Der Vranac ist ein dunkler, achtbarer Rotwein aus Montenegro mit guter Haltbarkeit.

Mittelmeerländer

Ganz allgemein sind die Weine an der Ost- und Südküste des Mittelmeers körperreich, relativ alkoholstark und vor allem als konzentrierte süße Rotweine am erfolgreichsten, doch wie immer und überall gibt es auch hier Ausnahmen.

Griechenland

Kaum bemerkt von der übrigen Welt hat Griechenland seinen Weinbau rasch modernisiert. Es herrscht hier kein Mangel an ambitionierten Weinerzeugern mit internationaler Erfahrung, die beweisen möchten, dass auch ihr Land zur großen Welt des Weins gehört.

Besonders erfreulich ist dabei, dass der uralte griechische Weinbau in seiner modernen Gestalt der Versuchung widersteht, in die Chardonnay- und Cabernet-Sackgasse zu laufen. Es könnte durchaus sein, dass manche der hier in der Gegenwart kultivierten Traubensorten dieselben sind, die einst den Wein für die klassischen Symposien (bestimmt hedonistischere Zusammenkünfte als heutige Veranstaltungen dieses Namens) und für dionysische Feste lieferten. Mindestens eine verbreitete Traubensorte, die Malvasia nämlich, verdankt ihren Namen griechischen Ursprüngen: Er leitet sich von dem griechischen Hafen Monemvasia her, der im Mittelalter Umschlagplatz für süße Weine war.

Viele alte griechische Rebsorten sind freilich ganz oder doch fast ganz ausgestorben, nur die aromatische weiße Malagousia sowie Lagorthi und die kretische Sorte Vilana wurden gerettet. Assyrtiko, Rhoditis und Savatiano sind weit verbreitete Weißweintrauben, und Agiorgitiko, Mavrodaphne, Xynomavro und in geringerem Maß auch Limnio bewähren sich seit langem für Rotwein.

Der griechische Wein hat heute jedenfalls mehr zu bieten als nur Retsina, den intensiv mit Pinienharz gewürzten körperreichen Weißwein aus der großen Zeit griechischer Restaurants, der den Touristen so lange im Gedächtnis haftet.

In der Sommerhitze wird die mäßigende Wirkung von Nordhängen immer mehr geschätzt, und aus demselben Grund werden Weinberge in großen Höhen neu angelegt. Weinkellereien wie der neue Tsantalis-Betrieb in Aghios Pavlos, Kourtakis in Ritsona und der Boutari-Betrieb auf Santorini gehören zu den modernsten und besteingerichteten der Welt. Außerdem verfügt Griechenland über kleine, finanziell gut ausgestattete qualitätsbeflissene Weinbaubetriebe wie Gentilini auf der Insel Kephalonia, Ktima Mercouri bei Olympia, Ktima Hatzimichalis bei Parnassos und Strofilia bei Athen. Der erste moderne Familienbetrieb des Landes war die Ende der 1960er-Jahre vom gleichnamigen Reeder errichtete Domaine Carras auf Chalkidiki.

Die in raschem Wandel begriffene Weinlandschaft bietet heute vor allem interessante duftige Weißweine von der Robola-Traube aus Kephalonia und den schön nervigen Thalassitis von Gaia. Er wird aus Assyrtiko-Trauben von Reben bereitet, die auf der schwarzen Vulkaninsel Santorini ums Überleben kämpfen. Zeugnisse der griechischen Fertigkeit, ausgewogene, aber auch wahrhaft interessante Rote zu erschaffen, sind der feste, eichenfassgereifte rote Naoussa von Xynomavro-Trauben aus dem Norden, der besonders duftstarke Agiorgitiko aus Nemea an der Ostküste des Peloponnes und einige interessante Weinexperimente aus dem Gebiet zwischen Thessaloniki und der türkischen Grenze im Osten. Die Erzeugnisse, die vermutlich am ehesten den Weinen im antiken Griechenland ähneln und von den Venezianern und Genuesen nach ganz Europa verschifft wurden, sind die vielen Süßweine des Landes, etwa die Muskateller von Samos, Lemnos und Patras, wo auch viel herrlich milder, fassgereifter Mavrodaphne entsteht.

Gewiss darf man noch mehr erwarten, vor allem da die gegenwärtige Renaissance im Weinbau mit einem Nachlassen des Weinverbrauchs in Griechenland zusammentrifft.

Türkei

Die türkischen Weinberge sind zwar größtenteils der Trauben- und Rosinenproduktion (97 % der Rebfläche) gewidmet, es entstehen hier aber auch einige moderne, das heißt kühl vergorene Weine. Buzbag heißt einer der meistverkauften Tropfen, ein recht rustikaler Roter; er wird vom mächtigen Staatsmonopol erzeugt, das rund 20 Kellereien kontrolliert. Sarafin unweit des Schlachtfelds von Gallipoli ist das erste »Boutique-Gut« des Landes; es bereitet fassgereiften Cabernet Sauvignon. Selbst Weißwein wird produziert, aber es ist in dem meteorologisch und sozial ungünstigen Klima am Bosporus nicht leicht, etwas aus ihm zu machen.

Obwohl Wein von den Einheimischen etwas stiefmütterlich behandelt wird, findet man doch in vielen verschiedenen Teilen des Landes Rebflächen. Der Landstrich westlich von Istanbul mit seinen sehr europäischen Böden und Klimazonen könnte Tropfen hervorbringen, die stark denen aus dem östlichen Griechenland und südlichen Bulgarien ähneln, wenn die veralteten Kellereien in der Türkei endlich die dringend nötigen Mittel für Investitionen bekämen. An der ägäischen Küste um Izmir entstehen einige der besten Weißen des Landes, die zum Teil süß ausfallen und fast schon so antik anmuten wie die Ruinen und anderen Sehenswürdigkeiten in diesem Teil der Welt. Die Reben in Anatolien im östlichen Binnenland der Türkei müssen beißend kalte Winter und sehr trockene Sommer ertragen. Mit seinen uralten Rebsorten und der Nähe zum Euphrat birgt die Region vielleicht viele Hinweise auf die Ursprünge des Weinbaus selbst. Türkischer Wein mag im Augenblick für Weinhistoriker interessanter sein als für den modernen Weinfreund – an Potenzial indes mangelt es dem Land keineswegs.

Zypern

Der interessanteste Wein von der Insel ist ohne Zweifel der Commandaria, ein manchmal sehr guter, dunkler, rosinensüßer Dessertwein mit langer Vergangenheit. Lange Zeit hat sich Zypern viel zu stark auf billigen Massenwein, Traubenkonzentrat und Sherry-Imitationen verlegt, als dass seine Zukunft im Weinbau auf mittlere Sicht besonders rosig aussehen könnte. Doch Gorbatschows Reformversuche und das Ende des

In griechischen Cafés schenkt man traditionellerweise mehr Spirituosen als Wein aus.

Kommunismus hatten indirekt auch Auswirkungen auf die zypriotische Weinindustrie, die dadurch aus einem langen Dornröschenschlaf erweckt wurde. Unternehmen wie Etko und Keo bereiten heute zunehmend ausgefeilte Tischweine aus Cabernet Sauvignon und Grenache. Zudem hat man mittlerweile erkannt, dass es besser ist, die Trauben so nah wie möglich am Weinberg zu verarbeiten, statt sie in der Mittagssonne an die Küste zu verfrachten, wo die großen Kellereien stehen. Auch wird das Lesegut heute früher geerntet, damit es seine Fruchtigkeit bewahrt. Als ich der Insel das letzte Mal einen Besuch abstattete – zugegeben, es war in den 1980er-Jahren und liegt damit schon viel zu lange zurück –, fing ich bald an, nur die allerjüngsten Jahrgänge zu bestellen, weil ich mir von ihnen wenigstens einen Hauch Frische erhoffte. Die Insulaner allerdings schienen mit den alten, oxidierten Tropfen glücklich zu sein.

Libanon

Man könnte vielleicht meinen, im warmen Klima Libanons würde kaum hochwertiger Wein gedeihen, doch im hoch gelegenen Bekaa-Tal ist es angenehm kühl, sodass hier wirklich interessante Rotweine entstehen.

Im Ausland am bekanntesten ist der Château Musar mit seiner Bordeaux-ähnlichen Struktur (obschon sofort anzufügen ist, dass das Médoc kaum je so wuchtige Cabernet-Sauvignon- und Cinsaut-Frucht hervorbringen könnte). Die Weißweine fallen eher flach aus; dafür bringen aber Erzeuger wie Kefraya und Ksara recht achtbare trockene Rosés zustande. Diese beiden Kellereien machen Musar mittlerweile auch ernsthafte Konkurrenz. Der eichenfassgereifte rote Bordeaux-Verschnitt von Château Kefraya ist mehr als respektabel und der trockene Rosé von Ksara passt ideal zu frischem Gemüse und den kräftigen libanesischen Mezze. Eine Absichtserklärung der besonderen Art stellt Massaya dar: Das ambitionierte Rotweinunternehmen wird von Spitzenberatern aus St-Emilion und Châteauneuf mit fachlichem Rat unterstützt.

Israel

In Israel, wo man den einheimischen Winzern die Erzeugnisse mit solcher Begeisterung aus der Hand reißt, dass die Weine auf den Exportmärkten unverständlich teuer erscheinen, findet in den Kellern und Weinbergen seit kurzem eine stille Revolution statt. Eine Zeit lang hatte das Gut Yarden auf den Golanhöhen eine unbestrittene Spitzenstellung in der modernen israelischen Weinlandschaft inne, doch mittlerweile treten immer mehr ambitionierte Erzeuger aus verschiedenen Anbauregionen auf den Plan. Castel bereitete im Judäischen Bergland gute Kopien roter Bordeaux-Tropfen und weißer Burgunder. Dalton gelingt ein sehr beachtlicher Sauvignon blanc von Trauben aus dem Hochland von Galiläa, wo auch Margalit einen großartigen Merlot zustande bringt. Und im ganzen Land verstreut findet man einige ausgewogene, reife Cabernet Sauvignon.

Für viele Außenstehende hat Israel nichts anderes zu bieten als roten Kiddush-Wein, doch diese Zeiten sind passé. Zahlreiche neue Kleingüter produzieren nicht einmal koscheren Wein und haben die modernsten Restaurants des Landes als Kundenkreis ins Visier genommen.

Marokko

In den 1950er-Jahren stellte Nordafrika für Europa noch eine bedeutende Weinquelle dar. Heute geht die Weinproduktion dort mit dem wachsenden Einfluss des Islam stark zurück, doch in Marokko entstehen noch interessante Weine, und das Potenzial ist groß. Der Staat hält den Daumen auf die Weinerzeugung, die auf den Tourismus und auf den Export an Kuskus-Restaurants in ganz Frankreich abgestellt ist.

Charaktervolle trockene Roséweine werden unter der Bezeichnung Vin Gris angeboten, daneben findet man auch noch gehaltvolle starke Muskateller als Dessertweine. Eine Reihe von Fremdinvestoren, darunter der französische Riese Castel, bringen fleißig Weinberge und Keller auf Vordermann – und das mit enormem Erfolg. Ein wichtiges Anbaugebiet ist Meknès.

USA

Es ist noch nicht so recht durchgedrungen, dass die USA mehr Wein produzieren als irgendein anderes Land außer Frankreich, Italien oder Spanien. Die Jahreserzeugung ist beispielsweise mehr als doppelt so groß wie die Australiens. In allen Staaten außer im mittleren Westen entsteht Wein, wenn auch die Produktion der meist noch jungen Weinbaugebiete in Qualität und Stil erwartungsgemäß sehr unterschiedlich ist.

Aus Kalifornien mit seinem idealen mediterranen Klima kommen 90 % des amerikanischen Weins. Die Staaten Washington und New York sind die Einzigen, die außerdem noch Wein in einigermaßen bedeutenden Mengen hervorbringen; daneben hat sich das regenreiche Oregon eine Reputation für gute Qualität geschaffen.

Als die ersten europäischen Siedler nach Nordamerika kamen, entdeckten sie mit Verwunderung die große Vielfalt der einheimischen Reben. Botaniker identifizierten in Nordostamerika über zwanzig verschiedene einheimische Rebenspezies. Niemand ahnte damals, wie stark diese sich von der europäischen Gattung *Vitis vinifera* (Seiten 96 bis 99) unterschieden. Bei dem Versuch, von den einheimischen Trauben Wein zu keltern, stellte es sich jedoch heraus, dass Geschmack und Konsistenz unerfreulich anders waren. Deshalb wurden in den Staaten an der Ostküste bereits 1619 importierte Stecklinge europäischer Reben erprobt; fast drei Jahrhunderte lang rätselte man dann, warum diese Reben sich so wenig an das Leben jenseits des Atlantiks gewöhnen konnten. Was den ungepfropften europäischen Reben aber fehlte, war die natürliche Resistenz der amerikanischen Rebe gegenüber den einheimischen Schädlingen und Krankheiten wie Reblaus und Mehltau.

Bis auf den heutigen Tag halten allgemein die Staaten im Nordosten und insbesondere der Staat New York (sowie Ontario in Kanada) an der traditionellen Weinerzeugung von der einheimischen Spezies *Vitis labrusca* sowie von amerikanischen und französischen Hybridreben fest. Am populärsten ist die Sorte Concord, aber auch Baco, Catawba, Maréchal Foch, Seyval blanc und Vidal werden angebaut. Im Südosten der USA wird zudem Wein vom dicklichen Most der Scuppernong-Rebe produziert.

Mit der zunehmenden Internationalisierung wächst nun die Zahl der Weine von den bekannten und gern gekauften europäischen *Vinifera*-Sorten wie Cabernet und Sauvignon blanc, selbst in Gegenden, die früher ganz auf Amerikaner Reben eingeschworen waren.

Viele der kleinen, so genannten »Boutique Wineries«, die beispielsweise in relativ neuen Weinkolonien wie Maryland, Virginia und New Mexico geradezu aus dem Boden geschossen sind, verdanken ihr Dasein eher dem Tourismus oder den Genusswünschen ihrer Eigentümer als überzeugenden weinbaulichen Gegebenheiten.

Das Terrain, das Klima und das Erbe an Rebsorten sind in den USA so vielfältig, dass nur wenig Allgemeingültiges ausgesagt werden kann. Eine Gemeinsamkeit aber besteht doch: das AVA-System (American Viticultural Area), eine noch in den Anfängen steckende, nur auf die manchmal fragwürdigen geographischen Grenzen der einzelnen Bereiche bezogene Parallele zu den europäischen »kontrollierten Appellationen«.

Der allergrößte Teil der amerikanischen Weine ist nach den Traubensorten benannt, aus denen sie jeweils bestehen. Spezifische amerikanische Begriffe sind: »fighting varietal« für sortenreinen Wein, der preiswerter zu haben ist als die von viel Rummel umgebenen Supertropfen mit ihren fast schon exzessiven Preisen, »jug wine« für Tafelwein und »blush wine« für Rosé, der hier nach dunklen Traubensorten mit vorangestelltem »White«, zum Beispiel White Zinfandel, benannt wird.

Kalifornien

Im Überblick: *Viele sehr feine, jedoch recht wenige preisgünstige Weine.*
Trauben: *(ROT) Zinfandel, Cabernet Sauvignon, Pinot noir; (WEISS) Chardonnay, Sauvignon blanc.*

Das Klima Kaliforniens, wo Besuche eine reine Freude sind, ist mild. Die Menschen könnten nicht entgegenkommender sein (ganz im Gegensatz zu Burgund und Bordeaux stehen die Weinbaubetriebe Kaliforniens stets Touristen offen). Man kann in hunderten von Restaurants zu ganz vernünftigen Preisen fantastisch essen und bekommt auch stets den dazu passenden Wein empfohlen. In den meisten Weinbaugegenden Kaliforniens ist die sanfte, vergoldete Landschaft gegen die Gelüste des Baugewerbes geschützt. Man lebt gut hier; der Mensch hat viele Möglichkeiten erdacht, um den Unannehmlichkeiten der Natur zu begegnen.

Für einen kalifornischen Weinerzeuger geht es vor allem um die Lebensqualität. Wie in der Toskana tummeln sich in den kalifornischen Anbaugebieten viele Quereinsteiger, die es in anderen Sparten zu etwas gebracht haben und ihr vieles Geld nun in ein eigenes Weingut stecken wollen. Unternehmer, die einst zu Reichtum gelangten, weil sie jede Heftklammer zählten, scheinen an der Tür ihrer schön gestalteten Kellerei jegliche Sparsamkeit abzulegen und geben Millionen für Spitzenarchitekten, angesagte Weinmacher, schicke Etikettendesigner und französische Küfer aus.

In den hoch berühmten Bereichen Napa und Sonoma führen die Besitzer der Weinbaubetriebe ein paradiesisches Leben in einem Wohlstand, den andere Weinerzeuger seit dem goldenen Zeitalter im Médoc nicht mehr kennen. Sie wohnen in liebevoll restaurierten Villen aus der Zeit vor der Jahrhundertwende und nennen nicht nur einen Swimmingpool, sondern auch Pferdeställe, Konzertsäle und Kunstsammlungen ihr Eigen …

All diese Pracht geht damit einher, dass kalifornischer Wein im Ausland nur zu Preisen zu haben ist, die dort oft als glatter Wucher oder reine Überheblichkeit empfunden werden – wo doch fast alle übrigen Weinbau treibenden Nationen um so gut wie jeden Preis exportieren wollen. Solche Kritik denkt freilich nicht daran, wie groß die Bevölkerung der USA ist. Kalifornien muss einfach nicht in dem Umfang exportieren wie Australien, Chile oder viele europäische Länder, obwohl sich die kalifornische Anbaufläche nach einer durch die Reblaus verursachten Knappheit (siehe Kasten Seite 287) für die berühmten internationalen Rebsorten ebenso rasch ausweitete wie in den 1990er-Jahren die australische oder chilenische. Auch sind vor allem in nicht ganz so berühmten Bereichen manche Erzeuger mittlerweile auf andere Feldfrüchte umgestiegen. Die internationalen Märkte für preiswerten Chardonnay und insbesondere Cabernet sind heiß umkämpft. Anfang des 21. Jahrhunderts konnte nur das größte Weinunternehmen der Welt, Gallo in Modesto und Sonoma – ein Gigant in Familienhand, der seine Erzeugnisse mit außerordentlichem Geschick vertreibt –, erfolgreich im Exportgeschehen mitmischen.

Das ist allerdings recht riskant, denn an der obersten Spitze der Qualitätsskala ist Kalifornien durchaus nicht unverwundbar. Da es Kalifornien versäumt hat, mit preiswerteren Produkten eine solide Basis an Weinliebhabern in aller Welt für sich zu gewinnen, ist draußen kaum bekannt, welche herrlichen Genüsse die begehrten Spitzenweine bieten können. Selbst diejenigen, die sich von den großen Leistungen Kaliforniens bereits überzeugen konnten, können nur schwer mit den neuesten Entwicklungen Schritt halten, wenn sie nicht dort leben – so klein sind oft die Mengen und so rasch wechseln die Namen.

Dieser Mangel an Dauerhaftigkeit ist ein Merkmal des kalifornischen Weinbaus. Nur wenige Weinbauregionen der Neuen Welt haben je einen so dramatischen Boom erlebt wie Kalifornien in den 1880er-Jahren (als der Wein aus dem damals jung etablierten amerikanischen »Wine State« in der ganzen Welt berühmt war), vielmehr haben sie sich fast alle wenigstens einigermaßen konstant entwickelt. Kaliforniens Weinbaugeschichte dagegen besteht aus immer neuem plötzlichem Auf und Ab; so nahm im 19. Jahrhundert die Reblaus dem Aufschwung den Wind aus den Segeln und die Prohibition brachte zwischen 1918 und 1933 alles zum Erliegen.

Erst gegen Ende der 1960er-Jahre begann sich ein seriöser, ambitionierter, hochwertiger Weinbau in Kalifornien herauszubilden – die Errichtung der Robert Mondavi Winery in Oakville im Napa Valley (noch heute ein Wahrzeichen des kalifornischen Weinbaus) gilt allgemein als der Anfangspunkt dieser neuen Ära. Die 1970er- und 80er-Jahre hindurch erlebte das kalifornische Weinbauland, vor allem das Napa Valley und in geringerem Maß auch Sonoma, eine Invasion von Leuten, die sich in einem konventionelleren Geschäft ein Vermögen erworben hatten und sich nun ein schönes Leben machen wollten.

Mit nur wenigen Ausnahmen ist der kalifornische Weinbau das freundlichste, am wenigsten mit Konkurrenzdenken behaftete, offenherzigste Gewerbe der Welt. Jede neue Idee breitet sich aus wie ein Lauffeuer und alle Trends werden durch einen protektionistischen Groß- und Einzelhandel sowie eine konzentrierte kritische Weinfachpresse noch verstärkt. Die vom Fachmagazin *Wine Spectator* oder dem Kritiker Robert Parker vergebenen Punkte werden beim Kauf und Verkauf von Weinen so umfassend und kritiklos übernommen, dass Beratungsfirmen mittlerweile bereits Standardmodelle für die Bereitung von Weinen anbieten, die hohe Wertungen erzielen.

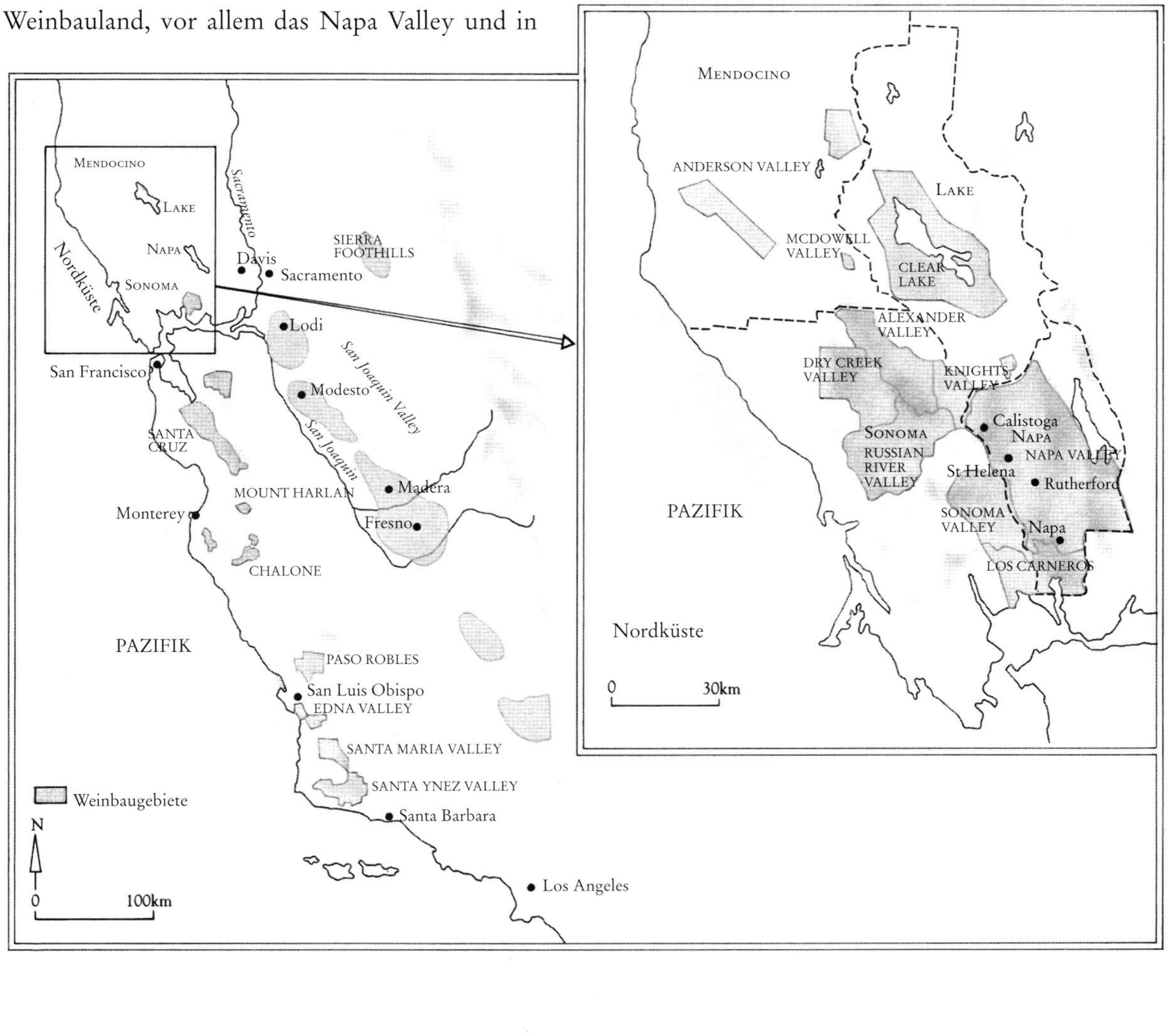

Das Napa Valley mit seinem großen natürlichen Reichtum ist wohl die meistfotografierte Weinbauregion der Welt. Den als Schutz für junge Reben benutzten Milchtüten begegnet man hier überall, wo es gilt, die durch den neuerlichen Reblausbefall (Seite 287) entstandenen Schäden wieder gutzumachen.

Die Kritiker neigen dazu, reichlich Punkte beispielsweise für sehr dunkle, sehr reife, sehr alkoholstarke Cabernets und Zinfandels mit merklichen, aber reifen Tanninen zu vergeben (die Weine also, die bei vergleichenden Verkostungen immer vordere Plätze belegen, aber nicht unbedingt ein großer Genuss als Speisenbegleiter sind). Deshalb suchen die Weinmacher in ganz Kalifornien immer reifere Trauben, die die Erzeuger denn auch so lange wie möglich am Stock hängen lassen. Es ist heute keineswegs ungewöhnlich, mit der Lese erst zu beginnen, wenn die Beeren einen potenziellen Alkoholgehalt von mindestens 17 % erreicht haben. Manche werden tatsächlich so stark abgefüllt und etikettiert, andere verdünnt man routinemäßig auf ein bekömmlicheres Alkoholniveau. Einige hochkarätige Winzer wurden auch für ihre enorm mit Süße, Alkohol, Extrakt und Eiche beladenen Chardonnays mit frenetischem Jubel bedacht. Man kann sich die Folgen für die kalifornischen Chardonnays vorstellen, von denen es tausende kaum zu unterscheidende Versionen gibt.

Die Folge davon ist, dass jede Veränderung, die sonst wo in der Welt nur sanfte Turbulenzen hervorruft, in Kaliforniens Weinbau oft gleich zur Flutwelle wird. Der Umgang mit dem Reblausproblem ist nur ein Beispiel dafür, andere sind die Vorherrschaft von Chardonnay und Cabernet Sauvignon und die großen Ähnlichkeiten im Stil dieser Weine.

Eine eindeutige Bremse für den Fortschritt, wobei sich in den 1990er-Jahren allerdings ein Wandel zum Besseren eingestellt hat, war die übergroße Bedeutung, die dem Kellermeister auf Kosten des Traubenanbauers zugemessen wurde. Wie in den meisten Regionen der Neuen Welt sind auch hier Traubenanbau und Weinbereitung im Allgemeinen zwei völlig getrennte Funktionen. Das hat ebenso seine Nachteile wie die Tatsache, dass infolge der Sommerhitze in Kalifornien die Arbeit im Weinberg weitgehend mexikanischen Hilfskräften überlassen bleibt. Erst die neue Generation von Weinerzeugern ist sich darüber klar geworden, dass ein guter Kellertechniker sein Produkt buchstäblich von Grund auf kennen soll.

Doch es gibt auch Gutes zu vermelden. Die kalifornischen Weinbauern haben die Palette ihrer Rebsorten beträchtlich erweitert. (Es gab von jeher ein Arsenal an Arbeitspferden wie French Colombard und Chenin blanc für billige Weiße sowie Carignane – genau so geschrieben! – und unterbewerteten Grenache für leichte Rote.) Irgendwann einmal war die Masse der Weintrinker und vielleicht auch der Kellermeister der Meere von nichts sagenden Chardonnay- und Sauvignon-blanc-Wässern überdrüssig. In den 1990er-Jahren kamen rote und weiße Trauben von der Rhône in Mode. Syrah eroberte immer mehr Weinbergraum, Grenache wurde neue Wertschätzung zuteil und die von italienischen Einwanderern Mataro genannte Sorte (die sich als die modische Mourvèdre herausstellte), aber auch Viognier, der hier unglaublich hohe Alkoholwerte erreicht, Roussanne und Marsanne lagen auf einmal im Trend. Für kurze Zeit flammte ferner eine Begeisterung für Pinot gris alias Pinot grigio, Sangiovese, Barbera und dergleichen auf. In den kühleren Ecken des Bundesstaats gelangte sogar Pinot noir zu Starruhm. Er war anfänglich gepflanzt worden, um Rohstoff für die Schaumweinindustrie zu liefern. Sie hatte in den 1980er-Jahren einen raketengleichen Aufstieg genommen und Investoren aus der Champagne sowie aus Katalonien angelockt, die enorme Mittel in die Region pumpten, doch gegen Ende des Jahrhunderts war diese Manie weitgehend verklungen.

In den allermeisten Weinbergen Kaliforniens herrscht im Hochsommer nachmittags sengende Hitze; in besseren Lagen wird sie jedoch durch ein einmaliges klimatisches Phänomen gemildert, das den Reifevorgang so verlangsamt, dass sich interessante Nuancen in Geschmack und Struktur entwickeln können, und das den Hauptgrund dafür bildet, dass in Kalifornien überhaupt seriöser Wein entstehen kann. Verantwortlich für dieses Phänomen ist indirekt das **Central Valley**, in dessen glühend heißen und flachen Weinfeldern zwischen Sacramento im Norden und Bakersfield im Süden drei Viertel des gesamten kalifornischen Weins und der Großteil aller Rosinen (aus Thompson-Seedless-Tafeltrauben) der Welt wachsen.

Wenn man Napa und Sonoma als Kaliforniens Burgund und Bordeaux ansehen will, weil sie alle Aufmerksamkeit und die hohen Preise an sich ziehen, dann ist das Central Valley das Pendant zum Languedoc-Roussillon, wo die Knochenarbeit geleistet wird – allerdings mit der Einschränkung, dass das Languedoc inzwischen in Mode kommt, eine Gefahr, die dem Central Valley offenbar nicht droht.

Um die Hauptstadt Kaliforniens am Nordende dieses Tals, also eigentlich im Sacramento Valley, kann bei Lodi und Clarksburg – nicht weit von der Mündung des Sacramento – viel charaktervollerer Zinfandel bzw. Chenin blanc produziert werden als weiter im Süden – doch gerade dort, im San Joaquin Valley, liegen die größten Weinfelder. Ein Drittel des Jahresertrags kommt allein von der Rebfläche im Madera und Fresno County. Die Massenträgersorten French Colombard und Chenin blanc bringen gewaltige Mengen an lieblichem Tafelweißwein hervor, und Zinfandel ist die verbreitetste Rotweintraube. Quady zeigt gutes Potenzial für seriösen Dessertwein im Port- und Madeira-Stil – vielleicht kommt dieser einmal wieder in Mode. Die unbarmherzige Hitze im Central Valley sorgt dafür, dass die kalte Nebelwand, die fast den ganzen Juli und August hindurch über dem Pazifik steht, in die schmalen Täler zwischen der Küste und dem Central Valley hineingesaugt wird, und zwar umso stärker, je weniger Landmasse sich ihr in den Weg stellt. Die Wassermasse der San Pablo Bay nördlich von San Francisco kühlt mit ihren Morgennebeln Carneros sowie das südliche Ende der Bereiche Napa und Sonoma. So herrscht im nördlichen Kalifornien fast überall die eigentümliche Regel, dass es um so wärmer wird, je weiter man nach Norden kommt.

Im Weinschaufenster Kaliforniens, dem **Napa Valley**, ist es beispielsweise um die Trefethen Winery im Süden weit kühler als bei Calistoga im Norden. »The Valley«, wie die Einheimischen es nennen, war noch in den 1970er-Jahren weitgehend mit Walnuss- und Pflaumenbäumen besetzt. Heute reihen sich am Highway 29, der das berühmte Tal durchzieht, schmucke Weinbaubetriebe, die mit allen Mitteln versuchen, Gäste in ihre Probierräume zu locken. Im mittleren Teil zwischen Oakville und Rutherford hat sich eine voll gerechtfertigte Reputation für geschmacks- und farbintensiven Cabernet Sauvignon herausgebildet, der – seit es sich die Kellermeister abgewöhnt haben, stets Säure zuzusetzen (die Einstellung »Tannin ist gut, mehr Tannin ist besser« hatte sich schon früher verloren) – regelmäßig eine untergründige Fülle aufweist, von der die meisten Erzeuger in Bordeaux nur träumen können. Viele der beständig besten Lagen befinden sich auf ansteigendem Grund am Fuß der die Talsohle flankierenden niedrigen Berge.

Die Reblaus-Saga

Nie zuvor wurde der Optimismus des kalifornischen Weinbaus so sehr auf die Probe gestellt wie am Ende der 1980er-Jahre, als sich herausstellte, dass die Unterlagsrebe AXR-1, auf der fast der gesamte Rebbestand beruhte, insbesondere in Napa und Sonoma nicht wirklich reblausfest war (Seite 97). Das bedeutete, dass der größte Teil der berühmtesten Weinberge Kaliforniens mit einem Kostenaufwand von etlichen Milliarden Dollar neu bestockt werden mussten, wobei sich die üppigen, gewinnträchtigen Pflanzungen in kahles Land verwandelten, auf dem alte Milchtüten wie kleine Punkte als Schutz für die noch winzigen Jungreben standen. Die University of California in Davis als Born aller Weinbauweisheit hatte die AXR-1 empfohlen, obwohl zugegebenermaßen deren Reblausresistenz gering war, was jedoch nach allgemeiner Auffassung bei weitem durch die hohen Erträge, die sie brachte, aufgewogen wurde. Im Stillen gab es viele Schuldzuweisungen, nach außen hin aber zeigt sich der kalifornische Weinbau hoch zufrieden über diese gute Gelegenheit, die richtigen Rebsorten in die richtigen Lagen pflanzen und dort mit den richtigen Erziehungsmethoden dazu bringen zu können, weniger üppiges Laub und dafür reifere Frucht als je zuvor zu treiben.

Oben: Senfblüte in den Weinbergen bei Rutherford im Napa Valley. Begrünungspflanzen werden zunehmend genutzt, um die Bodenstruktur zu verbessern und das Laubwachstum der Reben einzuschränken. Rechts: Cabernet-Sauvignon-Reben im Knights Valley zeigen das sommerliche Gesicht Nordkaliforniens – üppiges Grün auf bewässertem Grund, darüber ausgedörrte Hänge.

Überall im Land werden von Winzern, denen es gelingt, die Naturschutzgesetze zu umgehen, gut durchlässige, magere Böden an Hängen gerodet und mit Reben bepflanzt, sodass sich immerfort neue Quellen hochwertiger Weine erschließen können. Die meisten Kellereien kaufen Trauben unterschiedlicher Herkunft, manchmal von weit außerhalb des Napa-Tals ein. So besteht nur wenig Zusammenhang zwischen dem Standort der Kellerei und dem Stil des von ihr produzierten Weins (allerdings muss ein Wein, der mit Napa Valley etikettiert wird, zu 85 % aus Trauben bestehen, die tatsächlich hier gewachsen sind). Dennoch hat sich das Napa Valley als Quelle von großem Cabernet Sauvignon erwiesen. Einige der berühmtesten Cabernets werden in solch winzigen Mengen bereitet, dass sie inzwischen Kultstatus erlangt haben und nur flaschenweise an die wenigen Glücklichen herausgerückt werden, die auf der Bezugsliste von Namen wie Screaming Eagle, Harlan Estate, Araujo, Grace Family, Cask 29 und Bryant Family stehen. Die Weine erzielen auf den für den American Way of Life typischen Wohltätigkeitsversteigerungen regelmäßig völlig absurde Preise.

Bei der Weinerzeugung werden neue Eichenfässer für das Vergären von Weißweinen und den Ausbau von Weiß- und Rotweinen in solchem Maß herangezogen, dass sich im Tal mehrere gut gehende Fassbaubetriebe angesiedelt haben. Ambition und Tüchtigkeit konzentrieren sich in diesem Tal dergestalt, dass es kaum möglich ist, einzelne Namen hervorzuheben; als besonders bewährte »Labels« seien jedoch Beringer, Caymus Special Selection, Chateau Montelena, Cuvaison, Dalla Valle, Dunn, Grace Family, Heitz Martha's Vineyard, Hess Collection, Robert Mondavi Reserve, Newton, Niebaum Coppola, Joseph Phelps', Stag's Leap Wine Cellars, Shafer, Silver Oak, Stony Hill sowie die beiden Gemeinschaftsunternehmungen mit Bordeaux-Spitzenbetrieben, Dominus und Opus One, genannt.

In Napa und Sonoma ist alles teuer; das spiegelt sich auch in den handfesten Weinpreisen. Doch der neue wirtschaftliche Realismus der 1990er-Jahre hat eine ganz neue Generation von Zweitetiketten ins Leben gerufen, die zum Teil – so Caymus' Liberty School – höchst empfehlenswert sind, weil die Qualität der Weinbereitung gegenüber den Erstweinen kaum zurücksteht.

Lange Zeit blickte **Sonoma** verdrießlich auf die Publizität, die das Napa Valley – das Nachbartal jenseits der Mayacamas Mountains im Osten – auf sich zog; inzwischen hat aber die überzeugende Qualität vieler seiner Weine, die jene den klassischen Weinliebhabern so teure Kombination von Herkunft und Rebsorte aufweisen, auch Sonoma neuen Status und frisches Selbstvertrauen verliehen. Zunächst galt die Verallgemeinerung, dass aus Napa der Cabernet und aus Sonoma der Chardonnay komme, aber die vielseitigen Weinbaudistrikte von Sonoma haben weit mehr zu bieten. Simi hat viel für ein klareres Profil des Alexander Valley um Geyserville geleistet, wo so gut wie alle Rebsorten ausgewogene Weine liefern können. Chalk Hill südlich davon liefert feinen Chardonnay und das Dry Creek Valley westlich davon genießt einen verdienten Ruf für eleganten Zinfandel und aromatischen Sauvignon blanc. Dry Creek Vineyards ist hier der Sauvignon-blanc-Spezialist, Lytton Springs, Nalle, Ravenswood und Ridge haben dagegen die Reputation der Zinfandel-Weine vom Dry Creek begründet. Durch eine Lücke in der Gebirgskette an der Küste strömt in das Russian River Valley noch mehr Nebel ein, sodass dort von den empfindlichen Traubensorten Gewürztraminer und Pinot noir herrliche Weine (beispielsweise von Williams & Selyem sowie Rochioli) entstehen.

Immer häufiger machen sich ehrgeizige Erzeuger auf nach Westen zur kühlen Sonoma Coast, wo eher ein Klima burgundischer Prägung herrscht und außerordentlich viel versprechende Resultate zu erzielen sind. Die Erzeuger Ferrari-Carano, Chalk Hill, De Loach, Flowers, Kistler, Matanzas Creek, Marcassin, Peter Michael und Sonoma-Cutrer führen vor, dass Chardonnay in Sonoma zugleich Tiefe und Glanz haben kann. Auch erstklassiger Schaumwein wird hier von Iron Horse und J. Sonoma produziert und Gallo hat Sonoma für sein feineres Programm an Estate Wines ausgewählt.

Südlich von Sonoma und Napa liegt **Los Carneros**, das bei beständiger Wind- und Nebelzufuhr so kühl bleibt, dass es zur wichtigsten kalifornischen Quelle für Schaumweintrauben geworden ist. Taittinger hat in der Domaine Carneros ein Gutshaus nach dem Vorbild der Champagne gebaut und auch die spanischen Schaumweingiganten Codorníu und Freixenet (dieser unter dem Namen Gloria Ferrer) haben sich in der Gegend niedergelassen. Saintsbury und Acacia bringen äußerst hoch gezüchteten stillen Pinot noir und Chardonnay hervor, und Fred Cline baut am Südwestende von Carneros eine kleine Enklave mit Rhône-Rebsorten auf. Mehrere Lagen haben eine solche Bedeutung erlangt, dass sie auf den Etiketten der Erzeuger

Herbstlicher Weinberg der Field Stone Winery bei Healdsburg in Sonoma, der zweiten wichtigen Anbauregion in Kalifornien. Hier entstehen viele herausragende Kreszenzen.

auftauchen, an die ihr Lesegut verkauft wird. Am bekanntesten sind Hudson, Hyde und Winery Lake, doch die Reihe ließe sich noch endlos fortsetzen.

Die Rhône Rangers (eine von Randall Grahm auf Bonny Doon angeführte Gruppe, die sich in Syrah, Mourvèdre und Grenache verliebt hat) durchforschen Kalifornien nach lange missachteten, ertragsschwachen alten Beständen dieser Sorten. Die von Clines Großvater stammenden Pflanzungen im **Contra Costa County** südlich von San Francisco haben sich als Quelle bewährt und inzwischen wachsen die unter anderem von Jade Mountain und McDowell Vineyards neugepflanzten Syrah-, Viognier-, Roussanne- und Marsanne-Bestände heran.

Nördlich von Napa und Sonoma schließen sich die heißeren Countys **Mendocino** und **Lake** an. Fetzer betätigt sich dort zunehmend mit organischem Anbau – bei den kargen Niederschlägen kommt hier der Weinbau weitgehend ohne chemische Spritzmittel aus. Selbst der Gigant Gallo mit der größten Weinkellerei der Welt in Modesto im Central Valley hat sich organischen Techniken zugewandt und dringt zugleich, vor allem mit der Estate-Serie aus Sonoma, in höhere Preisklassen vor. Roederer Estate bringt im kühleren Anderson Valley feine Schaumweine hervor und Navarro produziert dort mit die feinsten trockenen, spätgelesenen Rieslinge und Gewürztraminer Kaliforniens.

In den **Sierra Foothills** stehen in den alten Goldgräberbezirken El Dorado, Amador sowie Calaveras noch knorrige Reben, meist Zinfandel, aus dem vorigen Jahrhundert. Seit ihrer Wiederentdeckung bringen diese Weinberge Zinfandel-Weine in allen Versionen – von Portweindunkel bis Blassrosé (White) – hervor, aber auch eine größere Palette an sortenreinen Weinen als in Napa und Sonoma üblich.

Hoch oben über dem weltbekannten Silicon Valley südlich von San Francisco liegt in den **Santa Cruz Mountains** der 1962 als Wochenendhobby entstandene und in der Folge als Bannerträger für Zinfandel und Cabernet bekannt gewordene Weinbaubetrieb Ridge Vineyards.

Etwas weiter südlich haben in **Monterey** die Winzer auf der Talsohle mit grasigen und krautigen Geschmacksnoten zu kämpfen, doch in den Bergen östlich davon kommen bereits aufregende, eigenwillige Weine zustande, beispielsweise Pinot noir von Chalone und Calera.

Die vielleicht interessanteste Entwicklung aber hat weiter südlich stattgefunden, wo man mit solchem Eifer Weinberge angelegt hat, dass ein Besucher auf seinem Weg von Monterey nach Santa Barbara fast meinen könnte, er fahre durch einen einzigen langen Weinberg. Während der ganze Bereich nördlich von San Francisco als North Coast bezeichnet wird, läuft diese Region hier als **Central Coast**. In den Countys San Luis Obispo und Santa Barbara findet man Zonen, in denen sich immer wieder Nebel über das Land legt, was die Reifeperiode der Reben verlängert und interessante Geschmacksnuancen, oftmals mit einem leicht burgundischen Unterton, hervorbringt. Das gilt vor allem für das Santa Maria Valley nordwestlich von Santa Barbara, wo Erzeuger wie Au Bon Climat zeigen, was man mit dem Lesegut aus der Lage Bien Nacido alles zuwege bringen kann. In Arroyo Grande etwas weiter im Norden stellen Talley und Laetitia unter Beweis, wie gut sich auch die burgundischen Rebsorten Pinot und Chardonnay machen, während Alban noch ein Stückchen weiter nördlich im Edna Valley zu den besten kalifornischen Rot- und Weißweinproduzenten Rhône-ähnlicher Tropfen gehört. Der größte Bereich in der Region ist das Santa Ynez Valley, wo sich Sanford seit langem mit feinem Pinot noir profiliert.

Die meisten dieser Kellereien suchen sich unter den vielen Rebsorten die besten heraus. In den zahlreichen Winkeln der ausgedehnten Region reifen sie überall problemlos heran. Überhaupt ist die Central Coast ein wichtiger Traubenlieferant für einige der berühmtesten Napa-Güter geworden, allen voran Robert Mondavi und Beringer. Allerdings hat das Weinfieber Kalifornien so sehr gepackt, dass ehrgeizige Weinbauern sogar so verrückt sind, Parzellen in einigen der gefragtesten Stadtteile von Los Angeles mit Rebstöcken zu bepflanzen.

Washington

Im Überblick: *Saubere, fruchtige, frische sortenreine Weine.*
Trauben: *(ROT) Merlot, Cabernet; (WEISS) Chardonnay.*

Der Staat Washington im Pazifischen Nordwesten ist das zweitgrößte Erzeugergebiet der USA für Weine der europäischen *Vinifera*-Rebsorten. Die meisten Weinbaubetriebe liegen weit von der Hauptstadt Seattle entfernt im kaum bevölkerten Columbia Valley. Dort im Regenschatten der Cascade Mountains sind die Reben auf Bewässerung angewiesen. Deshalb befinden sich die Anpflanzungen stets in der Nähe großer Gewässer und auf Hängen, die Schutz vor dem strengen Winterwetter bieten, das jedes Jahr einen nicht unbeträchtlichen Teil der Stöcke erfrieren lässt. Besonders trocken ist der bedeutende Bereich Yakima Valley; dagegen profitiert das Walla Walla Valley an der Grenze zu Oregon schon von etwas zusätzlichem Regen und verspricht Gutes. Noch kann man nicht von den Weinbauern erwarten, dass sie die Eigenheiten des Terroirs in dieser wüstenähnlichen Gegend vollends erkundet haben. Doch man weiß bereits, dass in Lagen wie Horse Heaven Hills, Canoe Ridge (so heißt auch das Walla-Walla-Weingut der Chalone-Gruppe), Red Mountain und Wahluke Slope nördlich des Ballungsraums Richland, Pasco und Kennewick ausgezeichnetes Potenzial steckt, denn sie sind zur Sonne hin ausgerichtet und bieten etwas Schutz vor der arktischen Kälte im Winter.

Im relativ feuchten, milden Klima im Westen des Staats Washington entsteht nördlich von Portland inzwischen Oregon-ähnlicher Pinot noir sowie interessanter Müller-Thurgau und sonstiger aromatischer Weißwein im Bereich Puget Sound bei Seattle.

Noch wird ein großer Teil des Weins aus dem östlichen Washington in der Gegend von Seattle, weit entfernt vom Columbia Valley, vinifiziert oder wenigstens ausgebaut.

In der Kellerei Columbia Crest werden die Fässer wieder aufgefüllt. Das Gut ist ein Schwesterunternehmen des dominierenden Chateau Ste Michelle, wird aber unabhängig geführt.

Die Weinwirtschaft des Staates Washington wird von der großen Firma Stimson Lane beherrscht, deren Etiketten Chateau Ste Michelle, Domaine Ste Michelle, Columbia Crest und Snoqualmie auf der Hälfte aller dort produzierten Weinflaschen prangen und im Export bei weitem vorherrschen. Hier ist im Gegensatz zum direkt südlich gelegenen Oregon nicht gerade das angestammte Terrain der Boutique-Betriebe und der feinen Lebensart, doch findet man immer mehr äußerst engagierte Güter – nicht zuletzt, weil der führende Produzent in Seattle, Boeing, einen Weinclub eingerichtet hat und mehrere seiner Mitglieder den Sprung vom Verbraucher zum professionellen Erzeuger getan haben. Leonetti und Woodward Canyon, beide mit Sitz in Walla Walla, erkelterten sich beide einen landesweiten Ruf mit ihren höchst eindrucksvollen, konzentrierten, von Cabernet dominierten Roten. Hervorragende Weine dieses Stils aber haben auch Col Solare (ein Jointventure zwischen Château Ste-Michelle und Antinori aus Italien), DeLilles Chaleur Estate, Dunham Cellars, Quilceda Creek und Trey Marie zu bieten.

Die Kellermeister der Gegend neigen dazu, sowohl amerikanische wie auch französische Eiche einzusetzen; außerdem findet man viele, die aus kalifornischen Gütern den Weg hierher in den Norden gefunden haben. Mit der Weinindustrie im benachbarten Oregon hingegen gibt es nur wenig Austausch.

Merlot und Cabernet franc fühlen sich in den warmen, trockenen Sommern im westlichen Washington noch mehr zu Hause als Cabernet Sauvignon, der hier oft dürftig und karg ausfällt, weil er spät reift und der Winter sich früh einstellt. Merlot hat sich in Washington schon bewährt, bevor er in Kalifornien in Mode kam (gewohnheitsmäßig werden hier im Weinbau immer Vergleiche mit dem großen Nachbarn im Süden angestellt). Die Weine sind meist geschmeidig und ansprechend fruchtig bei schöner, frischer, von kühlen Septembernächten bewahrter Säure.

Cabernet-Sauvignon-Reben auf der Mercer Ranch im Staat Washington. Dies ist einer der ältesten Weinbaubetriebe und trägt heute den Namen Champoux.

Andrew Will ist Washingtons Merlot-Meister, doch auch einige seiner Kollegen haben Löbliches vorzuweisen. In den strengen Wintern des Staats zeigt die Cabernet-franc-Traube, was in ihr steckt, denn sie ist wesentlich kälteunempfindlicher als Merlot.

Auch für Syrah erweist sich die Region als sehr aussichtsreich. Die Columbia Winery hat mit ihren Red-Willow-Abfüllungen die Richtung vorgegeben. Mittlerweile sind sogar schon Spezialisten für Rhône-ähnliche Erzeugnisse auf den Plan getreten, etwa Cayuse, Glen Fiona und McCrea.

Noch eigenständiger zeigt sich der Staat Washington jedoch bei feinen Weißweinen aller Süßegrade. Chardonnay ist natürlich heute die meistangebaute Rebsorte, und die Weinerzeuger beweisen solides Können mit ihm; doch auch die aromatischeren Trauben wie Riesling und in geringerem Umfang Gewürztraminer liefern hier köstlich reine Weine. Washington, eine der wenigen Weinbauregionen der Welt, die sich ernsthaft mit Riesling befassen, hatte sich sogar auf ihn spezialisiert, bis dann allerdings die Chardonnay-Manie alles überrannte. Auch Semillon bringt hier bei einiger Fülle und Sauvignon-ähnlichem Aroma ansprechende Ergebnisse. L'Ecole No 41 in Walla Walla hat der Sorte die Treue gehalten und bereitet eindrucksvolle, körperreiche, eichenfassgereifte Tropfen mit Zitronen- und Feigennote.

Kein Geringerer als der talentierte Ernst Loosen von der Mosel bescherte der Weinwelt einige große Riesling-Kreationen für die Marke Château Ste-Michelle, so begeistert war er von der Qualität des Leseguts hier. Eroica heißt ein relativ preiswerter, halbtrockener, in guter Menge erhältlicher Tropfen, der die Begeisterung der Amerikaner für den Riesling vielleicht wieder entzündet. Doch Loosen hat auch noch kleine Mengen eines außergewöhnlichen Single Berry Select im Repertoire – einen edelfaulen Süßwein, der jeden Zweifler am Potenzial des Rieslings im Pazifischen Nordwesten verstummen lässt.

Oregon

***Im Überblick:** Pinot noir.*
***Trauben:** Pinot noir und Pinot gris.*

Oregon produziert zwar nur ganz wenig Wein, aber es macht viel Lärm damit. Das bedeutet allerdings nicht, dass der dortige Weinbau von aufdringlichen Publizisten überlaufen wäre – eher im Gegenteil. Der typische Weinbaubetrieb in Oregon besteht aus ordentlich hoch erzogenen Reben um ein paar Holzbaracken, in denen ein fachlich ausgefuchster Einzelgänger haust und sich viel auf die Gegensätze zwischen seinem Weinbaugebiet und Kalifornien zugute hält.

Den stärksten Gegensatz bildet das Klima, das in fast ganz Oregon ausgesprochen kühl und wolkenreich ist, insbesondere im Willamette (die Betonung liegt auf dem »a«) Valley südlich von Portland, wo sich die meisten Weinbaubetriebe befinden. Die Einheimischen machen viel Wesens darum, dass Oregon auf demselben Breitengrad liegt wie Bordeaux – obschon in Anbetracht dessen, dass Oregon ganz auf Pinot noir eingeschworen ist, eine Parallele zu Burgund eigentlich sinnvoller wäre. Die angeblich besonders launische Traubensorte wird hier bei weitem am meisten angebaut; sie hält über die Hälfte der Rebfläche besetzt. Es folgen Pinot gris, Chardonnay und dann Riesling. Billigen Massenwein ungewisser Herkunft gibt es in Oregon nicht.

Weitere Bereiche sind das trockenere Umpqua Valley und das bedeutend wärmere Rogue Valley fast an der Grenze zu Kalifornien (aber noch weit entfernt von den dortigen Weinbergen). Hinzu kommt ein kleiner Bereich, der eigentlich eine Verlängerung der Weinbaugebiete im Staat Washington darstellt. Die Lage Seven Hills im Binnenland von Oregon beispielsweise gehört offiziell zur AVA Walla Walla von Washington. Der Süden Oregons mit dem Umpqua und Rogue Valley ist ebenfalls recht warm, sodass sogar Cabernet regelmäßig gut ausreift. Winzer wie Abacela zeigen außerdem, dass sogar Tempranillo hier eine Zukunft haben könnte.

Je weiter man in den Weinbaugegenden, die nur durch eine Bergkette von der Küste getrennt sind, nach Norden vorstößt, desto stärker wird der Einfluss des Ozeans. Deshalb kühlt sich auch das Klima immer weiter ab und bringt zunehmend zarte Weine hervor. Doch nur ein Stück weiter südlich kann im Willamette Valley sommerliche Trockenheit dem Weinbau zusetzen. Es heißt, in Oregon regne es immer zur falschen Zeit.

Das Hauptproblem der Winzer Oregons besteht darin, ihre Trauben zur Reife zu bringen, ehe der Herbstregen einsetzt und Fäule verursacht, die vor allem beim empfindlichen Pinot noir Farbe und Geschmack verdirbt. Der Witterungsverlauf ist so unterschiedlich, dass die Lese einmal Anfang September, ein andermal im November stattfindet.

Die *wineries* sind meist kleine Familienbetriebe (nur Montinore Vineyards und King Estate im Willamette Valley bilden Ausnahmen); die Kellerausrüstungen sind oft Eigenbau. Die Domaine Drouhin dagegen – der erste amerikanische Vorposten eines burgundischen Handelshauses und zu Recht der Stolz der ganzen Gegend – ist vorbildlich ausgestattet.

Weitere Beweise für die Anziehungskraft Oregons bilden Argyle, ein Schaumweinunternehmen, an dem Brian Croser von Petaluma, einer der bedeutendsten Kellertechniker Australiens, beteiligt ist, und Beaux Frères, ein kleiner, aber erfolgreicher Pinot-noir-Erzeugerbetrieb, dessen Besitzer der amerikanische Weinkritiker Robert Parker, Jr., und sein Schwager sind.

Die altgedienten Mitglieder der »Weinbaugemeinde« Oregons sind Adelsheim, Bethel Heights, The Eyrie Vineyards, Knudsen Erath, Ponzi, Sokol Blosser und Tualatin; ein beachtenswerter Neuling ist Christom, der einen besonders feinen Viognier und ausgezeichnete Pinots abliefert. Als weitere

Die berühmten Red Hills of Dundee im Yamhill County, wo sich die bedeutendsten Weinberge des Bundesstaats Oregon befinden. Rund 100 km weiter östlich ragt der Mount Hood empor.

Kellereien von Rang haben sich Archery Summit (im Besitz eines Zuzüglers aus dem Napa Valley), BrickHouse (das auf organischen Weinbau setzt und konzentrierte, interessante Tropfen vorzuweisen hat), Chehalem, Lemelson, Panther Creek, WillaKenzie und Ken Wright Cellars erwiesen. Sie alle und viele mehr vereinen sich jährlich in Freundschaft zu einem Weinfest – genannt International Pinot Noir Celebration – in McMinnville südlich der Red Hills of Dundee, dem berühmtesten *terroir* des Weinbaus von Oregon.

Erfolg und Misserfolg werden hier am Pinot noir gemessen, der je nach dem Herbstwetter herrlich charakterecht, nicht zu schwer, aber überzeugend unterschiedlich ausfällt. Viele Jahre lang standen den Weinbauern in Oregon nur Schweizer und kalifornische Pinot-noir-Klone zur Verfügung, die entweder zu leichte oder zu marmeladige Gewächse lieferten. Ende der 1990er-Jahre aber machte man einen Riesenschritt nach vorn, als die neu gepflanzten burgundischen Klone, hier Dijon-Klone, erste Früchte trugen. Sie werden langfristig Weine mit mehr Geschmackstiefe, einigen würzigen Noten und besserer Struktur liefern.

Der Pinot gris aus Oregon hat lange Zeit große Eigenständigkeit bewiesen (was vom Chardonnay aus Oregon meist nicht behauptet werden kann, obwohl die neuen Klone bereits ihre geschmackliche und strukturelle Überlegenheit unter Beweis stellen); das gilt auch für manchen Riesling und Gewürztraminer.

Nicht nur die Experimente mit Fässern aus Oregon-Eiche sind klare Anzeichen dafür, dass die eigenwilligen Bewohner der charaktervollen Weinbauregion ihr Streben nach immer besserer Qualität wohl kaum je aufgeben werden.

Das übrige Nordamerika

New York

Der Staat New York ist einer der bedeutendsten amerikanischen Weinerzeuger-Bundesstaaten mit vier völlig verschiedenen Weinbaugebieten. Die größte Produktion an Wein (im Gegensatz zu Traubensaft und Tafeltrauben) erbringt die Region **Finger Lakes** im Westen. An den steilen Uferhängen der tiefen Seen strömt im Winter die Kaltluft abwärts, und im Frühjahr treiben die Reben so spät aus, dass die Fröste ihnen nicht mehr gefährlich werden können. Am Cayuga Lake ist es so warm, dass die *Vinifera*-Reben ihre Frucht zur Reife bringen können, doch der größte Teil der Weinerzeugung entfällt auf früher reifende Hybriden und Amerikaner Reben, vor allem die rote Concord. Nichtsdestotrotz entstehen bei den Finger Lakes einige äußerst feine trockene Rieslinge und in wärmeren Jahren auch appetitanregende trockene Rote. Dr. K. Frank, Heron Hill, Château Lafayette, Lamoureaux Landing, Macari und Hermann J. Wiemer heißen die Spitzenerzeuger. Die Weinberge um den **Lake Erie** bringen vor allem Traubensaft sowie Concord-Gelee und Tafeltrauben hervor. Am **Hudson River** nördlich von Manhattan hält sich der Weinbau seit über dreihundert Jahren hartnäckig. Der hier von europäischen, amerikanischen und Hybridreben erzeugte Wein wird meist in der näheren Umgebung getrunken, doch die Kellerei Millbrook, die demselben Eigentümer wie das berühmte kalifornische Gut Williams Selyem gehört und sich auf den relativ obskuren weißen Tocai friulano spezialisiert hat, ist national präsent und steht sogar auf der Weinkarte des einen oder anderen Restaurants im europafreundlichen Manhattan.

Besonders interessant ist als Weinbaubereich jedoch **Long Island**, wo an der Ostspitze im milden Atlantikklima Vinifera-Reben gedeihen; das gilt vor allem für Cabernet franc, Chardonnay und Merlot, die hier eine Finesse, schöne Säure und Delikatesse entfalten, wie amerikanische Weine sie sonst nicht aufweisen. Der wichtigste Weinbaubereich auf der Insel ist North Fork mit den erwähnenswerten Betrieben Bedell, Gristina, Jamesport, Lenz, Macari, Palmer, Peconic Bay, Pellegrini und Pindar.

Weitere Staaten der USA

Zwar schießen überall in den Vereinigten Staaten (sogar auf Hawaii) Weinbaubetriebe aus dem Boden, aber den größten Einsatz leistet wohl **Texas**, wo zwar die Weinstile erst noch feste Gestalt annehmen müssen, die Aussichten jedoch so ermutigend sind, dass sich das bedeutende französische Handelshaus Cordier aus Bordeaux auf den Hochebenen von Trans Pecos kräftig engagiert.

Allerdings haben Pennsylvania, Ohio, Virginia und Missouri alle mehr Kellereien zu bieten als Texas. **Missouri** war im 19. Jahrhundert das Zentrum des amerikanischen Weinbaus. Hier wurden Hybridreben in enormer Zahl kultiviert, allen voran die eindeutig wertvollste dieser Sorten, die rote Norton-Traube, aber auch riesige Mengen Concord für die Konfitürenherstellung. Lediglich **Ohio** reichte damals in seiner Bedeutung noch an Missouri heran. Berühmtheit erlangte der Bundesstaat durch seine von einem Franzosen entwickelten Catawba-Schaumweine. In **Michigan** und **Wisconsin** entsteht gelegentlich feiner Icewine, die nordamerikanische Variante des Eisweins, aber auch guter Riesling. Das Lesegut stammt jedoch oft aus anderen Regionen.

Eine der qualitativ interessantesten modernen Weinproduktionen hat **Virginia** zu bieten, wo eine ganze Reihe gut gemachter, recht französisch schmeckender Cabernet- und Chardonnay-Weine bereitet wird. Der Weinbau in **Pennsylvania** hingegen ist eher auf das Tourismusgeschäft ausgerichtet. Die hohe sommerliche Luftfeuchtigkeit kann dünnschaligen Rebsorten wie Pinot noir zusetzen, doch auch hier sind immer mehr passable Cabernets und Chardonnays zu finden.

Kanada

Die Kanadier sind zu Recht sehr stolz auf ihren weit versprengten Weinbau (zwischen den Weinbaugebieten von **Ontario** im Osten und **British Columbia** im Westen liegen 2500 Meilen).

Kanadas berühmtester Wein ist der Icewine, ein köstliches Produkt der eisig kalten Winter. Die süßen, doch erfrischend kernigen, leichten Eisweine werden durch behutsames Keltern der am Stock gefrorenen Trauben bereitet. Ontario erzeugt den Löwenanteil der hochgeschätzten Essenz, die in der Regel aus dem Riesling oder der Hybridrebe Vidal gekeltert wird (Vidal hat keinen Foxton und kann die ersten zwei, drei Jahre sehr reintönig und erfrischend schmecken). Der Icewine hat in Kanada einen so hohen Stellenwert, dass man sogar Chardonnay und Cabernet franc zu ihm verarbeitet und schäumende Eisweine kennt.

Viele Rebflächen in Ontario, wo die meisten kanadischen Weine entstehen, sind mit Concord sowie amerikanischen und französischen Hybriden bestockt, damit die Trauben eine Chance zum Ausreifen haben, bevor der Winter einsetzt, doch der Anteil der europäischen Reben steigt beträchtlich. Das liegt nicht nur an der globalen Erwärmung der Erdatmosphäre, sondern an dem zunehmenden Qualitätsbewusstsein der Winzer auf der Niagara Peninsula westlich der Niagarafälle zwischen dem Ontario und Erie-See, wo sich der Anbau konzentriert. Wie in der Finger-Lakes-Region im US-Bundesstaat New York profitieren die Weinbauern vom so genannten »See-Effekt«, d. h. die Nähe der großen Gewässer verzögert den Frühlingsanfang, was die Knospen vor Spätfrösten schützt, und verlängert gleichzeitig den Sommer, der hier recht heiß ausfallen kann, so dass die Trauben vor dem Absacken der Temperaturen voll ausreifen können. Die vielen ambitionierten Erzeuger in Niagara wollen der Welt zeigen, dass sie sogar die beiden Cabernet-Trauben zur Reife bringen. Cabernet franc ist allerdings in dieser Hinsicht verlässlicher als Cabernet Sauvignon. Etwas Merlot im Verschnitt peppt in der Regel den Mittelteil im Geschmacksverlauf des Weins auf, wie das Weingut Henry aus Pelham beweist. Andere setzen stärker auf Pinot noir, etwa die Erfolgskellerei Inniskillin. Natürlich ist Chardonnay allgegenwärtig und Deborah Paskus gelingt sogar ein Wein von Montrachet-artigem Gewicht.

Wie in der Finger-Lakes-Region nicht allzu weit südlich jenseits der Grenze scheint sich vor allem eine Rebsorte hier wie zu Hause zu fühlen: der Riesling. Aus ihm werden sehr feine trockene Weine sowie Icewine gekeltert, der deutschen Eiswein in punkto Lebendigkeit und Klarheit, wenn auch nicht gerade Langlebigkeit übertrifft.

Erzeugnisse aus Vinifera-Reben stehen in der Gunst der Verbraucher zwar unendlich höher, dennoch haben Winzer in Ontario auch einige feine Gewächse aus Hybriden anzubieten – allen voran der Old Vines Foch von Malivoire.

Die Bedingungen in British Columbia unterscheiden sich beträchtlich von denen in Ontario, selbst wenn die langen Winter der Hauptfeind der Weinbauern sind. Mit dem wärmenden Lake Okanagan drei Autostunden landeinwärts hinter Vancouver aber hat man einen machtvollen Verbündeten, um die Kälte im Zaum zu halten. Das Okanagan Valley ist sehr trocken – ohne Bewässerung kommt man hier wie im US-Bundesstaat Washington weiter südlich nicht aus. Die kühlen Nächte zwischen den heißen Sommertagen aber fixieren die Säure und klaren Geschmacksnoten und lassen klar definierte Weiße entstehen. Entschlossen geht man auch die Bereitung von Rotweinen an, wobei die vielleicht interessantesten und eigenständigsten Tropfen bislang von den verschiedenen Pinot-Sorten und von Sauvignon blanc stammen. Fast stündlich erscheinen in der Region, die schon jetzt über fast halb so viel Rebfläche wie Oregon verfügt, neue Kellereien auf der Bildfläche, doch zu meinen Favoriten zählen Blue Mountain, Burrowing Owl und Paradise Ranch.

Auch in **Quebec** und **Nova Scotia** wird etwas Wein produziert.

Chile

Im Überblick: *Berechenbare, verlässliche, preiswerte Rote.*
Trauben: *(ROT) Cabernet Sauvignon, Carmenère, Merlot.*

Die Alte Welt beneidet Chile um seine niedrigen Kosten, das Nichtvorhandensein von Rebenschädlingen und die verlässlich trockenen, warmen Sommer. Weite Teile der Neuen Welt und insbesondere Australien beneiden es um seine reichliche und regelmäßige Wasserversorgung aus der Schneeschmelze der Anden. Nur wenige Weinerzeuger freilich beneiden Chile um das kulturelle Vakuum, in dem sich sein Weinbau halten muss.

Chiles goldenes Zeitalter war das Ende des 19. Jahrhunderts, als die übrige Welt mit den Plagen des Mehltaus und der Reblaus geschlagen war (Seite 96), dieses abgelegene Land aber fast unbegrenzte Mengen an gesunden Weinen mit schöner Farbe von den im Lauf des 19. Jahrhunderts nach Chile gebrachten altvertrauten *Vinifera*-Sorten liefern konnte. Der damals wohlhabendste Weinbau der Welt befand sich im Besitz von nur zehn chilenischen Familien, von denen manche heute noch ihre Herrschaft ausüben. Hundert Jahre lang veränderte sich nur wenig, bis zu Beginn der 1990er-Jahre die Rückkehr zur Demokratie ein außergewöhnliches Wirtschaftswachstum und damit auch die Entschlossenheit förderte, den chilenischen Weinbau in die moderne Welt zu versetzen.

Die großen alten Fässer aus *Rauli*, einer immergrünen Buchenart, wurden durch neue, aus den USA und Frankreich importierte *barriques* ersetzt. Kühlanlagen finden in Gärprozess und Aus-

Links: In diesen Weinbergen wachsen Trauben für Chiles Nationalgetränk Pisco, einen köstlich aromatischen Branntwein.

Oben: Sortieren der Trauben nach Qualität bei Concha y Toro – eine für Chile neue Technik.

bau Einsatz. Das schlichte, jedoch riskante System der Bewässerung durch Überfluten der Weinberge in der Hoffnung, das Wasser werde durch die vorher gezogenen Kanäle schon ablaufen und die Reben gleichmäßig versorgen, wird allmählich durch die Tropfbewässerungstechnik ersetzt, die jedem Weinstock exakt Wasser zumisst. Es werden neue Weinbauregionen erschlossen, die zwar vielleicht schwerer zu bearbeiten sind, aber auch interessantere Weine versprechen als die traditionellen Bereiche im heißen Zentraltal.

Der Ankauf von siebentausend neuen Fässern durch Santa Rita als Ersatz für alte Rauli-*Fässer galt 1988 als Meilenstein nicht nur für diese Firma, sondern für den gesamten Weinbau Chiles.*

Viele tausend Hektar Reben in den heißen Regionen nördlich von Santiago stehen im Dienst des blühenden chilenischen Obstbaus, wobei besonders aromatische Traubensorten die Grundlage für das Nationalgetränk Pisco bilden. Pisco Sours sind für viele Chile-Besucher die reinste Offenbarung.

Bis vor kurzem interessierten sich nur wenig Chilenen für Wein. Das mag für die kleine Elite engagierter Weinerzeuger frustrierend gewesen sein, tut aber dem Zustrom von Ausländern, die dem wachsenden guten Ruf des chilenischen

Weins angelockt werden, keinen Abbruch. Eine ganze Reihe prominenter Franzosen investiert in den Weinbau des Landes, nicht zuletzt die Rothschilds von Château Lafite (Los Vascos), der Besitzer von Cos d'Estournel in St-Estèphe und der Kellermeister von Château Margaux, Paul Bruno; mit dabei ist aber auch Miguel Torres aus Katalonien – er hat bekanntlich als Erster kleine Eichenfässer nach Chile importiert.

Als Bremse für den Fortschritt hat sich neben den lange Zeit ungenügenden Investitionen auch die Kluft zwischen Traubenanbauern und Weinerzeugern erwiesen. Bis noch vor kurzem wurde der Traubenanbau von Großgrundbesitzern betrieben, die wenig vom Wein verstanden und sich auch keine Gedanken darum machten. Da keine reblausfesten Veredelungsunterlagen nötig waren, standen den Chilenen diese Wurzelstöcke auch nicht als Mittel zur Wachstumsregulierung und gegen andere Bodenschädlinge zur Verfügung. In den 1990er-Jahren waren jedoch die meisten der etwa 35 am Export interessierten Weinerzeuger dabei, Neupflanzungen anzulegen, um in der Versorgung mit Traubengut unabhängiger zu werden. Die Traubenanbauer, die vom Weinboom am Anfang der 1990er-Jahre stark profitierten, werden sich wohl – bis auf diejenigen, die sich eigene Kellereien bauen – auf andere Früchte umstellen.

Alles in allem dürfte dabei eine Einschränkung der auf großzügige Bewässerung zurückzuführenden übermäßig hohen Erträge, die Einführung von qualitätsfördernden Erziehungssystemen und eine bessere Anpassung der Rebsorten an die Weinberglagen herauskommen. An einer ausführlichen kartographischen Erfassung des Weinbaupotenzials fehlt es in Chile allerdings noch.

Abgesehen von der insbesondere im Süden angebauten und zu billigem Wein verarbeiteten Lokalrebsorte País, kommt unter den Rotweintrauben dem Cabernet Sauvignon die bei weitem größte Bedeutung zu; er bringt hier überaus üppige Weine hervor, denen es freilich in der Zeit vor der Einführung der *barriques* an Potenzial zur Entfaltung in der Flasche mangelte. Aber auch Merlot zeigte sich viel versprechend. Nun entdeckten die Chilenen kürzlich, dass es sich bei sehr vielen Merlot-Reben in Wirklichkeit um die alte Bordeaux-Sorte Carmenère handelt. Sie versuchen nun, für beide eine eigene Identität zu schaffen, wobei Carmenère etwas kräuterwürziger ausfällt. Aus noch jungen Pinot-noir-Pflanzungen kommen Weine mit überraschend saftigem, reinem Geschmack, unter anderem von Cono Sur und Valdivieso, und Canepa versucht sich an Zinfandel. Auch von feinen Syrah- und Sangiovese-Produkten träumen manche Weinerzeuger.

Der größte Teil des chilenischen »Sauvignon« ist eigentlich Sauvignon vert oder Tocai friulano, der frische und aromatische Weine hervorbringen kann; nur die neueren Pflanzungen sind mit echtem Sauvignon blanc besetzt und aus ihnen kommen, wenn die Lage kühl genug ist, oft sehr lebendige Weine. Sémillon ist überaus stark verbreitet (in den Weinbergen oft mit Sauvignon vermischt) und wird daher gering geschätzt – immerhin gibt es Experimente mit süßen und fassgereiften Versionen. Chardonnay wird in aller Eile angepflanzt; im Augenblick hängt der Stil bei ihm jedoch sehr vom Kellermeister und der Mode der Neuen Welt ab (Fassgärung, malolaktische Säureumwandlung usw.), doch bei den erschwinglichen Preisen ist dieser Mangel an Eigenständigkeit durchaus akzeptabel. Gewürztraminer bewährt sich in kühleren neuen Weinbaubereichen und die Palette an Weißweintraubensorten wird mit aller Wahrscheinlichkeit immer breiter.

Die für die Weinerzeugung herangezogene Rebfläche erstreckt sich im Zentraltal südwärts vom **Aconcagua**-Tal (dort hat Errazuriz seinen Sitz); die jetzt in Mode gekommene neue Subregion **Casablanca** wird vom Pazifik so stark gekühlt, dass hier sogar Frühjahrsfröste vorkommen. Der (echte) Sauvignon blanc aus Casablanca ist besonders charaktervoll – da aber am Ende der 1980er-Jahre der Chardonnay groß im Schwung war, ist dieser hier am stärksten vertreten. Das westliche Ende ist kühler als das Landesinnere.

Inzwischen führt der chilenische Weinbau ein eigenes System kontrollierter Appellationen ein. Die darin gewählten geographischen Bereiche sind die von Osten nach Westen – aus den Anden bis zum Meer – verlaufenden Flusstäler. Man kann jedoch nur sehr schwer allgemeingültige Aussagen über die drei Haupttäler Maipo, Rapel und Maule treffen, zum Teil weil so große Unterschiede zwischen den Rebflächen im Tal und den höher gelegenen Weinbergen bestehen.

Maipo ist die bekannteste Weinbauregion Chiles, vor allem wohl, weil es so nahe bei der wohlhabenden Hauptstadt Santiago liegt. Manche berühmten Lagen, zum Beispiel Cousiño Macul, befinden sich am Rand der Anden unmittelbar südlich der Stadt. Hier entstehen meist duftigere und elegantere Weine als im mittleren Maipo-Tal um Pirque und Buin, wo die Weinbaugiganten Concha y Toro und Santa Rita ihre Hauptkellereibetriebe haben (sie kaufen jedoch Trauben aus dem ganzen Zentraltal auf). Beide Firmen haben sich Tochterunternehmen zugelegt und verfügen über derart ausgedehnten Weinbergbesitz, dass sich beispielsweise Concha y Toro rühmen darf, der größte Cabernet-Sauvignon-Anbauer der Welt zu sein. Auf der Westseite des Küstengebirges wird ebenfalls mit Weinbau experimentiert, doch dort ist es viel kostspieliger, die unbedingt nötige Wasserversorgung sicherzustellen.

Die Unterschiede zwischen dem Osten und dem Westen des Zentraltals sind ebenso aufschlussreich wie die zwischen dem Norden und dem Süden. Am Ostrand des Tals sind die Nächte viel kühler als auf der Talsohle; Kaltluft aus den Anden sorgt für Kühle am Morgen und lässt in den hier wachsenden Trauben besonders ausgeprägte Säure und kräftige Farbe entstehen. Oft erweist sich jedoch auch Frost als Problem. Der westliche Rand wird dagegen am Nachmittag von Meeresbrisen gekühlt, deren Ausmaß sich nach der Beschaffenheit der jeweils in der Nähe liegenden Küstenberge richtet. Auch die Entfernung einer Weinberglage von einem Fluss ist oft maßgeblich für die nützliche Bodenkühle und -feuchtigkeit.

Das breitere, feuchtere **Rapel**-Tal südlich von Maipo hat eine noch weniger stark ausgeprägte Weinbauidentität; Colchagua, wo besonders hochwertige rote Trauben, insbesondere Cabernet, wachsen, unterliegt jedoch kräftigem Einfluss des Ozeans. Der Boden besteht meist aus fruchtbarem Schwemmland, sodass die Reben sehr dazu neigen, Laub anstatt Frucht hervorzubringen. Das nebelgekühlte Chimbarongo im Colchagua-Tal sowie Cachapoal unmittelbar nördlich davon sind gelegentlich auf Weinetiketten zu entdecken.

Das neue Appellationssystem trennt **Curicó** (einschließlich Lontué) von **Maule**, obschon kaum ein Weinprofi imstande ist, in den Weinen einen Unterschied zu finden. In Curicó sind weite Strecken mit Massenträgersorten bepflanzt, und doch gibt es an mehreren Stellen ein Mesoklima (Seite 62), das offenbar höherwertigen Wein zustande kommen lässt. San Pedro, einer der größten Betriebe bei Curicó, hat den önologischen Berater Jacques Lurton aus Frankreich damit beauftragt, den höchstmöglichen Fruchtcharakter herauszuholen. Das große kalifornische Unternehmen Kendall Jackson experimentiert weiter südlich in Talca (wo es meist wärmer ist als in Rapel) mit Wein. In manchen Teilen von Maule entsteht auf Tonboden sogar bei hohen Erträgen fruchtiger Merlot.

Itata und **Bío-Bío** bilden eine Region südlich von Maule, wo im Allgemeinen nur País für Tütenwein wächst; doch in einem Familienbetrieb in Mulchén führt Concha y Toro Versuche durch und auch französische Interessenten haben sich in dieser kühleren Gegend engagiert. Hier bildet nicht nur Frost eine Gefahr, auch Pilzkrankheiten breiten sich im relativ feuchten Klima leichter aus als weiter nördlich.

Die meisten Betriebe bringen ihre besseren Produkte als Reservas in die Flasche. Die vier Großen – Concha y Toro, Santa Rita, San Pedro und Santa Carolina – verfügen meist über mehrere Kellereien sowie Weinbergbesitz an verschiedenen Stellen, kaufen aber auch Traubengut zu. Mittlerweile entstehen in Chile einige herausragende Köstlichkeiten nach der Art des Almaviva von Concha y Toro (und Mouton-Rothschild), des Clos Apalta von Casa Lapostolle, des Don Maximiano von Errazuriz, des Domus Aurea von Ignacio Recabarren und des Folly von Montes. Einiges deutet auch darauf hin, dass die Zahl der wirklich interessanten Exportweine mittlerer Preislage explodieren wird.

Das Potenzial für organischen Weinbau ist in Chile enorm, wird aber nur langsam genutzt.

Argentinien

Zwar beherrscht Chile den Weinexport Südamerikas, doch Argentinien produziert fast fünfmal so viel Wein und steht in der Weltrangliste der Erzeugerländer nach Frankreich, Italien, Spanien und den USA an prominenter Stelle.

Erst in den 1990er-Jahren setzte die Wirtschaft des Landes genügend Vertrauen in den Weinbau, um ihn mithilfe von Investitionen auf den Stand des 20. Jahrhunderts zu bringen, und der Export hat nur einen Bruchteil seines möglichen Volumens. Ein besonderes Merkmal des argentinischen Weinbaus war lange Zeit der überaus hohe Ertrag an Trauben, die zuverlässig auf den *parral* genannten Hocherziehungssystemen ausreiften und voller Saft aus den Schmelzwassern der Anden steckten, die durch ein im 19. Jahrhundert angelegtes Kanalsystem herbeigeführt werden. Seit dem Ende der 1980er-Jahre werden Reben jedoch auch in kühleren Gegenden gepflanzt, wo der Reifeprozess länger dauert und die sorgfältige Erziehung an Drahtrahmen auf maximale Qualität abgestellt ist. Kein Wein produzierendes Land hat im ausgehenden 20. Jahrhundert weinbaulich und önologisch (nicht allerdings finanziell) größere Fortschritte gemacht als Argentinien.

Mendoza, das Hauptweinbaugebiet Argentiniens, liegt weit von der Hauptstadt Buenos Aires an der Flanke der Anden nur knapp eine Flugstunde über die Gebirgskette hinweg von Santiago und dem Weinbau Chiles entfernt, doch ist es hier viel heißer. Ernsthafter Weinbau ist in der ausgedehnten, sehr vielfältigen Region so nahe am Äquator nur in großen Höhenlagen möglich. So geben mehrere der besten Kellereien wie z. B. Catena und Terrazas de los Andes, eine Tochter von Moët & Chandon, auf ihren Etiketten die exakte Höhe über dem Meeresspiegel an, auf der ihre Weinberge liegen. Je höher die Lage, desto kühler die Nächte, was sich positiv auf den Säuregehalt und die Farbe auswirkt. Außerdem verbessert die Sonnenstrahlung so weit oben die Geschmacksdefinition. Aus all diesen Gründen versuchten Kellereien Land an geeigneten Hängen in den Ausläufern der Anden zu ergattern. Vor allem in Teilen von Tupungato und La Consulta im Valle de Uco findet man einen wahren

Fleckenteppich aus frisch gepflanzten Weinbergen, die sich bis 1600 m hinaufziehen. Jeder der Investoren aus aller Welt scheint höher als der Nachbar hinauf zu wollen – mit dem Ergebnis, dass einige sehr feine Chardonnay- und Pinot-noir-Weine (vor allem von Salentein) entstanden sind. Da Reben aber nicht unbegrenzt frosthart sind, wird irgendwann einmal das kalte Hochgebirgsklima dem Drang nach oben ein Ende setzen.

Jahrelang war Malbec die meistangebaute Rotweintraubensorte Argentiniens; sie galt deshalb dort (vor allem im Vergleich mit Cabernet Sauvignon) als ausgesprochen gewöhnlich. Dem Außenstehenden dagegen erscheint Malbec als die ideale Traube für das warme Klima in Argentinien, wo sie volle, fruchtige und doch haltbare Weine hervorbringt, die weit mehr Eindruck machen als ein auf Malbec beruhender Cahors aus Südwestfrankreich. Nachdem man Malbec eine Zeit lang unbarmherzig rodete, um Platz für modischere Rebsorten zu machen, haben die Weinexporteure nun erkannt, dass Malbec ihre einzige unverwechselbare Nationaltraube ist – ein Juwel, um das sie die Konkurrenz jenseits der Anden beneidet. Entsprechend stark bemüht man sich, sie zu samtigen, einladenden Weine aus der Malbec-Variante zu verarbeiten, die sich hier entwickelt hat.

Da so viele Malbec-Stöcke herausgerissen wurden, avancierte die in Argentinien als Bonarda bekannte Rotweinrebsorte – sie muss nicht mit einer der italienischen Bonardas identisch sein – zur meistgepflanzten und daher auch am wenigsten angesehenen Traube. Allmählich aber legt sie ihren schlechten Ruf ab, denn immer mehr Bonarda-Stöcke liefern bei niedrigen Erträgen geschmacksintensive, preiswerte, saftige Weine für frühen Trinkgenuss.

Cabernet Sauvignon hat mit dem Ausreifen hier überhaupt keine Probleme, doch die Stärke Argentiniens liegt in der breiten Palette von Sorten, die dank regelmäßiger Einwandererwellen aus Italien, Spanien und Frankreich ins Land kamen. Tempranillo, Syrah, Pinot gris/grigio und Tocai friulano können in den rechten Händen alle zu feinen Weinen werden. Auf ihre Chance warten auch Sangiovese, Zinfandel, Barbera und Nebbiolo.

In Mendoza entstehen beachtliche Tropfen in großer Höhe und in den besser bewirtschafteten Weinbergen weiter unten Weine mit gutem Preis-Leistungs-Verhältnis. Luján de Cuyo galt einst als relativ hoch gelegenes Anbaugebiet – heute hat man erkannt, dass der Bereich ideal für die Erzeugung körperreicher Roter ist, und ihm sogar eine eigene Appellation eingeräumt. Weite Teile von Mendoza werden allerdings oft von Hagelstürmen heimgesucht, weshalb Netze über den Pflanzungen heute ein ebenso vertrauter Anblick geworden sind wie Bewässerungskanäle und die Andenriesen am Horizont.

Dr. Nicolas Catena gehört mit seinem Arsenal an Marken und Namen zu den Stars von Mendoza; sein roter Caro, ein Jointventure mit Lafite, hat in Argentinien neue Maßstäbe gesetzt. Weitere zuverlässige Namen sind La Anita, Luigi Bosca, Cassone, Dolium, Fabre Montmayou, Los Hormigas, Nieto y Senetiner, Salentein, Terrazas de los Andes, Viniterra und der Gigant Peñaflor

Peñaflor, der größte Weinerzeuger Argentiniens, ist besonders stolz auf seine hoch gelegenen Weinberge in Tupungato im Angesicht der schneebedeckten Anden.

Weinbau vor eindrucksvoller Andenkulisse: Salentein im populären Uco-Tal ist eine der neuesten und ehrgeizigsten Bodegas in Mendoza – und eine der höchstgelegenen.

mit seinem Iscay-Verschnitt aus dem vom eigenen Weinguru bereiteten Malbec und einem Merlot von Michel Rolland aus Pomerol.

Das lange Zeit als Chandon bekannte Unternehmen, aus dem die exportorientiertere Bodega Terrazas hervorgegangen ist, erzeugt in enormen Mengen Schaumwein in Tankgärung (Seite 85 bis 86) von Chenin blanc und anderen früh gelesenen weißen Trauben für den Inlandsmarkt (auf dem alles Französische so gut ankommt, dass einheimische Weinmarken wie Pont l'Evêque und Carcassonne besonders beliebt sind).

Das der Produktionsmenge nach zweitbedeutendste Weinbaugebiet ist **San Juan** nördlich von Mendoza; sein noch heißeres Klima eignet sich speziell für die etwas derben Rebenspezialitäten Criolla und Cereza. Diese hellroten Traubensorten liefern vor allem Traubenkonzentrat und den durch kräftige Farbe auffallenden, oft lieblichen und in Argentinien überall billig verkauften Tütenweißwein. Einige Erzeuger erschließen bewusst die kühleren Lagen von San Juan und könnten durchaus einmal den Ruf der Region als Anbaugebiet für feine Weine begründen.

Ein gutes Stück weiter südlich von Mendoza findet man Patagonia am **Rio Negro**, eine weitere äußerst viel versprechende Weinbauzone. Das Klima ist viel kühler hier und bringt elegante Tropfen hervor. Betriebe wie Humberto Canale mit seinem in Frankreich ausgebildeten Kellermeister zeigen, welches Potenzial in diesem Bereich steckt.

Ansonsten ist für die Exportmärkte nur noch das in großer Höhe gelegene Weinbaugebiet um Cafayate in der Provinz **Salta** von Interesse. Hier im äußersten Norden des Landes entsteht als Weißweinspezialität ein frischer, absolut trockener Torrontes mit großer Geschmacksfülle, wie man ihn in Argentinien eigentlich nicht erwartet. Nach einigen Jahren Beratertätigkeit für Etchart hat Michel Rolland mit Mitgliedern der Familie Etchart das Gut Yacochuya als Edelerzeuger ernsthafter Roter etabliert, investiert aber wie jeder auch in die hoch gelegenen Weinberge von Mendoza.

Salta kann für sich in Anspruch nehmen, einige der höchsten Weinberge der Welt in weit über 2000 m Höhe zu besitzen.

Das übrige Südamerika

Südamerika wurde als erster fremder Kontinent von der europäischen Weinrebe erobert, die mit den spanischen Conquistadores im 16. Jahrhundert dorthin gelangt war. Nach Mexiko folgten rasch Peru, Chile und Argentinien. Gerade deshalb ist es seltsam, dass sich eine ausgefeiltere Weinkultur in Lateinamerika nur so langsam entwickelte. Die Mexikaner selbst trinken im Allgemeinen viel lieber Bier und Brandy als Wein.

Neben Chile und Argentinien (Seiten 300 bis 306) treiben auch andere Länder Südamerikas Weinbau; sie werden hier in absteigender Reihenfolge ihrer Produktionsmenge kurz besprochen.

Brasilien

Brasilien hat sich mit einigem Abstand hinter Argentinien und Chile als drittwichtigstes lateinamerikanisches Weinland etabliert; allerdings ist es hinsichtlich der Klasse und des Exportpotenzials seiner Erzeugnisse noch hinter Uruguay anzusiedeln. Wegen seines heißen, feuchten Klimas werden vor allem in der südlichen Region Rio Grande do Sul sehr viele Hybridreben gepflanzt, da sie bessere Resistenz gegen Pilzkrankheiten zeigen. Auf den sandigen Böden in Campanha an der Südgrenze zu Uruguay aber zieht man Vinifera-Stöcke vor. Hier besteht Aussicht auf Weine, die ernsthafter ausfallen als die süßen Perler auf dem Massenmarkt. Dank tropischer Bedingungen können die Reben mehr als einmal pro Jahr abgeerntet werden. Sie müssen jedoch sorgfältig gehegt werden, um Trauben mit einem Minimum an Qualität zu erbringen. Die besseren Weinbauern richten ihr Augenmerk allmählich auf reinsortige Weine internationaler Trauben.

Uruguay

Das viertgrößte Weinerzeugerland Südamerikas baut infolge einer starken Einwandererwelle aus dem Baskenland im 19. Jahrhundert besonders die Tannat-Rebe an. Ihr körperreicher, viel versprechender Wein geht – gemischt mit anderen französischen Traubensorten – neben einem weißen Sémillon-Chardonnay-Verschnitt seit Mitte der 1990er-Jahre in den Export. Es deutet viel darauf hin, dass Tannat hier in Südamerika opulentere und zugänglichere Tropfen ergibt als in der südwestfranzösischen Heimat – genau wie Malbec in Argentinien. Zu den besten Tannat-Produzenten gehört Pisano; hervorzuheben ist vor allem sein RPF. Auch Los Cerros de San Juan stellt Interessantes mit Tempranillo und Chardonnay sowie seiner ureigenen Tannat-Version von überaus steinigem Untergrund an. Das Qualitätspotenzial Uruguays wird mit Sicherheit bald internationale Investoren anlocken.

Mexiko

Im krassen Gegensatz zu Kanada bildet in Mexiko zu viel Wärme das Problem – so werden die Trauben zur Reife getrieben, noch ehe sie Geschmack entwickeln können. Deshalb befinden sich die besseren Weinbaubereiche im Norden, in **Baja California** oder in großen Höhen weiter südlich. Mexiko bereitete um die Jahrhundertwende in etwa so viel Wein wie Uruguay – darunter immer mehr Tropfen, die für Weinfreunde im Ausland interessant sind. Vino de Piedra erzeugt einen äußerst intensiven Tempranillo und auch der Cabernet Sauvignon vom Château Camou, der Merlot von Monte Xanic sowie die Nebbiolo- und Petite-Sirah-Versionen von L. A. Cetto sind für mexikanische Standards außergewöhnlich. In den florierenden Boutique-Gütern im Guadalupe-Tal und um Ensenada ist man voller Ehrgeiz und in Aufbruchstimmung.

Auch in **Peru** und **Bolivien** wird in kleinen Mengen Wein erzeugt, von dem aber bisher noch kaum etwas in die Außenwelt gelangt.

Australien

***Im Überblick:** Exportstarker Weinbau, der mit fruchtbetonten Weinen in aller Welt hohe Wellen schlägt.*
***Trauben:** (ROT) Shiraz, Cabernet Sauvignon; (WEISS) Chardonnay, Semillon, Riesling.*

Seit Jahren sieht Australien sich als die Speerspitze der neuen Weinbauwelt und auch die Welt draußen schließt sich angesichts der wachsenden Exporte an australischen Weinen und Weinmachern (Seite 68) immer mehr dieser Ansicht an.

Der Weinbau des Landes beruht weder auf einer langen Geschichte noch auf geographischen Grundlagen (die australischen Weinerzeuger mischen unbekümmert Traubengut und Weine aus den verschiedensten Gegenden), sondern vielmehr auf einer eigenen Philosophie: »Machbarkeit« ist hier das Schlüsselwort für die Weinerzeugung.

Die einzelnen Weinbauregionen Australiens stellen nur verschiedene Abteilungen einer riesigen Weinfabrik dar, die gewissermaßen auf Abruf jedes gewünschte Ersatzteil liefern. Der Grund hierfür liegt zum Teil darin, dass Traubenanbau und Weinproduktion hier als getrennte Gewerbezweige gehandhabt werden.

Der typische australische Weinerzeugerbetrieb erwirbt den größten Teil des von ihm benötigten Traubenguts und lässt es durch das in diesem großen, heißen Land hoch entwickelte Kühltransportsystem häufig hunderte, ja tausende Meilen weit herbeischaffen. Solcher Pragmatismus zieht sich wie ein roter Faden ebenfalls durch die Traubenverarbeitung. Verfügt nämlich die Kellerei nicht über genug Gärtankkapazität, dann wird das Traubengut oder der Most einfach in Kühlhäusern eingelagert, bis sich die Kellertechnik unter exakt geregelten Voraussetzungen damit befassen kann. Während der typische Kellermeister in Frankreich die Natur als treibende Kraft betrachtet und sein Kollege in Amerika mit ihr als einem zu überwindenden Dämon kämpft, sehen sich die Kellertechniker Australiens einfach als Verarbeiter eines landwirtschaftlichen Produkts.

Unterstrichen wird dies durch die Berufsausbildung in den Fachschulen Roseworthy, Wagga Wagga und Adelaide. Das Australian Wine Research Institute in Adelaide ist allerdings ein in aller Welt anerkanntes Weinbauforschungszentrum; es vermittelt all denen, die seine Forschungsergebnisse in die Praxis umsetzen, einen gesunden

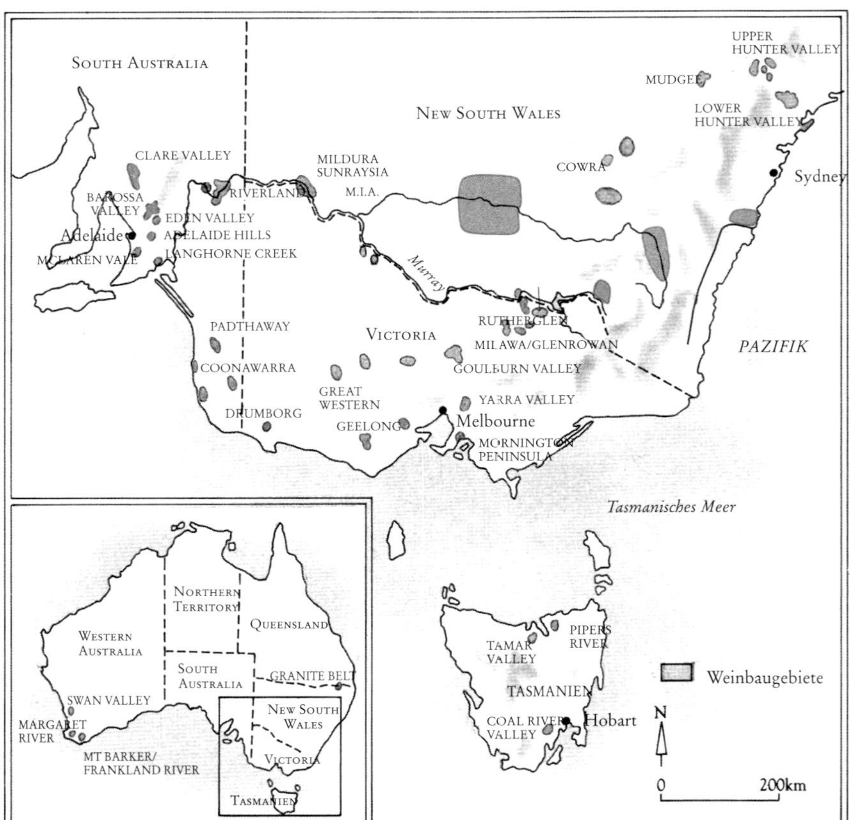

Respekt vor Wissenschaft und Technik und allem, was der Mensch zuwege bringen kann, wenn ihm freie Hand gelassen wird.

Die Australier haben das Glück, von den Einschränkungen, nach denen sich der traditionelle europäische Winzer bei Traubenanbau und Weinerzeugung richten muss, frei zu sein; sie können Weinberge anlegen, wo immer sie wollen (natürlich muss Wasser zur Verfügung stehen). Die Verteilung der bestehenden alten und neuen Rebfläche lässt darauf schließen, dass überall im südlichen Viertel des weiten Landes noch immer unentdeckte Nischen mit geeignetem Weinbauland vorhanden sind.

Abgesehen von einigen hoch gelegenen Stellen in Queensland, beispielsweise im Granite Belt, konzentriert sich der Weinbau auf den Süden Australiens. Dort sind die Sommer kühl genug, damit sich in den Trauben Geschmackssubstanzen bilden können, ehe die Süße überhand nimmt und die Säure unwiederbringlich schwindet. (Den meisten australischen Weinen muss Säure künstlich zugesetzt werden.)

Fast die Hälfte der Rebfläche liegt im Staat South Australia, ein Drittel befindet sich in Victoria und der Rest zum größten Teil in New South Wales (allerdings genießt auch Western Australia wegen der Qualität seiner Weine einen beneidenswert guten Ruf). Üblicherweise wird der australische Wein nach den Grenzen dieser Bundesstaaten eingeteilt (an denen oft strenge Quarantäne, beispielsweise gegen das Vordringen der Reblaus aus Victoria nach South Australia, gilt). Es gibt aber darüber hinaus eine noch grundsätzlichere Trennungslinie.

Ein großer Teil des australischen Weins entsteht in den intensiv bewirtschafteten Bewässerungsoasen im dürren, staubigen Landesinneren. Diese als Riverina, Riverlands, Murray River, M. I. A. (Murrumbidgee Irrigation Area), Sunraysia, Mildura, Griffith und Renmark bekannten Gegenden erstrecken sich an den Grenzen der drei wichtigsten Weinbau treibenden Staaten. Hier hat man Land der Wüste abgetrotzt und in riesigen Weinbergen die international gängigen, leicht zu exportierenden Rebsorten gepflanzt. Deshalb stehen in diesem Bereich nun einige der am effizientesten bewirtschafteten, ertragreichsten Stöcke der Welt (allerdings bereitet der Salzgehalt im Boden allmählich Probleme). Diese Massenträgersorten werden in großen Mengen angebaut und ihre Frucht dient je nach Bedarf zur Erzeugung von Rosinen oder schlichtem Wein in Kartons – hier *casks* genannt –, der seit den 1970er-Jahren die untere Preisklasse im australischen Markt vertritt. In der Zwischenzeit hat man in den Bewässerungsgebieten aber auch größere Flächen mit Traubensorten bepflanzt, die zu den Marken verarbeitet werden, auf die sich der australische Weinmarkt gründet. Mit viel Geschick und oft mit der Hilfe von Eichenholzspänen verwandeln die Australier diesen Massenrohstoff in schmackhafte, durchaus zuverlässige Getränke.

Doch die eigentliche Reputation des australischen Weins beruht auf interessanterer Frucht aus den eigenständigeren Weinbauregionen (auch wenn das Traubengut der verschiedenen Regionen oft miteinander gemischt wird, sodass die Herkunft nur noch schwer aus dem Etikett entnehmbar ist). Aus diesem Grunde erscheint auf australischen Weinflaschen vor allem die Sammelappellation »South Eastern Australia«, die auf höchst bequeme Weise alle Weinbauregionen einschließlich der Bewässerungsgebiete, lediglich mit Ausnahme einiger kleinerer Bereiche in Westaustralien, erfasst. Daran haben sich vor allem die Briten, die zu Beginn der 1990er-Jahre dermaßen in den australischen Wein vernarrt waren, dass sich der Export zwischen 1989 und 1994 verdreifachte, längst gewöhnt.

Die einzelnen Regionen sollen anschließend näher besprochen werden, wobei aber stets daran zu denken ist, wie viel Traubengut über weite Strecken transportiert wird. Die typische Weinkellerei in South Australia, etwa im Barossa-Tal, deckt ihren Traubenbedarf beispielsweise in Coonawarra oder in den Bewässerungsgebieten im Landesinneren, womöglich sogar im Hunter Valley in New South Wales. (Umgekehrt haben sich die Südaustralier lange Zeit darüber geärgert, wie viel Frucht aus ihrer Region die Reputation von Kellereien in New South Wales stützen half.)

Die Weinwirtschaft des Fünften Kontinents wird von vier Firmen beherrscht, von denen der Gigant Southcorp Wines nicht nur Penfolds, sondern auch Rosemount, Lindemans, Seppelts, Seaview, Wynns, Tulloch, Tollana und viele andere zu seinen Teilfirmen zählt. Der vielleicht größte Rivale ist der in französischem Besitz befindliche Orlando-Wyndham-Konzern mit seiner im Export sehr erfolgreichen Marke Jacob's Creek. Weitere wichtige Akteure sind BRL-Hardy und Beringer Blass, die sich beide eifrig im Ausland ausbreiten und bereits Zusammenschlüsse mit amerikanischen Unternehmen gebildet haben.

Den Australiern mangelt es weder an Energie noch an Sonnenschein, wohl aber an Wasser und in den meisten Weinbauregionen an Arbeitskräften. Während Kalifornien über zuverlässige Weinbergarbeiter aus Mexiko verfügt, hat sich der australische Weinbau ganz auf Maschinen umgestellt, sodass Lese von Hand relativ selten geworden ist. Oft erfolgt die maschinelle Lese bei Nacht, um der zur Erntezeit herrschenden Hitze auszuweichen, und anschließend müssen Traubengut und Most gekühlt werden. Oxidation gilt als der zweite große Feind, also ist Verarbeitung unter Sauerstoffabschluss die Regel.

Beim Ausbau der Weiß- und Rotweine wird amerikanische Eiche in großem Umfang eingesetzt; die natürliche Geschmacksfülle der Weine ist so überwältigend, dass sie das ohne weiteres vertragen. In Südaustralien gibt es gute Fassbauer, die mit amerikanischer und französischer Eiche umzugehen verstehen. In australischen Kellereien hat sich die Technik eingeführt, die Rotweine vor Beendigung der Gärung von der Maische abzuziehen und in kleine Fässer umzufüllen. In Frankreich, wo eine Nachmaischung oft unumgänglich ist, um genug Farbe aus den Schalen zu extrahieren, wäre das nur sehr schwer möglich, bei vielen australischen Rotweinen aus wärmeren Gegenden aber wirkt sich diese Technik kräftigend und mildernd aus. Das große Ziel der australischen Kellertechniker ist meist die Hervorhebung der Frucht, die dem Wein zugrunde liegt, und nicht ihrer Herkunft – daher auch der Ausdruck »fruchtbetont« für diese Weine.

Ein ganz und gar australisches Phänomen ist die Wine Show, im Grund eine Landwirtschaftsausstellung, die jährlich in den jeweiligen Hauptstädten der Bundesstaaten stattfindet. Aus sachkundigen Preisrichtern bestehende Jurys vergeben Medaillen und Trophäen an die aus dem ganzen Land eingesandten Weine.

Hochreife Trauben (links) aus dem Hunter Valley (rechts) in Neusüdwales, dem von Anfang an seine Lage in der Nähe von Sydney zugute gekommen ist.

Südaustralien

South Australia, dessen Hauptstadt Adelaide auf Wein gegründet ist, produziert weit über die Hälfte des Rohstoffs für die australische Weinindustrie. Die Weinbaugebiete sind über verschiedene Klimazonen verteilt und sollen hier in absteigender Reihenfolge der dort herrschenden Durchschnittstemperatur beschrieben werden.

Riverland

Die quantitativ bei weitem bedeutendste Weinbauregion Australiens erstreckt sich mit zweckdienlich bewässerten Weinpflanzungen am oberen Murray River in Richtung der Bewässerungsgebiete Victorias. Um die Orte Waikerie, Loxton, Berri und Renmark befindet sich der Traubenanbau mit staatlicher Förderung voll im Aufschwung. Aus den Weinfeldern dieser Gegend kommt reichlich süffiger Cabernet, Shiraz und Chardonnay zu sehr günstigen Preisen, der freilich nicht unbedingt zu kontemplativem Genuss und ausführlichen Gesprächen über seine Nuancen taugt. Die durch steuerliche Anreize intensivierte Pflanzwut um die Jahrhundertwende stand so sehr im Zeichen des viel gerühmten Rotweinbooms, dass sich in manchen australischen Bereichen zu jedermanns Überraschung eine Chardonnay-Knappheit ergab. Die Pflanz- und Trinkgewohnheiten waren zwar von jeher zyklischen Veränderungen unterworfen, aber keineswegs immer phasengleich.

Adelaide Plains

Auf der heißen Ebene nördlich der Stadt halten sich zwei bis drei Kellereien; Primo Estate produziert handwerklich ausgearbeitete Spezialitäten, zum Teil von einheimischem Traubengut. Mit Primos Joseph, einem üppigen, dunklen Roten aus rosinierten Cabernet- und Merlot-Trauben, sind die natürlichen Vorzüge der Region mit Sicherheit optimal genutzt.

Barossa

Das Barossa Valley ist heute als die australische Weinbauregion schlechthin anerkannt. Es bestehen viele deutlich erkennbare Ähnlichkeiten mit dem Napa Valley: traubenbeladene Reben auf der fruchtbaren, von braundürren Bergen begrenzten Talsohle, nur eine Autostunde von einer Großstadt entfernt und ständig bemüht, die Ausweitung dieser Stadt abzuwehren und den eigenen, vom Weinbau geprägten Charakter zu erhalten. Während aber im Napa Valley der Weinbau mit seinen Kunstgalerien und Musikfestivals auf Emigranten aus anderen Berufen oder der Wirtschaft beruht, hat das Barossa Valley seine Grundlage in einer außergewöhnlichen Gesellschaftsschicht, bestehend aus fünfhundert Familien, die in den 1840er-Jahren aus Preußen hierher emigrierten und in harter Arbeit eine bescheidene lutherische Gemeinde aufbauten. Ihre Traditionen halten sie bis heute aufrecht; so gibt es in Tanunda ein »Wursthaus« und eine »Kegelbahn«. Die Siedler versuchten sich auf allen Gebieten der Landwirtschaft, aber mit dem Weinbau hatten sie besonderen Erfolg, und es ist dem unermüdlichen Fleiß der »Barossa-Deutschen« zu verdanken, dass noch immer weite Strecken des Tals mit zum Teil sehr alten Reben besetzt sind. Viele Winzer (die zumeist nur Trauben anbauen und nicht selbst zu Wein verarbeiten) sprechen untereinander noch Deutsch. Auf den Schildern an den kreuz und quer durch das Tal verlaufenden staubigen, ungepflasterten Straßen sind nur selten Winzernamen zu entdecken, die nicht deutsch sind.

In den 1970er- und frühen 1980er-Jahren galt das Barossa Valley als den neu erschlossenen Weinbauregionen mit kühlem Klima eindeutig unterlegen. Deshalb legten die großen Kellereien in Tanunda, Nuriootpa und Rowland Flat (von denen sich inzwischen viele im Besitz multinationaler Konzerne befinden) höchsten Wert darauf, Weine mit den Namen Coonawarra oder Padthaway auf dem Etikett zu verkaufen, und schwiegen sich über die Frucht, die sie vor der eigenen Tür im Barossa Valley einkauften, schamhaft aus.

In den 1980er-Jahren entstand dann eine Welle kleinerer lokaler Weinbaubetriebe, vor allem durch »Abtrünnige« aus den Großkellereien (Peter Lehmann, St Hallett's, Rockford, Charles Melton, Grant Burge und andere); mit breitem, handfestem und oft mit Gewürz- und Schokoladenoten beladenem Shiraz, der als charakteristisch für den Stil des Tals gilt, verkörpern sie den Stolz auf das Barossa Valley.

Unbewässerte alte Weinberglagen auf der kühleren Westseite des Tals liefern winzige Mengen

Schafe und Shiraz-Stöcke – eine typisch australische Impression aus dem Barossa Valley bei Krondorf. Der Kontrast zwischen den grünen Reben und der dürren Landschaft zeigt, wie wichtig die Bewässerung hier ist.

tiefkonzentrierter Frucht für das berühmteste Gewächs Australiens, den Penfolds Grange, sowie für eine ständig wachsende Riege hoch konzentrierter Weine der Spitzenklasse wie Peter Lehmanns Stonewell, Rockford Basket Press und Old Block von St Hallett's. Die alte Garde hat mittlerweile Konkurrenz durch eine Reihe neuerer Marken bekommen, die manchmal unter amerikanischen Weinfreunden besser bekannt sind als unter australischen Händlern. Zu diesen Weinen, die in Kleinstmengen bereitet werden und durch enorme Alkoholdosis sowie Schwindel erregende Preise auffallen, zählen Three Rivers, Torbrek und Greenock Creek.

Inzwischen wächst wie anderswo in der Welt das Interesse an den übrigen Rhône-Rebsorten Grenache und (dem lange als Mataro missachteten) Mourvèdre. Barossa pflegt seine eigene rosaschalige Semillon-Traube, die außergewöhnlich große, fette, goldene Weine liefert. Auch der Barossa-Chardonnay nimmt hier handfeste Gestalt an und verträgt sich wie die Barossa-Rotweine gut mit amerikanischer Eiche. Manche der besten Fassbauer Australiens sind altetablierte Familienbetriebe im Barossa Valley.

Das Barossa-Tal ist so heiß und trocken, dass die meisten Weine routinemäßig aufgesäuert werden. Einige Erzeuger reichern sie sogar mit Tanninen an – und ersetzen die in kühleren Gegenden wie Bordeaux übliche, den Trauben Gerbstoffe entlockende lange Maischung durch ein besänftigendes Verfahren, bei dem der junge Wein von den Schalen abgezogen wird und vor der Beendigung der Gärung in Fässer kommt.

Bei diesem Klima überrascht es nicht, dass Barossa sich besonders gut für die Erzeugung gespriteter Tropfen eignet. In den Kellereien entstanden früher beträchtliche Mengen von Weinen nach Art eines Sherry und Port, wobei letzterer Typ vielleicht etwas mehr Klasse zeigte.

Southern Vales

Die ständig sich ausdehnenden Vorstädte von Adelaide schieben sich unbarmherzig südwärts in das einstige Weinbauland, sodass nur die rentabelsten und die am weitesten von der Stadt entfernt gelegenen Weinberge sich noch dem Zugriff der Grundstücksspekulanten entziehen können. Dennoch halten die Winzer im **McLaren Vale** südlich der Stadt entschlossen an der Überzeugung fest, dass sie dem australischen Weinbau etwas zu bieten haben. Die hier bereiteten Gewächse gefallen durch eine besonders einnehmende Melange aus offenkundiger Frucht und weicher Textur.

Das örtliche Mesoklima ist hier je nach Höhenlage oder dem Einfluss kühlender Meeresbrisen sehr unterschiedlich; mancher viel versprechende Betrieb liegt auf Bergkämmen mit überraschendem Ausblick auf den blau schimmernden Gulf St Vincent. Erwähnenswerte Namen sind d'Arenberg, Chapel Hill, Coriole, Fox Creek, Geoff Merrill, Noon, Tatachilla, Wirra Wirra und schließlich Thomas Hardy mit der Tintara Winery, aus der etliche Meisterwerke kommen. Chardonnay, Cabernet und Shiraz zeigen oft blendende Qualität.

Langhorne Creek ist ein etwas kühleres Weinbaugebiet am Lake Alexandrina; es liefert in bedeutenden Mengen Verschnittmaterial an die Großkellereien. Doch in der regelmäßig von Überschwemmungen heimgesuchten Region machen immer mehr ausgezeichnete Winzer auf sich aufmerksam, so z. B. Bleasdale, ein alteingesessenes Gut, und Brothers in Arms.

Clare Valley

In dieser kühleren Verlängerung des Barossa-Tals nach Norden kommt die große deutsche Riesling-Traube besonders schön zur Geltung. Australischer Riesling, meist Rhine Riesling oder kurz Rhine genannt, weist gegenüber deutschen Vorbildern – wie bei dem Klima nicht anders zu erwarten – mehr Körper, weniger Säure und viele ganz andere Geschmacksnoten auf, aber deswegen ist er nicht etwa schlechter und vor allem hält er sich wie alle Rieslinge sehr lange und gut. Clare Riesling erreicht 12 bis 13 % Alkohol und hat

Wolken über dem meist von Sonnenschein überfluteten McLaren Vale in South Australia.

kräftigen Limonen- oder Zitrusfrüchtegeschmack. Nach fünf bis zehn Jahren Flaschenreife stellt sich oft eine deutliche Toastnote ein, die Entfaltung kann aber zwanzig Jahre und länger weitergehen. Der große Name der Gegend war Leo Buring.

Heute wird die Frucht zum großen Teil weiter im Süden verarbeitet. Man kann ohne Übertreibung sagen, dass die meisten seriösen Weinerzeuger in South Australia einen Eden Valley Riesling oder einen Clare Valley Riesling im Programm haben; zuverlässige Erzeuger wie Tim Adams, Jim Barry, Jeffrey Grosset, Knappstein Wines, Leasingham, Lengs & Cooter, Mitchell, Mount Horrocks, Petaluma und Pikes Polish Hill bringen gelegentlich auch edelsüße Rieslinge heraus.

In der relativ warmen Region, zu der auch **Watervale** gehört, wächst außerdem feiner, oft außergewöhnlich reifer Cabernet sowie etwas guter Cabernet franc und Malbec.

Limestone Coast

Als erste Spitzenweinbauregion Australiens wurde Coonawarra anerkannt, weil dort Cabernet Sauvignon besonders gut gedeiht. Coonawarra Cabernet ist oft ein glorreiches Gewächs mit all der Struktur, der Intensität und dem mineralischen Nuancenreichtum eines Bordeaux Cru Classé. Das Besondere an dem meilenbreiten Weinbergstreifen in der Südostecke South Australias ist die Terra Rossa, der rote Lehmboden über einer Kalksteinschicht, die gute Wasserdurchlässigkeit als Voraussetzung für hohe Qualität gewährleistet. Wo die Terra Rossa ausklingt, liegt auch die Grenze des Weinbaus, der übrigens jeden Fußbreit des kostbaren Landes zu nutzen bestrebt ist. Dadurch macht er den Wohnsiedlungen den Platz streitig und schmälert infolgedessen die sowieso schon knappe Arbeitskräftebasis noch weiter, sodass Coonawarra heute vermutlich die am stärksten mechanisierte aller mit feinem Wein befassten Regionen der Welt ist. Manche Kommentatoren behaupten, die Erträge seien hier zu hoch und in kühleren Jahren fehlt es tatsächlich manchmal einigen Weinen an Konzentration, doch die Namen Bowen, Hollick, Parker Estate, Penfolds, Penley Estate, Petaluma und Wynns sind immer wieder gut dafür, das Vertrauen der Weinliebhaber in den Coonawarra Cabernet zu stärken. Daneben können sich auch Shiraz und Chardonnay gut bewähren. Katnook hat ein gutes Händchen für Sauvignon blanc, während Wynns erfolgreich Riesling verarbeitet.

Die Weinliebhaber in diesem Teil der Welt aber haben sich vom Anbaugebiet Coonawarra mit seinen endlosen Grenzstreitigkeiten abgewandt und ihre Aufmerksamkeit dafür auf die neuen Distrikte gerichtet.

Padthaway schuf sich bald nach Coonawarra eine Reputation; es wird aber weitgehend von einem einzigen Unternehmen (Seppelt) bestimmt. Die Weinbauregion ist etwas wärmer und noch abgelegener als Coonawarra; ihre Stärke liegt im Weißwein, insbesondere Chardonnay mit feiner natürlicher Säure und guter, runder Frucht. Lindemans ist inzwischen der Haupterzeugerbetrieb; ein großer Teil der Frucht wird aber auch außerhalb der Region zu Wein verarbeitet. Und der immer höhere Anteil an nicht zu Tode gewässerten Reben zeigt, dass hier aufregende Weine entstehen können, die vielleicht sogar ein kräftigeres Knochengerüst aufweisen als viele Coonawarra-Tropfen.

Unweit nördlich von Coonawarra erstreckt sich der Distrikt **Wrattonbully**, der mit seinem südlichen Nachbarn viel gemein hat. Auch hier erlag man lange der Versuchung, die Qualität in zu starker Bewässerung zu ertränken. Sobald der Name den Verbrauchern geläufig ist, wird man diese Praxis voller Lokalstolz unterbinden.

Weiteres geeignetes Land wird in diesem kühlen Winkel des »Weinstaats« rasch erschlossen. Bordertown nahe der Grenze zu Victoria hat das Zeug zu passablen Chardonnays. Mount Gambier südlich von Coonawarra ist möglicherweise einfach zu kühl, um die Trauben Jahr für Jahr verlässlich zur Reife zu bringen. Elgin an der Westküste verfügt ebenfalls über einige Weinberge, aber die viel versprechendsten neuen Regionen sind **Robe** und **Mount Benson**, die ebenfalls an der Westküste liegen, doch etwas weiter nördlich zu finden sind und daher ein für den Weinbau günstigeres Klima haben. Wie so oft bei den neuen australischen Weinregionen haben die großen Unternehmen jeweils einen bestimmten Bereich ins Visier genommen. Robe lockte Southcorp an und nach Mount Benson, das zuweilen auch Cape Jaffa genannt wird (zahlreiche neue Anbaugebiete in Australien haben anfangs mehrere Namen), zog es Investoren aus so entfernten Landen wie dem Rhône-Tal (Chapoutier) und Belgien (die riesige Kellerei Kreglinger, die anfangs den einheimischen Weinerzeuger Ralph Fowler als Berater beschäftigte). Die auf kargen Böden wachsenden, von Meeresbrisen umwehten Reben erbringen wesentlich fruchtigere, zugänglichere Tropfen als ihre Gegenstücke in Coonawarra. Mount Benson sollte man auf jeden Fall im Auge behalten, auch wenn viele Abfüller die Allzweck-Appellation **Limestone Coast** verwenden, um sich alle Verschnittmöglichkeiten offenzuhalten.

Eden Valley

Das höher und kühler als Clare gelegene Eden Valley östlich von Barossa ist das zweite große Rieslinggebiet Australiens. Schmale Straßen winden sich durch Eukalyptuswälder und vorüber an alten Siedlungen bis zu den Weinbergen in luftiger Höhe, etwa Adam Wynns Mountadam (das mittlerweile vom Cloudy-Bay/Cape-Mentelle-Team geführte Gut, in dem exzellenter Chardonnay und Pinot noir entsteht) und hin zu den Rieslinganpflanzungen von Penfolds gleich nebenan. Hier wachsen Rieslinge, die nicht ganz so alkoholstark und vordergründig fruchtig ausfallen wie im Clare Valley und eher blumige Töne als Zitruscharakter zeigen – im Alter aber nehmen sie dann Toastwürze an. Weit entfernte Kellereibetriebe, beispielsweise Chapel Hill, wo Pam Dunsford die Kellertechnik versieht, und viele Güter in Barossa holen sich regelmäßig Riesling-Trauben aus dem Eden Valley. Das Familienunternehmen Yalumba mischt hier kräftig mit und hat nicht nur einen trockenen, süßen Heggies Vineyard Riesling im Sortiment, sondern auch einen der besten Viognier-Weine in ganz Australien.

Die Familie Henschke bildet die Weinaristokratie im Eden Valley; sie verfügt über so großartige Rotweinlagen (beispielsweise den berühmten alten, mit Shiraz besetzten Hill of Grace), dass sie in ihrer Kellerei bei Keyneton hoch über dem Barossa Valley stets mit die feinsten Rotweine Australiens hervorbringt. Mit dem eleganten Henschke Hill of Grace und dem Penfolds Grange, zwei stilistisch sehr unterschiedlichen Weinen, wurde der australische Sekundärmarkt für feine Weine praktisch begründet. Sie erzielen in den Läden sowie bei privaten Weintausch- und Kaufaktionen zwischen Sammlern hohe Preise.

Adelaide Hills

Das Eden Valley geht südwärts in die Adelaide Hills über, wo immer mehr ambitionierte Pioniere in den Vororten der Großstadt in teuren, aber viel versprechenden Weinbergen arbeiten, die allesamt in den 1980er- und 1990er-Jahren in dem besonders kühlen Klima angelegt wurden. Hier ist es selten nötig, Säure zuzusetzen; vielmehr muss oft durch malolaktische Säureumwandlung für Milderung gesorgt werden. Daher kommen aus dieser Gegend gute Schaumweine (Croser in Piccadilly), aber auch Sauvignons blancs (vor allem um Lenswood); Chardonnay erlangt ungewöhnliche Tiefe und Haltbarkeit und Merlot hat sich bereits gut bewährt. Brian Croser bei Petaluma übt hier den bei weitem größten Einfluss auf die Kellertechnik aus (in dieser Region geht es mehr um Handwerk als um Industrie), aber auch unter den Namen Ashton Hills, Chain of Ponds, Henschke, Lenswood, Nepenthe, Shaw & Smith und Geoff Weaver erscheinen feine Weine. Shaw & Smith, die Lesegut aus den Adelaide Hills verwenden, waren die ersten beständigen australischen Erzeuger, die einen international anerkannten, einnehmenden Sauvignon blanc bereiteten. Heute verkörpert der Sauvignon blanc aus den Adelaide Hills das ideale Zusammenspiel zwischen Traube und Terroir. Die Neupflanzungen in der hügeligen Landschaft im Süden und Osten zwischen Adelaide Hills und McLaren Vale lassen für eine breite Palette von Rebsorten, darunter auch einige feine rote, auf eine strahlende Zukunft hoffen.

Victoria

Im 19. Jahrhundert hatte der vom Goldrausch beflügelte Weinbau in Victoria noch beträchtliche Bedeutung, doch dann schlug die Reblaus zu und so wurden die weit verstreuten Weinberge zum großen Teil aufgegeben. Im 21. Jahrhundert erlebt Victoria eine faszinierende, vielschichtige Renaissance als Weinregion. Noch heute ist die Weinbaulandkarte von Victoria stärker aufgesplittert als in anderen Staaten Australiens. Der Hauptteil der Produktion kommt allerdings aus den vom Murray River bewässerten Weinpflanzungen von **Mildura/Sunraysia** – nicht sehr weit stromaufwärts von Riverland, wo im Nachbarstaat South Australia doppelt so viel Wein wächst. Dafür kann sich Victoria rühmen, mit Lindemans in Karadoc (Mildura) die größte Weinkellerei Australiens zu beherbergen, deren Chardonnay Bin 65 einen für einen solchen Riesenbetrieb erstaunlichen Qualitätsstand aufweist.

Mehr Interesse für den Liebhaber feiner Weine haben jedoch die alten, neuen und wieder entdeckten Weinbaugebiete im Süden von Victoria, dem kühlsten Teil des australischen Festlands. Ein Großteil der restlichen Anbaugebiete von Victoria ist mit verstreut liegenden Weingütern wie Seppelt in Drumborg an der Westküste und einsamen Betrieben wie Delatite und Balgownie, einem der wenigen Überlebenden in der einst bedeutenden Wein- und Goldregion Bendigo, durchsetzt. Sie gehörten alle zu einer konturlosen Region, die nur die mit der Erarbeitung der offiziellen australischen Weinlandkarte Betrauten als Central Victorian Mountain Country kannten. Die Güter in Victoria bereiten in der Regel feine, konzentrierte, charaktervolle Tropfen in einem Klima, das kühler als in den meisten anderen australischen Bereichen ist.

Im wolkenreichen **Yarra Valley** nordöstlich von Sydney wächst schon seit hundert Jahren hochwertiger Wein, heute je nach Lage zarter bis aufgeblasener Pinot noir, beispielsweise von De Bortoli, Coldstream Hills, Diamond Valley, Mount Mary, Tarrawarra und anderen. Die Domaine Chandon produziert exzellenten Schaumwein (die Exportmarke hieß Green Point) und das historische Weingut Yeringberg bringt einen höchst komplexen Cabernet zuwege. Das Gut Yarra Yering liefert weit stärker konzentrierte Weine als das Gros der Nachbarn ab; sein Dry Red No 1 und Dry Red No 2 sind Auktionsklassiker.

Ebenfalls nicht weit von Melbourne liegt auf der anderen Seite das von der Port Philip Bay mit kühler Luft versorgte **Geelong**, das in Abfüllungen von Bannockburn auch seine Eignung für Pinot noir unter Beweis gestellt hat (mittlerweile erzeugt deren Kellermeister seine eigenen Weine unter dem Label By Farr und hat auch einen interessanten Viognier zu bieten). Weitere Erzeuger beachtlicher Pinot-noir-Versionen sind Provenance, Scotchman's Hill und Shadowfax (dessen Geelong Chardonnay besonders erfolgreich ist).

Auch an der Küste findet man vereinzelt Pflanzungen. Crawford River kreiert einen besonders feinen trockenen Riesling.

Und schließlich hat Melbourne noch eine dritte Weinbauregion in nächster Nähe aufzuweisen, nämlich auf der **Mornington Peninsula**. Hier machen sich einige Weingüter wie Dromana Estate, Main Ridge und Stoniers um die Reputation des viel versprechenden Gebiets verdient, das mit seinem kühlen Klima echte Eignung für Pinot noir und Chardonnay beweist. T'Gallant hat enormen Erfolg mit einem Pinot gris und einem trockeneren Pinot grigio. Weiter östlich liegt die ausgedehnte, doch noch relativ unerschlossene Gippsland-Region, wo der herausfordernd unkonventionelle Pinot-noir-Erzeuger Bass Phillip als bei weitem hellster Stern am Weinfirmament leuchtet; doch mit weiteren Stars ist zu rechnen.

Wesentlich näher bei Melbourne liegt nördlich der Vororte **Sunbury**. Hier bereitet Craiglee seit Jahrzehnten einen außergewöhnlich lagerfähigen, vom Terroir beseelten Shiraz.

In den facettenreichen, höher gelegenen **Macedon Ranges** im Norden profilieren sich

Hanging, Rock, Knight Granite Hills und Virgin Hills mit einigen der eigenwilligsten Roten Australiens. Stößt man noch weiter ins Landesinnere vor, gelangt man nach **Heathcote**. Der Bereich gründet seinen glamourösen Ruf größtenteils auf die vor allem von Shiraz bereiteten Rotweine von Erzeugern wie Heathcote, Jasper Hill, Mount Ida und Wild Duck Creek.

In Victoria bildet schon eine kleine Ansammlung von Betrieben ein ganzes Weinbaugebiet. So wurde Great Western (jetzt offiziell **Grampians** genannt) von Seppelts durch eine Gruppe Sektkellereien berühmt gemacht, während Best's und Mount Langhi Giran ganz in der Nähe guten Stillwein (insbesondere pfefferigen Shiraz und strammen Riesling) produzieren. In den **Pyrenees** legen feine Flaschen von Taltarni und Dalwhinnie Zeugnis für gutes Potenzial ab.

Im weit wärmeren **Goulburn Valley** im Osten des Bundesstaats haben zwei der bedeutendsten Weinkellereien Victorias ihren Sitz: Mitchelton (das zum Petaluma-Imperium gehört) und das historische Château Tahbilk. Beide erzeugen eine breite Palette an Sortenweinen, wobei der sehr üppige Marsanne als Lokalspezialität hier besonderen Rang hat.

Noch weiter östlich liegt das **King Valley**, wo die Brown Brothers aus Milawa ihren Sitz haben. Sie beziehen ihr Lesegut aus recht hoch gelegenen Weinbergen. In unmittelbarer Nachbarschaft erstrecken sich die noch höheren **Alpine Valleys**. In der klaren Luft dieser subalpinen Landschaft experimentiert eine Reihe von Winzern mit besonders abenteuerlichen Rebsorten, vor allem italienischen Trauben, die hier verblüffend gute Ergebnisse zeitigen, wie Pizzini und Gapsted bewiesen haben.

Nördlich davon befindet sich auf etwas tiefer gelegenem Terrain **Beechworth**, eine kleine, aber wachsende Weinregion. Sie ist nach einem sehr hübschen Städtchen benannt und gründet ihren Ruhm auf einen einzigen Wein: den auffallend unaustralischen Chardonnay von Giaconda, der einen Mittelweg zwischen Burgund und Sonoma beschreitet. Auch Sorrenberg und Castagna ließen sich in die Region locken.

Der ganz große Wurf gelingt jedoch dem an der Grenze zu New South Wales gelegenen **North East Victoria** mit den historischen Anbaubereichen **Glenrowan** und insbesondere **Rutherglen**, dessen einmalige, vollmundige, alkoholangereicherte Weine Liqueur Muscat (von einer dunklen Variante der besten Muskatellerrebe) und Liqueur Tokay (eigentlich von Muscadelle) wohl das schönste Geschenk Australiens an die Welt des Weins darstellen. Beide entstehen von hochreifen Trauben, deren Most nach unvollständigem Vergären mit Alkohol versetzt wird (wie beim Portwein), und der so bereitete Wein reift dann idealerweise jahrzehntelang in kleinen Eichenfässern in glühend heißen Lagerhäusern, sodass er schließlich an traubig-sirupsüßen Banyuls mit einem Anflug von Madeira erinnert. Haupterzeuger ist Bailey's in Glenrowan, doch Chambers, Morris und Stanton & Killeen in Rutherglen bilden eine ebenbürtige Konkurrenz.

Lindemans Karadoc-Gut im bewässerten Hinterland von Victoria ist die größte Kellerei des Landes. Sie stößt unglaubliche Mengen Bin 65 Chardonnay aus.

Neusüdwales

Die Weinlandkarte von Neusüdwales hat sich seit der guten alten Zeit, als der australische Weinbau vom Hunter Valley aus regiert wurde und die Australier durch Lindemans Chablis (eigentlich Semillon) und McWilliam's Hermitage (Shiraz) den Wein schätzen zu lernen begannen, wesentlich verändert. Der Schwerpunkt des australischen Weingeschäfts aber verlagerte sich schon vor Jahrzehnten vom Hunter Valley zu den höheren, kühleren Lagen in einem großen Halbkreis um Sydney (siehe Karte Seite 308), wo man teilweise zwar an die Grenzen des im Weinbau Machbaren geht, wo aber gleichzeitig die wirklich interessanten Entwicklungen von Neusüdwales stattgefunden haben.

Heute ist das wolkenreiche, oft schwülheiße Gebiet ganz nahe bei Sydney als **Lower Hunter** bekannt und der Tourismus hat hier ebenso hohen Stellenwert wie der Weinbau. Myriaden von Restaurants, Motels und Hotels haben sich zu den traditionell großen Namen in der Welt des Weins gesellt, z.B. Brokenwood, Lake's Folly, McWilliam's, Rothbury Estate und Tyrrells (Erzeuger des ersten marktgängigen australischen Chardonnay im Jahr 1971). Dutzende, wenn nicht gar hunderte neuer, kleiner Weingüter stehen heute im Lower Hunter. Oftmals sind sie wie im Napa Valley der wahr gewordene Traum eines begüterten Städters. Das liegt größtenteils an der Nähe der Großstadt und nicht am Klima im Lower Hunter, das für einen Weinbauern äußerst frustrierend sein kann.

Der beste und jedenfalls originellste Wein aus dem Hunter Valley ist der körperreiche trockene Semilln, der leicht unterreif gelesen wird, womit man von jeher vermeidet, dass herbstliche Niederschläge das Lesegut verderben. In vielen Jahren Flaschenreife entwickelt er sich zu einem höchst faszinierenden, an Toast und Limonen erinnernden Tropfen. Ein hoher Anteil Hunter Semillon wird heute reifer gelesen, bekommt dieselbe Eichenbehandlung wie Chardonnay und erreicht wesentlich früher seinen Höhepunkt, wenn er auch nicht ganz so charaktervoll ausfällt. Jahrzehntelang entstand im Hunter Valley außerdem üppiger, langlebiger Shiraz, von dem es früher auch etwa hieß, er rieche nach verschwitztem Sattelleder. Einige der großartigsten australischen Weine, die ich je verkostet habe, waren in den 1950er- und 60er-Jahren entstandene Shiraz-Gewächse aus dem Hunter Valley – also aus der Zeit, bevor sich in der australischen Weinindustrie Großunternehmen etablierten und man zeitweise stark ins Frankophile abglitt. Heute exportieren Margan und Tower Estate einige feine Tropfen aus dem Lower Hunter (die jedoch nicht alle von Trauben stammen, die dort auch herangereift sind), doch die meisten Kellereien leben vom Direktverkauf.

Eine Autostunde nördlich vom Lower Hunter beginnt das neuere Gebiet **Upper Hunter**, wo sich die Rebe bereits fast halb so viel Land erobert hat wie im historischen Lower Hunter. Der Vorzug des neuen Weinbaubereichs liegt in den kleineren Niederschlagsmengen und der entsprechend geringeren Gefahr von Pilzkrankheiten.

Hier ist Rosemount der dominierende Erzeugerbetrieb, aber auch er kauft Frucht im ganzen Land auf; der meistbewunderte Wein des Hauses ist der immer raffiniertere Chardonnay aus der nicht weit entfernten Lage Roxburgh.

Bezeichnend ist jedoch, dass der Kellermeister von Rosemount seine eigenen Weinberge in einer kühleren Gegend als Upper Hunter, nämlich südwestlich von Mudgee in **Orange**, angelegt hat, wo inzwischen viel feinere Chardonnays in leider nur sehr geringen Mengen entstehen. In den höheren Lagen an den Hängen des erloschenen Vulkans Canobolas erlangen Cabernet, Merlot und sogar Pinot noir und Sauvignon blanc eine kristallklare Reinheit der Frucht und erfrischende Säure (die aber kaum je scharf ausfällt). Ein besonders großes Unternehmen, das vor allem auf Investitionen aus war, eroberte den kleinen Bereich lange nach den Pionieren Bloodwood. Ebenfalls sehr feine Tropfen bereitet Brangayne.

Südlich davon liegt **Hilltops**, das man früher wegen seiner Hauptstadt Young kannte. Das Klima hier ist so kühl, dass Shiraz viel mehr nach Rhône (schwarzer Pfeffer) als nach Australien (voll und würzig) schmeckt. Viele Kellereien gibt es hier nicht und auch von diesen betreibt manches Gut Raubbau in seinen Weinbergen.

Eine der faszinierendsten Weinregionen ist der **Canberra District** noch ein Stück weiter südlich. Engagierte Pioniere wie die für ihren Shiraz/ Viognier-Verschnitt berühmte Familie Kirk in Clonakilla betreiben seit vielen Jahren Weinbau, doch die Frucht ihrer Arbeit blieb lange Zeit nur den Einheimischen vorbehalten. Eigentlich liegen die meisten Weinberge des Canberra District außerhalb von Canberra in den Hügeln von Neusüdwales, die die australische Hauptstadt umgeben; lediglich BRL Hardy hat viel in eine auf Tourismus ausgerichtete Kellerei innerhalb der Stadtgrenzen von Canberra investiert. In höheren Lagen gelingt Erzeugern wie Lark Hill ein wahrhaft feiner Pinot noir, während andere mit ihren Weinen beweisen, dass hier auch ein ausgezeichnetes Riesling-Terrain ist.

Weitere erst allmählich erwachende, kühle Weinregionen sind **Tumbarumba** und an der Küste südlich von Sydney **Shoalhaven**.

Schon seit längerer Zeit ist **Cowra**, noch weiter im Süden, etabliert; dort wächst herrlicher, goldener, erstaunlich entfaltungsfähiger Chardonnay. Cowra lieferte lange Zeit Ingredienzen für Verschnitte – vor allem auf Chardonnay-Basis – an Abfüller in ganz Südostaustralien.

Die Reben für den Tyrrell Chardonnay kamen aus **Mudgee**, einem der in sich geschlossensten Weinbaugebiete Australiens; es liegt auf der trockenen, aber noch immer heißen Seite des Great Dividing Range. Mudgee verfügt seit langem über ein eigenes System kontrollierter Appellationen und ist die Heimat so erfolgreicher Weinbaubetriebe wie Huntington Estate, Montrose und des ersten mit organischem Anbau arbeitenden australischen Weinguts, Botobolar. Hier wachsen vor allem vollblütige Chardonnays und Cabernets.

Wegweiser an einer Kreuzung der Broke Road im Hunter Valley. Immer mehr Aussteiger aus Sydney zieht es hierher.

Auch New South Wales hat seine gigantische »Weinfabrik« in Gestalt des Murrumbidgee Irrigation Area (M. I. A.), das heute offiziell **Riverina** heißt und vor allem wegen der Stadt Griffith Berühmtheit erlangt hat. Diese, die zweitgrößte Weinbauregion Australiens hinter dem südaustralischen Riverland, hat zumindest einen wirklich feinen, eigenständigen Wein vorzuweisen. Die meistangebaute Traube von Murrumbidgee ist Semillon, aber auch Shiraz ist stark verbreitet. Um Griffith entstehen in kleinen Mengen erstaunlich gute süße Semillons mit Edelfäule. Bekannte Erzeuger sind De Bortoli (Noble One) und McWilliam's; auch Weinbaubetriebe außerhalb von Neusüdwales versorgen sich hier mit Frucht.

Überall im bevölkerungsreichsten australischen Bundesstaat findet man vereinzelte Lagen und Güter. Das wohl isolierteste, eigenbrötlerischste aber dürfte Cassegrain bei Port Macquarie sein, das in dieser warm-feuchten Gegend mit Hybridreben experimentiert.

Westaustralien

Der meist mit WA abgekürzte Bundesstaat steuert zwar nur wenige Prozent zur Traubenernte Australiens bei, bringt aber einen bedeutenden Anteil der Spitzenweine des Landes hervor. Der Weinbau konzentriert sich stark auf die Südwestecke Westaustraliens, wo manche viel versprechende Bereiche eben erst im Entstehen und so neu sind, dass sie noch keinen festen Namen haben.

Altetabliert ist dagegen der Weinbaubereich **Margaret River**, dessen Geschichte immerhin bis auf die 1960er-Jahre zurückreicht. Diese Gegend kommt von allen, die ich auf meinen Weinreisen gesehen habe, dem Paradies am nächsten – ein runde drei Autostunden von Perth entfernter einsamer, fast nur von ein paar Kängurus bewohnter Küstenstreifen mit Eukalyptuswäldern voller Papageien. Um den kleinen Ort Margaret River haben sich über 60 Weingüter angesiedelt, aus denen einige der am besten gebauten Cabernets Australiens, aber auch langlebiger Chardonnay, ein voller, aber erfrischender Verschnitt aus Semillon und Sauvignon blanc (eine einheimische Spezialität) und gelegentlich ein gut gelungener Pinot noir oder gar Zinfandel kommen. Erzeuger wie Cape Mentelle, Cullens, Gralyn, Leeuwin Estate, Moss Wood, Pierro und Vasse Felix zeichnen für einen erstaunlich großen Teil der feinsten australischen Weine verantwortlich.

Margaret River ist weltweit die bekannteste aller westaustralischen Regionen. Das liegt vielleicht daran, dass Leeuwin einen der erfolgreichsten Chardonnays in Australien bereitet, Cullens eine der subtilsten Cabernet/Merlot-Mischungen zu bieten hat und Moss Wood einen der langlebigsten Cabernet-Sauvignon-Weine erzeugt – und alle diese Weine auch noch in den Export gelangen.

Die einheimischen Winzer versuchen nach Kräften, ihre Reputation zu wahren. So kamen sie auf die Idee, die Unterschiede zwischen den verschiedenen Subregionen hervorzuheben. Sie heißen Willyabrup, wo die meisten alteingesessenen Güter ihren Standort haben und das Land sich besonders gut für den Anbau von Cabernet eignet; Wallcliffe, wo es etwas kühler ist und im Süden Leeuwin, Cape Mentelle sowie Voyager Estate zu finden sind; Karridale, wo Devil's Lair von Southcorp sehr weit südlich aktiv ist und in küstennahen Weinbergen bei Augusta wie etwa denen von Suckfizzle Tropfen mit interessanten Geschmacksnoten heranreifen; schließlich das wärmere Yallingup im Norden, Jindong mit seinen umstrittenen fruchtbaren Böden oder Carbunup ein gutes Stück landeinwärts. Alles in allem befindet sich Margaret River in einer bewegten Übergangsphase von der gemütlichen Provinz zur typischen australischen Weinregion, die so bedeutend ist, dass es sogar schon Spannungen zwischen Kleingütern und Großkellereien gibt.

Margaret River hat nur ein Klimaproblem: Die Winter sind bisweilen so warm, dass die Reben keine ausreichende Ruhephase haben. Deshalb überrascht es nicht, dass man sich hier so sehr für Lagen weiter südlich interessiert, wo der Einfluss der Antarktik stärker zu spüren ist als der des Indischen Ozeans. In der nordwestlichen Ecke einer großen Weinbauregion, die heute offiziell als Great Southern bezeichnet wird, befindet sich in der Subregion Frankland River der 1967 bepflanzte Westfield-Weinberg. Er liefert hochwertiges Lesegut für Rotweine, die seit Jahren mit nationalen Ehren überhäuft werden – vor allem Houghtons Spitzenabfüllung Jack Mann. Schon zuvor war klar gewesen, dass dieser Teil Australiens echtes Potenzial hat.

Vor kurzem sind mehrere große Investoren, allen voran Ferngrove, auf den Plan getreten und haben beträchtliche Flächen unweit der Lagen neu bepflanzt, in denen Alkoomi sich mit seinem Sauvignon blanc und Frankland Estate mit Riesling sowie Cabernet franc einen guten Ruf erarbeitet hatten. Weiter östlich in Mount Parker versuchte Goundrey mit großunternehmerischen Strategien im westaustralischen Weinbau Fuß zu

fassen, während Plantagenet sich vor vielen Jahren mit feinen Cabernet-Gutsabfüllungen profilierte.

Zwischen Margaret River und Great Southern pflanzt man mit nicht minder großem Eifer Stöcke in Manjimup und dem ewas kühleren Pemberton, das sich als gutes Pinot-noir-Terrain erweisen könnte.

Der größere Teil des westaustralischen Weins entsteht jedoch in dem von Perth nicht so weit entfernten wärmeren Norden. In bequemer Nähe dieses Absatzmarkts liegt das **Swan Valley** mit Houghton (einer Tochtergesellschaft von Hardy's in South Australia) als dominierendem Erzeugerbetrieb. In Australien ist der körperreiche und aromatische, pikante und trockene Houghton's White Burgundy (in Europa diskret als HWB auf dem Markt) der meistverkaufte Weißwein. Auch Moondah Brook erbringt den eindeutigen Beweis für die hohe Qualität von Traubensorten wie Chenin blanc aus den älteren Weinbaubereichen Westaustraliens.

Kängurus bei Sonnenuntergang in Margaret River. Sie gelten in Australien als Weinbergschädlinge. Die Zäune um frisch gepflanzte Reben müssen mehrere Meter hoch sein, damit die sprunggewaltigen Tiere sie nicht überwinden können.

Neue Weinpflanzungen entstehen hier und dort an der langen Küste von Perth südwärts bis fast zum Margaret River. Erzeuger wie Capel Vale beweisen, dass man sich auf viel Gutes freuen kann.

Tasmanien

Die Weinproduktion ist auf Tasmanien noch klein, doch möglicherweise wird das dortige Potenzial jetzt entdeckt. Schon jetzt verlassen einige hevorragende Pinot-noir- und Riesling-Erzeugnisse die selbstbewusste Insel südlich von Victoria. Sie ist Australiens kühlste, markanteste Weinbauregion, deren Klima und Terrain überaus abwechslungsreich sind. Neuanlagen in den 1990er-Jahren brachten die Zahl der Weinanbaubetriebe gegen Ende des Jahrzehnts auf fast hundert, von denen aber kaum mehr als zwanzig selbst Wein produzieren, und auch sie nur in kleinen Mengen.

Die Einwohner Tasmaniens sind besonders von dem angetan, was bei ihnen an Ess- und Trinkbarem wächst, und lassen sich höchstens ein Viertel des hier produzierten Weins entgehen.

Der älteste nennenswerte Erzeugerbetrieb ist Moorilla Estate im Süden (gegründet 1958). Die vielen ständig wechselnden Weinbaubetriebe, die später folgten, sind sich aber nach wie vor uneinig darüber, welcher der Bereiche Tasmaniens, die sich um Launceston im Norden und Hobart im Süden konzentrieren, die besten Voraussetzungen bietet.

Alle Weinberge kommen im Sommer in den Genuss langer Sonnenscheindauer, doch liegen die Durchschnittstemperaturen niedriger als auf dem Festland Australiens – gelegentlich können Blüte und Ernte durch schlechtes Wetter beeinträchtigt werden. Manche Weinerzeuger in Tasmanien fordern, dass sie von dem in Australien geltenden Verbot der Zuckerung bei der Gärung – zum Ausgleich des Mangels an sonnengereiftem Traubenzucker – ausgenommen werden sollten, weil hier, weit im Süden, die Sommer manchmal so kühl sind.

Die meisten Weine können denn auch mit ihrer kräftigen Säure, ihren relativ subtilen Geschmacksnoten und ihrer oft schön ausgewogenen, sauberen Frucht – alles in allem eine Art, die eher noch an Deutschland erinnert als an Neuseeland – ihre Herkunft aus einem kühlen Klima nicht verleugnen. Am meisten angebaut werden Riesling, Chardonnay, Pinot noir und Cabernet Sauvignon und die mehrheitlich gut bereiteten Weine halten sich besonders anmutig und lange.

Aromatische trockene Weißweine herrschen vor, aber viele Erzeuger, darunter Piper's Brook im feuchten, windigen Nordosten, Freycinet (im Ausland als Wineglass Bay bekannt) an der Ostküste und Domaine A im wärmeren Coal River Valley nördlich von Hobart, produzieren auch ambitiöse und relativ konzentrierte Rotweine. Tasmanien ist neben Neuseeland, Oregon, Kalifornien und Chile offenbar günstig für Pinot noir. Weitere viel versprechende Güter sind Stefano Lubiana und eine Reihe von Newcomern im Huon Valley, das sich in den in der australischen Weinszene so überaus wichtigen Shows hervorragend schlägt.

Im Lauf der Jahre haben sich hier viele ausländische, insbesondere Schweizer Investoren engagiert und die Chardonnay- und Pinot-noir-Frucht der Insel findet bei Schaumweinherstellern im australischen Mutterland Anklang.

Der kleine, abgelegene Weinbau Tasmaniens hat sich ein System der kontrollierten Appellationen für rein auf der Insel entstandene Weine geschaffen, auf das er besonders stolz ist.

Sonstige Weinbauregionen

In **Queensland** ist mehr Land mit Reben besetzt als in Tasmanien, doch die Weinproduktion ist vor allem infolge der geringen Niederschlagsmengen beträchtlich kleiner. Fast die gesamte Rebfläche befindet sich im Granite Belt (»Granitgürtel«), wo große Höhen in gewissem Umfang einen Ausgleich für das wärmere Klima bieten.

Sogar im dürren Inneren des **Northern Territory** hat sich in Alice Springs ein Weinbaubetrieb niedergelassen; er versorgt vor allem die Besucher des berühmten Ayers Rock.

Neuseeland

Im Überblick: *Frische, fruchtige Weine im Stil der Neuen Welt.*
Trauben: *(ROT) Pinot noir; (WEISS) Chardonnay und – besonders berühmt – Sauvignon blanc.*

Der neuseeländische Weinbau, der nur einen Bruchteil des Weins der Welt hervorbringt, hat ein echtes Problem. Wie das Land selbst ist auch er so klein und empfindlich, dass es ihm schwer fällt, auf dem unsteten internationalen Weinmarkt einen stetigen Kurs zu halten. Schon eine unruhige wirtschaftliche Brise genügt, um ihn an den Rand des Kenterns zu bringen.

1986 veranlasste die Regierung aus Furcht vor Überproduktion die Winzer des Landes dazu, ein Viertel der Rebfläche zu roden. Nur knapp sieben Jahre später waren (infolge einiger schlechter Jahrgänge und der Schäden durch die Reblaus) Trauben so knapp, dass einfach nicht genug Wein da war, um größere Exportanstrengungen zu ermöglichen. Die daraufhin Mitte der 1990er-Jahre in Gang gesetzte Anpflanzungswelle dürfte jedoch inzwischen immer mehr Weinfreunden Gelegenheit gegeben haben, die einzigartigen Produkte aus dem Inselstaat im Pazifik kennen zu lernen.

Die Weine Neuseelands vereinen die frischen, reinen Fruchtnoten der Gewächse aus der Neuen Welt mit der kräftigen natürlichen Säure, wie sie uns aus dem nördlichen Europa vertraut ist. Die für die Rotweine ebenso wie für die Weißweine Neuseelands charakteristische säuerliche Lebendigkeit fehlt den meisten Weinen der Neuen Welt; darum kaufen australische Weinerzeuger gern sowohl Wein als auch Traubengut (insbesondere Sauvignon blanc) in Neuseeland ein. Es gibt sogar eine Theorie, wonach das in diesem Teil der Welt besonders große Ozonloch in den Reben verstärkt Abwehrkräfte weckt, die für überaus intensive Geschmacksnoten im Wein sorgen.

In Europa werden Weinreben weitgehend auf mageren Böden angebaut; daher sind die Erträge schwach und die Trauben reifen trotz kräftiger Säure gut aus. In Neuseeland dagegen sind die Böden sehr fruchtbar und sehen sich die Winzer des Landes veranlasst, durch kräftigen Rückschnitt der Laubmassen dafür zu sorgen, dass jeder Sonnenstrahl für den Reifeprozess verfügbar gemacht wird (Neuseeland ist die Heimat der »Laubpflege«; Seite 64). Maßnahmen wie Bewässerung, Zuckerung, Azidifikation und Entsäuerung sind in Anbetracht der überaus unterschiedlichen Klimabedingungen zulässig.

Die wenigen Weinfreunde im Ausland, die bisher Erfahrung mit den Gewächsen Neuseelands sammeln konnten, sehen die ausgeprägt fruchtige Art vor allem des rasiermesserscharfen Sauvignon blanc als die Verkörperung des neuseeländischen Weins an, dabei ist gerade diese würzige Traubensorte weniger stark verbreitet als Chardonnay, der heute die eigentliche Nummer eins des Landes ist (als die meisten Berater aus Deutschland kamen, stand Müller-Thurgau an erster Stelle).

Die wichtigste Entwicklung der letzen Jahre aber war die Zunahme des Pinot noir, der heute in Neuseeland die drittwichtigste Traube geworden ist. Wenn ein Landstrich zu warm ist, um Pinot noir genügend langsam zur Reife zu bringen, dann ist er vermutlich gerade richtig für die roten Bordeaux-Trauben – und sowohl in Neuseeland als auch in Übersee bringt man den besten Cabernets und Merlots zunehmend Respekt entgegen, selbst wenn man diese Weine aus wesentlich mehr anderen Quellen bekommt als guten Pinot noir.

Die drei mit Abstand größten Weinbauregionen sind Marlborough, Gisborne und Hawkes Bay. Hier bauen hunderte von Farmern neben anderen Feldfrüchten auch Trauben an und beliefern die beiden großen Weinkellereien Neuseelands: Montana/Corbans (auf sie entfallen unglaubliche 60 % der neuseeländischen Weinproduktion) und die in privater Hand befindliche Gruppe Villa Maria/Vidal/Esk Valley, die im oberen Segment bewundernswerte Qualität zu bieten hat.

Zwei der wichtigsten Entwicklungen der letzten Jahre waren die Einrichtung von Kellereien wesentlich näher an den sie beliefernden Weinbergen als zuvor, was sich positiv auf die Qualität ausgewirkt hat, und eine starke Zunahme der Zahl so genannter »Lifestyle Wineries«. Diese kleinen Neubetriebe gehören oft nur einem Paar, das seiner alten, meist städtischen Existenz entflohen ist. Außerdem fließen enorme Mengen an ausländischem Kapital in die neuseeländische Weinindustrie.

Marlborough

Das weite, flache, rebenbedeckte Wairau Valley und die Berge, die es einrahmen, bilden heute die meistfotografierte Weinbauregion Neuseelands; dabei war noch 1973 die ganze Südinsel *terra incognita* für den Weinbau. Das Gebiet Marlborough an der Nordostküste ist eine Schöpfung der Montana Winery, die dort fast heimlich das Schafweideland aufkaufte, weil sie fest davon überzeugt war, dass in dieser Gegend gute Weine Gewinn bringend erzeugt werden könnten.

Um die Mitte der 1980er-Jahre überraschte dann der Marlborough Sauvignon Blanc die Weinfreunde der Welt, als die ersten Cloudy-Bay-Weine auf dem britischen, amerikanischen und australischen Markt auftauchten. Zu jener Zeit war Cloudy Bay ein von David Hohnen aus dem westaustralischen Weinbaubetrieb Cape Mentelle erdachter Name für sein besonderes Konzept, doch die ausgeprägt üppigen exotischen Geschmacksnoten, die er zusammen mit dem Kellermeister Kevin Judd aus der häufig so kargen Traubensorte herausholte, sicherten dem Marlborough-Sauvignon rasch einen Platz auf der internationalen Weinlandkarte. Auch andere Betriebe, etwa Hunter's, erwarben sich mit Sauvignon und Chardonnay bald eine Reputation und die inzwischen stark gestiegenen Traubenpreise verlocken Farmer, Investoren und Spielernaturen aller Art, ihr Glück mit dem Weinbau zu versuchen. Viele verkaufen das Lesegut an größere Unternehmen oder vermarkten Wein unter eigenem Namen, den sie selbst bereiten oder von einer Vertragskellerei herstellen lassen, die einst den Weinbau des Landes prägte, weil sie die Trauben von der Südinsel für die großen Unternehmen auf der Nordinsel oder in Australien verarbeitete. Die Australier wissen seit langem, dass Marlborough riesige Mengen dieses beliebten Weinstils erzeugen kann, für den die meisten australischen Weinberge zu heiß sind.

Marlborough-Chardonnays sind meist attraktiv schlank und erfrischend – den reifsten kommt ein gewisses Maß an Fassgärung und -ausbau zugute; die leichteren gehen dagegen meist in Schaumweine nach der traditionellen Methode ein. Auch ist hier wie überall in der Welt von einer Rieslingrenaissance die Rede, obschon die bisher interessantesten Weine dieser Sorte intensiv erfrischende Süßweine aus Jahren, in denen sich Edelfäule (Seite 88) einstellte, gewesen sind. Das Hauptaugenmerk der Weinmacher von Marlborough aber liegt derzeit auf dem Pinot noir. Die Sorte wird schon seit einiger Zeit hier angebaut; sie erbringt leichte, säuerliche Grundweine für Schaumweincuvées, doch ambitionierte Erzeuger wollen der Welt voller Begeisterung beweisen, dass ihre Region auch feine, geschmacksintensive Stillweine von Pinot noir erzeugen kann. Unmittelbar südlich des Wairau Valley mit seinen besonders kargen, steinigen Böden liegt jenseits einer Kette niedriger Hügel das Awatere Valley. Dort ist es wesentlich wärmer, weshalb in den meisten Jahren sogar die roten Bordeaux-Rebsorten ausreifen. Der Spitzenerzeuger heißt Vavasour, meine Lieblingskellereien im Herzen von Marlborough aber sind unter anderem Cloudy Bay, Fromm, Isabel Estate und Villa Maria.

Die übrige Südinsel

In **Nelson** westlich von Marlborough ist es trockener und wärmer – und das merkt man den Weinen auch an. Neudorf und Greenhough sind der Beweis dafür, dass kleine Güter Großes zu leisten imstande sind.

Canterbury ist eine riesige, aber dünn bepflanzte Weinregion südlich von Marlborough im Hinterland von Christchurch. Hier entstehen einige beachtliche Vertreter der meisten in

Neuseeland gängigen Rebsorten, allen voran die Pinots noirs von Mountford und Pegasus Bay. Giesen kann auf eine lange Geschichte als Hersteller von Riesling und einnehmenden Pinots in allen Farben zurückblicken.

Otago oder Central Otago – manchmal auch nur »Central« genannt – zählt zu den kleineren neuseeländischen Anbauzonen, ist vielleicht aber sogar die interessanteste des Landes. Im Süden der Südinsel bieten die nordwärts gerichteten Uferhänge der dortigen Seen ein ideales Anbauterrain. Um die Frostgefahr zu reduzieren und optimale Sonneneinstrahlung zu gewährleisten, muss man die Reben in Hanglagen kultivieren. In Otago sind bereits beachtliche Pinot-noir-Essenzen entstanden. Gute Pinot-gris- und Riesling-Weine kommen von Gütern wie Felton Road, Gibbston Valley, Mount Difficulty und Quartz Reef; die Liste wird mit jedem Jahr länger. Pinot noir ist außerordentlich weit verbreitet, sodass Central Otago stärker von einer einzelnen Rebsorte abhängt als jede andere neuseeländische Anbauregion.

Gisborne

Der Chardonnay-Garten der Nordinsel wurde in den 1980er-Jahren von der Reblaus verwüstet, ist aber jetzt wieder auf dem besten Weg, tropisch üppige Trauben in der Hauptsache als Rohstoff für die großen Verarbeiter zu liefern. Auch der beste Gewürztraminer des Landes wird hier (insbesondere vom eigenwilligen Betrieb Matawhero) produziert. Das bekannteste unter den selbst abfüllenden Weingütern der Gegend ist The Millton Estate, das die Grundsätze der *biodynamie* (Seite 65) schon lange praktizierte, bevor die Spitzenerzeuger Burgunds davon gehört hatten. Millton ist auch von Chenin blanc überzeugt und bereitet ihn in ebenso vielen Süßegraden, wie man sie im französischen Vouvray findet.

Hawkes Bay

Das Weinbaugebiet liegt südlich von Gisborne an der Ostküste der Nordinsel, ist wesentlich trockener als der nördliche Nachbar und die wohl abwechslungs- und aussichtsreichste Zone in ganz Neuseeland. Dort ist es zum Teil so warm, dass auf seinem durchlässigen Boden feine, konzentrierte Cabernet-Merlot-Rotweine wachsen können, die alle in die Fußstapfen des in den 1960er-Jahren von John Buck (aus einem großen englischen Weinhandelshaus) gegründeten Weinguts Te Mata, dem Bannerträger der Region, folgen. C.J. Pask und Ngatarawa machten sich erst mit späteren Jahrgängen einen Namen. Zu den erst kürzlich auf der Bildfläche erschienenen Stars gehören Kingsley Estate, Matariki und Unison, doch auch Esk Valley, Vidal und die Vorzeigekellerei Church Road von Montana legen sich hier mächtig ins Zeug. Der spektakulärste Neubetrieb heißt Craggy Range, die mit enormen Mitteln gebaute Anlage eines australischen Geschäftsmannes.

Eine Gegend war so stolz auf ihren gut durchlässigen, steinigen Boden, dass sie die erste (inoffizielle) Appellation Neuseelands eingerichtet hat: Gimblett Gravels. Malbec, Merlot und Cabernet fühlen sich dort wohl. Stonecroft be-

Lake Hayes in Otago, eine der besten Quellen für Pinot noir.

Brancott in Marlborough, ein Weinbaubetrieb im Besitz der Montana Wine Co., der größten Weinfirma Neuseelands, bewirkt allein durch seine Größe erschwingliche Preise für Sauvignon blanc.

müht sich seit Jahren, Syrah (nicht Shiraz) der Spitzenkategorie zu erzeugen. In Hawkes Bay entstehen sogar in noch größerem Umfang saftige, reife Chardonnays.

Die übrige Nordinsel

Zu meinen liebsten Anbaugebieten der ganzen Welt zählt **Martinborough,** das gelegentlich auch Wairarapa genannt wird. Der Bereich westlich von Wellington im Regenschatten jenseits der Hügel hat zwar nicht gerade das atemberaubendste Landschaftspanorama Neuseelands zu bieten, aber dafür einige der beständigsten Pinot-noir-Weine. Güter wie Dry River, Ata Rangi und Martinborough haben gezeigt, dass die Region hervorragend alterungsfähigen, komplexen Pinot noir hervorbringen kann. Stonecutter, Te Kairanga und Voss Estate führen ihre Tradition fort.

Northland lautet der offizielle Name der ausgedehnten, facettenreichen Weinregion am Nordende der Nordinsel. Die interessantesten Weine liefert bislang die winzige **Waiheke Island** vor Auckland. Stonyridge muss sich gegen zahlreiche Konkurrenten zur Wehr setzen, die alle beweisen wollen, dass das Eiland bessere Kopien roter Bordeaux-Weine hervorbringt als Hawkes Bay.

Die meisten Weinunternehmen hatten ihren Sitz traditionell in den Vororten von **Auckland**. Viele sind mittlerweile in die Nähe der großen Anbauregionen weiter südlich gezogen, also weg von dem subtropischen Klima, das den Reben während der Lese Regen und Fäulnis beschert. Kumeu River aber gelingen hier einige der besten neuseeländischen Chardonnay-Kreszenzen, die als durchaus beachtliche Imitationen weißer Burgunder durchgehen. Kumeu River gehört zu den vielen Erzeugern des Landes, die Schraubverschlüsse verwenden – sogar für Rotweine.

Südafrika

***Im Überblick:** Vorwiegend Weißwein zu oft günstigen Preisen sowie zunehmend überzeugende Gewächse im internationalen Stil.*
***Trauben:** (ROT) Pinotage, Syrah; (WEISS) Chenin blanc; die üblichen internationalen Sorten.*

Eine besonders faszinierende Seite des Weinbaus ist, dass er zuverlässig soziale und politische Veränderungen widerspiegelt. Die Bilder der Menschen in Südafrika, die sich, in allen Rassen gemischt, geduldig im heißen Sonnenschein zum allerersten Mal zu gemeinsamen Wahlen anstellten, gehören vielleicht zu den bewegendsten, die wir in unserem Leben zu sehen bekommen. Nachdem Nelson Mandela an die Macht gekommen und die Apartheid endgültig der Vergangenheit anheim gefallen war, konnten sich die Weinfreunde in aller Welt umstellen und für die lange Zeit abgelehnten Exporte aus Südafrika neues Interesse zeigen.

Für die südafrikanischen Weinerzeuger bedeuteten die Veränderungen von 1994 die Chance auf großen Wohlstand, da sich die bisher verschlossenen Weltmärkte wieder öffneten, doch sie sahen gleichzeitig ihre Weine der internationalen Konkurrenz ausgesetzt. Ein Ergebnis der langen Isolation Südafrikas war, dass die dortigen Verbraucher, Kommentatoren und Erzeuger übermäßig unter vergleichender Beurteilung standen.

Aufgrund der reichen Erträge an sauberen, trockenen, preiswerten Weißweinen (und systematischer Exportsubventionen) erlebte Südafrika ein Anwachsen seiner Exporte. Mitte der 1990er-Jahre profitierte der südafrikanische Wein vom Abglanz des milden und wohlwollenden Lichts, das alles umgab, was aus Südafrika kam, selbst wenn diese Mode zwangsläufig bald wieder vorüberging. Doch die Schönheit der dortigen Weinbaulandschaften ist natürlich dem Ansehen seiner Produkte im Ausland nur förderlich.

Eine wichtige Entwicklung war der allmähliche Übergang von Land in die Hand der dunkelhäutigen Bevölkerungsmehrheit am Kap. Man übergab mehrere Betriebe in die Verantwortung der einstigen Arbeiter, die nun erfolgreich die Produkte ihrer eigenen Weinberge verarbeiten, vermarkten und exportieren. Aufwärts ging es auch mit den Unterkunfts- bzw. Arbeitsbedingungen der Farmarbeiter und selbst die Ausbildung in Weinbau und Kellertechnik ist nicht länger ein Exklusivrecht der Weißen.

In den Weinbergen und Kellern Südafrikas haben die Erzeuger inzwischen bewiesen, wie rasch sie imstande sind, neue Techniken und Moden im Weinstil aufzugreifen und sich dabei anzupassen. Sie haben in den letzten Jahren allein so große Fortschritte gemacht wie andere in den 1980er- und 90er-Jahren zusammen. Heute besteht die Hauptaufgabe darin, die Qualität des Rohstoffs immer weiter zu maximieren – an erster Stelle steht Ersatz für die am stärksten durch Virusbefall geschädigten Reben; es gilt aber auch, die Klone herauszufinden, die sich für die örtlichen Verhältnisse am besten eignen.

Weinbau wird am Kap der Guten Hoffnung seit der Mitte des 17. Jahrhunderts getrieben; das bedeutet, dass er in Südafrika eine weit längere, kontinuierliche geschichtliche Entwicklung hat als in Australien oder Kalifornien. Noch heute ist – wie die weißen Stufengiebel vieler Weinbaubetriebe und ihre Namen in Afrikaans zu erkennen geben – der Einfluss der Holländer, der ersten Siedler am Kap, stark spürbar.

Nur der vom Indischen Ozean bespülte und durch Atlantikwinde und antarktische Meeresströmungen gekühlte Südrand des Landes (und des Kontinents) eignet sich für ernsthaften Weinbau. Das Klima der Weinbauregionen ist allgemein etwas wärmer als in den bekanntesten Tälern Kaliforniens, doch nicht so heiß wie in den meisten australischen Bereichen. Ständig werden kühlere Bereiche aufgespürt und bepflanzt.

Die meisten Tischweine tragen den Namen der Rebsorte (in Südafrika *cultivar* genannt), im Unterschied zu der umfangreichen südafrikanischen

Produktion an Dessertweinen nach dem Vorbild europäischer Klassiker, etwa als manchmal recht rosinensüßer, aber immer besserer »Port« und oft etwas öliger »Sherry«.

Die bei weitem meistangebaute Rebsorte ist Chenin blanc, der zwar am Kap bisher noch nichts so herrlich Süßsaures wie den üppigen Vouvray hervorgebracht hat (auch wenn Ken Forrester und David Trafford sich mächtig ins Zeug legen), aber ohne weiteres dazu veranlasst werden kann, gewaltige Mengen an sauberem, erfrischendem trockenem und lieblichem Weißwein zu liefern. Weitere wichtige Weißweintraubensorten sind Colombar (oder Colombard, ein bedeutender Bestandteil in preiswerten trockenen Weißweinen Südafrikas), Cape Riesling (eigentlich Crouchen), Clairette, Semillon, Ugni blanc, Riesling, verschiedene Muskateller und natürlich Chardonnay und Sauvignon blanc. Die Rebschulen Südafrikas haben einige Zeit gebraucht, bis sie gute Chardonnay-Edelreiser anbieten konnten, woraus sich erklärt, warum Chardonnay-Verschnitte (meist durch Sauvignon blanc ergänzt) in Südafrika in der Beliebtheitsskala seit langem so weit oben stehen. Allerdings werden auch immer mehr hochwertige Burgunder Klone gepflanzt und mit geschickter Hand sowie dem behutsamen Einsatz von französischer Eiche zu Tropfen verarbeitet, die manchmal zu den großen Schnäppchen der Weinwelt zählen. Sauvignon blanc anderseits wird hier schon seit einem Jahrhundert angebaut und liefert oft wundervolle, eigenständige, fruchtige, manchmal aber auch recht dünne, billige Weine.

Weniger als 25 % der Rebfläche des Landes sind mit Rotweintrauben besetzt, darunter als Spezialität eine in den 1920er-Jahren im Land entstandene Neuzüchtung Pinot noir u Cinsaut mit Namen Pinotage. Pinotage erbringt farbtiefe Weine und hat in seinen besseren Versionen reichlich würzige Frucht zu bieten; wird er aber nicht sorgfältig genug vergoren, kann er einen recht unangenehmen chemischen Geruch entwickeln. In den 1980er-Jahren tat man ihn als unbedeutende einheimische Sorte ab, doch mit dem wiedererwachenden Nationalstolz wuchs auch der Lokalstolz auf diese lebendige, aromatische Rotweintraube, Südafrikas Antwort auf Kaliforniens Zinfandel und Australiens Shiraz.

Die große Erfolgsstory der letzten Zeit aber wurde von Südafrikas eigener Shiraz-Traube geschrieben (frankophile Erzeuger wie das moderne Gut Boekenhoutskloof nennen sie Syrah). In den 1990er-Jahren versechsfachte sich die mit ihr bestockte Rebfläche, sodass sie hinter dem Pinotage zur zweithäufigsten Traube avancierte. Sie wird zu allen möglichen Weinstilen verarbeitet, den nachhaltigsten Einfluss aber übte nicht Frankreich, sondern Australien auf die südafrikanischen Shiraz-Versionen aus, denn amerikanische Eiche wird häufiger für sie verwendet als französische. Man kultiviert sie bevorzugt in wärmeren Bereichen, obwohl sie dort leicht unangenehme Reifegrade erreichen kann.

Vor dem Aufstieg des Syrah/Shiraz zu Starruhm galt Cabernet Sauvignon als der Aristokrat in den Weinbergen am Kap, doch er bedarf sorgfältiger Behandlung im Keller, wenn er dunklen, ausgewogenen, langlebigen Wein hervorbringen soll. Ein Problem können auch allzu aufdringliche Tannine und bei Viruserkrankungen grüne, unreife Geschmacksnoten darstellen. Merlot wird zunehmend sortenrein verarbeitet, aber auch zu Verschnitten mit Cabernet benutzt. Daneben wird immer interessanterer Zinfandel, Mourvèdre und sogar Carignan von alten Stöcken von innovativen Leuten wie Charles Back von Fairview erzeugt. Viele Weinberge sind mit Ruby Cabernet bestockt, doch findet die Traube vorwiegend für preiswerte Verschnitte Verwendung. Das Wort »Verschnitt« ist am Kap ebenso emotionsbehaftet wie geheimnisumwittert. Der »Kap-Verschnitt« im Gegensatz zum sortenreinen Tropfen ist ein anerkannter Weinstil, doch niemand weiß genau, woraus er sich eigentlich zusammensetzen soll. Pinot noir wird nur an den kühlsten Stellen mit einigem Erfolg angebaut, wobei sich das Fehlen burgundischer Klone lange als Handikap erwiesen hat. Die am Kap traditionelle Portweinerzeugung hat zur Anpflanzung von Portweinrebsorten wie Tinta Barroca Anlass gegeben, die aber auch zu kräftigen trockenen Rotweinen verarbeitet werden.

Es wäre schade, wenn die Südafrikaner in ihrem Bemühen um eigene Antworten auf Bordeaux und Burgund das Potenzial des Landes an strammen und trockenen Rotweinen vernachlässigen würden.

Die Struktur der südafrikanischen Weinwirtschaft ist eigenartig. Den rund hundert qualitätsbewussten, meist kleinen Weingütern steht eine Vielzahl von Erzeugern von Massenwein, Destillierwein, Traubenkonzentrat und insbesondere Traubensaft gegenüber. Den Genossenschaften kommt große Bedeutung zu; sie verarbeiten etwa 85 % des Jahresertrags (wobei nur ungefähr ein Viertel davon in Wein verwandelt wird). Erst seit kurzer Zeit dürfen die Privatweingüter auch Trauben zukaufen, sie müssen dann aber – ganz im Gegensatz zu dem, was in anderen Ländern in der Neuen Welt üblich ist – für den davon produzierten Wein einen eigenen Namen benutzen.

Die wichtigsten Weinbauregionen

Constantia am Südrand von Kapstadt ist die älteste Weinbauregion und eine der kühlsten in Südafrika. Früher entstanden hier süße Weißweine, die in Europa einst ebenso berühmt und gesucht waren wie der Tokajer. Der Weinbaubetrieb Klein Constantia hat diesen Stil mit dem »Vin de Constance« Muscat wieder aufleben lassen, produziert aber wie Buitenverwachting außerdem eine feine Reihe trockener Weißweine sowie Rotweine nach der Art von Bordeaux. Die Gegend wird von kühlen Winden geprägt, die vom Südpol aus über False Bay ins Land wehen, und eignet sich daher hervorragend für den Anbau von Sauvignon blanc, wie relativ neue Kellereien, z. B. Steenberg, bewiesen haben. Gäbe es einen Markt für echten Riesling – der Name hat einen schlechten Ruf, weil der sehr ordinäre Crouchen meist als Cape Riesling etikettiert wird –, hätte er hier ideale Bedingungen, wie Buitenverwachting gezeigt hat.

Die Universitätsstadt **Stellenbosch** gilt als die geistige Heimat des südafrikanischen Weinbaus. Die natürlichen Voraussetzungen im Distrikt sind sehr unterschiedlich, doch die meisten Weinpflanzungen kommen im Sommer in den Genuss kühlender Einflüsse vom Atlantik her. Hier sind die engagierten Privatweingüter am stärksten konzentriert und haben eine alte Reputation für Rotwein, aber es entstehen auch immer mehr interessante Weißweine. Das südafrikanische Weingesetz gliedert die Weinlandschaft in Regionen, die sich aus mehreren Distrikten zusammensetzen. Die Distrikte wiederum unterteilen sich in eine Reihe eigenständiger Subzonen, die so genannten *wards*. Im Weindistrikt Stellenbosch beispielsweise sind bereits mindestens fünf *wards* ausgewiesen. Einer der bekanntesten ist **Devon Valley**, eine bezaubernde kleine Enklave mit einem Arsenal feiner, ausgefeilter Roter. Die Hänge von **Simonsberg** wiederum sind etwas kühler und besser entwässert als in Stellenbosch andernorts üblich. Zu den erfolgreichsten Erzeugern von Stellenbosch gehören seit jeher Blaauwklippen, Delheim, Grangehurst, Kanonkop, Meerlust, Mulderbosch, Neethlingshof, Overgaauw, Rustenberg, Rust-en-Vrede, Thelema, Vriesenhof und Warwick Estate, man könnte jedoch noch Dutzende weiterer Güter aufzählen.

Der Distrikt **Paarl** bringt noch mehr Wein hervor als Stellenbosch; hier ist auch das Hauptquartier der mächtigen Genossenschaftsorganisation KWV, die lange Zeit die Weinproduktion regulierte und strangulierte, heute aber als unabhängiger Exporteur arbeitet. In dieser Gegend entsteht viel alkoholangereicherter Wein, darunter auch einigermaßen guter Flor-»Sherry« (Seiten 247 bis 249), und der große Erzeuger Nederburg leistet mit seinem edelsüßen Chenin blanc Pionierarbeit, während Glen Carlou guten Chardonnay produziert. Villiera zeigt viel Talent, Veenwouden genießt einen exzellenten Ruf für guten Rotwein und Fairview gilt als der innovativste südafrikanische Betrieb, noch dazu mit sehr vernünftigen Preisen. Sie alle beweisen, dass Paarl mehr zu bieten hat als nur stark gespritete Weine.

Das von Hugenotten gegründete **Franschoek** ist ein besonders begünstigter *ward* im Osten der Region und kann berühmte Weinbaubetriebe wie Boekenhoutskloof, Boschendal, (Clos) Cabrière, Dieu Donné und L'Ormarins/La Motte vorweisen. Franschoeks Spezialität sind volltönende Weiße, aber auch einige feine Rote (und gute

Rebhänge in Klein Constantia, einem der kühlsten Anbaubereiche Südafrikas. Der Wahl geeigneter Reben kommt in dieser vielfältigen Weinberglandschaft besondere Bedeutung zu.

Restaurants) kann man hier entdecken. Der *ward* **Wellington** gehört ebenfalls zu Paarl; er liegt im Norden des Distrikts, hat ein merklich wärmeres Klima als Franschoek und tut sich mit großen, stämmigen Roten hervor.

Weiter landeinwärts liegt der Distrikt **Worcester**, der 20 % der gesamten südafrikanischen Weinbaufläche umfasst. Hier bringen in heißem, trockenem Klima fruchtbare Böden bei intensiver Bewässerung große Massen an Trauben als Rohstoff für Brandys, preiswerte trockene Weißweine, angereicherte Weine und eine ganze Reihe anderer Rebenprodukte hervor. Eine einheimische Spezialität ist der üppig traubige, klebrigsüße Muscat, ein gespriteter Wein, der oft als Muscadel etikettiert und in der Regel von Muscat of Alexandria bereitet wird, die in Südafrika Hanepoot heißt.

Robertson südöstlich von Worcester hat bei ähnlichem Klima geeigneteren Kalkboden für den Weinbau; die Region bringt vor allem Weißwein hervor. Bemerkenswert sind insbesondere die Genossenschaften, aber auch mehrere Weingüter wie De Wetshof, dessen Chardonnay viel von sich reden macht.

Pralle Frucht und überschäumende Lebensfreude (oben) bringt Südafrikas Weinbau in einer Landschaft von einmaliger Schönheit hervor – hier als Beispiel (rechts) Franschoek mit dem kapholländischen Gutshaus Boschendal.

Nach Osten hin erstreckt sich das noch heißere und trockenere **Little Karoo**, wo die hauptsächlich für Massenproduktion kultivierten Reben der Bewässerung wegen nahe an den Flüssen stehen. Die Halbwüste ähnelt dem Douro-Tal in Nordportugal und die Erzeuger von Calitzdorp haben sich das zunutze gemacht und erzeugen das beste südafrikanische Portweinimitat, das gelegentlich durch verblüffende Qualität besticht.

Noch interessanter für die Tischweinerzeugung aber sind die ausgedehnten Anbaugebiete nördlich von Kapstadt. Sie profitieren von den Meeresbrisen, die von der Westküste aus landeinwärts blasen. Die westlich und nördlich an Worcester anschließenden Weinbaugebiete **Tulbagh**, **Piketberg** und **Swartland** kommen in den Genuss kühlender Atlantikeinflüsse. Swartland stand lange Zeit für schwere Rotweine; inzwischen aber kommen von dort wie aus den beiden anderen Gebieten vor allem aus Genossenschaftsbetrieben durchaus exportfähige frische, trockene Weißweine zu günstigen Preisen. Im Distrikt Swartland beispielsweise bildet der *ward* **Groenenkloof** unweit der Küste eine so kühle Enklave, dass hier einige der rassigsten südafrikanischen Sauvignon-blanc-Gewächse entstehen. Ein weiterer *ward* mit hervorragendem Potenzial ist **Riebeekberg** nahe der Westküste. Die bislang nicht allzu dicht mit Reben bepflanzte Zone wird rasch von qualitätsbewussten Erzeugern erschlossen, die dem Land bereits aufregende Pinotage-Weine abgerungen haben.

Olifants River heißt das unmittelbar der Atlantikluft ausgesetzte Weinbaugebiet im Norden; hier entstehen Massen- und Destillierweine, aber auch frische, trockene Weißweine wie der Exportschlager Goiya Kgeisje der Genossenschaft Vredendal, Südafrikas größter Weinbaubetrieb.

Einige der elegantesten Weine des Landes aber entstehen am südlichen Ende der zum Indischen Ozean hin gelegenen Küste, wo an besonders kühlen Stellen immer mehr Weingüter ihr Glück versuchen. Profitiert die Westküste am Kap von Atlantikwinden, so wird die Südküste so wirkungsvoll von antarktischen Luftströmungen gekühlt, dass sie mittlerweile als einer der Erfolg versprechendsten Pinot-noir-Anbaubereiche der Neuen Welt gilt. Der *ward* **Walker Bay**, wie die Weingegend im Hinterland der stimmungsvollen Küstenstadt Hermanus heißt, zeigte als Erster, dass Weinbau hier mit Erfolg betrieben werden kann. Als Pionier tat sich Hamilton Russell hervor, der feine, immer burgunderähnlichere Pinot- und Chardonnay-Weine im Sortiment führt. Bouchard Finlayson hat bewiesen, dass Hamilton kein Einzelfall ist. Mittlerweile haben sich schon mehrere viel versprechende Unternehmen hier an der Südküste angesiedelt.

Nicht minder aussichtsreich präsentiert sich der *ward* **Elgin** im Distrikt **Overberg**. Er hat sehr beachtliche Sauvignon-blanc- und Chardonnay-Tropfen hervorgebracht, wobei besonders die Erzeugnisse von Neil Ellis Erwähnung verdienen. Noch jüngeren Datums sind die weiter östlich an der Südküste gelegenen Zonen **Mossel Bay** und **Elim**.

Ist ein südafrikanischer Wein als **Coastal Region** etikettiert, kann er aus einem ausgedehnten Bereich um Kapstadt stammen, der bei Swartland im Westen beginnt und Tulbagh, Constantia im Süden sowie ganz Paarl und Stellenbosch umfasst. Weine der untersten Kategorie tragen meist die Regionalbezeichnung **Western Cape**.

Etiketten richtig verstehen

Estate Der Begriff bezeichnet gewöhnlich einen Wein, der allein vom Lesegut des genannten Erzeugers gekeltert wurde, also die in Südafrika relativ seltene Guts- bzw. Erzeugerabfüllung.

Méthode Cap Classique Südafrikanischer Begriff für die Schaumweinherstellung nach dem Champagnerverfahren.

Noble Late Harvest Edelsüßer Wein.

Premier Grand Cru Trockener und leichter Weißwein, meist Verschnitt; ein irreführender Ausdruck, der nur gelegentlich in Südafrika benutzt wird.

Wine of Origin Die südafrikanische Echtheitsgarantie für Traubensorte, Jahrgang und Herkunft des Weins.

Andere Länder

Zur großen Überraschung der restlichen Welt ist **China** mittlerweile zu einem der 20 wichtigsten Weinerzeugerländer aufgestiegen. In Asien rangiert es hinter Australien auf dem zweiten Platz. Seine florierende Weinindustrie hat nicht nur den Tourismus ins Visier genommen, sondern bedient immer mehr auch die begüterte, verwestlichte Mittelschicht im Land.

Der beste Rote mit chinesischem Etikett, den ich je verkostet habe, war ein Lau Lan Cabernet Sauvignon aus der Turpansenke im äußersten Westen Chinas, die praktisch die Verlängerung von Kasachstan bildet. Die meisten chinesischen Weinberge findet man allerdings an der Ostküste, wo man große ausländische Unternehmen angelockt hat, damit sie dort Rebflächen mit westlichen Rebsorten und auch einheimischen Trauben wie Long Yan anlegen. Besonders häufig wird hier der Welschriesling gepflanzt, der wohl feinste Wein des Landes aber dürfte der Huadong Chardonnay aus der östlichen Provinz Shandong sein, in der rund die Hälfte des gesamten chinesischen Weins entsteht.

Die viel kleinere Weinindustrie in **Japan** ist erwartungsgemäß schon wesentlicher fortschrittlicher. Bei der Erzeugung und dem Import von Wein mischen etliche Unternehmen mit. Allerdings ist der Weinbau in Japan ein ständiger Kampf gegen allerlei natürliche Hindernisse, etwa zu saure Böden und im extremen Norden auch gefährlich kalte Winter.

Indien wiederum exportiert recht ausgefeilte weiße Schaumweine, bei denen man sich an denen in der Champagne orientiert, so gut es unter den doch etwas anderen Klimabedingungen eben geht. Sie werden oft unter der Bezeichnung Omar Khayyam verkauft. Die restlichen Erzeugnisse sind süß und kräftig und für den einheimischen Markt gemacht; sie leiden unter den für heiße Regionen typischen Fehlern: zu wenig Säure und zu viel Alkohol. Grover Cabernet Sauvignon und Sula Sauvignon blanc aber fallen recht passabel aus.

Wein aus **England** (wozu man seltsamerweise offiziell Wein aus England und Wales zählt) ist kein Witz, obwohl der Durchschnittsbrite ihn für einen solchen hält. Großbritannien ist das einzige Land der Welt, das automatisch davon ausgeht, dass seine eigenen Weine die schlechtesten der Welt sind.

Rund 1500 ha Anbaufläche in Südengland und Wales sind auf nach Süden ausgerichteten, geschützten Hängen, mit Reben bestockt. Das wäre völlige Zeitverschwendung, gäbe es nicht den mäßigenden Einfluss des Golfstroms. Wein wurde auf den Britischen Inseln schon vor Jahrhunderten angebaut, die moderne englische Weinindustrie aber nahm erst in den 1950er-Jahren ihren Anfang.

Wegen des kühlen englischen Klimas haben nur früh reifende Sorten überhaupt eine Chance. Die verbreitetste Traube ist daher Müller-Thurgau und die Hybridrebe Seyval blanc. Ebenfalls recht häufig findet man die deutsche Züchtung Reichensteiner, daneben kultiviert man allerdings eine erstaunliche Vielzahl weißer und sogar einiger Rotweinsorten (die wenigen Roten werden meist aus rotfleischigen Trauben gekeltert oder in speziellen Folientunneln angebaut).

Fast dem gesamten Most muss Zucker zugesetzt werden, damit Wein mit einem angemessenen Alkoholgehalt entstehen kann (siehe Chaptalisation auf S. 72–73); der natürliche Säuregehalt hingegen liegt meist recht hoch. Solche Weine sind ein ausgezeichnetes Rohmaterial für Schaumwein und es entstehen einige wahrhaft erfrischende trockene Weißweine, die sogar etwas Ausbau im Fass vertragen.

British Wine hat nichts mit englischem Wein zu tun, sondern ist ein aufbereitetes Traubenkonzentrat aus einer beliebigen Anbauregion, in der dieses Produkt eben am preiswertesten zu haben ist (häufig kommt es aus Zypern). Es handelt sich zumeist um sehr billige, sherry- und portweinähnliche Getränke, die mit etwas Alkohol aufgepeppt werden.

Jahrgangshinweise

Kursivdruck bezeichnet schwache, Normaldruck durchschnittliche und **Fettdruck** besonders gute Jahre.

Frankreich

Bordeaux

Rotwein

2002 Ein relativ kleiner Ertrag, ungleichmäßige Blüte und ein wolkenverhangener, feuchter Sommer sorgten für uneinheitliche Reife und nicht immer gesunde Trauben. Die Weinbauern hoffen darauf, dass das gute Wetter ab 9. September den Schaden etwas begrenzte.

2001 Sehr wechselhafte Qualität, was eine geschickte Hand im Keller erforderlich machte. Fazit: einige sehr gute, aber auch säuerliche, herbe Weine.

2000 Die Natur war den Winzern wohl gesonnen. Ein guter Jahrgang musste allmählich wieder her – und er stellte sich im Millenniumsjahr auch prompt ein. Viel Beständigkeit und Ausgewogenheit.

1999 Drei Wochen Sonnenschein ab Ende August ließen die Weinbauern frohlocken – doch dann sorgte Regen zur Lese für Ernüchterung. Es entstanden früh reife Weine, wobei das linke Ufer ein besseres Potenzial hat.

1998 Auf einen sehr heißen August folgte Regen zur Ernte. Die besten Tropfen – manche sind sehr viel versprechend – stammen zumeist vom rechten Ufer.

1997 Anfangs überteuerte, relativ leichte Weine, die angenehmen Trinkgenuss versprechen, aber zeitig konsumiert werden wollen.

1996 Einige sehr große, sehr klassische Kreszenzen, die Geduld belohnen.

1995 Ein warmer, trockener Sommer brachte reife Weine hervor, die schon in der Jugend sehr angenehm zu trinken waren. Reichlicher Ertrag, am besten in Pomerol und Pauillac.

1994 Das beste Jahr seit 1990; sehr reifes Traubengut, doch Regen im September machte Schwierigkeiten.

1990 Das zweite heiße Jahr in Folge. Sehr reife, konzentrierte Weine aller Qualitätsebenen, viele ausnehmend gute Gewächse.

1989 Ein heißer Sommer und ein gewaltiger Ertrag an vollmundigen, opulenten, teuren Weinen, die sich schon jung erstaunlich gut trinken.

1988 Vom 1989er und 1990er in den Schatten gestellter Jahrgang. »Klassischer« Stil, das heißt fest und ein wenig karg.

1986 Dichte, schwere, überaus tanninreiche Weine. Manche versprechen Legendäres, aber erst nach mindestens zehn Jahren.

1985 Gleichmäßig gefällige, duftige Weine, vor allem vom rechten Gironde-Ufer; manche sollten bald getrunken werden.

1983 Gut, aber nicht so konzentriert wie der 1982er; sollte bald getrunken werden. Margaux diesmal hervorragend.

1982 Legendärer Jahrgang, schrecklich teuer, aber herrlich konzentriert und köstlich.

Trockener Weißwein

2002 Konzentrierte, duftige Weine aus kleiner Ernte.

2001 Die niedrigen Temperaturen im September bewahrten die Frische und sorgten für gut umrissene, fruchtige Töne bei ansehnlicher Säure.

2000 Der Sommer fiel zu heiß aus, um nervige Weine hervorzubringen. Die meisten Erzeugnisse müssen jung getrunken werden, doch findet man in der Topkategorie auch ein, zwei große Tropfen.

1999 Die Weinbauern konnten einen attraktiven, aromatischen Sauvignon blanc heimfahren, doch die Sémillon-Frucht war oft verwässert.

1998 Schöne, gut ausgereifte Weine.

Süßer Weißwein

2002 Die flussnahen Weinberge wurden mit Edelfäule gesegnet. Kleine Ernte.

2001 Der Regen, der die Roten verdarb, bescherte den Winzern wundervolle edelfaule Weiße.

2000 Einige hübsche, stattliche Weine, die relativ früh konsumiert werden sollten, für Botrytis-Befall aber fiel der Regen zu reichlich.

1999 Erzeuger, die nur die besten, edelfaulsten, als Erstes gelesenen Trauben verarbeiteten, brachten aufregende Weine zustande. Allerdings war die Qualität äußerst wechselhaft, denn später heimgefahrene Frucht litt etwas.

1998 Sehr reif mit etwas Edelfäule. Ein wechselhafter Jahrgang.

1997 Höchst erfolgreich, mit echter Konzentration; einige Weine sind schon jung zugänglich.

1996 Gute Säure im Kern; ein Jahrgang, der möglicherweise länger hält als seine beiden Nachfolger.

1995 Bester Sauternes-Jahrgang seit 1990 mit rascher Entwicklung von Edelfäule. Lese bereits Anfang Oktober.

1994 Graufäule im September, daher sind Châteaux zu bevorzugen, die es sich leisten konnten, wählerisch zu sein.

1991 Die Aprilfröste ließen eine zwar nur sehr kleine, aber nicht schlechte Ernte übrig.

1990 Massive, volle Weine, vielleicht nicht recht einschätzbar, derzeit anscheinend aber weniger komplex als die 1989er und 1988er.

1989 Gewaltige, fast korpulente Weine, dramatisch und aufregend.

1988 Dieser zeigt von den drei berühmten Jahrgängen die schönste Edelfäule und Eleganz und dürfte sich am längsten halten.

1986 Sehr starker Jahrgang, viel Edelfäule und schöne Ausgewogenheit.

Burgund

Rotwein

2002 Guter Jahrgang. Der Sommer fiel nicht sonderlich heiß aus, war aber recht trocken. Im September schnellte der Zuckergehalt in die Höhe, doch vereinzelte Regenfälle schadeten manchen Trauben. Zum Schluss wurden respektable Zuckerwerte erreicht. Die meisten Weine zeigen schon früh ihren Reiz.

2001 Feuchter Sommer mit einigen Hitzetagen. Wie bei rotem Bordeaux desselben Jahrgangs brauchte der Kellermeister ein gutes Händchen, um die Delikatheit der Weine zu bewahren und die merklichen Tannine nicht noch zu betonen. Wechselhafte Qualität. Weine aus niedrigen Erträgen verheißen langfristig köstliches Trinkvergnügen, doch alle anderen dürften kümmerlich ausfallen. Im August ging über Volnay Hagel nieder.

2000 Ein schwieriges Jahr für Weinbauern. Regen und Fäule während der Lese ließen weiche, leichte Weine entstehen, die an der Côte de Nuits noch besser als in den meisten Gemeinden der Côte de Beaune ausfielen. Früh trinken.

1999 Qualitativ und quantitativ ein außergewöhnliches Jahr. Vor allem an der Côte de Beaune entstanden kraftvolle, einnehmende, ausgewogene Tropfen mit viel Konzentration und Farbe. Die Côte de Nuits musste etwas mehr Regen verkraften. Die Tannine und Pigmente erreichten hohe Reifewerte. Ein Jahrgang, der jung oder alt getrunken werden kann.

1998 Ausgezeichnete Farbe, gut ausgereifte Schalen im August. Ganz ansehnlich, aber gelegentlich etwas stumpf.

1997 Ein sehr gemischter Jahrgang. Die besten Weine gerieten bezaubernd, müssen jedoch früh weg.

1996 Hohe Säure, aber gute Konzentration sind typisch für dieses Jahr. Lagern.

1995 Geringer Ertrag an langfristig feinen Weinen.

1994 Ein Jahrgang, der die latente Unterschiedlichkeit Burgunds so recht herausstellt, weil manche die Erträge nach dem Regen allzu sehr ins Kraut schießen ließen. Nuits besser als Beaune.

1993 Sehr hübsche, fruchtige Weine von gesunden Trauben mit kräftiger Farbe. Ein Insider-Jahrgang.

1992 Regen zur falschen Zeit. Milde, zarte, jung zu trinkende Weine.

1991 Die Trauben waren vor dem Regen ausgereift, manche Weine von der Côte de Nuits sind exzellent.

1990 Ein großer Erfolg: voll und duftig. Spitzengewächse majestätisch.

1989 Fast so gut, nur nicht ganz so intensiv wie die 1990er. Jetzt charmante Weine.

Weißwein

2002 Gute Qualität und hoher Ertrag.

2001 Wetterkapriolen sorgten für etwas Fäulnis, aber auch überraschend gute Tropfen, die allerdings keinen sonderlich langen Atem haben. Daneben entstanden recht dünne, enttäuschende Wässerchen. Der wechselhafte Jahrgang belohnte die Weinbauern, die die Erträge begrenzten. Verheerender Hagel in einigen Teilen der Côte Chalonnaise.

2000 Extrem reife, gesunde Trauben brachten Weine mit guter Säuredosis hervor, die sogar schon in jungen Jahren gefallen. Vor allem Chablis und das Mâconnais trumpften auf.

1999 Schönes Wetter Ende August und Anfang September ließ gutes Lesegut in großer Menge heranreifen. Die Weine präsentieren sich in der Regel leichter und frischer als der 2000er-Jahrgang. Die besten können länger aushalten – falls man sie lässt.

1998 Alles ging schief: Frost, Hagel und Echter Mehltau quälten die Trauben. Trotzdem noch respektable Ergebnisse.

1997 Angenehme Weine für baldigen Genuss, vor allem aus dem Süden Burgunds.

1996 Ein großes Jahr bescherte langlebige Weine mit Rückgrat und viel Säure. Klassischer Chablis.

1995 Sehr kleiner Ertrag erbrachte Weine mit echter Konzentration.

1992 Ausgewogen, elegant, fein; von den Côtes besser als aus Chablis.

Elsass

2002 Auf einen außergewöhnlich kalten Winter folgte schönes Wetter während der Blüte, weshalb man die Trauben ausdünnen musste, um hohe Qualität zu erreichen. Der Sommer fiel besser aus als in weiten Teilen Frankreichs, doch Regen Anfang Oktober gefährdete die Gesundheit mancher Trauben.

2001 Die Blüte verlängerte sich wegen der niedrigen Temperaturen. Der warme Spätherbst entschädigte teilweise für den kühlen Sommer und nassen September, der die Hoffnungen auf einen großen Jahrgang zunichte machte.

2000 Ein in jeder Hinsicht außergewöhnliches Jahr. Auf eine sehr frühe Blüte folgte ein überaus günstiger Saisonverlauf. Ende August trat etwas Fäule auf und auch der Regen im Oktober war ein bisschen zu stark, dennoch entstanden ausgezeichnete Weine, darunter auch Spätlesen in beachtlichen Mengen.

1999 Regen während der Wachstumsperiode brachte Fäule und Mehltau mit sich. Mitte August setzte einen Monat lang schönes Wetter ein, sodass Spitzenwinzer noch mit guter Qualität rechneten, doch weitere Niederschläge machten alle Hoffnungen zunichte.

1998 Frühe Lese sehr reifer Beeren; etwas Edelfäule.

1997 Relativ frühe Reife erbrachte Weine, die in manchen Lagen möglicherweise die Klasse der Jahrgänge 1959 oder 1947 erreichen; viele Spätlesen.

1996 Gute, gesunde, reife Trauben wurden zu feinen, kräftigen Weinen gekeltert, darunter auch einige Spätlesen.

1995 Unterschiedlicher Jahrgang; bei niedrigen Erträgen und Lese lang nach dem Regen entstanden große, manchmal sehr reife Rieslinge. Fäule bedrohte einfache Weine. Leicht geminderter Ertrag.

1990 Ein großes Jahr – manche Tropfen wirken noch heute jugendlich.

Nördliche Rhône

2002 Schlechtes Wetter während der Blüte reduzierte die zu erwartende Ernte drastisch und ebnete den Weg für einen wahrhaft schrecklichen Sommer, der reichlich faulige, unreife Trauben erbrachte. Manche Winzer deklassifizierten einen Großteil ihrer Weine, obwohl der eine oder andere spät gelesene Wein positiv überrascht. Über die Weißweine allerdings kann man nicht klagen.

2001 Die nördliche Rhône war in diesem Jahr eine der erfolgreichsten Anbauregionen Frankreichs. Die Weine fielen fast so gut wie 1999 und sogar eleganter, aber weniger konzentriert als 2000 aus. Beachtliche Reife und gute Säure bei reifen Tanninen als Stütze.

2000 Ein guter bis sehr guter Jahrgang, der allerdings vom Glanz des Vorjahrs in den Schatten gestellt wurde. Heißer August mit schwerem Regen am 21., außergewöhnlich schöner September, der eine besonders ausgedehnte Lese zuließ. Sowohl die Roten als auch die Weißen gerieten bezaubernd.

1999 Außergewöhnlich. In einem sonnigen Herbst konnten hohe Mengen gesunder Trauben gelesen werden – ein echter Grund zum Feiern an der nördlichen Rhône. Die Qualität ist mindestens so gut wie 1998 (manche vergleichen den Jahrgang sogar mit dem 1947er), doch lag der Ertrag höher.

1998 Auffallend trockener Sommer mit etwas Stress für die Reben.

1997 Eine zeitige Lese erbrachte früh reifende, schmeichelnde Weine mit relativ geringer Säure.

1996 Stämmige, etwas kantige Weine mit merklicher Säure, die Zeit brauchen.

1995 Höchst viel versprechender Jahrgang, gesundes Lesegut.

1991 Ein guter Jahrgang, an der Côte Rôtie superb: duftig, aufgeschlossen, charmant.

1990 Die Hitzewelle bremste die Reife. Die Côte Rôtie hatte Einbußen, aber Hermitage erzielte gewaltige Weine.

1989 Ein Dürrejahr, in Cornas unregelmäßig, ansonsten vollmundig und opulent.

1988 Der Jahrgang steht zu Unrecht im Schatten des 1989ers und 1990ers; majestätischer Côte Rôtie mit langer Entfaltungszeit.

Südliche Rhône

2002 Schlimme Flutschäden kurz vor der Lese. Einige der besten Erzeuger werden uns allerdings überraschen.

2001 Variabler Jahrgang, obwohl man nach einem sehr heißen, trockenen Sommer zunächst viele Hoffnungen in ihn setzte. Ein ungewöhnlich lang anhaltender Mistral Ende August ergab dickschalige Beeren und betonte Tannine. Durch späte Lese erreichte man ausgewogenere Weine, vor allem in ertragreichen Rebgärten, in manchen Fällen aber kletterte die Säure auf ein gefährlich hohes Niveau.

2000 Zunächst freute man sich über ausgezeichnete Bedingungen, bis am 19. September schwerer Regen einsetzte. Wer früh und schnell erntete, brachte schwere, zugängliche Weine zuwege, die feinen Trinkgenuss versprechen, jedoch nicht zu den haltbarsten Vertretern ihrer Gattung zählen.

1999 Verglichen mit 2000 relativ schwierige Weine für Winzer und Verbraucher; sie haben nicht die offensichtliche Fülle des 1998er-Jahrgangs. Schwere Regenfälle verdarben die Lese, weshalb sehr wechselhafte Qualität zu erwarten ist.

1998 Herrliche, konzentrierte, bestens austarierte Weine mit schöner Farbe.

1997 Recht verschwommener Geschmack bei gut ausgereiften Trauben.

1996 Der verhältnismäßig kühle, nasse Sommer ergab weniger konzentrierte Weine als üblich.

1995 Reife Frucht, konzentrierte Rotweine mit sehr guter Farbe. Manche Erzeuger sprechen von einem besseren Jahr als 1990.

1990 Ausnehmend füllige, kraftvolle und süffige Weine mit schwacher Säure; bereits auf dem Höhepunkt.

1989 Fabelhaft konzentriert, vielleicht kräftigeres Rückgrat als 1990.

Languedoc-Roussillon

2002 Äußerst variabel. Ein ungewöhnlich wolkenverhangener Sommer endete mit verheerenden Überflutungen im Département Gard im äußersten Osten der Region, in den Hügeln sind allerdings viele Weinbauern zuversichtlich.

2001 Der Sommer war so heiß und trocken, dass manche Rebstöcke ins Koma fielen und den Reifeprozess unterbrachen. Niederschläge im September waren jenen willkommen, die noch nicht gelesen hatten. Zu früh geerntete Trauben könnten unangenehm harsche Weine ergeben. Die Weißweine gerieten besonders konzentriert.

2000 **Stürme im Juni und Juli sowie verheerende Überschwemmungen im November 1999 zogen einige Weinberge in Mitleidenschaft; ansonsten war der Sommer warm und trocken, jedoch nicht im Übermaß. Dank einer langen Lesezeit entstanden sehr qualitätvolle, liebenswerte, runde, geschmeidige Weine mit reifen Tanninen.**

1999 Auf einen außergewöhnlich trockenen Winter folgten schwere Regenfälle und Ende April etwas Hagel in Roussillon. Die Weine gerieten respektabel, aber nicht so ausgezeichnet wie im Jahrgang davor und danach.

1998 **Ein wahrhaft herausragender Jahrgang mit allerdings reduziertem, im Fall von Chardonnay sogar sehr stark verringertem Ertrag. Superreife, konzentrierte Rote mit weichen Tanninen und ausgewogenen Weißen.**

Italien

Piemont

2002 Die Folge großer Jahrgänge ging für Piemont 2002 mit verheerendem Hagel in Teilen von Barolo, Fäule, unzureichender Ausreifung und ungewöhnlich kühlem Wetter zu Ende. Die dünnschalige Barbera litt in diesem schlechten Jahr am meisten.

2001 **Früh lesereife Trauben hervorragender Qualität (und Menge) erbrachten Weine, die mehr nach der opulenten Art des 1999er- und 1977er-Jahrgangs schlagen als durch besondere Langlebigkeit glänzen. Gute Reife und Struktur, aber gelegentlich ein Mangel an Säure.**

2000 **Große Qualität, die zum Teil einer langen Hitzewelle von Mitte August bis Mitte September zu verdanken war. Die Dolcettos fielen relativ einfach aus, doch Barbera und vor allem Nebbiolo schwangen sich mit bester Säure, Reife und Geschmacksdefinition zu außerordentlichen Höhenflügen auf. Ein langfristiges Vergnügen.**

1999 **Erneut sehr gute Qualität für Tropfen auf Nebbiolo-Basis und auch Dolcetto, der wesentlich besser ausfiel als die später reifende Barbera. Der opulente Barolo und Barbaresco weckt Erinnerungen an das Jahr 1997.**

1998 **Manche Erzeuger ordnen dieses außerordentlich heiße Jahr sogar noch höher ein als 1997. Die Weine zeigen mehr Struktur als im Vorjahr, werden aber nicht so lange auf der Höhe bleiben.**

1997 **Extrem reife Trauben ergaben große Barbera-Gewächse, doch den Nebbiolos fehlt bisweilen die Frische.**

1996 **Superbe Barolos und Barbarescos für langen Kelleraufenthalt.**

1995 Hagelschäden, doch ein sonniger Herbst brachte tiefdunkle Weine. Unterschiedliche Qualität.

1994 Trotz anhaltendem Regen im September anständiger Zucker- und Säuregehalt.

1993 Nebbiolo und Barbera konnten zum Teil nicht voll ausreifen, bevor der Regen einsetzte.

1992 Große Ernte, meist schwach in Gewichtigkeit und Kraft. Mehrere renommierte Erzeuger deklassifizierten ihren Barolo und Barbaresco.

1991 Recht kleiner Ertrag an leichten bis mittelschweren, früh zu trinkenden Weinen.

1990 **Aufregend gute Weine mit kolossaler Kraft und mächtigem Aroma; sie brauchen jedoch noch Zeit.**

1989 **Superbe, gesunde Frucht. Spitzen-Barolos hinreißend, brauchen aber noch Reifezeit.**

Toskana

2002 Ein außergewöhnlich nasser Sommer ließ die Trauben faulen, die oft auch nicht zur vollen Reife gelangten. Ein schreckliches Jahr.

2001 Kleine Ernte wegen Aprilfrösten. Der Juni und Juli waren trocken, doch der August und vor allem September recht feucht; Regen gefährdete mit näher rückender Lese die Gesundheit der Trauben.

2000 Zugängliche, reife Weine aus einem sehr heißen, trockenen Jahrgang, der etwas hohl ausfiel, wenn die Weinberge nicht optimal gepflegt wurden. An Alkohol indes fehlt es den Tropfen nicht.

1999 **Ausnehmend gute Qualität. Ein Jahrgang wie 1997, vielleicht sogar mit mehr Finesse.**

1998 Ein Jahrgang mit uneinheitlicher Qualität; nach einem unglaublich heißen und trockenen Sommer gerieten viele Stöcke in Wasserstress. Fazit: einige feine Weine.

1997 **Ein qualitativ, nicht jedoch quantitativ herausragend erfolgreiches Jahr. Sehr heiß.**

1996 Wechselhaftes Jahr. Weiche, duftige, früh reife Weine.

1995 **Aufregend späte Ernte, begünstigt durch einen ungewöhnlich warmen, trockenen Oktober; trotzdem noch ziemlich kräftige Säure.**

1994 Endlich eine trockene, allerdings kühle Lesezeit; volle, festgefügte Weine.

1993 Die Konzentration hat den Regen besser überstanden als in Piemont; es wurde jedoch auch unreife Frucht gelesen. Aus Spitzengütern sehr gute Weine.

Spanien

Rioja und Ribera del Duero

2002 Auf einen außergewöhnlich kalten Winter und Frühling folgte den ganzen Sommer über übles Regenwetter – eine Katastrophe für Qualität und Ertrag. Sogar der Herbst war noch verregnet. Ein echter Härtetest für die gesamte Region.

2001 **Spätfröste dezimierten die Ernte etwas, doch die Weine gerieten hervorragend. Manche Erzeuger steigerten die schon hohe Qualität durch nochmalige Ausdünnung der Trauben zusätzlich.**

2000 Eine Rekordernte und extrem wechselhafte Qualität bei enorm hohen Sommertemperaturen führten in vielen Fällen zu mangelnder Konzentration. In Ribera del Duero entstanden allerdings einige ausgezeichnete Tropfen.

1999 Aprilfröste in Rioja verzögerten die Reife der Trauben, die auch noch unter sommerlichen Niederschlägen litten. Aus Ribera del Duero wurde bessere Qualität vermeldet, obwohl Herbstregen den Säuregehalt senkte. Trotzdem passable Qualität, wenngleich nicht so gut wie im Vorjahr.

1998 Trotz Spätfrösten war der Ertrag so hoch, dass in Ribera del Duero manche Trauben nicht ganz ausreiften. Auch in Rioja war die Erntemenge noch das Beste, was diesem Jahr widerfuhr.

1997 Regen verzögerte die Lese. Früh reife Weine, die in Penedès weiter östlich viel besser gerieten.

1996 Ein großer Erfolg in Ribera del Duero, wo reife, relativ freundliche Weine entstanden.

1995 Durch Frost verringerter Ertrag in Ribera del Duero, jedoch reifere, ausgewogenere Frucht als 1994. Die Bodegas in Rioja quollen dagegen von einer enorm reichen Ernte an gesunder Frucht über.

1994 Sehr feine Weine in ganz Nordspanien. Trotz kleiner Ernte nach Frühjahrsfrösten und langer Trockenheit im Sommer sind die Reservas bereits außergewöhnlich.

Portugal

Portwein

2002 Der meist sehr trockene Sommer klang mit einem selten nassen September aus, der Gesundheit und Reife der Trauben beeinträchtigte. Eine ganz ungewöhnliche Saison, die wohl kaum Jahrgangsport hervorbringen wird.

2001 Ein außergewöhnlich nasser Winter, den Sommer über aber konnten die Weinbauern nicht klagen. Passable Erträge bei guter, aber nicht berauschender Qualität.

2000 Ausnehmend üppige, reife Jahrgangsportweine.

1999 Unaufhörlicher Regen im September schwemmte alle Hoffnungen auf einen guten Jahrgang fort.

1997 Auf frühe Blüte folgten ein kühler, nasser Frühling und Sommer. Dennoch strukturiertere Weine als 1994.

1994 Mustergültiger, opulenter Jahrgangsport. Die Preise liegen sogar noch über denen älterer Jahrgänge.

1992 Unter den Spitzenhäusern deklarierten nur Taylor und Fonseca ihre Weine, die allerdings in der Tat herausragend ausfielen.

1991 Großes Potenzial, sehr voll bei kräftiger Struktur. Ein langlebiger Jahrgang.

1985 Schmeichelhafter Jahrgang, der Ende der 1990er-Jahre allerdings sehr wechselhaft erschien.

1983 Gut, manchmal außergewöhnlich. Weithin deklariert; auch unbekanntere Namen lieferten Beachtliches ab.

1982 Nur von wenigen Firmen deklariert; geschmeidige, früh genussreife Weine.

1980 Mittelschwerer Jahrgang. Zuverlässig, aber keine große Klasse.

1977 Weine mit legendären Aussichten. Bei monströser Wucht und Kraft wahrscheinlich unendlich haltbar! Ähnlich wie 1970.

1970 Groß, superb, voll und tief. Jetzt genussreif, bleibt aber noch lange Jahre haltbar.

Deutschland

NB: 1991 und 2000 sind die einzigen Jahrgänge, die zwischen 1988 und 2001 bei den ambitionierten Kellereien nicht als herausragend bezeichnet werden können.

2002 Die deutschen Winzer waren den Sommer über im Allgemeinen wesentlich zufriedener als ihre französischen Kollegen, doch dann kam der Dämpfer in Form von Regen vor der Lese im Oktober. Deshalb werden wohl nur wenige Weine oberhalb der Auslesequalität entstehen.

2001 Ein wahrlich großer, langlebiger Jahrgang mit bemerkenswerter Traubenreife und Säure. Viele Prädikatsweine der Spitzenklasse entstanden.

2000 Sehr schwieriges Jahr. Der anfängliche Optimismus wurde durch Niederschläge im September getrübt, der die Traubengesundheit stark beeinträchtigte. Oft waren die früh gelesenen Weine die besten, weil sie am wenigsten von der Fäule betroffen waren. Früh geerntete Spätburgunder kamen relativ ungeschoren davon.

1999 Alles lief bestens – bis am 20. September Regen einsetzte und die ganze Lesezeit hindurch anhielt. Es musste sorgfältig selektiert werden; in manchen Fällen waren die Erträge einfach zu hoch, um gute Qualität zu liefern. Die Säurewerte lagen in der Regel relativ niedrig, doch den besten Erzeugern gelangen einige köstliche Gewächse, die allerdings früh getrunken werden müssen.

1998 Trotz einer nassen Lese und wechselhaften Wuchsbedingungen erbrachte das Jahr volltönende, ansprechende Weine. Besonders hoher Anteil an Eiswein.

1997 Kleine Ernte, doch sehr intensive Weine mit klar umrissenen Geschmacksnuancen. Einige sehr süße Spätlese-Köstlichkeiten.

1996 Strahlende, frische, in einem goldenen Herbst gereifte Weine in geringerer Menge als 1995.

1995 Auf einen ungewöhnlich warmen Sommer folgte Ende August und im September kühle, feuchte Witterung, sodass der größte Teil der Weine recht mäßig ausfiel; nur der spät reifende Riesling an der Mosel zeigte nach einem sehr warmen Oktober, was in ihm steckt.

1994 Stark unterschiedlich, nur Riesling aus Spitzenweingütern bewies seine Klasse mit großartiger Qualität.

1993 Ein nervenaufreibendes Jahr. Regen zu Beginn der Lesezeit, geduldige Winzer aber wurden durch Edelfäule belohnt.

1992 Nicht schlecht, besonders am Rhein. Ertragsregulierung half Verwässerung durch den Regen überwinden und das Gleichgewicht zu bewahren.

1991 Reife, frische, etwas karge Weine, genau richtig für Kabinette!

USA

Nordkalifornien

2002 Der Sommer fing kühl an und setzte sich trocken fort. Die Weinbauern hofften den ganzen September über auf halbwegs gute Reife. Ein sehr schwieriges Jahr.

2001 Eine Verschnaufpause für die Güter, die 2000 und 2002 unter ungewöhnlichen Bedingungen litten. Die meisten Rebsorten reiften zur rechten Zeit heran.

2000 Auf einen kühlen, nassen Sommer folgte eine lange, späte »europäische« Lese. Es blieb lange unklar, ob Cabernet Sauvignon in manchen Lagen überhaupt ausreifen würde. Für Pinot noir und Chardonnay hingegen war es ein außerordentlich gutes Jahr.

1999 Die sehr spät ablaufende, trockene, kühle Wachstumssaison bekam durch eine Hitzewelle im späten September noch einmal gehörig Aufwind.

1998 Strengerer Winter als üblich. Das Jahr, das genaue Gegenteil von 1997, wurde zur echten Zitterpartie – erst ein warmer Oktober machte den längsten Frühling seit Beginn der Aufzeichnungen wett. Sehr ungleichmäßige Qualität.

1997 Sehr hohe Erträge in einem Jahrgang mit frühem Verlauf, bei dem alle Rebsorten mehr oder weniger gleichzeitig ausreiften, obwohl etwas Graufäule auftrat.

1996 Schöner, relativ ertragsarmer Jahrgang. Die meisten Weine erreichten nicht die Konzentration der letzten Jahre.

1995 Auch hier rettete ein warmer, trockener Herbst mit später Lese nach einer schwierigen Wachstumsperiode die Ernte. Rotwein, vor allem Zinfandel, dürfte noch besser ausfallen als 1991. Bei kleinen Mengen steigende Preise.

1994 Allgemein nicht ganz so reif wie 1991; der lang hingezogene Reifeprozess dürfte sich besonders bei den Rotweinen günstig auswirken.

1993 Ungleichmäßige Wachstumsbedingungen minderten die Erträge. Unterschiedliche, zum Teil exzellente Weine.

1992 Reichlich gute Rote- und Weißweine; Merlot bildete trotz Unterschiedlichkeit einen Höhepunkt.

1991 Eine lange Wachstumsperiode führte zu ungewöhnlich duftigen, komplexen Rotweinen; bei einigen Weißweinen gab es allerdings Probleme.

1990 Bei mittelgroßem Ertrag entstanden viele sehr erfolgreiche Weine.

Australien

Südaustralien

2002 Schlechtes Wetter während der Blüte ließ den Fruchtansatz schrumpfen. Es folgte ein ungewöhnlich kühler Sommer mit später Lese. Die bewässerten Zonen im Binnenland profitierten am meisten von der verlängerten Wachstumssaison.

2001 Ein Jahrgang, der den qualitätsbewussten Weinbauern belohnte. Eine sehr heiße, trockene Wetterperiode ging kurz vor der Lese im März mit Regen zu Ende.

2000 Heikle Bedingungen mit schlechter Blüte, Hagel, mörderischer Hitze im Sommer und Regen im Herbst. Die Farbstabilität bereitete Probleme. Geringer Ertrag.

1999 Die neuerliche Rekordernte kam eher durch eine Zunahme der Rebfläche als durch besonders günstige Witterung zustande. Die mehrjährige Dürre setzte sich fort, trotzdem war das Jahr etwas kühler als 1998.

1998 Trotz Wasserknappheit ein hektischer Jahrgang mit frühem Verlauf und Rekordernte. Einige feine Rote.

1997 Ein heißer April rettete das Jahr. Es entstanden äußerst erfolgreiche Shiraz-Weine mit sehr langem Atem.

1996 Endlich wieder eine großartige Ernte; die Süßegrade wurden durch eine späte Hitzewelle stark hochgetrieben.

1995 Unerfreulich kleiner Ertrag, aber guter Shiraz und Riesling, insbesondere im Clare Valley, wo auch die Quantität besser ausfiel.

1994 Außergewöhnlich trocken, aber nicht zu heiß; es entstanden tiefe, kräftig gebaute Weine, vor allem im Barossa Valley.

Legenden zu den Aufschlagbildern

Seite 2:
Weinberge bei Verdicchio dei Castelli di Jesi in den mittelitalienischen Marken.

Seite 3:
Aus diesen zum Trocknen aufgehängten Trauben wird die toskanische Süßweinspezialität Vin Santo hergestellt.

Seite 6:
Gärtanks in der bulgarischen Weinkellerei Sliven (oben).
Flüssiges Gold aus Kalifornien, gewonnen aus Sémillon-Trauben mit Edelfäule (unten).

Seite 7:
Die Grundlagen der Weinerzeugung werden in einem Kindergarten in Umbrien sinnenfroh an die nächste Generation vermittelt.

Seiten 10–11:
Chardonnay-Verkostung im australischen Hunter Valley (Neusüdwales).

Seiten 58–59:
Schaumweinflaschen in Saumur werden kopfüber in Regale gesteckt, damit der äußerst wichtige Hefesatz daraus entfernt werden kann.

Seiten 94–91:
Cabernet-Sauvignon-Trauben auf dem Weingut Ornellaia in der Toskana.

Seiten 154–155:
Blühender Senf in den Weinbergen von Carneiros, Kalifornien.

Übersetzung der handgeschriebenen Weinnotizen von Seite 19

Preisgünstige Rotweine

1. Mittleres Karminrot, etwas stumpf, 2–3 Jahre alt? Apfelduft (unreife Trauben?) + ein wenig krautig (Cab.?). Hohl, kurz. 11/20
2. Tief purpur + hellroter Rand. 1–2 Jahre? Zuerst etwas verschlossen, nach 10 Min. reiche Fruchtaromen, Maulbeeren, alkoholstark? Körperreich, schöne reife Tannine, lang und kräftig. Braucht Zeit. 18/20
3. Hell rubinrot, blasser Rand. Bauernhofgerüche (Sangiovese?), ausgeprägte Säure + kräftiger, aber angenehmer Bittergeschmack (bestimmt Italiener!) Gute, füllige Frucht, dürfte aber bald verblassen. 15/20

Bildnachweis

Der Herausgeber dankt den Fotografen und Organisationen für ihre freundliche Genehmigung zur Wiedergabe der folgenden Abbildungen in diesem Buch.

2 Bilderberg/Klaus Bassemeyer; **3** Cephas/Mick Rock; **6 links** Jerry Alexander; **6 rechts** Cephas/Mick Rock; **7** Simon McBride; **10–11** Cephas Picture Library/Steven Morris; **14–15** Clay Perry; **19** Cephas Picture Library/Wine Magazine; **21** Matt Prince; **22–27** Paul Bricknell; **31** Cephas Picture Library/Mick Rock; **35** Jerry Alexander; **395** Véron/Skinner; **42** Peter Anderson; **43–47** Paul Bricknell; **55** Guy Bouchet; **58–59** Cephas Picture Library/Mick Rock; **63** Anthony Blake Photo Library/Gerrit Buntrock; **66** Scope/Jean-Luc Barde; **70–75** Cephas Picture Library/Mick Rock; **78** Amphora Design; **79 oben** Amphora Design; **79 unten** Michael Busselle; **82 oben** Cephas Picture Library/Andy Christodolo; **82 unten** Amphora Design; **83 oben** Jerry Alexander; **83 unten** Anthony Blake Photo Library/Gerrit Buntrock; **86** Cephas Picture Library/Mick Rock; **87** Jerry Alexander; **90 oben** Cephas Picture Library/Mick Rock; **90 unten links** Alastair Miller; **90 unten rechts** Jerry Alexander; **91** Angela Muir; **94–95** Cephas Picture Library/Mick Rock; **98** Jerry Alexander; **99** Richard McConnell; **102** Robert Harding Picture Library/Explorer; **103** Patrick Eagar; **106** Scope/Jean-Luc Barde; **107** Cephas Picture Library/Mick Rock; **110** Scope/Jacques Guillard; **110–111** Cephas Picture Library/Mick Rock; **114–115** Anthony Blake Photo Library/Gerritt Buntrock; **115** Patrcik Eagar; **118** Scope/Jacques Guillard; **119** Patrick Eagar; **122** Cephas Picture Library/Mick Rock; **122–123** Cephas Picture Library/Mick Rock; **126** Jan Traylen/Patrick Eagar; **127** Cephas Picture Library/Mick Rock; **128** Simon McBride; **131** Cephas Picture Library/Mick Rock; **134 oben** Explorer/N Thibaut; **134 unten** Cephas Picture Library/Ted Stefanski, **134–138** Cephas Picture Library/Mick Rock; **139–142** Patrick Eagar; **143–147** Cephas Picture Library/Mick Rock; **150 oben** Cephas Picture Library/Mick Rock; **150 unten** Patrick Eagar; **151** Cephas Picture Library/Mick Rock; **154–155** Cephas Picture Library/R&K Muschenetz; **159–163** Véron/Skinner; **167–170** Cephas Picture Library/Mick Rock; **174 oben** André Martin; **174 unten** Serge Chirol; **175** Alastair Miller; **178** Agence Top/Marie-José Jarry/Jean-François Tripelon; **178–182** Cephas Picture Library/Mick Rock; **183** Richard McConnell; **186** Alastair Miller; **187** Scope/Jean-Daniel Sudres; **190** Scope/Jacques Guillard; **190–191** Images Photoeque/Carcanague; **194** Scope/Jean-Luc Barde; **195** André Martin; **199** Scope/Daniel Faure; **203** Cephas Picture Library/Mick Rock; **207** Agence Top/Pascal Chevallier; **210** Robert Harding/Mike Newton; **212** Anthony Blake Photo Library/Maureen Ashley; **213** Joe Cornish; **216–217** Patrick Eagar; **218** Simon McBride; **219** Joe Cornish; **223** ABPL/John Sims; **224–225** Simon McBride; **226–231** Robert Harding/Mike Newton; **233–241** Cephas Picture Library/Mick Rock; **244** Robert Harding/Michael Busselle; **246** Robert Harding/Robert Frerck/Odyssey/Chicago; **249** Agence Top/Robert Tixador; **252** Cephas Picture Library/Mick Rock; **253** Robert O'Dea; **254** Patrick Eagar; **255** Cephas Picture Library/Mick Rock; **258** Jerome Darblay; **259** Scope/Jacques Guillard; **263** Michael Busselle; **267** Cephas Picture Library/Nigel Blythe; **271–275** Cephas Picture Library/Mick Rock; **279** Bilderberg/Hans Madej; **284–285** Agence Top/G Sioen; **288** Cephas Picture Library/Ted Stefan; **289** Jerry Alexander; **291** Cephas Picture Library/R&K Muschenetz; **293** Robert Harding/Jeff Greenberg/MR; **294–297** Cephas Picture Library/Mick Rock; **300 links** South American Pictures/Sue Mann; **300 rechts** Marcelo Montacino; **301** Cephas Picture Library/Rick England; **304–305** Cephas Picture Library/Andy Christodolo; **306** Patrick Eagar; **310** Bilderberg/Eberhard Grames; **311** Zefa; **313–315** Patrick Eagar; **319** Cephas Picture Library/Mick Rock; **321** Patrick Eagar; **323** Cephas Picture Library/Kevin Judd; **327** Image State; **328–329** Cephas Picture Library/Rick England; **333** Cephas Picture Library/Juan Espi; **334 links** VISA/A Lorgnier; **334 rechts** Cephas Picture Library/Alain Proust.

Register

Fett gedruckte Seitenzahlen verweisen auf die Haupteinträge in diesem Buch. Kursiv gestellte Seitenzahlen beziehen sich auf Karten. Traubensorten sind in KAPITÄLCHEN *gesetzt.*

Zu Traubensorten, die in diesem Register nicht erscheinen, schlage man an der entsprechenden Stelle des Alphabets auf den Seiten 100 bis 153 nach, wo zuerst die Weißweintrauben, dann die Rotweintrauben vorgestellt werden.

Abfüllung 45, 49, 50, 84–85, 157, 165
Abgang 16
ABOURIOU 130
Abruzzen 144, **227**
Acetaldehyd 16, 17
Adelaide Hills 124, **317**; Plains 312
Adstringenz 15, 16, 67
AGIORGITIKO **130**, 278
AGLIANICO 41, **130**, 227–229; DEL VULTURE 229
Agrochemikalien 65
Ahr 265
AIRÉN **100**, 245
Aix-en-Provence, Coteaux d' 193
ALBANA 100
Albanien 129
ALBARIÑO 36, 53, **100**, 234, 235
ALBILLO 100
ALEATICO 130
Alentejo 53, 121, 144, **254–255**
Alexander Valley 104, 290
ALFROCHEIRO PRETO 130
Algarve 255
Alicante 113, 246
ALICANTE BOUSCHET 130
ALIGOTÉ **100**, 166, 276
Alkohol 13, 15, 16, 18, 32, 38, **72**, 80, 89; alkoholarme Weine 33, **56**, 265; alkoholfreie Weine 56; Alkoholstärke 34, 36–37, **49**
alkoholfreie Drinks 32
Almansa 246
Aloxe-Corton 166
Alpine Valleys 319
ALTESSE 100
ALVA *siehe* ROUPEIRO
ALVARINHO 53, **100**, 251
Amarone 37, 89, 137, 214
Amerika, Nord- 92, 96–98, 104–105, 117, 130, 137, 142–143; Süd- 105, 117, 128–129, 136, 141, 300–307; *siehe auch einzelne Länder*
AMIGNE **100**, 270
Ampelographie 98
Ancenis, Coteaux d' 205
Andalusien 247
Anderson Valley 292
angereicherte Weine 89, 314, 319, 332, 333; Port-ähnlich 256; Sherry-ähnlich 247; *siehe auch* Madeira; Malaga; Marsala
angeröstet (Fässer) 91, 93
Anima Negra 246
Anjou 180, **182**; -Villages 53, 132, 182
ANSONICA 100
Anthocyane 40, **72**, 75
Aperitifs 33, 56
Apfelsäure 67, 72
Appellation Contrôlée 48, **157**, 166, 202
Apulien 100, 144, **228–229**
Aquileia 216
ARAGONÊZ **130**, 255
ARAMON 130
ARBOIS 100; Appellation 205
Ardèche, Coteaux de l' 204
Argentinien 60, **304–306**; Traubensorten 101, 105, 108, 117, 128, 130, 137, 140, 141, 143, 144, 149, 153
ARINTO **100**, 254
Armagnac 128, 197
ARNEIS **100**, 208
Aroma 12, 16, 78; Aromakreis 17
Arrábida 145, 254
Arroyo Grande 292
ARRUFIAC/ARRUFIAT 100
ARVINE/PETITE ARVINE **100**, 270
Ascorbinsäure 72, 83
ASPIRAN 130
ASSYRTIKO **100**, 278
Asti 13, 36, 41, 89, 208
Äthanol 72
Äthylalkohol 72
Aubance, Coteaux de l' 108, 182
Auckland 329
Ausgewogenheit 15, 16, 88
Auslese 88, **260**, 269
Australien 17, 69, 81, 88, 93, 105, 109, **308–323**, *308*; Jahrgänge 341; Traubensorten 101–103, 105, 106, 108, 109, 113, 116, 117, 121, 124–126, 129, 130, 132, 136, 137, 140, 141, 143, 145, 148, 149, 152, 153
auvergne, Côtes d' 140, 205
AUXERROIS 100, 178; (MALBEC) 130, 131, 196
AVESSO **100**, 251
AZAL **100**, 251

BA *siehe* Beerenauslese
BACCHUS 100
BACO BLANC/BACO 22A 98, **100**, 281; BACO NOIR/BACO 1 130
Baden 109, 119, **266–267**
BAGA 41, 130, 252, 253
Bairrada 100, 109, 130, 252–253
BAIYU 100
Baja California 307
Bandol 144, 193
Banyuls 17, 37, 89, 140, 200, **201**, 256
Barbaresco 37, 45, 53, 144, 208, **209–211**
BARBAROSSA 130
BARBERA 37, 53, **130**, 208, 209, 211, 286, 305
Barca Velha 251
Bardolino 37, 137, **214**
Barolo 37, 45, 53, 144, 208, **209**, 211
BAROQUE 100
Barossa Valley 149, 309, **312–314**
Barsac 36, 164
Basilikata 229
Baskenland 236
BASTARDO 130
Baumé 72
Béarn 197
Beaujolais 17, 32, 37, 53, 54, 56, 66, 78, 139, 156, 165, **171**; Blanc 171; Nouveau 17, 171; Primeur 171; -Villages 54, 171
Beaumes-de-Venise 192
Beaune 165, 168; Côte de 166
Beechworth 319
Beerenauslese 88, 260, 269
Behangausdünnung 69
Behälter (i. Ggs. zu Flaschen) 46
Beli Pinot 117
Bellini 56, 215
Bergerac 36, 114, 124, 133, 142, **194**, 196, 197
BERGERON 100
Bewässerung **60–61**, 64, 232, 301, 304, 309
Bewirtung 32–37; alkoholfreie Alternativen 32; Mengen 32; Mischgetränke 56; Wein und Speisen 34–37
BICAL **100**, 253
Bío-Bío 303
Biologisch-dynamischer Weinbau **65**, 181, 327
Bitterkeit 13
BLACK MUSCAT 130
Black Velvet 56
BLANC FUMÉ 100
BLAUBURGER 130
BLAUBURGUNDER **130**, 271
BLAUER SPÄTBURGUNDER 130
BLAUFRÄNKISCH **130**, 269
Blaye 164; Côtes de 164; Premières Côtes de 164
Blei 24
Blüte 69
BOAL 100
BOBAL 132, 246
Boden 62–65
Bolivien 307
BOMBINO BIANCO **100**, 227
BONARDA 132, 305
Bonnezeaux 108, 182
Bordeaux (Wein) 17, 36, 45, 47, 53, 62, 88, 89, **158–164**; Jahrgänge 337; Klassifizierung 161; Traubensorten 114, 124, 125, 132, 133, 141, 142;
Bordeaux (Region) 45, 51, 62, 68, 69, 89, 156, **158–164**, *158;* Fringes 194; Premières Côtes de 53, 164
BORDO 132
BORRADO DAS MOSCAS 100
Botrytis *siehe* Edelfäule, Graufäule
BOUCHET 132
BOURBOULENC **100**, 189, 198
Bourg, Côtes de 164
Bourgogne 166; Aligoté 166; Crémant de 170; Passetoutgrain 166
Bourgeuil 53, 132, 183

BOUVIER 100
BOVALE 230
BRACHETTO **132**, 208
Brandy 33, 101
Brasilien 61, **307**
BRETON 132
Brettanomyces 17, 72
British Columbia 299
Britische Inseln 17, 60, 97, 98, **336**; Traubensorten 112, 113, 117, 120, 125, 144, 153
Brix 72
BROCOL/BRAUCOL 132
Brouilly 54, 171
Brulhois, Côtes du 205
BRUNELLO 53, 132
Brunello di Montalcino 37, 149, 222
Bual 257
Bucelas 100, **254**
Buck's Fizz 56
Bukett 16 *siehe auch* Aroma
Bulgarien 274–276; Traubensorten 100, 105, 109, 113, 121, 128, 133, 140–142, 145, 152
Bullas 246
Burgenland 106, 110, 125, 129, 130, 141, **269**
BURGER 100
Burgunder 17, 36, 37, 39, 45, 53, 75, 156, **165–171**; Jahrgänge 337–338; Traubensorten 100, 101, 145, 146
Burgund 51, 62, 78, 100, 101, 145, **165–171**
Buzbağ 279
Buzet 133, 194, 196

Cabardès 199
Cabernet d'Anjou 182
CABERNET FRANC/FRANK 17, 32, 37, 53, **132**, 134, 183, 184, 215, 295, 298, 299, 316
CABERNET SAUVIGNON 17, 41, 37, 53, 71, 96, **132–136**, 184, 193, 202, 209, 211, 215, 221, 222, 230, 234, 237, 242–245, 254, 255, 272–282, 286, 290, 298, 302, 303, 305, 307, 312–327, 331, 336
CABERNET SEVERNY 133, **136**
CADARCA 136
Cadillac 164
Cahors 37, 130, 141, 142, 194, **196**, 197
CALABRESE *siehe* NERO D'AVOLA
CALADOC 136
CANAIOLO **136**, 216, 220, 221
Canberra 321
CANNONAU **136**, 230
Canon-Fronsac 164
Canterbury 326
Cardinal 56
CARIGNAN 78, **136–137**, 193, 198, 230, 286, 331; BLANC 101
CARIGNANO 136, 230
CARIÑENA 137, 243, 244
CARMENÈRE **137**, 302
CARMENET 137
Carmignano 222
CARNELIAN 137
Carneros 102, 104, 148, 287, **291–292**
Carnuntum 268
Carso 216
Casal di Serra 225
CASTELÃO FRANCES **137**, 254
Castillon, Côtes de 164
Catalanes, Côtes 204
CATARRATTO **101**, 230
CATAWBA 98, **137**, 281
cava 113, 117, 129, 234, 242, **243**
CAYETANA 100
CENCIBEL **137**, 245
Central Coast (Kalifornien) 292
Central Valley (Kalifornien) 101, 108, 117, 137, 153, **286–287**; (Chile) 302, 303
CERCEAL 101
CEREZA **101**, 306
Cérons 164
Cervara 226
CESANESE 137
Chablis 17, 32, 36, 53, 102, 103, 122, 165, **169**
Chambolle-Musigny 51, **166**
CHAMBOURCIN 98, **137**
Champagne 84, 101, 102, 145, 148, **172**, 205
Champagner 17, 30, 33, 36, 84–86, 172–176; Charakter 176; Etiketten 176; Herstellung 84–86; Reben und Rebflächen 84, 172; Stile 173; Verschnitte 173–176; Winzer/Champagnerhäuser 172–173
CHANCELLOR 137
Chaptalisation 60, 72, **81**, 270, 336
CHARBONO 137
CHARDONNAY 15, 17, 29, 32, 33, 36, 41, 50, 53, 54, 69–71, 82, 84, 96, **101–106**, 172, 173, 199, 202, 209, 214, 215, 221, 226, 230, 242, 243, 269, 271, 272, 274, 277, 282, 286, 290–292, 295–299, 302, 305, 307, 312, 314, 316–329, 331
CHASAN 107
Chassagne-Montrachet 104
CHASSELAS **107**,108, 181, 270, 271
Château-Chalon 124, 205
Château-Grillet 186–188
Châteauneuf-du-Pape 17, 29, 36, 37, 53, 137, 152, **189**, 192
Châteaux 158, 160–162, 164
Chaume 182; Quarts de 108, 182
Chénas 54, 171
CHENIN BLANC 17, 36, 39, 41, **108**, 182, 184, 205, 286, 287, 306, 327, 331; NOIR 137
Cheverny 184
CHEVRIER 108
Chianti 136, 141, **220–221**; Classico 37, 53, **220–221**
Chiaretta 214
CHIAVENNASCA 137
Chile 60, 81, 97, 105, **300–303**; Traubensorten 105, 116, 124, 125, 128, 136, 141, 143, 145, 148
China 61, 81, **336**; Traubensorten 100, 121, 129, 144
Chinon 53, 132, 183
Chiroubles 54, 171
Chorey-lès-Beaune 168
Chryseia 251
Cigales 236
CILIEGIOLO 137
Cinqueterre 211
CINSAUT/CINSAULT **137**, 189, 192, 193, 198, 280, 331
CLAIRETTE **108**, 189, 198, 202, 331
Clairette de Die 108, 192
CLARE RIESLING **108**, 316
Clare Valley 108, 121, **314–315**, 316
Claret 8; *siehe auch* Bordeaux
CLEVNER *siehe* KLEVNER
CÓDEGA 108
Colares 148, **253–254**
Colli Berici 214; Euganei 214; Orientali 215–216
Collines Rhodaniennes 204
Collio 124, 215–216
Collioure 200, 201
COLOMBARD/COLUMBAR 36, **108**, 286, 287
COLORINO **137**, 221
Columbia Valley 293
Commandaria 279
COMPLETER 108
Comté Tolosan 204
Comtés Rhodaniens 204
Conca de Barberà 243
CONCORD 98, **137**, 281, 298, 299
Condado de Huelva 129, 248
Condrieu 17, 53, **186**, 188, 222
Constantia 332
Contra Costa 292
Coonawarra 106, 136, 309, **316**
Corbières 53, 54, 128, **199**, 200
Cornas 152, 188
CORTESE **108**, 208
Corton-Charlemagne 104
CORVINA/CORVINA VERONESE **137**, 214
Costers del Segre 136, 152, **244**
Costières de Nîmes 200
CÔT/COT 137, 141, 184
Côte Blonde 186; de Brouilly 171; Brune 186; Chalonnaise 104, 156, 165, **170**; de Nuits 166; d'Or 62, 103–104, 156, 165, **166–168**, *166*; Rôtie 37, 64, 150, 152, 185, **186**
Coteaux Varois 193
Côtes de Provence 193; du Rhône 36, 186, 188, **189**; -Villages 189
Cotnari 276
COUDERC NOIR 137
COUNOISE 137
Cowra 105, **321**
Crémant d'Alsace 179; de Bourgogne 170; de Die 192; de Limoux 104, 199
CRIOLLA CHICA 137; GRANDE 108, 306
CROATINA 138
CROUCHEN 108, 332
Crozes-Hermitage 152, **188**
Crus 160, 162, 168, 171; *bourgeois* 162; *classés* 160; *Grands* 168; *Premier grand* 335; *Premiers* 161, 168
Csongrád 273
Curicó 303
CURRANT 138

Dão 100, 109, **251–252**, 253
Dealul Mare 276
DEBINA 108
Dekantieren/Dekantiergefäße 23, 25
DELAWARE 138
Denominação de Origen Controlada (DOC) 250
Denominación de Origen (DO) 234
Denominación de Origen Calificada (DOCa) 234

Denominazione di Origine Controllata (DOC) 48, 207
Denominazione di Origine Controllata e Garantita (DOCG) 48, 207
Depot 8, **20**, 25, 40, 43, 85
Deutscher Tafelwein 48, 260
Deutschland 68, 88, 89, 98, **260–267**, *262*; Jahrgänge 340–341; Traubensorten 100, 106, 109–114, 117, 119–122, 125, 129, 130, 138, 140, 144, 145, 148, 153; Weingesetz 260–262
Diabetikerwein 57
Die 192 ; Clairette de 108, 192; Crémant de 192
DIMIAT 109
DINKA 109
Dolceaqua 211
DOLCETTO 33, 37, **138**, 208, 209
Dôle 270
DOMINA 138
Donauland 268
DORADILLO 109
DORIN 109
DORNFELDER 139
Douro 37, 53, 110, 121, 130, 152, 153, 250, **251**, 256–258
DRUPEGGIO 109
Drumborg 318
Dry Creek Valley 290
Duft *siehe* Bukett
DUNKELFELDER 139
Duras, Côtes de 194, 196
Durchrieseln 69
DURIF 139

EARLY BURGUNDY 139
Edelfäule 17, 40, 72, **88**, 107, 196, 269, 273
edelsüße Weine 39, 41, 78, 88
Edelzwicker 178
Eden Valley 121, **317**
Eger 273
EHRENFELSER 109
Eiche 17, 80–83, **90–93**; Fässer **90–93**, 310, 314; Späne 91, 93
Eiskübel 20
Eiswein 68, **89**, 260, 298, 299
ELBLING 109
Elgin 335
Elsass 17, 32, 33, 53, 88, 100, 106, 110, 112, 116, 119, 121, 126, 156, **177–179**; Crémant d'Alsace 179; Grand cru 177, 179; Jahrgänge 338
EMERALD RIESLING 109
Emilia-Romagna 100, 141, **224**
en primeur 46
ENCRUZADO **109**, 252
England *siehe* Britische Inseln
Entraygues 139, 196, 205
Entre-Deux-Mers 36, 53, 114, 124, 133, 164
ERBALUCE **109**, 208
ERMITAGE *siehe* HERMITAGE
ESGANA/ESGANA CÃO 109
ESPADEIRO 139
Essig 34, 74
Essigsäure 16, 17
Est!Est!!Est!!! 227
Estaing 139, 196, 205
Ester 16
Etiketten 8–9, **46–52**, 157, 176, 179, 207, 234, 250, 257, 260–261, 269, 335
Étoile, L' 205
Etyek 273
Extrakt 16
EZERJÓ **109**, 272

FABER/FABEREBE 109
FALANGHINA 227, 228
Farbe 14, 18, 75, 78–80, 82, 99
Fassausbau 18, 80–81, 92, 93; Reifung 18, 82–83, 92–93
Fässer 72, 80–83, 91–93
Faugères 200
Fäule *siehe* Edelfäule, Graufäule
FAVORITA **109**, 208
FER/FER SERVADOU **139**, 196
FERNÃO PIRES 109
FETEASCA/FETIASKA/FETEASKA **109**, 276; REGALA 109, 276
FIANO 109, 227, 228, 231
FIE 109
Filtration 17, 72, 77, 83,
Finger Lakes 298
Fitou 199
Flaschen 45–46, 267; halbe 86
Flaschenalterung 16, 39–41, 46, 85
Flaschengeruch 25, 40
Fleurie 54, 171
fliegende Weinmacher **68**, 206, 229, 230, *272*
flor 17, 248
FLORA 109
Forez, Côtes du 140, 205
Franciacorta 211
FRANCONIA 130, **139**
Francs, Côtes de 164
Franken 117, 120, 125, **267**; Riesling 109
FRANKOVKA *siehe* BLAUFRÄNKISCH
Frankreich 62–64, 81, 84, 85, 88, 89, 92, 96–104, **156–205**, *156*; Jahrgänge 337–339; Traubensorten 100–109, 112–114, 116, 117, 119, 121–122, 124–130, 132, 133, 136–142, 144, 145, 148, 149, 152, 153
Franschhoek 332–333
FRAPPATO **139**, 230
Frascati 36, 206, 227
FREISA **139**, 208
FREISAMER/FREIBURGER 109
Friaul/Friuli 53, 105, 114, 119–121, 128, 129, 132, 142, 145, 148, 149, 206, **215–216**
Fronsac 164
FRONTIGNAC/FRONTIGNAN 109
Frontonnais, Côtes du 196–197
Frost 69
FRÜHROTER VELTLINER/FRÜHER ROTER VELTLINER 109
Frucht 16
fuchsig 96, 98
FUMÉ BLANC 53, 109, 181
FURMINT 41, **109**, 272, 273

GAGLIOPPO 139
Gaillac 112, 113, 139, **196**
Galicien 112, 138, **235–136**
GAMAY 32, 37, 57, **140**, 184, 196, 205, 270, 271; BEAUJOLAIS 140; NAPA 144
Gambellara 214
GAMÉ 140
GAMZA **140**, 276
GARGANEGA **109**, 214
GARNACHA/GARNACHA TINTA 140, 233, 235, 240–244; BLANCA **109**, 240; TINTORERA 235
GARRUT 140
Gärung 17, 74, 76, 78, **80–82**, 86, 93
Gascogne, Côtes de 53, 108, 204
Gattinara 211
Gavi 108, 208
Geelong 148, 318
Geläger 72, 82, 84, 85, 93
Geruchssinn 12, 13, 15
Geschmackssinn 12, 13, 15
Geschmacksstoffe 14–15, 72
Gesundheit, Wein und 38, 57
GEWÜRZTRAMINER 17, 36, 53, **109–110**, 177, 242, 243, 290, 295, 297, 302, 327
Geschenk, Wein als 30
Giennois, Coteaux du 140, 205
Gigondas 189, 192
Gisborne 105, 327
Givry 170
Gläser 26–27
Glenrowan 319
Glühwein 56
GODELLO **110**, 233, 235
GOLDBURGER 110
GORDO *siehe* MUSCAT OF ALEXANDRIA
GOUAIS BLANC 110
Goulburn Valley 319
GOUVEIO 110
GRACIANO **140**, 233, 240, 241
GRAND NOIR (DE LA CALMETTE) 140
Grans Muralles 243
GRASĂ **110**, 276
GRASEVINA 110
Graubünden 271
GRAUBURGUNDER **110**, 266, 267
Graufäule 72, 88
Grave del Friuli 216
Graves 36, 37, 53, 124, 133, 158, **162**; Supérieur 164
Great Southern 322
Great Western (Grampians) 319
GRECANICO 110
GRECHETTO **110**, 226
GRECO 110, 112, 227, 228; DI BIANCO 112, 229; DI TUFO 112, 228
GRENACHE BLANC **110**, 189, 198, 201; NOIR 69, 98–99, 139, **140**, 188, 189, 192, 198, 199, 201, 230, 280, 286, 292, 314
Griechenland 97, 278–279; Traubensorten 100, 108, 113, 114, 116, 120, 121, 125, 128–130, 137, 141, 153
GRIGNOLINO **140**, 208
GRILLO 110
GROLLEAU/GROSLOT **141**, 184; GRIS 110
GROPELLO 141
GROS MANSENG **112**, 197
Gros Plant 36, 184
Gros Rhin 125
GRÜNER VELTLINER 36, **112**, 268, 277
GUS 276–277
GUTEDEL 110
GUTENBORNER 112
Gutsabfüllung 51, 165

Hajós 273
halbtrocken 261, 269
HANEPOOT 112
HARRIAGUE 141
HÁRSLEVELU **112**, 272, 273
Haut-Poitou 205
Hawkes Bay 327–328
Heathcote 319
Hefe 74, 77, 80, 84, 85, 274
HELFENSTEINER 141
Hermitage 36, 37, 53, 185–6, **188**
HERMITAGE (MARSANNE) 112
HEROLDREBE 140
Hessische Bergstraße 267
Hudson River 298
HUMAGNE 112, 270
Hunter Valley 17, 136, 140, 309, **320**
HUXELREBE 112
Hybriden **97–98**, 264

Ice Wine *siehe* Eiswein
IGT 207
Indien 336
Indicação de Proveniencia Regulamentada (IPR) 250
INZOLIA **112**, 230
Irouléguy 197
IRSAI OLIVER **112**, 272
ISABELLA 98, **141**
Isonzo 216
Israel 130, 133, 137, **280**
Italien 17, 83, 89, 105, **206–231**, *206*; Jahrgänge 339–340; Traubensorten 100, 108–121, 124, 128–130, 132, 133, 136, 137, 139–142, 144, 145, 148, 149, 152, 153
Itata 303

JACQUÈRE 112
JAEN **112**, 141, 251
Jahr im Rebberg 68–71
Jahrgangshinweise 337–342
Japan 61, 81, 98, 137, 144, **336**
Jerez 247
JOÃO DE SANTARÉM 141, 254
João Pires 254
Johannisberg 125
Johannisberg Riesling 112
Jugoslawien (ehemaliges) 121, 126, 129, 130, 133, 148, **277**
JUHFARK **112**, 272
Juliénas 54, 171
Jumilla 113, 246
Jura 124, 148, 149, 153, 156, **205**; Côtes du 205
Jurançon 36, 53, 88, 112, 117, **197**

Kabinett 32, 36, **260**, 265, 269
KADARKA 41, 141, 272
Kalabrien 112, 130, 139, **229–230**
Kalifornien 88, 97, 99, 104, 281, **282–292**, *283*; Jahrgänge 341; Traubensorten 101, 102, 104, 108–110, 112, 113, 116, 117, 119, 121, 124–126, 128–133, 137–145, 148, 149, 152, 153
kalorienarmer Wein 56–57
Kampanien 109, 112, 145, **228**
Kamptal 268
Kanada 60, 68, 81, **299**; Traubensorten 104, 121, 125, 129, 141, 148
Kanarische Inseln 246
Kapsel 22, 24; Kapselschneider 22, **24**
Kartonwein **46**, 309
Katalonien 117, 129
Kategorien, offizielle Wein- 48, *siehe auch* Etiketten
KÉKFRANKOS **141**, 272, 273
KÉKNYELU **112**, 272
KÉKOPORTO **141**, 272, 273
Keller, idealer 43–44
KERNER 112
KEVEDINKA/KÖVIDINKA *siehe* DINKA
King Valley 319
Kir 56
KIRÁLEÁNYKA **112**, 272
KIAMIA 112
Kiskun 273
Klassifizierungen, Bordeaux 160–162; Burgund 168
KLEVNER 112
Kochen mit Wein 57
Kohlendioxid 13, 72, 74, 78, 80, 84
Kohlensäuremaischung 17, 72, **78**, 171, 189, 199
Korkeln 16–18, 54, 55
Korken 21, **24**, 42, 250
Korkenzieher 22
Körper 15, 16, 18, 34
Korsika 113, 130, 137, 145, 149, **193**
Kremstal 268
Kreta 129, **278**
Kreuzungen 98
Kristalle 21, 24, 83, 89
Kroatien 277
Kronkorken 21
Kultivar *siehe* Rebsorten

La Clape 200
Lagern von Wein 16, **39–41**, 45, 46, 85; Bedingungen 42–43; *siehe auch* Jahrgangshinweise
Lagorthi 278
LAGREIN 141, 217
LAIRÉN 112
Lake County 292
Lake Erie 298
Lalande-de-Pomerol 164
La Mancha 100, 137, 152, **245**
LAMBRUSCO 37, 56, **141**, 206, 222, 224
Lancers 254
Landwein 261, 269
Langhe 209–211
Langhorne Creek 314
Languedoc 37, 89, **198–200**, *200;* Jahrgänge 339; Traubensorten 100, 106, 112, 113, 119, 128, 130, 133, 136, 140–142, 144, 152
Languedoc, Coteaux du 53, 54, 119, 128, 200
Latisana 216
Latium 227
Laubdachpflege 64, 66, 325
Layon, Coteaux du 108, 182
LEÁNYKA **112**, 272
Lese von Hand 71, 75, 88, 310; maschinell 64, 71, 75–76, 310
LEMBERGER/LIMBERGER *siehe* BLAUFRÄNKISCH
LEN DE L'EL/LEN DE L'ELH **112**, 196
Les Baux de Provence 193
Levante 232, 233, **245–246**
LEXIA *siehe* MUSCAT OF ALEXANDRIA
Libanon 133, 137, **280**
Liebfrauenmilch 30, 36, 53, **261**, 266
Ligurien 129, 149, **211**
Limestone Coast 316–317
LIMNIO **141**, 278
Limoux 53, 104, 148, 199, 200; Blanquette de 108, 113, 199; Crémant de 104, 199
Liqueur Muscat 319
Lirac 192
LISTAN 112
Little Karoo 335
LLADONER PELUT/LLEDONER PELUT 141
Loir, Coteaux du 205
Loire 88, 89, 156, **180–184**, *180–181*; Traubensorten 100, 104, 108, 109, 112, 113, 119, 124, 132, 133, 140, 141, 145
Lombarde: 130, 132, 140, 144, **211**
Long Island 298
Los Carneros *siehe* Carneros
Loupiac 36, 164
LOUREIRO **112**, 251
Lubéron, Côtes du 193
Lüften 25
Luftzufuhr 25, 42, 46, 83
Lugana 211, 214
Luxemburg 100, 114, 119, 121
Lyonnais, Coteaux du 140, 205

MACABEO/MACCABÉO **112–113**, 198, 201, 243, 244
Macedon Ranges 318–319
Mâcon 171
Macon Blanc 17, 104, 171
Mâconnais 54, 104, 106, 140, 156, 165, **171**
Madeira 17, 89, 246, **257**
MADELEINE ANGEVINE 112
Madiran 132, 139, 152, **197**
MAGARATCH RUBY 141
Maipo 303
Mallorca 246
Málaga 36, 89, **248**
MALAGOUSIA/MALAGOUSSIA **112**, 278
MALBEC **141**, 196, 305, 327
Malepère, Côtes de 199
Malmsey 36, 113, 257
malolaktische Säureumwandlung 17, 72, 76, **82**, 269, 270, 317
MALVASIA **113**, 126, 215, 220, 227, 240, 243, 246, 253, 257, 278; NERA 141, 229
Malvasia Classico 246; delle Lipari 231
MALVOISIE 113
MAMMOLO 141
Manchuela 246
MANDELARIA 141
MANSENG *siehe* GROS MANSENG; PETIT MANSENG
MANTO NEGRO 246
Marcillac 196
MARÉCHAL FOCH **141**, 281
Maremma 223
Margaret River 322–323
Margaux 64, 133, 158, 159, 160
MARIA GOMES *siehe* FERNÃOPIRES
Marken 129, **225**
Marlborough 124, **326**
MARMAJUELO 246
Marmandais, Côtes du 194, 196
Marokko 280

Marques de Borba 255
Marsala 17, 36, 89, **231**
MARSANNE 17, **113**, 188, 198, 201, 270, 286, 292
Martinborough 328
MARZEMINO **141**, 216
MMATARO **141**, 286
Mateus Rosé 36, 253
Mátraalja 273
Maule 303
Maury 89, 140, **201**, 256
MAUZAC **113**, 196, 199
MAVRO 141
MAVRODAPHNE **141**, 278
MAVRUD **141**, 276
MAZUELO **141**, 240, 241
McLaren Vale 314
Mecsek-Berge 273
Médoc 37, 62, 133, **158–162**
Mehltau 96, 99
MELNIK 41, **141**, 276
MELON/DE BOURGOGNE **113**, 184
MENCÍA **142**, 235
Mendocino 292
Mendoza 141, **304–306**
Menetou-Salon 53, **181**
Méntrida 245
Mercaptane **72**, 82, 83
Mercurey 170
Merlot 32, 37, 41, 53, 69, **142–143**, 196, 202, 209, 211, 215, 221, 227, 228, 230, 242–244, 246, 271, 272, 274, 276, 293, 298, 302, 307, 317, 320, 325, 327, 331
MERSEGUERA 113
méthode classique/traditionnelle 84
Méthode Cap Classique 84, 335
MEUNIER *siehe* PINOT MEUNIER
Meursault 51, 104, 166, 168
Mexiko 60, **307**
Michigan 298
Milchsäure 67, 72, 82
Mildura Sunraysia 318
Minervois 53, 128, **199**
Minho 251
MISKET **113**, 276
MISSION 144
Missouri 298
Mittel- und Osteuropa 17, 105, **272–277**
Mittelburgenland 269
Mittelrhein 265
Moldova 105, 128, 133, 142, **276**
MOLETTE 113
MOLINARA **144**, 214
Molise 227
MONASTRELL **144**, 233, 243, 245–246
Monbazillac 36, 88, 124, **194**, 196
Monção 251
MONDEUSE **144**, 205
MONICA **144**, 230
Montagny 170
MONTEPULCIANO 53, **144**, 145, 148, 225, 227, 229; D'ABRUZZO 227
Monterey 292
Monthélie 168, 170
Montiano 227
Montilla-Moriles 117, **248**
Montlouis 108, 184
Montrachet 104, 168
MORELLINO 144
MORETO 144
Morgon 54, 171
MORILLON 113
MORIO-MUSCAT 113
MORISTEL 144, 242
Mornington Peninsula 318
MORRASTEL 144
MORTÁGUA 144
MOSCADELLO 113
MOSCATEL 36, **113**, 243
MOSCATO 33, 36, 113, 208, 231; D'ASTI 208
Moscato di Pantelleria 231; Spumante 36, 41, 89
MOSCOPHILERO 113
Mosel 15, 33, 45, 121
Mosel-Saar-Ruwer 14, 32, 33, 36, 64, 120, 262, **264–265**
Moselle, Vins de 205
Moulin-à-Vent 54, 171
Mount Benson 316–17
MOURISCO TINTO 144
MOURVÈDRE **144**, 189, 192, 193, 198, 199, 233, 245, 286, 314, 331
Mudgee 105, 321
MÜLLERREBE 144
MÜLLER-THURGAU **113–114**, 264, 266, 271, 293, 325
Murfatlar 276
Murviel, Coteaux de 204
MUSCADELLE **114**, 116, 196
Muscadet 36, 52, 113, **184**
MUSCARDIN 144
MUSCAT 5, 17, 32, 33, 36, 41, 52, 86, **116**, 177, 200, 201, 208, 231, 254, 272, 273, 279, 280, 319, 333; OF ALEXANDRIA **116**, 201; DE BEAUMES-DE-VENISE 89, 192; BLANC À PETITS GRAINS 114–116; du Cap Corse 193; HAMBURG 116, 124, **144**; OTTONEL **116**, 276
Muscat de Rivesaltes 201
MUSKATELLER 116
MUSKAT-SILVANER 116
MUSKOTALY 116
MUSQUÉ 116
Most **72**, 73, 75, 78, 80, 81

Nachgeschmack 15, 16
Nahe 121, 265
Naousse 278
Nase 16; Bedeutung beim Verkosten 12–15
NAPA GAMAY 144
Napa Valley 133, 134, 136, 137, 140, 143, 282, 283, **287–290**, 312
Navarra 37, 133, 152, **242**
NEBBIOLO 17, 41, 53, **144**, 208, 209, 211, 305, 307
NEGRAMOLE *siehe* TINTA NEGRA MOLE
NÉGRETTE **144**, 197
NEGROAMARO **144**, 229
Nelson 326
NERELLO/MASCALESE **144**, 230
NERO D'AVOLA 144, 230, 231
NEUBURGER 116
Neusiedlersee 269
Neue Welt 17, 60, 62–64, 68, 84, 101, 124, 132; *siehe auch einzelne Länder*
Neuseeland 17, 81, 97, **325–329**, *328*; Traubensorten 105, 106, 108, 110, 114, 121, 124, 125, 132, 136, 143
New South Wales 98, 103, 117, 125, 130, 137, **320–321**
New York (Staat) 104, 117, 125, 132, 137, 141, 281, **298**
NIAGARA 116
NIELLUCCIO **144**, 193
Nitra 277
Nordostitalien 212–217
Nordostspanien 242–244
Nordwestitalien 208–211
Nordwestspanien 235–236
Northern Territory 324
Nouveau/Novello/Primeur 41, **57**, 74, 83
Nuits-St-Georges 166
NURAGUS **116**, 230

Öchsle 72
Öffnen der Flasche 21–22, 24–25
Ohio 298
OJO DE LIEBRE 145
OLASZRIZLING 116, 272
OLD VINES FOCH 299
Olifants River 335
ONDENC **116**, 196
Ontario 281, 299
OPTIMA 116
Orange 320
Oregon 105, 110, 119, 136, 148, 281, **296–297**
ORÉMUS 116
Orléanais, Vins de l' 205
ORMEASCO **145**, 211
ORTEGA **116**, 266
Orvieto 109, 226
Ostdeutschland 267
Österreich 88, 106, **268–269**; Traubensorten 101, 106, 110, 112, 114, 116, 117, 119, 121, 122, 124–126, 129, 130, 141, 148, 149, 153
Osteuropa 17, 105, **272–277**; *siehe auch einzelne Länder*
Otago 327
OTTAVIANELLO 145
Oxidation 17, 73, 77–78, 80

Paarl 332
Pacherenc du Vic-Bilh 100, 117, **197**
Padthaway 316
PAIS **145**, 302
Palmela 145, 254
PALOMINO **116–117**, 247–248
PAMID **145**, 276
PANSA BLANCA 117
PARDILLO/PARDINA 117
PARELLADA **117**, 243
PARRALETA 242
passito 214
Pauillac 133, 159, 160
PEDERNAO 117, 251
PEDRO/JIMÉNEZ/XIMÉNEZ 117, 248
Penedès 117, 133, 136, 145, 152, **242–243**
PERIQUITA **145**, 254, 255
PERLE 117
Pernand-Vergelesses 168
PERRICONE **145**, 231
Peru 307
Pesquera 238
Pessac-Léognan 124, **162**
Pestizide 65

PETIT COURBU 117; MANSENG 41, **117**, 197; VERDOT 145, 245
PETITE ARVINE 270; SIRAH 145, 307
Pfalz 109, 119, 120, 125, 138, 140, **266**
Pflanzdichte 64
pH **73**, 75
Phenole 38, 40, **73**, 75, 78
Phylloxera *siehe* Reblaus
PICOLIT **117**, 215
PICPOUL/PIQUEPOUL **117**, 198
Picpoul de Pinet 200
Pic-St-Loup 200
PIEDIROSSO **145**, 228
Piemont 17, 100, 108, 109, 130, 137, 139, 140, 144, 149, 153, **208–211**, 339–340
Pierrevert, Coteaux de 193
PIGATO **117**, 211
PIGNOLO **145**, 215
Piketberg 335
Pilzkrankheiten 60, 61, 65, 88, **96–97**, 99
PINEAU D'AUNIS **145**, 184; DE LA LOIRE 117
PINOT BEUROT 117; BLANC 32, 36, 53, 54, 84, **119**, 177–178, 214, 215, 277; CHARDONNAY 119; GRIS 32, 36, 53, 99, **117**, 177, 184, 215, 270, 271, 276, 286, 296, 297, 305, 318, 327; MEUNIER 84, **145**, 172, 173, 184; NOIR 17, 32, 37, 41, 53, 70–71, 84, **145–148**, 172, 173, 178–179, 181, 184, 205, 226, 243, 270–277, 286, 290–293, 296, 297, 299, 302, 305, 317, 318, 321, 323–328, 331
Pinotage 37, **331**, 335
Pisco 301
Plattensee 273
PLAVAC MALI 41, **148**, 229
PLAVAI 119
Pomerol 17, 37, 53, 62, 142, **164**
Pommard 168
PORTAN 148
Portwein 17, 89, 237, 250, **256–258**; Jahrgänge 340
Portugal 17, 97, **250–259**; Jahrgänge 340; Traubensorten 100, 101, 105, 109, 110, 112, 116, 117, 121, 128–130, 133, 137, 138, 141, 144, 149, 152–153
PORTUGIESER/BLAUER PORTUGIESER 148
Pouilly-Fuissé 36, 52, 171; -Fumé 17, 36, 52, 53, 124, **181**; -Loché 171; -Vinzelles 171
POULSARD/PLOUSARD 148
PRESSAC 148
Primeur *siehe* Nouveau
PRIMITIVO **148**, 229
PRINÇ 119
Priorato 140, **243–244**
PROKUPAC 148
PROSECCO **119**, 215
Provence 132, 133, 153, 156, **193**; Côtes de 193
PRUGNOLO GENTILE **148**, 222
Puligny-Montrachet 104, 168
Punktebewertung 19, 283, 286
PX *siehe* PEDRO XIMÉNEZ
Pyrenees 319

Qualitätskategorien 48
Qualitätswein bestimmter Anbaugebiete (QbA) 41, 48, 261
Qualitätswein mit Prädikat (QmP) 48, 261
Queensland 324
Quercy, Coteaux du 204
Quincy 53, **181**
Quinta du Camarate 254

RABOSO 41, 148, 215
RAMISCO **148**, 253
rancio 201
RANINA *siehe* BOUVIER
Rapel-Tal 303
Rasteau 89, 192
RÄUSCHLING 119
Reben 60–62, 64–71, 96
Rebenkrankheiten und -schädlinge 60, 65, 97; *siehe auch* Reblaus
Reblaus 96, **97**, 99, 253, 283, 286, 287, 300, 309, 310, 318
Rebschnitt 67–69
Rebsorten 96–153
Recioto 214
Redoma 251
Reduktion, reduzierte Weine 73, 80, 83
REFOSCO/DAL PEDUNCOLO ROSSO **148**, 215
REGNER 119
Régnié 54, 171
REICHENSTEINER **119**, 336
Reife 70, 75
Restaurant, Wein im 54–55
Restsüße **73**, 88
Retsina 17, 33, 36, 125, 278
Reuilly 53, **181**
Rheingau 120, **265–266**
Rheinhessen 100, 109, 138, **266**
RHEINRIESLING *siehe* RIESLING
Rheinwein 36, 265–6
Rhône 17, 113, 121, 152, 156, **185–192**, *185, 189;* Jahrgänge 338–9
Rhône Rangers 292
Rias Baixas 100, **235**, 236
Ribatejo 53, 100, 109, 141, 145, 149, 254
Ribeiro 100, **235**
Ribera del Duero 37, 100, 152, 153, **237–238**, 340
RIBOLLA **119**, 215
RIESLANER **119**, 266, 267
RIESLING 13, 17, 36, 39, 41, 53, 118, **119–120**, 177, 209, 262, 264–268, 274, 295–299, 314, 316, 317, 324, 326, 327; GRAY 110; ITALICO 112, 121, 215; LASKI 112; RENANO 120; RHEINRIESLING 120, 314, 316; -SYLVANER 121
Rioja 17, 37, 45, 112, 136, 140, **240–241**, 340
Rio Negro 306
ripasso 214
RIVANER 121
Riverina 321
Riverland 109, 312
Rivesaltes 89, 116, 140, 200, **201**
RIZLING 121; RAJINSKI 120
RKATSITELI **121**, 276, 277
Roannaise, Côte 205
Robe 316–317
Robertson 333
ROBOLA **121**, 278
RODITIS **121**, 278
ROLLE **121**, 193, 198, 201, 202
ROMORANTIN 121
RONDINELLA **148**, 214
RORIZ/TINTA RORIZ **148**, 251, 256
Rosé 33, 36, 40, 41, 75, 79, 80, 192, 193, 198; d'Anjou 36, **182**
ROSSESE **148**, 211
Rosso Cònero 225; del Conte 231; di Montalcino 222; di Montepulciano 222; Piceno 225
ROTGIPFLER 121
Rotwein, Traubensorten 130–153; Weinerzeugung 75–80, 82, 83, 93
ROUCHET/RUCHÉ **148**, 208
ROUPEIRO **121**, 255
ROUSSANNE **121**, 188, 189, 197, 198, 201, 286, 292
ROUSSETTE **121**, 205
Roussillon 89, 156, **201**, 202; Jahrgänge 339; Traubensorten 101, 112, 113, 116, 121, 128, 136, 140, 141
Roussillon-Villages, Côtes du 201
ROYALTY 148
RUBIRED 148
RUBY CABERNET 149
Rückstände im Wein 65
Rueda 124, 129, **235**
RUFFIAC 121
RULÄNDER 121
Rully 170
Rumänien 100, 105, 106, 110, 116, 121, 122, 128, 129, 133, 136, 141, 142, 148, **276**
Russland 60, 68, 128, 133, 149
Russian River Valley 145, 290
Rutherglen 319

Saale-Unstrut 267
Sachsen 267
SACY 121
SAGRANTINO **148**, 226
Sagrantino di Montefalco 226
St-Amour 54, 171
St-Aubin 168
St-Chinian 200
Ste-Croix-du-Mont 36, 164
St-Emilion 37, 52, 53, 132, 142, **162**
ST-EMILION (UGNI BLANC) 122
St-Estèphe 133, 158
St-Joseph 152, 188
St-Julien 133, 158
ST. LAURENT **149**, 269
St-Mont , Côtes de 197
St-Nicolas-de-Bourgeuil 183
St-Péray 188
St-Romain 168
St-Véran 104, 171
Salta 306
SALVADOR 149
Salvagnin 271
salzig 13
SÄMLING 88 121
Sammeln von Wein 44
SAMTROT 149
San Juan 306
Sancerre 17, 36, 53, 124, 148, **181**
SANGIOVESE 37, 41, 53, **149**, 193, 220–225, 286, 302
Sangria 37
Santa Cruz Mountains 292
Santa Maria 104, 148, **292**
Santa Ynez Valley 292
SANTARÉM 149
Santenay 168

SAPERAVI 41, **149**, 277
Sardinien 117, 128, 129, 136, 141, 144, **230**
SÁRFEHÉR **121**, 272
Sassicaia 223
sauer 13
Sauerstoff 25, 42, 73, 78, 79, 310
Saumur 180, **182–183**; -Champigny 132, 180, 183
Säure 13, 15, 28, 33, 40, 71, 72, 81
Sauternes 17, 36, 88, 124, **164**
SAUVIGNON BLANC 13, 15, 17, 29, 36, 45, 53, 54, 75, **121–124**, 196, 202, 205, 209, 215, 221, 226, 235, 243, 269, 272, 274, 276, 277, 281, 286, 290, 299, 302, 317, 320, 322, 325, 326, 331, 332; GRIS 124; VERT 124, 302
Sauvignon de St Bris 205; de Touraine 124
SAVAGNIN **124**; NOIR 149
SAVATIANO **124**, 278
Savennières 182
Savigny-lès-Beaune 168
Savoyen 100, 112, 113, 121–122, 144, 148, 156, **205**
Schaffhausen 271
Schaumgrade 49
Schaumwein 25, 32, 78, **84–86** *siehe auch* Champagner
SCHEUREBE 117, **124**, 266
SCHIAVA **149**, 217
SCHIOPPETTINO **149**, 215
SCHÖNBURGER **124**
Schönung 57, 73, **83**
Schorle 56
Schraubkappe 21
SCHWARZRIESLING 124
Schwefeldioxid 65, **73**, 76, 78, 81, 83, 88
Schwefelwasserstoff 73
Schweiz **270–271**; Traubensorten 106, 108, 109, 112–114, 119, 120, 126, 140, 142, 148, 152
SCIACARELLO **149**, 193
SCUPPERNONG 281
SÉGALIN 149
SEIBEL 149
Sekt 49, 261
Sélection des Grains Nobles 36, 88, 179, 182
SÉMILLON 17, 33, 36, 41, 45, 52, 53, 75, 79, **124–125**, 196, 295, 302, 314, 320–322
SERCIAL 33, 36, **125**, 257
Serpico 228
Servieren von Wein 20–29; Dekantieren 25; Flaschen öffnen 21–22, 24–25; Gläser 26–27; Temperatur 20, 28; Wein atmen lassen 25; Weinreste 25
Setúbal 254
SEVERNY 149
Seyssel 205
SEYVAL BLANC 98, **125**, 281, 336
Sherry 17, 26, 33, 36, 53, 89, 93, 234, **247–249**, 332
SHIRAZ 17, 37, 41, **149**, 150, 152, 312–320 , 331
SHIROKA MELNISHKA LOSA 149
SIEGERREBE 125
Sierra Foothills 153, 292
Silvaner **125**, 267; Grüner 125
Sizilien 101, 110, 112, 129, 139, 145, 200, **230–231**
Slowakei 121, 149, **277**
Slowenien 101, 105–106, 112, 114, 120, 121, 128, 129, 132, 148, **277**
Smaragd 268
SMEDEREVKA 125
Soave 17, 36, 109, 206, 214
Solera 257
solera-System 248
Somló 273
Somontano 144, 152, **242**
Sonoma 104, 133, 143, 282, 283, 287, **290**
Sopron 273
Sorbinsäure 17, 73, 83
Sortenweine 41, 48, 50, 281
SOUSÃO/SOUZÃO 149
Southern Vales 314
Spanien 64, 83, **232–249**, *232*; Jahrgänge 340; Traubensorten 100, 101, 105, 109, 110, 112–117, 124, 128–130, 132, 133, 136–141, 144
SPANNA **149**, 211
Spätburgunder 148, 262, 265–267
Spätlese 32, 36, 53, 88, **261**, 265, 269
Speisen, Wein und **34–37**; Kochen mit Wein 57
STEEN 125
Steiermark 124, 153, **269**
Stellenbosch 332
Stierblut 273
Südafrika 81, 102, 247, **330–335**; Traubensorten 102, 105, 108, 112, 116, 117, 124, 126, 132, 133, 137, 143, 148, 149, 152, 153
Südaustralien 309, **312–317**, 341
Südburgenland 269
Südtirol *siehe* Trentino-Alto Adige
Südwestfrankreich **194–197**, *197*
Sulfide 17, 73, 82, 83
SULTANA 125
Sunbury 318
Supertoskaner 37, 53, 133, **221**, 223
Süße 13, 15, 34; Begriffe, Grade 49
Süße aus später Lese 88
Süßweine 30, 33, 34, **87–89**; edelfaule Weine 39, 41, 78, **88**; Eiswein 68, **89**, 260, 298, 299; spät gelesene 88; *vins doux naturels* 89, 192, 193, 200, 201; von getrockneten Trauben 89
Swan Valley 323
Swartland 335
SYLVANER **125**, 178, 270
SYRAH 17, 37, 41, 53, **149–152**, 185, 186, 188, 189, 193, 196, 198, 199, 202, 209, 221, 230, 234, 244–246, 254, 255, 286, 292, 295, 302, 305, 328
Szekszárd 273
SZÜRKEBARÁT **125**, 272

Tafelwein 36, 37, 48, 53, 157, 207, 212, 224, 234, 245, 260, 261, 269
TALIA/THALIA 125
TĂMAÎIOASĂ **125**, 276
TAMINGA 152
TAMYANKA 125
TANNAT 41, **152**, 196, 197, 307
Tannin 13, 15, 17, 28, 34, 40, 43, 67, 73, 314
Tarragona 244
TARRANGO 152
Tasmanien 102, 105, 148, **324**
Tavel 192
TBA *siehe* Trockenbeerenauslese
Temperatur, Gärung 81–82, 93; Lagerung 40, 42–44; Servieren 20, 28
TEMPRANILLO 41, 53, **152**, 233, 237, 240–246, 251, 255, 296, 305, 307
TERAN/TERRANO *siehe* REFOSCO
TEROLDEGO/ROTALIANO 53, **152**, 216
TERRET BLANC 126; GRIS **125–126**, 198, 202
Terroir **62–64**, 156
Tessin/Ticino 271
Texas 124, 136, 137, **298**
Thalassitis 278
Thermenregion 268
THOMPSON SEEDLESS 126
Thongue, Côtes de 204
Thouarsais, Vins du 205
TIBOUREN **152**, 193
TINTA AMARELA **152**; BARROCA **152**, 256, 331; CÃO **152**, 256; FRANCISCA 152; NEGRA MOLE 152, PINHEIRA 152; RORIZ 251, 256; DE TORO 236
TINTO FINO **152**, 236
TOCA/TOCAI FRIULANO **126**, 215, 298, 305
Tokajer 36, 88, 273–274
Tokaj-Hegyalja 273–274
TOKAY D'ALSACE 126
TORBATO **126**, 230
Torcolato 214
Toro 235–236
TORRONTÉS 53, **126–128**, 306
Toskana 129, 130, 132, 137, 144, **218–223**, 340
Toul, Côtes de 205
Touraine 140, 183–184
TOURIGA FRANCESCA **152**, 256; NACIONAL **152–153**, 251, 255, 256
Tournon 189
TRAJADURA 128, 251
Tränen 17
TRAMINER 53, 128, 215, 269, 274, 276
Tramini 128, 272
Tras-os-Montes 255
Traubenbeere, Bestandteile 67; Sorten 9, **100–153**
Traubensaft 67, 75, 78, 79
TREBBIANO 36, 126, **128**, 214, 220–222 , 224, 226, 227; D'ABRUZZO 227
TREIXADURA 235
Trentino-Alto Adige 105, 114, 141, 149, 153, **216–217**
TRESALLIER 128
Tricastin, Coteaux du 189, 192
TRINCADEIRA PRETA **153**, 254, 255
trocken 36, 49, **261**, 269
Trockenbeerenauslese 88, **261**, 266, 269
TROLLINGER **153**, 267
TROUSSEAU 153
Tschechien 128, 277
Tulbagh 335
Türkei 112, **279**
Tursan 100, **197**

UGNI BLANC 36, **128**, 331
Ukraine 128, 133, 277
ULL DE LLEBRE **153**, 243
Umbrien 110, 149, **225–227**
Ungarn 88, **272–274**; Traubensorten 101, 105, 109, 112, 114, 116, 117, 119, 122, 125, 126, 128, 129, 141, 148
Unterlagsreben 97, 287

Uruguay 140, **307**
USA **281–298**; AVA 281; Jahrgänge 341
Utiel-Requena 152, 246
UVA DI TROIA 153, 229
UVA RARA 153

VACCARÈSE 153
Vacqueyras 192
Valdeorras 110, **235**
Valdepeñas 53, 137, 152, **245**
VALDIGUIÉ 153
Valençay 184
Valencia 113, 246
Valle d'Aosta 144, **211**
Valpolicella 37, 137, 143, 212–214
Valtellina 137, 144, **211**
VAVRINECKE 153
VDQS *siehe* Vin Délimité de Qualité Supérieur
VELTLINER *siehe* GRÜNER VELTLINER
Vendange Tardive 36, 179
Vendômois, Coteaux du 180, 205
Veneto 148, **212–215**
Ventoux, Côtes du 192
véraison 70
VERDEJO **128**, 233, 235
VERDELHO **128**, 257
VERDICCHIO **128**, 225
VERDOT 153
VERDUZZO **128**, 215
veredelte/unveredelte Rebstöcke 97, 287
Verkosten von Wein 12–19; Abgang 15, 16; Blindverkostung 16; Gefühl im Mund 15, 16; Geruch 12–14; Horizontalverkostung 16; Nachgeschmack 16; nützliche Fingerzeige 18; im Restaurant 54–55; Länge 15, 16; Punktebewertung 19; Vertikalverkostung 17; Weinsprache 16–17
VERMENTINO **128**, 193, 211, 230
VERNACCIA 36, **128**, 223
Vernaccia di Oristano 230; di San Gimignano 222–223
VERNATSCH 153
Verschlüsse 21, 23, 24
VESPAIOLA **128**, 215
VESPOLINA 153
Victoria 113, 116, 136, 145, 148–150, **318–319**; North East 319
VIDAL **129**, 281, 299
vieilles vignes 67
VILANA **129**, 278
Villány-Siklós 273
VILLARD BLANC 129; NOIR 153
vin gris 280; *jaune* 124, 205, 247; *de paille* 98, 188, 205; *de table* 36, 37, 48, 157
Vin Délimité de Qualité Supérieure 48, 157
Vin de Pays 37, 41, 48, **202–204**; d'Oc 198
Vin Santo 36, 221, 222
Vinho Barrosa 252; Verde 36, 100, 117, 138, **250–251**
Vino Nobile di Montepulciano 37, **222**
Vino de la Tierra 48, **234**
vins doux naturel 89, 192, 193, 200, 201
VIOGNIER 17, 36, 53, **129**, 186, 198, 202, 209, 286, 292
Virginia 298
Vitis amurensis 96; *labrusca* 96, 281; *riparia* 96; *rotundifolia* 96; *rupestris* 96, 97; *vinifera* 96–98, 281
VIURA **129**, 240
Vivarais, Côtes du 192
Volnay 166
Vougeot 168
Vouvray 34, 36, 108, 180, 184
VRANAC **153**, 277

Waadt 109, **270–271**
Wachau 121, 268
Waiheke Island 329
Walker Bay 335
Walla Walla 293, 295, 296
Wallis 100, 109, 112, 152, **270**
Washington (Staat) 104–105, 110, 114, 121, 124, 125, 132, 136, 142–143, 152, 281, **293–295**
Watervale 316
Wetter und Klima 60–61
Weinbau 60–71; Behangausdünnung 69; biologisch-dynamischer 65, 181; Blüte 69; Ertrag 67, 68; Frost 69; Jahr im Rebberg 68–71; Laubdachpflege 64, 66, 325; Lese 70–71, 75–76; organischer 57, 60, **65** , 73, 303; Pflanzdichte 64; Rebschnitt 67–69; Reife 70, 75; *véraison* 70; Wetter und Klima 60–61
Weine von getrockneten Trauben 89, 214
Weinfehler 17, 18, 54–55
Weinkauf 52–53
Weinnamen 48–49
Weinreste 25, 57
Weinsäure 67, **73**, 81
Weinviertel 268
WEISSBURGUNDER 119, **129**, 267
WEISSER RIESLING **129**
Weißwein, Traubensorten 100–129; Erzeugung 75–83, 93
WELSCHRIESLING/WÄLSCHRIESLING/ WELSCHRIZLING **129**, 276, 277
Westaustralien 105, 129, **322–323**
WHITE RIESLING 120, **129**
WILDBACHER/BLAUER 153
Willamette Valley 296
Weinerzeugung 72–84; Eichenfässer **90–93**; Filtration 83; Gärung 74, 78, **80–82**, 86, 93; Reifung 82–83; Sauerstoffausschluss 73, 78; Schaumwein 78, 84–86; Süßwein 87–89
Wien 268
Wisconsin 298
Worcester 333
Wrattonbully 316
Württemberg 120–121, 145, 149, 153, **267**

XAREL-LO **129**, 243
XYNISTERI 129
XYNOMAVRO 41, **153**, 278

Yakima Valley 293
Yarra Valley 105, 148, 318
Yecla 246

ZALEMA 129
ZIBIBBO 129
ZIERFANDLER 129
ZILAVKA 129
ZINFANDEL 8, 33, 37, 41, 54, **153**, 229, 286, 287, 290, 292, 302, 305, 322, 331
Zitronensäure 67
Zucker im Wein 60, 67, **72–74**, 88, 89
ZWEIGELT/BLAUER/ZWEIGELTREBE **153**, 269
Zypern 129, 141, 247, **279–280**